微 生 物 工 程

陈必链　主编

科 学 出 版 社
北　京

内 容 简 介

本书按照微生物工程工业生产流程进行编排，全书共分 12 章，内容包括微生物工程的概念、发展史、微生物菌种选育的原理和方法、培养基的设计、微生物发酵过程的基本原理、发酵过程的参数控制原理、基因工程菌的培养、动植物和微藻细胞培养、清洁生产、生物炼制，扼要介绍了典型微生物发酵产品如抗生素、酶制剂、氨基酸、酒精等的生产工艺。

本书可供师范院校、农林院校、综合性大学的生物工程、生物技术专业的专业教材，也可作为生物制药、食品科学与工程、生物科学等专业的教学参考书，同时也适合相关领域的专业人员参考。

图书在版编目(CIP)数据

微生物工程/陈必链主编. —北京：科学出版社，2010.7
高等师范院校生命科学系列教材
ISBN 978-7-03-028326-9

Ⅰ. ①微… Ⅱ. ①陈… Ⅲ. ①微生物—生物工程—师范大学—教材 Ⅳ. ①TQ92

中国版本图书馆 CIP 数据核字(2010)第 137659 号

责任编辑：朱 灵 / 责任校对：谭宏宇
责任印制：黄晓鸣 / 封面设计：殷 靓

科学出版社 出版
北京东黄城根北街 16 号
邮政编码：100717
http://www.sciencep.com
南京展望文化发展有限公司排版
广东虎彩云印刷有限公司印刷
科学出版社出版 各地新华书店经销
*
2010 年 9 月第 一 版 开本：A4(890×1240)
2024 年 7 月第二十次印刷 印张：21
字数：585 000

定价：59.00 元

前　　言

微生物工程具有悠久的历史，在食品、医药、化工、能源、材料、环境保护和冶金采矿等领域为人类作出了巨大的贡献。从生物工程的发展过程，可以看出微生物工程一直在起带头作用，它是现代生物工程的组成部分，是基因工程、酶工程、细胞工程等生物技术实现产业化的桥梁和关键技术。近年来随着基因组学、组合生物合成、蛋白质组学、代谢组学等的融入，微生物工程内涵也日益丰富，特别是利用代谢组学进行代谢工程研究，结合生物信息学和计算生物学的研究，可达到改造和控制细胞性质、提高底物利用及产品收率、促进微生物工程发展的目的。

由于微生物工程涉及面广，现有教材各有侧重点，适用范围各异。编写一部适合高师和理工院校自身实际教学情况同时又能兼顾其他方面内容的教材显得十分重要。正是基于此，在科学出版社上海分社、高等师范院校新世纪教材筹委会的指导倡议下，约请全国部分高师院校、理工大学的老师编写了本教材，参加编写的人员都是多年教授本门课程的一线教师。本书的编排格式按照微生物工程工业生产流程，根据学科发展情况新增一些内容，全书共分 12 章，内容包括微生物工程的概念、发展史、微生物菌种选育的原理和方法、培养基的设计、微生物发酵过程的基本原理、发酵过程的参数控制、基因工程菌的培养、动植物和微藻细胞培养、清洁生产、生物炼制，扼要介绍了典型微生物发酵产品如抗生素、酶制剂、氨基酸、酒精等的生产工艺。考虑到微生物发酵产品的分离精制理论和技术在微生物工程下游加工工艺的教科书如《生物分离技术》、《生化分离工程》等已有详尽的叙述，本书不再介绍。本教材采用了较多的图和表，以便于教和学；每章附有知识点和复习思考题，希望有助读者理解和掌握有关概念、原理和方法。

本教材编写的具体分工如下：第 1 章，第 6 章第 1、2、3 节和第 9 章第 2 节由福建师范大学陈必链编写，第 2 章第 1、3 节和第 12 章第 1 节由福建师范大学郑毅编写，第 2 章第 2、4 节由福建师范大学谢必峰编写，第 3 章第 1、2、3 节和第 9 章第 1 节由山西师范大学张秀红编写，第 3 章第 4 节和第 12 章第 3 节由上海师范大学陈军编写，第 4 章由福建师范大学唐良华编写，第 5 章由江西师范大学朱笃编写，第 6 章第 4、5、6、7 节由山东师范大学戴美学编写，第 7 章由福建师范大学刘峰编写，第 8 章由江西师范大学王筱兰编写，第 9 章第 2 节由福建师范大学王明兹编写，第 9 章第 3 节由华东理工大学蔡海波编写，第 10 章由曲阜师范大学刘艳和杨革编写，第 11 章由福州大学石贤爱编写，第 12 章第 2 节由山西师范大学胡青平编写，第 12 章第 4 节由福建师范大学蓝灿华和王明兹编写，第 12 章第 5 节由南昌大学王白杨编写。研究生吴义诚协助本书部分章节的整理和制图。全书由陈必链负责统稿和定稿，华南理工大学博士生导师梁世中教授担任主审。

微生物工程发展快速，因此难以完整地把国内外有关的先进技术反映出来，加之编者的水平有限，难免存在错漏和不足之处，欢迎专家、同行和使用本教材的教师、学生和其他读者提供宝贵的批评、建议与具体的修改意见，以便再版时加以修改和补充。在编写本教材过程中，参考了许多国内外相关的教材和文献资料，引用了一些图表，在此向有关作者表示感谢！特别感谢福建师范大学吴松刚教授和施巧琴教授的支持和厚爱！向为本教材的编写和出版提供指导、支持和帮助的各级领导、同行表达衷心的感谢！

陈必链

Email：chenbil@fjnu. edu. cn

福建师范大学

2010 年 1 月

目　　录

第 1 章

微生物工程概论

知识框架图

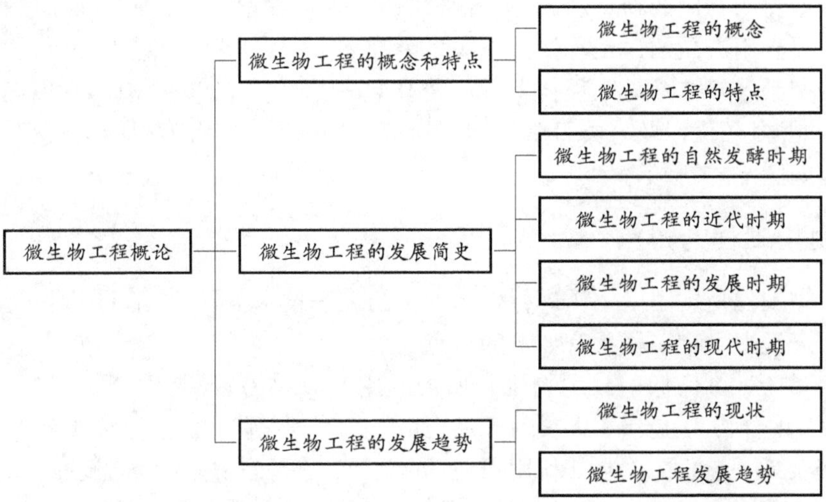

内容提要

本章简要介绍微生物工程的概念和特点，微生物工程的四个发展时期，国内外微生物工程的现状和发展趋势。

1.1 微生物工程的概念和特点

1.1.1 微生物工程的概念

微生物工程是生物工程的重要组成部分和基础，也是生物工程产业化的重要环节。它是将微生物学、生物化学、化学工程的基本原理有机地结合起来的学科，是一门利用微生物的生命活动来生产人们所需的有用物质的工程技术。微生物工程的主体是利用微生物生长代谢活动产生的各种生理活性物质来生产商业产品，由于它是在酵母发酵生产饮料酒的基础之上发展起来的，所以又称发酵工程。

发酵（fermentation）一词来自拉丁语"fervere"即"发泡"，这种发泡现象是由果汁、麦芽

Note

汁或谷类发酵果酒、啤酒、黄酒时产生的二氧化碳气泡引起的。由于当时对微生物缺乏认识，发酵的本质长时间没有被揭示，直到19世纪中叶巴斯德(Louis Pasteur)经过长期研究，认为发酵是微生物作用的结果，他宣告发酵是酵母菌进行"无氧呼吸"，酒精发酵过程是在厌氧条件下向菌体提供能量，并且经过原料的分解，得到的产物是酒精和二氧化碳。这一解释与在酒精、乳酸、乙酸、丙酸等厌氧条件下发酵的情况完全适合。随着微生物技术的发展，在丙酮-丁醇、抗生素、酶制剂、氨基酸、核苷酸等发酵中，人们发现有的是厌氧，有的是好氧；有的有发泡现象，有的却无发泡现象。基于历史原因，人们把利用微生物在有氧或无氧条件下的生命活动所生产微生物菌体或代谢产物的过程统称为发酵。由于"发酵"一词产生于微生物被发现之前，因而它不可能包含微生物的所有生命活动，也不可能确切反映现代微生物工业。作为现代科学概念上的微生物工业，是20世纪40年代随着抗生素工业的兴起而得以迅速发展。微生物工程的内容随着科学技术的发展不断扩大和充实。因此微生物工程就是研究和发展微生物产业的有用产品和有益活动的学科，它是利用微生物的特定性状和机能，在人工控制条件下通过微生物的生命活动而获得代谢产物的过程。

现代微生物工程所利用的生物，除传统的微生物外，还包含两类的生物形态：一是通过生物工程特别是基因工程构建的微生物，简称"工程微生物"，利用它们生产人类所需要的产品，包括自然界尚未发现的新型"生物工程产品"；二是利用某些源于动物、植物细胞或"工程细胞"来生产原来很难获得的有用产物。因此，随着研究的深入，"发酵"的实质含义应该是培养不同生命体获取所需要有用产品的过程。把微生物发酵技术、基因工程、细胞工程、代谢工程、生物信息学和计算机控制等新技术与工程技术有机结合起来，大量生产有价值产品以服务于工业、农业、医药卫生、能源、环保以及人类日常生活之所需，这正是微生物工程的现代目标。微生物工程的基本过程如图1-1所示。

1.1.2 微生物工程的特点

由于微生物工程是利用微生物进行生产的一门工程技术，所以它不同于化学工程等其他工程学科。一般来说微生物工程具有如下的特点。

1) 原料来源广，价格低。微生物生长所需的主要原料为碳源，生产所用的原料通常以淀粉、糖蜜等碳水化合物为主。可从农副产品(淀粉、纤维素等)、工业废水或者二氧化碳(如光能自养菌和藻类等)中获取。也可利用石油、醇类、醋酸及其他再生能源等。辅料包括有机或无机氮源和少量的无机盐。这些原料来源广、产量大、价格低廉，只要不含有毒物质，所用原料一般没有精制的必要，微生物本身能有选择地摄取其中的有用物质，符合可持续发展战略的要求。

2) 微生物种类多，分布广，具有易变异性。人们可有目的地从自然界中筛选有用的微生物菌种，通过物理和化学诱变、细胞融合、基因工程和蛋白质工程等方法，改变微生物的遗传性质，调节和控制代谢途径，获得高产菌株或得到原来不能生产的产品。从分子生物学的观点来看，微生物的基因组较小，调控系统相对简单，进行基因操作比动植物要容易。例如最初从微生物生产青霉素，其产率不到0.01%，经过人们的不断改造，现在已达到5%以上，产率提高500多倍。

3) 反应条件温和，微生物发酵过程是在生物体内利用酶的催化作用下进行的，因此生产过程所控制的温度、pH、压力等都与细胞内进行的生化反应相似，反应条件温和(如常温、常压、弱酸、弱碱等)，能耗少，生物转化反应专一性强，产品的转化率高，生产过程安全。

4) 微生物发酵代谢途径多样化，产品多样化。微生物种类繁多，代谢途径多样化，微生物反应过程以生命体的自动调节方式进行，数十个生化反应过程能通过单一微生物的代谢活动来完成。微生物能利用简单的原料生产出复杂的化合物，能高度选择地在复杂化合物的特定部位

Note

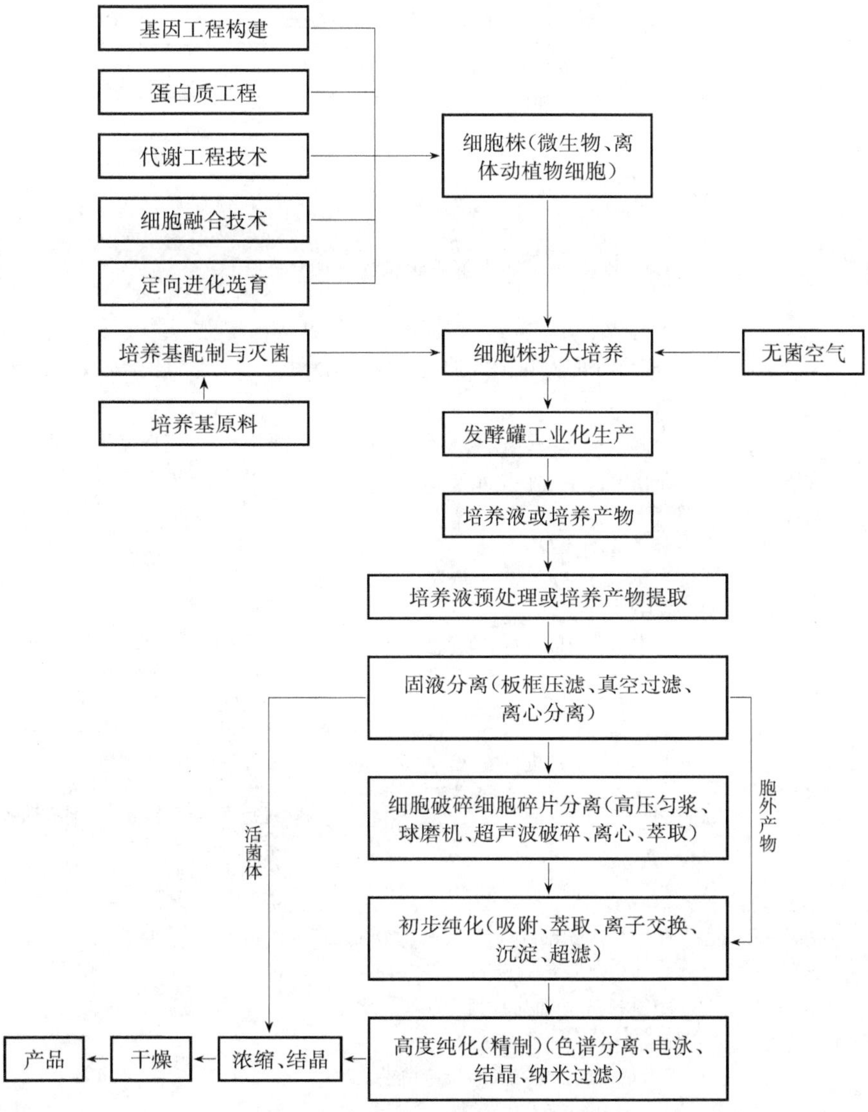

图 1－1　微生物工程流程示意图（改自陈洪章等，2004）

进行氧化、还原、官能团引入或去除等反应。微生物工程产业已为人类提供了种类繁多的产品，同时通过代谢工程还可以发现新的化合物。

5）微生物生长繁殖速度快、发酵时间短，可以缩短生产周期，提高设备利用率，降低生产成本。

6）微生物发酵过程是一个纯培养过程，发酵过程需防止杂菌污染，生产过程所需的设备、培养基和空气都需要进行严格的无菌处理，一旦杂菌入侵就有可能导致发酵生产的失败。

1.2　微生物工程的发展简史

从微生物的活动开始被认识起，它就被人类密切关注，人们逐渐认识到，有的微生物对人类有益，有的对人类有害。100 多年来，由于工程技术的介入，人们利用微生物的能力逐步加强，从原始手工小作坊逐步发展到现代化的大规模生产，形成了微生物工程。而与其他学科（生物化学、遗传学、基因工程、化学工程以及生物经济学等）相互渗透，大大促进了微生物工程的发展。为了更好地了解微生物工程的过去与现状，有必要回顾微生物工程发展的整个进程，表 1－1 列出了微生物工程发展过程的重要时期。

Note

表 1-1 微生物工程发展简史

年代	时期	重大事件	产品
公元前 4000～公元前 1000 年	自然发酵		果汁酿酒、醋、酱、酱油、原始啤酒、面包发酵、奶酪、干酪等
1675 年	纯培养	荷兰 Leeuwenhoek 显微镜发明	乳酸、酒精、面包酵母、甘油、丙酮、丁醇、淀粉酶、转化酶等
1857 年		法国 Pasteur 证明发酵由于微生物的作用	
1897 年		德国 Buchner 证明发酵是酶的作用	
1905 年		德国 Koch 应用固体培养基分离培养微生物	
1929 年		英国 Fleming 发现青霉素	青霉素、短杆菌肽、链霉素、金霉素、新霉素、两性霉素、衣康酸、纤维素酶、果胶酶、淀粉酶
1938 年	深层培养	英国 Florey，Chain 形成青霉素工业化生产工艺	
1944 年		Waksman 发现链霉素	
1959 年		Batchelor 发现青霉素母核-6-氨基青霉烷酸	
1955 年	代谢调控	日本木下祝郎进行谷氨酸发酵生产	谷氨酸、赖氨酸、土霉素、四环素、新生霉素、红霉素、制霉菌素、卡那霉素、丝环氨酸、曲酸、柠檬酸、葡萄糖酸、过氧化氢酶、甾体氧化产物、赤霉素、葡聚糖、单细胞蛋白、水杨酸
1966 年	固定化酶	日本千细一郎进行酰化酶的固定化	葡萄糖酸、糖化酶、氨基酰化酶、脂肪酶、乳糖酶、头孢霉素、林可霉素、利福霉素、万古霉素、核糖霉素、杀稻瘟菌素、多氧霉素、泰勒霉素、缬氨酸、甾体氧化产物、核苷酸、生物杀虫剂、黄原胶、石油发酵、污水处理、能源开发、细菌冶金、单细胞蛋白等
1969 年	酶抑制剂	日本梅泽浜夫从放线菌发酵液分离亮肽素	
1973 年	基因工程	美国 Cohen 和 Boyer 将卡那霉素和四环素抗性基因重组质粒转入大肠埃希菌	参见表 1-2
1975 年		德国 Kohler 和阿根廷 Milstein 建立单克隆抗体技术	
1978 年		Genentech 公司在大肠埃希菌中表达出胰岛素	
1982 年		美国 Eli-Lilly 药厂生产第一个基因工程产品——胰岛素	
1982 年		用 DNA 重组技术生产的第一个动物疫苗在欧洲获得批准	
1983 年		基因工程 Ti 质粒用于植物转化	
1980 年代		计算机控制与传感器技术在发酵工业中的应用	
1994 年		基因改组技术(DNA shuffling)	
1997 年		啤酒酵母基因组测序完成	
2002 年		泰乐菌素产生菌弗氏链霉菌的基因组改组技术(Genome shuffling)	

1.2.1 微生物工程的自然发酵时期

微生物的发酵作用是从数十亿年前地球上出现微生物时就存在的，这就是自然发酵或天然发酵。人类利用微生物的代谢产物作为食品和医药，已有几千年的历史。古埃及人在公元前40世纪时开始用经发酵的面团制作面包，公元前20世纪已掌握了用裸麦制作啤酒的技术，公元前25世纪古巴尔干人开始制作酸奶，公元前20世纪古希腊人和古罗马人已会利用葡萄酿造葡萄酒，公元前17世纪古西班牙人曾用类似目前细菌浸取铜矿的方法获取铜。

据考古证实，我国在距今4 000～4 200年前的龙山文化时期已有酒器出现，在2 500年前的春秋战国时期，已知制酱和醋。在宋代，已采用老的曲子——“曲母”来进行接种，还根据红曲菌有喜酸和喜温的生长习性，利用酸大米和明矾水在较高温度下培养，以制造优良的红曲。制曲和酿酒技术在《齐民要术》(公元6世纪)和《天工开物》(1637)等典籍中都有详尽的记载。在3 500多年前的商代，开始用人畜的粪便和秸秆、杂草等沤制堆肥；在2 000年前，已发现豆科植物的根瘤有增产作用，并采用积肥、沤粪、压青和轮作等农业措施，来利用和控制有益微生物的生命活动，从而提高作物产量。在3 000多年前的商代后期人们发现发霉的豆腐可以治疗外伤，在2 500年前就知道利用麦曲治疗腹病。在900年前，利用自养细菌生命活动的胆水浸铜法(类似于今日的细菌沥滤)用于生产铜。但那时人们并不知道微生物与发酵的关系，因而很难人为控制发酵过程，生产也只能凭经验，口传心授，所以被称为天然发酵时期。

1.2.2 微生物工程的近代时期——纯培养时期

1680年荷兰人安东尼·列文虎克(Anthony *van* Leeuwenhoek，1632～1723)用自制的显微镜发现了微生物(当时称微动体)，观察到细菌和原生动物，并对杆菌、球菌、螺旋菌等作了相当正确的描述，从而解决了认识微生物的世界的第一个障碍。在列文虎克发现微生物世界以后的200年间，人们对微生物的研究仅停留在形态描述的低级水平上，而对它们的生理活动及其与人类实践活动的关系却未加研究，也未能把微生物的活动与发酵联系起来。直到19世纪中期，以法国的巴斯德(Louis Pasteur，1822～1895)和德国的科赫(Robert Koch，1843～1910)为代表的科学家才将微生物的研究从形态描述推进到生理学研究阶段，揭示了微生物是造成腐败发酵和人畜疾病的原因，建立了分离、培养、接种和灭菌等一系列独特的微生物技术。

巴斯德在前人工作的基础上，进行了许多试验，其中的曲颈瓶实验证实空气内含有微生物，它们引起有机物质的腐败。巴斯德自制了一个具有细长而弯曲颈的玻璃瓶，其中盛有有机物水浸液，经过加热灭菌后，瓶内可一直保持无菌状态，有机物不发生腐败，因为弯曲的瓶颈阻挡了外面空气中微生物直达有机物浸液内，一旦将瓶颈打破，瓶内浸液中才有了微生物，有机质发生腐败。他还研究证明了酒精发酵是由于酵母菌的作用，指出发酵现象是微小生命体进行化学反应的结果。其后，他又研究了乳酸发酵、葡萄酒发酵、食醋酿造和丁酸发酵等，明确了这些不同类型的发酵是由不同形态类群的微生物引起的。这时微生物才从形态描述阶段进入到生理研究阶段，促进了微生物工业的发展。一直沿用至今的巴斯德消毒法和家蚕软化病问题的解决也是巴斯德的重要贡献，他在实践上解决了当时法国葡萄酒变质和家蚕软化病的实际问题，挽救了法国葡萄酒酿造业。巴斯德被誉为“发酵的奠基人”。

巴斯德的发现使人类认识了微生物与发酵的关系，但他没有建立纯培养技术，即只含有一种微生物的培养方法。科赫等建立了研究微生物的一系列重要方法，尤其在分离微生物纯种方面，他们把早年在马铃薯块上的固体培养基技术改为明胶平板培养技术(1881)，并进而提高到琼脂平板培养技术(1882)。在1881年前后，科赫及其助手们还创立了许多显微镜技术，包括细菌鞭毛染色在内的许多染色方法、悬滴培养法以及显微摄影技术。他们还利用平板分离方法筛选并分离到多种传染病的病原菌，例如炭疽杆菌(1877)、结核杆菌(1882)、链球菌(1882)和霍乱弧菌(1883)等。与此同时，丹麦人汉逊(Christian Hansen)建立了啤酒酵母的纯培养方法，并于1878年确定了“汉逊稀释法”纯粹培养原理。1881年Jargensen采用“汉逊稀释法”选择优良酵母菌株用于啤酒发酵。1897年德国人Buchner用无细胞酵母菌压榨汁中的“酒化酶”(zymase)对葡萄糖进行酒精发酵成功，从而开创了微生物生化研究的新时代。

巴斯德、科赫的工作为微生物发酵奠定了坚实的科学基础。微生物纯培养技术的建立，开创了人为控制微生物发酵进程的时代，促进近代微生物发酵工业的形成。通过上述原理的应用，发酵管理技术得到巨大的改进，酒类、酱油等的变质现象大大减少。发酵技术的进步始终和社会需求相关。第一次世界大战中，德国需求大量甘油用于制造炸药，从而使甘油发酵工业化。英国需求大量的优质丙酮，制造无烟火药的硝化纤维，促进了丙酮-丁醇发酵的发明。后来，又采用灭菌操作技术，发明了简便的密闭式发酵罐。此时的发酵产品有乳酸、酒精、面包酵母、丙酮、丁醇等厌氧产品和柠檬酸、淀粉酶、蛋白酶等耗氧产品。发酵工业逐渐进入到近代化学工业的行列。

Note

1.2.3 微生物工程的发展时期——深层培养(通气搅拌)和代谢控制发酵时期

1928年英国细菌学家弗莱明(Alexander Fleming，1881～1955)发现青霉素，他在研究金黄色葡萄球菌时发现有一个能引起化脓性炎症的金黄色葡萄球菌的培养皿被空气中夹带的青霉菌污染。奇怪的是在那个青霉素菌落周围的金黄色葡萄球菌都长不出来，而形成一个透明的抑菌圈。他分离出这种青霉菌株并加以培养，从中提取出一种能杀死金黄色葡萄球菌的化学物质，即青霉素(Penicillin)。由于青霉素是微生物所产生的次级代谢产物，其产量比乙醇、有机酸等初级代谢产物低，结构也复杂，性能又不够稳定，且青霉菌为好氧微生物，当时只能采用表面培养法生产，因此大规模生产还存在很多困难。第二次世界大战(1939～1945)的爆发，前线和后方的伤员都希望能有一种比当时磺胺类药物更为有效和安全的治疗外伤炎症及其继发性传染病的药物。这时英国政府派药理学家弗洛里(H. W. Florey)和钱恩(E. B. Chain)参加到弗莱明的研究队伍中加速对青霉素的研究开发，经过他们的实验证明青霉素具有卓越的效能且毒性小。当时由弗洛里为首的一批研究人员在美国一些研究单位和药厂的支持下，分别采用化学合成和微生物发酵法生产青霉素。微生物发酵法以大量的扁瓶为发酵容器，湿麦麸为主要培养基，用表面培养法生产青霉素。发酵法生产青霉素虽然获得成功，但当时是由被称为"瓶子工厂"中生产出来，不能满足要求，于是决定请工程技术人员来共同改造原有生产线，以大型的带机械搅拌和无菌通气装置的发酵罐取代扁瓶，并对下游提炼技术和培养基配方进行改进，筛选适合液体培养的产黄青霉菌株(*Penicillium chrysogenum*)使青霉素的发酵效价提高10倍。随后，辉瑞(Phizer)药厂建立了一座具有14个约26 m^3发酵罐的青霉素生产车间。1945年，弗莱明、弗洛里和钱恩因发明和开发青霉素被授予诺贝尔医学奖。

青霉素的工业化生产，成为抗生素发酵工业的里程碑，这是微生物工程技术上的一大飞跃，其中的显著成就就是把化学工业的通风搅拌技术引入到发酵工业，从此好氧菌的发酵生产走上大规模工业化生产途径，随后链霉素、氯霉素、金霉素、土霉素、四环素等好氧发酵的次级代谢产物相继投产。深层通气搅拌技术是现代微生物工程的主要生产方式，一直延续到现在还是好氧发酵的主要方法。同时由于抗生素工业兴起而诞生的大型发酵罐，为微生物工程的发展提供了关键的设备，也为许多微生物发酵产品如酶制剂、维生素、有机酸、氨基酸等相关物质的发酵生产奠定了基础，后来以石油为原料生产饲料酵母、柠檬酸、水杨酸、长链二羧酸等有机酸沿用了这些设备。

抗生素工业的发展促进了其他发酵产品的出现。1955年日本微生物学者木下祝郎成功地用谷氨酸棒杆菌(*Corynebacterium glutamicum*)发酵生产获得谷氨酸，以后鸟氨酸(1957)、赖氨酸(1958)、异亮氨酸(1959)、缬氨酸(1960)、高丝氨酸(1960)等相继投产，目前几乎所有的氨基酸均可用微生物发酵法生产。氨基酸发酵的迅速发展与采用营养缺陷型突变株的筛选方法分不开。在营养缺陷型菌株选育基础上发展起来的代谢控制发酵技术，是以动态生物化学和微生物遗传学的理论为基础，将微生物进行物理或化学诱变，得到合适于生产某种产品的突变株，再在人工控制条件下培养，即可选择性地大量生产人们所需的代谢产物。代谢控制发酵技术最初应用于氨基酸生产菌种的选育，后来被广泛应用于各种微生物产品生产菌种的选育，其选择性标记包括营养缺陷型、药物抗性、结构类似物抗性、产物抗性、病毒抗性、温度敏感性、耐高渗和噬菌体抗性等。人工诱变育种与代谢控制发酵技术的建立，使人们可以有目的地改良和筛选微生物菌种，以获得较高产量。自20世纪60年代开始至70年代末，原有微生物产品的生产水平和产量不断提高，新的微生物发酵产品，包括氨基酸、核苷酸、维生素、抗生素、有机酸、新型酶制剂等不断涌现，新技术、新工艺、新设备不断出现，微生物工程应用范围也日益扩大，如广泛应用于能源开发、环境保护、细菌冶金和石油勘探等，形成了微生物工程的鼎盛发展时期。

Note

1.2.4　微生物工程的现代时期——基因工程时期

微生物工程现代时期最显著的特点，是利用现代生物技术构建的新型生物，借助发酵或细胞培养途径生产人类所需要的产品。20世纪70年代后，微生物工程与酶工程、细胞固定化技术有机结合，大大提高了生产能力。1973年日本科学家把微生物细胞固定化在载体上，创立了固定化技术，用这种技术发酵生产L-天冬氨酸、丙烯酰胺等重要化工产品，取得了很好的效果。20世纪80年代，随着生物技术的发展，微生物工程又有了迅猛的进展，例如，体外DNA重组技术在微生育种方面得到实际应用后，它使人们可以按照自己的意愿，改良或创建微生物菌种——工程菌，生产出各种特定的微生物产品，或提高现有微生物产品的产量。重组DNA技术首先在大肠埃希菌(*E. coli*)中获得成功，随后扩展到其他微生物，目前主要的微生物宿主有*E. coli*、枯草芽孢杆菌、面包酵母、巴斯德毕赤酵母、多形汉逊酵母菌和黑曲霉等。自20世纪80年代以来，已有数百种基因工程产品相继问世，其中包括各种疫苗、单克隆抗体、免疫调节剂、激素、医疗用酶和活性蛋白等自然微生物不能生产的生物制品(表1-2)。

表1-2　已上市和一些正在研究开发的基因工程产品(引自曹军卫等，2007)

医药产品 (包括兽用产品)	胰岛素 生长激素包括人和其他哺乳动物生长激素及其相关因子 干扰素包括白细胞干扰素、成纤维细胞干扰素、免疫干扰素 淋巴细胞活素包括白细胞介素2、白细胞介素3、巨噬细胞激活因子、β-细胞生长因子 血纤维蛋白溶解剂包括链激酶、尿激酶、组织血纤维蛋白溶酶原激活素等 疫苗包括腺病毒、霍乱、巨细胞病毒、脑炎病毒、甲型肝炎病毒、乙型肝炎病毒、疱疹病毒、流感病毒A和B、副流感病毒、疟疾、狂犬病毒、骨髓灰质炎、动物腹泻、口蹄疫、人类免疫缺陷病毒、呼吸道合胞病毒、轮状病毒、水痘-带状疱疹病毒、黄热病毒等 菌苗如百日咳杆菌、破伤风杆菌、致腹泻大肠埃希菌、流感嗜血杆菌、麻风分枝杆菌、结核杆菌、伤寒杆菌、淋病奈瑟球菌、脑膜炎奈瑟球菌、A组链球菌、B组链球菌、肺炎链球菌、志贺菌属、霍乱弧菌等 胸腺素、白蛋白、血因子、红细胞生成素、促血小板生长素 集落刺激因子包括粒细胞集落刺激因子和粒细胞巨噬细胞集落刺激因子；激素类避孕疫苗如人绒毛膜促性腺激素、促性腺激素释放激素、绵羊促卵泡激素、绝经期促性腺激素等 降血钙素、表皮生长因子、肿瘤坏死因子、α-1胰蛋白酶抑制剂 心钠素、单克隆抗体、生物传感器、基因芯片；利用基因工程菌生产的抗生素、氨基酸、甾体激素、维生素等
食品及饲料添加剂	氨基酸(如天门冬氨酸、苯丙氨酸、苏氨酸、色氨酸等)等
农业	生物杀虫剂，包括病毒杀虫剂、细菌杀虫剂、真菌杀虫剂 防治植物病害微生物；生物除草剂，包括真菌(锈菌、镰刀菌、炭疽菌属等)、线虫、病毒等
化工及能源原料	用可再生物质生产甲烷、甲醇、乙醇、丙酮、丁醇、多元醇、有机酸等；酶制剂；藻类产生的碳水化合物、蛋白质等物质；生物多聚物质，如黄原胶、黑色素、足丝黏性蛋白、生物合成橡胶、生物可降解塑料(聚羟基烷酯PHA、甲基侧链聚羟基丁酯PHB、乙基侧链聚羟基戊酯PHV)
环境保护	高效生物降解或解毒微生物等

重组DNA技术的发展，使人们能够利用*E. coli*为代表的多种模式微生物生产重组蛋白或重组药物。实际上，用基因工程菌表达生产重要的外源蛋白，已经成为医药生物技术的重要研究领域之一。这些重组蛋白或重组药物的价格很高，在10～100 L规模的发酵罐中生产，就已经产生利润，这是与传统的大宗发酵产品生产相区别的一个重要之处。后者由于价格相对较低，其生产过程往往需要在10～100 m^3甚至更大规模的发酵罐中进行，才能实现其规模效益。基因工程的引入，给微生物工程带来革命性的变化。

这个时期的另一个显著特点是计算机控制与传感器技术在发酵工业中的应用。20世纪80年代随着发酵过程耐高温溶氧电极和pH电极的成功应用，发酵过程检测参数的多样性表现为除了常规参数如温度、通气流量、罐压等外，还根据发酵过程研究的目标需要，添加测量参数。这些参数可以是生物量、中间代谢物、代谢途径中的酶和能量载体。为了能反映过程中的菌体细胞的生理特性或工程水平的混合传递特性等，又根据上述直接测定的参数组成各种间接参数。为了达到在线过程检测目的，设计了各种原理传感器。随着计算机技术的迅速发展，出了单片机、PLC、现场总线、工控机、集散系统等硬软件系统，有关发酵工厂已普遍采用计算机在线控制。

Note

1.3 微生物工程的发展趋势

1.3.1 微生物工程的现状

微生物工程技术经过50多年的发展，目前已形成了一个完整的工业技术体系，整个微生物工程行业也出现了一些新的发展态势。下面简要描述微生物工程行业的现状。

1. 世界微生物工程的现状

由于微生物工程应用面广，涉及行业多，所以应用微生物工程技术的企业较多。据报道，目前美国生物技术企业有1 200多家，西欧有580多家，日本有300多家。其中既有ADM公司、诺维信(原诺和诺德)公司等专门以发酵工程技术大规模生产各种产品的公司，也有DSM公司、汉高公司等利用大规模发酵技术生产部分产品的公司，还有在某一方面有专长的公司如生产基因重组蛋白质的Amgen公司等。进入21世纪，生命科学已成为新世纪最具活力的领域之一，世界大公司正在把注意力向生命科学部分转移，生物技术正在从食品、医药、农产品这些传统领域向化工、塑料、燃料和溶剂等工业领域扩展，尤其是微生物发酵工程技术在向传统的化学工业延伸，这必将给化学工业带来巨大的变革。

在传统化学工业中，化学反应一直依赖高温条件和以化学品(如酸、硅酸盐和表面活性剂)作为催化剂。而现在，这些工艺正在向采用生物催化剂的方向发展。随着更加稳定、性质多样的各种新品种酶不断被开发出来，酶可以安全地起到工业生物催化剂的作用。传统合成方法生产的药品，现在很多已改为采用酶工程工艺生产。德国巴斯夫公司建设一家R-苯乙醇酸生产厂，采用的是生物催化工艺，产品纯度达99%。而酶工程技术得以迅速发展的前提条件就是发酵工程技术的日趋成熟，使各种工业用酶的生产成本大幅度降低，工业应用得以实现。

近年来许多国家对利用生物技术生产塑料和燃料的研究力度都在加大。对于塑料生产厂家而言，用植物这样的可再生资源来取代以石油为基础的原料，发展前景极为诱人。树脂生产厂家不再依靠化石燃料的有限供应，可降解性的生物高分子可以变成肥料，不仅节省了填埋场所占的土地面积，而且更有利于环境保护和工业的可持续发展。从玉米、高粱或其他植物获取的淀粉和糖是目前正在开发的几种生物化学新工艺的基础原料。例如，日本三井化工正在生产用于农用地膜、瓶子和耐热容器等生物包装材料的LaceaPLA。他们还在研究完全由赖氨酸、天冬氨酸等氨基酸构成的生物高分子，并已开发出一种专有的工艺技术。这种工艺采用羟基碳酸、二醇、二羧酸等共聚单体生产聚酯。另外，环保型的酯类溶剂也可以来自植物，它们将能取代大约80%的现有的有毒性的石油溶剂。国外科学家于1999年就已获得这项技术的专利权。这项专利技术可从碳水化合物原料中提取出高纯度乳酸酯，并使生产成本降低一半，大大节约了能源，减少了挥发性排放物。

近年来，欧美许多传统的化学公司已将重点转向生物技术，其中包括美国的孟山都公司、德国的赫司特公司和法国的罗纳普朗克公司等。生物技术用于精细化工是21世纪世界范围内重点发展的高新技术领域之一，将其用于农药领域生产农用抗生素、细菌农药、真菌农药和病毒农药等生物农药，具有安全性好、选择性高、易于降解、污染小、用量少等优点；用于食品添加剂生产，可代替化学合成方法生产香精香料、天然色素、保鲜剂、防腐剂等；用于新材料开发，能生产生物可降解塑料，如聚羟基丁酸酯(PHB)及聚乳酸等。以生物技术为基础的手性化合物在精细化工产品中占有重要的地位，目前世界上正在开发的1 200种新药中有2/3是手性药物。利用生物催化剂制备手性化合物具有广阔的应用前景，用于不对称合成、对映体拆分，不仅可以催化很多的化学反应，还可以合成结构复杂、具有生物活性的大分子和高分子化合物，同时可以解决利用化学法进行不对称合成与拆分所需的手性源以及产生的无效对映体和环保问题。

2. 中国微生物工程的发展现状

Note

中国微生物工程经过长期发展已有一定基础，并一直持续快速发展。特别是改革开放以后，微生物工程的发展进入了一个崭新的阶段，不同品种虽然发展速度不一，但大都呈几倍乃至数十倍的增长，目前微生物工程产品涉及医药、保健、农药、食品、饲料、有机酸等各个方面。

在医药方面，抗生素得到迅猛发展，目前我国已经成为抗生素的生产和出口大国。抗生素产业总体规模已经达到世界第一，抗生素出口更是一直稳坐总金额第一的“宝座”。从2006年的统计数据可以看到：青霉素工业盐产量达41 000 t，占全球80%；7-ACA达3 350 t，占全球70%；阿莫西林达9 700 t，占全球39%；青霉素钠产量3 535 t，占全球97%。在农用抗生素方面，目前我国农用抗生素年产制剂量已超过80 000 t。从产值来看，已实现大规模生产的最大品种是阿维菌素，其次是井冈霉素和赤霉素。据不完全统计，2005年，阿维菌素年产值达到13亿多元，井冈霉素年产值达到5亿多元，赤霉素年产值达到3亿多元；其他品种包括：硫酸链霉素、农抗120、多抗霉素、宁南霉素、中生菌素等的年产值达2亿多元。从应用面积看，应用面积最大的品种是井冈霉素，其次是阿维菌素和赤霉素。井冈霉素年应用约200万hm^2次，阿维菌素年应用超过100万hm^2次，赤霉素年应用70万hm^2次。其他生化药物中，初步形成产业化规模的有干扰素、白细胞介素、乙型肝炎疫苗。

在食品与饲料方面，作为大宗发酵制品的氨基酸、酶制剂的产量也有很大的增加。2006年，中国的味精产量已达到136万t，成为占世界产量66%左右的第一生产大国。技术水平和装备水平也在不断提高。L-赖氨酸是世界上仅次于味精的第二大氨基酸品种，中国赖氨酸产业起步于20世纪90年代初，近10多年来，赖氨酸的市场需求急速增长，产量有了飞速发展。到2006年，仅长春大成集团的赖氨酸产量已超过25万t，其中国内销售量约为20万t。在苏氨酸领域研究开发处于世界领先水平的是日本味之素公司，它是全球最大的苏氨酸生产公司，总产能达到2.9万t/年，大约占全球市场份额40%，其发酵法生产的苏氨酸产酸率8%左右。长春大成集团2005年产量为8 000 t，主要生产指标中，产酸率为8%，转化率为40%，成品收率为75%，技术上处于世界先进水平。1965年我国第一家酶制剂企业在无锡市建立，开始了中国酶制剂产业的发展历程。酶制剂菌种发酵水平成倍增长，以国内生产比较早和产量比较大的糖化酶、中温淀粉酶和酸性蛋白酶3种酶为例，糖化酶最初发酵活力不足100 u/ml，1979年达到4 000 u/ml，1985年为8 289 u/ml，1990年为9 380 u/ml，1995年达到2.5万～3万u/ml，2000年达到4万u/ml，目前高达5万～6万u/ml以上。中温淀粉酶1965年发酵活力为109 u/ml，1980年为300～350 u/ml，1995年达到400～500 u/ml，2006年国内高的发酵水平可达800～900 u/ml。酸性蛋白酶在20世纪70年代液体深层发酵的生产水平为4 000 u/ml，到目前已达8 000 u/ml，生产工艺为我国拥有自主知识产权的技术。我国开发的生物法长链二元酸工艺居世界领先地位，该产品世界上最大的发酵法生产线已投入运行，年生产能力达6 000 t以上。

1.3.2　微生物工程发展趋势

微生物工程是基因工程、酶工程、细胞工程技术等实现产业化的桥梁，现代生物技术的快速发展给微生物工程的发展提供了巨大的发展空间。

1. 菌种技术

发酵工业离不开菌种。微生物发酵过程的成功开发涉及许多环节，而微生物菌种应用开发技术即菌种技术是其中的一个主要环节。菌种技术包括从自然界中得到生产目的产物菌种的筛选技术、提高菌种生产性能的选育技术及保证菌种生产能力长时间稳定的保藏技术。

(1) 菌种的筛选

随着微生物资源的开发利用，微生物产品种类不断被发掘出来。如抗生素中，继青霉素、链霉素后，世界上陆续筛选出抗生素上万余种，且每年仍有100～150种新抗生素筛选出来，实际进行工业化生产的已有百余种。所有这些微生物所提供的产物都起始于从自然环境中分离和筛选的菌种。但这些成绩远远不够，持续发展的人类社会在不断地向微生物索要产品和服务，因此发展高效、快速的菌种筛选技术是一项长期的科研任务。对于极端微生物的筛选和利用特殊PCR技术建立“未培养微生物”的基因库从而实现对未培养微生物的利用，是目前世界上菌种筛选工作的重要课题之一。

Note

1）极端微生物　极端微生物的研究和应用已成为国际热点，极端环境中生息的微生物具有独特的环境适应机制、独特的基因及特殊的代谢产物。针对不同极端环境的适应机制，极端微生物蛋白质及酶的氨基酸残基可能有一定的特征，其蛋白质的性质与结构特征等信息可指导开发全新的工业生物催化剂。因此，在嗜高温、高盐、有机溶剂、低温、高压、高酸性、高碱性及富含重金属的环境中，存在大量的可获取各种微生物，各种性质酶、蛋白及基因的潜力是工业生物催化剂开发的宝贵源泉。高温DNA聚合酶、碱性酶、碱性纤维素酶、环糊精酶及极端采油菌已在产业上产生了重要影响。

2）未培养微生物　未培养微生物（uncultured microorganisms）是指迄今所采用的微生物纯培养分离、培养方法还未获得纯培养的微生物。顾名思义，未培养微生物资源（uncultured microbial resources）是蕴藏于这类微生物中的可供人类开发利用的直接的和潜在的生物资源。由于这类微生物在自然环境微生物群落中占有非常高的百分比（约为99%），无论是其物种类群，还是新陈代谢途径、生理生化反应、产物等都存在着不同程度的新颖性和丰富的多样性，因而其中势必蕴涵着巨大的生物资源。宏基因组学（metagenomics）研究可以绕过微生物分离培养这一步，直接分析微生物的遗传组成并开发微生物的基因组以用于生物技术。宏基因组学也称环境基因组学（environmental genomics）或群落基因组学（community genomics），宏基因组学的概念在1998年首先由Jo Handelman等提出，其定义为“利用现代基因组技术直接研究自然状态环境中的微生物有机体群落，而不需要经过分离、培养单一种类的微生物”。宏基因组技术在开发土壤未培养微生物以及海洋活性物质等方面应用非常广泛，目前已采用土壤、海洋生物、海水、人唾液和牛的瘤胃等样品成功构建了宏基因组文库，已筛选到的生物活性物质有各种酶类及一些次生代谢产物，包括脂酶/酯酶、蛋白酶、淀粉酶、氧化酶、几丁质酶、核酸酶、膜蛋白、4-羟基丁酸代谢酶系、生物素合成酶系、色素、抗菌抗肿瘤活性物质及抗生素抗性基因等。

（2）菌种的分子改造

为生产目的产物，一般还要对所筛选出来的菌种进行选育，以提高其产率及改善其工艺性能。改进的手段主要有自发突变、传统的“经典”理化诱变、基因工程改造等。基因工程是现代生物技术的核心技术，随着基因工程技术的不断发展，其在微生物工程中的应用主要是在使用基因重组（DNA recombination）、基因改组（DNA shuffling）及定点突变等技术改造生产菌种，大大提升了发酵工业的技术水平。诸如氨基酸、核苷酸、维生素、抗生素、多糖、有机酸、酶制剂、乙醇、饮料、啤酒等均已用重组DNA技术构建了重组工程菌，有的早已获准进行商业生产，如细菌α-淀粉酶、凝乳酶、L-苏氨酸、L-苯丙氨酸等。在发酵工业中，降低氧消耗与动力消耗对降低生产成本有着重要意义。近来采用透明颤菌（*Vitreoscilla* sp.）血红蛋白（VHb）的克隆及应用受到普遍重视。VHb蛋白在大多数异源宿主中表达均可降低重组细胞对溶解氧的敏感程度，使之适应较低的溶解氧水平，有利于重组细胞的生长和目的产物的合成，因而在发酵工业中具有良好的应用前景，可用来降低能耗及提高产品质量。

（3）发酵过程系统生物学

随着后基因组时代的到来，系统生物学这一学科的重要作用受到特别强调。它要研究所有的基因、蛋白质以及组分间的所有相互关系。根据系统生物学原理，充分利用不断增加的基因组（序列）数据及生物信息学工具，有机结合转录组学、蛋白质组学，特别是代谢组学进行代谢工程研究，结合生物信息学和计算生物学的研究，达到改造和控制细胞性质、提高底物利用及产品收率、促进微生物工程发展的目的。微生物发酵过程系统生物学研究的主要内容有：把生物反应器体系作为相对封闭的生态系统，用系统生物学的方法来研究微生物内在的生理活动、微生物之间的相互作用、微生物与外在环境相互作用关系。这种全域性研究可以发掘微生物生物合成调控基因，为代谢工程改造菌种、重构微生物基因组及表达调控系统提供理论基础；发掘发酵过程参数优化的分子机制，为进一步优化发酵过程参数提供理性依据。随着系统生物技术的不断进步和完善，它对微生物工程的影响将越来越大。微生物工程的所有阶段，从上游（菌株、细胞和生物体的选育）和中游（发酵和其他操作）到下游步骤都会获益于系统生物技术方法。

2. 发酵技术

发酵技术发展趋势包括发酵培养基制备技术、发酵过程的优化和控制方面的内容。

（1）发酵培养基制备技术

对于发酵培养基制备技术，国内企业及研发机构通常主要考虑以发酵生产成本最低为目标进行开发，即采用最低的成本制备发酵所需的大量营养物质，包含两方面的内容：① 以最低的价格购买发酵原材料；② 以最低的成本对原材料进行灭菌。而目前世界上的技术发展趋势是将发酵和提取结合起来综合考虑产品的生产成本来开发培养基制备的技术。合成培养基由于成分简单，含杂质少，有利于后提取的产品分离，已逐渐成为国外大公司考虑的首选。虽然这样发酵成本略有上升，但是提取成本却因为工艺的简化而大大降低，并且合成培养基由于成分清晰，发酵结果重复性好。

（2）发酵过程的优化和控制

发酵过程优化的目的是使细胞生理调节、细胞环境、反应器特性、工艺操作条件与反应器控制之间这种复杂的相互关系尽可能地简单，并对这些条件和相互关系进行优化，使之最适于特定发酵过程的进行。因此，发酵过程的优化和控制主要涉及以下两方面的进展。

1）代谢工程与功能基因组学　　代谢工程是在对细胞（包括微生物、植物、动物乃至人体细胞）内代谢途径网络系统分析的基础上，进行定向的、有目的地改变，以更好地理解和利用细胞代谢进行化学转化、能量传递和超分子组装。代谢工程可在细胞与分子水平上认识和改造细胞。代谢工程的核心与功能基因组密切相关。通过对不同细胞菌体进行遗传改变并观察识别所产生的生理响应，代谢工程工作者取得经验并能找出基因组-生理学（或基因型-表型）之间的关系，从而进一步开展代谢工程研究。根据功能基因组（转录物组、蛋白质组及代谢物组）信息，可以进行代谢网络重建、优化及设计，进而通过代谢工程改进细胞菌体性能。

2）发酵过程的控制优化　　随着在发酵罐中微生物大规模培养技术的深入研究，以及对以批式培养为主要对象的发酵过程参数的时变性、多样性、耦合性和不确定性的认识，建立了以过程动力学为基础的数学模型，又引入了一系列现代控制理论，其中有静态和动态优化、系统识别、自适应控制、专家系统、模糊控制、神经元网络直到各种混沌现象的研究，以实现过程优化。随着对以代谢流为核心的发酵过程多尺度问题的认识的增加，传感器与计算机软硬件配置除考虑动力学的概念外，还加强了发酵罐物料流与宏观代谢流的检测。在发酵罐中设计、利用各种传感技术，把各种检测参数通过在线计算机数据处理，并实时描绘出各参数动态趋势曲线，检测参数的多样性、时变性、相关耦合性和不确定性，通过这些特性就可以得到生物反应器中多尺度问题有意义的研究内容。

3. 微生物工程下游分离与纯化技术

影响生化产品价格的因素，首当其冲的是分离与纯化过程，其费用通常占生产成本的50%～70%，有的甚至高达90%。分离步骤多、耗时长，往往成为实施生化过程替代化学过程生产的制约因素。寻求经济适用的分离纯化技术，已成为生物化工领域的热点。分离纯化技术的研发有两个方向：一是结合其他学科的发展开发新的分离纯化技术；二是对现有的分离纯化技术进行重新开发，从另一个角度对现有的分离纯化技术进行利用，如将絮凝和凝聚用于含延胡索酸酶活菌体的收集，通过选择适合的絮凝剂，可以最大程度地去除杂质，保护酶的活性。目前在发酵工程后提取工艺上已大规模应用的新型分离纯化技术有双水相萃取、新型电泳分离、大规模制备色谱、膜分离（微滤、超滤等）、连续结晶技术等。这些新型技术的开发与应用，减少了后提取工艺的操作费用，提高了后提取工艺的产品收率，大大降低了生产成本，使许多产品大

Note

规模生产成为可能，使生化过程替代化学过程成为可能。此外，将下游分离过程与产物生成过程结合起来（如原位分离、萃取发酵等），以解决生物产品生产过程中的产物抑制和不稳定性，是生物产品分离技术的有益发展方向。如采用 *Sphingomonas* sp. 耦合发酵提取工艺生产辅酶 CoQ10，38 h 的发酵时期后辅酶 Q10 最高产量达 43.2 mg/L 以及 32.5 mg/g 细胞干重。

复习思考题

1. 阐述现代微生物工程的概念，微生物工程的基本过程。
2. 在微生物工程发展史中，哪几个阶段对推动微生物工程发展起着关键性的作用？
3. 微生物工程的特点是什么？发展趋势如何？

第2章 工业微生物菌种的选育及扩大培养

知识框架图

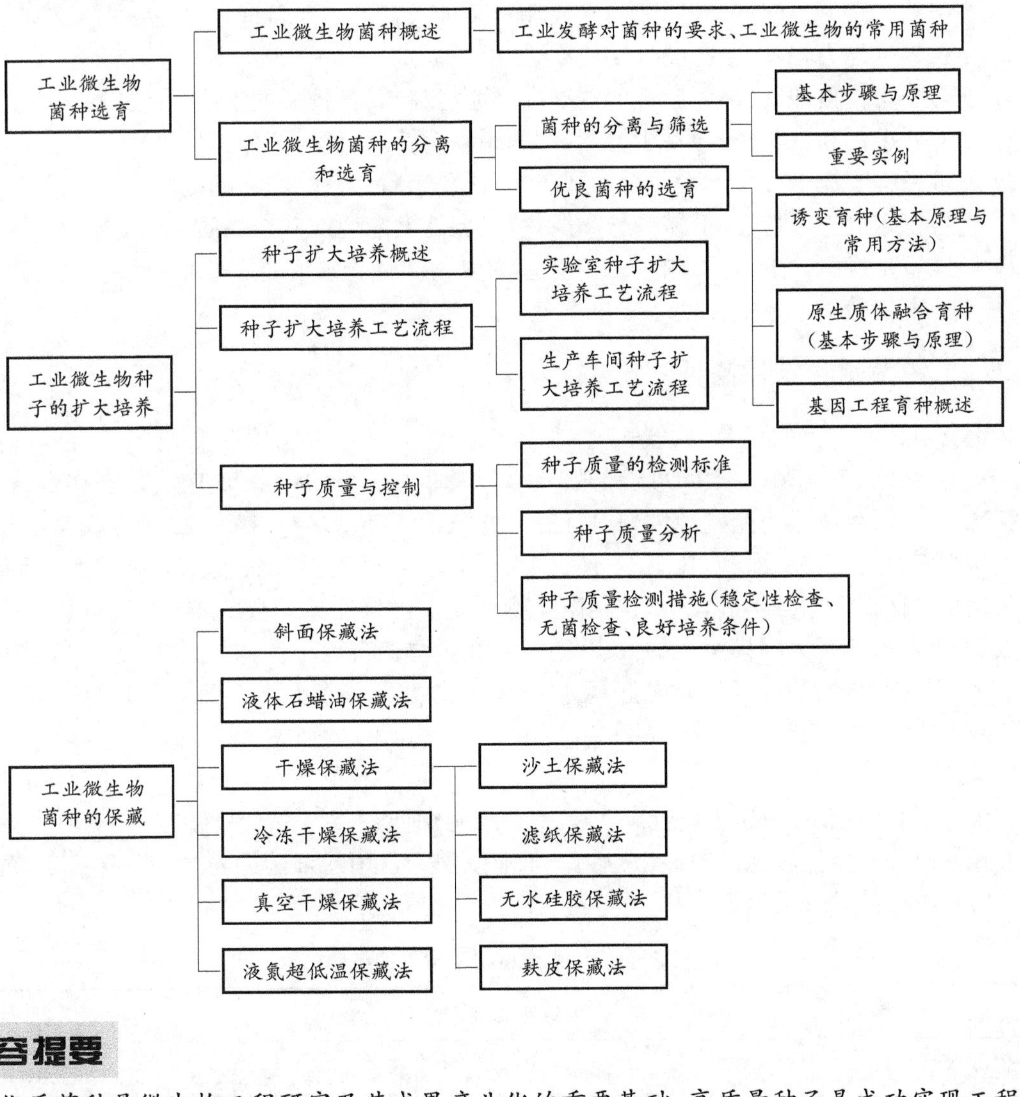

内容提要

优质菌种是微生物工程研究及其成果产业化的重要基础，高质量种子是成功实现工程化的前提。从自然界获取种质资源、通过菌种选育以及有效的菌种保藏可以达到持续获得优质菌种

Note

的目的；通过菌种工艺可以达到获得高质量种子的目的。本章重点介绍工业微生物菌种分离筛选和人工选育的基本原理和实验方法，包括自然选育、诱变育种、原生质体育种等，并概述了基因工程育种；工业发酵过程的种子扩大培养的原理和方法，包括实验室种子扩大培养、工厂种子扩大培养以及种子的质量及其控制；菌种的保藏方法，包括斜面保藏法、液体石蜡油保藏法、干燥保藏法、冷冻干燥保藏法、真空干燥法、液氮超低温保藏法、液相保藏法等。

2.1 工业微生物菌种

2.1.1 工业发酵对微生物菌种的要求

微生物发酵工程是利用不同微生物，通过细胞产生的系列酶催化复杂的生化反应过程，将廉价的原料转变为人们所需要的各种代谢产物。因此微生物是实现工业发酵的关键所在。通常工业发酵所用的微生物称为菌种。自然界中的微生物种类多，来源广，但不是所有的微生物都可作为菌种。发酵生产中所用的菌种都来源于自然界，但又都带上了人类遗传操作的痕迹。自然界中筛选获得的菌株，都需经过精心选育，达到生产菌种要求的菌株可作为生产菌种。用于工业生产的菌种，通常应符合以下基本要求。

1）具备高产目的代谢产物的能力，这往往是菌种选育的主要目标。

2）生长繁殖能力强，有较高的生长速率，发酵周期短。

3）能够利用价格便宜、来源广泛的农副产品原材料，具备较低的工业发酵原料成本。

4）培养要求不高，培养条件易于控制，例如耐高温菌株、抗噬菌体菌株等。

5）发酵过程不产生或少产生非目标副产物，这利于后期目标产物的提取。

6）具备稳定的遗传特性，不易变异和退化，以保证发酵生产和产品质量的稳定性。

7）菌体不是病源微生物，不产生任何有害的生物活性物质和毒素，如果是基因工程菌，要严格控制基因的转移，具备高度的生物安全性。

2.1.2 工业微生物常用菌种

微生物包括原核类的细菌、放线菌、蓝细菌、支原体、立克次氏体和衣原体，真核类的真菌（酵母菌、霉菌和大型真菌）、原生动物和微藻类，以及非细胞类的病毒和亚病毒（类病毒、拟病毒和朊病毒）等。微生物具有繁殖速度快、代谢能力强、代谢类型多及易变异的特点决定了它在工业上用途很广，包括食品、医药、化工、水产、国防、纺织、石油勘探和石油化工等方面。目前，人们对微生物的认识还十分不够，所认识到微生物种类不到自然界总数的10%；微生物的代谢产物达数千种，而可实现大规模生产的仅100多种；微生物酶有近千种，而已在工业上利用也不过四五十种，因此微生物的资源十分丰富，可供开发的潜力还非常大。下面简要介绍一下工业上常用的微生物。

1. 细菌

细菌属于真细菌纲（Schizomycetes），是一类细胞细而短、结构简单、细胞壁坚韧、主要以二分裂方式繁殖和水生性较强的原核微生物。工业发酵中常用的细菌见表2-1。图2-1列出工业发酵常见的细菌的分类纲要。

表2-1 工业微生物中常用的细菌

微生物名称	主要形态特征	主要产物
枯草芽孢杆菌（*Bacillus subtilis*）	属于芽孢杆菌属，革兰染色阳性，细胞呈椭圆到柱状，菌落表面粗糙不透明，污白色或微黄色	主要生产蛋白酶、淀粉酶，还可用来生产多肽类抗生素、氨基酸、维生素、2,3-丁二醇、果胶酶

Note

续　表

微生物名称	主要形态特征	主要产物
地衣芽孢杆菌 (*B. licheniformis*)	属于芽孢杆菌属，革兰染色阳性，细胞呈杆状、单生。菌落白色、表面粗糙皱褶	生产碱性蛋白酶、甘露聚糖酶和杆菌肽
巨大芽孢杆菌 (*B. megaterium*)	属于芽孢杆菌属，革兰染色阳性，细胞呈杆状、末端圆，也为常见的油中腐生菌	葡萄糖异构酶、腺苷、鸟苷、腺苷酸，还可产生头孢菌素酰化酶
苏云金芽孢杆菌 (*B. thuringiensis*)	属于芽孢杆菌属，革兰染色阳性，会产生伴胞晶体	农用杀虫剂(苏云金杆菌粉剂、杀螟杆菌粉剂)
丙酮-丁醇梭菌 (*Clostridium acetobutylicum*)	属于梭状芽孢杆菌属，一般革兰染色为阳性，芽孢常使菌体膨大呈梭状，为专性厌氧	丙酮、丁醇等有机溶剂
产氨短杆菌 (*Brevibacteriaceae ammoniagenes*)	细胞杆状，圆端，单生，无荚膜，不运动，革兰染色阳性	氨基酸、核苷酸(ATP、IMP)、生物辅酶 A
谷氨酸棒状杆菌 (*Corynebacterium glutamicum*)	细胞杆状，常呈一端膨大的棒状，折断分裂成"八"字形排列，革兰染色阳性	谷氨酸和其他氨基酸
德氏乳杆菌 (*Lactobacillus delbruckii*)	细胞形态变化大，多为成链排列，革兰染色阳性	生产乳酸
乳链球菌 (*Streptococcus lactis*)	细胞卵球形，略向链的方向延长，大多成对或成短链，革兰染色阳性	乳制品、乳链球菌肽、乳酸菌素
肠膜状明串球菌 (*Leuconostoc mesenteroides*)	细胞球状，成对，成短或长链，有荚膜，革兰染色阳性	生产代血浆(右旋糖酐)
大肠埃希菌 (*Escherichia coli*)	细胞呈杆状、革兰染色阴性	可作为基因工程受体菌，用于生产各种多肽蛋白质类药物
醋酸菌 (*Acetobacter*)	细胞呈椭圆至杆状，不生芽孢，革兰染色阴性，好气	制醋
假单胞菌 (*Pseudomonas*)	细胞呈直的或微弯的杆状，单个，革兰染色阴性，无芽孢	维生素 B12、丙氨酸、谷氨酸、葡萄糖酸、色素、果胶酶、脂肪酶
野油菜黄单胞菌 (*Xanthomonas campestris*)	细胞呈直杆菌，革兰染色阴性，专性好氧，在固体培养基上产生非水溶性的黄色色素	黄原胶

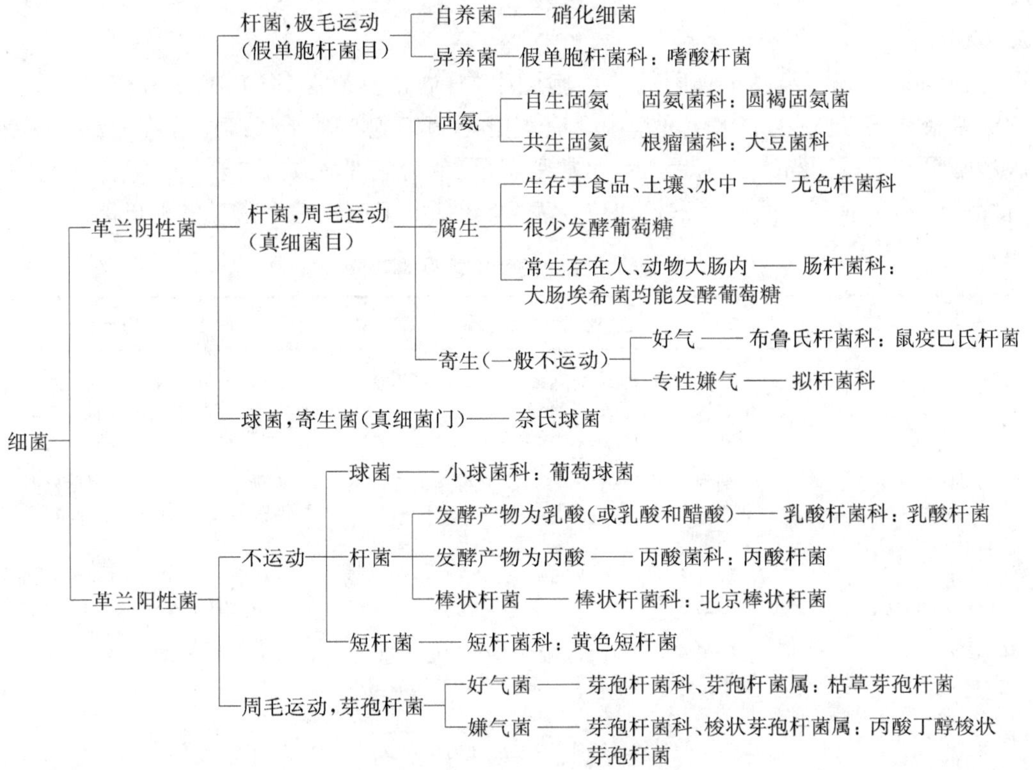

图 2-1　工业发酵中常见细菌的分类纲要(引自肖冬光，2006)

Note

2. 放线菌

放线菌(*actinomycete*)是一类呈菌丝状生长，主要以孢子繁殖、菌落呈放射性、革兰染色阳性、陆生性强的原核生物。放线菌是抗生素的主要产生菌，至今发现近万种抗生素中，有70%由放线菌产生。放线菌还可用于生产各种酶和维生素，在甾体转化、石油脱蜡、烃类发酵、污水处理等方面也有所应用。表2-2列出了工业发酵中常用的放线菌。

表2-2 工业发酵中常用的放线菌

放线菌属	属特征	微生物名称	抗生素
链霉菌属(*Streptomyces*)	是最高等的放线菌。有发育良好的分枝菌丝，菌丝无横隔，分化为营养菌丝、气生菌丝、孢子丝。孢子丝再形成分生孢子。孢子丝和孢子的形态、颜色因种而异，是分种的主要识别性状之一。	灰色链霉菌(*Str. griseus*)	链霉素
		卡那霉素链霉菌(*Str. kanamyceticus*)	卡那霉素
		金霉素链霉菌(*Str. kureofaciens*)	金霉素
		红霉素链霉菌(*Str. erythreus*)	红霉素
		小金色链霉菌(*Str. kasugaensis*)	春雷霉素
		委内瑞拉链霉素(*Str. venezuelae*)	氯霉素
		弗氏链霉菌(*Str. fradiae*)	新霉素
		龟裂链霉菌(*Str. rimosus*)	土霉素
		生米卡链霉菌(*Str. mycarofaciens*)	麦迪霉素
		产二素链霉菌(*Str. ambofaciens*)	螺旋霉素
		诺尔斯氏链霉菌(*Str. noursei*)	制霉菌素
		林肯链霉菌(*Str. lincolnensis*)	林肯霉素
诺卡氏菌属(*Nocardia*)	具有分枝状、发达的营养菌丝，但多数菌无气生菌丝。	地中海诺卡氏菌(*N. mediterranean*)	利福霉素
小单孢菌属(*Micromonospora*)	营养菌丝发育良好，不形成气生菌丝，在分枝的营养菌丝顶端产一个孢子	绛红小单孢菌(*M. purpurea*)	庆大霉素
		棘孢小单孢菌(*M. echinospora*)	
链孢囊菌属(*Streptosporangium*)	营养菌丝分枝很多，气生菌丝的孢子丝盘卷而成的孢囊	粉红链孢囊菌(*S. roseum*)	多霉素
		绿灰链孢囊菌(*S. viridogriseum*)	孢绿霉素
		西伯利亚链孢囊菌(*S. sibiricum*)	西伯利亚霉素

3. 酵母菌

酵母菌(yeast)是一类属于真菌的单细胞微生物，通常营出芽繁殖、能发酵糖类产能、常生活在含糖量较高、酸度较大的水生环境中。有些酵母菌细胞与其子代细胞连在一起成为链状，称为假丝酵母。酵母菌与人类生活关系非常密切，可认为它是人类的"第一种家养微生物"，在酿造、食品、医药工业等方面占有重要地位。表2-3列出工业发酵中常见的酵母菌

表2-3 工业发酵中常见的酵母

微生物名称	主要形态特征	主要产物
酿酒酵母(*Saccharomyces cerevisiae*)	又称啤酒酵母，细胞多为圆形、卵形，能产生子囊孢子，能发酵葡萄糖、蔗糖、麦芽糖和半乳糖等多种糖类，但不发酵乳糖和蜜二糖	酒精、细胞色素C、CoA、酵母片，凝血质、单细胞蛋白、甘油、琥珀酸、果酒、葡萄酒、啤酒、白酒等
卡尔斯伯酵母(*S. carlsbergensis*)	细胞多为圆形、卵形，与酿酒酵母的主要区别在于全发酵棉子糖，是啤酒酿造中典型的下面酵母	啤酒，又可生产食用酵母、药用酵母和饲料酵母，可作为维生素测定菌
异常汉逊酵母(*Hansenula anomala*)	细胞多为圆形、椭圆形，多边芽殖，能形成发达的假菌丝	食品增香，生产单细胞蛋白，生产某些药物，如CDP-胆碱、FAD、色氨酸
产朊假丝酵母(*Candida utilis*)	属于假丝酵母属，易形成发达的假菌丝，细胞中蛋白质含量和B族维生素含量比酿酒酵母高	菌体蛋白、B族维生素
解脂假丝酵母(*C. lipolytica*)	属于假丝酵母属，不能发酵任何糖，氧化烃类能力强	石油脱蜡、菌体蛋白

续　表

微生物名称	主要形态特征	主要产物
热带假丝酵母 (*C. tropicalis*)	属于假丝酵母属，不分解脂肪，不同化硝酸盐，氧化烃类能力强	应用于石油或农产品和工业废料生产蛋白饲料
毕赤氏酵母 (*Pichia hansenula*)	细胞具不同形状，多边芽殖，是饮料酒酿造的污染菌	应用于石油或农产品和工业废料生产蛋白饲料，还可产麦角固醇、D-阿拉伯醇、赤藓糖醇
粟酒裂殖酵母 (*Schizosaccharomyces pombe*)	细胞为圆柱形，末端圆钝	利用菊芋发酵生产酒精
白地霉 (*Geotrichum candidum*)	具真菌丝，有的有二叉分枝，横隔多或少	生产饲料蛋白
红酵母 (*Rhodotrula glutinis*)	细胞呈圆形、卵形、多边芽殖，能产生明显的红色或黄色色素	脂肪、蛋氨酸、β-类胡萝卜素

4. 霉菌

霉菌(mould)又称丝状真菌，通常指那些菌丝体比较发达而又不产生大型子实体的真菌。真菌营养体的基本单位是菌丝(hyphae)。霉菌的菌丝有两类：一类是无横隔膜，整个菌丝体就是一个单细胞，如根霉、毛霉、犁头霉等；另一类是有横隔膜，整个菌丝体由许多细胞形成，如青霉、曲霉等。由许多菌丝相互交织而成一个菌丝集团称为菌丝体(mycelium，复数 mycelia)。菌丝体分为两类：营养菌丝体与气生菌丝体。霉菌繁殖主要依靠各种孢子进行，无性孢子包括孢囊孢子、分生孢子、厚垣孢子、节孢子，有性孢子包括卵孢子、接合孢子、子囊孢子和担孢子。霉菌广泛分布在自然界中，对工农业生产、医疗实践、环境保护和生物学基础理论研究等方面都有密切的关系。表 2-4 列出工业发酵中常见的霉菌，图 2-2 为工业发酵中常见真菌的分类纲要。

表 2-4　工业发酵中常用的霉菌

放线菌属	属特征	微生物名称	产物
毛霉属 (*Mucor*)	具有发达的菌丝体，一般是无隔菌丝。无假根和匍匐菌丝，菌丝分化出直立、不分枝或分枝的孢囊梗，顶端产生孢子囊。有性生殖产生接合孢子	总状毛霉(*M. racemosus*)	蛋白酶、淀粉酶、3-羟基丁酮
		鲁氏毛霉(*M. rouxianus*)	乙醇、蛋白酶、琥珀酸
		高大毛霉(*M. mucedo*)	3-羟基丁酮、琥珀酸
		爪哇毛霉(*M. javanicus*)	乙醇、蛋白酶、果胶酶
		微小毛霉(*M. pusillis*)	凝乳酶、甾族化合物转化
		刺囊毛霉(*M. spinosus*)	凝乳酶、甾族化合物转化
根霉属 (*Rhizopus*)	具有发达的菌丝体，菌丝为无隔菌丝，在培养基生长时，由营养菌丝分化出匍匐菌丝，并由匍匐菌丝上长出假根，在假根相对的部位，生出孢囊梗；孢囊梗顶端着生球状的孢子囊	黑根霉(*R. stolonifer*)	发酵食品、糖化酶、果胶酶、富马酸、琥珀酸
		米根霉(*R. oryzae*)	酒类、淀粉酶、果胶酶、乳酸、纤维素酶、发酵食品
		华根霉(*R. chinensis*)	乙醇、芳香脂类、乳脂及反丁烯二酸
		无根根霉(*R. arrhizus*)	脂肪酶、乳酸、甾族化合物转化、发酵食品
曲霉属 (*Aspergillus*)	营养体由具有隔膜的分枝菌丝构成。从菌丝特化形成厚壁而膨大的足细胞，在其上生长出直立的无横隔的分生孢子梗。顶部膨大形成球形的顶囊，上面着生 1～2 轮放射状分布的瓶状小梗，小梗上着生成串的分生孢子	黑曲霉(*Asp. niger*)	重要多种酶制剂生产菌株、有机酸(柠檬酸、葡萄糖酸)、发酵饲料菌种
		米曲霉(*Asp. oryaze*)	发酵食品、淀粉酶、蛋白酶、果胶酶，曲酸、葡萄糖酸、顺乌头酸
		黄曲霉(*Asp. flavus*)	淀粉酶、蛋白酶、果胶酶，曲酸、甘露醇等
		宇佐美曲霉(*Asp. usamii*)	淀粉糖化酶、柠檬酸、顺乌头酸
		土曲霉(*Asp. sterreus*)	衣康酸、琥珀酸、α-酮戊二酸、甲基水杨酸等

Note

续　表

放线菌属	属特征	微生物名称	产物
青霉属 (*Penicillium*)	菌丝是典型的有隔菌丝，菌丝体无色至淡色。分生孢子梗由气生菌丝分化而来，直立，顶端一至多次分枝，形成扫帚状枝；分枝顶端产生瓶状小梗，小梗顶端产生成串的分生孢子	产黄青霉(*P. chrysogenum*) 橘青霉(*P. citrinum*) 展开青霉(*P. patulum*) 娄地青霉(*P. rocueforti*)	青霉素、葡萄糖氧化酶、蛋白酶、葡萄糖酸、麦角碱 脂肪酶、凝乳酶、核酸酶、甾族化合物转化 灰黄霉素 制造干酪
红曲霉属 (*Monascus*)	菌丝具有横隔，多核，分枝。菌落初期白色，老熟后变为淡粉色、紫红色等，能形成红色色素，甚至分泌到培养基中	紫色红曲霉(*M. purpureus*) 烟色红曲霉(*M. fjliginosus*) 红色红曲霉(*M. ruber*)	红曲霉红素、红曲霉黄素、洛伐他丁、红曲
木霉属 (*Trichoderma*)	菌丝透明、分隔，分枝发达；木霉菌落绒絮状，初为白色，后期产生孢子，产孢区常呈现同心轮纹状，产孢后菌落往往呈现绿色。分生孢子梗分枝，对生或互生，顶端产生瓶状小梗，小梗上着生分生孢子	绿色木霉(*Tri. viride*) 康氏木霉(*Tri. koningii*)	纤维素酶、纤维二糖酶、淀粉酶、乳糖酶，绿木霉素、木霉素等
犁头霉属 (*Absidia*)	形态接近于根霉，与根霉不同的是，假根分枝少，不发达，孢囊梗与假根不对生	蓝色犁头霉(*A. coerulea*) 李克犁头霉(*A. lichtheimi*) 灰色犁头霉(*A. griseola*)	酒曲，糖化酶，甾族化合物转化 α-半乳糖苷酶
头孢霉属 (*Cephalosporium*)	营养菌丝呈丝状分枝，有横隔。分子孢子梗更短，从气生菌丝上生出，基部稍膨大，呈瓶状结构	顶孢头孢霉(*C. acremonium*) 产黄头孢霉(*C. chrysogenum*)	头孢菌素 C

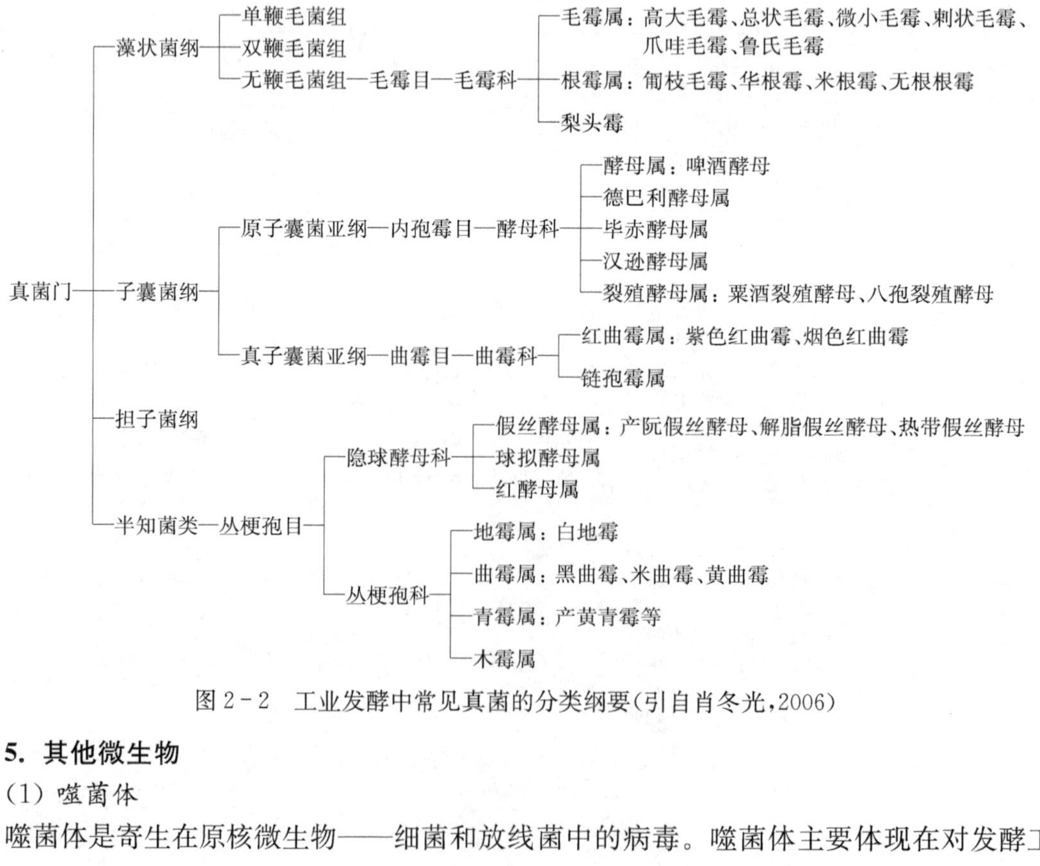

图 2-2　工业发酵中常见真菌的分类纲要(引自肖冬光，2006)

5. 其他微生物

(1) 噬菌体

噬菌体是寄生在原核微生物——细菌和放线菌中的病毒。噬菌体主要体现在对发酵工业的危害上，当发酵过程中出现噬菌体感染时，轻则延长发酵周期、影响产品的产量与质量，重则引起倒罐甚至使工厂被迫停产。因此要不断筛选抗性菌种、积极防治，尽量避免因噬菌体污染造成的损失。

(2) 微藻

微藻是自然界分布极广的一大群自养微生物资源。微藻可以提供人类优质蛋白质资源，例如螺旋藻的蛋白质产率是大豆的 28 倍。人们还从微藻中提取到高价值的有用成分，如藻蓝蛋白、虾青素、β胡萝卜素、维生素、DHA 与 EPA，作为食品和饲料添加剂，以及功能食品和生化药物原料等。此外人们还利用微藻固定 CO_2，生成可加工为燃料的类脂，使得微藻的经济价值越发重要。

(3) 基因工程菌

微生物是进行外源基因表达的重要受体。人们有意识将一些具备重要价值的基因转入到宿生细胞进行增殖和表达所得重组体菌株——基因工程菌。目前基因工程菌在制药工业得到广泛应用，并已成功开发出了相关产品，如胰岛素、干扰素、生长激素和各种疫苗等。

2.2　工业微生物菌种的分离和选育

以微生物为基础的发酵技术，首先必须具备优良的生产菌种。在生产实践中，菌种的来源是多方面的，有了菌种还要改造与提高，使之更加符合人们的要求。所以，要对工业微生物菌种进行选育。育种的目的是使微生物菌种的生长代谢符合人们生产的要求，然后应用于工业生产，为人类服务，为企业产生效益。

各类微生物广泛存在于包括土壤、空气、水和各种动植物表面和部分器官的自然界中。在长期的进化过程中，微生物与其他生物一样，经受着各种环境条件(包括各种十分弱的诱发突变的物理、化学甚至生物因子)的考验，最后适者生存，形成了由各种微生物物种组成的微生物资源。因此人们可以从这些环境中直接分离那些为适应环境而建立了非常完善的或特殊的代谢调控能力的微生物，通过进一步筛选，用于工业生产，或作为出发菌株，选育高产或特殊代谢产物的菌种，即工业微生物的分离与筛选。这是获得各种工业微生物优良菌种的重要手段与有效途径之一。另外，也常被用作发酵工业日常生产过程对菌种进行纯化复壮的有效手段。人们应该尽量采用从自然界直接分离获得的符合目的的微生物菌种，因为它们的遗传性状往往是十分稳定的。但是微生物的自然资源因突变率低，且不定向而难以满足人类生产的需要。所以为了加快微生物的定向进化，就必须主动改造微生物，即微生物的育种。随着科学研究技术的不断发展，微生物的育种已越来越成为发酵工业获得优良生产菌种的重要手段。

2.2.1　工业微生物菌种的分离与筛选

菌种的分离在工业生产中具有重要的作用，目前应用的优良菌种，绝大多数都是从自然界中分离得到，再经过筛选及培养条件优化而应用于生产的。如第一株青霉素生产菌就是从美国伊利诺斯州的葡萄柚中分离的；第一株头孢霉素生产菌是分离自意大利撒丁岛的污水。一般的，获得菌种的途径是菌种保藏机构提供或自行从自然界以及发酵制品中分离，其中自然界中蕴藏着极其丰富的微生物资源，而目前人类研究过的微生物不及总数的 1%。因此，不同自然界成为具有巨大潜力的菌种宝库。但是微生物在自然环境中是混杂生长的，要获得理想的菌种，就必须采用一定的方法将他们从中分离出来，这就是菌种的分离。然后根据不同目的，进行筛选。

1. 工业微生物菌种分离筛选的基本步骤

采样、富集、培养、筛选和产物分析为菌种分离常规步骤。

(1) 采样

即分离样品的采集。含微生物样品的采集是菌种分离中的重要工作，如何选择与采集样品

Note

是决定菌种分离成败的关键之一。土壤是各种微生物最集中的地方而被认为是最普遍的采集样品来源，一般土壤中细菌最多，其次是放线菌、霉菌和酵母菌。但是由于生理特性不同，随着土壤中的养分、通气、酸碱度及其所处的季节和地理条件不同，微生物的分布有很大的变化，如耕作土、菜园土微生物数量就多，枯叶多、阴暗潮湿地霉菌、酵母菌则含量多；一般取土层在5～25 cm的样品，可以容易分离到各种微生物，酵母菌、霉菌和好氧芽孢杆菌一般分布在浅层土中；偏碱土多分布细菌、放线菌，偏酸土则是霉菌、酵母菌居多；南方的地理条件更适合于微生物特别是霉菌、酵母菌的生长；冬季气温低、气候干燥，微生物数量少，春季雨水多，土壤通气不良，不利微生物生长，经过夏季较高温度和湿度的生长条件，使秋季微生物数量最多，此时采集样品最为理想。所以，要根据分离的目的结合实际条件进行样品采集；另外可以根据目的微生物的生理特点，如营养类型、生理特性等对样品进行理性定向采集，这样就可以提高菌种的分离效率。不同营养类型的微生物与其生长环境有着明显的相关性，特异的营养类型微生物从对应特定的环境中分离成功率较高，如分离分解酶类微生物工作中，从肉类加工厂附近和饭店排污水、污泥中易分离到蛋白酶和脂肪酶的产生菌；在面粉加工厂、酒厂、糕点厂等场所易分离到淀粉酶、糖化酶菌株；糖分比较高的环境易分离到酵母菌；水果及其加工场所和果园土中易分离到果胶酶产生菌；同样的，对于要分离合成某种化合物的微生物，从大规模使用、生产和处理这种微生物的场所采样，容易获得成功。高温菌易从热带地区或温泉、火山地带及堆肥中采样；耐压菌则通常在海底采样；在甜果、花蜜或甘蔗渣中易分离到耐高渗酵母菌。

(2) 富集培养

是指样品中目的微生物含量较少时，根据该微生物的生理特点，人为创建一种培养条件，使样品中的目的微生物在最适的环境下生长繁殖，相对数量快速增加，以利于菌株分离的手段。任何一种微生物的正常生长都有其特定要求的生理及环境条件，包括碳源、氮源、酸碱度、温度、空气等要求，富集培养就是通过控制这些条件达到目的。一般微生物可以通过以下方法进行富集培养。

1) 控制培养基的营养成分　自然条件下环境中含有丰富的碳氮源营养种类，使各种微生物可以均衡生长。设计一种培养基以某一特定物质为唯一碳源或氮源，经过培养，就能打破这种平衡，使能利用该物质的微生物迅速繁殖，其他微生物的生长就受到限制，因此就达到富集目标微生物的目的。最简单的例子就是常用不同的培养基富集培养不同类的微生物，查氏培养基主要培养丝状真菌、肉汤培养基主要培养细菌、高氏一号培养基则培养放线菌、PDA用来培养真菌；典型的例子有以油脂为唯一碳源富集脂肪酶产生菌。另外，由于微生物对环境因子具有较强的适应能力，通过不断强化的富集培养即连续富集培养，虽然耗时较长，但可以显著提高富集效果，这常被用于富集降解高浓度污染物的环保微生物。如将样品液连续移接培养在苯胺浓度逐步提高的富集培养基上，就能富集得到分解苯胺能力很强的微生物菌株。

2) 控制培养的理化条件　除培养基营养成分外，pH、温度、通气量等环境因子也是微生物赖以正常生长的条件，根据目的微生物的特殊要求进行控制培养，也可以实现富集培养。偏碱(pH7.0～7.5)的条件利于细菌、放线菌的生长，偏酸(pH4.5～6.0)利于霉菌、酵母菌的生长；分离嗜热、嗜冷、耐热、抗寒微生物，都可以通过控制温度进行富集培养。通气条件下可分离好氧微生物，而在厌气条件下才能大量富集厌氧微生物。

3) 抑制其他微生物的生长　通过高温、高压和加入抗生素等方法减少非目的微生物的数量，提高目标微生物的比例，同样可以达到富集的目的。如分离芽孢杆菌时利用芽孢耐高温的特点，在分离前先对样品进行高温处理，大量杀死其他非芽孢菌，使得芽孢菌变得容易分离。类似的措施还有，适量的胆酸盐和十二烷基磺酸钠可抑制革兰阳性菌的生长，可用于对革兰阴性菌的富集；加入四环素抑制细菌利于霉菌的富集；苯酚或青霉素、链霉素以及丙酸钠、重铬酸钾均能抑制细菌和霉菌，在放线菌的富集中经常采用。

总之，样品中目标微生物含量偏低时，采用富集培养对提高菌种分离的效率是非常必要的。但是，对于含量正常的样品，采用普通分离培养的方法即能获得目的微生物，则不必进行富集培养。

(3) 分离培养

样品或经富集后的培养液，仍然是多种微生物混杂在一起，为了获得纯种，就必须继续采用特定有效的技术方法，把最需要的菌株从中分离出来，这种方法是分离单个微生物细胞，经分裂繁殖在固体培养基上形成肉眼可见的单菌落，通过在肉眼条件下获取该单菌落而获得该微生物的纯培养。随着微生物学技术的不断发展，已经建立了比较成熟的分离培养通用方法，即平板稀释分离培养法。对于大型真菌(能产生子实体的)还可以采用孢子分离法、组织分离法和枯(耳)木分离法。平板分离法通常包括稀释涂布法、划线分离法以及平板涂布法结合特异的生理生化反应而扩展的透明圈法、变色圈法、生长圈法和抑菌圈法。如在乳酸菌分离平板培养基中加入适量的碳酸钙，能产生乳酸的乳酸菌就可以因为酸解碳酸钙沉淀使其菌落周围形成透明圈而被鉴别分离；在分离氨基酸产生菌时，在含有高浓度相对应氨基酸营养缺陷型菌株——工具菌的分离平板上，涂布培养待分离菌液，若该菌株菌落周围出现浑浊的生长圈，说明是目的微生物；将敏感菌作为分离产抗微生物的指示菌与分离菌液一起涂布在分离平板上，经培养若发现单菌落周围有明显的抑菌圈，则说明该菌是能产生抑制该敏感菌抗生素产生菌而成功分离。随着现代实验设备研制技术的提高，人们可以应用一种显微操作仪(图 2-3)，在显微镜下直接获取单个目的细胞而获得纯种。

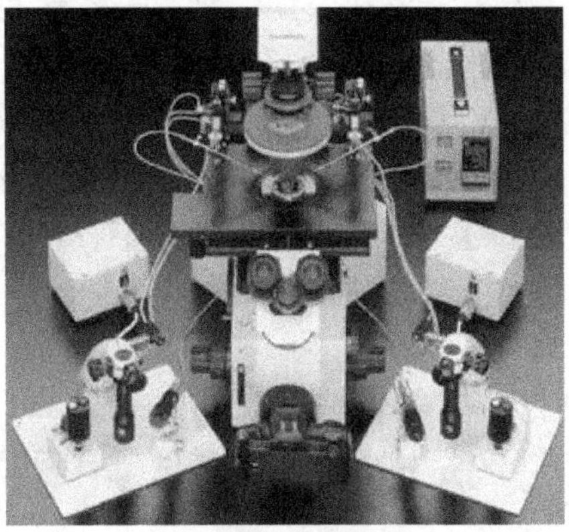

图 2-3 显微操作仪

(4) 目的微生物的筛选

1) 初筛　初筛是指从大量分离到的微生物中将具有合成目的产物能力的微生物筛选出来的过程。一般采用平板筛选和摇瓶筛选的方法，随着先进科学仪器的应用，结合自动化技术的高通量筛选手段引入微生物菌种选育研究，受到人们的关注。

平板筛选：这是最为常用的传统初筛方法。也通常在分离培养过程中就予以应用，就是将大量的待分离或待筛选的样品或菌株，培养在设计好的具有定性或半定量作用的琼脂平板培养基上，经过培养，通过对肉眼可见的形态或生理生化特征进行判断，从中初步选出一批目标菌株，缩小筛选目标的方法。此方法也可扩展为，先在平板上获得单菌落，通过菌落形态特征初选，再用无菌打孔器将其一一制成菌落块，然后，将其分别置于均匀制作的面积更大的检验平板上，于指定恒温条件下进行肉眼可见的目标产物快速检测，通过比较，就可以在较短的时间内从大量的分离菌株中选出相对较高产的菌株。在菌种的分离筛选工作中，设计一套科学有效的平板快速检测筛选方法，将复杂费时的化学测定简化为平板上肉眼可见的显色、透明圈等生化反应，能大幅度地提高筛选效率，减少育种工作量，这是所有从事育种工作的研究人员都极其重视的。如在筛选碱性蛋白酶产生菌时，将分离菌株培养在含有 0.3%～0.4%酪蛋白的琼脂平板上，适温培养后，测量菌落周围形成的水解圈的直径，通过比较就可以从中选出产酶能力较强的菌株。但是，并不是所有产生菌都可以简单地设计出一种快速检测的方法、快速方法的准确性问题以及菌株在平板上生长的发酵营养条件与实际的发酵条件存在较大差距，造成平板检验结果并不能客观反映菌株的发酵能力而影响筛选结果的准确性。这些缺陷使平板筛选法的应用产生很大的局限性，它只能大量应用于初筛工作，淘汰部分明显的低产菌株，为后续的摇瓶筛选降低工作量打好前期基础。

摇瓶筛选：就是通过摇瓶发酵，考察比较各分离或初筛菌株的发酵能力而进行的筛选方法。因为摇瓶液体发酵更接近实际生产的发酵罐发酵，所以，筛选结果相对更准确，更令人满意。但是明显的筛选工作量更大，结合快速检验板法，可以一定程度上提高工作效率：在一块约 300 cm^2 的玻璃平板上，制备含有一定浓度敏感菌或底物等反应物的琼脂平板上，先均匀打出直径 5 mm 的小孔，每孔注入 10 μl 摇瓶发酵过滤液，适温温育后测定反应圈大

Note

小来判断发酵能力予以取舍。也可以用无菌的圆滤纸片来替代打孔，每片滤纸可吸附 1～2 μl。确定可比较的反应圈大小，可以通过调节发酵液或底物的浓度以及琼脂检验板厚度来完成。

高通量筛选：高通量筛选(high throughput screening，HTS)技术是以分子水平和细胞水平的实验方法为基础，以微孔板形式作为实验工具载体，以自动化操作系统执行试验过程，以灵敏快速的检测仪器采集实验结果数据，以计算机对实验数据进行分析处理，同一时间对数以千万样品检测，并以相应的数据库支持整体运转的技术体系，可以一次同时对近 1 500 个样品进行检测与筛选。它首先是在药物大规模筛选研究中获得应用，对提高筛选效率降低筛选成本发挥了重要的作用。该筛选技术系统还未在微生物菌种选育中获得直接应用，但是其筛选研究的原理以及强大的筛选功能和产生的巨大效益预期，对微生物筛选工作产生极大的吸引力。

2) 复筛　通过初筛工作，一般可以淘汰 85%～90%不符合要求的微生物。余下的菌株则需再次进行摇瓶培养，用精确的化学分析方法测定发酵液中的目的产物水平，进行比较，最后从中选出较为优质可靠的菌株 2～3 株，这就是菌种的复筛。与初筛相比，复筛的再一个差别就是复筛实验的重复实验组数提高到 3～5 瓶，以保证结果的客观性，但整个操作繁琐，分析测定时间长，工作量大。所以，在实际筛选中往往还结合应用琼脂平板快速检测法，来降低复筛工作强度，提高工作效率。

2. 工业微生物菌种的分离筛选实例

(1) 乳酸菌的分离

乳酸菌是应用于食品工业重要的微生物之一，著名的乳酸菌有保加利亚乳杆菌、德氏乳杆菌、乳链球菌、嗜热链球菌、嗜酸乳杆菌等。其重要的生理特征是一类微需氧球状或杆状细菌，在厌氧条件下发酵产生乳酸等有机酸。在自然生态环境分布很广，在果蔬汁等植物体液体浸汁、啤酒汁、牛奶、奶酪中普遍存在各种乳酸菌。在分离样品采集过程中，如是非乳酸菌制品，一般含量较少，要进行富集培养。由于乳酸菌是微需氧的，按常规微生物培养方法一般不生长或只生长微小菌落，所以，要设计特殊的方法进行富集培养。一是选择合适的培养基，如保加利亚乳杆菌的增殖培养基为(%)：蛋白胨 1.0，牛肉膏 1.0，酵母膏 0.5，葡萄糖 2.0，吐温 80 0.1，磷酸氢二钾 0.2，乙酸钠 0.5，柠檬酸氢二铵 0.2，硫酸镁 0.005，pH6.2～6.6 装 10 ml/试管。二是厌氧条件，针对厌氧菌的分离，构建厌氧条件的方法有很多，包括焦性没食子酸法、加还原剂法、平板厌气培养法、试管厌氧法、生物吸氧法等。对于微需氧的乳酸菌，较为简便和有效的是平板、试管法结合细菌焦性没食子酸法，即富集或分离培养均是在密闭的具有焦性没食子酸和碳酸钠的干燥器中进行(图 2-4)，40℃下富集培养 2 d，在平板上涂布分离培养 2 d，挑取单菌落涂片镜检特征形态，如保加利亚乳杆菌在显微镜下呈细短杆菌，菌体两端圆形，单个，成双呈短链排列。并在上述液态培养基中于 40℃静置厌氧发酵 2 d，用 0.1 mol/L 的氢氧化钠溶液滴定发酵液，检测其产酸能力。结合镜检筛选产酸能力高的纯菌株进行穿刺培养低温保藏(图 2-5)。

图 2-4　焦性没食子酸干燥器法

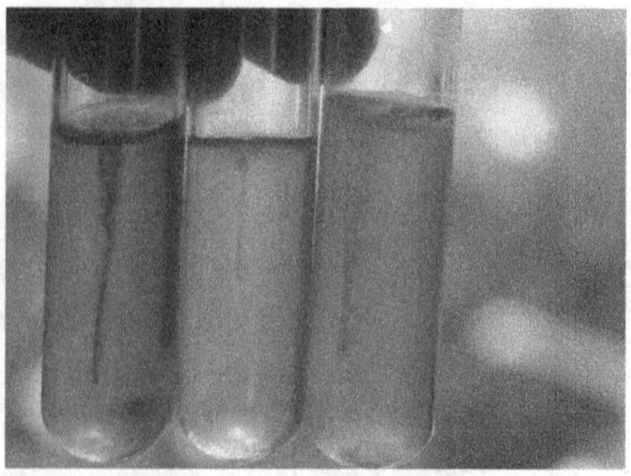

图 2-5　穿刺培养法

Note

(2) 枯草芽孢杆菌的分离

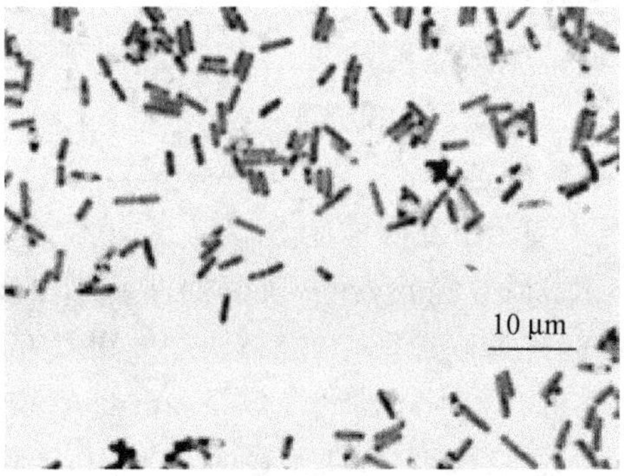

图 2-6　枯草芽孢杆菌的形态

枯草芽孢杆菌能产生多种淀粉酶和蛋白酶以及枯草芽孢杆菌素等，因此也是重要的工业用菌之一。枯草芽孢杆菌多为产芽孢需氧杆菌，在自然界中多分布于土壤或枯草中。由于芽孢是特殊的休眠体，可抗高热，特定的加热处理可杀死不产芽孢的菌类，而使芽孢菌得到纯化。也常利用该原理来分离枯草芽孢杆菌。具体方法是：将适量枯草切碎加入水中，煮沸 20 min，取出置 37℃培养 24～48 h，液面即产生黄白色皮膜，分离该皮膜细菌培养于肉汤平板上，挑取单菌落涂片镜检，确认具芽孢(图 2-6)后移接培养于试管斜面，并进一步观察其营养细胞形状、大小和排列，芽孢形状、部位等形态特征以及进行生理生化试验鉴定。

2.2.2　工业微生物菌种的选育

从自然界分离获得的野生菌种，无论是产量还是其他性能，都难以直接符合工业生产的要求，所以必须通过人工的遗传改造，改变和操纵微生物基因，大幅度提高菌株产量水平，改善产物性能，进而选育出符合工业化生产的菌种。这一综合技术是工业微生物菌种选育技术的核心，它包括诱变育种、基因重组育种、代谢调控育种以及基因工程育种等技术体系。其中诱变育种是最早实施也是最为有效的育种手段，它包括单一诱变和复合诱变技术，诱变剂有物理诱变剂、化学诱变剂和生物诱变剂，前两者为常见诱变剂；基因重组育种是在原核微生物的接合作用和真菌的有性生殖以及准性生殖基础上发展起来的育种技术，是两亲本发生基因重组产生杂合后代，通过筛选获得目的菌种，也称杂交育种，随着原生质体技术的发展，该育种技术的应用范围得到扩大，使基因重组技术由种内杂交发展成种间杂交、属内杂交，甚至是属间杂交，因此原生质体杂交育种成为目前被采用的最为普遍的工业微生物基因重组育种技术；随着对微生物代谢途径的深入研究，调控微生物合成和积累代谢产物的关键酶相继予以揭示，以代谢调控为原理的工业微生物育种技术得到不断应用，逐步形成了组成型突变株的育种、抗分解调节突变株的育种、营养缺陷型突变株的育种、渗漏型突变株的育种、抗反馈调节突变株的育种、细胞膜透性突变株的育种等技术体系；随着分子生物学技术的高速发展，基因工程育种技术不断成熟，许多工程菌作为工业微生物菌种在各发酵品种和行业中得到极其成功的应用，基因工程育种技术将逐步成为工业微生物育种的主流技术。本节将重点介绍诱变育种和原生质体融合育种技术并简要介绍基因工程育种。

2.2.2.1　诱变育种

基因突变是微生物变异的主要基础，人工诱变是加速微生物基因突变的重要手段之一。诱变育种就是以人工诱变手段诱发微生物基因突变，改变其遗传结构和功能，从多种多样的变异体中筛选出产量与性能符合工业化生产的突变株的专门技术。诱变育种是工业微生物优良菌种选育的重要途径，在世界发酵工业的发展中发挥了重要的作用，发酵工业中所使用的菌种大多数是通过诱变育种获得的。我国的抗生素包括青霉素、链霉素、金霉素、四环素、土霉素、红霉素、灰黄霉素等工业生产，都是随着菌种选育取得的重要成就而得到快速的发展。而这些菌种的选育几乎都是与诱变育种分不开的。从实际工业生产上看，诱变育种具有重要的意义，包括可以提高有效产物的产量，有效提高产物产品的质量，简化生产工艺条件，有助于开发新产品等。对主要抗生素产生菌进行连续反复的诱变育种，使其发酵效价提高上千倍，甚至上万倍。对青霉素原始产生菌产黄青霉进行诱变，获得一株无色突变株，使其发酵液不产生原来的黄色素，有效地提高了青霉素的产品质量，也简化了提取工艺，降低了生产成本。通过诱变可获得低泡沫变株、低发酵液黏度变株、抗噬菌体变株、低发酵热变株等，使发酵控制大大简化，降低了生产成本。诱变红霉素产生菌获得了能产生抗癌作用的阿霉素变株，开发出新的抗生素品种。

Note

诱变育种的步骤一般包括：出发菌株的选择、单孢子（单细胞）菌悬液的制备、诱变剂及其剂量的选择、诱变、分离筛选等。

1. 出发菌株的选择

研究经验表明，诱变处理前对出发菌株的遗传背景、稳定性、形态以及生理生化等特征的掌握，并加以选择，对提高诱变效果具有重要意义。不同来源的出发菌株将满足不同的育种目的，也将产生不同的诱变效果：以野生菌株为出发菌，产量低，但对诱变剂敏感，突变株变异幅度大，正变率高；以生产菌为出发菌，产量基础水平高，易获得高产变株，但可能对诱变剂不敏感，要精心选择诱变剂；具有生产有利性状的菌株做出发菌，如生长快、营养要求低以及产孢早而多的菌株做出发菌，易获得优良变株；选择已发生其他变异的生产菌株作为出发菌，往往易获得高产菌株。选择单倍体、单核的细胞做诱变出发菌材料，容易获得稳定性状的变异株；在连续诱变育种中，应挑选每代诱变处理后均有一些表型变异的菌株做出发菌，因为那些表型改变的菌株，已动摇了其遗传稳定性，对诱变剂敏感性增加，继续诱变处理，就更容易发生变异而最终达到目的。如吴松刚（1980 年）通过连续诱变获得的灰黄霉素高产菌 D－756 的育种过程及其成果（表 2－5）就证明了这一点。

表 2－5　灰黄霉素高产菌 D－756 的诱变系谱（引自吴松刚，1980）

菌株号	诱变代数	菌落大小/cm	菌落表面结构	菌落颜色	可溶性色素	变株效价提高百分比/%
4541	1	1.3	平滑疏松	龟背灰绿	赭石色	100
71046	10	0.8	平滑紧密	白	棕色	2011
B－53	11	0.6	平滑紧密	白	橙色	2642
C－40	自然分离	0.5	平滑紧密	白	淡棕色	3547
D－756	13	0.4	平滑紧密	白	鳃红色	6911

2. 菌悬液的制备

为了便于被处理细胞能够均匀接触诱变剂，必须将出发菌株用生理盐水或缓冲液制成分散均匀的单细胞悬液。一般选择单细胞的营养体或单核孢子做菌悬液，产孢子的丝状真菌制备孢子悬液时一定要将混入其中的菌丝片段过滤除去，因为一般菌丝是多核细胞的，其变株性状易发生分离而不稳定。菌悬液要选择年轻健壮的细胞或成熟新鲜的孢子进行制备的，所以，诱变细菌时往往要进行摇瓶震荡预培养或称前培养，来供给对数生长期的年轻细胞制备菌悬液，因为这一时期的菌体细胞正处于旺盛分裂期，DNA 复制过程容易发生变异，是诱变的良好时机。诱变产孢的丝状微生物则以单孢子为诱变材料，进行适宜的预培养制成菌悬液同样有利于提高诱变育种的效果，只是将单孢子在液体培养基中进行萌发培养至萌芽阶段，此时因产生芽体使细胞对诱变剂的敏感性显著提高。如果条件允许技术成熟，还可以用原生质体来制备菌悬液，这样可以大大增强诱变效应，而一般丝状真菌则多采用菌丝体制备原生质体。菌悬液的细胞浓度一般以 10^6～10^7 个/ml 为好。

3. 诱变剂及其剂量的选择

并非所有的诱变剂对某个出发菌株都是有效的；不同的微生物对同一种诱变剂敏感性也有很大区别，这不仅取决于出发菌本身，还与诱变剂进入细胞后的作用有关。所以，诱变育种之前要对使用的诱变剂种类进行适当的选择。

（1）*根据诱变剂的作用机制选择诱变剂*

不同的诱变剂其作用机制不同，有的是引起基因突变等微小突变，有的是染色体畸变、缺失等大的突变。所以要根据育种的目标来选择确定诱变剂，某些产物质量的变异是由单基因控制的，那么就选择某一多引起单基因突变的诱变剂结合剂量控制予以实施，如紫外线即是引起二聚体形成继而产生基因突变的；而许多产量变异是由多基因控制的；次生代谢产物的合成也是由复杂的酶促反应完成的，这些就要选择多种诱变剂的复合处理或选择引起较强突变的诱变剂。灰黄霉素产生菌的诱变选择紫外线加氯化锂处理，效果明显；青霉素产生菌则以 NTG、氮芥、乙烯亚胺等烷化剂处理更为适宜。

(2) 根据出发菌特性和遗传稳定性选择诱变剂

诱变作用是诱变剂和出发菌相互作用的结果，包括出发菌的表面透性以及对诱变剂的敏感性。不同的诱变剂对出发菌所表现出的特性是不一样的，导致最终的诱变效果的不同。对遗传稳定的出发菌，宜选择以前未使用过的、突变谱较宽的、诱变率高的弱诱变剂进行复合处理；对遗传性不稳定的出发菌，宜采用温和诱变剂或对该类菌曾经有效的诱变剂。

(3) 参考原诱变系谱选择诱变剂

对于诱变史短的出发菌，采用其中敏感的诱变因子进行处理；对诱变史长的出发菌则相反，不宜采用其长期使用的诱变因子。因为，该出发菌可能对该诱变剂产生“钝化”而出现“饱和现象”，所以要重新采用新的不同的诱变剂。

要选择最佳诱变效果的诱变剂，最好事先要做预备实验，从中选择正突变率高、变异幅度大的诱变剂。总之，诱变剂的选择是影响诱变育种成效的重要因素之一，在育种工作中应引起极大的重视。当然，诱变剂还依赖于其来源的难易、成本和操作的经验等因素予以选择。另外诱变剂量也是诱变剂选择的重要因素之一。适宜的诱变剂剂量，应该是使所希望的突变株在存活群体中占有最大比例，就可以减少往后的筛选工作量，育种工作容易获得成功。从理论上讲，比较可靠的是要通过制作相应的突变剂量曲线来确定特定的诱变剂量，如图 2-7。但是，由于检测工作量的原因，实际诱变育种中，都以致死率与变异率之间变化规律来确定的。对于产量变异，致死率高(90%～99%)负变菌株多，但容易产生产量提高幅度大的菌株。长期诱变的高产菌株低剂量(致死率 50%～80%)时正变率高；高剂量时形态变异率和负变率出现多，正变率少；但对于短诱变史或野生株结果则恰恰相反，但是大幅度提高产量的菌株出现可能性较低。诱变剂量的选择还涉及其他因素，如菌种本身的遗传特性、诱变史以及处理方法等。而不同类型的诱变剂控制诱变剂量的方法也大相径庭，化学诱变剂主要是调节浓度、混合时间和处理温度等因子；而物理诱变剂主要控制辐照距离、时间和环境的空气、水分等因子。

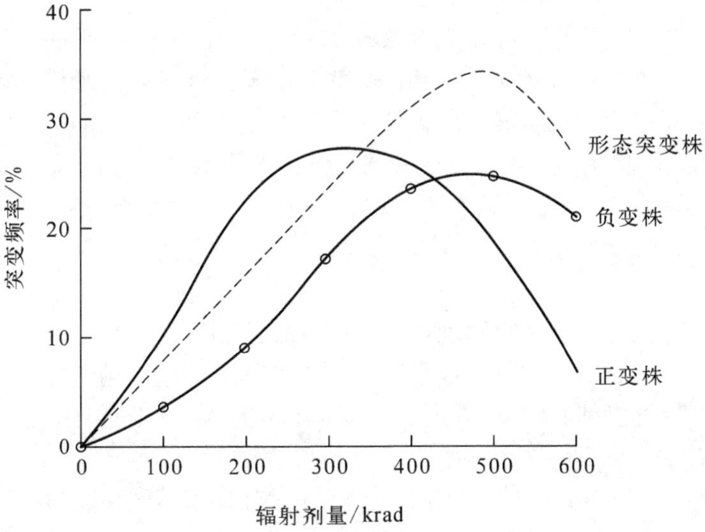

图 2-7　一种白霉素高产菌 X 射线辐射计量与变异的关系
(引自施巧琴等，2003)

4. 诱变

通过预实验或直接设定诱变剂及其剂量后，即可进行诱变。诱变的方式分为单因子和复因

Note

子处理两种。

单因子处理：即采用单一诱变剂进行分批处理。这是一种操作相对简单的诱变方式，主要应用于要求简单变异以及诱变对象为野生型的诱变育种工作，效果明显。施巧琴等(1998 年)对扩展青霉野生株 S-596 采用紫外线、亚硝基胍进行单因子分批处理，使变株的产脂肪酶能力提高了 16 倍。

复合因子处理：即指两种或两种以上诱变剂同时或先后共同对出发菌株进行诱变的处理方式。由于诱变机制不同，使多因子复合处理取长补短，协同作用，容易动摇出发菌株多种基因的遗传稳定性，降低或消除不亲和性和饱和现象，产生更多突变类型和更明显的突变。复合因子诱变有分为同一诱变剂连续重复处理、不同诱变剂同时处理和不同诱变剂先后交替处理等方式。

5. 分离筛选

对诱变处理后的菌株分离及目的变株筛选的原则和主要方法与前述的大致相同，只是根据具体要选育的菌种以及目的产物的不同特性，制定特定有效的分离方法与筛选方案。

6. 常见诱变剂的使用方法

(1) 物理诱变剂——紫外线

紫外线属于非电离辐射，光谱范围在 40～390 nm 之间。DNA 的紫外吸收峰在 260 nm，因此合适剂量的紫外线辐照对微生物细胞的遗传物质将产生有效的诱变作用。育种实践表明紫外线诱变因其有效性与操作方便的特点，使之成为最为普遍的育种手段之一。在长期的应用过程中诱变方法也得到极大的发展，不仅采用单因子处理，而且更多的是结合诱变增效剂的应用以及与化学诱变剂的复合作用，使应用范围与效果得到显著的提高。

紫外线诱变的方法：

1) 出发菌株　把细菌斜面培养到对数期，霉菌或放线菌则培养到孢子刚成熟。

2) 前培养　对细菌类以肉汤为主，适量加入核酸类物质或酵母膏等制成营养丰富的培养基，同时还可加入抑制修复的物质，如咖啡碱或异烟肼等。将菌体培养到最佳生理状态(对数期)，16～24 h；霉菌放线菌培养到绝大部分孢子刚刚萌发。

3) 制备菌悬液　离心除去培养基，用生理盐水制备菌悬液，加入玻璃珠振荡分散，以无菌滤纸或脱脂棉过滤，使形成单细胞，分散程度达 90%～95%。要求菌悬液浓度：细菌 1×10^8 ml，放线菌 10^7～10^8ml，霉菌 10^6～10^7ml。

4) 紫外线照射　取以上制备好的菌悬液 3 ml 于直径 7 cm 的平底平皿中(直径 9 cm 平皿，约加 5～6 ml)。紫外灯打开预热 20 min，以稳定光波。将盛有菌悬液的平皿放到磁力搅拌器上，离灯管一定距离，打开皿盖，暴露紫外线下照射一定时间，边搅拌边照射，力求使细胞均匀吸收紫外线光波。以上照射过程必须在备有黄光或红光的暗室内进行，以免光修复。据国外报道，经过紫外线诱变后的菌体(特别是细菌、放线菌)转入到无菌试管内，并立即浸入冰水中 1～2 h，在低温条件下，细胞内参与对突变体修复的各种酶类活性受到抑制，使修复难以进行，有利于提高突变率。

5) 后培养　根据延迟现象的原理，照射完毕的菌悬液加入到适合于正突变体增殖的培养基中，在适宜温度下培养 1.5～2 h。有些微生物在增殖培养基中加入适量的酪素水解物、色氨酸或异烟肼等物质，可以抑制修复，有利于突变体繁殖和减少细胞悬液在贮存过程中的死亡，能明显提高突变率。

6) 稀释涂皿　后培养结束后，从中取一定量培养物，作不同稀释度，涂皿，并且以未经紫外线照射过的菌悬液作对照皿，培养后，挑取菌落，以待筛选。

(2) 化学诱变剂

常见的化学诱变剂见表 2-6。

表 2-6　各种化学诱变剂使用方法参考表(引自陶文沂,1997)

诱变剂	诱变剂浓度	处理时间	缓冲液	终止反应方法
亚硝酸	0.01～0.1 mol/L	5～10 min	pH4～5,1 mol/L 醋酸缓冲液	pH8.6,0.07 mol/L 磷酸二氢钠
硫酸二乙酯	0.5%～1%(体积分数)0.1%(体积分数)	10～30 min 孢子 18～24 h	pH7.0,0.1 mol/L 磷酸缓冲液	硫代硫酸钠或大量稀释
甲基磺酸乙酯	0.05～0.5 mol/L	10～60 min 孢子 3～6 h	pH7.0,0.1 mol/L 磷酸缓冲液	硫代硫酸钠或大量稀释
亚硝基胍	0.1～1.0 mg/ml 孢子 3 mg/ml	15～60 min 90～120 min	pH7.0,0.1 mol/L 磷酸缓冲液或 Tris 缓冲液	大量稀释
亚硝基甲基胍	0.1～1.0 mg/ml	15～90 min	pH6.0～7.0,0.1 mol/L 磷酸缓冲液或 Tris 缓冲液	大量稀释
氮芥	0.1～1.0 mg/ml	5～10 min		Gly 或大量稀释
乙烯亚胺	1∶1 000～1∶10 000	30～60 min		硫代硫酸钠或大量稀释
羟胺	0.1%～5%(体积分数)	数小时或生长过程中诱变		大量稀释
氯化锂	0.3%～5%(体积分数)	加入培养基中,在生长中诱变		大量稀释
秋水仙素	0.01%～0.2%(体积分数)	加入培养基中,在生长中诱变		大量稀释

2.2.2.2　原生质体育种

原生质体是指采用人为的手段对具壁细胞去除细胞壁后形成的仅由细胞膜包裹着细胞质的单细胞结构。工业微生物原生质体育种首先是从植物细胞原生质体技术发展而来的。由于脱去细胞壁极大的解除了与细胞外界环境的机械屏障,对诱变因子更加敏感,所以,随着原生质体制备与再生技术的不断成熟,以原生质体为出发菌株形式的诱变育种正被广泛应用,因为原生质体比完整细胞更易发生突变,诱变育种的效果更为明显,如施巧琴(1999 年)以扩展青霉原生质体为出发菌株,经过 NTG 诱变获得碱性脂肪酶高产变株,产酶水平提高了 57%。同样的,由于除去了细胞壁,使细胞间的因亲缘关系而产生的融合杂交的障碍得以解除,种间、属间杂交育种得以实现,大大丰富了杂交育种后代的遗传背景,因此,原生质体融合杂交育种,近年来受到极大的关注。

原生质体融合是 20 世纪 70 年代发展起来的基因重组技术。用水解酶除去遗传物质转移的最大障碍——细胞壁,制成由原生质膜包被的裸细胞,然后用物理、化学或生物学方法,诱导遗传特性不同的两亲本原生质体融合,经染色体交换、重组而达到杂交的目的,经筛选获得集双亲优良性状于一体的稳定融合子。Fodor 和 Schaeffer 于 1976 年分别报道了巨大芽孢杆菌和枯草芽孢杆菌种内原生质体融合,微生物原生质体融合现象得到证实,并建立起了相应的实验体系。从此,原生质体融合育种广泛应用于霉菌、酵母菌、放线菌和细菌,并从株内、株间发展到种内、种间,打破种属间亲缘关系,实现属间、门间,甚至跨界融合。与常规杂交育种相比,原生质体融合具有多方面的优势:

第一,大幅度提高亲本之间重组频率。细胞壁是微生物细胞之间物质、能量和信息交流的主要屏障,同时也阻碍了细胞遗传物质交换和重组。原生质体剥离了细胞壁,去除了细胞间物质交换的主要障碍,也避免了修复系统的制约,加上融合过程中促融合剂的诱导作用,重组频率显著提高。不少链霉菌通过原生质体融合,其后代的重组率达 1%左右,比准性重组率高 20～20 000 倍。如果融合前结合紫外线处理,重组频率可达 20%～30%。霉菌和放线菌的融合重组率为 10^1～10^3,酵母为 10^{-4}～10^{-5},细菌为 10^5～10^6。

第二,扩大重组的亲本范围。常规杂交的亲本间必须具有感受态,有些菌株由于其表面结构缘故而无法用常规方法进行杂交重组。原生质体由于去除了细胞壁,因此,可能实现常规杂交无法做到的种间、属间、门间等远缘杂交。

Note

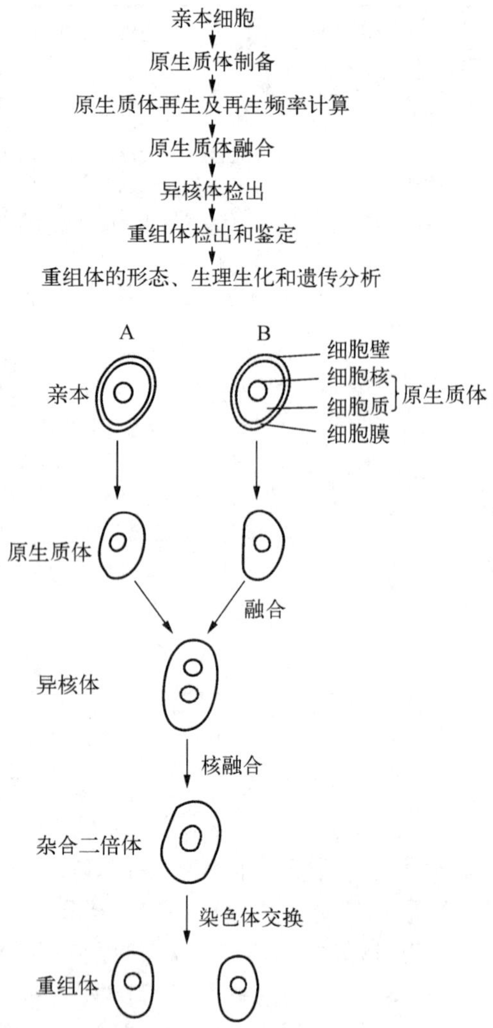

图 2-8 原生质体融合杂交的原理和融合程序（引自施巧琴，2003）

第三，原生质体融合是亲本整套染色体参与交换，集中双亲本优良性状机会更大。常规杂交仅为供体与受体菌株间部分遗传物质的转移，形成部分结合子，参与交换和重组的染色体片段较短，优良性状的整合率低。原生质体融合时除了染色体交换和重组外，还能传递细胞质，产生更丰富的性状整合。除双亲融合杂交之外，还能进行多亲融合。

除了能显著提高重组频率外，它还具有定向育种的含义。随着研究深入和技术进步，利用各种遗传标记显著提高筛选和分离重组体的效率，采用新型电融合技术又能进一步提高融合重组率。

原生质体融合杂交的原理和融合程序如图 2-8 所示。原生质体融合育种一般分成五大步骤：直接亲本及其遗传标记选择，双亲本原生质体制备与再生，亲本原生质体诱导融合，融合重组体（称为融合子）分离，遗传特性分析与测定。

1. 直接亲本及其遗传标记的选择

根据融合目的不同，选择适宜的直接亲本，从育种角度，一般把诱变系谱中筛选获得不同"正突变株"作为直接亲本进行融合，通过交换、重组，使优良性状集中于重组体中，以加快育种速度。现在一般认为原生质体融合的亲本应采用具有较大遗传差异的近亲菌株，重组后的新个体具有更大的杂种优势。

作为原生质体融合的两亲本菌株都应该带有一定的遗传标记，便于重组体的检出。遗传标记除常用的带隐性性状的营养缺陷和抗性标记之外，也可采用热致死（灭活）、孢子颜色和菌落形态等作为标记。实际应用时究竟采用哪种遗传标记，可以根据试验目的确定。如果原生质体融合目的是为了进行遗传分析，应该采用带隐性基因的营养缺陷型菌株或抗性菌株；如果从育种角度进行原生质体融合，由于多数营养缺陷型菌株都会影响代谢产物的产量（尤其对一些抗生素产生菌），选择营养标记时，应尽量避免采用对正常代谢有影响的营养缺陷型。但在实际工作中很难得到符合要求的标记菌株，而且筛选这些遗传标记菌株要耗费大量时间和人力。在这种情况下，最好采用灭活，把双亲中任何一方的原生质体用热灭活（如 50℃，2 h 或 60℃，5 min）或用紫外线、药物灭活，使细胞内的某些酶或代谢途径钝化，然后和另一方具有正常活性的原生质体融合而获得重组体。前者为供体，后者为受体，这样可以省去营养缺陷型的遗传标记。采用灭活标记融合频率较低，但重组体产量较高。荧光染色标记是一种非人工遗传标记。是在双亲原生质体悬浮液中分别加入不同的荧光色素，离心除去多余染料后，将带有不同荧光色素的亲本原生质体融合，然后挑取同时具有双亲染色的两种荧光色素的融合体。

2. 原生质体制备与再生

制备大量具有活性的原生质体是微生物原生质体融合育种的前提。其制备过程包括原生质体的分离、收集、纯化、活性鉴定和保存等步骤。

为制备原生质体，必须有效地除去细胞外面的细胞壁。细胞去壁后，原生质体从中释放出来，此过程为原生质体分离。去壁的方法有三种：机械法、非酶分离法和酶法。采用前两种方法制备的原生质体效果差，活性低，仅适用于某些特定菌株，因此，并未得到推广。在实际工作中，最有效和最常用的是酶法。该法时间短，效果好。到目前为止，适合于原生质体分离的各种酶类已经得到开发和应用。

酶法分离原生质体的方法：首先选择原始亲株，经过遗传标记筛选，得到直接亲本，采用培养皿平板玻璃纸或摇瓶振荡法培养，取年轻的菌体转入到高渗溶液中，加入有关水解酶，在一定条件下(温度、pH 等)酶解细胞壁。酶解后释放的原生质体和残存菌丝片断的混合液经 G－2 或 G－3 砂芯漏斗过滤，除去大部分菌丝碎片，滤液进一步低速离心 10 min，洗涤后弃去上清液，沉淀悬浮于同一种高渗溶液中，即可得到纯化的原生质体。酶法分离原生质体的本质是以微生物细胞壁为底物的酶水解反应，作为底物的细胞壁，其组成与结构又与培养基成分、培养条件、菌龄和预处理等因素有关。

(1) 酶法分离原生质体的影响因素

1) 培养基组成　用酶法分离微生物原生质体，首先要培养菌体或菌丝体。用于培养的不同培养基会明显影响原生质体的分离。黑曲霉(*Aspergillusn niger*)在限制性培养基或综合性培养基中分离原生质体的数量会显著地增加。一般放线菌只有在加入甘氨酸的培养基中培养后，才能使酶类易于渗入和瓦解细胞壁，释放原生质体。甘氨酸加入的浓度，通常控制在明显抑制菌丝生长并可获得适量的菌丝体为度，即亚适量。黑曲霉在 Czaplk-Dox 培养基上菌丝生长很慢，加酶后极易除去细胞壁，获得较多的原生质体。而在麦芽汁培养基上虽然菌丝体生长很丰满，但释放的原生质体容易破裂。采用同一菌龄的不同培养基产生的白地霉(*Geotrichum candidum*)菌丝体来分离原生质体时，对蜗牛消化液瓦解细胞壁的敏感性也不同。

2) 菌体培养方式　菌体培养，有的用平板玻璃纸法，有的用振荡沉没培养法，还有把振荡培养的菌丝体采用匀浆器或超声波破碎法，使菌丝断裂或细胞壁松弛。丝状菌常用平板玻璃纸法，细菌和酵母菌多用振荡沉没培养法。正式试验之前，应做预备试验，研究确定哪种培养方式最佳。

平板玻璃纸法：在培养菌丝体的培养基平板上，覆盖一张略比平皿大的灭过菌的玻璃纸，紧贴培养基表面，用涂布棒轻轻压实，除去气泡。涂布孢子液或直接将孢子划线接种，在适温培养一定时间，长成年轻菌丝后，用镊子掀起玻璃纸，将纸上的菌丝洗于酶液中，置适温，让其酶解，释放原生质体。一些放线菌常用摇瓶振荡培养菌丝体，如弗氏链霉菌(*Streptomyces fradiae*)C373 和 *Streptomyces griseojuscus* ATCC23916 两个菌株，在 240 r/min 水浴旋转式恒温摇床上，温度为 34℃下液体振荡培养 24～48 h，待菌丝体形成后，于组织捣碎机中进行匀浆，使大片段的菌丝断裂成几个到几十个细胞的小片段，再进一步用超声波处理，使之成为更小的片段。把这些碎菌丝片移接到新的培养基中，继续培养 16～24 h，碎片长成菌丝，直到对数期。作者认为经过以上匀浆和超声波处理后的碎片对溶菌酶的敏感性比大片段菌丝要大得多，原生质体的产率也相应提高。

3) 菌体菌龄　微生物生理状态是决定原生质体产量的主要因素之一，特别是菌龄，明显地影响原生质体释放频率。丝状真菌以年轻的菌丝用来分离原生质体最佳，尤其是菌丝体尖端细胞。微生物菌龄是随着菌种和培养条件而异，如制备白地霉的原生质体时，认为对数期的前期和对数期效果最好；产黄青霉原生质体释放分别在对数期和静止期出现两个高峰期；酿酒酵母在对数期时菌体细胞壁易被瓦解，而静止期对酶渗入细胞有较大的抗性，这种抗性作用由对数期到静止期迅速增加。如果此阶段用氯霉素或 5 氟尿嘧啶处理细胞，其抗性不会增加。酵母菌制备原生质体时，要使菌体同步化，才能大幅度地提高制备率；放线菌制备原生质体，以对数期到静止期的转换期比较理想，不仅制备量多，而且细胞壁再生能力也比较强；细菌适合在对数期分离原生质体。

4) 稳定剂　原生质体由于剥除了细胞壁，失去其特有的保护作用，细胞对外界环境变得十分敏感，尤其对渗透压。如果把它悬浮在蒸馏水或等渗溶液中，会吸水膨胀并破裂，所以必须在一定浓度的高渗溶液中进行酶解、破壁，才能形成和保持稳定的原生质体，这种高渗溶液称为

Note

稳定剂。作为稳定剂的有无机盐和有机物。无机盐稳定剂包括 NaCl、KCl、$MgSO_4$、$CaCl_2$ 等；有机物中有糖和糖醇，如蔗糖、甘露醇、山梨醇等都是一些有效的稳定剂。无机盐对丝状真菌效果较好，而糖和糖醇对酵母更为合适，细菌多使用蔗糖或 NaCl，放线菌中的天蓝色链霉菌（*Streptomyces coelicolor*）菌株用 0.3 mol/L 蔗糖。而弗氏链霉菌是采用 10%的蔗糖。各种稳定剂的 pH 应保持在一定范围之内，这需要适宜的缓冲液配合使用，以保证酶活性和菌体本身活性维持在最高的水平。稳定剂是一种高渗溶液，但浓度也不能过高，否则会使原生质体皱缩，一般在 0.3～1.0 mol/L 之间。稳定剂的作用，不仅能防止原生质体的破裂，控制并达到最大的数量，而且对提高酶的活性，促进酶和底物结合都具有相当的优越性。比如无机盐中的 Ca^{2+} 的功能，主要是对酶的激活作用，而 $MgSO_4$ 的作用根据 Vries 等试验，认为用于丝状真菌具有突出的优点，其作用除了维持渗透压之外，能够使菌丝在酶的作用下，释放出很多带有大液泡的原生质体，离心后由于液泡的存在而漂浮在上层，极易与其他残存碎片菌丝分离开来。不同的稳定剂对原生质体的释放和保护作用是不同的，一般认为易于渗入质膜或易于被原生质体及菌体分解的物质不宜作为稳定剂。

5）酶解前的预处理　用酶类来水解细胞壁，首先要使酶溶液渗透到细胞壁中去。但生物体都具有保护自身的一套严密的结构，不是任何物质都可随意进入。为此，在用酶类处理之前，最好根据细胞壁的不同结构和组成加入某些物质先行预处理，以抑制或阻止某一种细胞壁成分的合成，从而使酶易于渗入，提高酶对细胞壁的水解效果。SH-化合物（如 β-巯基乙醇）广泛应用于酵母菌和某些丝状真菌中，效果很好。在腐霉中，如加入 TritonX-100 或脂肪酶后，可以去除细胞壁上的脂肪层，促进酶分子进入细胞壁，有利提高原生质体的释放频率；酵母菌常用 EDTA（乙二胺四乙酸）或 EDTA 加巯基乙醇进行预处理，在放线菌培养液中加入0.2%～4.0%的甘氨酸，有利于原生质体的释放。细菌通常加入亚抑制量的青霉素，以抑制细胞壁中黏肽等大组分的合成，有益于酶对细胞壁的水解作用。其中革兰阴性菌细胞壁中含有脂多糖及多糖类，须用 EDTA 预处理，时间约 1 h，然后加入溶菌酶。

6）酶系和酶的浓度　各种微生物，由于细胞壁组成不同，用于水解细胞壁的酶种类也不相同，原核微生物中的细菌和放线菌细胞壁的主要成分是肽聚糖，可以用溶菌酶（lysozyme）来水解细胞壁。真菌类细胞壁组成较为复杂，其中霉菌主要为纤维素、几丁质，酵母菌为葡聚糖、几丁质。用于水解真菌类细胞壁的酶类，有蜗牛酶（snailase）、纤维素酶（cellulose）、β-葡聚糖酶（glucosidase）等。其中最常用的是蜗牛酶，它是一种以纤维素酶为主的混合酶，含有 20 多种酶类，30 多种成分，适合水解真菌细胞壁中的多种组分。国外常用的是欧洲大蜗牛酶（helicase）与美洲蜗牛酶（glusulase）。我国学者常使用褐云螺与环口螺中提取的消化液酶类。青霉菌采用 0.5%玛瑙蜗牛酶和 0.5%纤维素酶，或单独用 1%纤维素酶瓦解细胞壁均可获得理想的结果。分离构巢霉菌原生质体时，在复合溶菌酶中加入美洲蜗牛酶，可以加速原生质体的释放；制备酿酒酵母原生质体时，一般采用 50 μl EDTA 和 5 μl 巯基乙醇及 1%纤维素酶高渗磷酸-甘露醇缓冲液处理，原生质体的获得率达 99%。而彭贝裂殖酵母是在蜗牛酶液中加入 α 和 β-1,3 葡聚糖酶，能显著增加原生质体产量；放线菌通常以甘氨酸和溶菌酶配合使用可达到预期目的。但不同菌种品系要求的浓度不尽相同，如弗氏链霉菌菌株在含有 0.4%甘氨酸的培养基中培养到对数期至静止期之间，取出菌体用 1 mg/ml 溶菌酶溶液处理 15～60 min，大部分细胞可转化为原生质体。又如 *Streptomyces coelicolor* 的 r 菌株，甘氨酸的浓度在 0.5%～4%，而 *Streptomyces coelicolor* A_3 菌株甘氨酸的浓度为 1%，然后加溶菌酶 1 mg/ml，能获得满意的结果；细菌类通常用溶菌酶水解细胞壁，酶的浓度控制在 0.02～0.5 mg/ml，而用于枯草芽孢杆菌的溶菌酶浓度为 0.1～0.25 mg/ml。细菌处于不同生理状态时，要求酶的浓度也不一样，枯草芽孢杆菌处在对数前期酶的浓度要高些，后期则反之。大肠埃希菌在对数期溶菌酶的浓度为 0.1 mg/ml，而在饥饿状态时则为 0.25 mg/ml 为好。总之，用于水解细胞壁酶的浓度要适当，酶量过低，作用不彻底，不利于原生质体形成；浓度过高，处理时间过长，会影响原生质体数量和活性，致使再生频率下降。

7）酶的作用温度和作用 pH　不同的酶具有各自不同的最适温度，这在水解细胞壁时是首先要考虑的。同时还要注意菌株生长最适的温度，以避免因温度不当而导致原生质体活性降低，甚至被破坏。确定酶解温度时以上两者均要兼顾。总的来说，细菌类酶解温度可高些，而霉菌、酵母菌则要低些，放线菌介于两者之间。通常细菌如大肠埃希菌、枯草芽孢杆菌，水解细胞壁的温度在35℃左右，一般放线菌的温度在30～32℃。但不同菌种要求也不相同，如小单孢菌在37℃下释放原生质体最合适。产黄青霉采用蜗牛酶和纤维素酶的混合酶液维持在28～33℃，最适温度为25℃，酵母菌多在28～30℃。酶解时的最适pH也随着酶的特性和菌种的特性而异。青霉原生质体分离时pH维持在5.4～6.5之间，放线菌pH在6.5～7.0，而枯草芽孢杆菌在pH5.8～6.7都能释放原生质体。采用0.067 mol/L，pH7.5的磷酸缓冲液制备原生质体效果良好。

8）菌体密度　为了提高原生质体的获得率，除了掌握以上条件之外，还要注意酶液中菌体密度。如果是丝状菌，酶解混合液中的菌丝体量要加以控制，一般3 ml酶液中加入300 mg新鲜菌丝体，过多过少都难以得到最大量的原生质体。

9）酶解方式　酶解方式也同样会影响原生质体的释放。在细胞壁酶解过程中要经常轻微摇动混合液，这样不仅能使菌体不断地接触新鲜酶液，而且又能补充氧气，保持良好的通气条件，有利于正常的生理活动，这对原生质体释放数量和活性都是有益的。酶解时保持较好的通气条件和适当振荡，可促进原生质体释放和分离，这些细节一般被忽视。

在实际工作中，由于菌种本身的差异，分离原生质体的各种条件都要经过反复试验才能最后确定下来。判断这些条件是否适合分离原生质体，可通过测定、计算原生质体的形成率。鉴于原生质体在低渗的蒸馏水中比正常细胞容易破裂，而且在普通营养琼脂培养基（相对低渗）中培养时也难以再生细胞壁和形成菌落，因此，可采用多种测定原生质体形成率的方法。

细菌和酵母菌原生质体形成率的测定方法：用血球计数板分别计数蒸馏水加入之前（以A代表）和蒸馏水加入之后（以B代表）的原生质体化和未原生质体化细胞总数。原生质体形成率（%）=（A−B）/A×100%。或把加入蒸馏水之前（A）和加入蒸馏水之后（B）的菌体混合液，分别涂布于高渗再生培养基上，计数比较菌落数，原生质体形成率（%）=（A−B）/A×100%。

霉菌和放线菌等丝状菌原生质体形成率的方法：由于这些菌类酶解后的原生质体成串成堆，而未脱壁细胞又是丝状体，都不宜直接用血球计数板计数，可用如下两个方法测定：把酶解后多数已经原生质体化的混合液，分别等量悬浮于高渗溶液（A）和蒸馏水（B）中，然后涂布于高渗的再生培养基上，长出菌落，计数两者的菌落数，原生质体形成率（%）=（A−B）/A×100%。或者把酶解后的菌体混合液悬浮于高渗溶液中，分别涂布于高渗再生培养基（A）和普通琼脂培养基（B）上，培养后，计数两者菌落数，原生质体形成率（%）=（A−B）/A×100%。

（2）原生质体的鉴定

水解酶作用于菌体过程中，必须定时取样观察原生质体分离的程度，以确定酶解终点。一般地，在普通光学显微镜或相差显微镜下直接观察，计数。要进一步鉴定原生质体时，可用如下方法：

1）低渗爆破法　直接在显微镜下观察原生质体在低渗溶液中吸水膨胀、破裂的过程，细胞壁去除完全的原生质体吸水破裂后细胞彻底解体，没有残骸；如果原生质体破壁不完全，还有部分剩余细胞壁，则原生质体从无细胞壁处吸水，膨胀破裂并留下一个残存的细胞形态；对于那些正常细胞或酶解程度不彻底的细胞，吸水后由于细胞壁的保护作用，不会胀裂，能维持正常形态。

2）荧光染色法　原生质体混悬液用0.05%～0.1%的荧光增白剂染色，离心弃染料、洗涤后在荧光显微镜下观察（波长用360～440 nm），如发出红色光则为完全原生质体，如发出绿色光则表明还有细胞壁成分存在。

（3）原生质体的收集和纯化

原生质体大量从菌体细胞中释放后，酶解结束，必须将原生质体与酶液和未酶解的残余菌

Note

体及碎片分开，通常采用离心的方法。以提高原生质体纯度，满足融合的要求。纯化方法有以下几种：

1）过滤法　适用于丝状微生物（如放线菌、霉菌及丝状微藻等），根据细胞大小，选用孔径略小于细胞的砂芯漏斗，过滤。原生质体由于外层细胞膜柔软可变形，可以从比它小的微孔中穿过，而未酶解细胞或细胞团却不能，由此原生质体和正常细胞分离而得到纯化。对一些细胞较大的微生物（如微藻），也可采用微孔径网筛来过滤原生质体。

2）密度梯度离心法　用蔗糖或氯化铯等制成浓度梯度溶液，由于密度差别，经离心后原生质体漂浮于上部，未酶解细胞和细胞碎片沉于溶液下部。

3）界面法　将原生质体分离液置于两种液体的混悬液中，这两种液体密度有区别，上层密度小于下层密度，离心后原生质体就集中在两层液面交界处而得到纯化。

4）漂浮法　适用于一些细胞较大的微生物，原生质体与细胞比重不同，原生质体的比重小于细胞，能在一定渗透浓度的溶液中漂浮在液面上，从而得到纯化。

(4) 原生质体的活力鉴定

分离纯化后的原生质体，用作再生或融合等育种的出发材料，必须具有活力及再生能力，因此，需要进行活力鉴定。原生质体活力鉴定方法很多：① 荧光素双醋酸盐（FDA）染色法，FDA本身不发荧光，被细胞吸收脂解后产生具有荧光的极性物质。荧光物质不能透过质膜，存在活细胞中，这样就可通过观察原生质体是否发生荧光来判断其活性有无，能发出荧光的原生质体具有活性；② 酚藏花红染色法，用0.01%浓度的染料染色，活性原生质体能吸收酚藏花红染料而成红色，无活性的死细胞不能吸收染料呈白色；③ 伊文思蓝染色法，用浓度为0.25%的伊文思蓝染色，活性原生质体不吸收染料为无色，死的无活性细胞吸收染料呈蓝色。

(5) 原生质体的保存

原生质体活性与其新鲜程度有关，一般都是将新制备的原生质体立即进行融合或其他方式育种。如果不是立即使用，则必须在低温下保存。在一般冷藏条件下保存时间很短，有些种类几小时就失活。在液氮中超低温状态下保存时间可长些。方法是加入5%的二甲亚砜（DMS）或甘油等其他保护剂，迅速降温保藏。

3. 原生质体再生

原生质体具有细胞全能性，但本身不能立即进行分裂、增殖，首先必须重新合成细胞壁物质，恢复至完整细胞形态，才能进一步生长、分裂和增殖，这一过程就是原生质体的再生。原生质体再生大致分为三个阶段：首先是大分子合成与原生质体生长，这一时期原生质体主要是合成细胞器成分，表现为原生质体的体积增大；第二阶段是细胞壁合成与再生，此时期主要合成细胞壁物质，组装、恢复成完整细胞；第三阶段是分裂能力恢复并开始分裂繁殖成为正常的细胞形态和菌落。

(1) 原生质体再生的影响因素

原生质体在稳定的再生培养基上，重新形成细胞壁，恢复正常细胞形态并继续生长繁殖，直至形成菌落，这是融合育种重要的步骤和必要条件。在进行原生质体融合试验前必须摸索出最佳的再生条件和完成再生试验，为融合体再生和复原作好准备。原生质体的再生是在含稳定剂的再生培养基中进行的，只要稳定剂及培养基组成浓度合适，是不难再生的。但由于菌种类别、特性、酶解条件、再生条件及原生质体结构等因素影响，再生的频率相差很大。

原生质体再生主要与其再生能力、菌种本身特性、原生质体分离及保存条件、再生培养基和再生条件等有关系。以下是再生过程中的主要影响因素：

1）菌体生理状态　就丝状菌来说，一般年轻细胞再生能力比衰老细胞要强，菌丝不同部位细胞释放的原生质体也有差异，顶端菌丝比老菌丝产生的原生质体再生能力要强；

2）稳定剂　原生质体由于渗透压敏感性，在蒸馏水或低渗溶液中易于破裂，所以再生培养基必须是高渗的。细菌、放线菌和酵母菌多用糖醇系统的稳定液，如放线菌常用10%～15%蔗糖溶液；霉菌常用盐溶液系统，如NaCl、KCl、$MgSO_4$等组成的稳定液，浓度为0.3～

10 mol/L；

3）酶浓度和酶作用时间　　酶解混合液中的酶浓度不宜过大，处理时间也要适当，过长、过浓均会使原生质体脱水皱缩，活性下降而影响再生率；

4）再生培养基组成　　培养基中的碳源会影响微生物原生质体的复原率。丝状真菌、酿酒酵母等的原生质体仅能在固体培养基上再生，在液体培养基中细胞壁再生不彻底，不能完全复原。再生培养基要用稳定剂配制，还含有 Ca^{2+} 和 Mg^{2+}，浓度和原生质体形成时的酶解液相类似，菌种不同稍有差别。磷酸盐浓度要控制适当，如放线菌一般为 0.01%～0.001%，不宜过高，否则影响再生率。再生培养基中加入 0.1%水解酪蛋白，可以促进细胞壁的再生，提高原生质体再生率。此外，加入某种菌体细胞壁提取物有利于原生质体细胞壁的再生；

5）残存菌体的分离　　酶解后的混合液中既有原生质体，也有相当多的未酶解细胞。在再生培养前一定要将它们过滤或离心除去，否则再生培养时这些活力强的细胞会优先长出菌落而抑制原生质体的再生及菌落形成；

6）原生质体密度　　在再生培养基上分离原生质体的密度不能过密，否则先长出的菌落会抑制后生长的菌落，影响再生频率；

7）排除再生培养基上的冷凝水　　因为水分可以降低渗透压，致使原生质体破裂。采取的措施是将琼脂平板置于硅胶干燥器内 2 h，或用灭菌滤纸吸干；

8）再生方法　　因为去壁后的原生质体不能承受较强的机械作用，否则易于破裂，不宜用玻璃棒在平板上涂抹分离。一般采用双层平板法：其下层为再生培养基，琼脂含量约 2%，制成平板后除去冷凝水，取原生质体悬浮液 0.1 ml 加到平板上，然后上层加入含琼脂 0.8%或琼脂糖 0.4%的半固态同一成分的培养基 3～10 ml（要求上层培养基的温度不超过 40℃，以防原生质体失活），迅速摊布均匀，使原生质体植于固体培养基中，有利于再生。酿酒酵母和产朊假丝酵母等出芽酵母的原生质体在液体培养基中难于再生，只有埋在固体培养基中才能达到理想效果。放线菌和霉菌原生质体再生也可直接分离到单层再生培养基平板上，能得到较好效果。有些微生物还能在液体再生培养基上再生。

原生质体再生还与其结构有关，有不少原生质体细胞结构不完整，如缺乏细胞器，或没有细胞核，这些原生质体本身已失去活性，不能再生；有些原生质体细胞壁降解过于彻底，缺少细胞壁再生时所需的引物，也难以再生；有些原生质体具有残留细胞壁，比完全剥除细胞壁的更易于再生。

（2）再生率及其计算

各类微生物的再生频率是不相同的。细菌原生质体再生频率在 90%以上，放线菌的频率为 50%～60%，真菌为 20%～70%。就同一种微生物来说，其再生频率的波动也是很大的，可在百分之零点几到百分之几十。通过再生率测定，可以检验并进一步找出最佳的原生质体制备和再生条件及再生培养基。

原生质体再生频率计算：

再生频率(%)=(再生培养基上总菌落数－酶处理后未原生质体化菌落数)/原生质体数×100%=[(c B)/(A－B)]×100%

式中，A：总菌落数，未经酶处理的菌悬液涂布于平板生长的菌落。

B：未原生质体化细胞，酶解混合液加蒸馏水破坏原生质体，涂布平板后生长的菌落。

c：再生菌落数，酶解混合液加高渗溶液，涂布于再生培养基上生长的菌落。

4. 原生质体融合

早在 20 世纪 70 年代之前，微生物虽然用酶法除去细胞壁而获得原生质体，但当基因型不同的亲本原生质体混合培养时却极少融合或不能融合。直到 Cao 等在 1974 年研究植物原生质体时，发现了聚乙二醇（PEG）能大幅度诱导原生质体融合。此后在动物、植物和微生物领域盛行起来，并得到迅速发展。丝状真菌采用 PEG 之后，融合率达到 0.1%～4%，提高 1 000 倍以上。链霉菌融合率超过 1%。天蓝色链霉菌不需要已知性因子 SCP 与 SCP_2 的情况下，最高融合重组率可达17%，而不用PEG的原生质体融合率仅有10^{-6}～10^{-7}。因此，PEG融合剂的发现，极大地推动原生质体融合技术的发展。

Note

原生质体融合过程：

从野生型或突变型菌株中选择两亲本菌株培养并收集菌体，加酶水解后获得原生质体。以10^7～$10^8 ml^{-1}$的浓度混合，加入30%～50%PEG及适量的$CaCl_2$、$MgCl_2$，维持在一定pH的渗透压稳定剂中，适温处理(20～30℃)1～10 min，立即用再生培养基稀释4～5倍。以低速离心(10 000 g或20 000 g)数分钟，除去PEG，沉淀重新悬浮，然后分离在各种选择性培养基上，使之再生细胞壁或分离在完全培养基上，先再生细胞壁，然后分离到各种选择性培养基上进行检出。电场诱导融合过程与此类似。

细胞融合的生物学过程：

以霉菌为例，两亲株原生质体混合于高渗透压的稳定液中，在PEG的诱导下，两个或两个以上凝聚成团，相邻原生质体紧密接触的质膜面扩大，相互接触的质膜消失，细胞质融合，形成一个异核体细胞，异核体的细胞在繁殖过程中发生核的融合，形成杂合二倍体，通过染色体交换，产生各种重组体，称融合子。

5. 融合体再生

(1) 融合体再生

双亲融合后形成的融合体不等于重组体，以霉菌来说，可能是异合体或杂合二倍体或重组体，它们融合后营养互补，经过再生，均可在基本培养基上形成菌落。融合体的再生，包括融合体细胞壁合成、重建和融合体的再生，具体过程与一般原生质体再生相同。细胞壁的重建只是再生过程中的一步，当完成原生质体再生后，进而发育形成菌落。整个过程称为复原。复原的含义，不仅指原生质体本身形成细胞壁，而且还能从原生质体细胞上长出有细胞壁的菌丝体。原生质体的再生、复原过程是一个复杂的生物学过程，其中包括细胞本身的调节和修复。以酿酒酵母菌为例，细胞壁成分的生物合成是伴随着体积的增大和细胞核的分裂进行的，其再生过程为：先在原生质体表面形成纤维网状物，然后逐一沉积其他成分。这一期间由于原生质体脱去细胞壁而停止了核分裂和胞质形成的同步性，在细胞壁再生中，只有核的复制，而细胞质不分裂。经过培养，从该细胞上一处或多处长出第一代芽管，接着长成菌丝并产生分枝。细胞的形状不一定典型，可能形成一个多核细胞。继续培养十多个小时，长出第二代芽管，经过有丝分裂和胞质分离，回复到原来细胞形态，呈典型的椭圆形酿酒酵母细胞，并再生形成菌落。

原生质体复原后，细胞的生理和生物学特性可恢复正常状态。但其中对一些质粒是有影响的，尤其对该菌某些代谢功能调节方面不是必需的质粒，如控制合成抗生素的质粒等，在细胞中可能消除。据报道，由天蓝色链霉菌分离的原生质体，经再生，回复到正常细胞时，往往脱落大部分质粒。

融合原生质体与非融合原生质体一样对外界条件异常敏感，必须悬浮于一定高渗溶液中。再生培养基中要加入某些物质作为渗透压的稳定剂，这与制备原生质体时是相同的。再生培养基可以采用添加Ca^{2+}、Mg^{2+}的完全培养基，或者是高渗基本培养基。含有融合原生质体的悬浮液分离在完全培养基上，不管已融合的还是非融合的原生质体都有可能再生而长出菌落。在基本培养基上则只有那些营养得到互补的融合体才能得到再生和形成菌落，但由于营养贫乏，再生速度慢，频率低。融合原生质体再生方法：酵母菌、细菌常用双层平板法，这与融合前原生质体再生率测定相同。如以*Saccharomyces*酵母为例，在含有0.6 mol/L KCl的琼脂板上，加入经融合后的悬浮液0.1 ml，接着在其上倾入保持40～45℃的同一种培养基10 ml，混合均匀，于30℃培养7 d，使融合体再生并形成菌落。霉菌和放线菌除了用双层平板法外，也可把原生质体直接分离到高渗培养基平板上，同样能得到再生菌落。

(2) 融合体的检出与分离

融合体中除重组体外，还有异合体或部分结合子、杂合二倍体或杂合系，这些都会在平板上

Note

形成菌落，检出融合体的方法有多种，在育种工作中可根据实验目的和微生物不同加以选择，下面是在原生质体融合育种中经常采用的。

1）利用营养缺陷型标记选择融合体　这是一种传统而有效的选择方法，其检出设计的原则是在分离的培养基上只有融合体生长而不能让双亲本原生质体形成菌落。融合的双亲带有不同营养缺陷型标记，原生质体融合处理后的混合物直接分离到基本培养基上就可检出融合体。其原理是因为缺陷型的双亲由于丧失了合成某种营养物质的能力，使它们在基本培养基上不能生长、繁殖，部分单亲原生质体的同源融合体也不能在基本培养基上形成菌落，只有双亲原生质体的融合体因营养物质互补而形成菌落。

融合亲本也可以一方为营养缺陷型而另一方具有抗药性或其他性状，此法较为准确可靠，在基本培养基上长出的菌落即可初步判断为融合体，缺点是易使部分表型延迟的融合体漏选。为了避免漏选，可事先将融合体在完全培养基上诱导一段时间，使其活力得以恢复，然后除去完全培养基后，再转入到基本培养基上培养，分离。另外该法工作量较大，且营养缺陷型标记会使亲本的优良性状丧失或降低。

2）利用抗药性选择融合体　微生物的抗药性是菌种的重要特性，是由遗传物质决定的，不同体的微生物对某一种药物的抗性存在差异，利用这种特性也可用于融合体筛选。Bradshaw 和 Perdy 于 1984 年首先采用这种方法检出融合体。他们以 *Apergillus nidulans*（营养缺陷型，丫啶黄抗性）和 *Apergillus rugulosus*（原养型，丫啶黄敏感）为双亲本，经原生质体融合处理后在含有 25 μg/ml 或50 μg/ml 丫啶黄的基本培养基上检出融合体。

3）用灭活原生质体检出融合体　产朊假丝酵母原生质体与酿母原生质体融合时，用碘乙酸处理亲本之一的产朊假丝酵母原生质体灭活，然后双亲原生质体融合，利用形态差异选择融合体。除药物灭活之外，还可以采用紫外线或温度灭活。灭活有个不足之处，制备原生质体过程中由于菌丝解不彻底往往混有一些菌丝碎片或完整细胞，它们在灭活时比原生质体具有更强的抗性，当与融合体一起在选择培养基上生长时会优先形成菌落，从而抑制融合体生长。因此，用于融合的原生质体纯度更高，必须经过一定方法分离纯化，除去菌丝残片。

4）利用荧光染色法选择融合体　荧光染色法是事先使双亲染色而携带不同荧光色素标记，然后在显微操作器和荧光显微镜下，挑取同时带有双亲原生质体荧光标记的融合体，直接分离到再生培养基上再生，最后得到融合体。

具体方法：制备原生质体时，在酶解液中加入荧光色素，使双亲原生质体分别携带不同的荧光色素标记。它对原生质体活力无影响，携带色素的原生质体能正常进行融合并具有再生能力。融合处理时，在荧光显微镜下能观察到融合过程，并通过显微操作仪，直接挑选出已发生融合而带有两种荧光色素的融合体。使用这种方法时，两种荧光染料的区分要明显，并注意染料的浓度和处理时间。该法对仪器设备要求高，有条件的实验室采用此法能提高育种效率。融合体鉴别办法：通过特定波长的激发光，用分光镜及滤波器观察，有三种情况出现：个体上同时观察到双亲的两种荧光色素，即可判断为融合体；个体上只表现双亲中一种染色的荧光色素，是没有融合的原生质体；个体上不发出荧光色素，可能是失活原生质体。

5）双亲对碳源利用不同而检出融合体　除上面这些方法可以较准确地选出融合体外，还有一些辅助性方法用于融合体的检测。虽然依靠这些方法单独定论是否为融合体证据不充分，但它们各自都从不同方面证实融合发生，因而常被用作非人工标记鉴别融合体的辅助性方法。① 对昆虫的毒力测定进行融合体的选择，在金龟子绿僵菌等虫生真菌常规育种时，利用杂交双亲的毒力与重组体毒力的不同进行后代的选择。② 利用形态差异选择，通过形态差异进行融合体选择，这一方法首先要求所采用的菌株具有可供肉眼直接观察的形态学差异。③ 生化测定指标选择融合体，通常测定的生化项目有 DNA 含量、酸性磷酸酶、同工酶和电泳等。一般融合子的DNA 含量高于任何一个亲本的 DNA 含量，但却少于双亲 DNA 含量之和。电泳测定亲本和融合子酸性磷酸酶同工酶和酯酶同工酶酶谱，两者的酶谱存在着一定的差异。

以上是一些常见的融合体选择方法，实际应用中往往是将上述这些方法结合使用。如将营养缺陷型与抗药性，抗药性与原生质体灭活等相结合选择融合体。融合体检出后，还要结合一些生化分析方法对其进一步鉴定。

Note

2.2.2.3　基因工程育种

尽管传统的微生物育种技术和手段不断得到发展，也取得了巨大的成就。但是，其方法有着很大的盲目性，基因变异的程度也有限，特别是经过长期的诱变处理，产量上升变得越来越缓慢，甚至无法继续提高；而杂交育种技术复杂，对亲本的要求很高，也难以达到人们的目的。20世纪70年代初，DNA分子的体外重组获得成功，基因工程诞生。一种自觉的、能像工程一样事先进行设计和控制的全新育种手段给微生物育种带来了一场革命。由于微生物是单细胞，且结构简单，是基因工程良好的表达载体，任何来源的目的基因，都可以在微生物表达系统中获得表达，人们可以以该“工程菌”为菌种发酵生产目的基因所编码的目的产物，这也常被归于微生物的基因工程育种。但是，从育种角度看，真正意义上的微生物基因工程育种，应该是指以微生物本身为出发菌株，采用基因工程方法进行改造而获得优良工程菌，或是将一种微生物的某种基因导入另一种非模式微生物中，获得使后者具有前者人们所期望的某些性状的新菌种。但不管怎样，微生物基因工程育种其核心技术是基因工程技术。

1. 基因工程的基本原理与步骤

基因工程（亦称重组DNA或遗传工程）是指把某一生物体的遗传物质在体外经限制性内切酶与连接酶剪接，与一定载体（质粒、病毒等）相连接，构成重组DNA分子，通过一定的方法转入另一生物体（受体）细胞中，使被导入的外源DNA片段在受体中表达，并稳定遗传。表达的产物就是人们希望得到的物质。基因工程技术一个极大的优越性就是在很大程度上人们可以按预定的方向进行育种，因而又被称为定位育种技术。在一定范围内克服了传统育种技术的随机性和盲目性。该技术的主要步骤如图2-9-1：

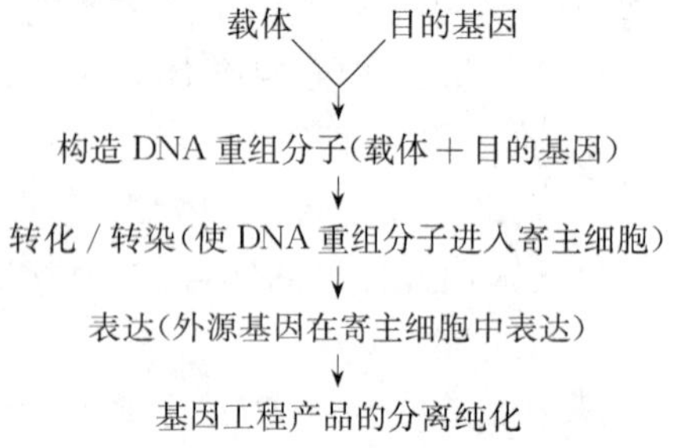

图2-9　基因工程技术的主要步骤

2. 微生物基因工程育种的成效

近二十年来，人们一般是通过基因工程技术对微生物DNA启动子、操纵子、起始或终止密码子、沉默基因、结构基因或高拷贝数基因等进行基因水平操作，已经获得了许许多多的优良菌种。至今，这些菌种已经为人类提供了大量极为有价值的药物如干扰素、白细胞介素、人生长激素和乙肝疫苗等和许多生物工程产品如纤维素酶、柠檬酸和凝乳酶等，并都已先后在国内外得到了工业化生产。

（1）生产新型药物

动植物来源的药物，通过构建相应的工程菌，使得可以通过发酵工程予以生产，这样不仅可以实现规模化而且大大降低生产成本，使昂贵的药物变成普通临床使用的廉价药物。这些主要包括：治疗性药物、疫苗、单克隆抗体及诊断试剂等。这类已获批准的新型药物就有数十种。

（2）提高菌种的生产能力

通过转基因，使一种受体大肠埃希菌的甲硫氨酸和脯氨酸的产酸率分别从0.02 g/L提高到0.30 g/L和0.25 g/L（Tauchisa等，1981）；中国科学院微生物研究所构建工程菌M151，色氨酸酶的活力比野生菌提高98倍。丹麦NOVO公司自1988年以来，以基因工程方法构建了该公司蛋白酶、淀粉酶、脂肪酶等80％以上酶制剂产品系列的生产菌种；将关键酶基因转入头孢菌素C的生产菌中，获得生产能力比原菌株提高15％的工程菌（美国礼莱公司，1989）。将与氧传递有关的血红蛋白基因克隆到远青链霉菌，降低了对氧的敏感性，使其在通气不足时，其目的产物放线红菌素可提高4倍（赵超敏，2008）；氨基酸工程菌的获得有通过克隆有关基因增加酶活力如克隆了编码天冬氨酸基因的大肠埃希菌分泌的酶增加了5～30倍的酶活，也有引入高拷贝数质粒或其他微生物操纵子而增加宿主细胞氨基酸产量的报道。在核苷酸生产中，经过克隆编码枯草芽孢杆菌IMP脱氢酶基因后，可使鸟苷产量大大提高。

(3) 改进传统发酵工艺

在核苷酸生产中，经过克隆编码枯草芽孢杆菌 IMP 脱氢酶基因后，可使鸟苷产量大大提高。在改变微生物性状方面，吴庆余等以 PVC118 为载体将蓝细菌 *Synechocystessp. Pcc* 6803 的 ORF_{469} 克隆到大肠埃希菌中构建了 pOQ_2 质粒。再通过 ORF_{469} 片段的 pOQ_2 质粒转化 *Synechochocystessp. Pcc* 6803 野生株，获得 ORF_{469} 缺失工程菌，此菌可在黑暗和光照两种条件下进行不同途径的生物合成。

2.3　种子的扩大培养

工业发酵是利用微生物细胞迅速繁殖所获得细胞的集团优势而实现的。最初的菌种培养只是一支小小的斜面，有的甚至是沙土管或冻干管，而最后的发酵罐往往是几十立方米甚至几百立方米，因此不可能将小小斜面的菌种直接接种到发酵罐中，需要通过种子扩大培养。种子扩大培养是指将保存在沙土管、冷冻干燥管中处于休眠状态的生产菌种接入试管斜面，活化后再经过扁瓶或摇瓶及各级种子罐逐级扩大培养而获得一定数量和质量的纯种过程。这些纯种培养物称为种子。

种子的扩大培养不仅是发酵生产的第一道工序，种子液质量的优劣对发酵生产起着关键作用。优良的种子可以缩短发酵周期、稳定产量与质量、提高设备的利用率。种子扩大培养应根据不同菌种的生理特性，选择合适的培养基与培养条件，获得代谢旺盛、数量足够的优质种子。

2.3.1　种子扩大培养的作用与目的

种子扩大培养的作用有：① 通过逐级扩大培养过程，生产菌种能够在短时间内形成细胞的集团优势，抑制其他杂菌的侵染；② 通过种子扩大培养才有可能在大罐上实现细胞生长繁殖速率快，很快进入发酵期、缩短了发酵周期；③ 通过逐级扩大培养过程使生产菌种逐步适应大生产的培养条件。因此种子扩大培养的目的就是为每次发酵罐的投料提供一定数量代谢旺盛的种子。种子扩大培养的目标就是不但要得到纯而壮的培养物，而且要获得活力旺盛、数量足够的培养物。

2.3.2　优质种子的标准

通常优质种子应具备的条件：① 菌种细胞的生长活力强、同步性较好，移种至发酵罐后能迅速生长，迟缓期短；② 生理状态稳定，保持稳定的生产能力；③ 菌体细胞总量及浓度能满足大容量发酵罐发酵的要求；④ 无杂菌及噬菌体污染，以确保整个发酵过程正常进行。

2.3.3　种子扩大培养的工艺流程

种子扩大培养一般分实验室扩大培养和生产车间扩大培养。实验室扩大培养流程：砂土原种孢子(冷冻干燥原种细胞或孢子)→斜面菌种(可根据需要活化 1～3 次)→摇瓶液体培养(扁瓶固体培养)→卡氏罐培养。生产车间扩大培养流程：实验室培养菌种母液→一级种子罐→二级种子罐(根据发酵需要)→发酵罐，通常每级扩培的接种量为 10%～20%左右。

2.3.4　实验室菌种扩大培养

在实验室里，原种通常以沙土管或冷冻干燥管两种方法保藏。沙土管可用于保藏细菌的芽孢、霉菌与放线菌的孢子。冷冻干燥管可用于保藏菌种细胞与孢子，随着冻干机广泛应用，成为保藏原种的主要方式。通常原种投入生产使用前，都需经过斜面或平板活化 2～3 次。根据菌种状态，在实验室进行菌种扩大培养主要有三种方法。

一是将孢子直接作为种子罐的种子，称为孢子进罐法。这种方法适用于产孢能力强和孢子发芽、生长繁殖快的微生物菌种。此法的优点是工艺过程简单，又可减少杂菌污染的机会。实验扩培目标就是获得孢子。以生产灰黄霉素的 *Penicillium patulum* 菌为例：采用大米为固体培养基，取混有营养液适量大米装入 500 ml 茄子瓶中灭菌，要注意控制米粒的含水量，使米粒不黏不散。然后均匀接入斜面孢子悬浮液，于 28℃培养 7～10 d。在培养期间，要注意翻动，保持通气均匀。培养结束后，于 4℃冰箱中保存备用，有可能尽早投入使用。

二是将菌丝直接作为种子罐的种子，称为菌丝进罐法。这种方法适用于产孢子能力不强或孢子发芽慢的菌种。此法的优点是缩短菌种在种子罐内的生长时间，但由于菌丝不易保存，制得种子要及时投入使用，避免出现细胞的“闷罐”，由于在实验室中要经过 2～3 次扩培，增加了染菌的机会。实验扩培目标就是获得足量的菌丝。例如，生产卡那霉素的卡那霉素链霉菌(*Streptomyces kanamyceticus*)需要经过母瓶、卡氏瓶的两级摇瓶菌丝培养，培养结束后通常就要及时接入车间的一级种子罐，即使暂时需要放到 4℃冰箱中，也不要超过 1 h，因此实验室与车间扩培的时间一定要串接好。

三是将细胞直接作为种子罐的种子，称为细胞进罐法。这种方法适用于细胞型的菌种。实验扩培目标就是获得足量的菌种细胞，扩培过程基本与第二种类似。最典型的生产啤酒的酵母菌的扩培，经过斜面→试管→三角瓶→卡氏瓶(罐)几个扩培阶段，在此期间均需定时摇动或通气，有利于酵母菌的增殖。

2.3.5 生产车间菌种扩大培养

生产车间菌种扩大培养的目的是为最终的发酵罐提供一定数量和质量的种子。从菌种实验室中准备好的种子液移接到一级种子罐中。孢子悬浮液一般采用微孔接种法接种，摇瓶菌丝体(细胞)种子可采用火焰保护接种法或压差法接种法接种。种子罐或发酵罐间的移种主要通过专门的接种管道(可以独立消毒)采用差压法进行移种，在移种过程中要防止接受罐的罐压掉零磅，避免引起染菌。

种子罐的级数是在发酵车间里接入发酵罐的种子需要扩培的次数，按顺序对应分别称为一级种子、二级种子等。种子罐种子扩培过程，因菌种、发酵的容积不同而有差异。对于生长快的菌种，种子用量比例少，故种子罐级数少。例如，谷氨酸发酵的菌种是细菌，往往只通过一级种子罐扩大培养，即可接入发酵罐作为种子，称为二级发酵。生长缓慢的菌种，例如，青霉素生产菌种往往需要通过发芽罐、繁殖罐的两级种子扩培再接入发酵罐，称为三级发酵。对于大容积的发酵，种子用量多，自然种子罐级数多。一般大于 50 m^3 发酵罐都采用二级种子罐扩培，进行三级发酵。种子罐级数越少，越有利于简化工艺和控制，减少多次移种而带来染菌的机会。

2.3.6 种子质量的检查

为了保证各级种子移种前的质量，需要建立种子质量标准。不同发酵品种、不同菌种对种子质量标准各不相同，通常主要考虑以下几个方面：

1. 菌体细胞

种子培养的目标是获得健壮和足够数量的菌体。因此菌体形态、菌体浓度以及培养液的外观，是种子质量的重要指标。

菌体形态主要通过显微镜观察。观察内容主要包括：是否染菌、菌体细胞着色情况、菌体是否健壮、细胞同步性如何等，这里往往需要实践经验的积累作为重要的参考依据。

菌体浓度通常可以通过测定菌体 OD 及菌体湿重进行判断，实践中通常也可用该参数作为种子成熟的标准。

种子液外观如颜色、黏度等作为判断种子质量辅助标准。

2. 生化指标

种子液中糖、氮、磷含量和 pH 的变化综合反映菌体生长繁殖、物质代谢的过程。因此这些生化指标变化是否正常，能够较准确反映出种子培养状况，实践中最常用的生化指标是还原糖与 pH 的测定，往往糖耗也可用作为种子成熟的标准。

3. 其他

由于不同的发酵品种有着自身特色的种子质量判断标准。例如，土霉素发酵中，种子液中的淀粉酶活力与土霉素发酵单位有一定关系，因此用测定种子液中淀粉酶的活力来判断种子质量成为土霉素发酵种子质量判断标准。

2.3.7　影响种子质量的因素

种子质量的好坏取决于菌种本身的遗传特性和培养条件两个方面，即优良的菌种只有在良好的培养条件下才能获得高质量的种子。

1. 培养基

种子培养基配制过程主要考虑因素包括：① 培养基所用的原材料质量波动对种子质量的影响。影响原材料质量包括原材料的产地、品种、加工方法等造成培养基中微量元素和其他营养成分含量的变化。例如：常用的蛋白胨、牛肉膏、酵母粉、酵母膏等原材料，品质变化较大，因此有条件尽量使用同一品质的原材料，如实需更换，一定要预先实验一下；② 由于不同牌号的琼脂所含有不同的无机离子造成对固体培养基的影响；③ 水质对培养基的影响，尤其在一些水源污染严重、硬度较大、水质较差的地区，在配斜面、平板、茄子瓶固体培养基可以考虑采用蒸馏水或经降硬度处理的水；④ 在种子培养基配方组成中一定要考虑种子与发酵的衔接，即越接近于发酵，种子培养基配方尽量与发酵配方相近，这样发酵接种后，可有效缩短种子细胞的适应时期，而缩短发酵延迟期。

2. 培养条件

培养条件的核心是创造一个有利于菌种细胞生长的条件。主要考虑的因素有：① 温度对菌种扩培是十分重要的因素；② 湿度是易忽视的一个因素，特别在制备孢子培养基时，湿度对孢子的数量和质量有较大影响；③ 通气量，在种子罐中培养种子时有足够的通气量可以有效提高种子质量；④ 种龄，应以菌种的对数生长期为合适种龄；⑤ 接种量，接种量的大小直接影响发酵周期。

2.3.8　种子异常分析

在实践过程中，种子的异常情况时常发生，应根据种子质量标准进行具体分析，采取对应的措施，尽量减少对发酵的影响。表 2－7 列出常见种子扩培过程中的异常情况分析。

表 2－7　常见种子扩培过程中的异常情况

异常现象	原因分析	采取措施
早期糖耗过慢、细胞生长缓慢	接种孢子活力不够或接种量太少	改善孢子制备过程
早期糖耗过快、镜检有杂菌	出现染菌	分析染菌原因，重新制种
早期糖耗正常、细胞着色不深、有自溶现象、菌浓 OD 不再提高	有可能出现噬菌体感染	分析感染原因，重新制种
细胞生长过快，镜检正常	接种量过大或溶氧过高	镜检正常，考虑缩短种子培养时间
繁殖菌丝不分散而聚团	接入孢子数以及通风搅拌效果欠佳	加入某些表面活性剂促进菌丝分散，改善通风搅拌效果，如无法修正，重新制种
菌丝粘附在罐壁上，最后易形成菌丝团	搅拌效果不好，泡沫过多	改善搅拌效果、加入适量的消泡剂、提高种子罐装料系数等

2.3.9　种子质量的控制措施

种子质量的最终指标是考察其在发酵罐中表现出来的生产能力。为了稳定种子质量应采取以下措施：

1. 菌种稳定性的检查

Note

在菌种使用的过程中一定要控制传代的次数，避免因多次移接所造成的菌种的退化。要保持菌种具有稳定的生产能力，要定期进行考察与挑选。所采用的方法就是进行菌种的自然分离，摇瓶发酵，检测其生产能力，从中挑选具有高生产能力的菌株，作为生产菌株。如有条件可以建立高产菌株的形态特征与培养特征，例如菌落的颜色、孢子的密度等，可用于早期判断菌种是否衰退。

2. 菌种无(杂)菌的检查

在种子制备过程中每移种一步均需进行杂菌检查，如有噬菌体感染史的，更要注意菌种是否是溶源菌，如需要可以进行溶源菌培养试验。

3. 创造良好的培养条件

种子是通过多级扩培出来，因此能否为每一级扩培创造良好的培养条件是获得优良种子的关键。这需要大量的实验室工作与实践的验证，从而制定出适合该菌种的扩培生产工艺。

2.4 工业微生物菌种的保藏

菌种保藏是指在广泛收集实验室和生产菌种、菌株（包括病毒株甚至动、植物细胞和质粒等）的基础上，将它们妥善保藏，使之达到不死、不衰、不污染以便于研究、交换和使用的目的。在生产实践中，工业微生物菌种保藏的目的是防止菌种退化、保持菌种生活能力和优良的生产性能，尽量减少、推迟负变异和防止死亡，并确保不污染杂菌。

菌种保藏的原理大同小异。挑选典型菌种优良纯种，最好是休眠体（如分生孢子、芽孢等），创造一个适合其长期休眠的环境条件，诸如干燥、低温、缺氧、避光、缺乏营养以及添加保护剂或酸度调节剂等。这是实现菌种保藏的理论基础。

水分对生化反应和一切生命活动至关重要，五氧化二磷、无水氯化钙和硅胶是良好的干燥剂，高度真空则可以同时达到驱氧和深度干燥的双重目的。低温是菌种保藏中的另一重要条件。微生物生长的温度低限约在－30℃，可是在水溶液中能进行酶促反应的温度低限则在－140℃左右。这或许就是为什么在有水分的条件下，即使把微生物保藏在较低的温度下，还是难以较长期地保藏它们的一个主要原因。在极低的温度下进行保藏时效果更为理想，如液氮温度（－195℃）比超低温（－70℃）好，－70℃又比－20℃好，而－20℃比4℃好。

由于各种微生物遗传特性不同，适合采用的保藏方法也不一样。一种良好的有效保藏方法，首先应能保持原菌的优良性状不变，同时还须考虑方法的通用性和操作的简便性与经济性。下面介绍几种常用的菌种保藏方法：

2.4.1 斜面保藏法

斜面保藏方法是一种简单常用的方法，即采用斜面菌种结合定期移接，直接在4℃冰箱（柜）保藏的方法。对科研与教学工作中不要求长期保藏的菌种更是适用方便。特别对那些不宜用冷冻干燥保藏的菌种，斜面保藏是最适宜的方法。

影响菌种斜面保藏效果的因素有许多，主要是菌种保藏培养基和培养条件。保藏培养基的营养成分贫乏一些，氮源略多，而糖类少，以减少因培养基pH下降而对菌种性能的影响。经验表明保藏斜面在传代过程中，营养贫乏和丰富的培养基交替使用，有利于保持菌种的优良特性。另外，配制斜面保藏培养基时，要选择那些不易引起菌种回复突变的碳、氮源。例如，泡盛曲霉（*Aspergillus awamori*）是高产淀粉葡萄糖苷酶的产生菌，它在麦芽汁酵母膏培养基上易产生回复突变，而在马铃薯葡萄糖琼脂斜面上则不易产生。斜面保藏培养基最好用植物等天然有机物浸出汁配制，有利于保持菌种活性。各类微生物菌种保藏的培养基见表2-8。

表 2-8　各类微生物菌种保藏的培养基(引自施巧琴,2003)

菌　　种	保藏培养基(g/L)
好气性细菌	TYC 培养基：胰蛋白胨 5,酵母汁 5,葡萄糖 1,K_2HPO_4 1,琼脂 20,水 1 000 ml
有孢子杆菌 (*Bacillus*)	土豆汁培养基：蛋白胨 5,牛肉汁 3,豆汁 250 ml,琼脂 15,水 750 ml,pH7.0,(此为形成孢子用,若加入 $MnSO_4$ 5 mg/L 左右,能促进长孢子) 酵母汁 7.0,葡萄糖 10,pH7.0
醋酸细菌 (*Acetobacter*)	胰蛋白胨 5,肝酶汁 100 ml,琼脂 20,蒸馏水 900 ml,待琼脂溶化后加葡萄糖 20,$CaCO_3$ 10,并使 $CaCO_3$ 悬浮于整个培养基中 麦芽汁,$CaCO_3$ 0.5%
乳酸细菌 (*Lactobacallus*)	MRS 培养液：蛋白胨 10,肉汁 10,酵母汁 5,K_2HPO_4 2,柠檬酸钠 2,葡萄糖 20,醋酸钠 5,盐溶液($MgSO_4 \cdot 7H_2O$ 11.5,$MnSO_4 \cdot 2H_2O$ 2.45 ml,吐温 80,用自来水定容至 1 000 ml,pH6.2～6.6)
嫌气性有孢子细菌	糖蜜培养基：糖蜜(黑色)100,大豆粕 100,$(NH_4)2\ SO_4$ 1.0,蛋白胨 5,用自来水定容至 1 000 ml,pH7.2,灭菌后加入 $CaCO_3$ 5
放线菌 (*Srteptomyces*)	天冬酰胺-葡萄糖培养基：天冬酰胺 0.5,K_2HPO_4 0.5,牛肉膏 2.0,葡萄糖 10,琼脂 17,水 1 000 ml,pH6.8～7.0 EMERSON 培养基：NaCl 2.5,蛋白胨 4.0,酵母汁 1.0,牛肉汁 4.0,蒸馏水 1 000 ml,pH7.0(用 KOH 调节) 高氏合成培养基：可溶性淀粉 20,KNO_3 1,K_2HPO_4 0.5,$MgSO_4 \cdot 7H_2O$ 0.5,NaCl 0.5,$FeSO_4$ 0.01,琼脂 20,蒸馏水 1 000 ml,pH7.2
丝状真菌 (*Filamentous.*)	米粉培养基：玉米粉 6.0,水 1 000 ml,同水混合成奶油状,文火烧 1 h,用布过滤,加入琼脂并加热至溶化,恢复原体积;110℃灭菌 30 min。此培养基特别适于暗色霉菌的保藏 马铃薯浸汁培养基：25%马铃薯浸汁 1 000 ml,葡萄糖 10,琼脂 20
曲霉 (*Aspergillus*) 青霉 (*Penicillium*)	察氏培养基：$NaNO_2$ 3,K_2HPO_4 1,$MnSO_4 \cdot 7H_2O$ 0.05,KCl 0.5,$FeSO_4 \cdot 7H_2O$ 0.01,蔗糖或葡萄糖 30,琼脂 15～20,蒸馏水 1 000 ml,pH6.0 麸皮培养基：新鲜麸皮与水,以 1∶1 混合,121℃灭菌 30 min
毛霉 (*Mucor*)	菠菜-胡萝卜琼脂培养基：菠菜(薄切)200,胡萝卜(去皮薄切)200,琼脂 20,蒸馏水 1 000 ml,菠菜(不要新鲜的)和胡萝卜放在水中,煮沸 1 h 后用布过滤,加琼脂,121℃灭菌 20 min
酵母 (*Yeast*)	GM 培养基：蛋白胨 3.5,酵母汁 3.5,K_2HPO_4 2,$MgSO_4 \cdot 7H_2O$ 1.0,$(NH_4)_2SO_4$ 1.0,葡萄糖 20,琼脂 20,水 1 000 ml MY 培养基：酵母汁 3,麦芽汁 3,蛋白胨 5,葡萄糖 10,琼脂 20,水 1 000 ml 麦芽汁琼脂：麦芽汁 1 000 ml,琼脂 15,pH6.0

另外,还要注意保藏条件。经过移接、培养后的斜面,置于 4℃冰箱保藏。每隔 1～3 个月后移接一次,继续保藏。移接代数最好不超过 3～4 代。每次移接时,斜面数量可以多一些,以延长使用期。改用橡胶塞用石蜡密封,置于 4℃冰箱保存。不仅可以更好避免斜面培养基水分蒸发,还可以防止棉塞受潮而被污染。该法对细菌、霉菌、酵母保存 5～10 年后,存活率达 75%以上。

斜面保藏法,简便有效,特别适合于非长期保藏的菌种以及不能采用低温干燥方法保藏的菌种。但也有其不足之处。首先在保藏期间,由于斜面含有营养和水分,菌种生长繁殖还没有完全停止,代谢活动尚可微弱进行,因此,还存在自发突变的可能。而且根据菌种不同,一般每 1～3 个月就要转接一次,移植代数比其他保藏方法要多,这样就易发生变异和引起退化。由于传代频繁,每次制备斜面时,因原料、水质、pH、配制方法、灭菌、培养温度及湿度等的差异,不仅影响菌种质量,也容易造成杂菌污染。斜面菌种在保藏期间培养基的水分易于蒸发而收缩、干涸,使其浓度增高,渗透压加大,而引起菌种退化甚至死亡。

2.4.2　液体石蜡油保藏法

这是由法国人 Lumtcrc 于 1914 年创造的,也是菌种保藏的常用方法。在斜面菌种上覆盖石腊油,保存期间可以防止培养基水分蒸发并隔绝氧气,克服了斜面保藏的缺点,同样置于 4℃

冰箱中，效果比一般斜面保藏好。通常菌种保存 2～3 年，甚至 5 年转代移接一次，几乎都能够达到保藏效果。

Note

石蜡油保藏法中斜面培养基的选择、配制方法以及保藏条件与斜面保藏法几乎相同。其具体方法：取新鲜斜面，移接菌种，培养至菌体健壮、成熟，加入经灭菌的石蜡油，液面高出斜面培养基顶部 1～2 cm，加塞并用固体石蜡封口，置于低温保存。石蜡油是无色透明的矿物油，用于菌种保藏前，应于 121℃蒸汽灭菌 60～80 min。然后置于 80℃烘箱中烘干，除去水分。石蜡油多为化学纯，若含有杂质，尤其是有毒物质，应用于菌种保藏则会影响菌种生产性能。石蜡油保藏法的应用较为广泛，特别适用于一些在固体培养基上不能形成孢子的丝状担子菌，如大型食用真菌和药用真菌以及镰刀霉、红曲霉等微生物菌种。此外，一些酵母菌、霉菌以及少数细菌也可采用。但本法不适用于能以石蜡为碳源的或者对石蜡十分敏感的微生物保藏。为了确保菌种活性，采用该法保藏之前要做预备试验。菌株保藏期间要定期做存活率和活性试验，一般2～3 年做一次，以考察该法的保藏效果与菌种的适应性。

2.4.3 干燥保藏法

不少微生物如产孢子的放线菌类、霉菌类和产芽孢的细菌类，因为产生的孢子或芽孢，在干燥环境中抵抗力强，不易死亡。干燥能使这些微生物处于休眠状态，代谢活动水平降低但不会死亡。因此，把菌种接种到一些适宜的载体上，人为创造一个干燥环境，就能达到菌种保藏的目的。可以作为干燥保藏的载体材料有细砂土、滤纸片、麦麸、硅胶等。把接有菌种的孢子或芽孢的载体置于低温下保藏，或抽真空密封保藏，效果很好。下面介绍几种常用干燥保藏法：

1. 砂土保藏法

砂土保藏菌种的历史相当久远，1934 年就已有了报道(Greeke 法)。它是利用细砂创造的干燥条件，使那些能产生孢子或芽孢的微生物达到菌种保藏目的的方法。砂土保藏法经济简便，保存时间长，不易变异，效果好，是目前国内外广泛应用的长效菌种保藏方法，是一些抗生素产生菌常用的也是最重要的保藏方法之一。保存期一般为 2～5 年，有的甚至更长。具体制作方法：

(1) *砂土制备*

取河、海黄沙 1 000～1 500 g，放入容器内，加入 10%盐酸溶液浸泡 24 h，倾去溶液，置于自来水下冲洗至 pH 为中性、烘干。通过 60 目筛，并用磁铁石除去黄砂中的铁质。另取未被污染的较贫瘠的地表以下土壤(最好是山坡上，或深挖 30 cm 以下的非耕作层土壤)，于自来水浸泡冲洗，直至 pH 中性，烘干、碾细，通过 120 目筛子，将以上经过处理的砂和土以1∶1或 3∶2 混合均匀，装入 100 mm×10 mm 的试管内，每管装量 1.5～2.0 g。加棉塞，包上牛皮纸，于 121℃灭菌 1～1.5 h，间歇灭菌 3 次。在 50℃以下烘干(温度不必过高，否则土壤有机质被高温分解后，产生有害物质，影响菌种性能)，经检查无误后备用。

(2) *菌种和砂土管制备*

供砂土保存的菌种质量要高，首先使斜面菌体菌龄或孢子龄适宜，生长健壮，孢子丰满。有些菌种，如红霉素、四环素、金霉素生产菌的斜面，接种时不要过密，使菌落有充分生长和长孢子的余地。另外，供保藏的菌种要采用分离纯化后的纯种，并且要测定其生产力，绝不能污染杂菌。

(3) *埋砂土*

1) 湿埋法　取培养好的新鲜斜面，加入适量灭菌的无菌水，轻轻刮下孢子或菌苔(严防菌丝和培养基带入)，使细胞浓度为 10^8～10^{10} ml^{-1}。每支砂土管中加入 0.2～0.3 ml 菌悬液，搅拌混匀，然后抽真空干燥约 4 h，不宜过长，否则会造成菌体细胞死亡。把制备好的砂土管放入干燥器内，置于冰箱低温保存。

2) 干埋法　从斜面培养物上直接取孢子或菌苔，移入到砂土管中(不能带入培养基)，混匀，抽真空 1～2 h，或者将砂土管扎成一捆，在管口上覆上一包用纱布袋包装的变色硅胶，然后放入含有干燥剂的干燥器里；或者把单支砂土管放入装有变色硅胶的大号试管内，塞上橡皮塞，用石蜡密封，置于 4℃冰箱保存。

Note

2. 滤纸条保藏法

将菌体细胞或孢子吸附在湿的无菌滤纸条上，干燥后置于低温保藏，称滤纸保存法。该法适合丝状真菌、酵母菌和细菌保藏。具体制作法如下：① 取 3 号滤纸裁成 0.5 cm×5 cm 的细条，置空培养皿中，高压蒸汽灭菌，烘干备用；② 取未加棉塞的 0.6 cm×10 cm 的安瓿管若干个，瓶口朝下，放在金属罐里灭菌；③ 加入灭菌过的脱脂奶粉溶液(10%)于培养成熟的斜面中，制成菌悬液；用灭菌的不锈钢镊子将 6 条滤纸条浸入菌悬液中，待吸饱菌液后取出滤纸条，每只安瓿瓶内放一条；④ 在离安瓿瓶口 3 cm 处用喷灯加热，拉管径至 1/4。然后立即插入冷冻干燥器的分歧管上，进行抽真空冷冻干燥，真空度为0.01 Torr，约干燥 4 h，熔封管口，低温保存。

3. 无水硅胶保藏法

这是一种以无水硅胶为载体的菌种干燥保藏法，其方法是取无水纯硅胶，通过 6～20 目筛，装入 100 mm×10 mm 的试管内，于 160～180℃干热灭菌 90～120 min，在干燥条件下保存备用。

在菌体成熟的斜面中，加入灭菌的脱脂牛奶，轻轻刮下孢子或菌体，制成细胞浓度为 10^7～10^{10}/ml 的菌悬液。先将装有硅胶的试管置于冰浴中，然后将菌悬液加入到试管内，其量约湿透硅胶的 3/4。此时由于硅胶吸水而放热。试管在冰浴中浸置并摇动 30 min，以防热量不均灼伤菌体。接着抽真空干燥，或将试管于室温干燥。将数支试管捆起，管口覆一包变色硅胶，放到含干燥剂的干燥器内，置于冰箱中保存。过数天更换一包干的变色硅胶，直到管内硅胶干燥(全部变为蓝色)为止。该法适用于一些丝状真菌和酵母菌的菌种保藏。

4. 麸皮保藏法

即以麸皮作载体，吸附接入的孢子，然后在低温干燥条件下保存。其制作方法：麸皮和水以 1∶0.8～15 比例混合后，装入试管体积的 2/5 左右，塞上棉塞，高压蒸汽灭菌。待冷却后，接入新鲜培养的菌种搅动均匀，适温培养至孢子成熟。放入装有变色硅胶干燥剂的干燥器内，先于室温干燥 7～10 d，后移入到冰箱内保藏。该法适合于产孢子的霉菌和放线菌。中国科学院微生物研究所用麸皮保藏法保藏曲霉，如 *Aspergillus oryzae*、*Aspergillus usamii*、*Aspergillus terricola* 等 7 种 9 株，17 年后存活率达 100%；另有 39 种 127 株，保存 7～8 年存活率为 87.4%；青霉 32 种 56 株，保存 7～8 年后存活率达 75%：拟青霉 5 种 13 株，保存 7～8 年失活 9 株；保帚霉 2 种 2 株，7 年未失活。但其中曲霉中的 *Aspergillus conicus*、*Aspergillus restrictus*、*Aspergillus flavipes* 等菌种用麸皮保藏效果不良。

此外，还有大(小)米保藏法。一些能大量产生孢子的曲霉、青霉等生产菌种，如灰黄霉素、青霉素生产菌种，都是采用大(小)米制备孢子保藏的。

2.4.4　冷冻干燥保藏法

冷冻干燥保藏法已具有几十年的历史，是保藏菌种较理想的方法，也是国内外保藏菌种普遍采用的方法。冷冻干燥法通常是用保护剂制备菌悬液，然后将含菌样快速降至冰冻状态，减压抽真空，使冰升华成水蒸气排出，从而使含菌样脱水干燥。并在真空状态立即密封瓶口隔绝空气，造成无氧的真空环境，然后置于低温下保存。冷冻干燥法是在干燥、缺氧、低温条件下保藏菌种，保藏时间长，一般达 5～10 年。除一些不产孢子的丝状真菌不宜采用冷冻干燥法保藏外，大多数微生物都可以采用，其中特别对那些不宜用移代保藏的抗生素生产菌种，如春雷霉素、麦迪霉素、头孢霉素、卡那霉素等生产菌种，采用冷冻干燥保藏法保藏期长、生产性能稳定、保藏效果良好。曲霉和青霉菌种的冷冻干燥法保存具有良好的效果，见表 2-9。

Note

表 2-9　曲霉和青霉菌种冷冻干燥法保藏情况(中科院微生物研究所)

菌　　名	保存年限/年	存活率/%
曲霉(33 种 67 株)	12	100
青霉(13 种 19 株)	12	100
拟青霉(2 种 2 株)	11	未失活
帚霉(2 种 2 株)	4	未失活

冷冻干燥法的操作流程见图 2-10。

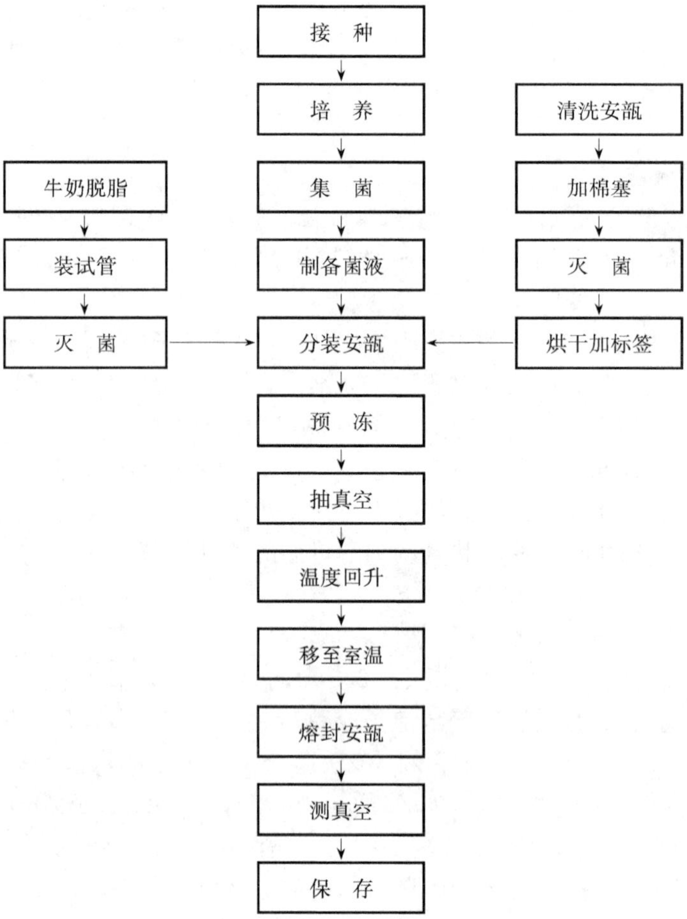

图 2-10　冷冻干燥法的操作流程(引自施巧琴,2003)

注意事项：

1. 安瓿瓶

选用中性玻璃制作的安瓿瓶,规格 80 mm×100 mm。将安瓿瓶洗净,并用 2%盐酸浸泡 7～10 h,用自来水和蒸馏水冲洗干净,烘干。瓶内放入印有菌号和日期的标签。塞上棉塞,松紧适宜(以免抽真空时成为阻力),灭菌后备用。

2. 保护剂

为了防止冷冻干燥过程和保存期间细胞易于损伤和死亡,需要加保护剂。低分子和高分子化合物及一些天然化合物,都是良好的保护剂。其中以高分子和低分子化合物混合使用效果最好。脱脂牛奶实际应用较多,其制备方法：取新鲜牛奶于 2 000 r/min 离心 15 min,除去脂肪;再离心1～2 次后,装入已经灭过菌的带塞瓶内,进行高压蒸汽灭菌(常采用 115℃灭菌 15～20 min,以防高温分解变质)。此时牛奶应保持乳白色。经检查确认无菌后,置冰箱备用,一般可以存放 1 个月。

保护剂的保护作用包括三个方面：① 可以减少细胞在冷冻和真空干燥过程中的损伤和死亡;② 对保存过程中菌种细胞的构型维持稳定作用,并减少死亡;③使固形化的含菌样重新培养时，加入培养液易于溶解。保护剂的种类很多(表 2-10)，不同微生物适合的保护剂不同，尤其是对那些不易保存的菌种对保护剂种类的选择更为严格。

Note

表 2-10　常用的保护剂

保护剂类别		保护剂名称
天然混合物		脱脂牛奶、血清蛋白
高分子化合物		明胶、白蛋白、酵母膏、蛋白胨、可溶性淀粉、葡聚糖、糊精、羧甲基纤维素、阿柏胶、聚乙烯氮戊环
低分子化合物	酸性化合物	谷氨酸、天冬氨酸、苹果酸
	中性化合物	葡萄糖、乳糖、蔗糖、山梨醇、肌醇、甘油
	碱性化合物	赖氨酸、精氨酸

在冰冻和真空干燥过程中保护剂化合物中某些化学结构与细胞稳定地结合，取代了细胞表面束缚水的位置，可以避免冷冻干燥对细胞带来的损伤或死亡。

3. 菌种制备和分装

作为保藏菌种，一定要选用生长良好、健壮的斜面菌种；菌龄控制在稳定期，这时期细胞对外界抵抗能力较强，容易忍耐冷冻和干燥的环境。另外要求较高的细胞浓度，以弥补因冷冻干燥过程中部分细胞的死亡而造成的密度下降。一般细菌浓度为 10^7～10^8 ml，孢子浓度为10^6 ml以上为宜。

取稳定期的细菌或成熟的孢子斜面，加入 2.5 ml 左右的灭菌的脱脂牛奶，轻轻刮下菌体或孢子，尽可能不带菌丝和培养基。用灭菌的长形滴管或毛细管，以尽快的速度分装到安瓿瓶内，并立即抽真空干燥(不超过 2 h)，菌悬液加入的量，控制在安瓿瓶球部的一半(约 0.2 ml)，因为该部位升华面积最大。分装完毕，塞上棉塞，剪去露出瓶口外的棉花，并将棉花推入到瓶口下 0.5 cm 处，以免插管时被带出瓶外。接着把安瓿瓶逐个插入冻干机的分歧管上，用石蜡密封连接处，再将分歧管用橡皮管与真空泵相连接。

4. 预冻和真空干燥

为了防止抽真空初期泡沫溢出，同时为使菌液样品冻结，以便在真空状态下升华干燥，必须进行预冻。但是预冷的温度不能低于－20℃，否则会造成菌体死亡率增加，酵母菌类尤其敏感，在－20～－18℃预冻 30 min 后，即可进行抽真空。整个干燥过程先是升华干燥，然后蒸发除去水分。当干燥程度达到使样品脱离瓶壁成为疏松的块状，此时可将安瓿瓶从冰槽中取出，于室温继续抽真空 1 h 左右，直到样品内部水分绝大部分除去(细菌残余水为 1%、病毒在 0.5%—1.0%、抗生素产生菌在 3%左右)。手指轻弹管壁，可见瓶内样品疏松、转动时，即可熔封。封口时常在真空状态下，在安瓿瓶凹处熔封，使瓶上产生一个小窝，然后用高频电火花测定仪检查真空度，如管内出现蓝色光则符合要求；若是红色光说明尚未真空。因为冷冻干燥后的菌体接触空气后易于死亡，因此，封口后的安瓿瓶内的真空度是十分重要的。封口时应注意火焰要射向安瓿瓶管上方，而不能朝着样品，以防污染和损伤真空干燥过程中，抽真空的时间不宜过长。一般为 4～8 h，否则会提高菌种死亡率和影响活性。

5. 其他

冷冻干燥法保存菌种，要定期检查菌种死亡率。一般保存 6 个月、2 年、5 年、10 年分别检查一次。通过活菌计数，计算其存活率。如果为确证菌种对该法保存的效果，可以保存 1 个月的菌种，进行平皿活计数，确定是否可采用该法保存。

要恢复培养时，以无菌操作打开安瓿瓶，加入 0.3～0.5 ml 最适培养液，轻轻摇动，溶解样品，然后移接到斜面上培养。恢复培养时要注意安瓿从 4℃取出后，先放置于室温少许时间，使菌液温度与倒入的培养液温度几乎平衡。同时注意溶化样品的速度不要太快，以免影响菌种活性。由于安瓿瓶是真空状态，开瓶时要缓慢并注意紧靠火焰，以避免空气冲入而造成染菌。

Note

2.4.5 真空干燥法

即菌种不经冷冻，在常温下直接真空干燥的保藏方法。保藏菌种不需传代，不易发生退化，可以达到较好保藏效果。适用于细菌、放线菌、酵母菌和噬菌体的保藏，但不适用于丝状真菌。它具有设备相对简单、操作方便的优点。

2.4.6 液氮超低温保藏法

即菌种以甘油、二甲基亚砜等作为保护剂，在液氮超低温（−196℃）下保藏的方法。从20世纪70年代以来，国外已经采用液氮保藏微生物菌种。因为一般微生物在−130℃以下新陈代谢活动就完全停止了，因此它比其他任何保藏方法都要优越，被世界公认为防止菌种退化的最有效方法。该法适用于各种微生物菌种的保藏，甚至连藻类、原生动物、支原体等都能用此法获得有效的保藏。

液氮低温保藏的保护剂，一般是选择甘油、二甲基亚砜、糊精、血清蛋白、聚乙烯氮戊环、吐温80等，但最常用的是甘油，因为它可以渗透到细胞内，并且进入和游离出细胞的速度比较慢，通过强烈的脱水作用而保护细胞；二甲基亚砜的作用和甘油相似；通过试验以确定保护剂的浓度，原则上是控制在不足以造成微生物致死的浓度，一般甘油为10%～20%、二甲基亚砜为5%～10%。下面是液氮超低温保藏法的操作方法。

1. 安瓿瓶的选择

一般选用95料或GG 17的玻璃管制成的安瓿瓶，因为它们能承受强烈的温差变化而免遭破裂。其规格常用70 mm×10 mm，瓶底最理想的是半球形，容量以12 ml左右为宜。要求在安瓿瓶口下方3 cm处有一个凹陷，以便菌液加入后作为封口用。将安瓿瓶洗净、干燥后，在瓶壁上用记号笔书写菌号和日期，在160℃烘干，加棉塞灭菌，烘干后备用。

2. 菌种制备和冻结保藏

取新鲜培养的健壮菌体斜面，加入20%甘油或其他保护剂，刮下孢子或菌体，制成孢子或菌悬液，取0.2～0.5 ml加入安瓿瓶中，在安瓿瓶凹处用火焰封口；如果是不产孢子的丝状菌，可以用菌丝体进行保藏。通常把菌种分离在平皿上，待菌落成熟后，用直径0.5 cm不锈钢打孔器，挖取粗壮、均匀的菌丝连同培养基的菌块，然后以无菌操作将琼脂块移入到事先已加入约0.8 ml左右保护剂的安瓿瓶中，立即用火焰熔封瓶口，检查瓶口严密不漏气，将它们置于慢速冻结器上，控制温度下降速度为1℃/min，待温度逐渐下降到−35℃时，把安瓿瓶迅速放入液氮罐内保藏。在保藏期间，液氮会缓慢蒸发，不同结构的液氮罐，蒸发量不同，一般10 d的蒸发量为15%。因此，要注意及时补充液氨。

2.4.7 液相保藏法

1. 蒸馏水保藏法

待斜面菌种培养到孢子或菌丝体成熟之后，加入5 ml左右无菌蒸馏水，轻轻刮下孢子或菌体，制成菌悬液，取一定量移入到无菌小瓶子中，加盖、石蜡密封。置室温保存，一般可保存1～5年。采用蒸馏水保藏法时，一方面要设法使斜面菌种生长良好，并且要有尽可能多的孢子或菌体细胞，制备菌悬液的菌体密度要大，以防保藏过程中部分死亡。如要恢复培养，可从小瓶内吸取0.2 ml左右的菌液，移接到新配制的培养基斜面上，于适宜的温度下培养即可。

2. 磷酸盐缓冲液保藏法

该法采用0.2 mol/L pH7.0的磷酸缓冲液，取2 ml加入到100 mm×12 mm试管内，常规灭菌后，接入2～3环新鲜的生长良好的斜面菌种，塞上无菌胶塞，于10℃左右保藏。采用磷酸盐缓冲液保藏法，霉菌、酵母菌或细菌的存活率均比其他两种方法高，特别是酵母菌和霉菌效果更好。

3. 氯化钠溶液保藏法

取培养24～48 h的新鲜细菌斜面，加入无菌蒸馏水轻刮菌体，制成菌悬液，以无菌操作离心，除去带入的固体物质，加入 10 ml 1%氯化钠溶液，制得菌悬液，分装到无菌试管内，塞紧塞子，置室温保存。一般能保藏 2～3 年，甚至更长。该法保存范围广，对细菌效果更好，对一些缺乏常规保存设备的实验室较为适用。

综上所述，以上几种菌种保藏方法中效果最理想的应该是液氮超低温法和冷冻干燥法。但这两种方法都需要一定的设备，投资昂贵，技术操作也较复杂；斜面低温保藏和石蜡油保藏法，不需要特殊设备，操作简便，但保藏期较短，特别是斜面低温保藏法；干燥保藏法则介于中间。

复习思考题

1. 简要分析工业微生物菌种的基本要求。
2. 简述工业微生物菌种分离中富集培养的必要性以及主要方法及其基本原理。
3. 举例说明工业微生物菌种分离筛选的工艺流程。
4. 诱变育种是当今工业微生物菌种选育的基本方法，如何有效的提高变异率和正变率、科学设计筛选方法是成功选育的关键，请归纳总结相关的措施及其原理。
5. 原生质体融合杂交育种技术已日趋成熟，请叙述该技术的基本流程。
6. 种子扩大培养有什么意义？种子质量的标准及其影响因素和控制措施是什么？
7. 请分析各种菌种保藏法的优缺点和相应的适应范围。

第3章 工业微生物的代谢调节和代谢工程

知识框架图

- 工业微生物的代谢调节和代谢工程
  - 微生物代谢与代谢调节
    - 微生物代谢
    - 微生物的代谢调节方式
      - 细胞透性调节
      - 限制基质与酶的接近
      - 控制代谢流
    - 酶活性的调节
      - 激活　抑制
      - 酶活性调节的分子机制
    - 酶合成的调节
      - 诱导　诱导的操纵子学说
      - 阻遏　分解代谢物阻遏的分子机制
  - 初级代谢及代谢调节
    - 酶的诱导
      - 诱导合成
      - 避开诱导控制
    - 反馈调节
      - 直链式代谢途径中的反馈抑制
      - 分支途径中末端产物的抑制
      - 分支合成途径中末端产物的阻遏
      - 避开末端代谢产物的反馈调节
    - 能荷调节
  - 次级代谢及代谢调节
    - 次级代谢产物的特征
    - 次级代谢产物的类型
    - 次级代谢产物的生物合成
    - 次级代谢产物的调节
      - 酶合成的诱导调节
      - 反馈调节
      - 磷酸盐调节
      - 初级代谢产物调节
      - 碳分解产物调节
      - 氮分解产物调节
      - 产生菌生长速率调节
  - 微生物代谢工程
    - 代谢工程概述
      - 代谢工程由来
      - 代谢工程的原理
      - 代谢工程的过程
    - 代谢工程的研究对象
      - 代谢工程研究内容
      - 代谢工程研究方法
    - 代谢工程的应用

内容提要

本章主要介绍了控制代谢流的两种主要类型：即酶合成调节和酶活性调节。其中酶合成调节属于粗调，表现为酶的诱导合成和酶合成的阻遏；酶活性调节属于细调，表现为酶的激活与抑制，酶活性调节的机制主要有变构调节、共价修饰、缔合与解离和竞争性抑制等方式。微生物的代谢分为初级代谢和次级代谢，其中初级代谢的调节方式除了酶活性调节和酶合成的调节，还受到能荷调节；次级代谢则除了初级代谢涉及的调节方式外，还受到碳分解产物调节、氮分解产物调节、磷酸盐调节、反馈调节、生长速率调节等。在实际生产中，要高浓度地积累某一代谢产物，就必须打破微生物原有的代谢系统，建立新的代谢方式，最终能高浓度地积累人们所期望的代谢产物。

Note

在微生物生长过程中，细胞内存在许多既相互协调又高度有序的代谢过程。经过了长期的生物进化，微生物细胞具备了一套完善的代谢调控系统，使菌体能对外界环境的改变迅速做出反应，而且经济合理地利用和合成所需的各种物质和能量，以平衡各种代谢的物质流向和反应速率。

在实际生产中，要高浓度地积累某一代谢产物，就必须打破微生物原有的代谢系统，建立新的代谢方式，最终能高浓度地积累人们所期望的代谢产物。为了达到这个目的，可采用两种方式：一是通过各种育种方式选育基因突变株，从根本上改变微生物的代谢；另一种是控制微生物的各种培养条件影响其代谢流。

近年来，随着基因工程的快速发展，利用基因工程改变代谢流，扩展和构建新的代谢途径，或通过关联酶将两个代谢途径连接形成新的代谢流的研究，都取得了令人瞩目的成绩，因此将这种涉及多个基因的基因工程称为代谢工程，或途径工程。

3.1　微生物的代谢与代谢调节

3.1.1　微生物代谢

代谢(metabolism)是细胞内所有的生物化学过程的总称，包括物质代谢和能量代谢两个方面，其中物质代谢包括分解代谢和合成代谢，而能量代谢包括能量的产生、储运和利用。微生物把大分子营养物通过一系列反应过程转变为小的、较简单的物质，这个过程称为分解代谢(catabolism)。分解代谢将逐步释放大分子中的能量。合成代谢(anabolism)又称生物合成(biosynthesis)，是生物体利用小分子或大分子的结构单元建造自身大分子的过程，一个需能过程。所有的代谢过程，包括分解代谢和合成代谢，都不是自发进行的，而是在生物催化剂——酶的作用下进行的。

微生物代谢活动过程中能合成多种多样的代谢产物，按代谢产物与微生物生长繁殖的关系，可分为两大类，一类是微生物代谢产生的，并且是微生物自身生长繁殖所必需的代谢产物，称为初级代谢产物(primary metabolite)，如氨基酸、核苷酸、蛋白质、多糖和脂肪酸等；另一类是微生物生长到一定阶段才产生的化学结构十分复杂，对该微生物无明显生理功能，或并非是微生物生长和繁殖所必需的物质称为次级代谢产物(secondary metabolite)，如抗生素、毒素、激素、色素等。

3.1.2　微生物代谢调节的方式

微生物的代谢调节主要通过细胞透性的调节、限制基质与酶的接近和控制代谢流等几种方式实现(图 3-1)。

1. 细胞透性的调节

细胞质膜的透性直接影响营养物质的吸收和代谢产物的分泌，从而影响细胞内代谢的变

Note

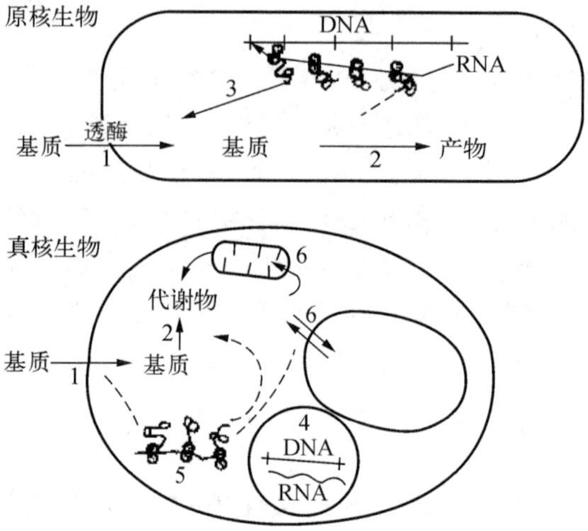

图 3-1　微生物生理代谢活动的调节部位
(引自李友荣,1989)

1—溶质提取;2—酶活力;3—酶或透酶合成;4—核内转录;
5—细胞质中转录;6—细胞器提取与分泌化合物

化。大多数亲水性分子难于通过细胞膜,需借助一些负责运输的酶系统才得以实现,有些运输反应是需能的。

2. 限制基质与酶的接近

在真核生物中各种代谢库的基质分别在由生物膜分隔的细胞器内。例如,在链孢霉中精氨酸存在于细胞质和液泡内,这两处参与精氨酸代谢的酶量有很大的差别;与呼吸产能有关的酶系集中于线粒体内膜上,蛋白质合成酶系位于核蛋白体上。

原核生物细胞结构虽然简单,但也划分出不同的区域,某一代谢途径有关的酶系集中于某一区域,以保证代谢途径中的酶促反应顺利进行,避免其他途径的干扰。例如与呼吸有关的酶系集中在细胞质膜上,而与蛋白质合成有关的酶系则位于核蛋白体上。

3. 控制代谢流

微生物控制代谢流的方法有两种:调节现有酶的量,可通过增加或减少途径中相关酶的合成或调节降解速率实现;改变已有酶分子的活性。

值得注意的是,微生物在不同条件下可通过控制代谢途径中某个酶促反应的速率来控制代谢物的流向,从而保证机体代谢的平衡。同一个酶可以通过不同的辅基(或辅酶)控制代谢物的流向,如谷氨酸脱氢酶以 $NADP^+$ 为辅酶时,主要是催化谷氨酸的合成,当以 NAD^+ 为辅酶时,则催化谷氨酸的分解;又如,3-磷酸甘油醛脱氢酶,它在 EMP 途径中以 NAD^+ 为辅酶时,催化 3-磷酸甘油醛氧化为 3-磷酸甘油酸,但该酶在卡尔文循环中以 $NADP^+$ 为辅酶时,催化 3-磷酸甘油酸还原成 3-磷酸甘油醛。另外生物体代谢的关键部位反应还可利用两种完全不同的酶精确地控制"可逆"反应,即微生物能通过一种酶催化正反应,而以另一种酶催化逆反应,实际上每个单反应都是不可逆的。例如,葡萄糖的磷酸化反应由已糖激酶催化,而 6-磷酸葡萄糖的去磷酸化则是由 6-磷酸葡萄糖酯酶来催化。

3.1.3　酶活性的调节

酶活性调节是指通过改变已有酶分子的活性来调节代谢速度的调节方式。这种调节方式更直接,并且见效快,是发生在蛋白质水平上的调节,表现为酶的激活和酶的抑制两个方面。

1. 激活

酶的激活(activation),也叫活化,是指在激活剂的作用下使原来无活性或活性很低的酶转变为有活性或活性提高的现象。凡能提高酶活性的物质称为激活剂(activator)。激活剂大多是金属离子,如 Na^+、K^+、Mg^{2+}、Zn^{2+}、Ca^{2+}、Fe^{2+}、Co^{2+} 及 Ni^{2+} 等,阴离子激活剂则少见。这

Note

种主要靠外源离子控制的激活作用不能自我调节。代谢调节中的激活作用主要指代谢物对酶的激活,这类激活作用包括两种情况:一是前体激活,即代谢途径中后面的酶促反应可被该途径中较前面的一个中间产物所促进。例如粪链球菌乳酸脱氢酶的活性可被前体物质1,6-二磷酸果糖所促进,粗糙脉孢菌 NAD^+ 为辅酶的异柠檬酸脱氢酶的活性可以被柠檬酸促进。二是代谢中间产物的反馈激活,即指代谢中间产物对该代谢途径前面的酶起激活作用,这种激活作用并不多见,比较著名的例子是1,6-二磷酸果糖是磷酸果糖激酶的激活剂。

2. 抑制

抑制(inhibition)和激活相反。由于某种物质的存在使酶活降低称为抑制。抑制可以是不可逆的,这将造成代谢作用的终止;抑制也可以是可逆的,当除去抑制后,酶活性又恢复。在代谢调节过程中所发生的抑制现象主要是可逆的,而且大多属于反馈抑制(feed back inhibition),即代谢的末端产物对酶(往往是代谢途径中的第一个酶)活性的抑制。反馈抑制作用在生物体内普遍存在,它在维持细胞正常代谢、有效利用代谢原料以适应环境的变化方面具有重要作用。

3. 酶活性调节的分子机制

细胞中酶活性调节的机制有变构调节(allosteric regulation)、共价修饰(covalent modification)、缔合(association)与解离(dissociation)和竞争性抑制(competitive inhibition)等四种方式,下面分别介绍。

(1) 变构调节

微生物细胞内有一些蛋白质称为变构蛋白。如果某种特殊的小分子(效应物)与变构蛋白结合,就会使它的构象发生变化,从而导致其活性的变化。根据变构蛋白质的作用,可以把它们分成变构酶和非酶变构蛋白。代谢调节中起重要作用的是变构酶,它们除了具有活性中心(结合部位和催化部位)外,还存在一个特殊的调控部位,即变构中心。变构中心虽然不是酶活性中心的组成部分,但它可以与某些化合物(称为变构剂)发生非共价结合,引起酶分子构象的改变,对酶起到激活或抑制的作用。由于变构剂与变构中心的结合而引起酶活性改变的现象则称为变构调节。

变构剂根据作用性质的不同可分为两类,一是激活剂,指变构剂与酶分子结合后,酶的构象发生了变化,这种新的构象有利于底物分子与酶的结合,使酶促反应速率提高;另一类是抑制剂,指变构剂与酶分子结合所引起的酶的构象变化不利于与底物的结合,使酶促反应速率降低。

目前已知的变构酶均为寡聚酶,含两个(或两个以上)亚基,一个亚基可与底物结合,起催化作用,称为催化亚基;另一个亚基可与变构剂结合,对反应起调节作用,称为调节亚基。变构剂与酶的变构中心的结合是可逆的,当变构剂的浓度降低时,变构剂与酶的结合随即解离。变构酶经常表现的一个特点是不规则的动力学行为,如果以反应速度为纵坐标,底物浓度为横坐标绘制酶的反应速度曲线,得到的是S形曲线而不是符合米氏动力学的双曲线。

变构酶上的活性部分和变构部分均是独立的系统,催化过程不限制调节过程,但调节系统却可以影响催化系统。由于在变构调节中,变构酶多肽链上的氨基酸顺序没有改变,而仅仅改变了酶蛋白的三级或四级结构,因此变构酶为代谢过程提供了一种非常灵活的、迅速的调节方式。

在代谢途径的支点和代谢可逆步骤(如供、需ATP步骤)中常发现变构控制酶,例如酵解、糖原异生和TCA循环。这样,酵解、糖原异生可在细胞内同时进行,而无需将其隔离。小的配基(如AMP、NAD、ADP、F-1,6-BP、乙酰CoA等)可作为变构效应物。在葡萄糖分解代谢中AMP、ADP、ATP或NADH的浓度能反映细胞能量或氧化变化的情况,比如过量ATP会减缓能量代谢,而高浓度ADP和AMP则使其提高。

(2) 共价修饰

共价修饰是指在修饰酶的催化下,蛋白质分子中的一个或多个氨基酸残基与一种化学基团共价连接或解开,使其活性改变的作用。通过共价修饰可使酶钝化或活化。从蛋白质中除去或加入的小化学基团可以是磷酸基、甲基、乙基、腺苷酰基。共价修饰作用可分为可逆的和不可逆的两种。

Note

1) 可逆共价修饰　细胞中有些酶存在活性和非活性两种状态,两者可以通过另一种酶的催化作共价修饰而互相转换(见表 3-1)。例如,磷酸化可改变真核生物中的磷酸果糖激酶活性。粗糙链孢霉的糖原磷酸化酶以磷酸化形式存在,在没有 5′-AMP 的情况下具有完全的活性;其去磷酸化形式则需要 5′-AMP 才能显示其活性。这两种形式可借特殊的激酶和磷酸酯酶的作用互相转换。某些具有两种组分调节系统的调节蛋白也受磷酸化的激活。大肠埃希菌谷氨酰胺合成酶的活性是通过腺苷酰化调节的。

表 3-1　由可逆共价修饰控制的酶(引自李友荣,1989)

酶	修饰作用	生物功能
磷酸化酶、糖原合酶 磷酸化酶激酶、磷酸酯酶	磷酸化	糖原代谢
乙酰 CoA 羧化酶	磷酸化	脂肪酸的合成
谷氨酰胺合成酶	腺苷酰化	谷氨酰胺在许多生物合成中起 N 给体作用
RNA 核苷酰基转移酶	ADP-核糖基化	由 T4 噬菌体感染,酶的 α-亚单位的精氨酸残基被修饰,从而关闭了寄主基因的转录

酶的可逆共价修饰有两重意义:① 因酶构型的转换是由酶催化的,故可在很短的时间内经信号启动,触发生成大量有活性的酶;② 这种修饰作用可更易控制酶的活性以响应代谢环境的变化。这一系统具有能随时响应的特性,因而经常在活化与钝化状态之间来回变换。这需要消耗能量,但只占细胞整个能量能耗的一小部分。这也是细胞为了达到精巧控制目的而需要花费的代价。

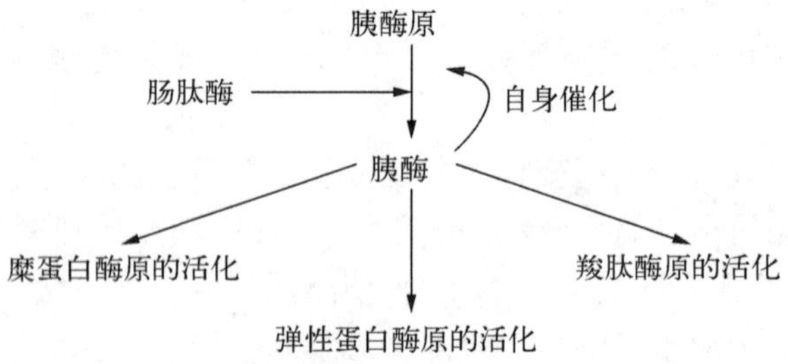

图 3-2　不可逆的酶原活化方式
(引自李友荣,1989)

2) 不可逆共价修饰　其典型的例子是酶原激活,无活性的酶原被相应的蛋白酶作用,切去一小段肽而被激活。酶原变为酶是不可逆的。胰蛋白酶原的活化靠从 N-端除去一个己肽(Val-Asp-Asp-Asp-Asp-Lys),胰蛋白酶原活化是信号放大的一个典型例子(图 3-2)。少量的肠肽酶便可激发大量的胰蛋白酶原转变成胰蛋白酶,这是因为胰蛋白酶能催化其自身的活化。一旦这些胰酶完成了其使命后,便被降解而不能再恢复为酶原——这种酶活性的关闭作用是极其重要的。

(3) 缔合与解离

能进行这种转变的蛋白质由多个亚基组成,蛋白质活化与钝化是通过组成它的亚单位的缔合与解离实现的。这类互相转变有时是由共价修饰或由若干配基的缔合启动的。

(4) 竞争性抑制

一些蛋白质的生物活性受代谢物的竞争性抑制。例如,需要氧化型 NAD^+ 的反应可能被还原性 NADH 的竞争性抑制;需 ATP 的反应可能受 ADP 或 AMP 的竞争性抑制;一些酶反应过程常受产物的竞争性抑制。

3.1.4　酶合成的调节

酶合成的调节是一种通过酶量变化来调节代谢速率的调节机制,这是一种在基因水平上的代谢调节。与酶活性调节相比,酶合成的调节是一类较间接而缓慢的调节方式,其优点则是通过阻止酶的过量合成,有利于节约生物合成的原料和能量。在正常代谢途径中,酶活性调节和酶合成调节两者是同时存在且密切配合、协调进行的。

在微生物中，酶量调节的方式包括诱导(induction)和阻遏(repression)两种类型。诱导作用指在某种化合物(包括外加的和内源性的积累)作用下，导致某种酶合成或合成速率提高的现象。阻遏作用是指在某种化合物的作用下，导致某种酶合成停止或合成速率降低的现象。这两种现象同时存在，通过它们的协调作用能够有效地控制胞内酶量的变化。

1. 诱导

微生物代谢活动涉及的酶有上千种，根据酶的合成是否与环境中所存在的该酶底物或其有关物的关系将酶划分为组成酶和诱导酶。组成酶是细胞固有的酶类，不因分解底物或其结构类似物的存在而受影响，例如：EMP 途径的有关酶类。诱导酶是细胞为适应外来底物或其结构类似物而临时合成的一类酶，例如：大肠埃希菌在乳糖培养基中所产生的 β-半乳糖苷酶和半乳糖苷渗透酶等。在含乳糖培养基上生长的大肠埃希菌细胞中酶的组成见图 3-3。

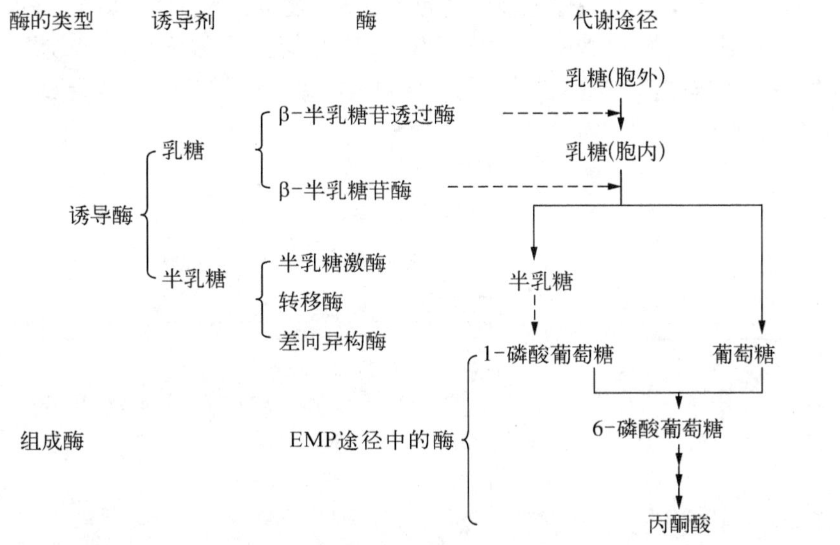

图 3-3　在乳糖上生长的大肠埃希菌中酶的组成情况(引自卫保扬，1989)

能促进诱导酶产生的物质为诱导物(inducer)，它可以是酶的底物，也可以是难以代谢的底物类似物或底物的前体物质。例如：能诱导 β-半乳糖苷酶除了其正常底物——乳糖外，不能被其利用的异丙基-β-硫代半乳糖苷(IPTG)也可诱导，且其诱导效果要比乳糖高，在大肠埃希菌，加入 IPTG 后，其 β-半乳糖苷酶的活力突然提高 1 000 倍(图 3-4)。

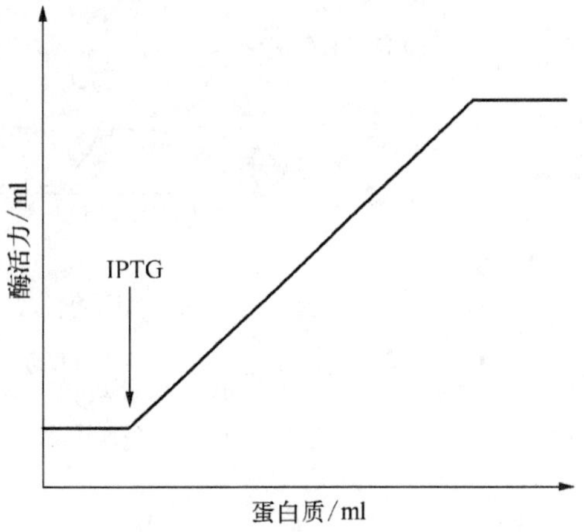

图 3-4　大肠埃希菌细胞中异丙基硫代半乳糖苷(IPTG)诱导 β-半苷酶的合成(引自李季伦，1993)

应当指出，无论是组成酶还是诱导酶，它们的遗传基因都存在于菌体的染色体上，只是在基因表达上是不同的，诱导酶基因的表达依赖于环境中诱导剂的存在，而组成酶基因的表达不需要诱导剂。

酶合成的诱导作用可表现出两种情况，即协同诱导和顺序诱导。一种诱导剂可以同时诱导产生若干种酶的现象叫协同诱导。如半乳糖可同时诱导产生半乳糖激酶，转移酶和差向异构酶，乳糖可同时诱导产生渗透酶，β-半乳糖苷酶和转乙酰基酶。而一种诱导剂可以连续诱导产生一系列酶的现象叫顺序诱导(图 3-3)。

2. 酶合成的操纵子学说

酶合成的机制可用操纵子学说来解释。操纵子学说最初是 Jacob 和 Monod 于 1961 年提出的用以解释酶合成的假说。所谓操纵子是指基因组 DNA 分子的一个片段，这个片段由编码酶蛋白的结构基因、操纵基因、启动子和调节基因所组成。调节基因或在操纵子内，或在远离操纵子的基因组的其他部位。下面以乳糖操纵子为例说明微生物酶合成的调节机制。

大肠埃希菌的乳糖操纵子由 1 个启动子(P)、1 个操纵基因(O)和 3 个结构基因 lacZ、lacY、lacA 组成。调节基因(R)位于启动子的上游。3 个结构基因分别编码 β-半乳糖苷酶(Z)，乳糖渗透酶(Y)和硫代半乳糖苷转乙酰基酶(A)。由 R 所编码的调节蛋白又称阻遏物。启动子(P)是 RNA 聚合酶结合区，操纵基因(O)是阻遏物的结合位点，两者都不编码任何蛋白质。

在没有诱导剂存在的条件下，由调节基因产生的阻遏物与操纵基因结合，阻止了 RNA 聚合酶进行转录，因而结构基因不能表达。当有诱导剂时(图 3-5b)，由于诱导剂与阻遏蛋白结合，从而改变了阻遏蛋白的构型，使之不能与操纵基因结合，因此，RNA 聚合酶可以进行转录，结构基因得以表达，所转录出的 mRNA 立即在核蛋白体上被翻译为上述 3 种酶蛋白的多肽链单位，并进一步组成有功能的酶。由于 3 种酶都在一条 mRNA 上，这种 mRNA 称为多顺反子 mRNA。当诱导剂浓度下降时，阻遏蛋白将恢复原形，与操纵子结合(图 3-5a)，封闭了操纵基因，使 RNA 聚合酶无法执行其转录功能，因而酶的合成停止。

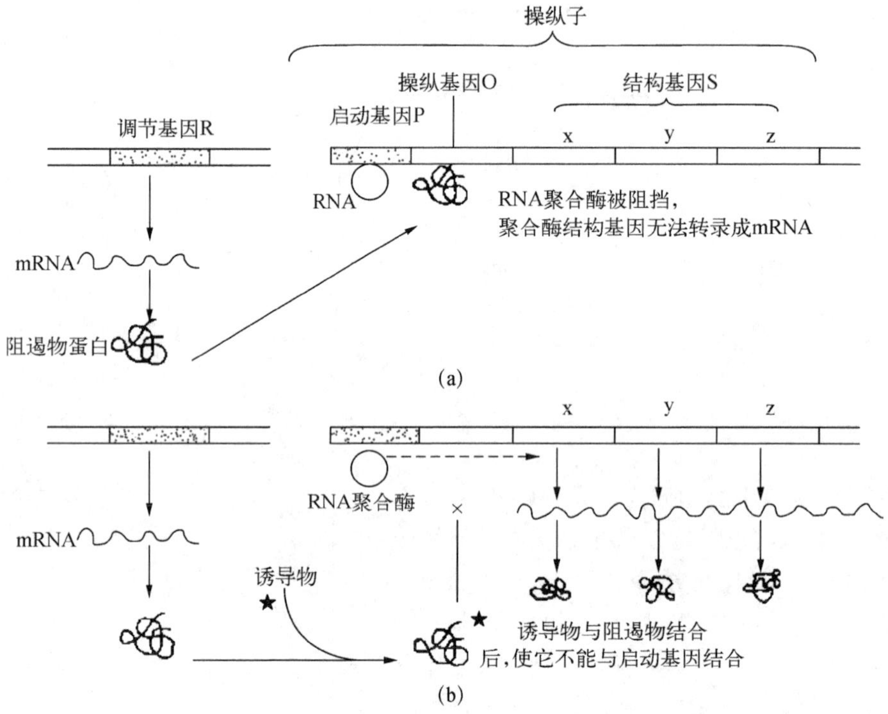

图 3-5　乳糖利用酶合成诱导的 Jacob-Monod 模型(引自储炬，2002)

a. 调节基因 R 产物——调节蛋白结合操纵基因(O)上，结构基因 Z、Y、A 不能转录；
b. 诱导物与调节蛋白结合后，导致调节蛋白不能结合到操纵基因上，
结构基因转录，三种酶合成；P——启动基因

3. 阻遏

在微生物代谢过程中，当代谢途径中某末端产物过量时，除可用前面反馈抑制的方式来抑制该途径中关键酶的活性以减少末端产物的生产外，还可通过阻遏代谢途径中包括关键酶在内的一系列酶的生物合成，从而更彻底地控制代谢和减少末端产物的合成。阻遏酶合成的物质称为阻遏物(repressor)。如果阻遏物是被阻遏生成的酶(或酶系)所催化生成的末端产物，则称这种阻遏现象为末端产物阻遏(end-product reression)；如果阻遏物是其分解代谢的产物，则称为分解代谢物阻遏(catabolite repression)。

(1) 末端产物阻遏

指由某代谢途径末端产物的过量累积而引起的阻遏。对直线式反应途径来说，末端产物阻遏的

情况较为简单，即产物作用于代谢途径中的多种酶，使之合成受阻。对分支代谢途径来说，情况较复杂。每种末端产物专一阻遏合成它的那条分支途径的酶。代谢途径分支点以前的“公共酶”仅受所有分支途径末端产物的阻遏，即多价阻遏作用，指任何单独一种末端产物的存在，都没有影响，只有当所有末端产物都同时存在时，才能发挥阻遏功能。

（2）分解代谢物阻遏

指细胞内同时有两种分解底物存在时，利用快的那种分解底物会阻遏利用慢的底物有关酶合成的现象。由于底物的不同，又可分为碳分解产物阻遏和氮分解产物阻遏。现已知分解代谢物的阻遏作用，并非由于快速利用的碳源本身直接作用的结果，而是通过碳源在其分解过程中所产生的中间代谢物所引起的阻遏作用。

“葡萄糖效应”是早年研究大肠埃希菌利用各种碳源时发现的碳分解产物的阻抑作用，即将大肠埃希菌培养在含有乳糖和葡萄糖的培养基上，发现该菌可优先利用葡萄糖，并于葡萄糖耗尽后才开始利用乳糖，这就产生了在两个对数生长期中间隔一个生长延滞期的“二次生长”现象（图 3－6）。后来的酶学试验证实，在上述培养基中即使加入乳糖酶诱导物，葡萄糖没耗尽时，利用乳糖的酶系也不能合成。目前发现，碳分解产物的阻抑作用普遍存在于微生物的生化代谢中。大多数受阻遏的酶是可诱导的。

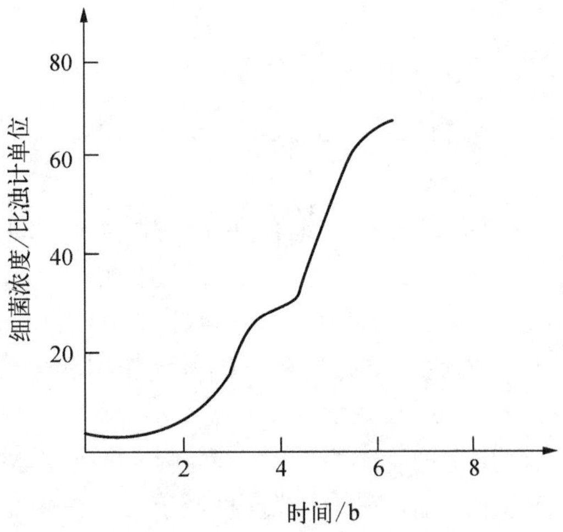

图 3－6　大肠埃希菌的二次生长（含等量葡萄糖和乳糖）（引自陈代杰，1995）

4. 分解代谢物阻遏的分子机制

分解代谢产物阻遏从分子水平看，是分解代谢物抑制腺苷酸环化酶的活性，使环状 3′，5′-腺苷单磷酸（cAMP）不足导致。一般细胞利用难于异化的碳源时，胞内的 cAMP 浓度较高；反之，胞内 cAMP 浓度较低。例如，大肠埃希菌分解葡萄糖时胞内 cAMP 浓度比利用难于异化的碳源时胞内的 cAMP 浓度低 1 000 倍。cAMP 促进可诱导酶的大量合成。它是大肠埃希菌可诱导酶的操纵子转录所必需的。此核苷酸与一特殊的蛋白质结合成为 cAMP－受体蛋白（CRP）复合物，此复合物与启动基因（P）的结合，使该基因增强对 RNA 聚合酶的亲和力，结果增加转录的频率。cAMP－CRP 复合物在 P 上的结合是 RNA 聚合酶结合到 P 上所必需的（图 3－7）。胞内 cAMP 浓度随腺苷酸环化酶与 cAMP 磷酸二酯酶的浓度而变化。这类基因的转录受 cAMP 的正向控制，所以缺少腺苷酸环化酶的大肠埃希菌突变株不能生长在以乳糖、麦芽糖、阿

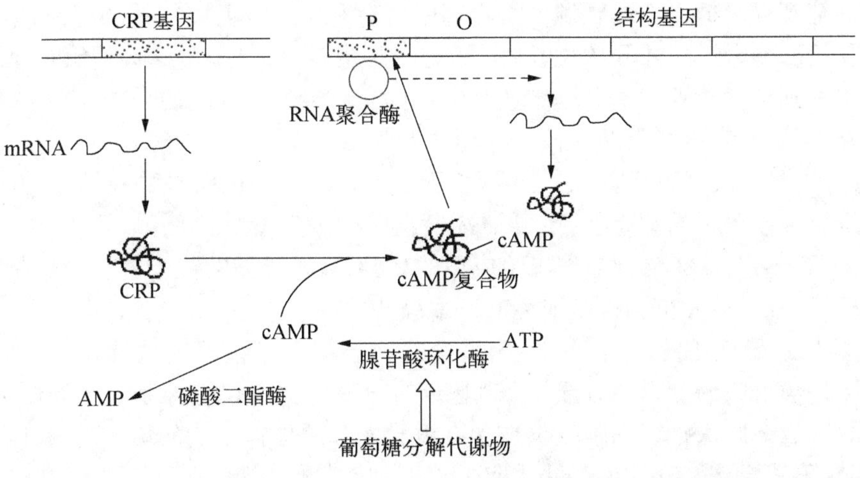

图 3－7　分解代谢物阻遏的分子水平机制（引自储炬，2002）

拉伯糖、甘露糖或甘油为唯一碳源的培养基上。另外,缺乏 cAMP 磷酸二酯酶的突变株对分解代谢阻遏不敏感。

Note

3.2 初级代谢及代谢调节

3.2.1 初级代谢

微生物体维持和生长所必需的代谢通称为初级代谢。代谢主要包括糖类的分解代谢和合成代谢;氮源的分解代谢和氨基酸的合成代谢;脂肪的分解代谢和合成代谢;核苷酸的合成代谢等。

3.2.2 初级代谢调节

1. 诱导

(1) 诱导

诱导酶比较普遍地存在于微生物界。例如,某些细菌只有生长在含有淀粉的培养基中才产生淀粉酶,曲霉只有生长在含蔗糖的培养基中才产生蔗糖酶;又如酵母菌在有氧时才合成细胞色素,在无氧时,细胞色素的合成停止,当再置于有氧环境中,细胞色素又开始合成。由此可以看出,降解性酶类通常是通过诱导作用和分解代谢物的调节来控制的。

(2) 避开诱导控制

微生物细胞本身具有一套精确的调控体系,只有在需要的时候才合成数量恰当的诱导酶。在实际生产中,必须打破这种调节机制才能大量生产各种诱导酶。可用突变作用来消除微生物酶的合成须依赖外来的诱导物这种天生的障碍,这种突变称之为调节性或组成型突变。因其突变座位不是在结构基因上,而是在调节基因上或操纵基因上,可以消除活性阻遏物的产生,或消除操纵基因与阻遏物结合的能力,这样不需要诱导物就能生产诱导酶。具有这种特性的菌株被称为调节性突变株或"组成型"突变株。它们可用以下的几种办法选出。

1) 在诱导物为限制性基质的恒化器中筛选　如果一亲株的群体生长在含有很低浓度的诱导物的恒化器中,则有利于不需诱导物的组成型突变株的生长。那些由于诱导物浓度很低而生长缓慢的亲株被恒化器逐渐淘汰。例如,如果大肠埃希菌在低乳糖浓度的恒化器中生长,就可以筛选出能在无诱导物存在的条件下形成β-半乳糖苷酶的半乳糖苷酶组成型突变株。这种突变株能合成相当于它的总蛋白含量的25%的β-半乳糖苷酶。

2) 将菌株轮番在含有和不含诱导物的培养基内培养　例如,第一个生长周期使培养基中含有葡萄糖,则极少量的组成型突变株和占绝对优势的未变的亲株细胞将同样生长,然后把混合培养物移植到以乳糖作唯一碳源的培养基中将有利于组成型突变株的生长,未突变的亲株需要诱导半乳糖苷酶合成后才开始生长,重复交替上述培养过程,最终会使组成型突变株占优势。因为每次移到含葡萄糖的培养基中,会使亲株的β-半乳糖苷酶的合成立即停止,再转移至含半乳糖的培养基中,亲株又需要一段停滞期才能开始生长。

3) 使用诱导性能很差的基质　如果将经突变的群体生长在一种能够作为碳源、不能作为诱导物或诱导性能很差的基质上,便可筛选出组成型的突变株。例如,用苯-β-半乳糖苷和2-硝基苯-α-L-阿拉伯糖苷可筛选出组成型的β-半乳糖苷酶的突变株。对这一技术做些修改,以丙烯酰胺为唯一氮源可获得组成型的乙酰胺酶。

4) 使用阻碍诱导作用的抑制剂　有些化合物会阻碍某些酶的诱导作用。例如,氰乙酰胺能抑制绿脓杆菌酰胺酶的诱导合成,2-硝基苯-β-墨角藻糖苷能抑制大肠埃希菌的β-半乳糖苷酶的诱导合成。此法是让细胞生长在含有诱导物和诱导抑制剂的培养基中,因酶的诱导受抑制,只有那些不需要诱导物的突变株才能生长。

5) 提高筛选效率　可设计一些方法使琼脂培养基上的少数组成型突变株菌落能够

在众多的亲株菌落间直接显示出来。例如，β-半乳糖苷酶的组成型突变菌株的选育，可通过把诱变过的培养物铺在以甘油为碳源的琼脂平板培养基上，待菌落长成后，在平板上喷洒O-硝基酚-β-D-半乳糖苷，在没有诱导物下，只有组成型突变株能够产生β-半乳糖苷酶。这些菌落就会将无色的O-硝基酚-β-D-半乳糖苷水解，释放出黄色的O-硝基苯酚。这样，在成百个正常白色的可诱导菌落间，出现一个黄色组成型的突变菌落是很易察觉的。

2. 反馈调节

与降解性酶类相反，生物合成酶则主要是由反馈调节控制的。已知有两种主要类型的反馈调节：反馈抑制和反馈阻遏。反馈抑制作用是末端代谢产物抑制其合成途径中参与前几步反应的酶(通常催化第一步反应的酶)活性的作用；反馈阻遏作用是末端代谢产物阻止整个代谢途径酶合成的作用。这两种机制都起着调节代谢途径末端产物的生产速率，以适合细菌中大分子合成对前体的需要作用。虽然末端代谢产物阻遏作用的功能是直接影响酶的合成速率，但是如果它单独起作用，代谢还会继续，直至先前存在的酶由于细胞生长而被稀释为止；而末端代谢产物的抑制作用可弥补这种不足，使某一代谢途径的运行立即中止，所以这两种作用相辅相成，它们的联合作用可使细胞生物合成途径达到高效调节。

(1) 直链式代谢途径中的反馈抑制作用

这是一种较简单的调节类型，微生物可通过末端代谢产物浓度的变化对途径中的关键酶进行反馈抑制，以保证菌体内代谢过程的协调进行。例如，大肠埃希菌在合成异亮氨酸时(见图3-8)，合成产物过多可抑制合成途径中第一个酶——苏氨酸脱氢酶的活性，从而使α-丁酮酸及其后一系列中间代谢物都无法合成，最终导致异亮氨酸合成的终止。

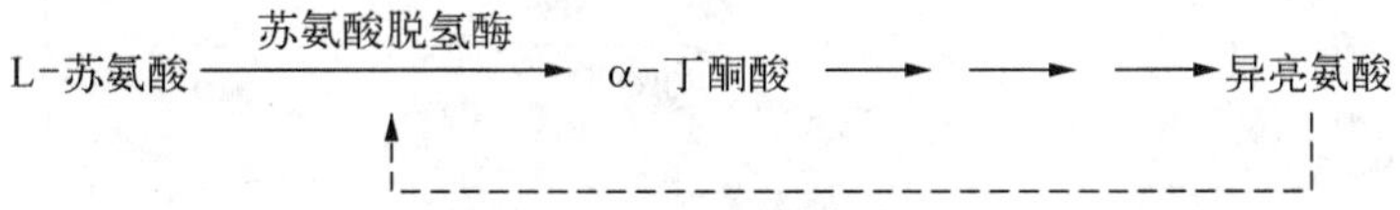

图3-8 直链式代谢途径中的反馈抑制

(2) 分支途径中末端产物的抑制作用

分支生物合成途径中的这种抑制作用比简单的不分支途径更为复杂。倘若一分支途径可生成两种不同氨基酸，如果一种氨基酸的合成已经满足了细胞蛋白质合成的需要，这时这种氨基酸就会发生积累，结果造成对途径的第一步的反馈抑制作用，从而也阻碍了另一种氨基酸的合成。因此，如果在培养基内有过量的一种氨基酸存在时，按理会阻止另一种氨基酸的合成而使生长受影响。实际上，一个分支生物合成途径的末端产物常专一地反馈抑制分支点以后途径的第一个酶。下面介绍几种不同的反馈调节方式，可克服分支途径中一个末端产物的过量而使细胞失去其他末端产物的困难。

1) 同工酶　同工酶又称"同功酶"，是在一个细胞中能催化同一反应，但酶蛋白分子的结构、理化性质和生化特性存在明显差异的一组酶。它们通常催化分支途径中的头一个反应，分别受不同的末端产物的反馈控制(图3-9a)。这种调节方式的典型例子是大肠埃希菌天冬氨酸族氨基酸的合成。有三种天冬氨酸激酶催化该途径的头一个反应，这三种同工酶分别受赖氨酸、苏氨酸、甲硫氨酸的反馈调节作用。

2) 协同反馈抑制　在这种调节方式中，单个末端产物的积累对该酶的催化活性几乎没有影响，只有分支代谢途径中的所有末端产物都过量存在，才抑制共同途径中的第一个酶活性(图3-9b)。这类控制(也称为多价或合作反馈调节)的例子有鼠伤寒杆菌的缬氨酸、异亮氨酸、亮氨酸和泛酸的合成代谢途径的调节。

3) 累积反馈抑制　在这种调节方式中，分支代谢途径的每一种末端产物的积累只能部分地抑制或阻遏途径的头一个酶，只有在所有的末端产物都过量存在时，才能完全地抑

Note

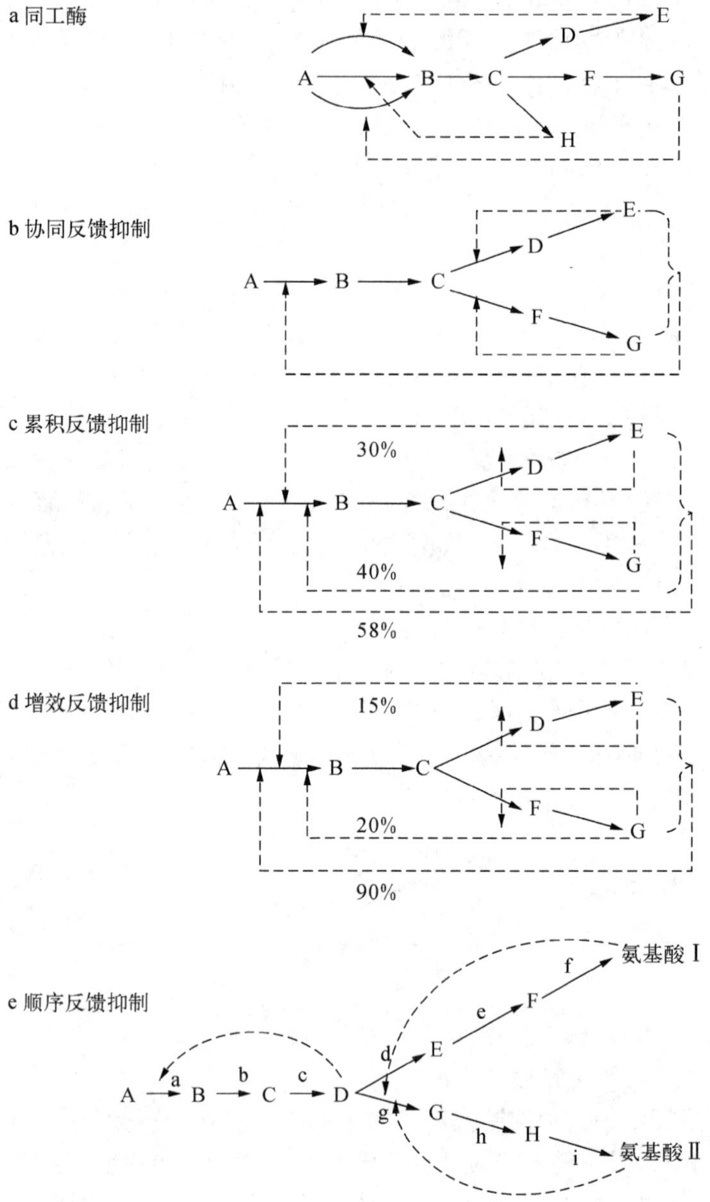

图 3－9　分支途径的反馈调节方式(参考熊宗贵,2000;储炬,2002)

制或阻遏该酶的活性(图 3－9c)。例如,有 8 种化合物均对谷氨酰胺合成酶具有一定的抑制作用,因为这 8 种化合物的生物合成均要谷氨酰胺参与,这些化合物的联合作用才能完全抑制谷氨酰胺合成酶的活性。

4) 增效反馈抑制　　在这种调节方式中,分支代谢途径中任何一种末端产物过量时,仅部分抑制共同反应途径中的第一个酶活性,但是两个末端产物同时过量时,其抑制作用可超过各产物存在的抑制能力的总和(图 3－9d)。此类调节方式在 6－氨基嘌呤核苷酸和 6－酮基嘌呤核苷酸生物合成途径发现。两类核苷酸各自都能部分地抑制磷酸核糖焦磷酸转酰胺酶的活性。而 6－氨基和 6－酮基嘌呤核苷酸混合物(GMP＋AMP 或 AMP＋IMPACT)对该酶有强烈的抑制作用。

5) 顺序反馈抑制　　该分支途径的第一个酶是 a,控制这个酶 a 活性的效应物不是该途径的任何一个末端产物,而是途径分支点上的中间产物 D(图 3－9e)。提高末端产物(氨基酸Ⅰ或Ⅱ)的浓度,则会抑制酶 d 和 g 的活性,从而引起细胞内中间产物 D 浓度的升高。过量的 D 抑制酶 a 的活力。

Note

(3) 分支生物合成途径中末端代谢产物的阻遏作用

分支生物合成途径中酶合成的阻遏作用如同反馈抑制作用一样复杂、多变。例如，天冬氨酸转化为天冬氨酰磷酸的过程，是由三种天门冬氨酸激酶同工酶参与催化的，其中酶 a 和 c 还具有催化天冬氨酸半醛为高丝氨酸的活力。酶 a 受苏氨酸反馈抑制和反馈阻遏，酶 c 受赖氨酸的抑制和阻遏。第三种天冬氨酸激酶 b 不受末端产物的反馈抑制，但其合成受甲硫氨酸的反馈阻遏作用。赖氨酸支路的酶(m－q)和 L－甲硫氨酸支路的酶(r－v)分别催化合成这两种末端产物的各步反应，其中酶 m、r 分别受 L－赖氨酸和 L－甲硫氨酸的反馈阻遏作用，见图 3－10。

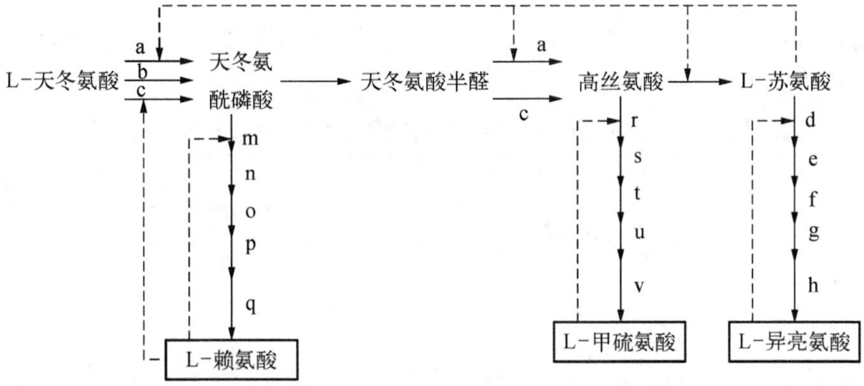

图 3－10　大肠埃希菌天冬氨酸族氨基酸的合成途径的代谢调节(引自储炬，2002)

(4) 避开末端代谢产物的反馈调节

避开末端代谢产物的反馈调节的方法可分为两类：一类是改变培养条件来限制末端代谢产物在细胞内部的积累；另一类是从遗传上改造微生物，使之对末端产物反馈调节作用不敏感。

1) 控制培养基的成分　　培养基成分对于受末端代谢产物阻遏的酶合成是极其重要的。为此，应使培养液尽量少含阻遏性化合物，不含可导致胞内形成大量阻遏物的成分，或限制末端产物在细胞内部积累可提高酶的产量。某些分解代谢酶如蛋白酶，其活性受氨基酸或最终产物(如 NH_3)的阻遏，故许多杆菌在含有某些氨基酸的培养基内几乎不产生蛋白酶，从生长培养基中除去这类化合物常能大幅度提高酶的产量(图 3－11)。降低培养基中的 NH_3 浓度可解除许多分解含氮化合物的酶(如蛋白酶、脲酶、硝酸盐还原酶、核糖核酸酶、精氨酸酶和尿囊素酶)的阻遏。

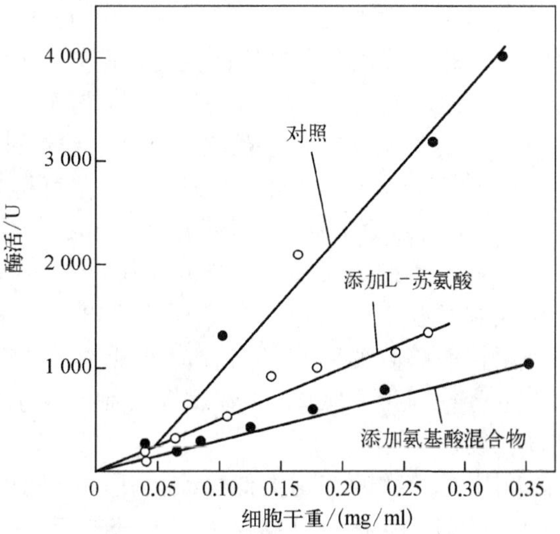

图 3－11　氨基酸对蛋白酶的阻遏作用(引自储炬，2002)

黑曲霉合成蛋白酶时对含硫化合物的阻遏作用敏感，在硫酸盐量受限制的条件下，可获最佳蛋白酶产率。限制培养基中磷酸盐的浓度，可使曲霉 *A. guercine* 的核酸酶和磷酸酯酶的产量增产 30～50 倍。对大肠埃希菌作类似的限制，可大大增加碱性磷酸酯酶的生产量，使酶含量占细胞总蛋白 5%的水平。

2) 加入生物合成途径的抑制剂　　限制末端代谢产物在细胞内部积累的一种办法是往培养基内加入生物合成途径的抑制剂，从而限制末端代谢产物的积累。例如，疏螺旋体素(borrelidin)是一种苏氨酸－ tRNA 合成酶抑制剂，将其加入到培养基中，可使天冬氨酸激酶和高丝氨酸脱氢酶的产量增加 5 倍。表 3-2 列举了一些通过加入生物合成途径的抑制剂，以增加各种有用的酶产量的例子。

Note

表 3-2　添加抑制剂增加生物合成酶的合成(引自李友荣，1989)

抑制剂	去阻遏的酶	增加产率
α-噻唑丙氨酸	组氨酸生物合成的 10 种酶	30 倍
阿洛酮糖腺苷	肌苷 5′-单磷酸脱氢酶和黄苷 5′-单磷酸胺化酶	5 倍
腺嘌呤	硫胺素生物合成的 4 种酶	5～10 倍
β-氯丙氨酸	缬氨酸-异亮氨酸生物合成酶	2～7 倍

3）限制补给营养缺陷突变株所需的生长因子　这种半饥饿状态导致合成酶的大量合成，如表 3-3 所示。

表 3-3　限制供给生长因子促进酶的合成(引自李友荣，1989)

限制所需的生长因子	被解除阻遏的生物合成酶	增加产率
组氨酸	组氨酸生物合成途径中的 10 种酶	25 倍
亮氨酸	乙羟酸合成酶	40 倍
硫胺素	硫氨素生物合成途径中的 4 种酶	达 1 500 倍
生物素	7-氢-8-氨基壬酰胺转移酶	400 倍
鸟嘌呤	鸟苷单磷酸脱氢酶	45 倍

4）采用仅能被生产菌株缓慢利用的末端代谢产物的衍生物　一般情况下，为了增加某种受末端代谢产物阻遏作用的酶的产量，可采用限制补料的方法，也可用一种仅能被生产菌株缓慢利用的末端代谢产物的衍生物。例如，用 S-亚甲胱氨酸可促进半胱氨酸营养缺陷型突变株的硫酸盐还原酶的产生；尿嘧啶营养缺陷型菌株生长在含有双氢乳清酸的培养中时，可使天冬氨酸转氨甲酰酶的产量增加 1 000 倍，使这种酶蛋白占细胞蛋白质含量的 7%。

5）分离抗反馈突变株的方法　在直链式生物合成途径中，最终产物积累导致产生反馈调节，从而制约了最终产物的过量合成。利用抗反馈突变株解除反馈调节，可获得更多的末端产物。所谓抗反馈突变株是指那些对反馈抑制不敏感或对反馈阻遏有抗性的组成型突变株或兼而有之的菌株。组成型突变株是指在调节基因或操纵基因上发生了突变的菌株。这种菌株能够改变调节蛋白合成的能力或者能改变调节蛋白与操纵基因的结合能力，因此对末端产物积累不敏感，导致反馈抑制或反馈阻遏作用或者同时被解除，从而可以过量合成某种代谢产物。

利用终产物的结构类似物或抗代谢物处理产生菌，筛选对终产物的反馈抑制或阻遏不敏感的抗反馈突变株。分离这类突变株的最简便的方法是：将诱变处理过的野生型菌株涂布在含有末端代谢产物的结构类似物的琼脂平板上，培养一段时间之后，大多数细胞被杀死，而那些发生了抗性突变的菌株则形成菌落，从而得到不受末端代谢产物阻遏和抑制作用的突变株。如在谷氨酸棒杆菌的精氨酸发酵中，可以利用 L-精氨酸的结构类似物 D-精氨酸或精氨酸氧肟酸处理谷氨酸棒杆菌，筛选出的抗精氨酸反馈调节的突变株进行精氨酸发酵，可以使发酵液中精氨酸含量提高到 20 g/L。

3. 能荷调节

能荷是指细胞中 ATP、ADP、AMP 系统中可供利用的高能磷酸键的量度。能荷调节也称腺苷酸调节，系指细胞通过改变 ATP、ADP、AMP 三者比例来调节其代谢活动，它们所含能量依次递减。上述三者在细胞中的含量不同，表明细胞的能量状态不同。细胞的能荷可由下式计算：

$$\text{能荷}=\frac{[\mathrm{ATP}]+1/2[\mathrm{ADP}]}{[\mathrm{ATP}]+[\mathrm{ADP}]+[\mathrm{AMP}]}\times 100\%$$

Note

从上式看出，当细胞中全是 ATP 时，能荷最大，为 100%；若全部是 AMP 时，能荷最小，为 0；而当全部为 ADP 时，能荷为 50%。

ATP 和 NADPH(NADH)可视为糖分解代谢的末端产物，当 ATP 过量时就对糖分解代谢产生反馈抑制。当 ATP 降解为 ADP 时，表明能量释放于其他的生化反应，上述的反馈就被解除。图 3-12 表明受能荷调节的酶系，曲线 R 代表 ATP 合成系统，如磷酸果糖激酶、柠檬酸合成酶等。曲线 U 代表消耗 ATP 的酶系统，如柠檬酸裂解酶、磷酸核糖焦磷酸合成酶(PRPP)等。当能荷在 0.75 以上时，ATP 合成受到抑制，合成 ATP 的酶活性急速下降，而消耗 ATP 的酶活性急速上升。两系统在 0.85 处交叉，表明此时两种酶系达到平衡。这种现象存在于许多生长状态的细胞中。细胞通过调节腺苷酸的比例来协调发酵代谢与合成代谢的代谢速率。

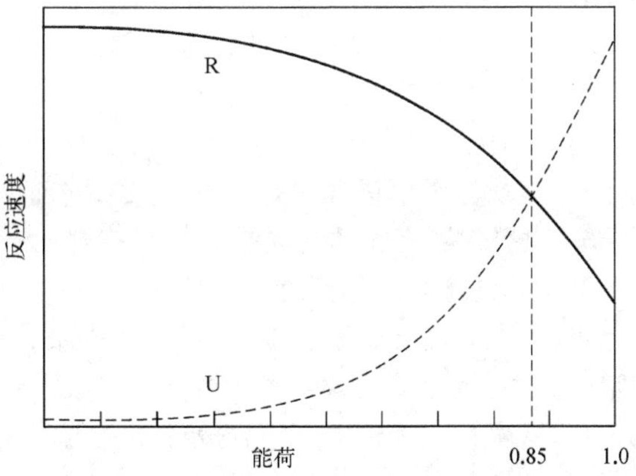

图 3-12　受能荷调节的酶系(引自熊宗贵，2000)

R 代表 ATP 合成的酶系统；U 代表 ATP 消耗的酶系统

3.3 次级代谢及次级代谢调节

次级代谢的概念是 1958 年由植物学家 Rohland 首先提出来的。他把植物产生的与植物生长发育无关的某些特有的物质称为次级代谢物质，合成和利用它们的途径即为次级代谢。1960 年微生物学家 Bu'Lock 把这一概念引入微生物学领域。

次级代谢并没有一个十分严格的定义，它是相对于初级代谢而提出的一个概念，主要是指次级代谢产物的合成。它具有许多特点，根据这些特点可以认为次级代谢是指：微生物在一定的生长时期(一般是稳定生长期)，以初级代谢产物为前体，合成一些对微生物的生命活动没有明确功能的物质的过程。这一过程的产物即为次级代谢产物。另外，也有把初级代谢产物的非生理量的积累，看成是次级代谢产物，例如微生物发酵产生的维生素、柠檬酸、谷氨酸等。

3.3.1 次级代谢产物的特征

不同于微生物的初级代谢，微生物次级代谢具有以下几个特征。

1. 次级代谢产物一般在菌体生长后期合成

次级代谢产物的生物合成有一个明显的特征，一般是在生产菌的生长结束之后才出现。因此，产生次级代谢产物的生产菌的生命活动可以分为两个时期，即营养生长期和次级代谢产物形成期。次级代谢产物的合成过程一般是在培养液中缺乏某种营养物质，菌体的生长受到限制时被启动。

2. 次级代谢产物合成时常伴随菌体形态或生理学上的变化

微生物由菌体生长期向次级代谢产物形成期转变时，在形态学和生理学上会发生一些变化。如一些产芽孢细菌此时会形成芽孢；真菌和放线菌会形成孢子；菌体的生长速率、分支状况和球菌的大小，都是获得次级代谢产物高产的重要因素。因此，有人把次级代谢产物的合成作用看作是细胞分化的伴随现象。

3. 次级代谢产物具种属特异性

微生物的不同菌株能够产生多种在分子结构上完全不同的次级代谢产物。如灰色链霉菌不仅产生链霉素，而且还可以用来生产柱晶白霉素、吲哚霉素、灰霉素和灰绿霉素等。同样，不同种类的微生物亦能够产生同一种次级代谢产物。如能产生青霉素的微生物包括有点青霉、产黄青霉、土曲霉、构巢曲霉、发癣霉属的一些真菌以及某些链霉菌等。

4. 次级代谢产物酶的专一性低

Note

相对来说催化初级代谢产物合成的酶专一性强，而催化次级代谢产物合成的某些酶专一性较低，因此在某种次级代谢产物合成的培养基中加入不同的前体物时，往往可以导致机体合成不同类型的次级代谢产物。正因为如此，很多微生物的次级代谢物是一组结构类似的混合物。例如，青霉素在发酵过程中可通过加入不同前体物的方式合成不同类型的青霉素。

5. 次级代谢产物的合成受多基因控制

微生物的次级代谢产物的合成过程是一类由多基因控制的代谢过程，这些基因有的在染色体上，有的在质粒上。试验表明，质粒在次级代谢产物合成中起着重要作用。由于质粒可以从细胞中失去，从而造成微生物次级代谢产物的不稳定性。近年来，对次生代谢物合成基因的克隆表明，微生物次级代谢产物合成的多基因成簇排列，即与特定产物合成相关的结构基因、调节基因、耐药性基因和转运蛋白等集中位于染色体的一段连续区域。

3.3.2 次级代谢产物的类型

目前就整体来说，对次级代谢产物的研究远远不及对初级代谢产物研究那样深入。与初级代谢产物相比，次级代谢产物无论在数量上还是在产物的类型上都要比初级代谢产物多得多和复杂得多。迄今对次级代谢产物分类还无统一的标准，根据次级代谢产物的结构特征与生理作用的研究，次级代谢产物可大致分为抗生素、生长刺激素、色素、生物碱与毒素等不同类型。

1. 抗生素

抗生素是生物，包括微生物、植物和动物在内，在其生命活动过程中所产生的(或由其他方法获得的)，能在低微浓度下有选择地抑制或影响他种生物功能的有机物质。虽然对产生菌本身有无生理作用还不十分了解，但它们能在细胞内积累或分泌到胞外，并能抑制其他种微生物的生长或杀死它们，因而这类物质在产生菌与其他种生物的生存竞争中，在防治人类、动物的疾病与植物的病虫害上起着重要作用。目前发现的抗生素已有 10 000 多种，其中有一部分在医学临床与农、林、畜牧业生产上已得到广泛应用。放线菌中能产生抗生素的种类最多，目前医疗上广泛应用的链霉素、红霉素、庆大霉素、金霉素、土霉素、制霉菌素等都是放线菌类群的一些种，主要是链霉菌属成员产生的。

2. 生长刺激素

它是某些细菌、放线菌、真菌等微生物合成并能刺激植物生长的一类生理活性物质。赤霉素就是由引起水稻恶苗病的藤仓赤霉(*Gibberella fujikuroi*)产生的一种不同类型赤霉素的混合物，是农业上广泛应用的植物生长刺激素，尤其在促进晚稻在寒露来临之前抽穗方面具有明显的作用。青霉属、丝核菌属和轮枝霉属的一些种也能产生类似赤霉素的生长刺激性物质。此外，在许多霉菌、放线菌和细菌(包括假单胞菌、芽孢杆菌和固氮菌等)的培养液中积累有吲哚乙酸和萘乙酸等生长素类物质。

3. 维生素

作为次生代谢物，维生素是指某些微生物在特定条件下合成远远超过产生菌本身正常需要的那部分维生素。例如，丙酸细菌(*Propionibacterium* spp.)、芽孢杆菌(*Bacillus* spp.)和某些链霉菌在培养过程中可以积累维生素 B_{12}，某些分枝杆菌(*Mycobacterium*)能利用碳氢化合物合成吡哆醛与尼克酰胺，某些假单胞菌能过量合成生物素，某些醋酸细菌能过量合成维生素 C，各种霉菌不同程度地积累核黄素等，酵母菌类细胞中除含有大量硫胺素、核黄素、尼克酰胺、泛酸、吡哆素以及维生素 B_{12}外，还含有各种固醇，其中麦角固醇是维生素 D 的前体，经紫外光照射，即能转变成维生素 D。目前医药上应用的各种维生素主要是用各种微生物生物合成后提取的。

4. 色素

色素是指由微生物在代谢中合成的积累在胞内或分泌于胞外的各种呈色次生代谢产物。

例如，灵杆菌和红色小球菌细胞中含有花青素类物质，使菌落出现红色。放线菌和真菌产生的色素分泌于体外时，使菌落底面的培养基呈现紫、黄、绿、褐、黑等色。积累于体内的色素多在孢子、孢子梗或孢子器中，使菌落表面呈现各种颜色。红曲霉产生的红曲素，既可在胞内积累，使菌体呈现紫红色，也可分泌体外。

5. 毒素

对人和动植物细胞有毒杀作用的一些微生物次生代谢产物称为毒素。毒素大多是蛋白质类物质，例如毒性白喉棒状杆菌产生的白喉毒素、破伤风梭菌产生的破伤风毒素、肉毒梭菌产生的肉毒毒素等。其他许多病原细菌如葡萄球菌、链球菌、沙门氏杆菌、痢疾杆菌等也都产生各种外毒素和内毒素。杀虫细菌如苏云金杆菌能产生包含在细胞内的伴胞晶体，它是一种分子结构复杂的蛋白质毒素。真菌中产生毒素的种类也很多，很多种担子菌产生蘑菇毒素。曲霉属中也有一些产毒素的种，如黄曲霉产生黄曲霉毒素等。

6. 生物碱

虽然生物碱大部分由植物合成，但某些霉菌合成的生物碱如麦角生物碱，即属于次生代谢产物。麦角生物碱在临床上主要用来作为防止产后出血、治疗交感神经过敏、周期性偏头痛和降低血压等疾病的药物。

3.3.3　次级代谢产物的生物合成

次级代谢产物的合成过程可以概括为如下模式：

$$\text{营养物质}\xrightarrow{\text{初级代谢}}\text{前体}\xrightarrow{\text{聚合、结构修饰、装配}}\text{次级代谢产物}$$

次级代谢产物的合成是以初级代谢产物为前体，进入次级代谢产物合成途径后，大约经过三个步骤，合成次级代谢产物。

第一步，前体聚合。前体单元在合成酶催化下进行聚合。例如四环素合成中，在聚酮链合成酶催化下，由丙二酰 CoA 等形成聚酮链，进而合成四环素及大环内酯类抗生素。多肽类抗生素由合成酶催化，由氨基酸生成多肽链。

第二步，结构修饰。聚合后的产物再经过修饰反应如环化、氧化、甲基化、氯化等。

氧化作用是在加氧酶催化下进行的。次级代谢中的加氧酶多是单加氧酶，它把氧分子中的一个氧原子添加到底物上，另一个氧原子还原成水，并常伴有 NADPH 的氧化。

$$RH + O_2 + NADPH_2 \rightarrow ROH + H_2O + NADP$$

次级代谢中的氯化反应，可以看作是特征性的反应，在氯过氧化物酶催化下进行。此酶是糖蛋白，含有高铁原卟啉。在金霉素、氯霉素合成中都有此反应，简示如下：

$$RH + H_2O_2 + Cl^- + H^+ \rightarrow RCl + 2H_2O$$

第三步，是不同组分的装配。如新生霉素的几个组分，4-甲氧基-5′,5′-二甲基-L-来苏糖(noviose)、香豆素和对羟基苯甲酸等形成后，再经装配成新生霉素(图 3-13)。

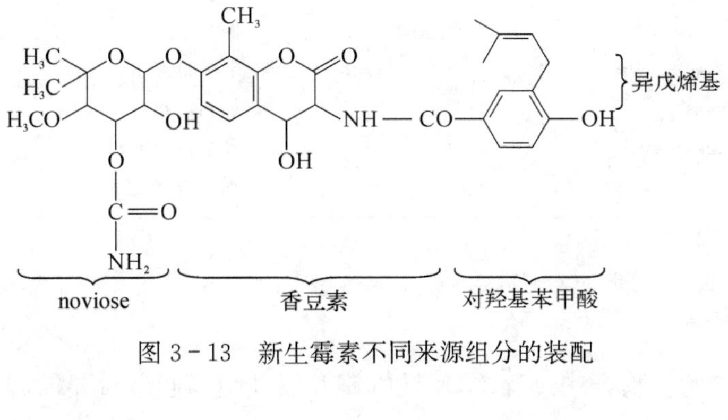

图 3-13　新生霉素不同来源组分的装配

诺卡霉素 A(nocardicinA)分子装配如图 3-14 所示。

Note

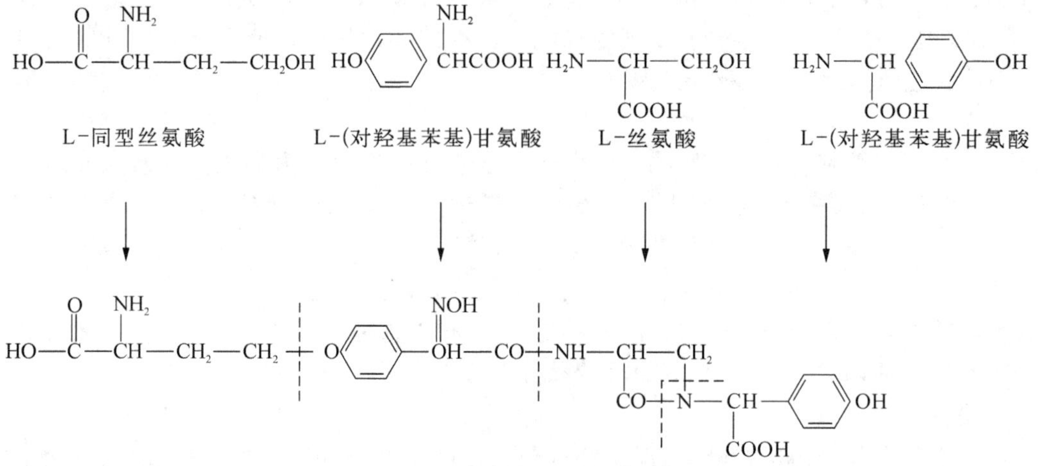

图 3-14　NocardicinA 不同来源组分的装配

3.3.4　次级代谢的调节

微生物体内的次级代谢和初级代谢一样，都受菌体代谢的调节，由于它们的代谢途径是相互交错的，所以在调节控制上是相互影响的。次级代谢和初级代谢的调节有相同的一面，如次级代谢产物的合成也受合成途径中的酶的合成(诱导和阻遏)和酶活性的调节，也有其独特的一面。

抗生素等次级代谢产物生物合成的调控机制，从现有的研究结果可将其调节方式概括为：诱导调节、反馈调节、磷酸盐调节、初级代谢产物调节碳分解产物调节、氮分解产物调节、生长速率调节等。

1. 酶合成的诱导调节

次级代谢途径中的某些酶是诱导酶，也是在底物(或底物的结构类似物)的作用下形成的，如卡那霉素-乙酰转移酶是在 6-氨基葡萄糖-2-脱氧链霉胺(底物)的诱导下合成的。再如参与展青霉生物合成棒曲霉素的合成酶，则由生物合成中的中间产物 6-氨基水杨酸、龙胆酰醛顺序诱导而合成的。诱导酶合成的诱导物，有的是外源加入，叫外源诱导剂，有的是菌体代谢过程中产生的，叫内源诱导剂。表 3-4 列出了一些有诱导作用的物质。

表 3-4　抗生素合成中的诱导剂(引自熊宗贵等，1995)

产　生　菌	诱导剂	产生的抗生素	产　生　的　酶
顶头孢酶(*C. acremonium*)	蛋氨酸	头孢菌素 C	β-内酰胺合成酶
弗氏链霉菌(*S. fradiae*)	蛋氨酸	磷霉素	
灰色链霉菌 (*S. griseus*)	甘露聚糖	链霉素	甘露糖链霉素酶
	A-因子★	链霉素	NADP 酶
金色链霉菌(*S. aureofaciens*)	硫代氰酸苄	四环素	去水四环素合成酶
卡那霉素链霉菌(*S. kanamyceticus*)	6-AG-DOS★★	卡那霉素	卡那霉素-乙酰转移酶
加利链霉菌(*S. galilaeus*)	巴比妥	加利红霉素	
地中海诺卡氏菌(*N. mediterranei*)	KNO_3	利福霉素 SV	
地中海诺卡氏菌(*N. mediterranei*)	巴比妥	利福霉素 B	

★A-因子：2-δ-异辛酰胺-3-R-羟基-γ-丁酸。
★★6-AG-DOS：6-氨基葡萄糖基-2-脱氧链霉胺。

2. 反馈调节

在次级代谢产物的生物合成过程中，反馈抑制和反馈阻遏起着重要的调节作用。

Note

(1) 次级代谢产物的自身反馈抑制

近年来发现青霉素、链霉素、卡那霉素、泰洛星、麦角碱等多种次级代谢产物能调节自身的生物合成。其反馈抑制机制只有少数品种清楚，如卡那霉素生物合成中，卡那霉素能反馈抑制合成途径中最后一步反应的酶——酰基转移酶的活性；杆菌肽通过抑制杆菌肽合成酶来影响自身合成；嘌呤霉素、泰洛星反馈抑制其合成途径中最后一步反应的酶——甲基转移酶的活性。

抑制抗生素自身合成所需要的抗生素浓度与产生菌的生产能力呈正相关性，如完全抑制青霉素高产菌株 E-15 合成青霉素，需要的青霉素浓度为 15 mg/ml；抑制产黄青霉菌株 Q176（生产能力为 420 μg/ml）为 2 mg/ml；当浓度为 200 μg/ml 时就可使菌株 NRRL1981（生产能力为 125 μg/ml）完全丧失青霉素的能力。

(2) 次级代谢产物的自身反馈阻遏

此种调节方式的报道甚少，至今只在氯霉素的生物合成中发现。氯霉素合成达到一定浓度时，它能反馈阻遏自身合成途径中的第一个特异性酶芳胺合成酶的合成，影响了氯霉素的合成，但氯霉素不影响产生菌体内其他芳香酶的活性。

3. 磷酸盐调节

磷酸盐对次级代谢的调节包含特异性及普遍性两种形式。普遍性的调节一般是指过量磷酸盐抑制次级代谢产物的合成，如在抗生素等多种次级代谢产物合成中，高浓度磷酸盐表现出较强的抑制作用。磷是微生物生长繁殖的必需元素，浓度为 0.3～300 mmol/L 时，能促进微生物细胞的生长，但当浓度超过 10 mmol/L 时，就能抑制许多抗生素的生物合成。表 3-5 列举了抗生素产生菌对磷酸盐的要求情况。在抗生素工业中，磷酸盐用量常常被限制，应控制在适宜菌体生长的浓度下。在培养基中，磷酸盐接近耗尽时，抗生素才开始合成。

表 3-5　抗生素合成的磷酸盐浓度要求（引自熊宗贵，1995）

次级代谢产物	产　生　菌	抗生素合成的无机磷酸盐浓度(mmol/L)
链霉素	*Str. griseus*	1.5～15
新生霉素	*Str. niveus*	9～40
金霉素	*Str. aureofaciens*	1～5
土霉素	*Str. rimosus*	2～10
万古霉素	*Atg. orientalis*	1～7
杆菌肽	*B. licheniformis*	0.1～1
放线菌素	*Str. antibioticus*	1.4～17
四环素	*Str. aureofaciens*	0.14～0.2
卡那霉素	*Str. hanamyceticus*	2.2～5.7
短杆菌肽 S	*B. brevis*	10～60
两性霉素 B	*Str. nodosus*	1.5～2.2
杀念珠菌素	*Str. griseus*	0.5～5
制霉菌素	*Str. noursei*	1.6～2.2

磷酸盐对次级代谢产物合成抑制的调节机制是不同的，有的是抑制酶活，如高浓度磷酸盐抑制麦角碱生物合成中二甲基丙烯色氨酸合成酶的活性和杀假丝菌素生物合成中杀假丝菌素合成酶的活性；又如在链霉素生产中，过量磷酸盐抑制磷酸脂酶活性，使磷酸链霉素在培养基内堆积，抑制了链霉素的合成；高浓度磷酸盐还能严重阻遏链霉胍合成的关键酶——脒基转移酶的合成。有的是导致细胞能荷的变化，因为高浓度磷酸盐可直接参与氧化磷酸化合成 ATP，从而提高细胞的能荷。

磷酸盐对次级代谢产物合成的特异性抑制作用是指磷对次级代谢产物合成酶的专一性影响，如链霉素、丁酰苷菌素等氨基糖类抗生素合成过程有许多中间体是磷酸化的，而终产物是非磷酸化的，参与反应的磷酸化酶对磷浓度非常敏感。有些生物合成酶受磷酸盐的抑制，如四环素合成中的脱水四环素氧化酶、头孢菌素合成中的 ACV 合成酶、异青霉素合成酶和扩环酶等。

Note

4. 初级代谢产物调节

次级代谢产物的合成途径并不是独立存在的,而是与初级代谢产物合成途径存在着紧密的联系。次级代谢产物往往是以初级代谢产物为母体衍生来的,而且催化特殊次级代谢产物合成反应的酶也可以从那些初级代谢途径的酶演化而来。因此,微生物的初级代谢对次级代谢具有调节作用。

当初级代谢产物和次级代谢产物的合成有共同的合成途径时,初级代谢产物的过量积累,往往会抑制次级代谢产物合成中重要的分支处中间体的合成,最终抑制了次级代谢产物的合成。例如在青霉素合成中,赖氨酸的过量抑制了同型柠檬酸的合成,进而抑制了α-氨基己二酸的形成,这样即抑制了赖氨酸的合成,也抑制了青霉素的合成,这是因为赖氨酸与青霉素的合成有一段共同的合成途径(图 3-15)。有的则是因为初级代谢产物直接参与次级代谢产物的合成,当此种初级代谢产物因为积累,反馈抑制了它的自身合成时,必然也同时影响了次级代谢产物的合成。还有的初级代谢产物对次级代谢产物合成具有促进作用,一个典型的例子是甲硫氨酸对头孢霉素 C 合成的促进作用(图 3-16),这是因为 L-半胱氨酸是头孢霉素 C 和甲硫氨酸合成途径中的一个共同中间前体物,当甲硫氨酸积累时反馈抑制了半胱氨酸的分解和阻止了由半胱氨酸继续合成甲硫氨酸,导致半胱氨酸进入头孢霉素 C 的合成。

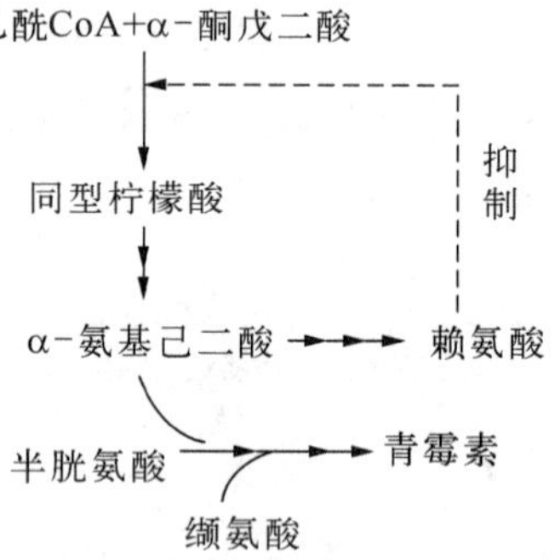

图 3-15 赖氨酸对青霉素合成的影响
(引自卫扬保,1992)

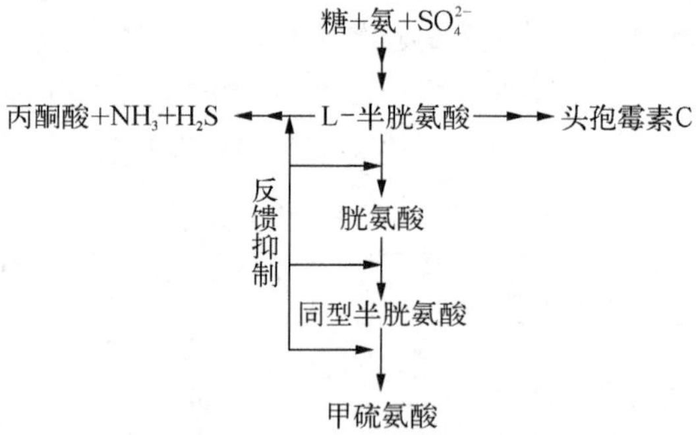

图 3-16 甲硫氨酸在头孢霉素 C 合成中的调节作用
(引自卫扬保,1992)

5. 碳分解产物调节

碳分解产物的调节作用指的是易被菌体迅速利用的碳源及其分解产物对其他代谢途径的酶类的调节作用。在抗生素等次级代谢产物的发酵中,产生菌首先利用葡萄糖,再利用其他的单糖或多糖的生理学特性是较普遍的现象。次级代谢产物的生物合成,一般是在葡萄糖等速效碳源耗至一定浓度才开始,葡萄糖对青霉素的抑制就是明显的例子。除了葡萄糖外,凡能促进产生菌生长速度的碳源,对次级代谢产物生物合成都表现出抑制作用。对抗生素产生菌来说,多糖或寡糖作为碳源比葡萄糖好。

关于葡萄糖对次级代谢产物合成的调节机制,以前认为是葡萄糖及其分解产物抑制次级代谢产物合成中的某些酶活性,但实践表明,次级代谢产物的合成速率与产生菌的生长速率呈相反关系。在某些情况下,葡萄糖能抑制某些次级代谢产物合成酶的合成,如放线菌生物合成中的特异性酶吩嘿嗪合成酶被葡萄糖所阻遏。

6. 氮分解产物调节

近些年的研究表明,快速利用的氮源(如铵盐、硝酸盐、某些氨基酸)对生长是有利的,但往往影响次级代谢产物的合成,如青霉素、头孢菌素、红霉素、柱晶白霉素、新生霉素、林可霉素、杀假丝菌素等。在研究 NH_4^+ 对青霉素生物合成的调节作用时发现,产黄青霉菌合成青霉素时只有在 NH_4^+ 浓度较低的条件下,才能获得最高产量,此时菌体的谷氨酰胺合成酶的活性和氨基酸库中的谷氨酰胺浓度都处于高峰。

研究过量 NH_4^+ 对克拉维链霉菌(*S. clavuligerus*)合成β-内酰胺抗生素的调节作用时发现，过量 NH_4^+ 可使菌体内谷氨酸脱氢酶活性消失，而丙氨酸脱氢酶活性大大升高，谷氨酰胺合成酶和抗生素产量明显降低。在利福霉素、柱晶白霉素等的发酵过程中都出现类似的现象。

7. 产生菌生长速率调节

微生物次级代谢产物的合成受生长速率的控制。一般只有菌体生长受阻速率减低时，参与次级代谢酶系的基因才开始表达，次级代谢产物才开始产生，如荨麻青霉(*Penicillium urticae*)产生棒曲霉素(patulin)是在氮源耗尽时，菌体从生长期过渡到合成期，这时生长速度减慢，与生物合成有关的第一个酶——6-甲基水杨酸合成酶激活。

在丰富培养中进行的分批发酵动力学研究表明，大多数发酵过程都分为生长期和生产期。在生长期次生代谢产物合成酶受到阻抑作用(表 3-6)，次级代谢产物不被合成。用恒化器培养法研究短杆菌肽 S 合成酶的合成时发现，调节短杆菌肽 S 合成酶合成的是菌体的生长速率。当稀释率高时(0.45～0.5/h)，合成的酶量很少，降低稀释率，酶量就增加。限制不同营养成分，出现最高酶活的稀释率是不同的。限碳源时，酶的比活最高。由此提出调节次级代谢产物生物合成的因子是菌体和比生长速率，而不是某种营养物质，在青霉素、四环素等的发酵生产过程中，控制菌体的比生长速率，能提高发酵水平，可能与调节菌体比生长速率有关。

表 3-6　菌体生长期中受阻抑的抗生素合成酶(引自熊宗贵，1995)

抗生素	受阻抑的酶	效应
青霉素	酰基转移酶	阻遏
头孢菌素	β-内酰胺合成酶	抑制
链霉素	脒基转移酶、链酶胍激酶	阻遏
卡那霉素	6-乙酰卡那霉素酰胺水解酶	
新霉素	碱性磷酸酯酶	
放线菌素	吩噁嗪合成酶	碳分解产物阻遏
杆菌肽	合成酶	阻遏
短杆菌肽 S	合成酶	阻遏
短杆菌酪肽	合成酶	阻遏
杀假丝菌素	合成酶	抑制
泰洛菌素	TDP-葡萄糖氧化还原酶、甲基转移酶	阻遏
桑吉瓦霉素	GTP-8 甲酰水解酶	阻遏
展开青霉素	6-甲基水杨酸合成酶	抑制

3.4　微生物代谢工程及其应用

微生物代谢途径的多样性、网络化和可调节能力为人们利用微生物细胞设计特定产物的生产提供了基础。生物化学技术的发展，明确了物质代谢过程中物质变化步骤以及控制点。随着代谢途径的研究不断深入，揭示出了代谢的反馈抑制的机制，特别是酶的结构动力学提出了多种酶活性调节的基本类型，发现了分解代谢途径操纵子的调控机制，从而阐明了微生物代谢的调节机制，由此人们可以人为地在 DNA 分子水平上改变微生物的代谢，可以多方面利用微生物的代谢活动使微生物的代谢过程按人为的目的变化。它们的实现可以通过诱变选育出各种突变株，如营养缺陷型突变株、结构类似物抗性突变株等，也可以通过转导、转化、杂交、原生质体融合等细胞内基因重组方法获得的重组子，还可能通过重组 DNA 技术构建工程菌株等。再运用生物工程技术采用过程控制方法完善受控参数，对发酵过程进行最优化控制，使目的产物大量积累。由此可见，在分子生物学理论和技术水平不断发展的时代，人们对细胞内的代谢途径已经有了一个全景式的认识，因为基因表达和调控的分子机制已经能够精确描述，DNA 重组技术应用在细胞代谢途径的改造已经日臻完善，因此，必须站在一个更高、更全面的视点上来审视和研究微生物的代谢过程。

Note

3.4.1 代谢工程概述

1. 代谢工程的由来

20 世纪 70 年代中期，DNA 重组技术的出现使人们认识到可以用目标明确的遗传修饰来替代“暗箱操作式”的传统育种方式来改变菌种的代谢途径，同时也使人们意识到这种重组技术可能在定向代谢途径修饰方面潜在十分巨大的可应用的价值。此后，众多的专家和学者在代谢途径修饰方面作出了大量有益尝试，取得了许多十分有价值的成就。在他们的工作进程中也陆续提出了一系列意图表达这种技术应用的专业术语，如分子育种(1981)，体外进化(1988)，微生物工程或代谢途径工程(1988～1991)，细胞工程(1991)和代谢工程(1991)等，尽管这类术语的定义表述并不完全相同，但都传达了与代谢途径改造的总体目标和手段相似或递进的含义。

随着基因工程技术在代谢途径改造方面的应用不断深入和普及，代谢工程概念也逐渐清晰了起来。1974 年，Chakrabarty 在假单孢菌属的恶臭假单胞菌(*Pseudomonas putida*)和铜绿假单胞菌(*Pseudomonas aeruginosa*)两个菌种细胞中分别引入几个稳定的重组质粒，从而提高了这两种微生物对樟脑和萘等复杂有机化合物的降解活性，成为代谢工程技术中有效应用的第一个实例。这也使人们更加清晰看到了代谢工程的应用方向和应用目的，此后积累的多个成功范例进一步表现了人们利用基因改造技术实现对菌种细胞内特定代谢途径进行功利性或倾向性改造的实用目的，但是这一阶段人们对整个工作的理解往往还停留在个案的细化和完善上，未能形成全面的理论体系。1991 年，Bailey 首先用代谢工程(Metabolic Engineering)术语来描述利用 DNA 重组技术对细胞的酶反应、物质运输以及调控功能进行遗传操作，进而改良细胞生物活性的过程，这被认为是代谢工程向一门系统学科发展的转折点。

由此便提出了代谢工程的定义，初期的定义被描述成为：用 DNA 重组技术修饰特定的生化反应或引进新的生化反应，直接改善产物的形成和细胞的性能的学科。这样定义的代谢工程的基本特征是先要找到要进行修饰或要引进的目标生化反应，然后就用已建立的分子生物学技术去扩增、抑制或删除相应的基因或酶，或者解除对相应的基因或酶的调节。这个定义在工作目标上显然存在一些局限性。

后来一些研究者对此定义进行了更加概括性的修正，认为代谢工程是一门通过使用 DNA 重组和分子生物学技术，对代谢途径进行修饰和(或)引进缺失，从而改变细胞的新陈代谢作用和(或)细胞特性的生物工程的分支学科。但这样的定义尽管强调了代谢工程目标的确切性，但仍不能包容代谢工程的全部内容。

目前，更多人主张应该根据代谢工程的生物学和工程学实质来规范代谢工程的内涵，给代谢工程制定了一个相对完整的定义。由此认为，所谓代谢工程就是一门将量化代谢流及其控制的工程分析方法与根据分析结果制定的遗传修饰方案付之实施的分子生物学技术结合起来，用反复分析、校验和修正的方式进行实际操作，以改善微生物的产物形成的能力和微生物的细胞性能，从而满足人类对生物的特定需求的生物工程的分支学科。显然，代谢工程就是运用工程学思路通过基因工程技术改变生物的代谢途径中的某些关键步骤，从而提高产物的产率；或通过改变代谢途径以获得生物正常代谢无法产生的代谢产物。与传统的菌株改造技术不同之处在于它是一种有目的、有理性的改造。

通常，根据研究工作的着眼点不同可以把代谢工程分为两种类型，即推理性代谢工程(constructive metabolic engineering) 和逆代谢工程(inverse metabolic engineering)。

所谓“推理性代谢工程”就是采用基因工程技术通过改变细胞内与产物有关酶的酶量、酶活和调节功能来改变细胞的遗传特性，改进微生物某方面代谢活性，最大限度地提高目的产物产率。推理性代谢工程主要是在对细胞生物学的准确严密的描述的基础上，识别特定的遗传操作和环境条件的控制，以增强生物技术过程的产率及生产能力，或对细胞性质进行改造，最终达到扩展代谢途径、重新分配代谢流的目的。但是由于代谢途径的网络复杂性，酶识别底物的特异性，酶活力特性的变化等因素常常使得这种代谢途径的改造达不到预期的效果。

而"逆代谢工程"则是通过基因工程技术将限制生物活性的主要因素，或决定在相关生物种类识别的表型的基因克隆，并将其表达在需要改造的生物细胞中，以提高细胞的生产性能。逆代谢工程与推理性代谢工程的主要区别在于，其避免了对复杂代谢网络的充分认识过程，解决了许多推理性代谢工程思路解决不了的问题。尤其是通过对已有的代谢体系的分析，找出要解决的表型问题和相应的解决方法，从而构建一个优良的代谢体系。逆代谢工程的应用主要体现在将表型和基因产物、基因联系起来以确定基因产物的生理功能，打破限制步骤，提高产物产率。这对代谢工程基因策略的研究非常重要。但是我们知道确定或控制某一表型的遗传基因往往不止一个，因此逆代谢工程需要一个分析和综合的过程来制定基因操作的合理方案，以实现菌种改造的理想目标。

2. 代谢工程的基本原理

代谢工程的主要目标是通过定向性地组合细胞代谢途径和重构代谢网络，达到改良生物体遗传性状的目的，这是一个多学科高度交叉的新型领域，在代谢工程实施中就应该遵循相关的原理，提高工作效率。我们将在这种代谢工程中的操作过程可能涉及的基本学科知识和技术理论作简要归纳。

代谢工程操作可能涉及的学科理论主要有：① 生物化学原理。包括生物体的基本代谢图谱和生化反应的分子机制。细胞物质代谢规律及代谢途径组合知识等；② 生化反应工程理论。包括细胞代谢流及其控制分析的化学计量学、分子反应动力学、热力学和控制学等原理；③ 酶工程学原理。包括酶反应动力学、变构抑制效应、修饰激活效应等代谢流动力学知识；④ 细胞生理学原理。要求了解细胞代谢速率和生理状态表征等生理平衡原理；⑤ 基因操作相关技术。主要指基因操作与控制的分子生物学和分子遗传学原理；⑥ 生物信息学原理。包括生物信息收集、分析与应用的基因组学、蛋白质组学原理；⑦ 生物工程工艺原理。主要包括发酵或细胞培养的工艺和工程控制的生化工程和化学工程原理。

3. 代谢工程的基本过程

从代谢工程的内涵上不难看出它是基因工程应用的高级阶段，就实质而言代谢工程是对细胞代谢流量和代谢控制进行定量分析，并以此为依据进行的代谢改造。要实现这一目的代谢工程操作应包括下列三个基本阶段。

(1) 靶点设计阶段

在菌种改良过程中的目的性都是明确的，因此，对菌种发酵性能进行倾向性的改造之前，首先必须对菌体细胞的代谢路径进行必要的分析和测定，确定需要完成的工作目标，设计可以实现的目标靶点。相对于传统的随机突变而言，代谢工程的工作目标更为定向，它在修饰靶点选择、实验设计以及数据分析方面的工作是建立在明确的理论和完善的技术基础之上的，随机性大大减少。在过去数十年的研究中，已对相当数量生物细胞内的代谢途径进行了分析鉴定，并绘制出较完整的代谢网络图，这为代谢工程的实施奠定了基础。

然而，正确的靶点设计必须对现有的代谢途径和网络信息进行更深入的分析。首先，根据化学动力学和计量学原理定量测定网络中的代谢流分布，其中最重要的是细胞内碳和氮元素的流向比例关系；其次，在代谢流分析的基础上调查其控制状态、机制和影响因素；最后，根据代谢流分布和控制的分析结果确定途径操作的合理靶点，通常包括拟修饰基因的靶点、拟导入途径的靶点或者拟阻断途径的靶点等。由此可见，靶点设计对代谢工程的实施起着关键作用，任何精细的靶点选择都必须经得起细胞生理特性以及代谢网络热力学平衡的检验。

(2) 基因操作阶段

利用代谢工程技术对菌种细胞的代谢网络进行修饰改造的最为重要的工作就是在分子水

平上对靶基因或基因簇进行遗传操作，这些操作包括基因或基因簇的克隆、表达、修饰、敲除、调控以及重组基因在目标细胞染色体 DNA 上的稳定整合。在代谢工程的一些应用实例中，有些代谢流的分布和控制往往绕过基因操作，直接通过发酵和细胞培养的工艺和工程参数控制提高细胞代谢流，并胁迫代谢流流向所期望的目标产物。在此过程中，向反应体系内施加溶氧、pH、补料等扰动，在酶或相关蛋白因子水平上激活靶基因的转录（诱导作用）、调节酶的活性（阻遏、变构、抑制或去抑制作用），进而实现改变和控制细胞代谢流的目的。虽然就提高目标产物的产量而言，这类非基因水平的操作与典型的代谢工程操作在效果上也许没有显著的差异，但在新产物的合成尤其是遗传性状的改良等方面，基因操作是不可替代的，因为只有引入外源的基因或基因簇，才能从根本上改造细胞的代谢途径，甚至重新构建新的代谢旁路。

（3）效果分析阶段

一般情况下，对菌体细胞基因进行一次性的代谢工程设计和操作往往不能达到实际生产所要求的产量、速率或浓度。因为大部分实验涉及的只是与单一代谢途径有关的基因、操纵子或基因簇的改变，因此，需要每一次通过对新代谢途径进行全面的效果分析，检测出细胞所表现出的限制与缺陷，这可以为新一轮实验指明方向，提供改进目标，再反复进行遗传操作就可能获得优良菌种。目前，已有不少通过这种代谢工程循环处理方式最终获得优良细胞的成功范例。同时，重复工作所积累的经验也有助于鉴定和判断哪一类特定的遗传操作对细胞功能的期望改变是相对有效的。

3.4.2 代谢工程的研究方法

1. 代谢工程研究的内容

由于代谢工程的基本原理和技术建立在多学科相互渗透的基础之上，人们往往会从不同的学科理论体系出发，采取完全不同的研究路线，实现改造或重构细胞代谢途径的目的。一般来说，代谢工程注重以酶学、化学计量学、分子反应动力学以及现代数学的理论和技术为研究手段，在细胞水平上阐明代谢途径与代谢网络之间局部与整体的关系、胞内代谢过程与胞外物质传输之间的相耦联、以及代谢流流向与控制的机制，并在此基础上通过基因工程手段和生物工艺操作得到性能优化的细胞。

从研究过程上来说，代谢工程的工作内容主要包括两个基本的组成部分，第一个部分称为分析部分，第二个部分为综合部分。代谢工程所做的工作就是要把量化代谢流及其控制的工程分析方法与用以精确制订遗传修饰方案付之实施的分子生物学综合技术结合起来，以“分析-综合”的程序反复交替操作、螺旋式逼近目标，在较广范围内改善细胞性能，以满足人类对生物的特定需求。

“分析”工作的主要内容包括：分辨能反映细胞生理状态的主要参数；设计利用细胞基本信息组织一个代谢网络的控制的方案；确定合理靶点以构建特定的基因修饰菌种；评估基因或酶的真实修饰效果，确立实施新一轮的途径修饰方案；预测一个合理的过程来以确定途径操作的最有效靶点等。

而“综合”部分研究的内容是代谢工程区别于传统代谢改造过程的一个创新工作。代谢工程关注的是代谢途径的组合而不是单一的反应步骤，因此它必须考察完整的生化反应网络，重视代谢途径和目标产物的热力学可行性以及代谢流量及其控制，因此，通过对整个反应体系而不是一个个孤立的反应的考察就有可能获得关于代谢和细胞功能的更全面的认识，从这个意义上说“代谢网络”的观念对代谢工程而言是更为重要的。综合部分的工作包括一系列以分子生物学方法进行的综合实验，如设计育种方案的制定，新的基因的导入和在寄主细胞中的表达，内酶的扩增，基因的删除，酶活力修饰，转录的解调或酶的解调等。

虽然生化代谢和细胞生理学理论为分析反应途径提供了主要依据，但代谢流确定及其控制的研究结果具有更大的实用性。代谢工程最突出的特征就是强调生化反应途径与代谢流及其体内条件下的控制相关联。将代谢流的定量分析方法与代谢流控制的分子生物学技术完美结合在一起，系统合理地修饰生物细胞的遗传性状，这是代谢工程的基石。

Note

2. 代谢工程的研究方法

代谢工程的一个基本目标是阐明代谢流控制的因素及机制并加以改造,因此,实施这些工作就必须制定一个行之有效的研究方法。

(1) 确定系统研究代谢工程的基本步骤

首先,建立一种能尽可能多地观察途径并测定其流量的方法。为此,通常从测定细胞外代谢物的浓度入手进行简单的物料平衡。一个代谢途径的代谢流并不等于该途径中一个或多个酶的活性。事实上,酶法分析并不能提供途径真正的代谢流信息,除非相应的酶在体外分析条件下存在并具有活性。在代谢分析中,酶法分析经常会错误地显示相似数量级的代谢流,导致产生不正确的结论。

其次,在生化代谢网络中施加一个已知的扰动,以确定在系统松散之后达到新的稳态时的途径代谢流。常采用的扰动方式包括启动子的诱导、底物补加脉冲、特定碳源消除或物理因素变化等。虽然任何有效的扰动对代谢流的作用都是可以接受的,但扰动应该定位于紧邻途径节点的酶分子上。一种扰动往往能提供多个节点上的信息,这对于精确描述代谢网络控制结构所必需的最小实验量是至关重要的。

最后,系统分析代谢流扰动的结果。如果某个代谢流的扰动对其下游代谢流未能造成可观察的影响,那么就可以认为该处的节点对上游扰动的反应是刚性(rigid)的,与之相反的情况则称为柔性(fluxible)。在刚性节点处,试图通过改变上游酶活性来影响下游代谢流的做法是不能实现预想结果的。除了上述对代谢途径的物质流和能量流进行分析之外,代谢工程还要进一步对信息流进行分析,了解代谢作用机制,如信号转导途径及控制机制等。随着分子生物学研究的不断深入,生物体内各种形式的信号转导途径作用机制得以阐明和积累,更进一步的意义在于合理设计、修饰甚至更换受体分子、信号分子、驿站分子以及基因表达调控的顺式元件,构建崭新的信号转导途径。

(2) 制定代谢工程研究方案(图 3-17)

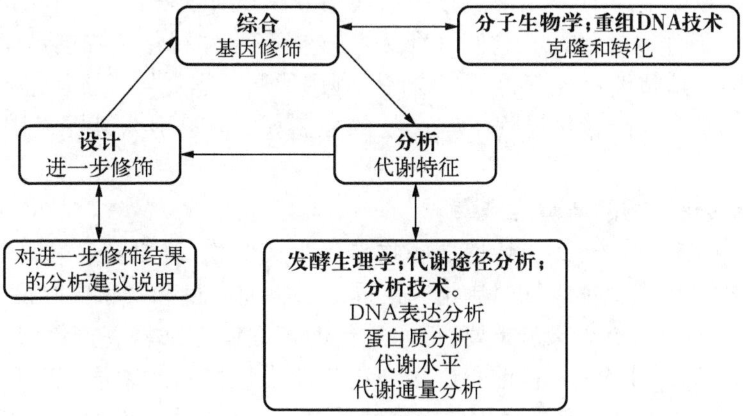

图 3-17　代谢工程研究方案

步骤:① 综合:构建重组菌株以提高细胞特性。② 分析:对重组菌株进行分析,特别是对照出发菌株的属性进行分析。③ 设计:设计代谢工程方案。从该方案可以看出,代谢工程是一门涉及利用基因工程的手段对细胞属性进行改造的工程,根据不同的生物过程和所需目标,设计方案和引用的方法也不同。

(3) 代谢工程研究的手段

近年来代谢工程发展很快,不断有新的综述和专著出现。特别是基因组学、生物信息学的研究及其相关技术的发展拓宽了代谢工程的应用领域,加快了代谢工程研究。

代谢工程多学科结合的性质决定了它的生长优势,同时也暗示了它在研究方法和技术方面的综合性。归纳起来,有下列三大类常用研究手段。

1) 检测技术　　常规的化学和生物化学检测手段都可用于代谢工程的研究,包括体内确

Note

定代谢流的物料平衡和同位素标记示踪方法；表征酶反应进程和性质的酶动力学分析方法；测定同位素富集和关键代谢物分子量分布的光谱学方法，如核磁共振和气相色谱分析等。根据这些测量信息可以判断和描述体内途径代谢流的基本状态，并为细胞的代谢流及其控制分析提供翔实可靠的原始数据。

2）分析技术　在获得大量生化反应基本数据的基础上，采用化学计量学、分子反应动力学和化学工程学的研究方法并结合计算机技术，可以进一步阐明细胞代谢途径和代谢网络的动态特征与控制机制，同时确定途径改造的关键靶点。这些分析手段包括能准确测定细胞内代谢流的稳态法、展示代谢流控制过程的扰动法、简化复杂代谢网络分析的组合法，以及使生化反应甚至基因表达调控过程定量化的计量法等。

3）操作技术　在代谢工程中，代谢途径和代谢网络的操作实质上可以归结为基因水平上的操作。这个过程涉及几乎所有的分子生物学和分子遗传学相关实验技术，如基因和基因簇的克隆、表达、调控；DNA 的杂交检测与序列分析；外源 DNA 的转化；基因的体内同源重组与敲除；整合型重组 DNA 在细胞内的稳定维持等。代谢工程技术得以广泛应用的一个重要前提是外源基因在所有生物物种（包括人体）中转化和表达的可行性，而这种可行性又在很大程度上依赖于各种载体和基因表达调控元件的开发。事实上截止到目前为止，仍有许多物种的基因转化和表达还有技术上的难题。

3.4.3　代谢工程的应用

近年来随着代谢工程的发展，其应用取得了惊人的成绩。Bailey（1991）把代谢工程的应用分为两类，即① 引进外源活性来改良菌株；② 重新设计代谢流。而 Cameron 和 Tong（1993）则把代谢工程的应用分为 5 种：① 提高细胞已有的化学物质的产量；② 延伸细胞生长和产物形成的底物使用范围；③ 产生降解毒性物质的新催化活性；④ 产生细胞本身不能合成的新物质；⑤ 修饰细胞的生物学特性。Stephanopoulos 等（1998）也进行了类似的分类。

综合代谢工程在优化和提高发酵过程中所使用方法和所获得目标产物的不同，将代谢工程的应用分为 7 个方面作简要概述。它们分别是：① 提高菌种转化产物的产量或产率；② 拓展底物利用范围；③ 改造代谢途径获得新产物；④ 利用代谢工程对异源物质进行生物修复；⑤ 提高细胞生理属性；⑥ 对发酵转化过程中副产物的控制；⑦ 通过引入外源基因获得蛋白质表达产物。

1. 提高菌种转化产物的产量或产率

虽然利用代谢工程使碳代谢流快速从底物转化为代谢物，可以获得较高的产量或产率，可是对于大多数生物过程来说很难同时满足利用同一底物使产量和产率同时最优，因此有必要先断定哪个代谢路径的改造对结果最重要，再通过代谢工程操作来提高产量或产率，一般产量和产率并不一定同时要达到最大。目前有许多利用代谢工程提高产率或者产量的实际例子。例如 Henriksen（1991）通过将代谢途径中的限速酶的基因加以扩增，增加在细胞中表达拷贝数以提高目的产物的产率。Nielsen 等（1993）将多拷贝的赖氨酸氨基转移酶（lat）基因插入 *Str. clavuligerus* 染色体中，可以使菌体细胞合成 β-内酰胺抗生素的产量提高 4 倍。将多拷贝的 tcm 酰基载体蛋白基因转入 *Str. slancescens* 染色体中，可以使菌体细胞合成四塞诺霉素中间体的产量提高 20 倍以上。此外，还有通过代谢工作技术提高乙醇，氨基酸和芳香族类化合物等的产量或产率的报道。

2. 拓展底物的利用范围

微生物能利用廉价的农业废弃物等原材料（特别是碳源）完成生物转化过程，但工业上常用的菌株利用底物的范围较小，代谢工程技术为菌种拓展底物的范围提供可能。这个目的常用以下两种方案来加以实施：① 引入基因产生膜结合蛋白以帮助底物穿透细胞进入碳代谢途径；② 引入基因产生相关的酶，将底物转化成细胞能利用的化合物。例如，乳清是生产乳酪的副产品，其中的乳糖是乳清中的一种主要成分，含量也较丰富，人们试图利用乳清作为生物过程的底物，但是并不是所有的微生物都能利用乳糖，于是将微生物通过转化大肠埃希菌 LacZY 基因而得到能利用乳糖途径的菌株。再如，木糖作为半纤维素及木质纤维素的组成成分，在植物中广泛存在，是一种很丰富的碳源，且价格低廉，可利用木质纤维素生产乙醇，并已证明多种微生物能将木质纤维素转化为乙醇。酿酒酵母由于其耐高浓度乙醇能力和高产率，最适用作乙醇生产菌株，但是该菌株不能利用木糖作为碳源，所以就得引入木糖利用途径到该菌株。目前已经成功从毕赤酵母中获得了木糖还原酶和木糖醇脱氢酶，于是酿酒酵母能利用木糖作为唯一的碳源。但乙醇的产量和产率很低，且产生了较多的木糖醇。HO(1993)等利用过表达木酮糖激酶的方法使木糖醇减少到 0.1 g/g 木糖。

3. 改造代谢途径获得新产物

对于某一特定的宿主来讲，通过改造代谢途径产生新物质有三种方法：① 产生完全新的物质，这在制药领域中特别重要，通过改造途径可以产生新的抗生素及抗癌药物；② 在给定的生物系统中通过新的途径得到的生物过程代替传统的化工过程，由于生物过程产生的污染小，能更高效的产生纯的化合物，并且能利用低廉的原材料，所以该领域比化学合成更吸引人，也叫“绿色化学”；③ 在同一宿主中开发不同的产品。

已有大量的实例说明通过代谢工程能产生新的物质。利用微生物产生最重要的一类次级代谢产物是抗生素。当前对抗生素研究的重点是利用现有的过程提高产量和产率，以及寻找新的化合物的合成途径。另一个研究领域是新的聚酮类化合物，这是一类包括大量抗生素(四环素，红霉素)，抗癌药物，免疫抑制剂及心血管疾病药物的等结构复杂的天然产物，它们通过聚酮化合物合成酶(PKS)进行生物合成，其合成方式与脂肪酸的β合成相似，每一步合成通过延伸β基团来增长碳链，通过与外源的聚酮类结合重建能产生许多新的聚酮化合物。当前大量的工作主要集中在利用*Saccharopolyspora erythraea* 天然合成的红霉素产品上，转化 *Streptomyces coelicolor* 编码 PKS 基因，通过切除基因组件和进行特异的诱导区域诱变能产生新的聚酮化合物(Kao et al., 1994)。而且还能通过插入产生纳巴霉素的聚酮合成酶的催化区域构建一个新的 PKS 杂合体。这些都说明通过合理设计重组菌株能够得到许多新的芳香类聚酮化合物。

4. 利用代谢工程对异源物质进行生物修复

利用天然微生物对污染的空气，水，土壤及沉积物进行修复的过程称为生物修复。大量的实验已经证明微生物能降解许多有毒有害的物质(也叫异源物质)如芳香类、卤代芳香类、卤代脂肪族类及杀虫剂等。但是利用微生物对异源物质进行生物修复存在两个问题：① 降解速度很慢；② 对异源混合物的降解需要多种微生物的共同作用。利用代谢工程能解决这些问题，甚至还能引进不同微生物的酶系来构建新的异源物质降解途径。Rojo 等(1994)构建了一个稳定的 *Pseudomonas putida* 菌株来降解氯化，甲基化芳香类物质。

目前，利用代谢工程对异源物质进行生物修复的大量研究工作主要集中在建立不同的途径来降解芳香族碳氢化合物。研究得较好的是利用 *Pseudomonas* sp. 通过质粒编码相关的酶降解甲苯、间二甲苯、对二甲苯等 tol 途径，该代谢途径可降解卤代芳香族类化合物，如 3-氯苯甲酸酯等。但仍不能降解大量存在于石油污染的环境中苯、甲苯、二甲苯等物质。通过构建一个 *P. putida* 菌株携带 tol 途径和甲苯氧化酶，才使得菌株可以降解苯类物质，但是降解能力还很低。Lee 等(1996)构建了一个连续的启动子对该基因进行了强表达，使得降解苯、甲苯、二甲苯分别提高了 9 倍、4 倍和 1.5 倍。Jung 等(1996)构建的菌株还能降解硝基苯类。这些都说明通过构建新的菌株能高效地降解多种异源物。

5. 提高细胞的生理属性

细胞的生理属性常受到多方面的影响，如葡萄糖抑制，对低氧浓度的高度敏感及宏观结构的影响(如絮凝等)。葡萄糖抑制途径是因为 DNA 结合蛋白 Mig1p 指导蛋白质复合物 Mig1p-SSn-6P-Tup1p 结合到靶基因启动子的特定位点引起的，*Mig1p* 基因不仅编码细胞外围利用糖的酶，还编码主要碳循环代谢相关的酶，通过打断 *Mig1p* 基因可以减缓葡萄糖抑制，还能极大的减少在葡萄糖与蔗糖同时存在时的滞后效应，Klein 等通过同时打断 *Mig1* 和 *Mig2* 基因，即使在高葡萄糖浓度下蔗糖能快速被降解为葡萄糖和果糖。

Note

在工业生产中，由于低氧浓度限制影响细胞生理功能造成目标产物产量下降，Khosla 和 Bailey(1991)从 Vitreoscilla 中克隆了 *VHb* 基因并在大肠埃希菌中得到表达，表明在低溶氧浓度下能提高蛋白质的合成。现在利用 *VHb* 提高细胞生理属性的实例很多。

目前利用代谢工程提高细胞宏观结构很困难，而且对于细胞形态与生物过程效价的认识不多，对于分子水平的形态学控制机制知之更少。Watari 等(1994)构建一个带 *FOL* 基因的酿酒酵母，该基因编码一种细胞表面蛋白，使细胞絮凝。这说明可通过代谢工程提高细胞宏观特性的。

6. 对发酵转化过程中副产物的控制

副产物的形成是发酵过程常常伴生的现象，这些副产物的产生会使目的产物的生物分离过程更加困难，影响产品的品质和收率；副产物的增加还能导致生产碳源损失，增加成本；有的副产物可能对人类有毒有害。

有报道称如果对工业上常用来生产酶制剂的枯草芽孢杆菌或曲霉细胞中引入 *A. oryzae* 的 TAKA -淀粉酶启动子，能消除异源酶类对淀粉的分解，减少副产物的形成。又如：在利用黑曲霉(*Aspergillus niger*)生产酶制剂时，常伴有草酸的生成问题，草酸是由草酰乙酸水解产生，Pedersen 等获得了编码 oah 酶的 *oah* 基因，并纯化了 oah 酶，通过打断 *oah* 基因获得了不产生草酸的黑曲霉(*A. niger*)菌株。利用酿酒酵母通过厌氧发酵生产乙醇时，甘油是副产物。在厌氧条件下，甘油的形成使 NADH 转化成 NAD^+，由 GDP1 和 GDP2 基因编码 NADH 产生 NAD^+的 3 -磷酸甘油脱氢酶，将磷酸二羟基丙酮转化成 3 -磷酸甘油，Valadi 等(1996)通过打断 *GDP2* 基因从而减少了甘油的产生，但是细胞生长速度也减缓。而 *GDP1* 和 *GDP2* 基因双缺失型菌株不能在厌氧条件下生长，于是，Nissen 等(1993)在 *Azotobacter vinelandii* *GDP1*、*GDP2* 基因双缺失型菌株中构建了一个产生 NAD^+ 的新途径从而使甘油的形成减少了 40%。

7. 通过引入外源基因获得蛋白质表达产物

利用代谢工程技术为细胞设计全新的代谢路线获得新的蛋白质表达产物的事例在 20 世纪 90 年代就有了很多报道，特别是在蛋白类药物方面，如人促生长素(hGH)和人胰岛素等，这为其他的药物生产开辟了新的思路和方法。第一类蛋白质药物(hGH 和人胰岛素)就是由重组大肠埃希菌所表达，随后很快就开发了其他的表达系统如酿酒酵母表达人胰岛素，昆虫细胞和哺乳类动物细胞(CHO 和杂交瘤细胞)。目前已有 55 种蛋白质类药物上市，主要是重组蛋白和单克隆抗体，常称为生物技术药物。

对表达系统的选择是由多种因素决定的，包括翻译后修饰与分泌的兼容性、蛋白质的稳定性、病人使用蛋白质药物剂量(主要决定药物价格)等。对于高剂量药物，如胰岛素，保持低成本至关重要，这就要求表达系统能高效表达，如大肠埃希菌、酿酒酵母对于复杂分子结构的药物，如 tPA、EPO，在细菌中很难得到高活性的产物，所以需要在高等真核细胞中表达。而且复杂物质药物的产率也可用转基因动物提高，如 tPA 在山羊乳汁中获得了 1～3 g/L 的产率。为了节约成本，当建立了某一产物的表达系统后，更希望这种表达系统能用于其他的产物之中。于是，也可以通过基因工程的方法修饰表达系统来提高外源蛋白的表达。但是该蛋白质很可能因分泌途径的某一特定步骤限制了产物的产率，如，折叠、二硫键桥的形成或糖基化等，从而使其他的蛋白质有可能通过该途径高产率分泌，强烈影响了表达系统目标蛋白的分泌能力。利用代谢工程能够处理这些问题。酿酒酵母因其对产物能正确折叠，无糖基化，无二硫键桥的形成等特点是人们首选的表达系统，目前工业上已用它生产人胰岛素、B 型肝炎疫苗、粒细胞巨噬细胞集落刺激因子。但是其表达能力不高，Wittrup 等(1995 年)构建了一个增强整合载体优化了其蛋白质的分泌。另外，还可以通过构建一个人工合成的 α -因子预引导序列来模拟和增强 α -因子的功能，使得外源蛋白得到了高效表达。

总之，代谢工程在生物技术领域的应用前景十分广阔。随着研究的深入，用整体系统观念来研究细胞越来越显得重要。新的检测手段及数学、计算机方法的应用，也为人们提供了设计和改造细胞的条件，代谢工程为发展更为复杂的组织工程、基因治疗，直至整个生命的工程奠定了基础，代谢工程必将为经济社会的发展起到不可估量的作用。

Note

复习思考题

1. 请解释下列概念的区别

   酶的诱导与酶的阻遏；反馈抑制与反馈阻遏；操纵子与操纵基因；协同反馈抑制与增效反馈抑制；同工酶与变构酶；末端代谢物阻遏与分解代谢物阻遏。
2. 酶活性调节与酶合成调节有何区别？它们之间又有何联系？
3. 以乳糖操纵子为例说明微生物酶合成的调节机制。
4. 图示说明分解代谢物阻遏的分子机制。
5. 分支代谢途径中存在哪些反馈抑制类型？它们各自有哪些特点？
6. 什么是次级代谢产物？次级代谢产物有哪些特点？根据其作用可分哪几类？
7. 次级代谢产物的调节方式有哪些？
8. 试以某种抗生素为例，说明次级代谢产物的特点及如何利用次级代谢的调节机制来提高该抗生素的产量？
9. 简述代谢工程与基因工程的关系。
10. 代谢工程是由哪些部分组成的，各组成部分的主要工作有哪些？
11. 代谢工程操作包括哪些基本步骤？
12. 举例介绍运用代谢工程技术构建提高产物产量的微生物细胞的过程。

第4章 培养基的设计与灭菌

知识框架图

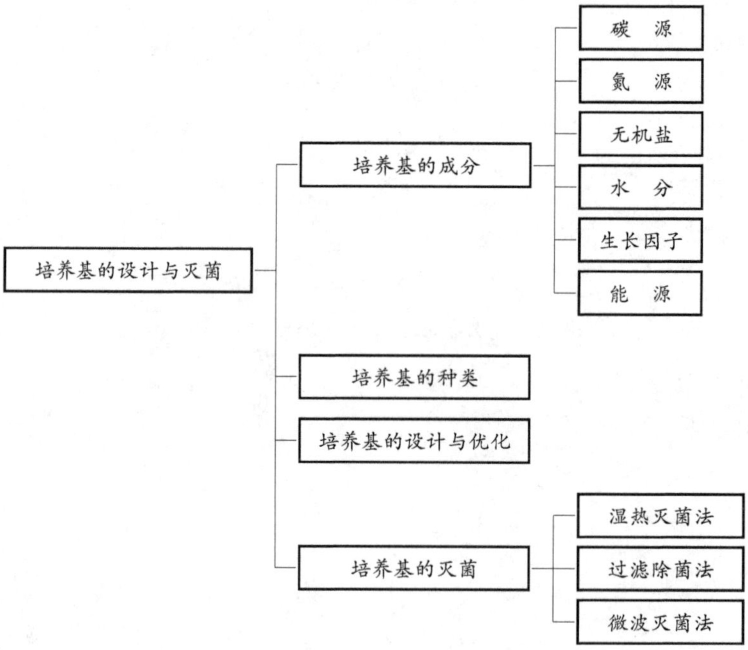

内容提要

本章主要内容是工业微生物培养基的成分、种类、设计与灭菌。首先，具体介绍了培养基的主要成分和种类；其次，进一步介绍了培养基的设计原则及培养基优化的常用方法；最后从实验室及工业化生产的角度介绍了培养基灭菌的几种主要方法。

4.1　工业微生物培养基的成分

培养基(culture medium)是指由人工配制的、适合微生物生长繁殖或产生代谢产物的混合营养料。微生物培养基配方的种类繁多，新的类型层出不穷，迄今其数目至少也有几万种。作为一个普通的微生物学研究人员，一定要在这浩如烟海的培养基配方中去寻找其内在的本质，通过探索和掌握微生物的营养规律，去很好地设计和优化出合理的微生物培养基，实现特定微生物的纯培养或高密度培养。可以毫不夸张地说，对微生物培养基的研究是相应微生物学研究的基础。

营养是一切生命活动所需物质和能量的来源。现在知道，不论从元素水平还是从营养要素的水平上，微生物的营养构成与光合自养型的植物以及摄食型的动物（包括人类）非常相似，它们之间存在着“营养上的统一性”。具体地说，微生物要维持正常的生长、繁殖等生命活动，需有 6 种营养要素，即碳源、氮源、能源、生长因子、无机盐和水。除水外，微生物对碳源需要量最大，其次是氮源。对于自养微生物而言，能源是光能或还原态无机物；对于异养微生物而言，能源就是碳源。在无机盐中，磷、硫的需要量稍大，钾、镁次之，其他元素和生长因子的需要量一般很少。

4.1.1　碳源

一切能满足微生物生长繁殖所需碳元素的营养物或培养基原料，称为碳源（carbon source）。

微生物细胞干物质中的含碳量约占干重的 50%，所以，除水分外，碳源是其需要量最大的营养物。如果把所有微生物当作一个整体来考察，其可利用的碳源种类范围是非常广泛的，从简单的无机物（CO_2、碳酸盐等）到复杂的有机含碳化合物（糖、糖的衍生物、醇类、脂类、烃类、有机酸、芳香族化合物和各种含氮化合物等）。甚至于，少数微生物还能利用酚、氰化物等有机毒物做为碳源，曾经就有人从活性污泥中分离到了以氰化物为唯一碳源和氮源的诺卡氏菌等（此类微生物可被用于治理“三废”）。从元素水平、化合物水平直至培养基原料等水平来考察工业微生物所能利用的碳源，其数目是逐级放大，多到难以计算的程度。研究表明，微生物作为一个整体，所能利用的碳源的种类已大大超过了动物界或植物界所能利用的。甚至有人认为，至今人类已发现或合成的 700 余万种有机物，几乎都能被微生物分解或利用。

但是对于不同种类的微生物，如自养微生物和异养微生物，它们利用碳源的能力就明显有所不同。碳源可分为有机碳与无机碳两个大类，异养微生物为数众多，必须利用有机碳源；而自养微生物的种类较少，主要是利用无机碳源。必须指出的是，异养微生物虽然主要利用的是各种有机碳源，但对于其中有些种类的培养，例如一些生长在动物组织、血液和肠道中的致病细菌，还需要供给少量的无机碳源——10%CO_2（体积分数）作为辅助碳源，才能满足其正常生长的需要。而且，在有些好氧微生物生长时，如果用 KOH 除去其培养基中的 CO_2，往往会抑制其生长。

微生物可以利用的碳源范围虽然较广，但是对于异养微生物而言，糖类是其易于利用的较好碳源，其次是有机酸类、脂类和醇类等。其对糖类的吸收和利用，单糖优于双糖和多糖，己糖优于戊糖。葡萄糖、蔗糖优于甘露糖、半乳糖，是培养微生物的常要碳源之一；在多糖中，淀粉明显优于纤维素或几丁质等纯多糖，可以更容易地为大多数微生物所利用。

微生物作为一个整体来看，其可利用的碳源的广度是相当大的。但是，如果针对其中一个具体物种来看，其可利用的碳源种类的差异则极大。例如，假单孢菌属的有些种可利用 90 种以上的碳源，而有些微生物种类能利用的碳源范围则极其狭窄，仅能利用少数几种的碳源，如产甲烷菌仅能利用 CO_2 和少数 1C 或 2C 化合物；一些甲烷氧化菌的碳源仅局限于甲烷和甲醇两种；一些纤维素分解菌则只能利用纤维素等。

对一切异养微生物来说，碳源物质被其分解吸收后，通过机体内一系列复杂的生理生化反应，最终用于构成细胞的物质来源或为机体提供完成整个生理活动所需的能量。所以，对于异养微生物，碳源往往也是能源物质。从这个意义上说，这种碳源也可称为双功能营养物（difunctional nutrient）。而对于自养微生物而言，它们是以 CO_2（或是碳酸盐）为唯一或主要碳源。因为 CO_2 是被彻底氧化的物质，所以，将 CO_2 转化成有机的细胞成分是一个还原过程，需要消耗大量的能量。这种能量不能从其所利用的碳源中获得，因此，这类微生物同时需要从光能或是其他无机物的氧化过程中来获取能量。这类微生物的碳源和能源分别属于不同的物质，来源是不同的。

Note

最后，在确定和选用一种具体培养基原料时，切莫简单地认为它就是一种纯粹的“营养要素”，例如工业上常用的发酵原料糖蜜(molasses)，它原是制糖工业中的一种当作废液处理的副产品，其成分十分复杂，含有丰富的糖类、氨基酸、有机酸、维生素、无机盐和色素等；其他如玉米粉、马铃薯、甜薯干或红糖等也是发酵工业中的常用原料。在习惯上，它们都被当作“碳源”用于工业微生物培养基的配制。而事实上，它们的成分中却几乎包含了微生物生长所需要的全部营养要素，只是各要素的含量不同，彼此之间的比例不一定适合特定微生物的生长而已。

4.1.2 氮源

凡能提供微生物生长繁殖所需氮元素的营养物质或培养基原料，称为氮源(nitrogen source)。

氮是构成微生物细胞中重要生命物质——蛋白质和核酸等的主要元素，它在细胞干物质中的含量仅次于碳和氧，占细菌干重的12%～15%，所以，与碳源相似，氮源也是微生物的主要营养物，对微生物的生长发育有着重要的作用。若把微生物作为一个整体来考察，则它们能利用的氮源范围也是十分广泛的。从分子态的N，到复杂的含氮化合物都能被不同的微生物所利用，而且，不同类型的微生物所能利用的氮源种类差异较大。

与碳源类似，微生物能够利用的氮源种类范围也明显比动物或植物的广。一般地说，异养微生物对氮源的利用顺序是：“N・C・H・O”或“N・C・H・O・X”类优于“N・H”类，更优于“N・O”类，而最难利用的氮源则是“N”类(只有少数固氮菌、根瘤菌和蓝细菌等可利用它)。在各种微生物培养基中，实验室最常用的有机氮源是蛋白胨(由动、植物蛋白质经酶消化后制成)、牛肉膏(牛肉浸出物)、酵母膏、植物的饼粕粉(如豆饼粉)以及玉米浆等；无机氮源有硫酸铵、硝酸铵、硝酸钠等；而在工业上常用黄豆饼粉、花生饼粉和鱼粉等作为培养基中的氮源。

有机氮源中的氮往往是蛋白质或其降解的产物，其中含有的游离氨基酸可以被微生物直接吸收而参与细胞代谢，而蛋白质、多肽等成分还需要经微生物菌体分泌的胞外酶水解后才能利用。因为花生饼粉和黄豆饼粉等有机氮源中的氮主要以蛋白质等大分子的形式存在，微生物需要分泌相应的水解酶才能利用，所以，被称为“迟效氮源”。而硫酸铵、硝酸铵、玉米浆等小分子氮源，易被微生物细胞迅速吸收利用，则被称为“速效氮源”。

当以无机氮盐为唯一氮源培养微生物时，培养基会表现出生理酸性或生理碱性。如以$(NH_4)_2SO_4$为氮源时，NH_4^+被微生物利用后，培养基的pH会相应地下降，所以，$(NH_4)_2SO_4$有“生理酸性盐”之称；以KNO_3为氮源时，NO_3^-被利用后，培养基的pH会相应地上升，所以，KNO_3有“生理碱性盐”之称；而利用NH_4NO_3为氮源，可以部分避免pH急剧升降，但是，由于NH_4^+吸收快，NO_3^-吸收滞后，培养基的pH也会先降后升。因此，为了避免培养基pH大的起伏给微生物的生长和代谢带来不利的影响，在相应的培养基配方中应加入能够缓冲pH的物质，如缓冲离子对等。

从微生物所能利用的氮源种类来看，存在着一个明显的区别：一部分微生物是不需要利用氨基酸作氮源的，它们能利用尿素、铵盐、硝酸盐甚至氮气等非氨基酸类的简单氮源，自行合成所需要的一切氨基酸，因而可称其为“氨基酸自养型生物”(amino acid autotrophs)；而另一些需要从外界吸收现成的氨基酸作为氮源的微生物，则称其为“氨基酸异养型生物”(amino acid heterotrophs)。所有的动物和大量的异养微生物属于氨基酸异养型生物，而所有的绿色植物和一部分微生物则是氨基酸自养型生物。对微生物的这种分类具有重要的实践意义，因为人类和大量的动物都需要外界提供现成的氨基酸和蛋白质，而这些营养成分在它们的食物或饲料、饵料中往往又是较缺少的。因此，为了充实和改善人和动物的氨基酸营养供给，除了继续向绿色植物索取外，还应更多地发掘和利用氨基酸自养型微生物。众所周知，微生物生长繁殖非常快速，相应产物的生产效率也很惊人。利用这些微生物作为生产者，可以将人或动物原先无法利用的廉价氮源，如尿素、铵盐、硝酸盐或氮气等，高效快速地转化成菌体蛋白（单细胞蛋白、SCP等）或含氮的代谢产物（谷氨酸等氨基酸），以丰富人和动物的营养食品来源。而这对于人类的生存和可持续发展而言，可能具有重要的意义。

另外，还有少数微生物，如固氮微生物，能够利用分子态 N（N_2），自行合成生长所需要的氨基酸和蛋白质。固氮微生物主要是原核生物，如与豆类共生的根瘤菌和自生固氮菌，此外，不少光合细菌、蓝藻和真菌也有固氮作用。当然，这些固氮微生物也能利用现成的无机氮和有机氮化物，但是在这种情况下，它们便失去了原有的固氮能力。

许多腐生细菌和动植物的病原菌不能固氮，它们一般利用铵盐或其他含氮盐作为氮源，其中的硝酸盐必须先被还原成 NH_4^+ 后，才能被微生物吸收并用于生物合成。以无机氮化物为唯一氮源的微生物都能利用铵盐，但它们并不都能利用硝酸盐。

除了少量细菌，如硝化细菌，能同时利用铵盐、硝酸盐作氮源和能源以外，大多数微生物一般只将氮源用于合成细胞质和细胞中其他结构的原料，不作为能源。而某些梭菌对糖的利用不活跃，却可以利用氨基酸作为唯一的能源。

4.1.3 能源

能源（energy source）是指能为微生物的生命活动提供能量来源的营养物或辐射能。

由于大多数异养微生物的能源就是其碳源，因此，它们的能源谱就显得十分简单。化能自养微生物的能源十分独特，它们都是一些还原态的无机物，如 S、H_2S、NO_2、NH_4^+、H_2 和 Fe^{2+} 等。能利用以上这些能源的微生物都是一些原核生物，包括硝酸细菌、亚硝酸细菌、硫细菌、硫化细菌、铁细菌和氢细菌等。化能自养型微生物种群的存在，扩大了人们对生物圈能源的认识，改变了以往认为的生物界只是直接或间接利用太阳能的旧观念。

在能源中，更容易理解前面已提到过的“某一具体营养物可能同时兼有几种营养要素功能”的观点。例如，光辐射能是单功能营养物（能源），还原态的无机物 NH_4^+ 是双功能营养物（氮源，能源），而氨基酸类则是三功能营养物（碳源，氮源，能源）。

4.1.4 无机盐

无机盐（mineral salt）或矿质元素主要能为微生物的生长、繁殖提供除碳、氮源以外的各种重要元素。其中，凡微生物生长所需浓度在 10^{-4}～10^{-3} mol/L 范围内的元素，可称其为大量元素（macroelement），如 S、P、K、Mg、Na 和 Ca 等，这些元素参与细胞结构组成，并与能量转移、细胞透性调节等生理功能有关。而微生物所需浓度在 10^{-8}～10^{-6} mol/L 范围内的元素，则称微量元素（microelement），如 Gu、Zn、Fe、Mn、Mo、Co 和 Ni、Sn、Se 等，这些元素一般是酶的辅助因子。当然，以上仅是为工作方便而人为地划分的。不同种微生物所需的无机元素的浓度有时差别很大，例如，G^- 细菌所需 Mg 元素的浓度就比 G^+ 细菌约高 10 倍。

1）硫（S） 硫是微生物细胞蛋白中某些氨基酸（如蛋氨酸和半胱氨酸）的组成成分，是谷胱甘肽的组成成分，也是辅酶因子（辅酶 A，生物素，硫辛酸和硫胺素）的组成成分。此外，硫还是某些自养微生物的能源物质。微生物一般可以从有机硫化物或含硫无机盐中得到硫。培养基中硫的提供形式一般为：$MgSO_4$。微生物从培养基中摄取 SO_4^{2-}，再将其还原成—SH。

2）磷（P） 所有细菌都需要磷元素。磷是合成核酸、磷脂、一些重要的辅酶（NAD，NADP 和辅酶 A）及高能磷酸化合物（如 ATP 等）的重要原料。细胞内的磷酸盐组分也需要培养基中的磷来供给。一般地，在培养基中常以 K_2HPO_4 和 KH_2PO_4 的形式，保证磷元素的供给。

3）钾（K） 钾是细胞中重要的阳离子之一，它在细胞内的浓度比胞外高许多倍。钾与微生物原生质的胶体特性和细胞膜的透性有关，也是许多酶（如果糖激酶）的激活剂。各种无机钾盐，尤其是磷酸钾盐（磷酸二氢钾，磷酸氢二钾）可作为微生物钾元素的来源。

4）镁（Mg） 镁是细胞中一些酶（如羧化酶，异柠檬酸脱氢酶，已糖激酶和固氮酶）的激活剂，是细菌菌绿素的组成成分。此外，镁元素还能起到稳定核糖体、细胞膜和核酸的作用。缺乏镁,微生物细胞的生长就会停止。微生物可以利用培养基中的硫酸镁或其他镁盐。

5) 钠(Na)　钠是细胞内一种重要的阳离子,它在细胞内的浓度低,在细胞外浓度高。钠与细胞的渗透压调节有关。对嗜盐菌来说,钠除了能维持其细胞的渗透压外,还与营养物质的吸收有关,一些嗜盐菌在摄入葡萄糖分子的过程中需要 Na^+ 的帮助。

6) 钙(Ca)　除细菌芽孢外,钙元素一般不参与微生物细胞结构的组成,但它也是细胞内重要的一种阳离子。钙参与细胞膜通透性的调节,还是某些酶类,如蛋白酶的激活剂。各种钙盐,如 $CaCl_2$、$Ca(NO_3)_2$ 等都是微生物培养基中钙元素的来源。

7) 微量元素　除上述几种重要的大量元素外,正常生长的微生物还需要培养基提供其他一些微量元素,如 Gu、Zn、Mn、Mo、Co 等。如果在培养基中缺乏这些元素,将会导致微生物的生长速度降低,甚至停止生长。因为微量元素往往与代谢相关的酶的活性有关,它们或参与酶的组成,或是许多酶的调节因子。例如,钴参与维生素 B_{12} 的组成;钼参与固氮酶的组成;铜是多酚氧化酶和抗坏血酸氧化酶的成分;锌是醇脱氢酶、乳酸脱氢酶、脱羧酶的辅助因子;锰为超氧化物酶的激活剂;铁是过氧化氢酶、过氧化物酶、细胞色素和细胞色素氧化酶的组成元素,铁含量太低会影响白喉杆菌形成白喉毒素等。

综上,无机盐的营养功能十分重要,是微生物生长所不可缺少的营养物质。其主要功能是:① 构成细胞结构的组成成分;② 作为代谢相关酶的组成成分,维持酶的活性;③ 能够调节细胞渗透压,氢离子浓度和氧化还原电位;④ 作为某些自氧菌的能源。

一般地,在配制微生物培养基时,对大量元素来说,只要加入相应的无机盐即可,其中首选的应是 K_2HPO_4 和 $MgSO_4$,因为它们可同时提供 4 种需要量最大的元素。对其他需要量较少的微量元素而言,因为其在天然成分、一般化学试剂、天然水或玻璃器皿中都以杂质的形式普遍存在,所以就没有专门添加的必要了。但是,如果要配制研究微生物代谢的精细培养基,因为所用的玻璃器皿是硬质材料,试剂又是高纯度的,这时就应根据研究的需要相应地加入必要的微量元素。

4.1.5　生长因子

自养型微生物的生长可以不要外源有机物,只需摄入周围环境中的无机物就能合成全部的细胞物质;而大部分异养型微生物除需要有机碳源外,在含有无机氮源或其他矿物质的环境中也能够生长。但是,有一些异养型微生物在一般碳源、氮源和无机盐的培养基中培养时,还不能生长或生长较慢;在其培养基中加入某些组织(或细胞)提取液时,这些微生物就生长良好。这是因为加入的这些提取液中含有这些微生物生长所必需的一种营养因子——生长因子(growth factor)。

1. 生长因子的种类

生长因子是一类调节微生物正常代谢所需要的,但不能用简单的碳、氮源自行合成的有机物,它的需要量一般很少。广义的生长因子包括维生素、氨基酸、碱基、甾醇、胺类、脂肪酸、嘌呤和嘧啶及其衍生物,有时也包括一些膜成分。而狭义的生长因子一般仅指维生素。

1) 维生素　维生素(Vitamin)是一类微生物生长和代谢所必需的、微量的小分子有机物。它们的特点是:① 机体不能自己合成,必须经常从食物中获得;② 需要量较少,微生物对维生素的需要量为 1～50 μg/L 或更低;③ 它们不是结构或能源物质,大多数是酶的辅助因子,因而是必不可少的代谢调节物质;④ 不同种微生物所需的维生素种类各不相同。也有一些微生物可以自行合成维生素,如肠道菌可以合成维生素 K 等。

2) 氨基酸　细菌细胞壁的合成过程中需要 D-氨基酸,而 L-氨基酸则是组成微生物细胞蛋白质的主要成分。所以,如果微生物缺乏合成某种氨基酸的能力,就需要在培养基中补充这种氨基酸,补充量一般要达到 20～50 μg/ml(是维生素需要量的几千倍)。可以直接给微生物提供所需的氨基酸,也可以是含有所需氨基酸的小分子肽。在有些情况下,细胞不能直接利用氨基酸,而只能利用小肽。这是因为单个氨基酸不能透过细胞,而小分子肽则较容易透过细胞,并由胞内的肽酶水解成氨基酸。有时培养基中一种氨基酸的含量太高,也会抑制其他氨基酸的摄取。

Note

3) 碱基 碱基包括嘌呤和嘧啶,主要功能是组成核酸和一些辅酶。生物体内的碱基一般有两种来源:通过食物摄取和经"从无到有"途径合成。另外,有些微生物既不能合成碱基,也不能利用外源碱基,所以,需要给其提供核苷或核苷酸,而且需要量很大。

4) 脂肪酸及类脂 某些微生物不能合成长链脂肪酸,必须从外界摄取,并用于细胞膜的构建。另外,有些微生物还需要如固醇、胆碱和肌醇等类脂,用于组成其细胞膜。

2. 生长因子与微生物之间的关系

生长因子虽是一种重要的营养要素,但它与碳源、氮源和能源还是有所区别,那就是并非所有的微生物都需要外界为它提供生长因子。现按微生物对生长因子的需要与否,把它们分成两种类型。

1) 生长因子自养型微生物 生长因子自养型微生物(auxoautotrophs)不需要从外界摄取任何生长因子,可以自行合成。多数真菌、放线菌和一些细菌,如*E. coli*等都属于此类。少数微生物在其代谢活动中,能合成并大量分泌某些维生素等生长因子,因此,可将其作为有关维生素的生产菌种。例如*Eremothecium ashbya*(阿舒假囊酵母)或*Ashbya gossypii*(棉阿舒囊霉)可被用于生产维生素 B_2;而*Propionibacterium shermanii*(谢氏丙酸杆菌)、*Streptomyces spp*(若干链霉菌)和产甲烷菌则可被用于生产维生素 B_{12}等。

2) 生长因子异养型微生物(auxoheterotrophs) 如各种乳酸菌、动物致病菌、支原体和原生动物等,它们需要从周围环境中吸收多种生长因子才能维持正常的生长。乳酸菌都需要多种维生素;许多微生物及其营养缺陷突变株需要不同的嘌呤、嘧啶碱基;支原体常需要甾醇;*Haemophilus influenzae*(流感嗜血杆菌)需要卟啉及其衍生物;*Haemophilus parahaemolyticus*(副溶血嗜血杆菌)需要胺类;一些瘤胃微生物需要脂肪酸;某些厌氧菌如*Bacteroides melaninogenicus*(产黑素拟杆菌)需要维生素K和氯高铁血红素等等。

必须指出的是,各种微生物所需的生长因子各不相同,有的需要多种,有的仅需一种,有的则不需要。某一种特定的微生物所需的生长因子也会随着培养条件的变化而变化,如培养基成分、通气条件、pH和温度等条件的改变都会影响微生物对生长因子的需求。在配制培养基时,一般可选用生长因子含量丰富的天然物质作为原料,以保证微生物对生长因子的需要。

从自然界直接分离到的绝大多数野生型菌株只需要简单的碳源和氮源等就能生长,不需要添加生长因子;野生型菌株在实验室中,经过人工诱变处理后,通常会丧失合成某种营养物质(通常是生长因子)的能力,这些由野生型菌株突变而来的菌株称为营养缺陷型(auxotroph)。在微生物遗传、变异和代谢生理的研究以及微生物杂交育种和氨基酸、核苷酸等发酵生产中,常采用营养缺陷型菌株。在这些菌株生长的培养基中必须添加某种氨基酸、嘌呤、嘧啶和维生素等生长因子。营养缺陷型菌株经回复突变或基因重组后产生的菌株,其营养要求在表型上若与野生型菌株相同,则称其为原养型菌株(prototroph),原养型菌株的生长也不需要添加生长因子。

4.1.6 水分

水是地球上所有生命存在和发展的必要条件,在微生物生命代谢中占有重要的地位。

首先,它是一种优良的溶剂。代谢物只有先溶于水,才能参与相应的反应。水作为机体内一系列生理生化反应的介质,可以保证几乎一切生化反应的正常进行。此外,营养物质的吸收、代谢产物的排泄都需通过水,特别是微生物没有特殊的摄食器官和排泄器官,这些物质只有溶于水才能通过细胞表面。

其次,水还有高比热、高汽化热、高沸点以及固态时密度小于液态等许多优良的物理性质。这些十分重要的特性,使其可以维持各种生物大分子结构的稳定性,参与某些重要的生化反应并保证生命代谢活动的正常进行。由于水的比热容高,又是良好的热导体,所以它能有效地吸

Note

收代谢释放的热量，并将热量迅速地散发出去，从而有效地控制细胞的温度。因为水分子通过分子间的氢键相互连接，而破坏这一氢键需要耗费额外的能量，所以提高水温所需的热量很大，水的高气化热有利于将发酵过程中产生的热量带走。

除蓝细菌等少数微生物能利用水中的氢来还原 CO_2 以合成糖类外，其他微生物并非真正把水当作营养物。即便如此，由于水在微生物代谢活动中是不可缺少的，所以，仍应将其作为一种重要的营养要素来考虑。一般地，在微生物培养基中，水的含量均达到了很大的比例。

水是微生物细胞的重要组成成分，微生物细胞的含水量很高。细菌、酵母菌和霉菌的营养体分别含 80%、75%和 85%左右，霉菌孢子约含 39%的水，而细菌芽孢核心部分的含水量则低于 30%。水在细胞中有游离水和结合水两种存在的形式。游离水（或称非结合水）可以被微生物利用，不同微生物及不同细胞结构中游离水的含量有较大的差别。结合水则与溶质或其他分子结合在一起，很难加以利用。

4.2 工业微生物培养基的种类

工业微生物培养基的种类繁多、成分各异。若以对其中营养成分的了解程度来划分，有天然培养基、合成培养基和半合成培养基三类；若以其物理外观来划分，有液体培养基和固体培养基等两类；若以培养基的功能来分，则可分为选择性培养基和鉴别性培养基等多种类型。以下从三个方面进行分类，以期较为系统地阐述相关的培养基知识。

4.2.1 按培养基成分分类

1. 天然培养基

天然培养基（natural medium）是指利用生物的组织、器官及其提取物或制品配成的培养基，这是一类营养成分复杂、丰富又难以说出其确切化学组成的培养基（表 4-1）。例如培养多种细菌所用的蛋白胨牛肉膏培养基，培养酵母菌的麦芽汁培养基等。其优点是配制方便、经济、营养丰富、价格低廉。但是，它的化学成分不太明了而且不太稳定，各成分的含量常随产地、品种、保存加工方法等因素的变化而有所不同。常见的天然培养基成分有：牛肉膏、蛋白胨、酵母膏、麦芽汁、肉浸汁、鱼粉、麸皮、玉米粉、花生饼粉、玉米浆及马铃薯等。这类培养基适合于一般实验室中的菌种培养、发酵工业中生产菌种的培养和某些发酵产物的生产等。在实验室中配制这类培养基时，常用商品形式的天然材料，包括酪蛋白、大豆蛋白、牛肉膏、酵母粉以及它们的酶解或酸解产物（如各种蛋白胨）等。

表 4-1　几种天然培养基原料的营养成分

原　料	营　养　成　分
蛋白胨	有机氮、维生素及碳水化合物
牛肉膏	碳水化合物（糖类、有机酸），有机氮化物（氨基酸、嘌呤、胍类），无机盐和水溶性维生素（主要为 B 族）
酵母膏	大量的氨基酸、嘌呤碱、B 族维生素及微量元素
玉米浆	可溶性蛋白质、多肽、小肽、氨基酸、还原糖及 B 族维生素
糖　蜜	主要含蔗糖及其他糖，还有氨基酸、有机酸，少量的维生素

2. 合成培养基

合成培养基（synthetic medium）是一类按微生物的营养要求设计，并使用成分完全了解的化学药品配制而成的培养基，有时又被称为组合培养基（defined medium）。例如培养 *Streptomyces spp*（链霉菌）的淀粉硝酸盐培养基（高氏一号培养基），培养 *E. coli* 等细菌用的葡萄糖铵盐培养基，培养真菌的蔗糖硝酸盐培养基（察氏培养基）等。合成培养基的优点是成分已知明确、重复性好，缺点是价格较贵、配制麻烦，而且用其培养的微生物生长较慢。因此，合成培养基通常仅适用于微生物营养、代谢、生理、生化、遗传、育种、菌种鉴定或生物测定等对定量要求较高的研究工作中。

3. 半合成培养基

半合成培养基(semi-synthetic media)是一类部分天然材料和部分已知成分的纯化学药品组成的培养基。例如,培养真菌的马铃薯蔗糖培养基和培养异养细菌用的蛋白胨肉汤培养基等。严格意义上说,凡含有未经特殊处理的琼脂的任何合成培养基,因其中含有一些未知的天然成分,所以,也只能将其看作是一种半合成培养基。半合成培养基特点是配制方便,成本较低,微生物生长较好。在发酵工业生产和实验室中应用的大多数培养基都属于半合成培养基。

4.2.2　按培养基外观的物理状态分类

1. 液体培养基

液体培养基(liquid medium)一般是指各营养成分按一定比例配制而成的水溶液或外观上呈液体状态的培养基。其在实验室和生产实践中用途广泛,尤其适用于微生物的大规模的培养。工业上绝大多数发酵工艺都采用液体培养基。实验室中微生物的生理、代谢研究及摇瓶培养也常利用液体培养基。

2. 固体培养基

一类外观呈固体状态的培养基。根据固态的性质又可分为:

(1) 固体培养基

固体培养基(solid medium)一般是指液体培养基中加入适量的凝固剂(gelling agent)后配制而成的固体状态的培养基。例如,在液体培养基中加入 1%～2%琼脂(agar)或 5%～12%明胶(gelatin),就可制成遇热融化、冷却后呈固态的用途最广的固体培养基。此外,固体营养物(如麸皮、米糠、木屑、土豆块、玉米粉)与水和盐等混合构成的疏松状培养基也属于固体培养基,如培养真菌用的由麸皮、米糠、木屑、纤维或稻草粉配制成的培养基;由马铃薯片、胡萝卜条、大米、麦粒、大豆、面包或动、植物组织直接制备的培养基等。固体培养基在科学研究和生产实践中具有很多用途,例如,它可用于杂菌检测、菌种分离、鉴定、菌落计数、育种、菌种保藏、抗生素等生物活性物质的效价测定及获取真菌孢子等研究。在发酵工业中,也常用固体培养基进行固体发酵。

固体培养基中还有一种非可逆性固体培养基,它是指一类一旦凝固后不能再重新融化的固体培养基,如血清培养基或无机硅胶(silica gel)培养基等,后者专门用于化能自养细菌的分离和纯化。

理想的用于固体培养基的凝固剂应具备以下条件:① 不被微生物液化、分解和利用;② 其凝固点温度对微生物无害,在微生物生长的温度范围内能保持固体状态;③ 不会因消毒、灭菌等过程而被破坏;④ 配制方便,价格低,透明性好。

自 1880 年开始用于配制微生物培养基以来,至今琼脂仍是最优良的凝固剂。琼脂由石花菜等红藻加工而成,主要由琼脂糖(agarose)和琼脂胶(agaropectin)两种多糖组成。琼脂性质较为稳定,仅能被极少数微生物所降解,灭菌过程中不会被破坏,并且价格低廉。琼脂在 45℃以下固化,约 100℃才融化,培养基中加 0.2%～0.5%琼脂时就可以获得半固体培养基,加入 1.5%～2.0%琼脂即成固体培养基,加 8%琼脂则成硬固体培养基。

除琼脂以外,明胶、硅胶、海藻酸胶、脱乙酚吉兰糖胶和多聚醇 F127 等也可以用作凝固剂。明胶是由动物的皮、骨、韧带等煮熬而成的一种蛋白质,也是一种凝固剂。它含有多种氨基酸,可被许多微生物作为氮源而利用,若将其作为培养基的凝固剂,不太理想。明胶在 20℃时凝固,28～35℃融化,所以,只能在 20～25℃温度范围内作凝固剂使用。明胶的适用范围很窄,仅可用于一些特殊检验。硅胶(silica gel)是硅酸钠(Na_2SiO_3)和硅酸钾(K_2SiO_3)与盐酸和硫酸中和时凝结成的胶体。因为它完全无机,在研究分离自养菌时适用于培养基的凝固剂。硅胶培养基一旦凝固后,就无法再次融化。

(2) 半固体培养基

半固体培养基(semi-solid media)指在液体培养基中加入少量的凝固剂,如加入 0.2%～0.5%的琼脂,配制成半固体状态的培养基,例如,在液体培养基中加入 0.5%左右的琼脂制成

Note

的"稀琼脂"(sloppy agar),它们在小型容器倒置时不会流出,但在剧烈振荡后会呈破散状态。半固体培养基有许多特殊的用途,如可以在半固体培养基中通过穿刺培养,观察细菌的运动能力,还可以把它用于细菌的趋化性研究、厌氧菌的培养、分离和计数,以及细菌和酵母菌的菌种保藏等,若将其用于双层平板法中,还可测定噬菌体的效价。

(3) 脱水培养基

脱水培养基(dehydrated culture media)是指含有除水以外的一切成分的现代化商品培养基,也可称为预制干燥培养基(pre-fabricated dried culture media)或脱水商品培养基(dehydrated commercial media)。使用时,只要加入适量水分并加以灭菌即可。此种培养基的优点是:含有的组分精确,使用方便。

4.2.3 按培养基的用途分类

1. 基本培养基与完全培养基

基本培养基(minimal medium,MM)是指能满足某种微生物菌种的野生型或原养型菌株最低营养要求的合成培养基。不同微生物的基本培养基的组成不相同,有的极为复杂,如一些酵母菌、乳酸菌或梭菌的基本培养基;有的极为简单,如大肠埃希菌的基本培养基。

若在基本培养基中加入富含维生素、氨基酸、碱基等生长因子的营养物质,如蛋白胨、酵母膏等,就可满足各种营养缺陷型菌株的生长需求,这种培养基就是完全培养基(complete medium, CM);若在基本培养基中只是针对性地加入一种或几种营养成分,以满足某一种相应的营养缺陷型生长,那么,这种培养基就称为补充培养基 (supplement medium,SM)。

2. 选择性培养基

选择性培养基(selected medium)是 19 世纪末由荷兰的 Beijerinck MW 和俄国的 Vinogradsky SN 所发明。而我国人民早在 12 世纪的宋代,就已根据 *Monascus* sp(红曲霉)耐酸、耐高温的特性,采用明矾调节酸度和用酸米抑制杂菌的高温培养法,培养获得了纯度很高的红曲,这实际上是自发应用选择性培养基的先例。此外,我国民间流传至今的泡菜制作工艺,也是利用选择性培养基和选择性培养法的一个实例。

选择性培养基是指根据某种或某类微生物的特殊营养要求,或对其物理、化学条件的抗性而设计的培养基。它具有使混合样中的劣势菌变成优势菌的功能,广泛用于菌种筛选、富集培养等领域。利用这种培养基,可以达到选择性培养的目的,即能把某种或某类微生物从混杂的微生物群体中分离出来。

混合样品中原先数量很少的某种微生物,如果直接用平板划线或稀释法进行分离,往往因为数量少而无法获得。这时,可以通过选择性培养的方法进行。第一种办法是:如果待分离对象对某种营养物有特殊的"嗜好",那么我们就可以在培养基中加入这一营养物,从而把它制备成一种加富性选择培养基(enriched selected media)。采用这种策略后,就可使原先极少量的筛选对象加快生长,很快在数量上接近或超过原试样中其他占优势的微生物,因而达到了有选择性的增殖或富集(enrichment)的目的。例如,甘露醇可富集自生固氮菌,以纤维素为唯一碳源的培养基可用于分离纤维素分解菌;石蜡油可用来富集分解石油的微生物;较浓的糖液可用来富集酵母菌等。第二种办法则是:利用该分离对象对某种抑菌物质所特有的抗性,在选择性的培养基中加入这种抑菌物质。经培养后,可使原试样中对此抑菌剂表现敏感的优势菌的生长大受抑制,而原先处于劣势的分离对象却趁机得以大量增殖,最终在数量上反而占了优势。通过这种办法,同样也可达到富集培养的目的。而这种培养基实际上是一种抑制性选择培养基(inhibited selected media)。如在分离放线菌时,在培养基中加入数滴 10%的苯酚,可以抑制细菌和霉菌的生长;在分离霉菌和酵母菌的培养基中,添加四环素和青霉素等抗生素可以有效地抑制细菌和放线菌的生长;培养基中加入结晶紫后,能选择性地培养革兰阴性菌,因为结晶紫可以抑制革兰阳性菌的生长;7.5% NaCl 可以抑制大多数细菌,但不抑制葡萄球菌,从而可用于选择培养葡萄球菌;德巴利酵母属(*Debaryomyces*)中的许多种酵母菌和酱油中的酵母菌能耐高浓度(18%～20%)的食盐，而一般的酵母菌只能耐受 3%～11%浓度的食盐，因此若在培养基中加入 15%～20%浓度的食盐，就可以制成耐食盐酵母菌的选择性培养基。马丁氏培养基是一种用于分离土壤中真菌的选择性培养基，其配方中含有孟加拉红、链霉素和金霉素等抑菌性试剂，能够抑制细菌的生长，从而达到富集土壤中的真菌的目的。

在实际应用时，所设计的选择性培养基通常都兼有上述两种功能，以充分提高其选择效率。以下列举 4 种常用的选择性培养基，从中可以体会上述原理的实用情况。

1）含糖酵母膏培养基(在厌氧条件下富集乳酸菌用)　葡萄糖 2%，酵母膏 1%，KH_2PO_4 0.1%，$MgSO_4 \cdot 7H_2O$ 0.02%，pH6.5。

2）酵母菌富集培养基　葡萄糖 5%，尿素 0.1%，$(NH_4)_2SO_4$ 0.1%，KH_2PO_4 0.25%，Na_2HPO_4 0.05%，$FeSO_4 \cdot 7H_2O$ 0.01%，$MgSO_4 \cdot 7H_2O$ 0.1%，酵母膏 0.05%，孟加拉红 0.003%，pH4.5。

3）马丁氏培养基(富集土壤真菌用)　葡萄糖 1%，蛋白胨 0.5%，KH_2PO_4 0.1%，$MgSO_4 \cdot 7H_2O$ 0.05%，琼脂 2%，孟加拉红 0.003%，链霉素 30 μg/ml，金霉素 2 μg/ml。

4）Ashby 无氮培养基(富集好氧性自生固氮菌用)　甘露醇 1%，KH_2PO_4 0.02%，$MgSO_4 \cdot 7H_2O$ 0.02%，NaCl 0.02%，$CaSO_4 \cdot 2H_2O$ 0.01%，$CaCO_3$ 0.5%。

3. 鉴别性培养基

在培养基中添加某种或某些化学试剂后，某种微生物生长过程中产生的无色代谢产物会与加入的这些化学物反应，并出现明显的、肉眼可见的特征性变化，从而只须用肉眼辨别颜色，就能方便地从近似菌落中找出目的菌落，使该种微生物与其他微生物区别开来，这种培养基称为鉴别培养基(differential medium)。如明胶培养基可用于鉴别产蛋白酶的微生物，醋酸铅培养基可用于鉴别微生物能否产生 H_2S 等。又如用于检测饮水、乳品中是否含肠道致病菌的 EMB (Eosin Methylene Blue)培养基(伊红-美蓝乳糖培养基)，它在饮用水、牛奶的大肠菌群等细菌学检查和 *E. coli* 的遗传学研究工作中有着重要的用途。其培养基成分是：蛋白胨 10 g、乳糖 10 g、K_2HPO_4 2 g、2%伊红 20 ml、0.325%美蓝 20 ml、蒸馏水 1 000 ml、pH7.2。EMB 培养基中的伊红和美蓝两种苯胺染料可以抑制革兰阳性菌和一些难培养的革兰阴性菌。在低酸度下，这两种染料会结合并形成沉淀，起着产酸指示剂的作用。因此，试样中多种肠道细菌会在 EMB 培养基平板上产生易于用肉眼识别的多种特征性菌落，因而易于辨认。尤其是 *E. coli*，能够强烈分解乳糖而产生大量混合酸，使菌体表面带 H^+，故可染上酸性染料伊红，又因伊红可与美蓝结合，所以使菌落染上紫黑色，并带金属光泽，而且从菌落表面的反射光中还可看到绿色金属闪光(似金龟子色)；而其他几种产酸力弱的肠道菌，如产气杆菌产酸弱，菌落呈棕色；变形杆菌不能发酵乳糖，菌落呈无色、透明状。

需要指出的是，以上关于选择性培养基和鉴别性培养基的划分只是人为的、为理解方便而定的理论标准。在实际应用时，这两种功能常常有机地结合在一起，例如，上述 EMB 培养基除有鉴别不同肠道菌的作用外，同时兼有抑制 G^+ 细菌和促进 G^- 肠道菌生长的作用。因此，不能机械地理解培养基的名称及分类。

4. 测定生理生化特性的培养基

是指鉴定微生物时，为了观察微生物的培养特征或测定其生理生化性质而采用的培养基。此培养基用于研究某种微生物能发酵哪些糖类，同化哪些碳水化合物，分解哪些含氮化合物，在生长或发酵过程中会形成何种代谢产物等。其中，最常见的有：石蕊牛奶培养基、甲基红及V. P试验培养基、糖类发酵培养基、营养肉汁明胶培养基、同化碳源基础培养基、同化氮源基础培养基、测定各种氨基酸或维生素的基础培养基以及测定各种酶类的培养基等。

5. 种子培养基

种子培养基(seed culture medium)是为下一步发酵提供数量较多、强壮而整齐的种子细胞而设计的适合微生物菌体生长的培养基。培养基原料要精，一般要求氮源、维生素丰富。此外，种子培养基营养丰富，还可防止种子阶段出现回复突变株。

Note

6. 发酵培养基

发酵培养基(fermentation medium)是用于生产预定发酵产物的培养基。一般的发酵产物以碳为主要元素,所以,发酵培养基中的碳源含量往往高于种子培养基。若产物的含氮量高,则应适当增加氮源。在大规模生产时,发酵培养基所用的原料应该价廉易得,并应有利于下游产品的分离提取工作。

7. 保藏培养基

保藏培养基(reproducible medium)主要适用于微生物菌种的保藏。对营养缺陷型、结构类似物抗性菌株或抗生素抗性菌株来说,在它们的保藏培养基中可以适当加入特定的对应成分。

4.3 工业微生物培养基的设计和优化

在微生物发酵工业中,为了获得具有市场竞争优势的发酵产品,除了要有优良的微生物菌种以外,还要有优化的培养基配方。确定一个生产用培养基的配方原则首先是根据微生物在其生长繁殖过程中对营养物质的需求,其次是根据目标代谢产物(如酶制剂、抗生素、有机酸和多糖等)的分子结构、生物合成途径和代谢调控机制。一个设计合理的培养基应该能在发酵前期有利于微生物菌体的快速生长,而在发酵中后期有利于目标产物的大量积累,同时在发酵过程中使发酵液的 pH 能够被维持在一定的范围内。

任何优良的培养基都应具备微生物生长所需要的六大营养要素,而且各要素之间的比例应该是合适的。因而,设计和配制培养基,是微生物学实验室及有关生产实践中的基本环节。设计或选用培养基,应该把握好目的明确、营养协调、理化适宜和经济节约等 4 个原则;在实践过程中,还应通过查阅文献、精心设计和试验,来设计和优化出适用的工业微生物的培养基。

4.3.1 设计培养基的四个原则

1. 培养微生物的目标要明确

在设计培养基时要十分明确培养的目的。在设计培养基之前,要明确拟培养何菌?获何产物?是进行一般研究还是作精密的生理、生化或遗传学研究?是用作种子培养还是发酵培养?是生产含氮量低的发酵产物(如乙醇、丁醇、乳酸等)还是生产含氮量高的产物(如氨基酸、酶制剂等)?是要收获菌体,还是要积累菌体代谢产物,是实验室小规模的培养还是大规模的发酵等?只有明确了工作目的,才能运用相应的生物化学和微生物学知识,为提出最佳试验方案打下良好的基础。如用于培养菌体的种子培养基营养成分应丰富,尤其是氮源含量宜高,即碳氮比值低;相反,用于积累大量生产代谢产物的发酵培养基,它的氮源一般应比种子培养基稍低。当然,若发酵产物是含氮化合物时,有时还应该适当提高培养基的氮源含量。而对于大规模发酵生产用的培养基,设计时还应重视培养基中各种成分的来源和价格,应该优先选择来源广泛、价格低廉的培养基。有时,在设计培养基时还应特别考虑到代谢产物是初级代谢产物,还是次级代谢产物。若是次级代谢产物还要考虑是否加入特殊元素(如生产维生素 B_{12} 时应加入 Co 元素等)或特定的前体物质(如生产苄青霉素时,应考虑在培养基中加入苯乙酸)。

2. 培养基中的营养组分要协调

1) 培养基中的营养物质应满足微生物的需要　不同类型的微生物对营养的需求差异很大,所以应根据所培养菌种对各营养要素的不同要求进行调整。如自养型微生物的培养基成分是无机的,而异养型微生物的培养基成分则必须含有有机物。对于主要的四大类微生物(细菌、放线菌、酵母和霉菌),一般可以采用现成配方的培养基,如细菌采用肉汤蛋白胨培养基、放线菌采用高氏 1 号合成培养基、酵母采用麦芽汁培养基、霉菌采用查氏合成培养基等。

2) 培养基中的营养物的浓度及配比应恰当　营养物的浓度太高,会抑制微生物的生长,浓度太低,则不能满足微生物生长的需要。如糖和盐都是较好的营养物质,但是,其浓度太高,则有抑菌作用。

培养基中碳氮源的比例(C/N比)也应恰当。严格意义上说,C/N比应是指在微生物培养基中所含的碳源中的碳原子摩尔数与氮源中的氮原子摩尔数之比。为方便测定和计算,人们常以培养基中还原糖含量与粗蛋白含量的比值来表示。一般培养基的C/N比为100∶(0.5～2)。谷氨酸生产菌的情况比较特殊,当培养基的C/N比为4∶1时,菌体大量繁殖,谷氨酸合成和积累量较少;当C/N为3∶1时,菌体的繁殖受到抑制,而谷氨酸却得到大量积累。一般地讲,真菌需要C/N比较高的培养基,细菌尤其是动物病原菌需C/N比较低的培养基。

在考察培养基组成、设计营养物配比时,还应该考虑避免培养基中各成分之间的相互作用,如蛋白胨、酵母膏中含有磷酸盐时,会与培养基中的钙或镁离子在加热时发生沉淀反应;在高温灭菌的条件下,还原糖也会与蛋白质或氨基酸相互作用产生褐色物质。

3. 培养基的理化条件要适宜

培养基的pH、渗透压、水活度和氧化还原势等物理化学条件应较为适宜微生物的生长、繁殖或是分泌相应的代谢产物。

(1) 培养基的pH

从整体上来看,各大类微生物一般都有它们生长繁殖的最适宜的pH范围。细菌的最适pH一般在7.0～8.0,放线菌pH在7.5～8.5间,酵母菌pH在3.8～6.0间,霉菌pH在4.0～5.8之间。而对于某一种具体的微生物菌种来说,它们都有各自特定的最适pH范围,有时可能会大大突破上述的pH区间。而且,在微生物生长、繁殖的过程中也会产生引起培养基pH改变的代谢产物,如不少微生物有很强的产酸能力。如果在培养的过程中不适当地加以调节,最终就会导致其生长受到抑制甚至于死亡。另外,培养基中的蛋白质或氨基酸经发酵后,会产生氨,从而导致培养基pH升高;培养基的灭菌过程也会引起培养基的pH发生变化(高温处理过程中,培养基中的一些大分子发生分解产生一些有机酸,造成pH下降)。因此,在设计培养基时,就要考虑到培养基的pH调节问题。

一般应该在培养基中加入磷酸缓冲液或$CaCO_3$使培养液的pH保持相对的稳定,这是一种内源性的调节,如在培养基中调节K_2HPO_4和KH_2PO_4两种盐的浓度比,就可以使得培养基的pH在6.0～7.6之间的某一点保持稳定,当两者等摩尔浓度比时,培养基的pH可稳定在6.8。$CaCO_3$在水溶液中溶解度极低,以$CaCO_3$作为调节pH的“备用碱”加入液体或固体培养基中,不会使培养基的pH升高。但是,当微生物生长和发酵的过程中不断产生酸时,$CaCO_3$会与酸反应,并被逐渐溶解,最终以CO_2形式释放到大气中,所以,它具有良好的稳定培养基pH的作用。由于$CaCO_3$不溶于水,在水中会沉淀于底部,故配制培养基时很难使它分布均匀。针对这个问题,有时为方便起见,还可选用$NaHCO_3$来调节培养基的酸碱度。

与内源调节相对应的是外源调节,这是一类按实际需要不断从外界流加酸或碱液,以期动态调整和平衡培养液pH的方法。

(2) 培养基的其他理化指标

培养基的其他理化指标如渗透压、水活度、氧化还原电位等也会影响微生物的培养。其中,渗透压(osmotic pressure)是水溶液中一个可用压力来量度的物化指标,它表示两种不同浓度的溶液间,若被一个半透膜隔开时,稀溶液中的水分子会因水势(water potentiality)的推动而透过半透膜流向另一侧的浓溶液,直至浓溶液所产生的机械压力足以使两边水分子的进出达到平衡为止,这时由浓溶液中的溶质所产生的机械压力,即为它的渗透压值。大多数微生物适合在等渗的环境下生长,与微生物细胞渗透压相等的等渗溶液最适宜微生物的生长。高渗溶液则会使细胞发生质壁分离,有些细菌如金黄色葡萄球菌(*Staphylococcus aureus*)则能在含有3 mol/L NaCl的高渗溶液中生长。能在高盐环境(2.8～6.2 mol/L NaCl)生长的微生物常被称为嗜盐微生物(Halophiles);而低渗溶液则会使细胞吸水膨胀,形成很高的膨压,这对细胞壁脆弱或丧失的各种细胞,例如,原生质体、球状体或支原体来说,则可能是致命的。然而,微生物在其长期进化过程中,也已进化出一套高度适应渗透压的机制,例如,可通过体内糖原、PHB等大分子贮藏物的合成或分解来调节细胞内的渗透压水平。

在配制培养基时，通常不必特意测定以上这些理化指标，因为培养基中各种成分、浓度等指标的优化已间接地确定了培养基的水活度、渗透压和氧化还原电位。

Note

4. 培养基的成本要尽可能地经济节约

在设计工业大生产所用的培养基时，经济节约的原则显得十分重要，因为对于生产企业而言，有时成本因素直接决定了发酵生产的经济效益。在生产实践中，大体可从以下几方面去挖掘这方面的潜力：

1）将价格较为低廉的工农业生产中的废弃物重新利用，作为培养基的原料，如豆制品厂的黄浆水可用于培养 *Geotrichum candidum*（白地霉）；造纸厂的亚硫酸废液（含戊糖）可用于培养酵母菌等。

2）以较为廉价的国产原料来代替进口原料，以降低生产培养基成本。如 1950 年初，由于国内还缺乏乳糖和玉米浆这两种青霉素发酵工业中的主要原料而严重影响生产的发展。当时我国学者经过研究，找到用廉价的棉子饼或花生饼粉代替玉米浆、以白玉米粉代替乳糖等解决方案，有力地推动了国内青霉素发酵工业的快速发展。

3）在所培养的微生物能够利用的前提下，在培养基的碳源配方中，尽可能以纤维素类原料来代替淀粉或糖类原料，以降低生产的成本。

4）尽可能利用野生植物原料或以粗制的培养基原料来代替较纯的培养基原料，例如用粗的木薯粉来代替优质淀粉；用糖蜜取代蔗糖等。

5）尽量利用氨基酸自养微生物的生物合成能力，以廉价的大气氮、铵盐、硝酸盐或尿素等原料来合成有机氮化合物，并替代氨基酸或蛋白质，作为配制培养基的原料。

6）使用优质并规范化生产的培养基原料，特别是有机氮源。用精细有机氮源代替一般的有机氮源，这样，由于发酵培养基能够被最合理地使用和消耗，既节约培养基原料，同时发酵废渣大幅度减少，由此可带来显著的经济效益和社会效益。

7）生产上改良和优化培养基成分时，一般存在着越改进，培养基成分越来越复杂的趋向。故有时应转换策略，尝试一下"减法"，即在不改变微生物生产性能的情况下，有意识地去除培养基中一些可有可无的组分。

4.3.2 设计工业微生物培养基的三道程序

1. 参阅文献

任何科技工作者决不能事事都靠直接经验，要善于查阅、分析和利用文献资料上一切与研究对象直接或间接有关的信息，这些对设计新培养基有着重要的参考价值，因为，前人的研究资料、研究基础有可能使培养基的设计工作达到事半功倍的效果。为此，要时时注意和收集相关的文献资料。

2. 精心设计

在自然条件下，凡有某种微生物大量生长繁殖着的环境，必存在着这一微生物所必要的营养和其他适宜的理化条件。如果直接取用这类自然基质或是模拟这些自然条件，就可以获得一个相对合理的天然培养基，例如，可用肉汤、鱼汁培养细菌，用果汁培养酵母菌，用润湿的麸皮、米糠培养霉菌以及用米饭或面包培养根霉等。

在设计、试验新配方时，常常要对培养基的碳源、氮源、无机盐等多种因子进行反复的优化试验，工作量极大。如果能借助正交试验设计（orthogonal design）、响应面分析（response surface analysis，RSA）、均匀试验设计（uniform design）、遗传算法（genetic algorithm，GA）等行之有效的生物数学实验方法，可以明显提高工作效率。这些方法利用综合实验设计和数学建模，通过局部实验回归拟合因素与结果间的全局函数关系，可以得到较为准确的实验结论，从而有可能用较少的试验次数来获得期望的结果。

（1）正交试验法

微生物培养基中有碳源、氮源，还有无机盐及其他多种组分。在进行培养基的改良和优化时，单因子试验，由于无法测知因素间的相互作用而使其效果较差；全因子设计可以把所有的因子都考虑在内，提供全覆盖面的信息，但成本很高。如分析 11 种培养基因子，每种有 3 个水平，则需要进行 3^{11}（即 177 147 次）实验，才能确定最佳的培养基配方，这在实践中是不可能做到的。

Note

正交试验设计是一种研究多因素试验问题的重要设计方法。它利用一套规格化表格，科学合理地安排试验，使得试验所选择的点既有代表性，又能做到便于分析所得到的试验数据，大大缩短了试验周期，节省人、财、物和时间。如一个包含 4 个因素、3 个水平的试验，完全组合是 3^4，需要 81 个试验，如用正交试验设计，选用 $L_9(3^4)$ 正交表，安排 9 个试验，就能达到同样的效果。采用正交试验设计，通过直观和方差分析，还能指出哪些因素对试验指标属于显著因素，哪些是非显著因素，以及哪些因素间有交互作用及交互作用的大小。

（2）响应面分析法

单因子试验、正交试验设计等仅能比较各因素已选定水平的优劣，无法提供未考察区域的信息，不能进行预报和控制。近年兴起的响应面分析等试验设计方法可以克服上述几种方法的不足，通过合理的实验设计，用最经济的方式，以很少的实验数量和时间对实验对象进行全面的研究。

采用响应面分析法分析时，首先要确定影响某一产物发酵的主要因素。影响发酵的因素包括培养基组分、pH、发酵温度、种龄、接种量、装液量等，需要从中选出几个主要因素。通常可采用 Plackett-Burman（PB）设计法，该法是一种近饱和的二水平试验设计方法，基于不完全平衡块原理，能从众多变量间快速、高效筛选出最为重要的几个因素，进一步加以考察。利用最陡爬坡实验法或部分因子析因试验设计（fractional factorial design，FFD）估计因子的主效及部分交互作用。

然后进行中心组合试验设计（central composite design，CCD）以拟合数据，得到一个描述变量（产量）与自变量（操作条件）关系的二阶经验模型。再用常用的统计软件如 SAS 等对实验数据进行回归分析，用微分计算预测最佳点。为证实预测结果，再进行重复实验，预测值与实验值之间若存在良好拟合性，即证实模型的有效性及存在着最大值点。响应面分析法对培养基优化是非常有效的工具。近年来国内已有若干实验室进行响应面分析法优化发酵培养基及发酵条件，如细菌素、延胡索酸酶、纳豆激酶等的发酵，均取得了较好的结果，上述代谢产物产量均有显著的提高。

此外，均匀设计、遗传算法等其他试验设计的方法在微生物培养基的优化中也得到越来越广泛的应用。研究人员采用均匀设计法对嗜碱性芽孢杆菌 AH－8 碱性纤维素酶的发酵培养基进行优化，得到产酶培养基的优化配方为（%）：淀粉 3.0，胰蛋白胨 1.5，牛肉膏 1.5，葡萄糖 0.3，KH_2PO_4 0.1，初始 pH 10.0。在优化培养基条件下，嗜碱性芽孢杆菌 AH－8 的产酶量比优化前提高了 120%。

3. 试验确定及中试放大

要设计和确定一种优化的工业微生物的培养基，在上述两项工作的基础上，还要经过具体试验和中试放大后才能最终确定。试验的规模一般都遵循由定性到定量、由小到大、由实验室到工厂等逐步扩大的原则。例如，可以先在培养皿营养琼脂平板上测试某种微生物的营养要求，然后再作摇瓶培养（shake culture）或台式发酵罐培养试验，最后进一步放大到生产型发酵罐中进行试验。

4.4　工业微生物培养基的灭菌

工业发酵过程是指利用特定的微生物的代谢活动，在优化好的培养基中大量生产菌体或特定的代谢产物的过程。在这一过程中，必须保证所选用的培养基没有受到其他杂菌的污染，否则，可能产生以下一些不利的后果：

1）杂菌会消耗培养基成分，造成目标产物的得率下降。

2）杂菌菌体大量繁殖及其代谢产生的某些化合物会使得目标产物提取的难度增大。例如，污染杂菌有可能会影响发酵液的过滤，使滤速降低，滤渣含水量增高；也会使溶媒提取时易发生乳化现象。

3）杂菌会产生某些对生产菌有毒害或者能分解预期产物的物质。例如，在抗生素发酵中

某些杂菌会产 β-内酰胺酶，从而分解含 β-内酰胺结构的抗生素。

4）若杂菌的生长速度超过生产菌，就会取而代之；若是噬菌体污染，还会造成发酵菌体细胞的溶解。

Note

当然在生产实践中也有发生轻度染菌后，对生产和产品质量影响不大的情况，但这只是在特定条件下发生的概率极低的情况。所以，工业微生物培养基的灭菌工作在微生物工程产业中往往起到决定性的作用。

对工业微生物培养基的灭菌可以采用各种物理和化学方法，但它们也存在一定的差异。常见的灭菌的方法有湿热灭菌法、过滤灭菌法等。高温灭菌法最常用，其原理是微生物的生物功能完全依赖于蛋白质、核酸等生物大分子，而高温可引起这些活性大分子被氧化或变性失活，从而导致微生物的死亡。当温度超过微生物的最高生长温度，将会引起微生物死亡。不同微生物的最高生长温度不同，不同生长阶段的微生物的抗热性也不一样，因而可以根据不同对象，通过控制热处理的温度和时间达到灭菌的目的。对于不能进行高温处理的物品可以采取过滤除菌等其他方法来达到培养基灭菌的目的。

4.4.1 湿热灭菌法

湿热灭菌时，微生物死亡与其细胞蛋白质等大分子的变性有关。湿热灭菌法（moist heat sterilization）是利用水蒸气的热量将物品灭菌。水蒸气具有穿透能力强，易于传导热量的优点，因此湿热更容易将微生物细胞中蛋白质的氢键打断，使其发生变性凝固。此外，由于蒸汽会在被灭菌的物品表面凝结，并释放出大量的热，这种热能迅速提高被灭菌物品的温度，缩短灭菌所需的时间。总之，湿热灭菌具有经济和快速等特点，广泛地被用于工业微生物培养基和发酵设备等的灭菌。

不同的微生物菌株，所需的湿热灭菌的温度和时间是不一样的。如在温热条件下，多数细菌和真菌的营养体在 60℃左右，5～10 min 即死亡；真菌和酵母菌的孢子稍耐热，80℃以上才会死亡；而嗜热脂肪芽孢杆菌（目前所知最为耐热的微生物）的芽孢在 121℃，需要 12 min 才能杀死。常见的湿热灭菌法有以下几种：

1. 常规加压灭菌法（批式灭菌法）

蒸汽加压灭菌是目前应用最广、最有效的培养基的灭菌手段。因为无法了解所有的待灭菌培养基中微生物的热致死特性，所以，常假设杂菌是嗜热脂肪芽孢杆菌（*Bacillus stearothermophilus*）（一种已知耐热性最强的微生物）的芽孢，并根据是否能够杀死该芽孢来设计灭菌的工艺，以使培养基的灭菌过程有可靠的保障。然而，也应该考虑到这些参数会随着培养基的不同而改变，例如，干燥的嗜热脂肪芽孢杆菌的芽孢悬浮在含水量较低的脂肪和油中比其在其他湿润条件下的耐热性强十倍。

实验室常用高压蒸汽锅灭菌。高压蒸汽灭菌不是靠压力，而是靠蒸汽的高温。其主要过程是煮沸灭菌锅内的水或是通入热的水蒸气，驱尽灭菌锅内的空气，使锅内温度升至 100℃以上。若锅内留有空气，锅内温度将达不到压力表所对应的温度。蒸汽压力与蒸汽温度之间的关系见表 4-2。

表 4-2 蒸汽压力与蒸汽温度之间的关系（引自岑沛霖等，2000）

饱和蒸汽压力/表压		蒸汽温度/℃
兆帕/MPa	磅/英寸^2/(1bf/in^2)	
0.000	0.00	100.0
0.025	3.75	107.0
0.050	7.50	112.0
0.075	11.25	115.5
0.100	15.00	121.0
0.150	22.50	128.0
0.200	30.00	134.5

Note

一般的灭菌工艺是将蒸汽压升至 0.1 MPa(此时的温度是 121℃)，维持 15～30 min 即可。有时待灭菌物品中有糖等易受热变性的化合物，这时，要适当地降低灭菌的压力和时间，尽管这样做会增大染菌的危险性。当然，也可以采用分别灭菌的方法，以避免上述热敏物质的降解或是培养基各组分之间的相互反应。灭菌完毕后应缓慢地放气减压，以免被处理容器内液体突然沸腾，弄湿棉塞或冲出容器。当压力降到零时，才能打开灭菌锅的盖子。高压蒸汽灭菌锅适用于一切微生物实验室、医疗保健单位和工厂菌种室的培养基的灭菌。图 4 - 1 是一种直接利用蒸汽灭菌的全自动蒸汽灭菌器。

图 4 - 1　全自动蒸汽灭菌器

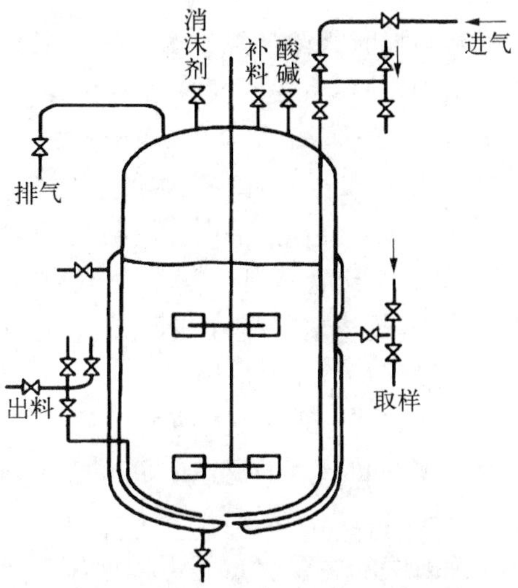

图 4 - 2　发酵罐的管路布置

在发酵工厂中，将培养基和发酵设备放在一起灭菌的过程称为实罐灭菌(实消)。发酵罐体单独的灭菌过程称为空罐灭菌(空消)。实罐灭菌和空罐灭菌都属常规加压灭菌，也可称为批式灭菌。实罐灭菌时，应先将输料管路内的污水排掉，并冲洗干净，然后将配制好的培养基用泵打入种子罐或发酵罐内，同时开动搅拌器。灭菌前先将各排气阀打开，将蒸汽引入夹套或蛇管进行预热，待罐温升至 80～90℃时，将排气阀逐渐关小。接着，将蒸汽从进气口、排料口和取样口直接通入罐中(图 4 - 2)，使罐温上升到 118～120℃，罐压维持在(0.9～1.0)$\times 10^5$ Pa，保温 30 min 左右。各路蒸汽进口的进气要通畅，防止短路逆流。罐内液体翻动要激烈，排气也要通畅，但排气量不宜过大，以节约蒸汽。灭菌将要结束时，立即引入无菌空气，以保持罐压，然后再开夹套或蛇管冷却水冷却，这样可以避免罐压迅速下降而产生负压并抽吸外界空气。在引入无菌空气前，罐内压力必需低于空气过滤器压力，否则，培养基将倒流入过滤器内。灭菌时，总蒸汽压力(总蒸汽压力系指蒸汽总管道压力)要求不低于(3.0～3.5)$\times 10^5$ Pa，使用压力(使用压力系指通入罐中时的蒸汽压力)不低于2×10^5 Pa。实罐灭菌必须避免"死角"，即活蒸汽到达不了或达不到灭菌温度的地方。因为"死角"处只能靠传导的热进行灭菌，如果死角处积垢过多，单靠热传导会造成灭菌不彻底而染菌。

除了灭菌温度和时间外，工业微生物培养基的蒸汽灭菌效果还受到其他一些因素的影响，如培养基的含菌量、pH，容器内残留空气量等。培养基的 pH 为 6.0～8.0 时，微生物不易死亡，pH$<$6.0 时，微生物则易被杀死。此外，培养基的体积也会影响热传导的效果，体积越大，灭菌所需的时间也越长。

实罐灭菌在罐内加热和冷却培养基，需要较长时间，例如一个 50 m^3 的发酵罐，装料 35 m^3，从预热到消后冷却，需要 8 h 左右。这段时间发酵罐不能用于发酵生产，所以相对而言，实罐灭菌的设备利用率比较低。而且，由于实罐灭菌是间歇性操作，蒸汽负荷高峰相对集中，这也将给蒸汽的供应系统带来一定的困难。然而，实罐灭菌的操作比较简单，染菌的机会较少，而且当采用较低的冷却温度和较大的冷却面积时，对培养基的质量影响较小。

Note

要注意到，高温灭菌过程对培养基成分有不同程度的破坏作用。而且，随着发酵罐体积的增大，冗长的升温和降温过程对养分的破坏也将会加剧，这是批式灭菌的工艺随着规模的增大会造成产量下降的原因之一。因而，为了降低高温对培养基成分的破坏，在设计批式灭菌的工序时，应该将升温和降温过程也考虑进去。较好的一种解决方法是采用连续灭菌法。

2. 连续灭菌法

培养基连续经过流动式灭菌器灭菌后再进入发酵罐的过程称为连续灭菌(continous sterilization)(连消)。

采用高温瞬时灭菌显然更有利于达到灭菌的目的，而且大大降低了对培养基成分的破坏。有人曾经做过试验，将芽孢和维生素在高压下加热，当温度为118℃，加热时间为15 min时，可以杀死99.99%芽孢，维生素的破坏率为10%；而当加热温度达到128℃，时间1.5 min时，芽孢同样可被杀死99.99%，而维生素的破坏率却下降为5%。所以，对培养基进行灭菌的理想手段是将培养基瞬间升温，然后迅速降温至发酵温度。但实际操作中将一大罐原料迅速加热到高温，持续片刻后又迅速冷却显然是办不到的。能实现短时高温灭菌效果的唯一可行方法是流动式连续灭菌，就是将培养基在发酵罐外按需要连续不断地加热、保温和冷却，然后送入发酵罐内。其操作过程一般是：采用135～140℃、5～15 s短暂的加热过程，然后需要在维持罐内继续保温5～8 min，以达到彻底灭菌的目的。连续加压灭菌既达到了灭菌的目的，又减少了营养物质的损失；与此同时，总的灭菌时间减少了，提高了发酵罐的利用率。此工艺操作过程的劳动强度较低，适合于自动化操作。

连续灭菌法的主要优点是可以使用一个较高的灭菌温度和较短的恒温时间，所以养分损失较少。连续灭菌过程中培养基是一点点加入的，所以相对于批式灭菌系统，其升温和降温所需的时间也较短。但是，批式灭菌与连续灭菌法相比，仍有它的优势：① 批式灭菌法所需的设备投资较少，更易于人工控制。而连续灭菌则需要较高的控制精度，需要较为成熟的计算机控制系统；② 批式灭菌法受污染的风险小，因为连续灭菌时必须不断地将无菌发酵液通过无菌操作输送到发酵罐中，这增加了培养基被污染的危险；③ 批式灭菌法便于对固体成分含量较高的培养基进行灭菌。因此，迄今为止，批式灭菌法仍被大多数发酵企业所采用。

发酵过程中需要添加各种各样的添加剂(如补料、酸碱度调节等过程)，对添加剂灭菌的方法应该根据其性质、体积和进料速度而定。一般采取将蒸汽通入补料的储罐进行批式灭菌，如糖水罐灭菌的压力1×10^5 Pa，时间30 min左右。灭菌时，糖水要翻腾良好，但温度不宜过高，否则将使糖分大量破坏。油(消泡剂)罐灭菌时压力(1.5～1.8) $\times10^5$ Pa，时间60 min。如果添加剂是以大剂量进料，那就必须采用连续灭菌法。而且，不论采用哪种灭菌法，都需对进料的辅助设备和管路进行灭菌，一般都应灭菌保温60 min。

虽然高温是有效的灭菌手段，但它也对培养基带来一些不利的影响。高温灭菌过程对培养基的破坏的主要情况是：造成培养基成分相互作用及热稳定性差的化学成分的破坏，这在降低培养基质量的同时，还会引起培养基变色(变色反应一般是由来自还原糖的羰基与氨基酸和蛋白质中的氨基反应而引起的)和沉淀(在加热情况下，培养基中Ca^{2+}、Fe^{3+}等成分易与磷酸盐发生沉淀反应)。灭菌时的高温会使培养基中含有的某些维生素、氨基酸、蛋白质和糖等遭到破坏，例如，10%的葡萄糖溶液经121℃灭菌15 min后，会被破坏24%。

在某些情况下，可采取过滤除菌等替代方法。但是对于大多数发酵过程而言，以上问题都可以通过选择合适的灭菌工艺来加以解决：

1) 对培养基中含有的糖类等不耐高温的成分，可将其与培养基其他成分分开灭菌，冷却后再混合。将培养基中Ca^{2+}、Fe^{3+}成分与磷酸盐分别灭菌，以避免发生沉淀反应。

2) 葡萄糖经过112℃(0.75×10^5 Pa)灭菌15 min，只会破坏0.60%，所以，对这些成分的灭菌可通过降低灭菌温度或是缩短灭菌时间的方法进行，尽可能减少损失。

3) 采用连续灭菌的方法。连续灭菌可以缩短灭菌的时间，减少培养基中营养成分的损失。

Note

3. 巴斯德消毒法

巴斯德消毒法(Pasteurization)是19世纪60年代，由巴斯德发展起来的。该法主要应用于牛奶、啤酒、果酒和酱油等不能长时间高温灭菌的液体食品。此法可以杀死无芽孢的病原菌，如牛奶中的结核杆菌和沙门氏杆菌，同时，又可以保持食品的风味。

巴斯德消毒法的一般操作是将待消毒的液体食品置于60～85℃下处理15 s至30 min，然后迅速冷却。近年来，由于设备的改良，尤其是采用流动连续操作系统后，巴斯德消毒法逐渐演化成一种采用更高温度、更短时间的灭菌方法，即超高温巴斯德灭菌法(Ultrapasteurization)，让牛奶等液体食品停留在140℃左右(137℃或143℃)的温度下保持3～4 s，急剧冷却至75℃，然后经均质化后冷却至20℃。该法能够达到灭菌的目的，而且处理后的牛奶等饮料的存放时间可长达6个月之久。

4. 间歇灭菌法

间歇灭菌法或称丁达尔灭菌法(Tyndallization)，是在80～100℃蒸煮培养基15～60 min，再搁置室温(28～37℃)下过夜，并重复以上过程三遍以上。其中的蒸煮过程可以杀死微生物的营养体，但不能杀死微生物芽孢，但是室温过夜程序促使残留的芽孢萌发形成营养体，再经蒸煮过程可杀死新的营养体；循环三次以上足以保证彻底杀死包括芽孢在内的微生物。这种方法可以在较低的温度下，达到彻底灭菌的目的，对设备的要求较低，适用于不耐高温的物品，包括培养基的灭菌，其缺点是耗时太长。

4.4.2　过滤除菌法

对于含有酶、血清、维生素和氨基酸等容易热失活物质的培养基，无法采用高温灭菌法，但可以通过过滤手段除去菌体。

过滤介质有醋酸纤维素、硝酸纤维素、聚醚砜、尼龙、聚丙烯腈等膜材料，也有石棉板、烧结陶瓷和烧结金属等深层过滤材料。过滤器主要有两类：一类是绝对过滤器(absolute filter)，过滤介质呈膜状，其滤孔比要除去的颗粒的直径小，理论上可以完全除去微生物，绝对过滤器去除颗粒的主要机制是拦截作用(interception)，可以通过控制孔的大小来保证除去一定大小范围的颗粒。绝对过滤器的主要缺点是流动阻力会造成巨大的压力降，通过采用带许多皱褶的薄膜可以增大其表面积，从而有效地减小压力降；另一类是深层过滤器(depth filter)，其空隙的直径比要除去的颗粒的直径大，它们由毡毛、棉花、石棉和玻璃纤维等组成。深层过滤器主要工作机制是通过惯性碰撞、扩散和吸附等作用除菌，而非拦截作用，从理论上讲，它不可能绝对去除所有的颗粒。深层过滤介质可分为两类：一类如棉花纤维、玻璃纤维、合成纤维和颗粒状活性炭等，它们要填充在一定的容器中定形；另一类已制成板或管状，如石棉板和烧结材料等，这些材料的除菌效率比前者高。

实验室常用滤器的孔径是0.45 μm和0.22 μm，可以拦截细菌、放线菌、酵母和霉菌等污染微生物的通过。常用的过滤器一般无法去除病毒，如果有必要，可使用孔径0.04 μm的过滤器去除病毒。实验室中常用的膜过滤装置，如图4-3。

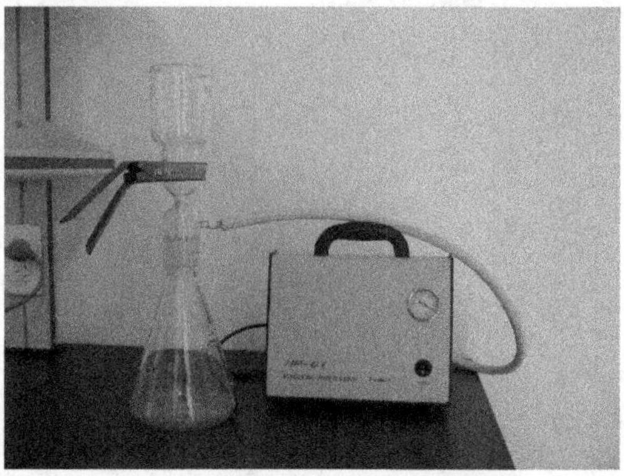

图4-3　实验室用过滤除菌装置

4.4.3　微波灭菌法

微波(microwave)是指频率在300～30 000 MHz的电磁波，它介于普通的无线电波与红外辐射之间。微波的杀菌作用主要是微波的热效应造成的。微生物在微波电磁场的作用下，吸收微波的能量，产生热效应，同时微波造成的分子加速运动使细胞内部受到损害，从而导致微生物死亡。微波灭菌法的特点是加热均匀，热能利用率高，穿透能力强，加热时间短。可以利用微波进行培养基灭菌和酒类的消毒等。缺点是利用此法进行灭菌，一次能处理的培养基的量太少。

Note

复习思考题

1. 对于大多数微生物的培养与发酵而言，要考虑向其培养基中添加的成分主要有哪几类？为什么？
2. 固体培养基与液体培养基各有何用途？分别选用固体、液体培养基来发酵生产某一种胞外酶（如脂肪酶、蛋白酶等），试述有何异同？
3. 如何根据设计培养基的原则来优化和确定一个灰黄霉素产生菌的最佳发酵培养基？
4. 在实验室研究的实践中如何避免高温灭菌对培养基中营养成分的破坏？

第5章 微生物发酵过程原理

知识框架图

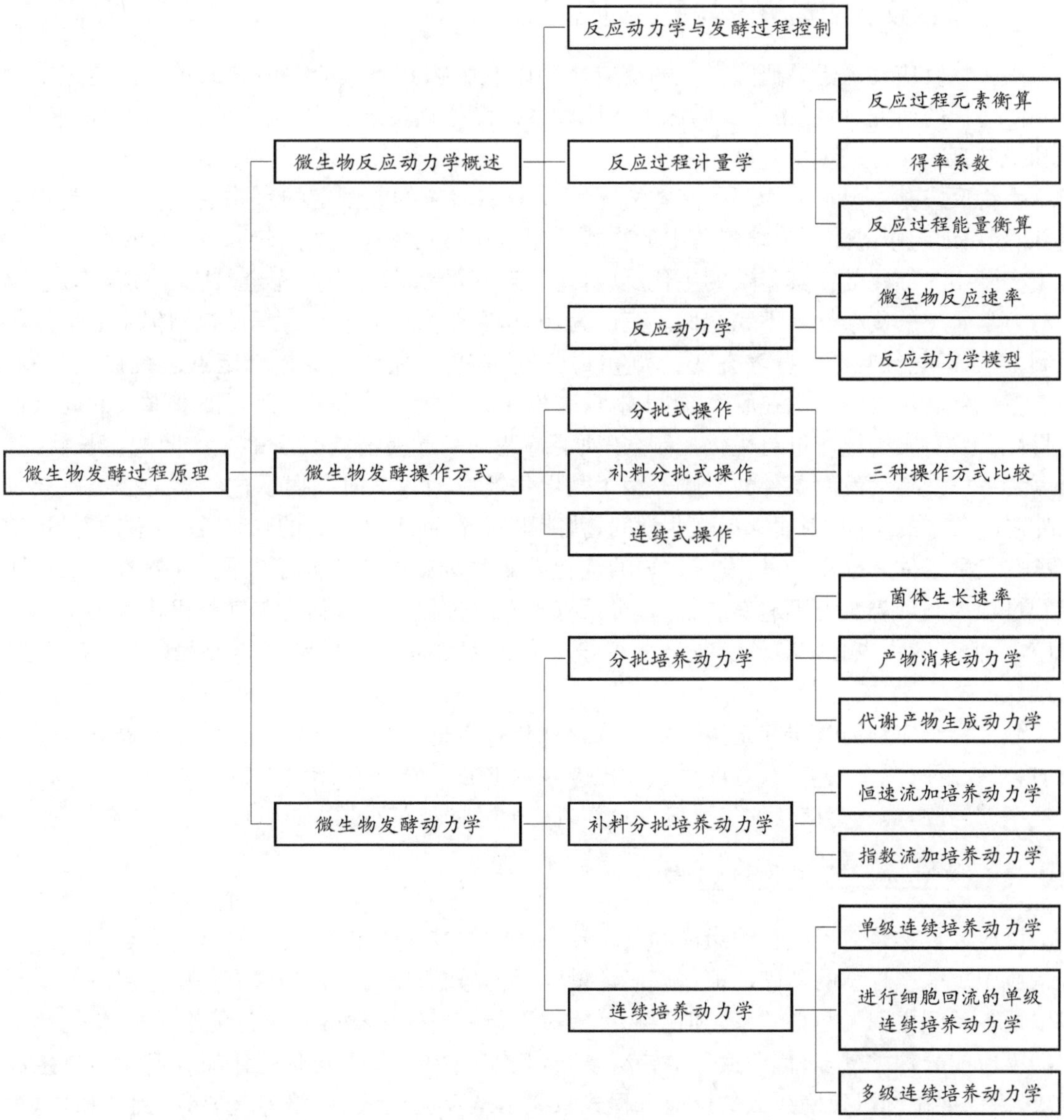

内容提要

Note

主要介绍了微生物反应动力学概念，比较了分批式操作、补料分批式操作和连续式操作等三种操作方式，在此基础上分析了分批培养、补料分批培养和连续培养等动力学方程，为读者深入认识和掌握微生物反应过程以及模拟、优化和控制工业发酵过程奠定理论基础。

微生物发酵生产水平不仅取决于所用菌种生产能力的高低，而且依靠发酵工艺条件和发酵罐的操作性能的改进。对于某一给定菌株，只有建立合适的发酵工艺过程，才可充分发挥所用菌株的生产能力，最终提高发酵水平。例如青霉素发酵，人们通过菌种的选育、发酵工艺过程的改进(如利用葡萄糖/蔗糖代替乳糖作为碳源，采用补料分批发酵替代分批发酵等)，使当今青霉素生产水平超过 50 g/L，比原先提高了 4 000 倍以上。微生物发酵过程的本质是化学反应，伴随着菌体的生长，营养物质浓度和代谢产物浓度相应发生变化，这些变化间存在一定的关系和规律。因此，从物料平衡、能量平衡和反应动力学的角度研究和认识微生物发酵过程的特点和规律，成为微生物发酵过程优化的重要手段。

5.1 微生物反应动力学概述

5.1.1 微生物反应动力学与发酵过程控制

微生物反应动力学是研究微生物反应速率以及影响其反应速率因素的科学。通过微生物反应动力学的研究，可以帮助我们深入认识和掌握微生物反应过程，为工业发酵过程的模拟、优化和控制打下良好的理论基础。

生物反应基本上可分为两种基本情况：一是酶(游离的或固定的)催化反应；另一是细胞培养，即利用细胞中的酶系将培养基中的物料转化为新细胞及其代谢产物。由于微生物反应过程是由多酶系统催化的极其复杂的生化反应，迄今对它的认识还很不完全，这就决定了微生物反应动力学研究的复杂性和不完全性。正因为如此，迄今人们对发酵过程的控制仍主要采用传统控制方法，即凭经验对一些静态变量如 pH、溶氧、残余基质浓度等按设定点进行孤立控制，未系统考虑各变量之间的内在联系，也未能反映发酵过程的动态特性，因而带来很大的局限性和盲目性。要对发酵过程进行优化控制，必须了解达到高产所需要具备的生产菌的生长状态、基质需要率以及各种发酵条件的影响。由于微生物反应动力学研究揭示这些动态变量以及发酵条件之间关系的学问，因而掌握这些学问，就能更系统(而不是孤立的)、有效(而不是盲目)地驾驭这些发酵条件和动态变量，发酵过程的优化控制问题就迎刃而解了。同时，随着在线检测技术和过程控制计算机的迅速发展，计算机系统对发酵过程的参数估计与动态优化控制得到更多的应用，但其应用也必须以能够描述各变量变化速率之间关系的动力学方程(即数学模型)为基础。

微生物反应动力学研究是实现发酵过程优化控制的基础。对微生物反应过程进行量化分析时，必须解决两个基本问题，即反应过程中涉及的各种物料和能量的数量比例关系及反应过程速率的问题，前一个涉及的是反应计量学，后一个则是反应过程动力学。

5.1.2 微生物反应过程计量学

反应计量学是对反应物的组成和反应转化程度的数量化研究，它与反应热力学和动力学一起构成了反应工程学的基础。根据反应计量学，可以知道反应过程中各有关反应组成的变化规律以及各反应之间的数量关系。但生物反应过程与一般的化学反应存在显著不同，生物反应参与的反应成分种类繁多，代谢途径的错综复杂，且在生物生长的同时还伴随着代谢产物生成的反应，因此要用标以正确系数的反应方程式来表示从反应成分(即培养基成分)到产物(也含有新生成的菌体)的转化反应是很困难的。一般的化学反应是可以用摩尔-摩尔对应关系来正确表示计量学关系,而生物反应过程则不行,这需要采用另外一些方法加以简化处理。

Note

如果将生物反应看成为生成多种产物的复合反应,那么从概念上讲一般可写成如下形式:

$$碳源+氮源+O_2=菌体+有机产物+CO_2+H_2O$$

当然,此式不是计量关系式。为了表示出生物反应过程中各物质和各组分之间的数量关系,最常用的方法是对各元素进行原子衡算。

1. 微生物反应过程元素衡算

对各元素进行原子衡算,首先要确定细胞的元素组成和其分子式。为了简化,一般将细胞的分子式定义为 $CH_xO_yN_z$,而忽略其他微量元素 P、S 和灰分等。不同的细胞,其组成当然是不同的。即使是同一种细胞,由于其处在不同生长阶段,其组成也是有差别的。为此常需要确定一平均细胞组成。表 5－1 表示各种不同微生物细胞的元素组成情况。从该表可以看出,生长速率的变化对同一种细胞元素组成虽然有影响,但要比不同种细胞间对元素组成的影响要小。同时还可以看出,对同一种微生物细胞,当限制培养基发生变化时,细胞元素组成亦在变化。

表 5－1　一些微生物细胞的元素组成和经验分子式(引自贾士儒,2008)

微生物	限制性底物	比生长速率/(μ/h^{-1})	C(质量)/%	H(质量)/%	N(质量)/%	O(质量)/%	经验分子式	相对分子质量(据经验分子式)
细菌			53.0	7.3	12.0	19.0	$CH_{1.66}O_{0.20}N_{0.27}$	20.7
细菌			47.1	7.8	13.7	31.3	$CH_2O_{0.25}N_{0.5}$	25.5
产气菌			48.7	7.3	13.9	21.1	$CH_{1.78}O_{0.24}N_{0.33}$	22.5
产气菌	甘油	0.1	50.6	7.3	13.0	29.0	$CH_{1.74}O_{0.22}N_{0.43}$	23.7
产气菌	甘油	0.85	50.1	7.3	14.0	28.7	$CH_{1.73}O_{0.24}N_{0.43}$	24.0
酿酒酵母			47.0	6.5	7.5	31.0	$CH_{1.66}O_{0.13}N_{0.40}$	23.5
酿酒酵母			50.3	7.4	8.8	33.5	$CH_{1.75}O_{0.15}N_{0.50}$	23.9
假丝酵母	葡萄糖	0.08	50.0	7.6	11.1	31.3	$CH_{1.826}O_{0.19}N_{0.47}$	24.0
假丝酵母	葡萄糖	0.45	46.9	7.2	10.9	35.0	$CH_{1.84}O_{0.20}N_{0.56}$	25.6
假丝酵母	乙醇	0.06	50.3	7.7	11.0	30.8	$CH_{1.82}O_{0.19}N_{0.46}$	23.9
假丝酵母	乙醇	0.43	47.2	7.3	11.0	34.6	$CH_{1.84}O_{0.20}N_{0.55}$	25.5

典型的细胞组成可以表示为 $CH_{1.8}O_{0.2}N_{0.5}$。因此,对于 1 mol 细胞定义为 1 mol 碳所含有的量。如果碳源由 C、H、O 组成,氮源为 NH_3,微生物细胞的分子式定义为 $CH_xO_yN_z$,忽略其他微量元素 P、S 和灰分等,此时用碳的定量关系式表示生物反应的计量关系是可行的。

$$CH_mO_n + aO_2 + bNH_3 \rightarrow cCH_xO_yN_z + dCH_uO_vN_w + eH_2O + fCO_2 \quad (5-1)$$

式中,CH_mO_n——碳源的元素组成;

$CH_xO_yN_z$——细胞的元素组成;

$CH_uO_vN_w$——产物的元素组成。

式中下标 m、n、u、v、w、x、y、z 是指与一个碳原子相对应的氢、氧、氮的原子数。

对各元素做元素平衡,得到如下方程:

$$\begin{aligned}
&C: && 1 = c + d + f \\
&H: && m + 3b = xc + ud + 2e \\
&O: && n + 2a = yc + vd + e + 2f \\
&N: && b = zc + wd
\end{aligned} \quad (5-2)$$

Note

上述方程组中有 a、b、c、d、e 和 f 等 6 个未知数，需 6 个方程才能有解。因此需要想办法增加方程式以求解上述未知数。如可利用呼吸商的定义式作为第 5 个方程，即：

$$RQ = \frac{CO_2\ \text{产生速率}}{O_2\ \text{消耗速率}} = \frac{f}{a} \tag{5-3}$$

例题：酵母进行好氧培养，采用乙醇为基质，符合如下反应方程：

$$C_2H_5OH + aO_2 + bNH_3 \rightarrow c(CH_{1.66}N_{0.13}O_{0.49}) + eH_2O + fCO_2$$

且呼吸商 $RQ = 0.5$，求各系数。

解：根据元素平衡

C：$2 = c + f$

H：$6 + 3b = 1.66c + 2e$

O：$1 + 2a = 0.49c + e + 2f$

N：$b = 0.13c$

已知呼吸商 $RQ = 0.5$，则

$f = 0.5a$

将以上 5 式联立求解，得

$a = 1.84$

$b = 0.14$

$c = 1.10$

$e = 2.30$

$f = 0.92$

2. 得率系数

由于细胞反应过程是一个复杂的反应网络，要建立严格的元素衡算方程十分困难，只能借助于处理复杂化学反应的数学方法。于是人们在生物反应量化中采用了一种简单的方法，提出了得率系数的概念。得率系数还可用于对碳源等物质生成细胞或其他产物的潜力进行定量评价。最常用的得率系数有以下几种。

(1) 基于底物消耗的细胞得率 $Y_{X/S}$

在一定培养条件下，若细胞浓度变化为 ΔX，相应的营养物质浓度变化为 ΔS，则基于底物消耗的细胞得率 $Y_{X/S}$ 为：

$$Y_{X/S} = \frac{\text{生成细胞的质量}}{\text{消耗底物的质量}} = -\frac{\Delta X}{\Delta S} \tag{5-4}$$

与 $Y_{X/S}$ 相似的还有基于氧消耗的细胞得率 $Y_{X/O}$ 和基于底物消耗的产物得率 $Y_{P/S}$，其定义式分别为：

$$Y_{X/O} = \frac{\text{生成细胞的质量}}{\text{消耗氧的质量}} = -\frac{\Delta X}{\Delta O_2} \tag{5-5}$$

$$Y_{P/S} = \frac{\text{生成代谢产物的质量}}{\text{消耗底物的质量}} = -\frac{\Delta P}{\Delta S} \tag{5-6}$$

(2) 基于碳消耗的细胞得率 Y_C

当底物作为碳源时，无论是好氧培养还是厌氧培养，碳源的一部分被同化为细胞，其余部分

被异化分解为 CO_2 和代谢产物。为了表示碳同化为细胞过程的转化效率，采用碳元素相关的细胞得率 Y_C 表示：

Note

$$Y_C = \frac{\text{细胞生产量} \times \text{细胞含碳量}}{\text{底物消耗量} \times \text{底物含碳量}} = Y_{X/S}\frac{X_C}{S_C} \tag{5-7}$$

式中，X_C 和 S_C——单位质量细胞和单位质量底物中所含碳元素的量，%。

由于 Y_C 仅考虑底物和细胞的共同项——碳，可以认为它比 $Y_{X/S}$ 更合理。Y_C 一定小于 1，一般在 0.4～0.9 之间。

(3) 基于能量消耗的细胞得率

评价不同底物的菌体得率，还可采用底物异化过程中向环境所释放的能量或微生物在该过程中消耗的能量为基准，即基于能量消耗的细胞得率。基于能量消耗的细胞得率包括基于有效电子数的细胞得率（Y_{ave^-}）、基于总有效能的细胞得率（Y_{KJ}）和基于 ATP 生成的细胞得率（Y_{ATP}）。

基于有效电子数的细胞得率（Y_{ave^-}）是指底物完全氧化失去每 1 mol 有效电子时的细胞生成量。因此 Y_{ave^-} 可表示如下。

$$Y_{ave^-} = \frac{\Delta X}{\Delta ave^-} = \frac{Y_{X/S}}{Y_{ave^-/S}} \tag{5-8}$$

式中，$Y_{ave^-/S}$——底物的有效电子数，即底物完全燃烧所转移的有效电子数。

由于好气培养时碳源异化代谢的能量主要是通过氧化磷酸化得到的，每消耗 1 mol 氧需传递 4 mol 电子，因此 $Y_{ave^-/S}$ 等于底物完全燃烧所需氧量的 4 倍。1 mol 葡萄糖完全氧化需要消耗 6 mol 氧，因此 $Y_{ave^-/S} = 1 \times 6 \times 4 = 24$(mol 电子)。

基于总有效能的细胞得率（Y_{KJ}）可定义为：

$$Y_{KJ} = \frac{\Delta X}{\Delta E} = \frac{\Delta X}{E_a + E_b} \tag{5-9}$$

式中，ΔE——消耗的总能量，包括同化过程即细胞所保持的能量 E_a 和分解代谢能量 E_b。

由于生物反应过程中分解释放的自由能形成 ATP 形式才能被利用，因此提出以异化代谢中产生的 ATP 为基准的菌体得率 Y_{ATP}。

$$Y_{ATP} = \frac{\Delta X}{\Delta ATP} = \frac{Y_{X/S}M_S}{Y_{ATP/S}} \tag{5-10}$$

式中，$Y_{ATP/S}$——相对于基质的 ATP 生成得率（以 ATP/基质计），mol/mol；

M_S——基质的分子质量。

3. 微生物反应过程能量衡算

能量存在于物质之中，物质代谢过程即是能量代谢过程。在微生物反应过程中，消耗的基质中的能量一部分通过合成代谢转移到细胞和产物中储存起来，其余通过分解代谢转化为热能（发酵热）释放出来（图 5-1）。

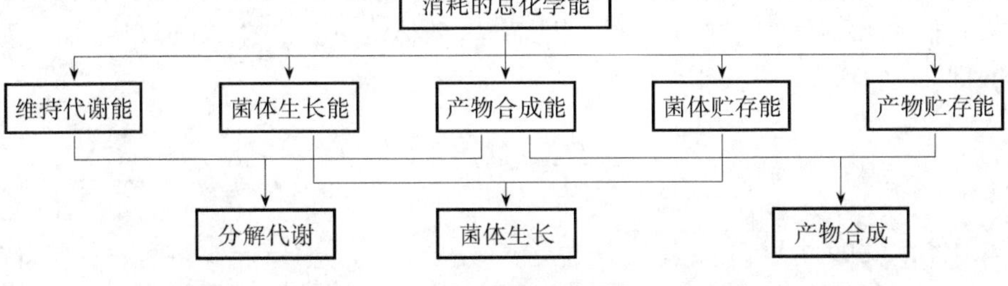

图 5-1　微生物反应过程的能量代谢（引自熊宗贵，2003）

Note

化合物标准的燃烧热可代表其所包含的化学能。如果微生物发酵过程中各种物质的变化量(基质的消耗量、菌体的生长量和产物的生产量)都能够进行测量,那么就可以利用标准燃烧热的数据计算出理论发酵热(分解代谢热)。计算式如下:

$$-\Delta H_C = \sum_{i=1}^{m}(-\Delta H_{S_i})(-\Delta S_i) - \sum_{j=1}^{n}(-\Delta H_{P_j})(\Delta P_j) - (-\Delta H_a)(\Delta X) \quad (5-11)$$

式中,ΔH_C——发酵过程释放的分解代谢热,kJ;

ΔH_{S_i}——第 i 项基质的标准燃烧热,kJ/mol;

ΔS_i——第 i 项基质的消耗量,mol;

m——基质的总项数;

ΔH_{P_j}——第 j 项产物的标准燃烧热,kJ/mol;

ΔP_j——第 j 项产物的生成量,mol;

n——产物的总项数;

ΔH_a——干菌体的标准燃烧热,kJ/g,往往因菌体不同而不同,一般取值为−22.15 kJ/g。

应用化合物的标准燃烧热数据可进行生物反应过程的能量衡算。将(5-11)式各项对发酵时间微分并移项得

$$\sum_{i=1}^{m}(-\Delta H_{S_i})\left(-\frac{\mathrm{d}S_i}{\mathrm{d}t}\right) = (-\Delta H_a)\left(\frac{\mathrm{d}X}{\mathrm{d}t}\right) + \sum_{j=1}^{n}(-\Delta H_{P_j})\left(\frac{\mathrm{d}P_j}{\mathrm{d}t}\right) + \frac{\mathrm{d}H_C}{\mathrm{d}t} \quad (5-12)$$

式(5-12)是发酵过程能量衡算式:等式左边为总化学能消耗率;右边第一项是菌体化学能转移率,第二项是产物化学能转移率,第三项是分解代谢能(发酵热)释放率。

5.1.3 微生物反应动力学

1. 微生物反应速率

微生物反应过程,涉及细胞生长、底物的消耗和产物生成的变化情况,要描述这些变化,可采用绝对速率和比速率两种方式。

(1) 绝对速率(简称速率)

表示为单位时间、单位反应体积某一组分的变化量。

细胞生长速率:
$$\nu_x = \frac{\mathrm{d}X}{\mathrm{d}t} \quad (5-13)$$

式中,X——菌体浓度(g/L),常用单位体积培养液中所含细胞(或称菌体)的干重来表示。

底物和氧的消耗速率为:
$$\nu_s = -\frac{\mathrm{d}S}{\mathrm{d}t} \text{ 和 } \nu_{O_2} = -\frac{\mathrm{d}O_2}{\mathrm{d}t} \quad (5-14)$$

产物、CO_2 的生成速率为:
$$\nu_p = \frac{\mathrm{d}P}{\mathrm{d}t} \text{ 和 } \nu_{CO_2} = \frac{\mathrm{d}CO_2}{\mathrm{d}t} \quad (5-15)$$

(2) 比速率

该速率是以单位浓度细胞(或单位质量)为基准而表示的各个组分变化的速率。

发酵过程中菌体浓度、各种底物和产物浓度关于时间变化率反映了生长、营养利用和产物形成的速率,它们都和菌体浓度有关。就生长而言,菌体浓度的变化率[g/(L·h)]是与菌体浓度成正比的,即:

$$\frac{\mathrm{d}X}{\mathrm{d}t} = \mu X \quad (5-16)$$

式中,X——菌体浓度(g/L);

μ——比生长速率(h^{-1})。

比生长速率相当于一级反应的速率常数，比菌体浓度变化速率更本质地反映了生长地快慢。根据式(5－17)所示关系，可以写出比生长速率的定义式：

$$\mu = \frac{1}{X}\frac{\mathrm{d}X}{\mathrm{d}t} \tag{5-17}$$

类似地可以写出底物的比消耗速率[g/(g・h)或 mol/(g・h)]：

$$q_S = -\frac{1}{X}\frac{\mathrm{d}S}{\mathrm{d}t} \tag{5-18}$$

氧的比消耗速率(或呼吸强度)：

$$q_{O_2} = -\frac{1}{X}\frac{\mathrm{d}O_2}{\mathrm{d}t} \tag{5-19}$$

产物的比生产速率：

$$q_P = \frac{1}{X}\frac{\mathrm{d}P}{\mathrm{d}t} \tag{5-20}$$

二氧化碳的比生产速率：

$$q_{CO_2} = \frac{1}{X}\frac{\mathrm{d}CO_2}{\mathrm{d}t} \tag{5-21}$$

式中，S、O_2、P、CO_2 分别表示底物浓度、溶氧浓度、产物浓度、二氧化碳浓度。

研究发酵过程中各种比速率的变化规律，对于了解发酵动力学特性和进行发酵过程的优化十分重要。根据式(5－18)和式(5－19)以及前面给出的细胞得率($Y_{X/S}$)的定义，很容易推导出各种比速率与比生长速率之间的关系，如：

$$q_S = \frac{\mu}{Y_{X/S}} \tag{5-22}$$

$$q_{O_2} = \frac{\mu}{Y_{X/O}} \tag{5-23}$$

这些关系在有关的比速率或得率的计算中是十分方便的。

2. 微生物反应动力学模型

数学模型能够帮助人们加深对生物过程的认识。在对发酵过程的研究中，研究人员很早就关注菌体的生长、底物的消耗和产物的生成速率的定量规律。微生物代谢非常复杂，但从应用的角度考虑，定量地了解细胞生长和代谢行为的规律性又是非常重要的。为了定量了解细胞生长和代谢速率随环境因素和时间的变化规律，就必须剔除一些次要的因素，对生物反应体系进行适当的简化，以便建立反映关键环境因素与细胞行为之间联系的数学模型，从而为过程设计、优化及放大提供合适的动力学模型，这就是微生物反应动力学的研究目的。

根据对生物反应体系的简化方式和程度的不同，微生物反应动力学模型可分为 4 种，即确定论非结构模型、确定论结构模型、概率论非结构模型以及概率论结构模型(图 5－2)。其中概率论结构模型为群体细胞的实际情况，但由于求解和分析中是最复杂的，应用非常困难。而确定论非结构模型是最为简化的情况，通常也称为均衡生长模型。由于此模型既不考虑细胞内各组分，又不考虑细胞间的差异，因此可以把细胞看作是一种“溶质”，从而简化了细胞内外的传递过程分析，也简化了过程的数学模型。对于很多微生物反应过程分析，特别是对反应过程的控制，均衡生长模型在一定程度上是可以满足要求的。因此本章后面介绍的动力学模型均属于此类。

Note

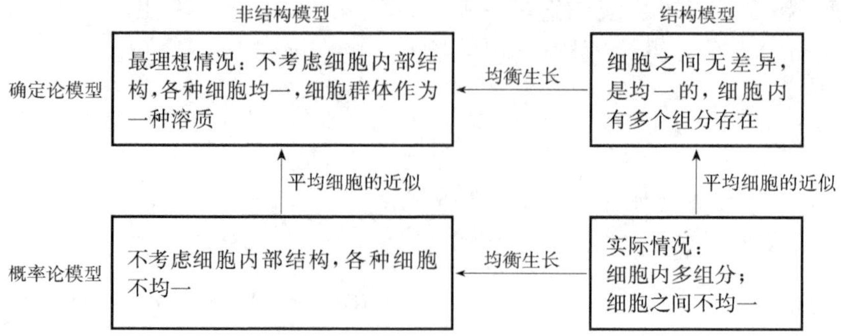

图 5-2　动力学模型及其相互关系(引自戚以政等，2004)

5.2　微生物发酵操作方式

微生物发酵的操作方式有很多种。根据发酵过程中是否需要通气可分为好氧发酵和厌氧发酵；根据所用培养基的状态，可分为液体发酵和固体发酵。其中液体发酵根据微生物的聚集状态，又可分为深层培养(浸没培养)、表面培养和附着培养。如果微生物在液体培养基表面聚集并形成一层菌膜，称为表面培养(图 5-3b)；如果微生物附着在反应器的固体表面生长，称为附着培养(图 5-3c)。微生物悬浮于培养液中的培养体系称为深层培养(图 5-3a)。由于深层培养中微生物悬浮于液体培养基中，微生物、培养基中的营养以及发酵产生的代谢产物的分布比较均匀，过程的控制比较容易，易实现纯种培养，可以在很大规模的反应器中进行，因此多数工业发酵多采用深层培养的方式。早年青霉素生产菌株点青霉(*Penicillium notatum*)由于具有表面生长的特点，不适于大规模工业过程，因此后来被适于深层培养的产黄青霉(*Penicillium chrysogenum*)替代。深层培养均在具有一定体积和形状的发酵罐中完成，其操作方式可分为分批式操作(batch operation)、补料分批式操作(fed-batch operation)和连续式操作(continuous operation)三大类型。

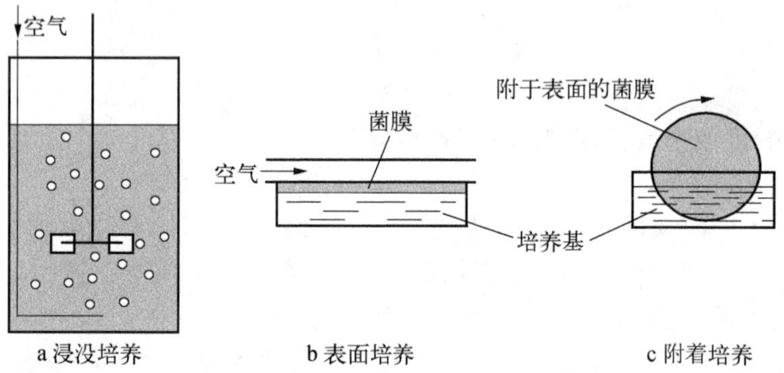

图 5-3　液体培养几种方式示意图(引自叶勤，2005)

5.2.1　分批式操作

分批式操作是指基质一次性加入反应器内，在适宜条件下将微生物菌种接入，反应完成后将全部反应物料取出的操作方式。分批式操作方式最为简单，为发酵工业中广泛采用的操作方式之一。分批式操作中还有一种特殊的操作——反复分批式操作(repeated batch operation)，该操作是指在分批式操作完成后，不全部取出反应物料，即将剩余部分作为种子，向反应器中重新加入一定量的基质，再按分批式操作方式反复进行。

虽然随着目的产物种类不同，分批式操作工艺略有差异，但基本上是相同的。整个工艺都是从摇瓶培养⟶种子培养⟶主培养，逐级均以 10 倍左右体积逐步放大。培养过程中采用的主要设备包括种子罐和主发酵罐。其中种子罐为发酵生产提供必要的菌种，而主发酵罐是用来生产目的产物。分批发酵随反应类型的不同，每批培养所需时间从十几个小时到几周不等。操作时间的长短取决于主发酵罐的操作程序，每批反应的全过程所需时间为加入培养基、灭菌、接种、培养、采收、洗涤及空罐灭菌的总和。

与后面介绍的连续式操作方式相比，分批式操作具有以下特点：① 微生物所处的环境不断变化；② 适合于多品种的发酵生产；③ 发生杂菌污染时终止操作容易；④ 可比较容易通过改变处理对策来改变运转条件或转产新产品；⑤ 对原料组成要求较粗放等。分批式操作上述特点使其具有设备制作费用低、同一设备可进行多种产品生产、发生杂菌污染或菌种变异概率低等优点。当然，分批式操作也存在明显的缺点，如反应器非生产周期长、频繁灭菌易使检测装置损伤、每次培养均要接种导致生产成本增加、存在非稳定过程控制费用等。

5.2.2　补料分批式操作

补料分批式操作也称半分批式操作、流加操作，是指在分批培养过程中，间歇或连续地补加新鲜培养基的方法，是介于分批培养和连续培养之间的一种过渡培养方式。补料分批培养中还有一种特殊的操作——反复半分批式操作(repeated semibatch operation)。反复半分批式操作也称反复流加操作、周期补料分批操作或半连续培养，在工程里则称作“带放”，是指流加操作完成后，不全部取出反应物料，而将剩余部分作为种子，向反应器中重新加入一定量的基质，再按流加操作方式反复进行操作方式。在反复半分批式操作过程中，随着营养物质的消耗，向反应器内补充一种或多种营养物质，以达到延长生长期和控制发酵过程的目的。

对于补料分批培养，过程的关键在于控制限制性底物的加料速率和选择加料方式。加料方式的选择是依据对细胞的生理学、生物化学以及遗传学特性的认识，通过观察关键的过程变量与参数的变化进行的。从流加控制方式与过程参数的关系分析，基本的流加方式分为无反馈控制和反馈控制(表 5-3)。在操作时，若底物流加速率按预先设定的规律变化，这种控制方式属于无反馈控制(图 5-4a)；而反馈控制的底物流加方式的选择则与过程参数的数值与变化关联(图 5-4b)。

表 5-3　补料分批培养的补料方式

类　别	控　制　方　式
无反馈控制	恒流量流加、指数流加、间歇流加、最优化流加
反馈控制	直接控制流加、间接控制流加、定值控制流加、程序控制流加、最优控制流加

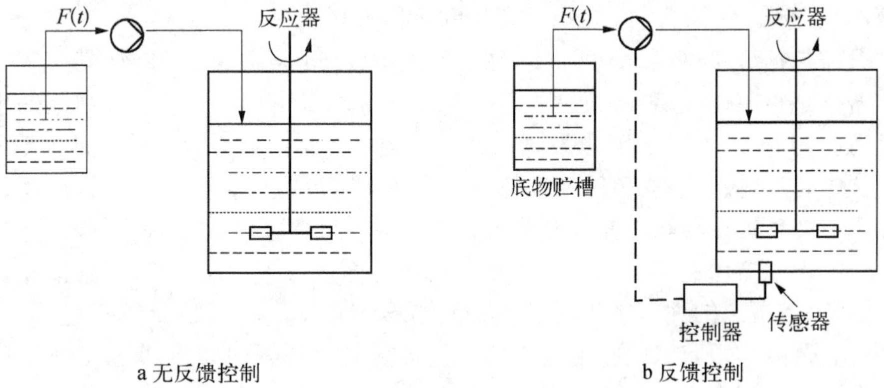

图 5-4　补料分批培养的控制方式(引自戚以政等，2004)

由于补料分批培养过程的关键问题是控制培养液中限制性底物的浓度，故控制方式也可分为直接控制和间接控制两种方式。直接控制通过在线检测培养液中的底物浓度，反馈调节加料速率；而间接控制则通过测量 pH、溶解氧等参数，经过控制模型对过程状态的估计实现控制作用。

与分批式操作相比，补料操作具有如下优点：① 底物和副产物的浓度可得到控制，微生物的反应环境可处于稳定的最优条件；② 可对反应过程灵活调控，获得较高的细胞浓度、产物浓度和生成速率。与连续式操作相比，补料操作具有如下优点：① 降低连续过程的菌种变异和杂菌污染的可能性；② 最终产物浓度较高，有利于产物的分离；③ 使用范围广。

Note

虽然补料分批式操作存在分批式操作相同的缺点，但由于此操作方式可有效地对发酵过程加以控制，提高发酵过程的生产水平，因此在工厂中得到广泛利用。总的来说，补料分批培养适用于以下情况。

1）细胞的高密度培养　一般培养基中的营养物质浓度有一定的限度，过高的底物浓度会抑制菌体的生长，通过补料的办法可将高浓度的营养物质逐渐加入反应器，因而使发酵液中的菌体浓度达到很高的程度。如采用补料分批培养的操作方式可使大肠埃希菌浓度达 145 g/L，为分批培养的 10 倍以上。

2）发生底物抑制的过程　有些发酵过程菌体的生长和产物形成受甲醇、乙醇、乙酸、某些芳香族化合物等物质的抑制。采用补料的操作方式将它们逐渐加入反应器，可使这些底物维持在较低浓度，避免抑制作用的发生，从而可获得高细胞密度或高生产速率。

3）分解代谢物阻遏　在微生物合成初级或次级代谢产物中，有些合成酶受到易利用的碳源或氮源的阻遏，特别是葡萄糖。采用补料的操作方式将葡萄糖逐渐加入反应器中，使发酵液中的葡萄糖保持在低水平，避免分解代谢物的积累，从而可以有效地去除阻遏。

4）存在 Crabtree 效应的代谢过程　受此效应影响的过程在操作时要求控制培养基中葡萄糖的浓度。例如，在葡萄糖上生长的酿酒酵母在表达外源基因时，必须使培养液中的葡萄糖浓度控制在很低的水平。

5）营养缺陷型菌株的培养　一些营养缺陷型菌株可以积累某种有用产物（如氨基酸、核苷、核苷酸等），利用这些菌株进行生产时须补充其不能合成的物质供生长所需。但这些物质过量存在时，可能产生反馈抑制或阻遏作用，影响产物的合成。采用补料的方法可将这些物质保持在低浓度水平，有助于提高产物的生产。

6）前体的补充　在一些发酵中，加入前体可使产物的生成大大增加，但如果前体对菌体有毒性，就不可在培养液里大量加入前体。通过补料加入前体，既可满足产物合成的需要，又不使前体大量积累而产生抑制作用，从而有效地提高产物的生产。

5.2.3　连续式操作

连续式操作是指在培养过程中，不断向反应器内流加培养基，同时以相同流量从反应器中取出培养液，使反应条件不随时间变化而变化的操作方式。

连续式操作包括恒化器（chemostat）法、恒浊器（turbidostat）法和营养恒定（nutristat）法三种。恒化器法是指在连续培养过程中，基质流加速率恒定，以调节微生物细胞的生长速率与恒定流量相适应的方法。图 5－5(a) 为恒化器的结构。新鲜培养基通过计量泵由培养基贮罐连续流入反应器中，发酵液通过溢流管以和流入培养基相同的流量排出反应器，从而保持反应器内发酵液体积不变。恒浊器培养是指预先规定细胞浓度，通过基质流量控制，以适应细胞的既定浓度的方法。恒浊器用连续监测细胞密度的光电池系统反馈控制培养基流速，以调节细胞的生长速率，从而保持恒定的细胞密度，同时维持发酵液体积不变。图 5－5(b) 显示了这种恒浊器的基本结构。营养物恒定法是指通过流加一定成分，使培养基中的营养成分恒定的方法。上述三种方法在实际应用中采用较多的是恒化器法。

分批式操作是一个封闭系统，在培养过程中，必需的营养会不断地消耗，毒性产物会不断地积累，从而造成反应器中微生物生长的减慢和停止。而连续式操作是一个开放系统，通过连续流加新鲜培养基并以相同的流量连续排除发酵液，可使反应器中的微生物细胞群体获得稳定的生长环境，各个变量都能达到恒定。因此与分批式操作相比，连续发酵具有下列一些优点：① 可维持稳定的操作条件，从而使产率和产品质量保持相应稳定；② 能够有效实现机械化和

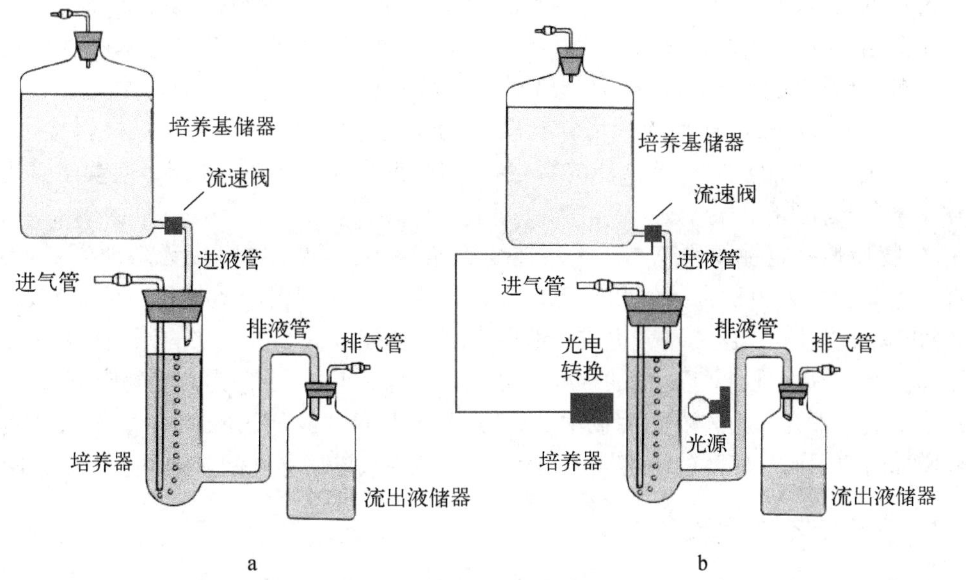

图 5-5　恒化器(a)与恒浊器(b)基本结构

自动化,降低劳动强度,减少操作人员与病原微生物和毒性产物接触的机会;③ 减少设备清洗、准备和灭菌等非生产占用时间,提高设备的利用率,节省劳动力和工时;④ 可减少灭菌次数,延长测量仪器探头的寿命;⑤ 容易对过程进行优化,有效地提高发酵产率。但连续发酵也存在明显缺点:① 对设备、仪器及控制元器件的技术要求较高,从而增加投资成本;② 开放的系统和长周期发酵,易造成杂菌污染;③ 长周期连续发酵易发生微生物变异,生长慢的高产菌株可逐渐被生长快的低产变异菌株取代,从而降低产率;④ 丝状菌体易附着在器壁上和在发酵液中结团,造成连续操作的困难。

生物反应过程使用连续式操作的主要目的是利用其产品质量稳定、生产效率较高、适合于大批量生产的特点。但由于连续式操作存在上述明显优缺点,因此其目前主要用于研究工作中,如发酵动力学参数的测定、过程优化条件的试验等,而在工业生产中的应用还不多。迄今,连续培养仅成功应用于细胞蛋白、酵母、酒精、醋酸、丙酮、丁醇、葡萄糖酸等工业化生产过程,以及污水的生物处理。总体而言,连续培养可适用于以下情况:

1) 菌体的生产　　和分批培养相比,连续培养省却了放料、清洗、装料、灭菌等操作占用的时间,非生产周期短,设备的利用率高,因此可相应提高菌体的生产率。工业上单细胞蛋白的生产通常采用连续培养,如英国 ICI 公司在 1 500 m^3 巨型发酵罐中采用连续培养方式生产单细胞蛋白,年产量可达 7 万吨。

2) 代谢产物的生产　　选择适当的物质作为限制性基质,可使连续培养中细胞代谢产物的生产大大提高。如以硫酸盐为限制性基质培养巨大芽孢杆菌生产青霉素酰胺酶时,较以氮或磷为限制性基质时酶产率高几倍。采用多级连续培养,在各级生物反应器中可维持不同的培养环境,有利于提高产物的生产效率。如用红曲霉生产 β-半乳糖苷酶时,采用二级连续培养系统,即第一级以葡萄糖为碳源促进菌体生长,第二级以半乳糖诱导酶的生产,使酶的生产速率可提高 57%。

3) 细胞生理特性的研究　　在连续培养中,菌体的比生长速率可通过改变稀释率来控制(比生长速率等于稀释率,即 $\mu = D$),因而在连续培养的稳定状态下,可以从容地研究菌体细胞在不同生长速率下测生理特性。

4) 发酵动力学研究　　连续式操作可通过改变稀释率(比生长速率)获得与稳态限制性底物浓度的关系。如果菌体生长符合 Monod 方程,采用双倒数作图法可得 $1/S$ 为横坐标、$1/D$ 为纵坐标的一条直线,它在 $1/D$ 轴上的截距为 $1/\mu_m$,斜率为 K_S/μ_m,从而可估算出 μ_m 和 K_S。

5) 菌种的筛选和富集　　当多种微生物在同一反应器中混合连续培养时,各种微生物竞

Note

争利用限制性底物，从而具有优势的微生物得以保留，不具优势者则被洗掉而淘汰。如朱才庆等将经 Co^{60} 处理的大肠埃希菌(*E. coli*)DH5α 在含葡萄糖和乙酸钠的培养基中进行连续培养筛选具有乙酸耐性的突变株，结果从中分离到一株在含有 10 g/L 乙酸钠培养基中生长明显优于 DH5α 的突变株 DA19。如果连续培养在敞开的反应器中进行，以土壤等材料接种，并维持一定的选择环境，就可能富集一定性能的微生物。例如，以甲醇为唯一碳源，连续培养后就可能富集同化甲醇的微生物。

6) 微生物遗传稳定性的研究　采用连续培养，理论上微生物可以无限地生长，因而也是研究其遗传稳定性的好方法。连续培养已广泛的用于基因工程菌的质粒稳定性研究。

7) 培养基的改进　连续培养也成功地用于培养基配方的改进。它的原理是在一定的稀释率下，增加流入培养基中限制性底物的浓度。可能有两种后果，一是仍为该底物限制，表现为在反应器中其浓度基本不变而菌体浓度明显增加；二是其他某种底物成为限制性底物，表现为菌体浓度无明显增加而原限制性底物的浓度明显增大，这样就为改进培养基配方提供了一个方向。

5.2.4　三种操作方式比较

上面介绍了分批式操作、补料分批式操作和连续式操作三种操作方式模式，为了帮助大家进一步理解三种操作模式，现就此三种模式的特点作一比较(表 5-4)。

表 5-4　三种操作模式的特点

操作方式	分批式操作	补料分批式操作	连续式操作
反应过程是否进料	否	是	是
反应过程是否出料	否	否	是
过程的反应体积	不变	增大	不变
是否容易染菌	否	否	是
能否控制底物浓度	不能	能	能
是否会发生细胞流失	不会	不会	会
合适的产物分离工艺	分批式	分批式	连续式
生产周期	短	中等	可长(没染菌情况)
在生产过程中微生物群体发生显著变异的可能性	低	低	高
理论生产效率	低	中等	高
过程控制要求	低	中等	高
工业应用	多	多	极少

5.3　微生物发酵动力学

5.3.1　分批培养动力学

分批培养的操作最为简单，在培养基中接种后通常只要维持一定的温度，对于好气培养则还需要进行通气搅拌。在培养过程中，培养液中的菌体浓度、营养物质浓度和产物浓度不断变化，但往往表现一定的规律。

1. 菌体生长速率

就菌体的生长来说，在分批培养中一般经历延迟期、指数生长期、减速期、静止期和衰亡期等阶段，图 5-6 是在分批培养中菌体浓度变化示意。

(1) 延迟期

将菌种接入培养基后，菌体浓度在一段时间内不增长或增长不明显，这个阶段称为延迟期。此时菌体浓度：

$$X = X_0 \tag{5-24}$$

延迟期是菌体细胞适应新环境的一个必然过程，虽然此时菌体浓度增加不明显，但在菌体细胞的内部却发生着很大的变化以适应新的环境。产生延迟期的原因主要有：① 菌体适应培养基营养的改变。如果菌体细胞接入的新培养基中存在原培养基中所不含的营养物质，细胞就需重新合成有关的酶来利用它，从而表现出延迟期。如大肠埃希菌培养在含有葡萄糖和山梨醇为碳源的培养基中，大肠埃希菌优先利用葡萄糖，在葡萄糖耗尽后才能合成有关酶来利用山梨醇，这时出现延迟期，呈现二阶段生长（图5-7）。同时，菌体细胞所需的一些小分子辅酶或活化剂，在新的环境中可能被稀释或从细胞中泄漏，从而产生延迟期。如产气杆菌在新培养基中的延迟期就受到镁离子浓度影响，增加培养基中的镁离子浓度可缩短其延迟期；② 菌体适应培养基物理环境如温度、pH以及渗透压等的变化等；③ 培养基中存在抑制剂或接种时带入了一些有害的代谢产物抑制菌体生长，随着这种物质的分解，延迟期结束；④ 接入的种子为孢子，孢子发芽需要一定时间；⑤ 接种静止期或种龄较大的种子。如欲缩短菌种的延迟期，必须认真分析产生延迟期的原因并据此提出相应的对策。

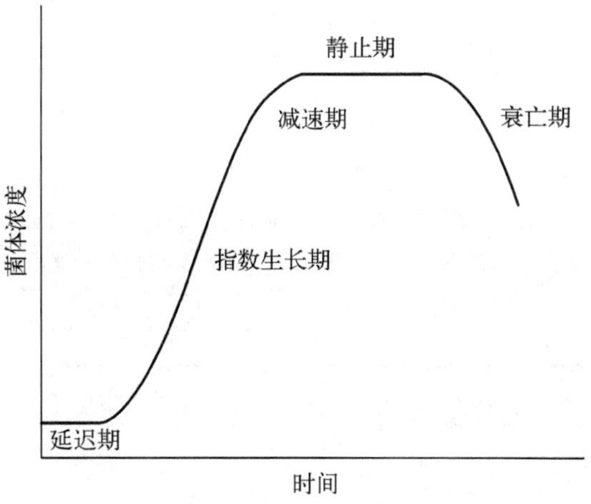

图5-6 细胞生长曲线

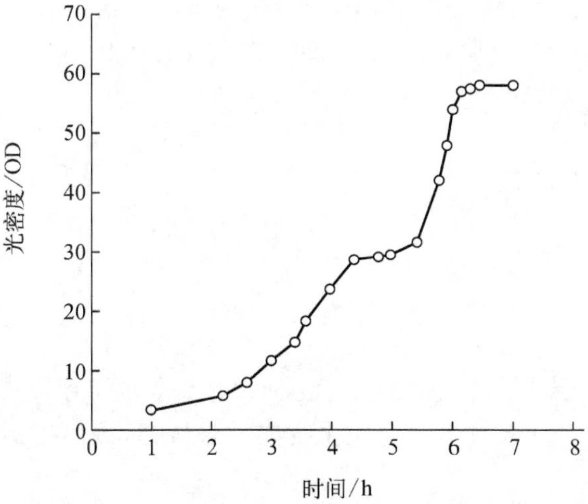

图5-7 大肠埃希菌在葡萄糖-山梨醇培养基中的二阶段生长

(2) 指数生长期

延迟期结束后，由于培养基营养丰富，菌体便开始迅速繁殖，此时菌体的比生长速率 μ 保持不变。因而菌体浓度随时间呈指数增加，故称为指数生长期。若将菌体浓度的对数值与时间进行标绘，可以得到一条直线，所以也称为对数生长期。根据比生长速率的定义，有：

$$\frac{dX}{dt} = \mu X \tag{5-25}$$

μ（比生长速率）是由生物的遗传基因决定的。细胞包含的遗传信息越复杂，细胞越大，即越是高等生物，μ 就越小。

当 $t = t_{lag}$ 时，令 $X = X_0$，积分式(5-25)得：

$$X = X_0 \exp[\mu(t - t_{lag})] \text{ 或 } \ln\left(\frac{X}{X_0}\right) = \mu(t - t_{lag}) \tag{5-26}$$

式中，t——时间；

t_{lag}——延迟期所需时间；

X_0——初始菌体浓度。

为了定量表示微生物生长速率大小，定义微生物的细胞质量（或数量）增大到2倍所需要的时间为倍增时间（doubling time），用 t_d 表示。通过简单的数学考察，t_d 和 μ 之间存在如下的关系：

Note

$$\mu = \frac{\ln 2}{t_d} = \frac{0.693}{t_d} \tag{5-27}$$

Note

倍增时间约等于世代时间。

表 5-5 表示几种微生物的比生长速率及世代时间。大体上，细菌的世代时间为 10～60 min，酵母为 2～4 h，藻类等为几十小时至几天（有些微藻异养生长世代时间只需几小时）。

表 5-5 某些微生物及培养细胞的世代时间（引自贾士儒，2008）

微生物或细胞	温度/℃	世代时间/min	微生物或细胞	温度/℃	世代时间/min
嗜热脂肪芽孢杆菌	60	8.4	螺旋藻	35	120
生氮假单胞菌	30	10	啤酒酵母	30	120～240
大肠埃希菌	40	21	球形红极毛杆菌	30	132
枯草芽孢杆菌	40	26	绿色木霉	30	300
恶臭假单杆菌	30	45	海拉细胞	37	1 800～3 000
黑曲霉	30	120			

（3）减速期

随着菌体的不断生长，发酵液中的营养物质逐渐消耗，有害的代谢产物不断积累，pH 不断变化，菌体的生长因此而受到影响，比生长速率逐渐下降，进入减速期。此时菌体的比生长速率与限制性底物浓度的关系符合莫诺德（Monod）方程：

$$\mu = \frac{\mu_m S}{K_S + S} \tag{5-28}$$

式中，μ_m——最大比生长速率；

K_S——饱和常数；

S——限制性底物浓度。

Monod 方程的形式虽与米氏方程相似，但米氏方程为结构模型，而 Monod 方程为非结构模型。此外，许多学者发现，有些情况下 Monod 方程并不符合微生物的生长规律，因而提出了一些可以代替 Monod 方程的表达式（表 5-6）。

表 5-6 微生物生长的动力学方程（修改自贾士儒，2008）

提出者	微生物生长速率模型	
Teissier	$dX/dt = \mu_{max}(1 - e^{-S/KS})X$	(1)
Moser	$dX/dt = \mu_{max}S^n/(K_S + S^n)$	(2)
Mosen	$dX/dt = \mu_{max}S^nX/(K_S^n + S)$	(3)
Contois	$dX/dt = \mu_{max}S(K_SX + S)$	(4)
Spicer	$dX/dt = \mu_{max}X(1 - e^{-L[S]})$	(5)
Jost	$dX/dt = \mu_{max}S^2X/[(K_S + S)(K'_S + S)]$	(6)
Edwards	$dX/dt = \mu_{max}X(e^{-S/K_j} - e^{-S/K_S})$	(7)
Manago	$dX/dt = KXS^n$	(8)
Yakuda	$\mu^2/K - (K_S + S)\mu - \mu_{max}S = 0$	(9)
Logistic	$dX/dt = a(X_{max} - X)X$	(10)
Aiba	$dX/dt = \mu_{max}SX/(K_S + S) \cdot K_p/(K_p + P)$	(11)
Yano	$dX/dt = \dfrac{\mu_{max}X}{\left[1 + \dfrac{K_S}{S} + \sum_{i=1}^{n}\left(\dfrac{[S]}{K_i}\right)^i\right]}$	(12)

Note

(4) 静止期

减速期菌体的生长速率不断下降，当生长速率下降至与死亡速率相等时，菌体浓度不变，此时便进入了静止期。由减速期进入静止期的原因可能是：① 培养基中必需的营养物质耗尽；② 有害代谢产物的积累；③ 氧的供应不足；④ 生长因子不足；⑤ 生长的空间不够等。假设菌体生长过程中菌体的得率系数 $Y_{X/S}$ 不变，则静止期达到的最大菌体浓度：

$$X_m = X_0 + Y_{X/S}S_0 \tag{5-29}$$

式中，X_m——最大菌体浓度；

X_0——接种后的菌体浓度；

S_0——限制性底物的初始浓度。

(5) 衰亡期

营养物质的耗尽或有害代谢产物的大量积累，菌体的生活环境恶化，造成细胞不断死亡，进入衰亡期。实际上，即使在生长旺盛的对数生长期，也有部分微生物细胞死亡。因此，Monod 方程应改写为：

$$\mu = \frac{\mu_m S}{K_S + S} - K_d \tag{5-30}$$

式中，K_d 为微生物细胞死亡速率常数。一般在适宜的生长环境中，K_d 值较小，随着反应的进行，K_d 值增大，进入衰亡期后达到最大值。

在衰亡期，由于营养物质已全部耗尽，不存在微生物细胞的生长，因此：

$$\frac{dX}{dt} = -K_d X \tag{5-31}$$

当 $t = 0$ 时，$X = X_m$，积分式(5-31)得：

$$X = X_m \exp(-K_d t) \tag{5-32}$$

2. 底物消耗动力学

底物在微生物反应过程中，主要起到三方面的作用：① 合成新的细胞物质；② 合成胞外产物；③ 提供能量(图 5-8)。细胞反应过程中所需的能量来源于 ATP 或类似物质的化学能，它由两种途径产生：① 氧化磷酸化，即底物氧化为 CO_2 和水时生成 ATP；② 底物水平磷酸化，即底物降解为乙醇、乳酸、CO_2 和水等简单产物时合成 ATP。

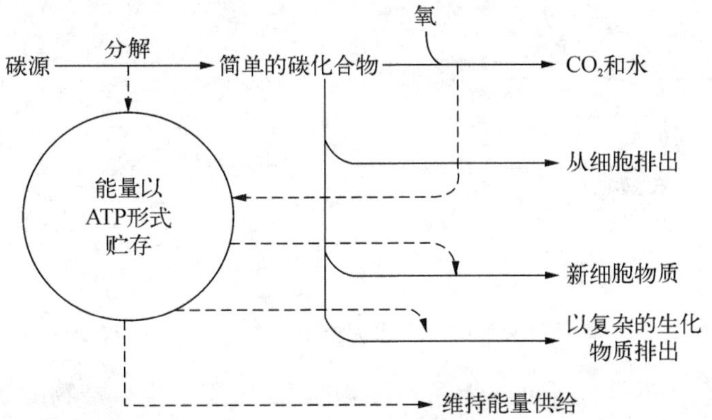

图 5-8 细胞中碳源的利用及能源的来源与消耗途径(引自戚以政等，2004)

当以氮源、无机盐、维生素等作为底物消耗时，由于这些组分只能构成细胞的组成成分，而不能提供能量，因此 $Y_{X/S}$ 近似为定值。单位体积培养液中底物 S 的消耗速率和比消耗速率可表示为：

$$-\frac{dS}{dt} = \frac{dX/dt}{Y_{X/S}} = \frac{1}{Y_{X/S}}\mu X \tag{5-33}$$

$$q_S = \frac{\mu}{Y_{X/S}} \tag{5-34}$$

Note

但是,当底物既为能源又是碳源时,就必须考虑维持能所消耗的底物。维持能一般指用于维持其渗透压,修复 DNA、RNA 和其他大分子,维持细胞的结构和生命活性的能量,为生产细胞物质和胞外产物所需能量之外的能量。此时衡算式为:

碳源总消耗速率 = 用于生长的消耗速率 + 用于维持代谢的消耗速率

$$即:-\frac{dS}{dt} = \frac{1}{Y_G}\mu X + mX \tag{5-35}$$

式中,Y_G——生成细胞的干重与消耗完全用于细胞生长的底物的质量之比,它表示了在无维持代谢时的细胞得率,可称为真正细胞得率、最大细胞得率或理论得率;

m——细胞的维持系数,g/(g·h)。

式(5-35)两边同时除以 X,得到

$$q_S = \frac{1}{Y_G}\mu + m \tag{5-36}$$

将式(5-34)代入上式,又可得

$$\frac{1}{Y_{X/S}} = \frac{1}{Y_G} + \frac{m}{\mu} \tag{5-37}$$

式中,$Y_{X/S}$——对底物的总消耗而言的细胞得率,即宏观得率;

Y_G——理论得率。

如果微生物反应过程中不仅有细胞生成,而且有产物的合成,即底物用于细胞生长、胞外产物合成以及维持能三方面,此时必须建立包括产物生成在内的底物消耗动力学方程。底物在细胞内合成产物的模型取决于产物的生成是否与能量代谢过程相耦联。当产物的生成是通过产能途径进行时,如底物水平磷酸化时,不仅提供细胞反应过程所需的能量,同时底物也降解为乙醇、乳酸等简单产物。如图(5-9a)所表示的那样,此时无单独物流进入细胞用于生成产物,生成产物所消耗的底物来自用于细胞生长维持能的底物。此时产物的生成直接与能量的产生相联系,因此底物消耗的速率方程不包括单独的产物生成项,底物消耗动力学仍可采用式(5-35、5-36、5-37)。

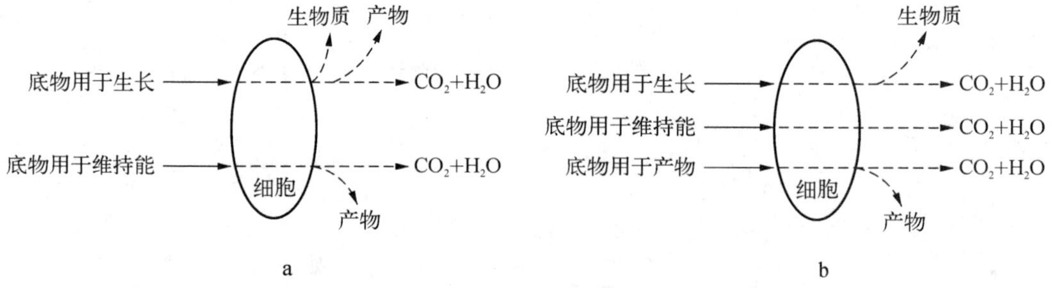

图 5-9 底物消耗与产物生成关系示意图(引自戚以政等,2004)

如果产物生成不与或仅仅部分与能量代谢相联系,则用于生成产物的底物或全部或部分系以单独物流进入细胞内,如图(5-9b)所示。此时产物生成与能量代谢仅为间接相耦合。底物消耗速率取决于三个因素:细胞生长速率、产物生成速率和底物消耗于维持能的速率。则动力学方程可表示为:

$$-\frac{dS}{dt} = \frac{\mu X}{Y_G} + mX + \frac{1}{Y_p}\frac{dP}{dt} \tag{5-38}$$

式中,Y_G——理论得率,g/mol;

m——细胞维持系数，g/(g・h)；

Y_p——产物得率系数，mol/mol。

如果限制性底物的消耗速率用比消耗速率 q_s 表示时，则式(5－38)可写作为：

$$q_s = \frac{\mu}{Y_G} + m + \frac{q_p}{Y_p} \tag{5-39}$$

3. 代谢产物生成动力学

细胞反应生成的代谢产物有醇类、有机酸、抗生素和酶等，涉及范围很广，并且由于细胞内生物合成的途径十分复杂，其代谢调节机制也是各具特点。因此，至今尚没有达到可用统一的模型来描述代谢产物生成动力学。Gaden 根据产物生成速率与细胞生长速率之间的关系，将其分为三种类型。

其一是相关模型。是指产物的生成与细胞的生长相关的过程，产物是细胞能量代谢的结果(图 5－10a)。此时产物通常是底物的分解代谢产物，代谢产物的生成与细胞的生长是同步的。属于此类型的反应有乙醇、葡萄糖酸、乳酸的生成等。

其二是部分相关模型。该类反应产物的生成与底物的消耗仅有间接关系，产物是能量代谢的间接结果(图 5－10b)。在细胞生长期内，基本无产物生成。属于此类型的有柠檬酸、氨基酸的生成。

其三是非相关模型。产物的生成与细胞的生长无直接关系(图 5－10c)。它的特点是当细胞处于生长阶段时，并无产物积累，而当细胞停止生长后，产物却大量生成。属于此类型有抗生素、微生物毒素等次级代谢产物。

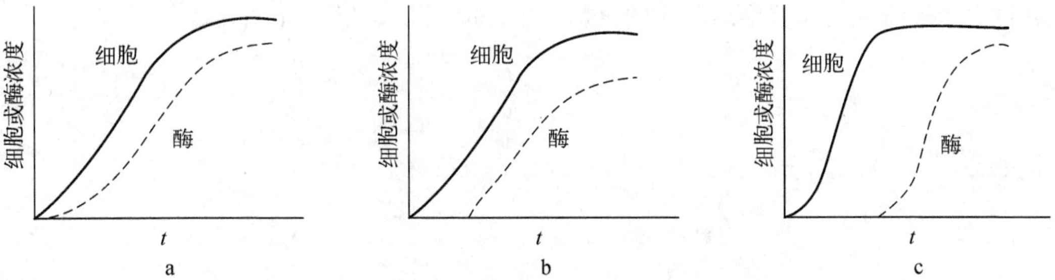

图 5－10　分批培养中酶合成与细胞生长的关系

a. 相关模型；b. 部分相关模型；c. 非相关模型

上述三种类型均可用统一的动力学方程表示：

$$\frac{dP}{dt} = \alpha \frac{dX}{dt} + \beta X \tag{5-40}$$

$$q_P = \alpha\mu + \beta \tag{5-41}$$

式 5－41 又称为 Luedeking-Piret 方程。

式中 α、β 为常数，等式右边第一项与细胞生长有关，第二项仅与细胞浓度有关。当 $\alpha \neq 0$、$\beta = 0$ 时，产物的生成仅与细胞的生长相关，为相关模型；当 $\alpha = 0$、$\beta \neq 0$ 时，产物的生成与细胞的生长无直接关系，仅与细胞浓度相关，为非相关模型；$\alpha \neq 0$、$\beta \neq 0$ 时，为部分相关模型。

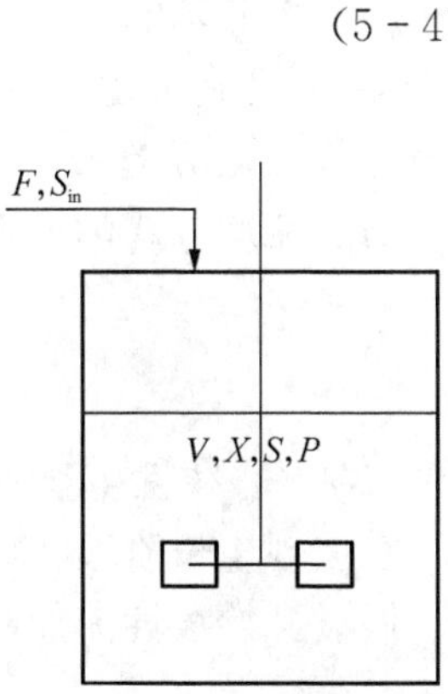

图 5－11　补料分批培养示意图

5.3.2　补料分批培养动力学

补料分批培养(图 5－11)既可采用间歇添加的方法，也可采用连续流加的方法。间歇添加营养物质会使发酵液中营养物质浓度呈现升高、下降的较大波动，而连续流加过程只要速度控制得当，营养物质浓度的变化可较小。本章主要讨论连续流加方式。

Note

在进行补料分批培养时，由于培养基的加入，培养液的体积不断变化，在整个反应器中细胞、限制性基质和产物总量的变化速率可用下式表示：

细胞：
$$\frac{d(VX)}{dt}=\mu XV \tag{5-42}$$

限制性底物：
$$\frac{d(VS)}{dt}=FS_{in}-\frac{1}{Y_{X/S}}\frac{d(VX)}{dt} \tag{5-43}$$

产物：
$$\frac{d(VP)}{dt}=q_P VX \tag{5-44}$$

就细胞而言，培养过程中的细胞浓度和培养液体积均不断变化，细胞总量变化率[对式(5-42)的左边求全微分]为：

$$\frac{d(VX)}{dt}=V\frac{dX}{dt}+X\frac{dV}{dt} \tag{5-45}$$

1. 恒速流加培养动力学

恒速流加操作方式是指在发酵过程中以恒定的流速流加补料液，这是一种最简单的补料操作方式。

根据上述定义，恒速流加操作过程中发酵液体积变化为：

$$\frac{dV}{dt}=F \tag{5-46}$$

用D表示连续式反应器中培养液的更新速率，即稀释率(dilution rate)。

$$D=\frac{F}{V} \tag{5-47}$$

合并式(5-42)、式(5-45)、式(5-46)与式(5-47)，得：

$$\frac{dX}{dt}=\left(\mu-\frac{F}{V}\right)X=(\mu-D)X \tag{5-48}$$

对于限制性底物和产物，类似地由式(5-43)和式(5-44)也可得出

$$\frac{dS}{dt}=D(S_0-S)-\frac{\mu X}{Y_{X/S}} \tag{5-49}$$

$$\frac{dP}{dt}=q_P X-DP \tag{5-50}$$

随着培养基的流加，细胞浓度逐渐增大，限制性基质浓度逐渐减小，最后限制性基质浓度趋向于零，而细胞浓度则趋于定值，即 $dX/dt\approx 0$，$dS/dt\approx 0$，进入拟稳态。这时 $\mu\approx D$，但因培养液体积在逐渐增大，所以稀释率和比生长速率逐渐减小。

恒速流加方式的最大特点是微生物进行线性生长，即：

$$\frac{d(VX)}{dt}=K_L \tag{5-51}$$

式中，K_L——线性生长速率常数。

在线性生长阶段，基质浓度相当低。

假设开始线性流加时，即 $t=0$ 时，$S=S_0$，$X=X_0$，$V=V_0$，由细胞衡算式得：

$$XV=Y_{X/S}(FS_{in}t+V_0S_0)+X_0V_0 \tag{5-52}$$

由上式可知 t 时的细胞浓度为：

$$X = \frac{Y_{X/S}FS_{in}t + V_0(Y_{X/S}S_0 + X_0)}{Ft + V_0} \tag{5-53}$$

Note

2. 指数流加培养动力学

从上面分析可知，恒速流加过程达到拟稳态后，菌体的比生长速率逐渐减小，限制性底物浓度保持相当低的水平。如要保持恒定的比生长速率，就必须进行指数流加。

在比生长速率保持恒定的情况下，由式(5-42)可得

$$XV = X_0V_0\exp(\mu t) \tag{5-54}$$

式中，X_0 和 V_0 分别是开始流加时的菌体浓度和发酵液体积。这时发酵液中的限制性底物浓度也应恒定(假设底物恒定为 S)，则：

$$\mu XV = FY_{X/S}(S_{in} - S) \tag{5-55}$$

因此

$$F = \frac{\mu XV}{Y_{X/S}(S_{in} - S)} = \frac{\mu X_0V_0\exp(\mu t)}{Y_{X/S}(S_{in} - S)} \tag{5-56}$$

可见限制性底物浓度的流加速率随时间指数增加。当 $S \ll S_{in}$ 时，式(5-56)可化简为：

$$F = \frac{\mu X_0V_0\exp(\mu t)}{Y_{X/S}S_{in}} \tag{5-57}$$

5.3.3 连续培养动力学

在连续培养中，不断向反应器中加入培养基，同时从反应器中不断取出培养液，培养过程可以长期进行，并且往往可以达到稳定状态，过程的控制和分析也比较简单。连续培养可分为单级连续培养、进行细胞回流的单级连续培养和多级连续培养。下面分别予以分析。

1. 单级连续培养动力学

在反应器中接入菌种后，先进行一段时间的分批培养，待菌体浓度达到一定程度后，以恒定的流量 F 将新鲜培养基送入反应器，同时将培养液以同样的流量抽出，因此反应器中的培养液体积(V)保持恒定。图5-12为单级连续培养的示意。假设反应器中处于理想的混合状态，即反应器中各处的菌体浓度、底物浓度和产物浓度分别相同，则流出液的组成和反应器中完全相同。在这样一个系统中，分别对菌体、限制性底物和产物进行物料平衡。

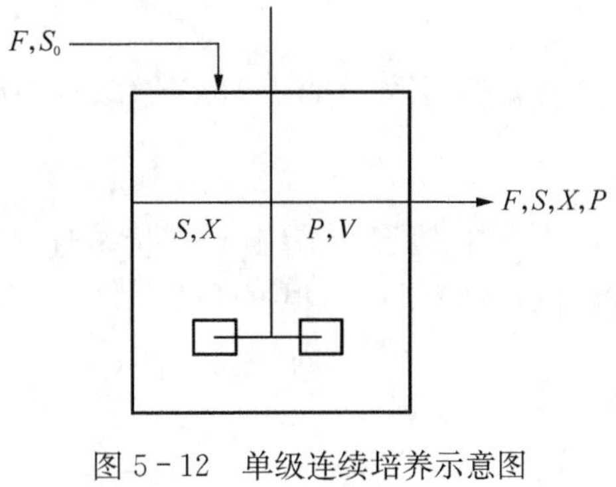

图5-12 单级连续培养示意图

(1) 菌体的物料衡算

连续培养中，菌体的变化量=流入量+生长量-流出量。由于补料培养基不含菌体，所以菌体流入量为0，这样可得如下衡算方程式：

$$V\frac{dX}{dt} = \mu XV - FX \tag{5-58}$$

式中，X——发酵罐中的菌体浓度，g/L；

F——培养液流入和流出速度，L/h；

S_0——流入液中限制性基质的浓度，mol/L；

V——反应器内培养液的体积，L；

μ——比生长速率，h^{-1}。

将式(5-58)两边同时除以 V，得：

$$\frac{\mathrm{d}X}{\mathrm{d}t}=\left(\mu-\frac{F}{V}\right)X=(\mu-D)X \tag{5-59}$$

Note

式中，D——稀释率(dilution rate)，表示连续式反应器中培养液的更新速率。

$$D=\frac{F}{V} \tag{5-60}$$

经过一段时间的连续培养(一般需要通过3～5倍培养液体积)，可达到稳定状态，即反应器中菌体浓度、限制性底物浓度和产物浓度不随时间变化而变化。

$$\frac{\mathrm{d}X}{\mathrm{d}t}=\frac{\mathrm{d}S}{\mathrm{d}t}=\frac{\mathrm{d}P}{\mathrm{d}t}=0 \tag{5-61}$$

由式(5-59)可得出：

$$\mu=D \tag{5-62}$$

即菌体的比生长速率和稀释率相等。比生长速率是菌体的特性，而稀释率则是操作变量，因此，在连续培养中，只要改变加料操作速率，就很容易地改变稳态下的菌体比生长速率，从而达到控制菌体生长的目的，这是单级连续培养的一个重要特性。

(2) 限制性底物的物料衡算

在连续培养中，底物变化量＝流入量－消耗量－流出量，据此建立衡算方程式：

$$V\frac{\mathrm{d}S}{\mathrm{d}t}=F(S_0-S)+\frac{\mu XV}{Y_{X/S}} \tag{5-63}$$

式中，S——发酵罐中限制性底物浓度，mol/L；

$Y_{X/S}$——菌体对于限制性底物的得率，g/g。

将式(5-63)两边同时除以V，得：

$$\frac{\mathrm{d}S}{\mathrm{d}t}=D(S_0-S)-\frac{\mu X}{Y_{X/S}} \tag{5-64}$$

在稳态下，由式(5-61)、式(5-62)和式(5-64)，可以得到：

$$X=Y_{X/S}(S_0-S) \tag{5-65}$$

由于在连续培养达到稳定状态时，培养液的组成恒定。当菌体的生长符合Monod方程，在操作的稀释率D下，根据式(5-28)和式(5-62)，可求得稳态时的限制性底物浓度为：

$$S=\frac{K_S\mu}{\mu_m-\mu}=\frac{K_SD}{\mu_m-D} \tag{5-66}$$

将式(5-66)代入式(5-65)，可得稀释率D下的稳态菌体浓度

$$X=Y_{X/S}(S_0-S)=Y_{X/S}\left(S_0-\frac{K_SD}{\mu_m-D}\right) \tag{5-67}$$

(3) 产物的物料衡算

在连续培养中，产物的变化量＝流入量＋生成量－流出量，因此：

$$V\frac{\mathrm{d}P}{\mathrm{d}t}=q_PXV-FP \tag{5-68}$$

式中，P——发酵罐中产物浓度，g/L；

q_P——产物的比生成速率，g/g。

将式(5-68)两边同时除以V，得：

$$\frac{dP}{dt} = q_P X - DP \tag{5-69}$$

Note

在稳态下，由式(5-61)和式(5-69)，分别可以得到：

$$P = \frac{q_P X}{D} \tag{5-70}$$

(4) 临界稀释率 D_C

由上分析可知，单级连续培养的一个重要特性就是可通过改变加料操作速率来改变稳态下的菌体比生长速率。稀释率的改变并不是无止境的，而是有一个限度的。根据式(5-67)，增大稀释率会造成菌体浓度下降，如果菌体的生长跟不上稀释的速率，发酵罐内的菌体浓度就会不断下降，直至菌体被洗光(washout)。图 5-13 显示了稀释率与细胞浓度之间的这种关系。因此，在连续培养时存在一个临界稀释率(D_C)，超过此稀释率时连续培养就无法进行。

$$D_C = \frac{\mu_m S_0}{K_S - S_0} \tag{5-71}$$

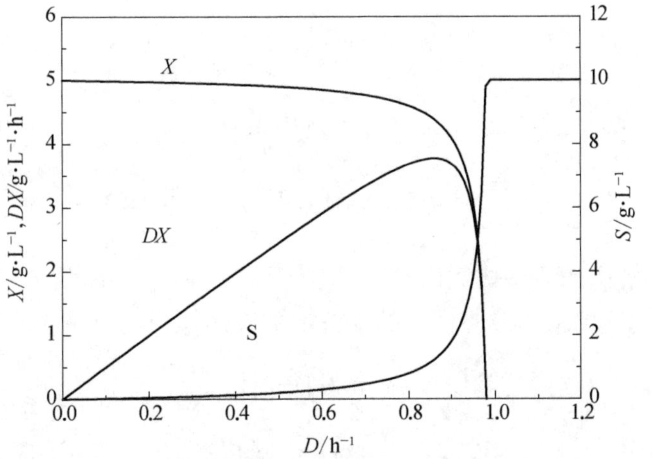

图 5-13　单级连续培养稳态细胞浓度、限制性底物浓度和细胞生产率与稀释率的关系(引自叶勤，2005)

(5) 连续培养的细胞产率

对有些连续培养，其过程优化的目标是达到单位时间单位体积的细胞产量(P_x)最大，P_x 一般称为细胞产率。

$$P_X = DX = DY_{X/S}(S_0 - S) = Y_{X/S}\left(S_0 - \frac{K_S D}{\mu_m - D}\right) \tag{5-72}$$

可见 P_X 受稀释率的影响(图 5-13)，当 $\frac{dP_X}{dD} = 0$ 时，P_X 有一极大值，可求得 P_X 为最大时的稀释率 D_{opt}：

$$D_{opt} = \mu_{max}\left(1 - \sqrt{\frac{K_S}{K_S + S_0}}\right) \tag{5-73}$$

此时反应器中细胞的浓度为：

$$X_{opt} = Y_{X/S}\left[S_0 + K_S - \sqrt{K_S(K_S + S_0)}\right] \tag{5—74}$$

最大的细胞产率为：

$$(P_X)_{max} = D_{opt}X_{opt} = \mu_m Y_{X/S}\left(\sqrt{(K_S + S_0)} - \sqrt{K_S}\right)^2 \tag{5-75}$$

Note

2. 进行细胞回流的单级连续培养动力学

连续培养时，为了增加反应器中的细胞浓度或提高发酵产物的产率，将流出液中的菌体通过沉降、离心或过滤等方法加以浓缩，送回反应器中循环利用。图 5－14 为进行细胞回流的单级连续培养示意图。

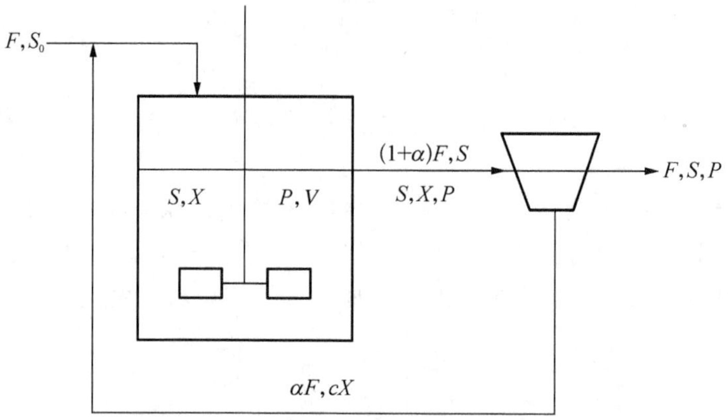

图 5－14　进行细胞回流的单级连续培养示意图

下面分别就菌体和限制性底物进行物料衡算。

(1) 菌体衡算

反应器中菌体变化量＝流入量＋生长量－流出量，即：

$$V\frac{\mathrm{d}X}{\mathrm{d}t}=\alpha FcX+\mu XV-(1+\alpha)FX \tag{5-76}$$

式中，c——分离器中细胞的浓缩倍数(>1)；

α——回流比(返回的培养液与供给的新鲜反应液的体积比)。

稳态条件下，$\frac{\mathrm{d}X}{\mathrm{d}t}=0$，两边同时除以 V，整理得：

$$\mu=D(1+\alpha-\alpha c) \tag{5-77}$$

由式 5－77 可知比生长速率和稀释率不相等。由于从反应器流出的菌体 $(1+\alpha)FX$ 多于回流的菌体 αFcX，因此 $1+\alpha-\alpha c>0$；又由于浓缩倍数 $c>1$，因此 $\alpha(1-c)<0$，$1+\alpha-\alpha c<1$。即 $0<1+\alpha-\alpha c<1$，表明进行细胞回流的单级连续培养 $\mu<D$。

(2) 限制性底物衡算

反应器中底物变化量＝流加量＋返回量－消耗量－流出量，即：

$$V\frac{\mathrm{d}S}{\mathrm{d}t}=FS_0+\alpha FS-\frac{\mu XV}{Y_{X/S}}-(1+\alpha)FS \tag{5-78}$$

达到稳态时 $\frac{\mathrm{d}S}{\mathrm{d}t}=0$，两边同时除以 V，上式可整理为

$$X=\frac{D}{\mu}Y_{X/S}(S_0-S) \tag{5-79}$$

将式(5－77)代入式(5－79)得

$$X=\frac{Y_{X/S}(S_0-S)}{1+\alpha-\alpha c} \tag{5-80}$$

若菌体的生长遵循 Monod 方程，则稳态下限制性底物浓度为：

$$S=\frac{K_S\mu}{\mu_m-\mu}=\frac{K_SD(1+\alpha-\alpha c)}{\mu_m-D(1+\alpha-\alpha c)} \tag{5-81}$$

Note

将式(5-81)代入式(5-80)，得回流操作下稳态菌体浓度：

$$X=\frac{Y_{X/S}}{1+\alpha-\alpha c}\left[S_0-\frac{K_SD(1+\alpha-\alpha c)}{\mu_m-D(1+\alpha-\alpha c)}\right] \tag{5-82}$$

将式(5-77)代入式(5-71)得临界稀释率：

$$D_C=\frac{\mu_m S_0}{(K_S+S_0)(1+\alpha-\alpha c)} \tag{5-83}$$

由于 $0<1+\alpha-\alpha c<1$，从式(5-77)和式(5-83)可知，在稳态下菌体的比生长速率低于稀释率，临界稀释率较不进行菌体回流时高。对比进行菌体回流和不进行菌体回流时 X、S 和 DX 与 D 的关系表明，进行菌体回流反应器效率有较大提高(图 5-15)。其原因是由于菌体的循环利用相当于不断对反应器接种，其接种是增大了反应器中的菌体浓度，增加了底物的利用程度，从而提高了反应器的效率。目前进行菌体回流的连续培养已成功用于活性污泥处理废水的过程。活性污泥处理废水的过程，由于活性污泥有很好的沉降性能，很容易利用沉降的方法将处理水中的污泥加以浓缩，送回反应器(曝气槽)中，这样既可增加反应器的处理能力，又可提高处理水的质量。

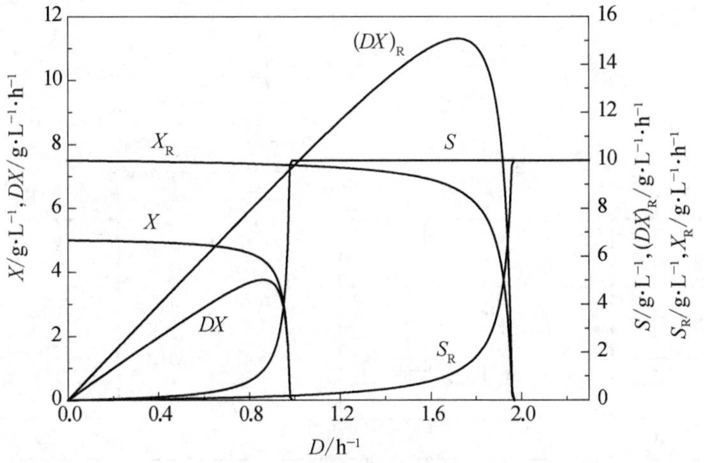

图 5-15　菌体回流和不回流连续培养的比较(引自叶勤，2005)

$\mu_m=1.0\ h^{-1}$，$K_s=0.2\ g/L$，$Y_{x/s}=0.5\ g/g$，$S_F=10\ g/L$，$\alpha=0.5$，$c=2$

3. 多级连续培养动力学

多级连续培养是指将多个搅拌罐反应器串联起来，前一反应器的出料作为后一反应器的进料，即成为多级连续培养系统。多级连续培养可分为单流多级连续培养、多流多级连续培养和带循环的多级连续培养三类。单流多级连续培养是指单股底物溶液以恒速逐级流过串联系统(图 5-16a)；多流多级连续培养是指有多股底物输入的串联系统，不同流入底物可独自改变流量，各级稀释率是独立变量(图 5-16b)；带循环的多级连续培养是指单股底物溶液以恒速逐级流过串联系统后再经过回流(图 5-16c)。下面主要就最简单的单流多级连续培养进行讨论。

各级反应器中的培养液体积相同，均为 V；不进行中间添加新培养基的操作；各级进出料流量为 F。可分别对各级建立物料平衡关系。

(1) 菌体

第一级反应器：
$$v\frac{dX_1}{dt}=FX_0+\mu_1X_1V-FX_1 \tag{5-84}$$

Note

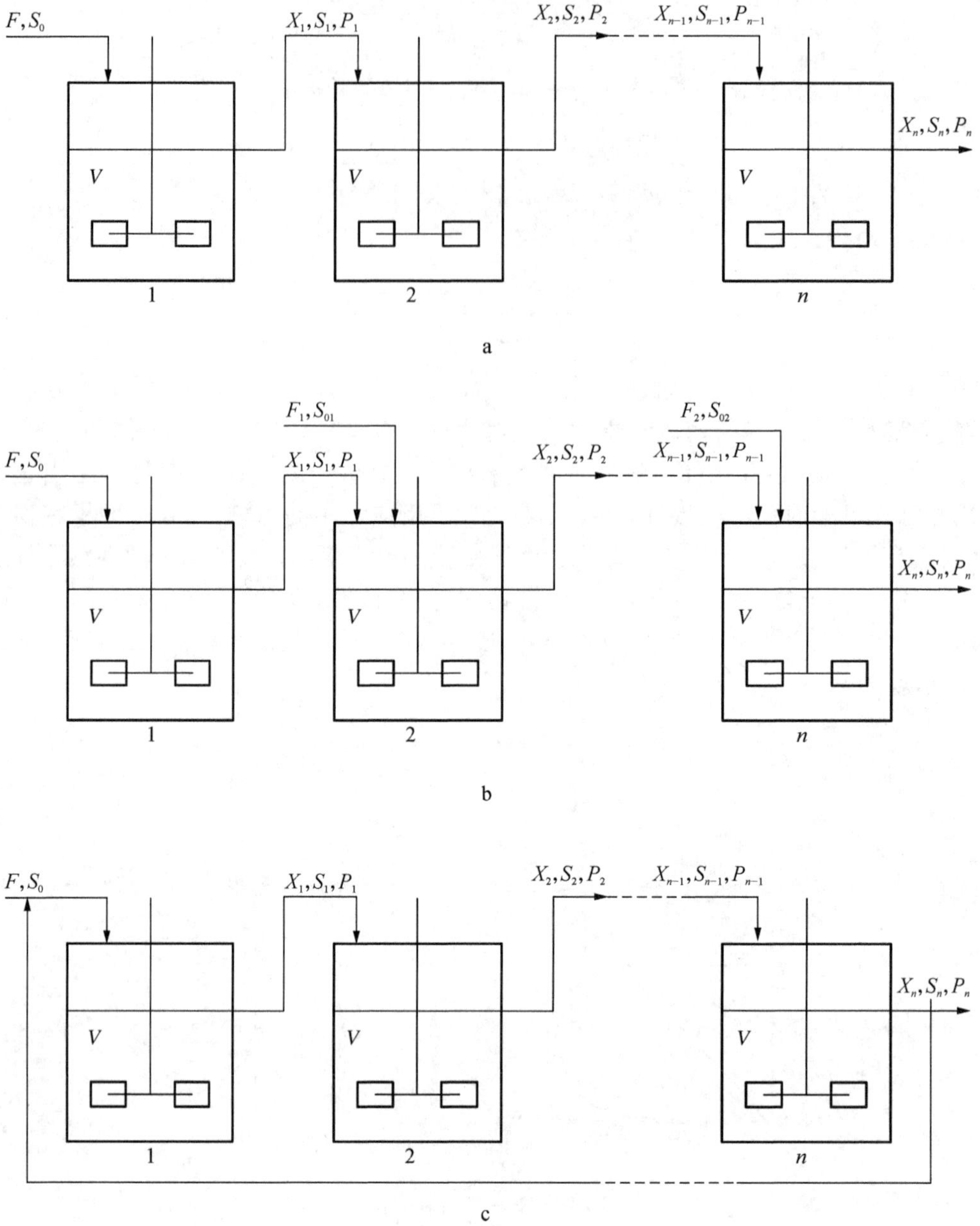

图 5-16　多级连续培养示意图

a. 单流多级连续培养；b. 多流多级连续培养；c. 带循环的多级连续培养

第二级反应器：
$$v\frac{\mathrm{d}X_2}{\mathrm{d}t}=FX_1+\mu_2X_2V-FX_2 \tag{5-85}$$

……

第 n 级反应器：
$$v\frac{\mathrm{d}X_n}{\mathrm{d}t}=FX_{n-1}+\mu_nX_nV-FX_n \tag{5-86}$$

（2）限制性底物浓度

$$v\frac{\mathrm{d}S_n}{\mathrm{d}t}=FS_{n-1}+\frac{\mu_nX_nV}{Y_{X/S}}-FS_n \tag{5-87}$$

（3）产物

$$v\frac{\mathrm{d}P_n}{\mathrm{d}t}=FP_{n-1}+q_{P_n}X_nV-FP_n \tag{5-88}$$

式中，下标 n 和 $n-1$ 分别表示第 n 级和 $n-1$ 级反应器。

当多级连续培养达到稳态时，即 $\frac{dX_n}{dt}=\frac{dS_n}{dt}=\frac{dP_n}{dt}=0$，由上述各式可得：

Note

$$\mu_n = D\left(\frac{X_n - X_{n-1}}{X_n}\right) \tag{5-89}$$

$$X_n = X_{n-1} + Y_{X/S}(S_{n-1} - S_n) \tag{5-90}$$

$$P_n = P_{n-1} + \frac{q_{Pn}X_n}{D} \tag{5-91}$$

由以上式子分析可知，从第二反应器开始，菌体的比生长速率不再和稀释率相等。随着反应器级数的增加，菌体的比生长速率顺次减少，菌体浓度顺次增加，基质浓度顺次减少，产物浓度顺次增加。

复习思考题

1. 研究微生物反应动力学对于发酵过程控制有何意义？
2. 葡萄糖为碳源进行酿酒酵母培养，呼吸商为 1.04，氨为氮源。消耗 100 mol 葡萄糖和 48 mol 氨，生成细胞 48 mol、二氧化碳 312 mol 和水 432 mol。求氧的消耗量和酵母细胞的化学组成。
3. 何谓得率系数，常用的得率系数有哪些？
4. 请分析比较分批式操作、补料分批式操作和连续式操作等三种操作方式的特点。
5. 请用图示分析生物反应过程中碳源的利用及能源的来源与消耗途径，在此基础上给出底物消耗动力学方程。
6. Gaden 将产物生成速率与细胞生长速率之间的关系分为哪三种类型？
7. 为何在单级连续培养过程稳态时细胞比生长速率和稀释率相等？
8. 阅读下列一段文字并请指出本文在 penicillin G acylase(青霉素 G 酰化酶)生产过程中采用了何种操作方式，该操作方式有何优点，可适用于哪些方面？(该段文字来源见文献 Zhang M., Shi M., Zhou Z. et al. Production of *Alcaligenes faecalis* penicillin G acylase in *Bacillus subtilis* WB600 (pMA5) fed with partially hydrolyzed starch. Enzyme and Microbial Technology, 2006, 39: 555-560，如感兴趣可进一步阅读全文)

Production of *Alcaligenes faecalis* penicillin G acylase in *Bacillus subtilis* WB600 (pMA5) fed with partially hydrolyzed starch

In this study, a recombinant strain *Bacillus subtilis* WB600 (pMA5) was used to produce *Alcaligenes faecalis* penicillin G acylase (PGA). The PGA activity and overall PGA productivity were respectively 378 and 7.13 U/l h in a batch culture using a complex medium containing 25 g/l of soluble starch. Fed-batch cultures indicated that glucose had a negative effect on the production of PGA. Starch is a good carbon source, but it could not be directly used as a feed due to high viscosity after heat sterilization. A feed was prepared by limited hydrolysis of starch with a small amount of α-amylase, which greatly improved the fluidity with little formation of glucose. The production of PGA increased to 546 U/l by feeding of the partially hydrolyzed starch. When a mixture containing the partially hydrolyzed starch and Tryptone was added by using a pH-stat strategy, the PGA activity reached 1960 U/l, over five-fold of that obtained in the batch culture, and the overall productivity reached 19.6 U/l h, which was more than two-fold of that in the batch culture.

第6章 发酵过程工艺的优化与控制

知识框架图

- 发酵过程工艺的控制
  - 温度的影响及控制
    - 温度对发酵的影响
    - 影响发酵温度的因素
    - 发酵过程温度的控制
  - pH 的影响和控制
    - pH 对发酵过程的影响
    - 发酵过程中影响 pH 变化的因素
    - 发酵过程 pH 的选择与控制
  - 溶解氧的影响及控制
    - 氧的传质阻力与传质方程式
    - 影响氧传递速率的主要因素
    - 发酵液中溶解氧浓度的控制
  - 基质浓度控制
    - 基质浓度对发酵的影响
    - 补料的方式及控制
  - 二氧化碳的影响及控制
    - 二氧化碳对发酵的影响
    - 二氧化碳浓度的控制
    - 呼吸商与发酵的关系
  - 泡沫的影响及控制
    - 泡沫对发酵的影响
    - 泡沫的形成和性质
    - 发酵过程中泡沫的消长规律
    - 泡沫的控制
  - 发酵过程的优化与控制
    - 发酵过程的优化
    - 发酵过程自控

内容提要

微生物发酵是一个复杂的生化反应过程，了解发酵工艺条件对微生物发酵过程影响，可以有效地控制微生物的生长和生产，使生产菌种的生产能力得到充分发挥。本章主要介绍发酵过程关键参数如温度、pH、基质浓度、二氧化碳、泡沫等的变化与控制对策，氧气的溶解传递过程与控制，发酵过程的优化与控制等内容。

Note

微生物发酵是一个复杂的生化反应过程，通常由多达数十步甚至数百步的生物化学反应组成，其过程远比化学反应过程复杂，环境条件的微小变化，就会对微生物的生产能力产生明显的影响。影响发酵的因素很多，不同的微生物发酵过程，其主要影响因素也不同，目前还难以完全按照人的意志对发酵过程进行控制。微生物发酵水平主要与菌种、培养基、发酵条件、发酵过程控制等密切有关。因此了解发酵工艺条件对微生物发酵过程的影响，掌握菌种的生理代谢规律，可以帮助人们有效地控制微生物的生长和生产，以便能够控制发酵过程，使生产菌种的生产能力得到充分发挥。本章将论述温度、pH、溶解氧、基质浓度、泡沫等参数对菌种生长和代谢的影响和控制。

6.1　温度对微生物发酵的影响及控制

由于微生物的生长与产物的合成都是在各种酶的催化下进行的，而温度却是保证酶活性的重要条件。从酶动力学来看，温度升高，反应速率加大，生长代谢加快，生产期提前。由于酶本身很容易受热失去活性，温度越高，酶的失活也越快，表现在菌体易于衰老，发酵周期缩短，从而影响产物的最终产量。此外温度还可以影响微生物生长、代谢和产物的生成，因此在发酵过程中必须保证最适宜的温度。

6.1.1　温度对发酵的影响

温度影响微生物的生长和产物合成。根据微生物的最适生长温度，可以分成嗜冷微生物、嗜热微生物和中温微生物，它们的最适生长温度见表 6－1。微生物发酵所用的菌种绝大多数属中温微生物，如霉菌、放线菌和一般细菌，它们的最适生长温度在 20～40℃的范围，在最适生长的温度范围内，微生物的生长速度随温度的升高而增加。通常在生物学范围内，温度每升高 10℃，微生物的生长速度就加快一倍，因此，发酵温度越高，培养周期就越短。用产朊假丝酵母 WSH02－08 发酵生产谷胱甘肽时，发现温度对菌体生长和谷胱甘肽生成有很明显的影响。发酵培养基为含葡萄糖、硫酸铵、磷酸盐和镁盐等的基本培养基，不同温度下在 7 L 发酵罐中进行发酵。在实验范围内，随着温度下降，发酵 8 h 前菌比生长速率下降，8 h 后谷胱甘肽比生产速率上升，而 30℃时 8 h 前的比生产速率最高。将发酵的生长阶段(8 h 前)的温度控制在 30℃，8 h将温度改为 26℃，谷胱甘肽的最高浓度达到 385 mg/L，胞内谷胱甘肽最高含量达到 2.5%，均高于恒温发酵的结果。Cui 等应用响应面分析方法优化 pH 、温度、木聚糖浓度、培养时间等重要因子对青霉菌(*Penicillium thiersii*) ZH－19 产木聚糖酶的影响。在最优条件下摇瓶实验木聚糖酶的活性达到 73.50 U/ml，15 L 发酵罐在该优化条件下木聚糖酶活性达80.23 U/ml。

表 6－1　温度与微生物生长的关系(引自叶勤，2005)

种　类	最低温度/℃	最适温度/℃	最高温度/℃
嗜冷微生物	0～10	10～20	25～30
中温微生物	0～7	20～40	40～45
嗜热微生物	25～45	50～60	70～80

Note

温度影响生物合成方向。例如,在四环类抗生素发酵中,金色链霉菌能同时产生金霉素和四环素,在温度低于 30℃时,合成金霉素能力较强,合成四环素的比例随温度的升高而增大,温度达到 35℃时,则只产生四环素而金霉素合成几乎停止。

温度影响多组分次级代谢产物的比例。如黄曲霉在 20℃发酵所产生的黄曲霉素 G1 与 B1 的比例为 3∶1,而在 25℃发酵时比例为 1∶2,在 30℃发酵时则为 1∶1。又如赭曲霉在 10～20℃发酵时,有利于合成青霉素,在 28℃发酵时则有利于合成赭曲霉素 A。此外,温度还能影响微生物菌种的代谢调节机制,在 20℃时,氨基酸合成途径的终产物对第一个酶的反馈抑制作用比正常生长温度 37℃的更大,因此可考虑在抗生素发酵后期降低发酵温度,让蛋白质和核酸的正常合成途径关闭早些,从而使发酵代谢转向产物合成。

温度影响发酵液的物理性质。温度可以通过改变发酵液的物理性质,如发酵液的黏度、氧的溶解度、基质的传质速率、菌对营养物质的分解和吸收速率,间接影响发酵的进程。

6.1.2 影响发酵温度的因素——发酵热

发酵过程中,随着微生物菌种的生长繁殖以及发酵罐的机械搅拌作用将产生一定的热量,同时发酵罐的罐壁散热和水分蒸发也会带走部分热量。发酵热($Q_{发酵}$)是在发酵过程中产生的净热量,它是引起发酵过程中温度变化的原因。产热的因素有生物热和搅拌热;散热的因素有蒸发热、辐射热。

1. 生物热($Q_{生物}$)

生物热是指微生物在生长繁殖过程中产生的热量,其来源是培养基质中的碳水化合物、脂肪和蛋白质被微生物氧化分解为二氧化碳、水和其他物质时释放出的热。这些释放出来的能量一部分用来合成高能化合物,供微生物生长和代谢活动的需要,一部分用来合成代谢产物,其余部分则以热量的形式散发出来。

在发酵过程中,生物热的产生有很强的时间性。在孢子发芽以及生长初期,这种热能产生的量是有限的。当菌体处于对数生长时期,繁殖旺盛,呼吸作用剧烈,细胞数量激增,热量大量产生,成为发酵过程中热平衡的主要因素。随后菌体生长逐渐衰老、自溶,生物热的产生开始下降。当然生物热的产生与菌种、培养基成分密切相关。

2. 搅拌热($Q_{搅拌}$)

搅拌热是指在机械搅拌通风发酵罐中,由于机械搅拌带动发酵液做机械运动,造成液体之间、液体与搅拌器等设备直接的摩擦而产生的热。从电机的电能消耗中扣除其他部分形式能量散失后,可得搅拌热的估计值。搅拌热与搅拌轴的功率有关,计算公式为:

$$Q_{搅拌} = 3\,600 \times P\eta(\text{kj})$$

式中,P——搅拌功率,kW;

η——功热转化率,经验值为 $\eta = 0.92$。

3. 蒸发热($Q_{蒸发}$)

蒸发热或叫汽化热是指发酵过程中通气时,进入发酵罐的空气与发酵液进行热交换,引起发酵液水分的蒸发,被空气和水分带走的热量。这部分热量在发酵过程中先以蒸汽形式散发到发酵罐的液面,再由排气管带走。通常可近似计算

$$Q_{蒸发} \approx 20\%\ Q_{生物}$$

4. 辐射热($Q_{辐射}$)

辐射热是指由于发酵罐内发酵液温度与罐外环境温度不同,即存在温度差,发酵液中有部分热量通过罐壁向外辐射所产生的热量。辐射热的大小取决于罐内外的温度差,温度差越大,辐射热越大。

发酵过程中,产热的因素是生物热和搅拌热,散热的因素有蒸发热和辐射热。根据发酵热的定义,发酵热的通式表示为:

$$Q_{发酵} = Q_{生物} + Q_{搅拌} - Q_{蒸发} - Q_{辐射}$$

发酵热是随发酵进行而变化，因此要维持一定的发酵温度，就必须采取措施，也就是在发酵生产中人为地进行控制，使发酵能在一定温度下进行。

Note

6.1.3　发酵过程温度的控制

1. 最适温度的选择

所谓发酵的最适温度就是指在该温度下最适于微生物的生长与发酵产物的生成。不同的微生物、不同的培养条件、不同的酶反应条件和不同的生长阶段，最适温度都有所不同。因此，选择最适发酵温度应该考虑两个方面，即微生物生长的最适温度和产物合成的最适温度。例如，碱性脂肪酶产生菌的最适生长温度为 28℃，产生碱性脂肪酶的最适温度为 26℃；青霉素产生菌的最适生长温度为 30℃，而产生青霉素的最适温度为 25℃；黑曲霉的最适生长温度为 37℃，而产生糖化酶和柠檬酸的最适温度都是 32～34℃；谷氨酸产生菌的最适生长温度为 30～32℃，而代谢产生谷氨酸的最适温度却是 34～37℃；透明质酸产生菌的最适生长温度为 39℃，而产物合成最适温度是 33℃。

最适发酵温度的选择是相对的，应根据发酵条件进行合理的调整，需要考虑的因素包括菌种、培养基成分、菌种生长阶段和培养阶段等。如在供氧条件比较差的情况下，发酵最适温度可能比正常的供氧条件低一些。这是由于在较低的温度下，氧溶解度相应增大，菌种的生长速率相应降低，从而弥补因供氧不足而造成的代谢异常。当使用较稀或较容易利用的培养基时，提高温度会使营养物过早耗尽，导致微生物细胞过早自溶，产量下降。如红霉素发酵过程中，当用玉米浆培养基时，提高发酵温度的效果就比采用黄豆粉培养基时的效果差，其原因是黄豆粉培养基相对比较难以利用，提高温度有利于生产菌株对黄豆粉的利用。

2. 最适温度的控制

一般来说，接种后应适当提高培养温度，以利于孢子的萌发或加快微生物的生长和繁殖，而且此时发酵的温度大多数是下降的；待发酵液的温度表现为上升时，发酵液的温度控制在微生物的最适生长温度；在主发酵旺盛阶段，温度的控制可比最适生长温度低些，即控制在微生物代谢合成的最适阶段；在发酵的后期，温度出现下降的趋势，直至发酵成熟即可放罐。

微生物培养过程中，各发酵阶段的最适温度的选择是从各方面综合考虑进行确定的。如按照金霉素发酵工艺控制要求，发酵约 30 h 必须采取降温调控策略，其目的一方面是为了控制金霉素发酵时氧的供应，另一方面是为了降低四环素的含量，以利提高产品产量。在四环素发酵中，采用变温控制，发酵中前期 0～30 h，以稍高温度促进菌体的生长，尽可能缩短非生产所占用的发酵周期。30～150 h 以稍低温度维持较长的抗生素生产期，150 h 后又升温，促进抗生素的分泌，放罐前 24 h 提高温度 2～3℃培养，能使最后 24 h 的发酵单位提高 50%以上。青霉素发酵采用变温控制，最初 5 h 维持 30℃，6～40 h 控制温度为 25℃，40～125 h 温度为 20℃，125～165 h 为 25℃，采用这种变温发酵比 25℃恒温发酵提高青霉素的产量近 15%。用茂原链轮丝菌（*Streptoverticillium mobaraense*）WSH－Z2 为生产菌种，在 2.5 L 小罐上分批发酵生产谷氨酰胺转氨酶时，采用分阶段温度控制策略：0～18 h，控制温度为 32℃，18 h 后将温度切换到 28℃。与采用单一发酵温度（28℃或 32℃）相比，当前期温度控制 32℃时，细胞生长的延滞期比 28℃明显缩短，菌体能以较快的速率生长，而且发酵前期的产酶速率也大大高于温度较低时的情况。42 h 发酵结束时，谷氨酰胺转氨酶酶活比未控制温度时的最好水平提高 14%，发酵时间缩短 6 h，生产强度提高了 34%。

近年来利用计算机模拟最佳发酵条件，使发酵的温度能处于一个相对合适的条件成为现实。实验和生产均已证明，如能根据各个发酵阶段的特殊性，在不同的发酵阶段中控制不同的温度进行发酵，则能更好发挥菌种的潜力。通过优化发酵温度的控制可以提高发酵产物的产量，进一步挖掘和发挥菌种的潜力。

Note

6.2 pH对发酵的影响和控制

发酵过程中培养液的pH是微生物在一定环境条件下代谢活动的综合指标，是微生物生长和产物合成的重要状态参数。掌握pH在发酵过程中的变化规律，及时监测并进行控制，可以使发酵处于最佳状态。

6.2.1 pH对发酵过程的影响

微生物生长和产物合成都有其最合适和能耐受的pH范围，一般微生物能在3～4个pH单位的范围内生长，最佳生长pH跨度为0.5～1。大多数细菌最适于在pH 6.5～7.5的范围内生长；酵母菌能在pH 3.5～7.5范围内生长，最适为pH 4～6；霉菌生长的最适pH 5～7，它可在pH 3～8.5范围内生长；放线菌生长的最适范围为pH 7～8。有的微生物生长繁殖阶段的最适pH范围与产物合成阶段的最适pH范围一致，如透明质酸产生菌的菌体生长和产物合成的最适pH都是7.0。但也有许多微生物菌体生长的最适pH和产物合成的最适pH不同，表6-2为部分微生物生长与产物合成的pH范围。因此，充分了解微生物生长和产物形成的最适pH，根据不同微生物和产物的特性，在发酵过程中控制pH是非常重要的。

表6-2 部分微生物生长与产物合成的pH范围

代谢产物	菌种生长最适pH范围	产物合成最适pH范围
丙酮丁醇	5.5～7.0	4.3～5.3
青霉素	6.5～7.2	6.2～6.8
链霉素	6.3～6.9	6.7～7.3
灰黄霉素	6.4～7.0	6.2～6.5
四环素	6.1～6.6	5.9～6.3
碱性脂肪酶	6.5～7.0	6.8～7.4

发酵环境的pH对微生物生长和产物合成有明显的影响，其原因主要有下列几个方面：

1）影响微生物细胞膜所带电荷的状态，改变细胞膜的通透性，影响微生物对营养物质的吸收和代谢产物的分泌，进而影响微生物的生长和新陈代谢的正常进行。

2）影响酶的活性。由于酶的作用均有其最适合的pH，所以在不适宜的pH下，微生物细胞中的某些酶的活性受到抑制，微生物的生长繁殖和新陈代谢也会因此而受到影响。

3）影响培养基中某些组分的解离，进而影响微生物对这些组分的吸收。构成微生物的各种物质大多在水中一边解离，同时又保持一定的平衡，这些物质的解离或平衡与pH有密切的关系。pH的变化对这些物质的解离影响很大，通过影响微生物对它们的吸收和酶活性，影响其分解和合成代谢。因此，pH的改变会引起微生物的代谢过程的改变，从而使代谢产物的质量和比例发生改变。

4）影响菌体的形态。如产黄青霉的细胞壁厚度随pH的增加而减小，菌丝的直径在pH 6.0时为2～3 μm，在pH 7.4时，为2～18 μm，呈膨胀酵母状细胞，随pH下降菌丝形态恢复正常。

5）影响代谢过程和产物合成，如丙酮丁醇发酵中，菌体繁殖pH 5.5～7.0，发酵后期pH 4.3～5.3时积累丙酮丁醇，pH升高则丙酮丁醇产量减少，而丁酸、乙酸含量增加。再如Hosler等在30 L发酵罐中以葡萄糖为碳源的基本培养基研究了pH对青霉素发酵的影响，认为pH 7.4最有利于青霉素合成。Pan等在14 L发酵罐中研究了pH对三株青霉素合成的影响，在pH 6.6～6.9的范围内，三株青霉菌产生的青霉素都最高。Simsek等研究了三株产乳链菌肽的乳链球菌工程菌株（LAC338，LAC339和LAC340），在生产乳链菌肽的乳链球菌*Lactococcus lactis* LL27质粒上携带免疫基因*nisFEG*和（或）乳链菌肽生物合成调节基因

nisRK，在 pH 控制和 pH 不控制分批发酵条件下生产乳链菌肽，优化表明果糖和酵母提取物能够生产高活性的乳链菌肽。

6.2.2　发酵过程中影响 pH 变化的因素

发酵过程中 pH 的变化决定于菌种的种类、培养基的组成和培养条件，发酵过程中由于菌种在一定温度条件下对培养基中的碳源、氮源等营养物质的利用以及某些物质的积累，发酵液的 pH 会产生一定的变化。在基本培养基中培养微生物，通常 pH 会发生较大的变化。铵盐中氨的消耗，或者碳源的代谢产物有机酸的积累，都会造成 pH 的下降；而有机酸的消耗，以及硝酸盐为氮源时硝酸根的消耗，则造成 pH 的上升。在复合培养基中培养时，当碳源消耗，培养基中的氨基酸被用于异化代谢时，因氨的释放会造成 pH 的升高。正常情况下，在合适于微生物生长及产物合成的环境下，微生物本身具有一定的调节 pH 的能力，会使 pH 处于比较适宜的状态。如以生产利福霉素 SV 的地中海诺卡菌进行发酵研究，采用 pH 6.0、6.8、7.5 三个初始值，结果发现 pH 6.8、7.5 时，最终发酵 pH 都达到 7.5 左右，菌丝生长和发酵单位都达到正常水平；当 pH 6.0 时，发酵中期 pH 仅达 4.5，菌体浓度为 20%，发酵单位为零。

外界环境条件发生较大变化时，将会引起 pH 发生变化。凡是发酵过程中碱性物质的消耗和酸性物质的生成或释放都会引起发酵液的 pH 下降。反之，凡是导致碱性物质的生成或酸性物质的消耗的代谢过程，就会引起 pH 上升。引起发酵液的 pH 下降的主要原因有：

1）培养基中的碳、氮比例不合适，碳源过多，特别是葡萄糖过量或者中间补糖过多，加之溶解氧不足，致使有机酸大量积累而 pH 下降；

2）消泡剂（油）加量过多；

3）生理酸性物质的存在，氨被利用。

引起发酵液 pH 上升的因素有：

1）培养基中碳、氮比例不当，氮源过多，氨基氮释放；

2）生理碱性物质存在；

3）中间补料中氨水或尿素等碱性物质的加量过多。

6.2.3　发酵过程 pH 的选择与控制

选择最适 pH 的原则是既有利于菌体的生长繁殖，又可以最大限度地合成代谢产物。在各种类型的发酵过程中，最适 pH 与微生物生长和产物形成的关系有 4 种情况（图 6－1）。第一种情况，菌体的比生长速率（μ）和产物的比生产速率（Q_p）都有一个相似的并且较宽的 pH 范围（图 6－1a），这种发酵过程易于控制。第二种情况，菌体的比生长速率（μ）最适 pH 范围较宽，而产物的比生产速率（Q_p）最适 pH 范围很窄（图 6－1b），pH 控制应以适宜提高产物比生产速率为准。第三种情况，菌体的比生长速率（μ）和产物的比生产速率（Q_p）有相同的最适 pH 范围（图 6－1c），它们对 pH 都很敏感，发酵过程 pH 应严格控制。第四种情况，菌体的比生长速率（μ）和产物的比生产速率（Q_p）都有各自最适 pH 范围（图 6－1d），这种情况最复杂，应分别严格控制各自的最适 pH。

发酵液的 pH 是发酵现象的综合指标，在发酵过程中，各种反应都会影响发酵液的 pH，使之相应地上下波动。菌种不同，细胞内所含的酶系也不同，培养基中乳糖、氮的种类和配比的不同，以及通气、搅拌速度、所用调节 pH 的方法等不同，pH 的变化也就不同。在这些条件一定时，正常的发酵过程的 pH 变化具有一定的规律性。在了解发酵过程中合适 pH 的要求之后，便可以采用各种方法来控制。在生产实践中，调节 pH 的方法应根据具体情况加以选用，如调节培养基的原始 pH，加入缓冲剂，使盐类和碳源的配比平衡，在发酵过程中加入弱酸或弱碱，合理控制发酵条件，尤其是调节通气量，进行补料控制等。pH 调节和控制的方法主要有以下几种。

Note

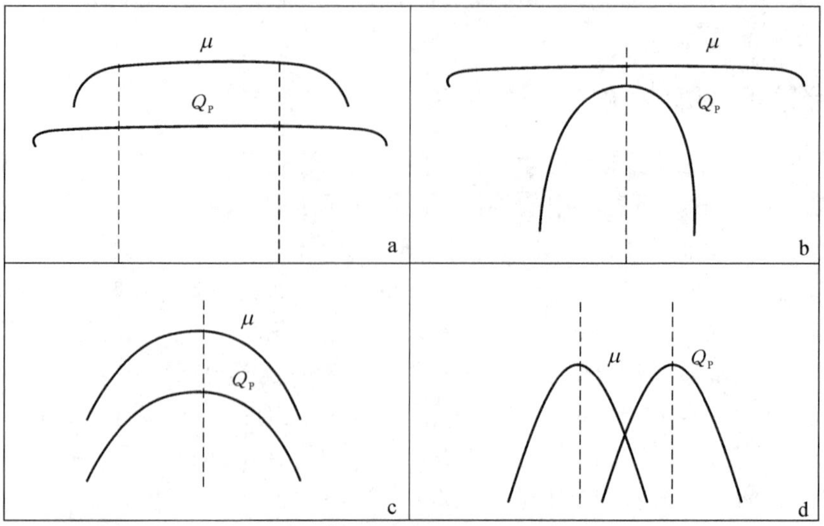

图 6-1　pH 与菌体比生长速率(μ)和产物比生产速率(Q_P)之间的关系
(引自熊宗贵,2001)

1. 调节基础培养基配方

调节基础培养基配方，即调节培养基中生酸性物质与生理碱性物质的配比。培养基中含有代谢产酸（如葡萄糖、硫酸铵）和产碱（如尿素、硝酸钠）的物质及缓冲剂（如碳酸钙）等成分，它们在发酵过程中会影响 pH 的变化，特别是能与酮酸等反应，而起到缓冲作用。如采用生理碱性铵盐作为氮源时，由于 NH_4^+ 被菌体利用后，剩下的酸根会引起发酵液 pH 下降，在基础培养基中添加适量的碳酸钙，就能调节 pH。当然也可调节培养基的原始 pH，或加入缓冲溶液（磷酸盐）制成缓冲能力强、pH 变化不大的培养基，或使盐类和碳酸盐的配比平衡。

2. 中间补料控制

通过中间补料控制，它既调节了培养液的 pH，有利于灭菌，又可补充营养，延长发酵周期和减少阻遏作用，进一步提高发酵产物的得率。在发酵过程中根据 pH 的变化流加氨水的方法来调节 pH，同时又把氨水作为氮源，供给 NH_4^+。氨水价格便宜，来源容易，但氨水作用快，对发酵液的 pH 波动影响大，应采用少量多次流加，以免造成 pH 过高，抑制菌体生长，也可防止 pH 过低、NH_4^+ 不足等现象的出现。发酵过程中使用氨水来调节 pH 需谨慎，过量的氨会使微生物中毒，导致呼吸强度急速下降。因此，流加氨水方法应根据菌种特性、发酵过程菌种生长情况、耗糖等情况来确定，一般控制 pH 在 7.0～8.0，采用自动控制连续流加方法。有些抗生素，如链霉素，采用过程通氨控制 pH，既调节了 pH 在合适于抗生素合成的范围内，又补充了产物合成所需氮的来源。

以尿素作为氮源进行流加调节 pH，是目前国内味精厂普遍采用的方法。由于通风、搅拌和菌体中尿酶作用使尿素分解放氨，pH 上升；氨和培养基成分被菌体利用并形成有机酸等中间代谢物，pH 降低，这时就需要及时流加尿素，以调节 pH 和补充氮源。当流加尿素后，尿素被菌体尿酶分解放出氨使 pH 上升，氨被菌体利用并形成代谢产物，使 pH 下降，反复进行流加以维持一定的 pH。流加时除主要根据 pH 的变化外，还应当考虑菌体生长、发酵过程糖耗、代谢等不同的阶段来采取少量多次流加，以控制合适的发酵 pH。

在培养液缓冲能力不强的情况下，pH 可反映菌的生理状况。如 pH 上升超过最适值，意味着菌生长处在饥饿状态，可加糖调节。糖的过量又会使 pH 下降。用氨水中和有机酸须谨慎，过量的氨会使微生物中毒，导致呼吸强度急速下降。故在通氨过程中监测溶解氧浓度的变化可防止菌中毒。常用 NaOH 或 $Ca(OH)_2$ 调节 pH，但也需注意培养基的离子强度和产物的可溶性。因此发酵过程中控制一定的 pH 是生产成败的关键之一，它不仅是保证微生物生长和产物合成的条件之一，而且还是防止杂菌污染的一个重要措施。

3. 分阶段控制

Note

分阶段控制，如同发酵过程温度的分阶段控制一样，发酵过程 pH 控制也采用分阶段控制。如用茂原链轮丝菌 WSH－Z2 为生产菌种，在 2.5 L 小罐上分批发酵生产谷氨酰胺转氨酶，细胞生长和产酶过程所需的最适 pH 不同，分批发酵过程 pH 的控制策略为：0～13 h 控制 pH 7.0；13 h 后将 pH 缓慢调至 6.5 继续发酵至结束。与采用恒定的 pH 6.5 相比，采用变 pH 发酵，菌的细胞量、细胞产率、谷氨酰胺转氨酶酶活、谷氨酰胺转氨酶产率、生产强度等都有不同程度的提高。又如，谷氨酸生产菌在中性和微碱性条件下积累谷氨酸，在酸性条件下形成谷氨酰胺。谷氨酸发酵过程中，不同时期对 pH 的要求不同，发酵前期控制 pH 7.5 左右，发酵中期控制 pH 7.2 左右，发酵后期控制 pH 7.0，原因是谷氨酸脱氢酶的最适 pH 为 7.0～7.2，氨基酸转移酶的最适 pH 为 7.2～7.4，在接近发酵放罐时，为了利于后工序提取谷氨酸，pH 调整为 6.5～6.8。

6.3　溶解氧对发酵的影响及控制

根据对氧的需求，微生物可分为专性好氧微生物、兼性好氧微生物和专性厌氧微生物。专性好氧微生物通过有氧呼吸将有机物氧化为 CO_2 和 H_2O，并获取大量能量，氧主要作为呼吸链的终端电子受体。兼性好氧微生物的生长不一定需氧，但如果在培养基中供给氧，则菌体生长更好。厌氧微生物和微好氧微生物能耐受环境中的氧，它们的生长并不需要氧，而对于专性厌氧微生物，氧则可对微生物显示毒性。大多数的发酵过程都是好氧发酵过程，无论是基质的氧化、菌体的生长还是产物的代谢均需要大量的氧。在通常情况下，可溶性营养物的溶解度几乎比氧的溶解度要高 1 000 倍，而培养液内微生物所利用的只能是溶解氧，不可能一次供氧就能给微生物供给足够的氧，以满足微生物生长代谢的需要。

氧是一种难溶气体，在常压和 25℃下，空气中的氧在纯水中的溶解度仅为 0.25 mmol/L。在发酵液中，由于各种溶解的营养成分、无机盐和微生物的代谢物存在，会明显降低氧的溶解度，约为 0.21 mmol/L。如果外界不能及时地供给氧，这些溶解氧仅能维持微生物菌体 15～20 s 的正常呼吸，随之就会耗尽。在发酵工业中，随着高产菌株的获得、高细胞密度发酵及丰富培养基的采用，对通气和搅拌的要求就更高了。Chi 等研究产 DHA 裂殖壶菌（*Schizochytrium limacinum*）SR 21 溶解氧水平的改进对生长和繁殖的影响，培养过程中溶解氧控制在 50%的饱和浓度，细胞密度达到 1.81×10^8 个/ml，但在 10%的溶解氧饱和浓度时，细胞密度仅为 9.84×10^7 个/ml。越来越多的事实表明，氧的供应不足可能引起生产菌不可弥补的损失或可能导致细胞代谢转向所不需的化合物的产生。因此，好氧发酵中氧的供应是影响发酵生产效率的重要因素，发酵液中溶解氧浓度是发酵过程中一个需要调节控制的重要参数。

6.3.1　氧的传质阻力与传质方程式

6.3.1.1　氧的传递途径与传质阻力

在大规模发酵生产中，通常采用液体深层培养方式，氧的提供是给培养中的微生物通入无菌空气来进行。微生物细胞分散在培养液中，只能利用溶解氧。氧从空气的气泡传递到微生物细胞内要克服一系列阻力，才能被微生物利用。首先是气相中的氧溶解在发酵液中，然后传递到细胞内的呼吸酶而被利用。这是一系列的传递过程，这些传递过程又可分供氧和耗氧两个方面。供氧是指空气中的氧气从气泡里通过气膜、气液界面和液膜扩散到液体主流中。耗氧是指氧分子自液体主流通过液膜、菌丝丛、细胞膜扩散到细胞内。图 6－2 是氧从气泡到细胞的传递过程示意图。

供氧方面的阻力：

1) 氧膜阻力 $1/K_1$，为气体主流及气-液界面间的气膜阻力，与空气情况有关。

Note

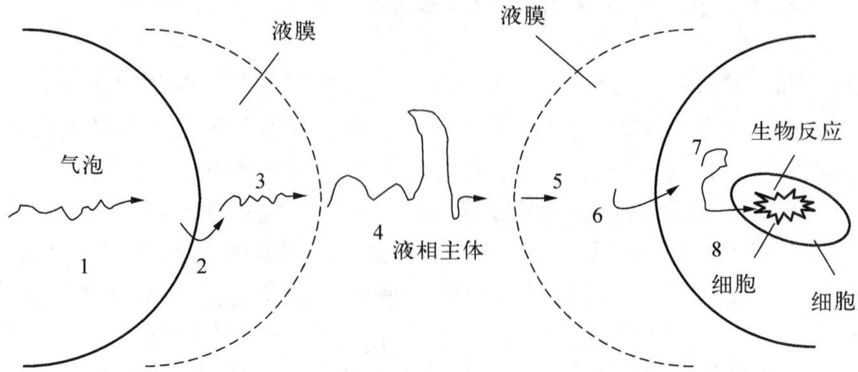

图 6-2　氧传递的各种阻力示意图(参考梅乐和等,2007)

2）气液界面阻力 $1/K_2$ 与空气情况有关,只有具备高能量的氧分子才能透到液相中去,而其余的则返回气相。

3）液膜阻力 $1/K_3$ 为从气-液界面至流体主流间的液膜阻力,与发酵液的成分和浓度有关。

4）液相主体的传递阻力 $1/K_4$,也是与发酵液的成分和浓度有关,通常不作为一项重要阻力,因在液体主流中氧的浓度是假定不变的,当然这只有在适当搅拌的情况下才这样。

耗氧方面的阻力:

5）固液界面的传递阻力 $1/K_5$,与发酵液的成分和浓度有关。

6）菌丝丛或细胞团表面的传递阻力 $1/K_6$,与菌种的种类、生理状态有关,细菌和酵母不存在这种阻力,对于菌丝这种阻力最为突出。

7）细胞团内的传递阻力 $1/K_7$。

8）细胞壁阻力 $1/K_8$,与菌种的生理特性有关。

9）细胞内反应阻力 $1/K_9$,是指氧分子与细胞内呼吸酶系反应时的阻力,与菌种的种类、生理特性有关。

由于氧是难溶气体,所以在供养方面液膜是一个控制过程,即 $1/K_3$ 是较为显著的,使气泡和液体充分混合而产生湍流可以减少这方面的阻力。耗氧方面阻力主要是 $1/K_6$、$1/K_7$ 和 $1/K_8$,即菌丝丛内与细胞壁阻力所引起的,搅拌可以较少逆向扩散的梯度,因此可以降低这方面的阻力。细胞内反应阻力 $1/K_9$ 可随下列因素中的任一种而产生:① 培养基成分与其相应的酶的作用失活,② 一些生理条件如温度、pH 等不适于酶的反应,③ 一些代谢物的积累或其不能及时从反应处移去。这些阻力的相对大小取决于流体力学特性、温度、细胞的活性和浓度、发酵液的成分、界面特性以及其他因素。氧从空气泡到达细胞的总传递阻力,为上述各阻力之和,即

$$1/K = 1/K_1 + 1/K_2 + 1/K_3 + 1/K_4 + 1/K_5 + 1/K_6 + 1/K_7 + 1/K_8 + 1/K_9$$

6.3.1.2　氧传质方程式

气体溶解于液体是一个复杂的过程,气体中的氧在克服各种阻力进行传递的过程中需要有一定的推动力。氧从空气中扩散到气液界面这一段的推动力是空气中氧的分压与界面处氧分压之差,即 $p-p^*$;氧穿过界面溶解于液体,继续扩散到液体中的推动力是界面处氧的浓度与液体中氧的浓度之差,即 C^*-C_L。根据双膜理论和亨利定律可以推导得到,在稳定情况下,氧分子从气体主体扩散到液体主体的传递速率即氧的传质方程式为:

$$OTR = K_{L\alpha}(C^* - C_L) = K_{G\alpha}(p - p^*) = K_{L\alpha}(p - p^*)/H$$

式中,OTR——单位体积培养液中的氧传递速率,mol/(m^3・s);

$K_{L\alpha}$——以浓度差为推动力的体积溶氧系数,h^{-1};

$K_{G\alpha}$——以分压差为推动力的体积溶氧系数,mol/m^2・s・Pa;

C_L——溶液中氧的实际浓度，mol/m³；

C^*——与气相中氧分压 p 平衡时溶液中氧浓度，mol/m³；

p——气相中氧的分压，Pa；

p^*——与液相中氧浓度 C 平衡时的氧分压，Pa；

H——亨利常数，m³ · Pa/mol。

微生物在发酵过程中的耗氧速率取决于微生物的呼吸强度和菌体的浓度，微生物对氧的需要速率，即为了避免氧成为限制因素而必须满足的供氧速率是

$$K_{L\alpha}(C^* - C_L) = Q_{O2}X$$

式中，Q_{O2}——微生物的呼吸强度，即单位菌体细胞(干重)单位时间内的需氧量，mol/(kg · s)；

X——菌体细胞的浓度，g/l。

在实际发酵过程中，这种平衡的建立往往是暂时的，由于发酵过程中培养物生化、物理等性质随时变化，相应氧传递情况也不断变化，因此平衡不断被打破，又重新建立。

6.3.2　影响氧传递速率的主要因素

从氧的传质方程式可知，影响氧传递的因素有体积溶氧系数 $K_{L\alpha}$ 和推动力 $C^* - C_L$。此外，发酵罐中液体的体积以及发酵液的物理性质等也和供氧有关。

6.3.2.1　影响溶氧系数 $K_{L\alpha}$ 的因素

1. 搅拌

好氧发酵罐通常设有搅拌装置，搅拌的作用是打碎气泡，强化流体的湍流程度，使空气与发酵液充分混合，气、液、固三相更好地接触。搅拌一方面增加溶氧速率，另一方面使微生物悬浮混合一致，促进产物代谢。从提高 $K_{L\alpha}$ 而言，搅拌器的作用主要有：

1) 将通入发酵液的空气分散成细小的气泡，增加了氧与液体的接触面积，并防止小气泡的凝聚，从而增大气液相的接触面积；

2) 强化发酵液的湍流程度，降低气泡周围的液膜厚度和湍流中的阻力，有利于氧的传递；

3) 使液体形成涡流，延长气泡在液体中的停留时间，增加了气液接触时间；

4) 减少菌体结团，有利于固液传递中的接触面积的增加，降低细胞周围的液膜阻力，有利于菌体对氧的吸收。搅拌器的形式、直径、转速、组数、搅拌器间距以及在罐内的相对位置等因素都对氧的传递有影响。搅拌器按液流形式可分为轴向式和径向式两种，桨式、锚式、框式和推进式的搅拌器属于轴向式，而涡轮式搅拌器则属于径向式。结合径、轴流搅拌器的混合特点和发酵工业对气液分散和液液、液固的混合要求，在大型的发酵罐中，选用径、轴流混编的搅拌系统取得了很好的效果。底层的径流搅拌能把通入发酵罐的空气迅速分散成小气泡，并在底部均匀分布，上层的轴流搅拌能提供罐内的整体循环混合，使气泡在整个罐内进一步均匀分散，并能有效防止小气泡的聚并，增加了气液混合的时间和空间。因而能更好地提高发酵液中氧的传递速率，增加溶解氧浓度，提高发酵单位。

带有机械搅拌的通风发酵罐的溶氧系数与搅拌器的轴功率有以下的关系：$K_{L\alpha} \propto (P_g/V)^{0.95}V_s^{0.65}$，式中，$V_s$ 为空气线速度，m/s；P_g 为通气搅拌器的轴功率，W；V 为发酵罐中发酵液的体积，m³，这个关系式说明溶氧系数随单位体积的搅拌轴功率增加而增大。当然搅拌功率也不是越大越好，过于激烈的搅拌，会产生很大的剪切力，可能对微生物细胞造成损伤。

2. 空气线速度

机械搅拌通风发酵罐的体积溶氧系数 $K_{L\alpha}$ 与空气线速度 V_s 有以下关系：$K_{L\alpha} \propto V_s^{0.65}$，这个关系式说明氧传递系数是随空气线速度的增加而增大的，当增大通风量时，空气的线速度也就相应地增加，从而增大溶解氧。过大的空气线速度会使搅拌桨叶不能打散空气，气液形成的大气泡在轴的周围逸出，使搅拌效率和溶氧速率都大大降低。搅拌功率对溶氧系数的影响较通

Note

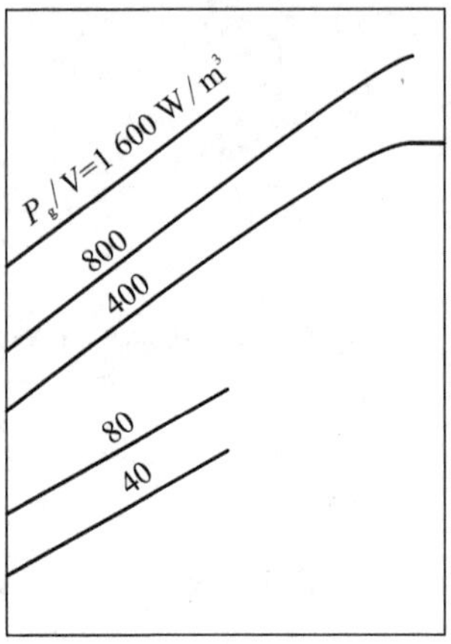

图 6－3　表观空气速度与 K_{La} 的关系(引自梅乐和等,2007)

风量大,即增大搅拌功率比通风量对提高 K_{La} 效果更加明显。开放式涡轮(无圆盘的)或桨叶搅拌器易于使气体不经分散而沿搅拌叶的中心迅速上升,使搅拌效率和溶氧速率都降低。图 6－3 是表观空气速度与氧传递系数的关系。

3. 空气分布管

空气分布管的型式、喷口直径和管口与罐底距离的相对位置对氧溶解速率有较大的影响。发酵罐中采用的空气分布管有单管、多孔环管和多孔分支环管等。当通风量较小时,喷口的直径越小,气泡的直径也就越小,相应地溶氧系数也就越大。而当通风量超过一定值后,气泡的直径与通风量有关,与喷口的直径无关,即在通风量大时,采用单管或环形管,其通风效应不受影响。但是环形管的小孔易堵塞,因此,发酵工业大多数采用单管空气分布器。空气分布器在搅拌器的下方,罐底中间位置,管口向上,使空气喷出就被搅拌器打碎,从而提高了通气效率。管口距罐底的距离根据发酵罐型式等具体决定。根据经验数据,当搅拌器直径与发酵罐直径之比 $d/D>0.3\sim0.4$ 时,管口距罐底约为20～40 mm;当 $d/D=2.5\sim0.3$ 时,管口距罐底约为40～60 mm。

由于发酵罐的空气分布器是位于最下面一层搅拌器的下方,所以最下层搅拌在气液分散中起着至关重要的作用,如果进入发酵罐的空气,不能够被底层搅拌进行良好粉碎而以大气泡形式直接上升,上层搅拌所发挥的作用是非常有限的。理论和实践都证明圆盘涡轮径流型搅拌器能对进入发酵罐的空气进行很好的分散,所以底层搅拌宜采用圆盘涡轮式搅拌器,上层宜采用平桨式搅拌器。

4. 发酵罐的高径比

发酵罐圆柱体部分高度能延长空气与发酵液的接触时间,增加氧在发酵液中的溶解度。发酵罐的高径比一般为 1.7～3,当通风量和单位体积的功率消耗一定的时候,高径比 H/D 从 1 增加到 2 时,K_{La} 可增加 40%左右;当罐的径高比 H/D 从 2 增加到 3 时,K_{La} 增加 20%。发酵罐的容积大(几何相似)空气中氧的利用率就高,而发酵容积小则氧的利用率低。

5. 发酵液的性质

在发酵过程中,微生物生长繁殖和合成代谢产物等可引起发酵液物理性质的改变,特别是黏度、表面张力、离子浓度等,从而影响气泡的大小、气泡的稳定性和体积溶氧系数 K_{La}。此外,发酵液黏度的改变,还影响液体的湍流性、界面或液膜阻力,从而影响溶氧速率 K_{La}。液体的黏度增大时,由于滞留液膜厚度增加,传质阻力就增大,同时黏度也影响扩散系数,致使通气率下降。

6. 氧载体

对于高密度发酵过程或需氧量大的发酵过程,除了增强搅拌和通气等传统方法外,使用氧溶解度高的氧载体(oxygen vector)也能收到很好的效果。使用的氧载体包括动物来源的血红蛋白、硅油、长链的烃和全氟化碳等化合物。氧在全氟化碳中的溶解度大,约是在水中溶解度的 10～20 倍,扩散系数和二氧化碳的溶解度也大,全氟化碳化学性质稳定,密度比水大,在发酵中作为氧载体不但可以改善氧的供应,也有助于将二氧化碳从发酵液中去除。全氟化碳价格昂贵,难以在一般发酵中使用,因此也有人研究在发酵中使用其他氧载体。如 Ho 等在 125 L 发酵罐中比较了青霉素发酵加入正十六烷作为氧载体的效果,在不加正十六烷的发酵中,青霉素的发酵水平仅为 0.7 g/L,而于 66 h 加入正十六烷的发酵,青霉素生产水平达到 1.0 g/L。

血红蛋白水溶性好,用量大,成本高,不能重复使用,其应用不现实。研究人员已将透明颤菌血红蛋白(VHb)基因克隆并在多种微生物和动物细胞中表达,对提高能量代谢效率收到很好的效果。20 世纪 70 年代末在专性好氧的透明颤菌中发现了血红蛋白，这是迄今为止在原核生物中发现的唯一一种血红蛋白。对血红蛋白的功能研究表明，它作为一个氧气携带者，能促进氧气扩散到细胞末端氧化酶上，使细胞在贫氧状态下也能很好地生长。这一功能引起了许多科学家的注意，人们试图从透明颤菌中克隆血红蛋白基因(*vgb*)并研究它对其他微生物生长的影响。1988 年，Khosla 和 Dikishit 分别独立地将 *vgb* 基因从透明颤菌染色体中分离出来并转入大肠埃希菌。转化后的大肠埃希菌中 VHb 及血红素含量比透明颤菌高 407 倍。而后，人们热衷于研究 *vgb* 的导入对重组蛋白质表达量和微生物代谢发酵产物产量的影响。如 Khosrui 等将一段来自嗜热脂肪芽孢杆菌(*Bacillus stearothermophilus*)的 α-淀粉酶基因与 *vgb* 拼接并导入大肠埃希菌，含 *vgb* 的大肠埃希菌工程菌的 α-淀粉酶的表达量无论从单位体积发酵液或单个细胞含量来说都很高，α-淀粉酶的产量比对照(仅含 α-淀粉酶基因)高 2～3 倍。Maynolo 等将 *vgb* 通过质粒 pIJ699 转入浅青霉链霉菌(*Streptomyces lividans*)和天蓝色链霉菌(*S. coelicolor*)中，在限氧条件下不仅使菌体生长量增加，还使天蓝色链霉菌产生的放线紫红素产量提高 10 倍。Demodena 等将 vgb 引入产黄枝顶孢(*Acremonium chrysogenum*)及产黄青霉(*Penicillium chrysogenum*)中，限氧时 VHb 在前者的表达量较高，而且头孢菌素 C 的产量比对照菌株提高 5 倍。这些研究结果表明，*vgb* 的克隆有着很大的应用潜力。表 6-3 列出了 *vgb* 的导入对微生物发酵影响的一些典型例子。

表 6-3　透明颤菌血红蛋白基因的克隆对微生物发酵的影响(引自欧阳平凯，2005)

表达系统	转化子表达的 VHb 对发酵的影响
大肠埃希菌	血红素含量比对照提高 4～7 倍； α-淀粉酶产量为对照的 3.5 倍，细胞密度为对照的 1.4 倍； 蛋白质提高 1.5 倍，α-淀粉酶提高 5%～17%，中性蛋白酶提高 30%； β-半乳糖原过量形成包涵体，β-半乳糖苷酶活力提高 1.5 倍； 提高 cyto 的浓度及活性，改善生长代谢
嗜热脂肪酶	α-淀粉酶产量提高 2～3 倍
谷氨酸棒状杆菌	溶氧在 5%饱和度时，L-赖氨酸的产率比对照提高 30%
天蓝色链霉菌	放线紫红素的产量比对照提高 10 倍，菌体浓度是对照的 1.5 倍
红色糖多孢菌	工程菌的红霉素产量比亲株提高 60%
产黄枝顶孢	限氧时头孢菌素 C 的产量工程菌比对照提高 5 倍
啤酒酵母	细胞密度提高 2 倍
中国仓鼠卵巢细胞	特意性组织纤维溶酶原激活剂(t-PA)水平提高 40%～100%

7. 表面活性剂

在发酵过程中加入的消泡剂具有亲水端和亲油端，会分布在气液界面，增大了传递阻力，使体积溶氧系数 K_{La}下降。黄单胞菌 BT-112 催化合成 α-熊果苷过程中，在发酵过程中加入表面活性剂吐温 80，改善细胞膜通透性，加快物质传递运输，从而提高了菌体对对苯二酚的耐受度，菌体对对苯二酚的最大耐受度为 60 mmol·L^{-1}，发酵周期缩短了 12 h，降低了原料成本，提高了生产效率。图 6-4 为表面活性剂月桂基磺酸钠浓度对溶氧系数 K_{La}、K_L和 d_B(泡沫直径)的影响，从图可以看出，加入少量的表面活性剂，K_{La}和 K_L会快速下降，气泡直径也随着下降，导致比表面积增加，但下降的影响超过增大的作用，所以仍然有很大的下降。随着浓度的增加，直到达到最低值，K_{La}有增大的趋势。

8. 离子强度

发酵液中含有多种盐类，离子强度约为 0.2～0.5 mol/L，K_{La}随离子强度的增大而增大，搅拌和通气消耗的功率越大，则 K_{La}随离子强度增大的幅度越大，有时 K_{La}可高达纯水中的 5～6 倍。在盐溶液中生成的气泡比在水中的要小，所以有较大的比表面积，在相同条件下，溶液的 K_{La}比水的 K_{La}大。图 6-5 表示电解质浓度对 K_{La}的影响，从图可以看出，当盐浓度达到 5 g/L 时，电解质溶液的 K_{La}值就开始出现比水大。

Note

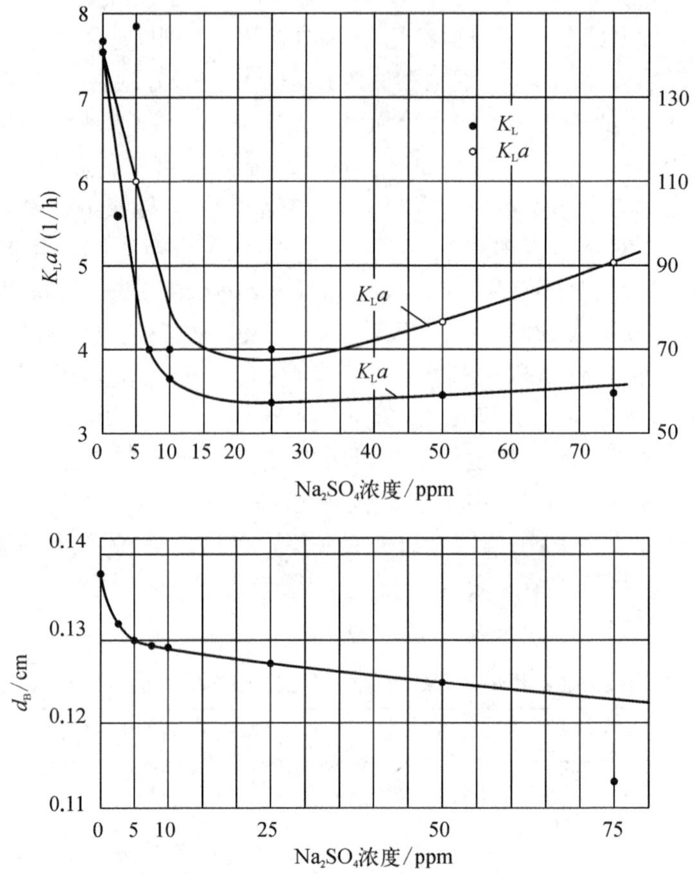

图 6-4 表面活性剂浓度对溶氧系数 K_{La}、K_L 和 d_B(泡沫直径)的影响
(引自梅乐和等,2007)

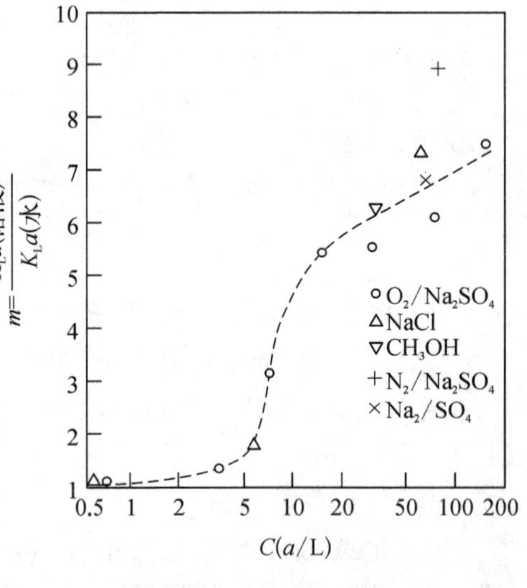

图 6-5 电解质浓度对溶氧系数 K_{La} 的影响
(引自梅乐和等,2007)

6.3.2.2 影响推动力 C^*-C_L 的因素

影响溶液中氧饱和浓度 C^* 的因素有温度、溶液的组成、氧分压等。增加 C^* 可采用以下方法。

1) 降低培养液的温度或培养基中营养物质的含量,但这个方法均有较大的局限性,因为发酵培养基的组成和培养温度是根据已知菌种的生理特性和生物合成代谢的需要而确定的,不能随意改变。

2）提高发酵罐内的氧分压或罐压，虽然提高了氧分压，从而提高了氧的溶解度，但同时也增加了其他气体如二氧化碳的分压，并且二氧化碳在水中的溶解度是氧的30倍，不利于发酵的进行。此外提高罐压，会增加对设备的强度要求。

Note

3）富氧通气发酵，通过增加空气中的氧含量或用纯氧来增加发酵罐内的氧分压，但这种方法成本较高，在大生产中未被采用。

6.3.3　发酵液中溶解氧浓度的控制

发酵液的溶解氧浓度，是由供氧和耗氧两方面决定的，即当发酵的供氧量大于需氧量，溶氧浓度就上升，直到饱和，反之则下降。Kuprijanov 等报道在补料分批培养生产重组蛋白中采用先进的溶解氧浓度控制方法，他们在补料分批发酵操作过程中设计和实验验证先进的 pO_2 控制器，通过三株大肠埃希菌生产不同的重组蛋白来验证这些参数和性能，最终结果显示，新型的控制器导致了重要的工艺变化中信噪比的重要改进，达到一个较高的工艺质量。Chen 等将分批补料发酵技术应用于提高大肠埃希菌 TRFC 生产 L-苏氨酸产量，通过研究不同的发酵底物及发酵条件确定合适的碳源及其浓度以及 C/N 比，当葡萄糖浓度由 5 g/L 至 20 g/L 变化时，控制溶解氧结合分批补料的方法，可提高 L-苏氨酸产量。

在供氧方面，主要是设法提高氧传递的推动力 C^*-C_L 和体积溶氧系数 K_{La} 值，影响因素主要有：通风量、搅拌速度、气体组分中的氧分压、罐压、温度、培养基的物理性质、氧载体等，表6-4比较了各种控制溶解氧可供选择的措施。发酵中通常采用搅拌、控制培养基浓度、控制空气流速、改善发酵罐的结构等措施提高溶氧。

表6-4　各种溶氧控制方法的比较(参考俞俊棠，2003)

措　施	作用参数	投　资	运转成本	效　果	对生产作用	备　注
搅拌转速	K_{La}	高	低	高	好	避免过分剪切
挡板	K_{La}	中	低	高	好	设备上需改装
空气流量	C^*，a	低	低	低		可能引起泡沫
气体成分	C^*	中到低	高	高	好	可能引起爆炸
罐压	C^*	中	低	中	好	罐强度，密封要求高
基质浓度	需求	中	低	高	不肯定	响应较慢，需及早行动
表面活性剂	K_{La}	中	低	高	不肯定	需实验确定
温度	需求 C^*	低	低	变化	不肯定	不常用
氧载体	K_{La}	中	中	好	好	

在耗氧方面，菌体浓度、基质种类和浓度、培养条件等是主要的影响因素，其中以菌体浓度的影响最显著。控制最适溶氧浓度的重要方法之一是控制菌体的比生长速率比临界值略高的水平，达到最适浓度。最适菌体浓度既能保证产物的比生产速率维持在最大值，又不会使需氧大于供氧。在工业生产中可以通过中间补料来控制最适菌体浓度，如在青霉素发酵中，利用溶解氧浓度的变化来调节补糖速率，间接控制供氧速率和 pH，实现菌体生长、溶氧和 pH 三位一体的控制体系。表6-5列出了影响微生物耗氧的工艺条件。

表6-5　影响微生物发酵耗氧的工艺条件(引自俞俊棠，2003)

项　目	工　艺　条　件
菌种特性	好气程度 菌龄、数量 菌的聚集状态，絮状或小球状

Note

续 表

项　目	工　艺　条　件
培养基的性能	基础培养基组成、配比 物理性质：黏度、表面张力等
补料或加糖	配方、方式、次数和时机
温度	恒温或阶段变温控制
溶氧与尾气 O_2 及 CO_2 水平	按生长或产物合成的临界值控制
消泡剂或油	种类、数量、次数和时机
表面活性剂	种类、数量、次数和时机

6.4 基质浓度控制

6.4.1 基质浓度对发酵的影响

基质的种类和浓度与发酵代谢有密切关系，选择适当的基质和控制适当的浓度，是提高代谢产物产量的重要方法。

在分批发酵中，当基质过量时，菌体的比生长速率与营养成分的浓度无关。但生长速率是基质浓度的函数，基质浓度与生长速率的关系可用 Monod 模型 $\mu=\mu_{max}/(Ks+S)$ 来描述(详见第 5 章)。Monod 模型是根据经验拟出的，很明显，它是真实情况过于简单化的描述。菌体生长的真实情况包括很多问题，如抑制问题，其中包括高浓度基质抑制；又如，由于诱导和阻遏机制而导致的反应迟缓，出现滞后现象等。

对产物的形成来说也是如此，培养基过于丰富，有时会使菌生长过盛，发酵液非常黏稠，传质状况很差，菌体细胞不得不用较多能量来维持其生存环境，用于非生产的能量大大增加，这对产物的合成不利。因此，有必要控制基质浓度，使菌体细胞达到一定水平后再逐步加入营养物质供合成产物用。

高浓度基质还可能引起分解代谢阻遏现象，影响产物的形成。例如，在葡萄糖氧化酶(GOD)发酵中，以葡萄糖为碳源，它对 GOD 的形成具有双重效应，即低浓度下有诱导作用，而高浓度下有分解代谢物阻遏作用。试验结果表明，葡萄糖的代谢中间物如柠檬酸三钠、琥珀酸钠、苹果酸钙和丙酮酸钠，对 GOD 的形成有明显的抑制作用。降低葡萄糖用量，从 8%降至 6%，补入 2%氨基乙酸或甘油，使酶活力分别提高 26%或 6.7%，能部分解除由高浓度葡萄糖所产生的分解代谢物阻遏作用。

6.4.2 补料的方式及控制

1. 补料的内容

补料的内容大致可分下列 4 个方面。

1) 补充碳源和能源物质。如向发酵液中添加葡萄糖、饴糖、液化淀粉；作为消沫剂的天然油脂，同时也起到补充碳源的作用。

2) 补充氮源。根据氨基氮消耗利用情况，在发酵中适量补充蛋白胨、豆饼粉、酵母粉、玉米浆、尿素等有机氮源或硫酸铵、氯化铵、硝酸钠、硝酸钾等无机氮源。有些产品采用通入氨水调节 pH 值，兼作无机氮源。如土霉素发酵中，补加酵母粉，可提高发酵单位；青霉素发酵中，后期出现糖利用缓慢、菌浓度变稀、pH 下降等现象，补加尿素可改善这种状况，提高发酵单位。在抗生素发酵工业中，流加氨水是提高发酵产量的有效措施，如与其他条件相配合，发酵单位可提高 50%左右；当 pH 偏高而又需要补氮时，就可补加生理酸性物质硫酸铵，以达到提高氮含量和调节 pH 的双重目的。

3）补加无机盐、微量元素或前体物质。根据代谢需要，在发酵过程中添加一些无机盐、微量元素，如磷酸盐、硫酸锌、硫酸锰、氯化钴、氯化钙等。有些产品还要在发酵过程中的适当时期补入前体物质，以控制和加强抗生素的生物合成。

Note

4）对于产诱导酶的微生物，在补料中适当加入该酶的作用底物，有利于提高酶的产量。

此外，有些品种在发酵过程中，培养液的菌丝浓度或黏度太大，影响通气搅拌和抗生素合成，可采取补水或补稀料的措施，收到较好的效果。稀料的成分，各品种不同，有的补全料，有的只补部分碳源和氮源物质。

2. 补料的原则

早期的发酵生产是采用一次性投料发酵，到放罐结束。这涉及菌体的代谢调节问题，菌体的生理调节活动和生物合成，除了决定于本身的遗传特性外，还决定于外界的环境条件，其中一个重要的条件就是培养基的组成和浓度。若在菌体的生长阶段，有过于丰富的碳源和氮源以及适合的生长条件，就会使菌体向着大量菌丝繁殖方向发展，使得养料主要消耗在菌丝生长上；而在生产阶段养料便不足以维持正常生理代谢和合成的需要，导致菌丝过早自溶，使生物合成阶段缩短。

在现代发酵工业的大规模生产中，中间补料的数量一般为基础料的 1～3 倍。如果把所有加料全部合并在基础培养基内，势必造成菌体代谢的紊乱而失去控制，也可能因培养基浓度太高，影响细胞膜内渗透压而无法生长。

因此，补料的原则就在于控制微生物的中间代谢，使之向着有利于产物积累的方向发展。为此，要根据菌体的生长代谢、生物合成规律，利用中间补料的措施给予产生菌适当的调节，让它在生物合成阶段有足够但又不过多的养料供给其合成和维持正常代谢的需要。

3. 补料方式

补料方式有多种情况，有连续流加、不连续流加或多周期流加。连续流加又可分为快速流加、恒速流加、指数速率流加和变速流加。从补加培养基的成分来分，又可分为单组分补料和多组分补料。

不同的补料方式会产生不同的效果，表 6－6 列举了发酵过程中采用不同补料措施，对细胞密度、生长速率及产率产生不同的效果。从表中看出，控制最低溶解氧浓度可使细胞密度大于 40 g/L；加入葡萄糖、蔗糖及适当的盐类，并通过氨水控制 pH，有利于产率的增加；中等的生长速率有利于细胞密度和发酵产率的提高。

表 6－6　补料方式对细胞密度、生长速率和产率的影响（参考俞俊棠等，2003）

菌　种	中 间 补 料	通气成分	细胞干重/(g/L)	比生长速率/h^{-1}	产率/[g/(L·h)]
大肠埃希菌	补葡萄糖，控制溶氧不低于临界值	O_2	26	0.46	2.3
大肠埃希菌	改变补蔗糖量，控制溶氧不低于临界值	O_2	42	0.36	4.7
大肠埃希菌	按比例补入葡萄糖和氨，控制 pH	O_2	35	0.28	3.9
大肠埃希菌	按比例补入葡萄糖和氨，控制 pH，低温，维持最低溶氧浓度大于 10%	O_2	47	0.58	3.6
大肠埃希菌*	以恒定速率补加碳源，使氧的供应不受限制为条件	O_2	43	0.38	0.8
大肠埃希菌（含重组质粒）	补碳源，限制细胞的生长，避免产生乙酸	空气	65	0.10～0.14	1.3
大肠埃希菌（含重组质粒）	补碳源，控制细胞生长	空气	80	0.2～0.13	6.2

* 合成培养基，其余均采用完全培养基

4. 补料的控制

流加操作控制系统可分为反馈控制和无反馈控制两类。反馈控制系统是由传感器、控制器

Note

和驱动器三个单元所组成。为了有效地进行中间补料，必须选择恰当的反馈控制参数，以及了解这些参数与微生物代谢、菌体生长、基质利用以及产物形成之间的关系。采用最优的补料程序也是依赖于生长曲线形态、产物生产速率及发酵的初始条件等情况。因此，欲建立分批补料培养的数学模型及选择最佳控制程序都必须充分了解微生物在发酵过程中的代谢规律及对环境条件的要求。

根据控制的指标不同，分为直接法和间接法。由于长期缺乏可靠的适时测定手段，无法控制适时补料，所以直接法一直没有用于发酵控制。目前出现了各种类型生物传感器，可供底物和产物的在线分析。但其应用仍然存在一些问题（如耐热性差）尚待解决。随着一系列技术障碍的克服，该法将会逐步得到普及。

间接法是以溶氧、pH、呼吸商、排气中 CO_2 分压及代谢产物浓度等作为控制参数。对间接法来说，关键在于选择与过程直接相关的可检参数作为控制指标。这就需要详尽考查分批发酵的代谢曲线和动力学特征，获得各个参数之间的有意义的相互关系来确定控制参数。对于通气发酵，利用排气中 CO_2 含量作为反馈控制参数是较为常用的间接方法。如控制青霉素生产所用的葡萄糖流加的质量平衡法，就是利用 CO_2 的反馈控制。在青霉素发酵中加糖会引起尾气 CO_2 含量的增加和发酵液 pH 的下降（图 6-6），这是因为糖被利用产生有机酸和 CO_2，并溶于水中。糖、CO_2、pH 三者的相关性可作为青霉素工业生产上补料控制的参数。尾气 CO_2 的变化比 pH 更为敏感，所以可测定尾气 CO_2 的释放率来控制加糖速率。

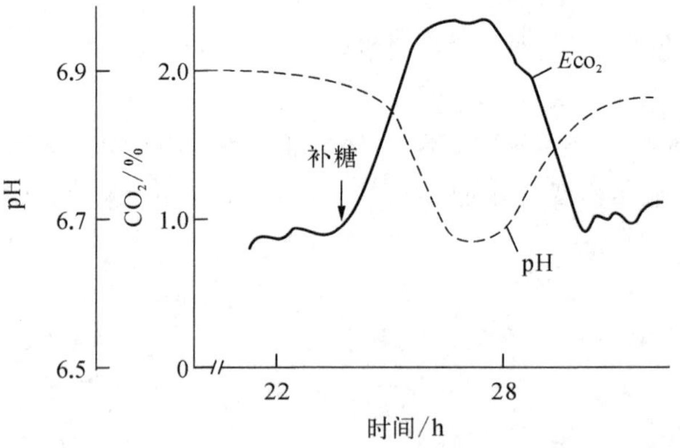

图 6-6　加糖对尾气 CO_2 和 pH 的影响
（参考俞俊棠等，2003）

在谷氨酸发酵过程中的某阶段，生产菌的摄氧率和基质消耗速率之间存在着线性关系。根据这种关系，补料速率可通过摄氧率来控制，将补料速率控制在与基质消耗速率相等的状态，测出分批加糖过程中排气中氧浓度，可求得摄氧率（*OUR*），其与糖耗速率（Q_SX）之间的线性关系式如下：

$$K = OUR/Q_SX = \text{耗氧量 (mmol } O_2\text{)} / \text{糖耗 (mmol)}$$

利用 K 值和摄氧率可间接估算糖耗。按反应式 $C_6H_{12}O_6 + 1.5O_2 + NH_3 \longrightarrow C_5H_9O_4N + CO_2 + 3H_2O$ 计算，理论上可得 K 值为 1.5。根据摄氧率与糖耗速率之间的线性关系制定的加糖模型在加糖时发现，最佳 K 值应为 1.75。

图 6-7 显示 3 批谷氨酸发酵中糖浓度的控制受 K 值的影响。$K = 1.5$ 情况下糖耗估计过高，发酵罐中补糖过量；$K = 2.16$ 的情况下糖耗又过低；只有在 $K = 1.75$ 的情况下加糖速率等于糖耗速率。在 30 L 发酵罐中进行了计算机控制系统与常规分批加糖方法的比较研究，其结果见表 6-7。实验证明，以估算糖耗为基础的连续加糖法可缩短发酵周期，而且最终谷氨酸浓度和转化率比分批加糖法高。

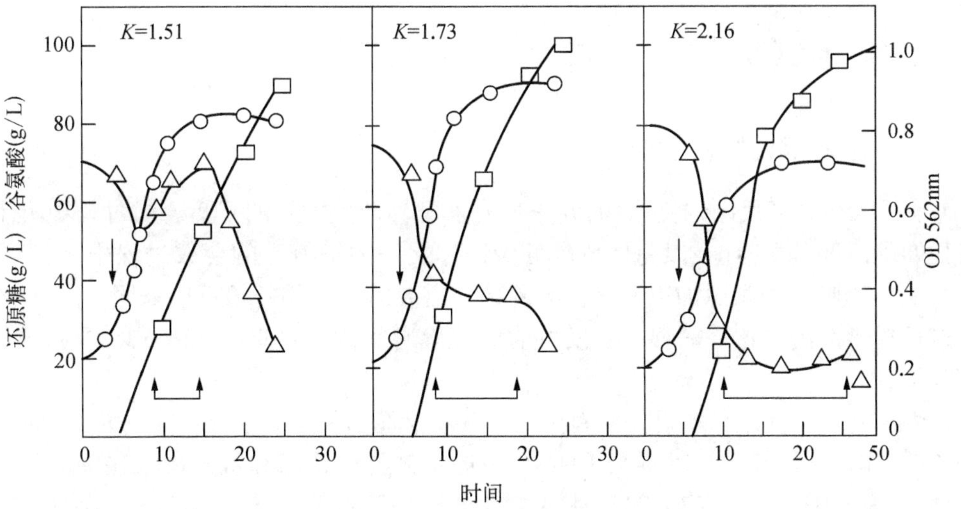

图 6-7　谷氨酸发酵中 K 值对糖浓度的控制的影响(参考俞俊棠等,2003)

○—OD;□—谷氨酸;△—还原糖;↓—加青霉素;↑__↑加糖期

表 6-7　连续补料和分批补料发酵的比较

项　　　目	连 续 法	分 批 法
批数	4	4
加糖总量,g	190±3	189±4
残糖,g/L(终体积)	23.3	24.6
发酵时间,h	23.0	27
最终谷氨酸浓度	95.2	90.8
糖转化率,g/g	0.504	0.479

优化补料速率也是补料控制中十分重要的一环,因为养分和前体需要维持适当的浓度,而它们则以不同的速率被消耗,所以补料速率要根据微生物对营养物质的消耗速率及所设定的培养液中最低维持浓度而定。例如 Ryu 等(1980)用连续培养方法测定了在不同比生长速率下青霉素生产菌产黄青霉的碳、氮、氧、磷、硫和乙酸盐及菌最适生长所需的各种基质的补料速率,见表 6-8。

表 6-8　产黄青霉突变株的各种养分比吸收速率

养分或前体	比 吸 收 速 率	所 需 补 料 速 率
己糖	0.33 mmol/(g・h)	13.2 mmol/(L・h)
	1.6(最适)mmol/(g・h)	64.0 mmol/(L・h)
NH_3	2.0 mg/(g・h)	80 mg/(L・h)
PO_4^{3-}	0.6 mg/(g・h)	24 mg/(L・h)
SO_4^{2-}	2.8 mg/(g・h)	112.0 mg/(L・h)
苯乙酸	1.8 mg/(g・h)	72.0 mg/(L・h)

为了改善发酵培养基的营养条件和去除部分发酵产物,还可采用“放料和补料”(withdraw and fill) 方法,也就是说,发酵一定时间,产生了代谢产物后,定时放出一部分发酵液(可供提炼),同时补充一部分新鲜营养液,并重复进行。这样就可以维持一定的菌体生长速度,延长发酵产物分泌期,有利于提高产物产量,又可降低成本。所以这也是另一个提高产量的方法,但要注意染菌的问题。

Note

6.5 二氧化碳对发酵的影响及控制

6.5.1 二氧化碳对发酵的影响

CO_2是呼吸和分解代谢的终产物，几乎所有发酵均产生大量的CO_2。同时，CO_2也可作为某些合成代谢的重要基质，如在以氨甲酰磷酸为前体之一的精氨酸的合成过程中，无机化能营养菌能以CO_2作为唯一的碳源加以利用。异养菌在需要时可利用补给反应来固定CO_2，细胞本身的代谢途径通常能满足这一需要。若发酵前期大量通气，可能出现CO_2减少，导致这种异养菌延迟期延长。

CO_2对微生物生长具有刺激或抑制作用。环状芽孢杆菌（*Bacillus circulus*）等的发芽孢子在开始长（并非孢子发芽）时，就需要CO_2，CO_2还是大肠埃希菌和链孢菌某些突变株的生长刺激因子，菌体有时需含30%CO_2的气体才能生长。CO_2对菌体生长还具有抑制作用，排气中CO_2浓度高于4%时，菌体的糖代谢和呼吸速率都下降。发酵液中的CO_2浓度达1.6×10^{-2} mol/L时，酵母菌生长就受到严重抑制。用扫描电子显微镜观察CO_2对产黄青霉生长形态的影响，发现菌丝形态随CO_2含量不同而改变，当CO_2含量在0～8%，菌丝主要呈丝状，上升到15%～22%时则呈膨胀、粗短的菌丝，CO_2分压再提高到0.08×10^5 Pa时，则出现球状或酵母状细胞，使青霉素合成受阻。

CO_2对微生物发酵也有直接影响，对不同微生物的不同类型发酵可能存在刺激或抑制作用。牛链球菌（*Streptococcus bovis*）发酵生产多糖，最重要的条件就是空气中要含有5%的CO_2。精氨酸发酵，也需要有一定的CO_2才能得到最大产量，CO_2的最适分压约为0.12×10^5 Pa，高于或低于此分压，产量都会降低。CO_2对发酵也能产生抑制作用，如对肌苷、异亮氨酸和组氨酸发酵，特别对抗生素发酵，影响尤为明显。

早在40年前，就已发现大气中的CO_2影响青霉素生产，排气中CO_2含量大于4%时，即使溶解氧在临界氧浓度以上，青霉素合成和菌体呼吸强度都受到抑制，空气中的CO_2分压达0.081×10^5 Pa时，青霉素的比生产速率下降50%。CO_2也抑制氨基糖苷类抗生素紫苏霉素（sisomicin）的合成。在300 L发酵罐空气进口通以1% CO_2，发现微生物对基质的代谢极慢，菌丝增长速度降低，紫苏霉素的产量比对照组降低33%。通入2%CO_2，紫苏霉素的产量比对照降低85%，CO_2的含量超过3%，则不产生紫苏霉素。CO_2对红霉素合成也产生明显抑制作用，从发酵15小时起，开始按进气量的11%导入CO_2，红霉素产量减少60%，而产生菌生长并无影响。有人在63 m^3发酵罐中考查溶解CO_2对四环素合成的影响，结果表明，当CO_2分压为0.0042×10^5 Pa时，四环素的生物合成处于最佳状态。

CO_2对细胞的作用机制，主要是CO_2及HCO_3^-都会影响细胞膜的结构。它们分别作用于细胞膜的不同位点。溶解于培养液中的CO_2主要作用于细胞膜的脂质核心部位，HCO_3^-影响细胞膜的膜蛋白。当细胞膜的脂质相中的CO_2浓度达到临界值时，膜的流动性及表面电荷密度就发生改变，使许多基质的膜运输受到阻碍，影响细胞膜的运输效率，导致细胞处于“麻醉”状态，细胞生长受到抑制，形态发生改变。除上述机制外，还有其他机制影响微生物发酵，如CO_2抑制红霉素生物合成，可能是CO_2对甲基丙二酸前体合成产生反馈抑制作用，使红霉素发酵单位降低。CO_2还可能使发酵液pH下降、或与其他物质发生化学反应、或与生长必需的金属离子形成碳酸盐沉淀、或氧的过分消耗使溶氧下降等原因，造成间接作用而影响菌的生长和发酵产物的合成。

CO_2对发酵的影响很难进行估算和优化，在大规模发酵中CO_2的作用尤其会成为突出的问题。因发酵罐中CO_2的分压是液体深度的函数，10 m深的发酵罐在1.01×10^5 Pa气压下操作，底部CO_2分压是顶部CO_2分压的2倍。为了排除CO_2的影响，必须考虑CO_2在培养液中的溶解度、温度及通气情况。在发酵过程中，如遇到泡沫上升而引起“逃液”时，采用增加罐压的方法来消泡。但这样会增加 CO_2 的溶解度，可能对菌体生长或产物合成不利。

6.5.2　二氧化碳浓度的控制

Note

CO_2 浓度的控制应随它对发酵的影响而定。如果 CO_2 对产物合成有抑制作用，则应设法降低其浓度；若有促进作用，则应提高其浓度。控制发酵液中 CO_2 浓度，可考虑以下措施。

1. 通风量控制

发酵过程中通过控制通风量，可以达到调节 CO_2 浓度的目的。发酵中增大通风量，既可以保证发酵液中的溶解氧浓度，又可以随废气排出发酵产生的 CO_2，使之低于能产生抑制的浓度；降低通风量，有利于增加 CO_2 在发酵液中的浓度。在四环素发酵中，发酵前期（前 40 h）采用较小的通风量和较低的搅拌转速，增加发酵液中 CO_2 的浓度，发酵 40 h 以后加大通风量和提高搅拌转速，降低发酵液中 CO_2 浓度，四环素产量提高 25%～30%。

2. 罐压控制

CO_2 浓度也可以通过控制罐压的方法实现，降低罐压就可以降低 CO_2 的分压，也就降低了发酵液中的 CO_2 浓度。但同时也降低了氧在发酵液中的饱和分压，减少了溶氧。液位高度也是一个控制指标，对 CO_2 敏感的发酵生产，不宜采用大高径比的反应器。另外发酵液温度越高，CO_2 在发酵液中的溶解度越小，所以提高发酵温度也可以降低 CO_2 浓度。降低发酵液的 pH，也可以减少 CO_2 在发酵液中的溶解，降低 CO_2 浓度。这些控制措施都应与发酵的工艺条件相结合。

3. 补料控制

CO_2 的产生与补料发酵工艺控制密切相关，如在青霉素发酵中，补糖会增加发酵液中 CO_2 浓度和降低发酵液的 pH。因为补加的糖用于菌体生长、菌体维持和青霉素合成三方面，它们都产生 CO_2，使 CO_2 产量增加。溶解在发酵液中的 CO_2 和代谢产生的有机酸，又使发酵液 pH 下降。因此，补糖、CO_2、pH 三者之间具有相关性，被用于青霉素补料工艺的控制参数，其中以排气中的 CO_2 量的变化比 pH 变化更为敏感，故可采用 CO_2 释放率作为控制补糖参数。

6.5.3　呼吸商与发酵的关系

呼吸商（respiratory quotient；*RQ*）是指菌体二氧化碳释放速率（carbon dioxide excretion rate；*CER*）与菌体的摄氧速率（oxygen uptake rate；*OUR*）之比。

RQ 可以反映菌的代谢情况，如酵母培养过程中 $RQ=1$，表示糖进行有氧分解代谢，仅生成菌体，无产物形成；$RQ>1.1$，糖经 EMP 途径生成乙醇。

同一种微生物利用不同基质时，*RQ* 可以不同。例如，*E. coli* 以延胡索酸为基质 $RQ=1.44$；以丙酮酸为基质，$RQ=1.26$；以琥珀酸、乳酸、葡萄糖为基质，*RQ* 分别为 1.12、1.2 和 1.00。

在抗生素发酵中，由于存在菌体生长、维持及产物形成的不同阶段，其 *RQ* 值也不一样。青霉素发酵的理论呼吸商，菌体生长 $RQ=0.909$；菌体维持 $RQ=1$，青霉素生产 $RQ=4$。从上述情况看，发酵早期，主要是菌生长，$RQ<1$；过渡期菌体维持其生命活动，产物逐渐形成，基质葡萄糖的代谢不足，仅用于菌体生长，*RQ* 比生长期略有增加。产物形成对 *RQ* 的影响较为明显，如产物还原性比基质大，*RQ* 增加；产物氧化性比基质大，*RQ* 就减少。其偏离程度决定于单位菌体利用基质形成的产物量。

实际生产中测定的 *RQ* 值明显低于理论值，说明发酵过程中存在着不完全氧化的中间代谢物和除葡萄糖以外的其他碳源。如发酵过程中加入消泡剂，由于它具有不饱和性和还原性，使 *RQ* 值低于葡萄糖为唯一碳源时 *RQ*。青霉素发酵中，试验结果表明，*RQ* 为 0.5～0.7 之间，且随葡萄糖与消泡剂加入量之比而波动。

Note

6.6 泡沫对发酵的影响及控制

6.6.1 泡沫对发酵的影响

在深层发酵过程中由于通气和搅拌、代谢气体的逸出以及培养基中糖、蛋白质、代谢物等稳定泡沫的表面活性物质的存在，使发酵液中产生一定数量的泡沫。这些泡沫的存在可以增加气液接触面积，导致氧传递速率的增加。特别在啤酒发酵中需要提高发酵液的发泡能力，使啤酒泡沫稳定。

但在好气性发酵中，当发酵旺盛时会产生大量泡沫，而引起"逃液"，给发酵造成困难，带来许多副作用，主要表现在：① 降低了发酵罐的装液系数。大多数罐的装液系数为0.6～0.7，余下的空间用于容纳泡沫。② 增加了菌群的非均一性。由于泡沫液位的变动，以及不同生长周期微生物随泡沫漂浮，或黏附在罐壁，使附着的菌体改变了环境，有的分化，有的瓦解，影响了菌群的整体效果。③ 增加了污染杂菌的机会。培养基随泡沫溅到轴封处容易染菌。④ 导致产物的损失。大量起泡引起"逃液"，如降低通气量或加入消泡剂将干扰工艺过程。⑤ 消泡剂的加入将给提取工序带来困难。另外，泡沫过多还会严重影响通气搅拌的正常进行，影响氧的传递，妨碍菌的呼吸，结果造成代谢异常，导致产量下降或菌体提前自溶。因此，在发酵过程中如何避免泡沫的过多产生是保证发酵正常进行的关键。

6.6.2 泡沫的形成和性质

泡沫是气体分散在少量液体中的胶体体系，泡沫间被一层液膜隔开而彼此不相连通。发酵中所遇到的泡沫，其分散相是无菌空气和代谢气体，连续相是发酵液。按发酵液的性质不同，泡沫一般有两种类型：一种是发酵液液面上的泡沫，气相所占的比例特别大，与液体有较明显的界面，在一些稀薄的种子液、前期发酵液中常见到；另一种是发酵液中的泡沫，又称流态泡沫(fluid foam)，此类泡沫分散很细且均匀，比较稳定，与液体之间无明显的界面，气体分散相所占比例由下而上地逐渐增大。

泡沫的形成有两种原因：一种是由外界引进的气流被机械地分散而形成；另一种是由发酵过程中产生的气体聚结而成，这种泡沫称为发酵泡沫(fermentation foam)，它只有在代谢旺盛时才比较明显。泡沫形成的必要条件是：① 气、液两相共存；② 有表面张力(surface tension)大的物质存在。泡沫的稳定性主要与液体的表面性质(如表面张力、表面黏度和机械强度等)有关。所谓表面张力，是一种沿着液体表面并与表面相切、力图使表面缩小的力，即一种将液体表面的分子拉在一起的力。各种物质因其分子间的相互作用力不同，表面张力也不同。凡能够强烈降低液体表面张力的物质叫做表面活性剂(surfactant)。液体表面张力降低，就增加了泡沫的稳定性。表面活性剂在气泡周围形成坚固的保护膜，大大增强了泡沫的机械强度。泡沫的稳定性很大程度上还取决于液体的黏度和表面黏度，即气泡液膜的黏度。表面黏度对外力起着"缓冲"作用。此外，泡沫的表面积、温度、pH、溶液的浓度等对泡沫的稳定性均有影响。

6.6.3 发酵过程中泡沫的消长规律

发酵时起泡的方式有5种：① 整个发酵过程中，泡沫保持恒定的水平；② 发酵早期，起泡后稳定地下降，以后保持恒定；③ 发酵前期，泡沫稍微降低后又开始回升；④ 发酵开始起泡能力低，以后上升；⑤ 以上类型的综合方式。

根据泡沫产生的原因，可以找到一些泡沫消长的规律，它与许多因素有关。首先，泡沫的产生与通气、搅拌的剧烈程度有关。通常来说，泡沫随着通气量和搅拌速度的增加而增加，并且搅拌所引起的泡沫比通气来得大。所以当泡沫过多时，可以通过减少通气量和搅拌速度作消极预防。

Note

泡沫的多寡与培养基的成分有关。蛋白胨、玉米浆、黄豆饼粉、花生饼粉、酵母粉、蜜糖等是主要的发泡因素，其起泡能力随品种、产地、贮藏加工条件而不同。还与配比有关，如丰富培养基，特别是花生饼粉或黄豆饼粉的培养基，黏度较大，产生的泡沫多而持久。糖类物质本身起泡能力较差，但在丰富培养基中高浓度糖类物质增加了培养液的黏度，有利于泡沫的稳定，例如，葡萄糖在黄豆饼粉溶液中的浓度越高，起泡能力也越强。

培养基的灭菌方法、灭菌温度和时间，也会改变培养基的性质，从而影响培养基的起泡能力。如糖蜜培养基的灭菌温度从 110℃升高到 130℃（灭菌持续时间为 0.5 h），发泡系数（foaming coefficient）几乎增加一倍。这可能是由于形成大量蛋白黑色素和 5-羟甲基（呋喃醇）糠醛的缘故。

在发酵过程中，培养液的性质随微生物的代谢活动而不断变化，因此影响泡沫的消长。图 6-8 表示的是霉菌发酵过程中的液体表面性质与泡沫稳定性的关系。由图可见，发酵初期泡沫的高稳定性与高的表观黏度（appearance viscosity）和低表面张力有关。随着霉菌产生的蛋白酶、淀粉酶的增多及其对碳、氮源的利用，造成泡沫稳定的蛋白质分解，培养液黏度降低，促进表面张力提高，泡沫的寿命逐渐缩短，泡沫减少。另外，菌体也有稳定泡沫的作用。在发酵后期菌体自溶，可溶性蛋白质浓度增加，又促使泡沫上升。

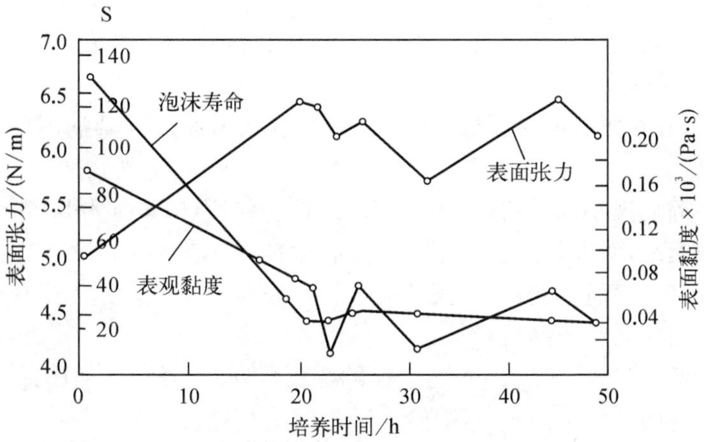

图 6-8　霉菌发酵过程中液体性质与泡沫的关系
（参考俞俊棠等，2003）
（培养基含有 1.5%玉米浆、5%葡萄糖，接种量 6%）

6.6.4　泡沫的控制

泡沫的控制，可以采用两条途径：第一，通过调整培养基中的成分（如少加或缓加易起泡的原材料）或改变某些物理化学参数（如 pH、温度、通气和搅拌）或者改变发酵工艺（如采用分次投料）来控制，以减少泡沫形成的机会。但这些方法的效果有一定的限度。第二，采用机械消泡或化学消泡剂来消除已形成的泡沫。该途径仍是当今发酵工业中泡沫控制的常用方法。可单用机械消泡或化学消泡，也可二者兼用。近年来，也注意到从微生物本身的特性着手，防止泡沫的形成，采用杂交育种技术已选育出不产泡沫的土霉素生产菌株。此外，利用几种微生物混合培养，例如产碱菌、土壤杆菌同莫拉氏菌一起培养，能控制培养过程中泡沫的形成，这是由于一株培养物产生的泡沫形成物质被另一协作菌株同化的缘故。

1. 机械消泡

机械消泡是依靠物理学的原理，即靠机械力引起强烈振动或者压力变化，促使泡沫破裂。消泡装置可放在罐内或罐外。罐内最简单的消泡装置是在搅拌轴上方安装消泡桨，型式多样，泡沫借旋风离心场作用被压碎。为提高消泡效果可将少量消泡剂加到机械消泡转子上，再喷洒到主流液体中。罐外消泡法，是将泡沫引出罐外，通过喷嘴的加速作用或离心力来消除泡沫。

机械消泡的优点在于不需要引进外界物质，如消泡剂，可减少培养液性质复杂化的程度，不会增加下游工段的负担，并可节省原材料，减少污染机会。缺点是不能从根本上消除引起稳定泡沫的因素，消泡效果不够理想，一般仅作为消泡的辅助方法。

Note

2. 化学消泡

(1) 消泡原理

由于泡沫的形成因素很多，所以化学消泡的机制也不能用单一的理论来概括。一般来说，其机制大致有：

1) 当泡沫表层存在着极性的表面活性物质而形成双电层时，可以加另一种具有相反电荷的表面活性剂，以降低其机械强度，或加入某些具有强极性的物质，以与发泡剂(foam agent)争夺液膜上的空间，并使液膜的机械强度降低，进而促使泡沫破裂。

2) 当泡沫的液膜具有较大的表面黏度时，可加入某些分子内聚力较小的物质，以降低液膜的表面黏度，从而促使液膜的液体流失而使泡沫破裂。

当然一个好的消泡剂最好同时能具有上述两种性能，即能同时降低液膜的弹性(机械强度)和表面黏度。此外，为了使消泡剂易于分散在泡沫面上，消泡剂须有较小的表面张力。

(2) 对消泡剂的要求

作为发酵工业理想的消泡剂，应符合下列要求：

1) 消泡剂必须是表面活性剂。具有较低的表面张力，消泡剂的表面张力低于发酵液表面张力和界面表面张力之和。

2) 消泡剂对气-液界面的铺展系数必须足够大，以能迅速发挥其消泡活性，这就要求消泡剂具有一定的亲水性。

3) 在水中的溶解度极小，保持其持久的消泡或抑泡作用(foam inhibition)。

4) 对发酵过程无毒，对人、畜无害，不影响生物合成。

5) 能耐高压蒸汽灭菌而不变性，在灭菌温度下对设备无腐蚀性或不形成腐蚀性产物。

6) 不影响产物的提取和产品质量。

7) 不干扰分析系统，如溶解氧、pH 测定仪的探头，最好不影响氧的传递。

8) 来源方便，价格便宜，添加装置简单。

(3) 消泡剂的种类和性能

发酵工业中常用的消泡剂有天然油脂类、聚醚类、高级醇类和硅树脂类。此外还有脂肪酸、亚硫酸和磺酸盐等。

1) 天然油脂　　发酵工业上中常用的有豆油、玉米油、米糠油、棉籽油、鱼油及猪油等。在发酵中除用于消泡外，还可作为碳源和中间补料用。不同的油脂类消泡剂对抗生素发酵产生的作用也不同。例如对青霉素 194 菌种发酵，抹香鲸油有刺激作用，可以促进青霉素的形成。又如土霉素发酵，豆油、玉米油较好，而亚麻油就会产生不良作用。使用时要注意油脂的新鲜程度。放置时间长的油脂酸价高，对生产菌的生长及产品的合成有抑制作用。植物油与铁离子接触能与氧形成过氧化物，对四环素、卡那霉素等合成不利。由于油脂分子中无亲水基，在发泡介质中难铺展，所以消泡能力较差。又因油的成本和折粮单耗都较高且用量较大，目前已有逐渐被合成消泡剂取代的趋势。

2) 聚醚类　　聚醚类消泡剂的品种很多，应用较多的是聚氧丙烯甘油(GP)和聚氧乙烯氧丙烯甘油 (GPE)，聚氧丙烯甘油是氧化丙烯与甘油聚合而成的；聚氧乙烯氧丙烯甘油则是氧化丙烯和环氧乙烷与甘油聚合而成的聚合物，它们以一定比例配制的消泡剂又称泡敌，用量为0.03%～0.035%，消泡能力比植物油大 10 倍以上。它们的结构通式如下：

$$\begin{array}{l} CH_2—O(C_3H_6O)_mH \\ | \\ CH—O(C_3H_6O)_mH \\ | \\ CH_2—O(C_3H_6O)_mH \end{array}$$

聚氧丙烯甘油

$$\begin{array}{l} CH_2—O(C_3H_6O)_m—(C_2H_4O)_nH \\ | \\ CH—O(C_3H_6O)_m—(C_2H_4O)_nH \\ | \\ CH_2—O(C_3H_6O)_m—(C_2H_4O)_nH \end{array}$$

聚氧乙烯氧丙烯甘油

GP的亲水性差，在发泡介质中的溶解度小，所以，用于稀薄发酵液中要比用于黏稠发酵液中的效果好。其抑泡性能比消泡性能强，适于在培养基中加入，能抑制整个发酵过程中泡沫的产生。如在链霉素发酵中，加入基础培养基，抑泡效果明显，消泡效果相当于豆油的60～80倍，对发酵无不良影响。而GPE的亲水性好，在发泡介质中易铺展，消泡能力强，作用又快；但其相应的溶解度也大，消泡活性维持的时间短，因此，在黏稠发酵液中使用效果比在稀薄发酵液中好。

3）高级醇和酯类　在高级醇中，十八醇是较常用的一种，可以单独或与载体一起使用。据报道，它与冷榨猪油一起控制青霉素发酵的泡沫，效果较好。另外，聚二醇具有消泡效果持久的特点，尤其适用于霉菌发酵。苯乙酸酯类（苯乙酸乙酯等）及苯乙醇油酸酯等，在苄青霉素发酵中既可作为前体，又可作为消泡剂，效果很好。特别是苯乙醇油酸酯，还可提高青霉素发酵单位。

4）硅酮类　硅酮类消泡剂主要是聚二甲基硅氧烷及其衍生物。其分子结构通式为：

$$(CH_3)_3SiO[Si(CH_3)_2]_nSi(CH_3)_3$$

它是无色液体，不溶于水，表面张力可低至2.4 Nm^{-1}。单独使用效果很差，因此，硅酮消泡剂常与分散剂（dispersing agent）（微晶 SiO_2）一起使用，也可与水配成10%的纯硅酮乳液。实验证明，这类消泡剂较适用于微碱性的放线菌和细菌发酵。对pH为5.0左右的发酵液，消泡效果较差。

另一种硅酮类消泡剂是羟基聚二甲基硅氧烷。这是一种亲水性硅酮消泡剂，曾使用于青霉素和土霉素发酵中。消泡能力随羟基含量（0.22%～3.13%）的增加而提高。

（4）消泡剂的应用

消泡剂，特别是合成消泡剂的消泡效果与使用方式很有关系。消泡剂加到发酵罐中能否起作用取决于它的扩散能力。消泡剂多数是溶解度小、分散性不是特别好的高分子化合物，所以在使用时，要考虑如何降低它的黏度和提高它的分散性，来增强它们的消泡效果。使用的增效方法有：

1）加载体增效　即用惰性载体（如矿物油、植物油）使消泡剂溶解分散，达到增效的目的。如硅酮类消泡剂，以石蜡油为载体比使用纯硅酮效力高，以葵花子油为载体也提高了消泡效力。GP用豆油为载体（消泡剂：油＝1：1.5）的效果比单用GP好。

2）消泡剂并用增效　取各种消泡剂的优点进行互补，达到增效，如亲水性强的聚氧乙烯甘油和亲水性差的聚氧乙烯氧丙烯甘油1：1混合使用于土霉素发酵，结果比单独使用GP的效力提高2倍。

3）乳化消泡剂增效　用乳化剂（emulsifying agent）将消泡剂制成乳剂，以提高分散能力，增强消泡效力，一般只适用于亲水性差的消泡剂。如聚氧丙烯甘油用土温－80制成的乳剂，用于庆大霉素发酵，效力提高了1～2倍。

消泡作用的持久性除了与本身性能有关外，还与加入量及加入时机有密切关系。同样用量的消泡剂少量多次的持久效果与少次多量的大不一样。少量多次或滴加可以收到有效防止泡沫产生和节省用量的双重效果。如在青霉素发酵中采用滴加玉米油的方式，防止了泡沫的大量形成，减少了用油量，也有利于菌的代谢和青霉素的合成。

使用天然油脂时应注意一次不能加得太多，过多的油脂会被脂肪酶等分解为各种有机酸、脂肪酸，使pH降低，溶氧大幅度下降，这时加强供氧可减轻这种不利作用。植物油与铁会形成过氧化物，它对某些抗生素，如四环素、卡那霉素等的生物合成有不良影响。在豆油中加入0.1%～0.2% α-萘酚或萘胺等抗氧剂，可有效地防止过氧化物的产生，而不影响发酵单位。

关于消泡剂对微生物的影响，从现有的实验数据和结果还难于评定。过量的消泡剂通常会影响菌呼吸活性、物质透过细胞壁的运输速率和氧的传质速率。所以，在生产过程中应尽可能减少消泡剂的用量。在应用消泡剂之前需作比较性的试验，找出一已知培养基中消泡剂对微生物生理特性影响最小、消泡效率最大的条件,并应考虑消泡剂的成本及对终产物的影响。此外,应联合使用化学与机械方法控制泡沫,并采用相应的自动控制系统。

Note

6.7 发酵过程的优化与控制

6.7.1 发酵过程的优化

发酵过程优化的目的是使细胞生理调节、细胞环境、反应器特性、工艺操作条件与反应器控制之间这种复杂的相互关系尽可能地简化,并对这些条件和相互关系进行优化,使之最适于特定发酵过程的进行。发酵过程优化是一个复杂的综合过程,主要涉及微生物细胞生长过程、微生物反应的化学计量、生物反应动力学、生物反应器工程等方面的内容。

1. 发酵过程优化的一般步骤

对发酵过程进行优化,应遵循的基本原理和步骤包括:简化、定量化、分离、建模型,最后把分离开的现象重新组合起来。

(1) 反应过程的简化

微生物反应是一个复杂的过程,不简化难以对其进行研究。发酵过程的简化是指把工艺过程的复杂结构压缩为可用关键变量来表示的少数系统。由于生物系统含有生物学和物理学两方面的属性,因此,进行简化必须不损失基本信息,以保证实验和理论研究在实现目标的同时,确保对系统描述的精确性。

比如将悬浮在发酵液中的微生物细胞视如黑匣子,忽略细胞内部的各种生化反应,仅考虑微生物和外界的营养和物质交换,这就是一种简化。简化的结果是从宏观上通过分析、计算液相中各种浓度的变化来间接地反映细胞中发生的代谢反应;如代谢通量分析方法可以通过胞外浓度的变化计算得出胞内各条代谢途径的通量变化。

(2) 定量化

对发酵过程进行定量分析需要系统、准确地检测各种参数。在对发酵过程进行研究时,能否获得比较准确的过程参数对优化策略的适用性是非常重要的一个环节。然而,由于生物系统的复杂性,尤其是可能发生在生物、物理、化学现象间的相互作用,再加上检测方法的不完善,往往会使实际的分析结果出现很大的偏差。因此,对分析方法的选择非常重要,必须保证测定结果的可用性和代表性能够满足优化的要求。

(3) 分离

分离是指在生物过程和物理过程的各种速度相互不影响的情况下,精心设计实验以获得关于生物和物理现象的数据。细胞在反应体系中以固相存在,很明显,现在的技术还不能直接检测到发生在固相内部的反应。因此,只能通过计算机模拟的方式,通过检测液体培养基中的外部变化,来反映代谢反应的内部变化。分离原理是合理应用数学模型的一个重要的前提条件。

(4) 数学建模

数学模型是能以简化的形式表征过程行为,并实现特定目的的数学公式。数学模型可将特定结果通用化,并为推论系统的其他性质提供基础。建立数学模型的主要目标是:① 用以预见系统的转化率或生产率;② 用以检查在各种操作条件下工厂操作的性质和行为,检查模型适用的范围(包括外推性);③ 用于进行工艺优化和计算机模拟;④ 用于检测出可能重要但被忽视了的参数;⑤ 有助于阐明反应机制。

2. 补料分批发酵过程优化

发酵过程优化内容复杂,下面仅简要介绍补料分批发酵过程优化的基本知识。

(1) 微生物生长模型的建立

在恒化器实验中,取不同的稀释率 D,获得一组对应的 $\mu-s$ 值。用这组数据,进行一元非线性(可化为线性)回归,确定表达 μ 和 s 之间关系的方程式,即为生长模型。一般来说,Monod

方程使用于单一基质限制、无抑制和菌体浓度较低的情况；Contois 方程适合于单一基质限制、无抑制和菌体浓度较高的情况；若有基质抑制或产物抑制，则需增加相应的项。

Note

(2) 优化微生物生长过程的一般原理

微生物细胞是发酵产品的生产者，没有一定量的细胞就不可能达到一定的产率。每个细胞都有一定的生存期，为了始终保持一定的活细胞量，必须不断有新细胞的生成。酶是不稳定的初级代谢物，为了维持持续的产物合成活性，必须不断有产物合成酶系的更新。因此，细胞的生长与繁殖对于代谢产物的持续合成是绝对必要的。另外，次级代谢物发酵的分阶段性，由生长阶段向生产阶段的转化必然伴随着细胞生长速率的减慢；产物合成只与一定菌龄的细胞相联系，要求处于"壮年期"的细胞始终保持较高的比例；发酵罐的供氧能力有限，它只能容许一定量的活细胞生存；加之考虑基质和能源消耗的经济性等，推断细胞的生长又必须加以控制。据此可以得出对微生物生长过程进行优化的一般原理。

1) 在发酵接种后，以尽可能高的比生长速率使细胞快速生长，迅速达到足够的活细胞量，以缩短无产物生成或产率低的生长阶段。

2) 当达到一定的活细胞量后，适时地减慢生长速率，使大部分细胞逐渐进入成熟即具有较高产物合成酶活性的"壮年"。这一阶段为生长阶段和生产阶段之间的过渡阶段。

3) 在生产阶段维持更新衰老、死亡细胞和衰减的产物合成酶所必需的最低生长速率，使具有较高产物合成酶活性的"壮年"细胞始终占优势，同时尽可能降低由不必要的生长带来的过多动力和基质的消耗。

(3) 约束和初始条件

实施上述微生物生长过程的优化，受菌株本身生理条件和环境条件的限制，这些限制(即约束)包括：

1) 最大比生长速率：微生物对应于某种生长限制基质的最大比生长速率是一种特征性生理参数，无论在何种有利条件下都不可能逾越，只能无限地接近它。

2) 对基质的耐受力：由 Monod 或 Contois 方程可知，为了无限地接近最大比生长率，需要无穷大的基质浓度，而细胞对基质有一定的耐受力，从而限制了实际可以使用的基质浓度。因此，微生物所能达到的最大比生长率比理论上的最大比生长率要低许多。

3) 临界比生长速率：每个菌株维持具有较高产物合成酶活性的"壮年"细胞占优势都必须满足一个最低比生长速率，低于它，老龄细胞将逐渐占优势，致使产物合成能力下降。这一最低比生长速率就叫临界比生长速率。

4) 发酵罐最大允许细胞浓度：受发酵罐氧传递能力的限制，细胞浓度也有一个临界值，超越它，氧的供需将失去平衡，使细胞处于缺氧状态，产物合成能力因此会急剧下降。

5) 接种量：通常加大接种量(即增加初始细胞浓度)可以提高发酵初期生长率，缩短生长期。但限于种子罐的容积，加上考虑接种量对代谢产物形成的可能影响，接种量不能无限加大。

在以上约束的限定下，从给定的初始细胞量、初始生长限制基质浓度、初始比生长速率(等于零)等初始条件开始，便可根据生长动力学方程式描绘出一条理想或接近理想的微生物生长曲线，作为发酵过程优化的基础。

(4) 补料过程的优化

根据微生物生长随发酵时间变化的优化曲线，结合所希望并可能达到的产物合成随时间变化的目标曲线，即可按质量平衡式计算出支持这种生长和产物合成所需加入的营养成分或前体的量，作为补料优化的依据。这种建立在满足各种基质在发酵过程中综合动态供需平衡的基础上的优化，可避免按经验控制补料可能发生的因某种基质供给不足造成发酵生产的限制，或因某种基质过量供给引起的对生长抑制或生物合成调控反应，有利于稳定和提高发酵产率。

同时，需要说明的是，由于生物过程的不稳定性，微生物生长和产物合成都有可能时时偏离优化或目标曲线，因而必须在发酵过程中对它们进行监测或估计，根据监测或估计结果，通过发酵自控系统，不断校正补料。

6.7.2 发酵过程自控

Note

发酵过程自控是根据对过程变量的有效测量及对过程变化规律的认识，借助于由自动化仪表和电子计算机组成的控制器，操纵其中一些关键变量，使过程向着预定的目标发展。

发酵过程自控包括三个方面的内容：① 和过程的未来状态相联系的控制目的或目标（如要求控制的温度、pH、生物量浓度等）；② 一组可供选择的控制动作（如阀门的开、关，泵的开、停等）；③ 一种能够预测控制动作对过程状态影响的模型（如用加入基质的浓度和速率控制细胞生长率时需要能表达它们之间相关关系的数学表达式）。三者相互联系、相互制约，组成具有特定自控功能的自控系统。

自控系统由控制器和被控对象两个基本要素组成。发酵过程采用的基本自控系统主要有前馈控制、反馈控制和自适应控制。

1. 前馈控制

如果被控对象动态反应慢，且干扰频繁，则可通过对一些动态反应快的变量（叫做干扰量）的测量来预测被控对象的变化，在被控对象尚未发生变化时提前实施控制，这种控制方法叫做前馈控制。图 6-9 是对反应器温度实施前馈控制的例子。在这一系统中，冷却水的压力被测量但不控制，当这一压力发生变化时，控制器提前对冷却水控制阀发生控制动作指令，以避免温度的波动。

前馈控制的控制精度取决于干扰量的测量精度以及预报干扰量对控制变量影响的数学模型的准确性。

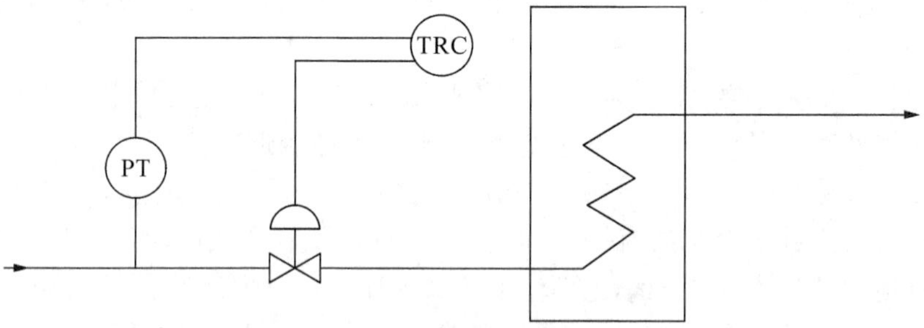

图 6-9 反应器温度的前馈控制系统（参考熊宗贵，2001）

PT—压力变送器；TRC—温度记录和控制器

2. 反馈控制

反馈控制系统如图 6-10 所示。被控过程的输出量 $x(t)$ 被传感器检测，以检测量 $y(t)$ 反馈到控制系统，控制器使之与预定的值 $r(t)$（设定点）进行比较，得出偏差 e，然后采用某自控制算法根据这一偏差 e 确定控制动作 $u(t)$。依据控制算法的不同，反馈控制可分为以下几种。

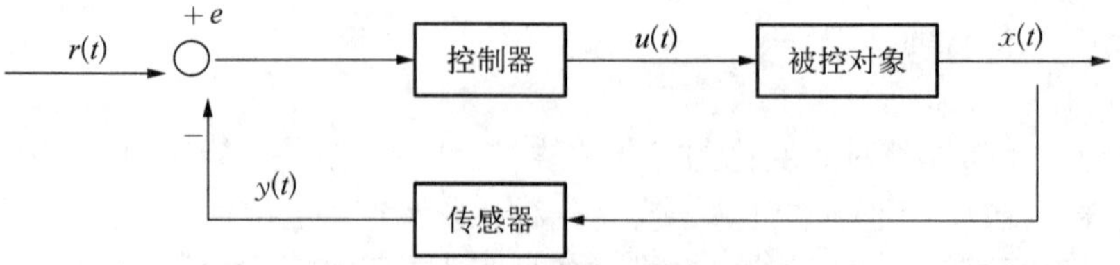

图 6-10 反馈控制系统（参考熊宗贵，2001）

1）开关控制　开关控制是最简单的反馈控制系统。例如，发酵温度的开关控制系统，它通过温度传感器检知反应器内温度。如果低于设定点，冷水阀关闭，蒸汽或热水阀打开；如果高于设定点，蒸汽或热水阀关闭，冷水阀打开。控制阀的动作是全开或全关，故称为开关控制。加热或冷却负荷相对稳定的过程，适合于这种形式的控制。

2) PID 控制　　当控制负荷不稳定时,可采用比例(P)、积分(I)、微分(D)控制算法,简称为 PID(proportional-integral-differential)控制。比例、积分、微分控制器的控制信号,分别正比于被控过程的输出量与设定点的偏差、偏差相对于时间的积分和偏差变化的速率。PID 控制器广泛用于发酵过程的控制,但只能在接近设定点的情况下才能有效地工作,在远离设定点就开始启用时将产生较大的摆动。

3) 串级反馈控制　　由两个以上控制器对一种变量实施联合控制的方法叫做串级控制。图 6-11 是对溶氧水平实行串级控制的例子。溶氧被发酵罐内的传感器检知,作为一级控制器的溶氧控制器根据检测结果由 PID 算法计算出控制输出 $u_1(t)$,但不用它来直接实施控制动作,而是被作为二级控制器的搅拌转速、空气流量和压力控制器当作设定点接受,二级控制器再由另一个 PID 算法计算出第二个控制输出,用于实施控制动作,以满足一级控制器设定的溶氧水平。当有多个二级控制器时,可以同时或顺序控制。

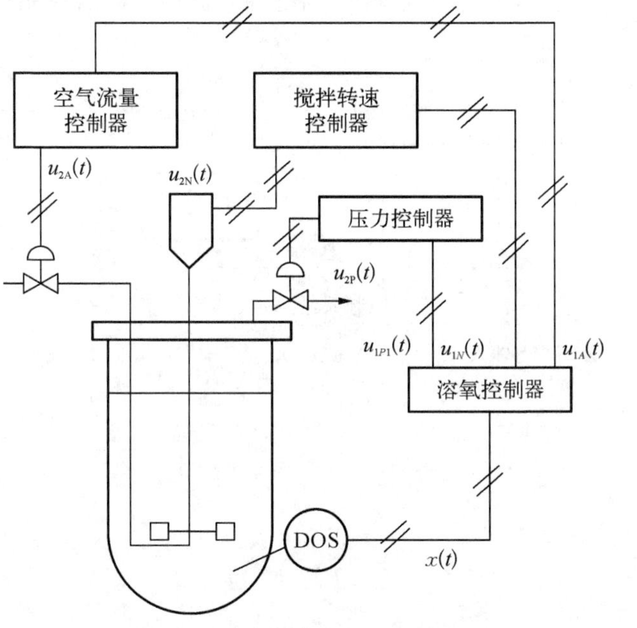

图 6-11　溶氧水平的串级反馈控制
(参考熊宗贵,2001)

DOS. 溶氧传感器;$x(t)$. 检测量;$u_1(t)$. 一级控制输出;$u_2(t)$. 二级控制输出;下标 *P*. 压力;*N*. 搅拌转速;*A*. 空气流量

4) 前馈/反馈控制　　前馈控制所依赖的数学模型大多数是近似的,加上一些干扰量难于测量,从而限制了它的单独应用。它的标准用法是与反馈控制相结合,相互取长补短。图 6-12 为废水处理的前馈/反馈控制系统。假设作为干扰量的输入废水中悬浮固体含量随时间变

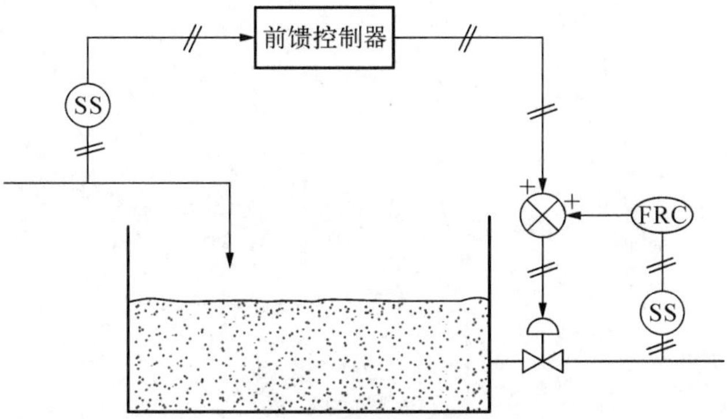

图 6-12　废水处理的前馈/反馈控制系统
(参考熊宗贵,2001)

SS. 悬浮固体含量传感器;FRC. 流量记录及控制器

化，通过在线分析仪测定后，信号前馈至排放控制器，使排出液的悬浮固体含量保持在设定点上，同时，还根据排出液悬浮固体含量的直接测量对排放率进行反馈控制。

Note

3. 自适应控制

上述各种自控系统一般只适用于确定性过程，即过程的数学模型结构和参数都是确定的，过程的全部输入信号又均为时间的确定函数，过程的输出响应也是确定的。但实际上，发酵过程总的来说是个不确定的过程，描述过程动态特性的数学模型从结构到参数都不确切知道，过程的输入信号也含有许多不可测的随机因素。这种过程的控制，需提出有关的输入、输出信息，对模型及其参数不断进行辨识，使模型逐渐完善，同时自动修改控制器的控制动作，使其适应于实际过程，这种控制系统就叫做自适应控制系统。

自适应控制的组成如图 6-13 所示，辨识器根据一定的估计算法在线计算被控对象未知参数 $\theta(t)$ 和未知状态 $x(t)$ 的估值 $\hat{\theta}(t)$ 和 $\hat{x}(t)$，控制器利用这些估计值以及预定的性能指标，综合产生最优控制输出 $u(t)$，这样，经过不断地辨识和控制，被控对象的性能指标逐渐趋于最优。

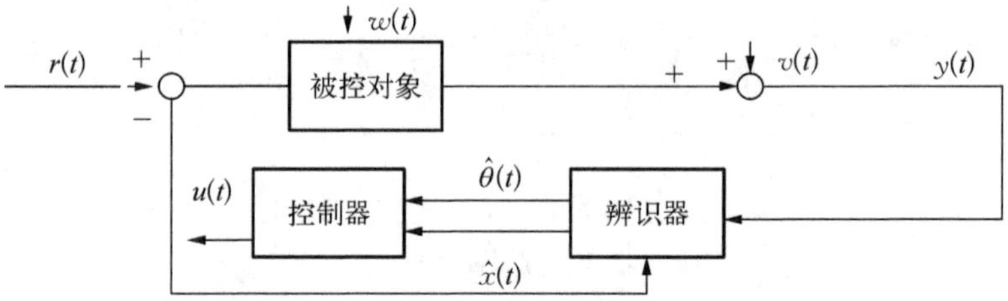

图 6-13　自适应控制系统组成(参考熊宗贵，2001)

$r(t)$. 参考输入；$w(t)$. 干扰量；$v(t)$. 量测噪声；$y(t)$. 量测输出；$\hat{\theta}(t)$. 参数估计；$\hat{x}(t)$状态估计；$u(t)$. 控制输出

复习思考题

1. 温度对微生物发酵有何影响？什么原因造成发酵温度升高？如何选择发酵温度？
2. 微生物发酵过程中 pH 的变化受哪些因素控制，如何调节和控制 pH？
3. 供氧与微生物代谢有何关系？微生物发酵过程中溶解氧受哪些因素影响？如何控制和调节溶解氧？
4. 说明基质浓度对发酵的影响，并说明如何控制基质浓度？
5. 试述二氧化碳对发酵的影响，并说明如何控制发酵液溶解二氧化碳浓度。
6. 泡沫对发酵有何影响？如何控制发酵液泡沫？
7. 简要说明发酵过程优化的基本原理和方法；说明自控系统的主要类型及其特点。

第7章 发酵染菌及其防治

知识框架图

- 发酵染菌及其防治
  - 染菌对发酵生产的影响
    - 染菌对不同产品发酵过程的影响
    - 不同时间发生染菌对发酵的影响
    - 染菌程度对发酵的影响
  - 发酵染菌的途径分析
    - 发酵染菌后的异常表现
    - 染菌的检查判断
    - 染菌原因分析
  - 发酵染菌的常见种类及防治对策
    - 种子带菌及防治
    - 空气带菌及防治
    - 操作失误导致染菌及其防治
    - 设备因素造成的染菌及其防治
    - 噬菌体的污染及防治

内容提要

本章讲解了杂菌和噬菌体的含义和危害。从三个方面论述了发酵过程中感染杂菌对发酵生产所造成的影响。通过发酵染菌后的异常表现，染菌的检查判断及染菌的原因分析对发酵染菌的途径进行了系统分析。并从五个方面较系统的阐述发酵染菌的防治对策。

在现代发酵技术产业中，除了少数的一些古老的发酵品种，如白酒、酱油、醋等，还采用自然接种多菌种混合发酵方法外，发酵工业的生产大多为纯种培养过程，需要在无杂菌污染的条件下进行。即在发酵过程中只能存在所需生产菌株，如在发酵过程中污染了有碍生产的其他微生物，即称之为染菌。一旦发生染菌，发酵过程便失去真正意义上的纯种培养，严重影响生产菌的生长繁殖和产物合成，并导致产物提取收率和产品质量的下降。染菌严重者甚至造成整罐料液报废，既浪费大量原材料，又污染了环境。染菌不但造成重大经济损失，而且扰乱正常的生产秩序，破坏生产计划。遇到连续染菌，特别是又找不到染菌原因，未能及时有效采取措施时，往往会影响人们的情绪和生产积极性，造成无法估量的危害。为了解决染菌问题，人们采取了一系列的措施，如加强人员管理，加强人员的岗位培训和责任心，对设备进行改造和维护，防止设备的“跑、冒、滴、漏”，对生产的各个环节进行严格的“无菌”把关等。但是由于发酵生产的环节多，往往需要进行多级的扩大培养、多次补料、多次取样、连续搅拌及供给无菌空气等操作，这都给防止发酵染菌带来了很大的困难。本章将从染菌对发酵生产的影响、发酵染菌的途径分析、发酵染菌的防治对策这三个方面进行阐述。

7.1 染菌对发酵生产的影响

染菌对发酵过程的影响很大，但由于生产的产品不同、污染杂菌的种类和性质不同、染菌发生的时间不同以及染菌的途径和程度不同，染菌造成的危害及后果也不同。

7.1.1 染菌对不同产品发酵过程的影响

不同产品的发酵由于所使用的生产菌种不同，采用的培养基及生产工艺不同，发酵周期及产物的性质等不同，发酵过程中污染的杂菌种类不同，受污染的难易和造成损害的程度也是不一样的。例如：在庆大霉素的发酵过程中，由于使用的生产菌株为绛红小单孢菌（*Micromonospora purpurea*），孢子的发芽率低，生产上种子一般采用二或三级扩大培养，培养温度 34～35℃，适合细菌生长，因此，在种子培养阶段及发酵前期特别容易受到细菌污染；在青霉素发酵中，由于许多杂菌都会产生分解青霉素的酶，因此无论在青霉素发酵的前期、中期还是后期，只要感染到能产生青霉素酶的杂菌，发酵液中的青霉素就会被分解，使发酵过程受到不同程度的损失；在金霉素的发酵过程中，尤其害怕污染小球菌，因小球菌污染后的发酵液在下游的板框过滤时滤速会受到极大的影响。有些品种的发酵过程中，染菌对发酵生产产生的影响就小得多，例如：谷氨酸发酵周期短，生产菌繁殖快，培养基不太丰富，一般较少污染杂菌，但噬菌体污染对谷氨酸发酵的威胁非常大；乳酸的发酵过程中，由于乳酸菌发酵乳酸是一个厌氧过程，有些乳酸菌的发酵温度可以控制在 50℃左右，远高于一般微生物的生长发育温度，一般情况下不会发生染菌；柠檬酸发酵进入产酸期后，由于发酵液 pH 已降到 3.0 以下，一般的杂菌都不会生长，发生杂菌污染的可能性比较小，而当发酵尚处在生长期时，发酵液的 pH 7.0 左右，再加上营养成分丰富，就比较容易污染杂菌。但是，无论是哪种发酵过程，一旦发生染菌，都会由于培养基中的营养成分被杂菌大量消耗造成大量浪费，同时杂菌还有可能产生大量有毒有害的物质，给下游提炼纯化工艺带来不利影响。由于染菌，迫使正常的生产工艺发生改变，也会严重影响到目的产物的生成，使发酵产品的产量大为降低。

7.1.2 不同时间发生染菌对发酵的影响

从污染杂菌的时间上看，有可能发生在发酵的各个时期，如菌种的保藏制备阶段，种子扩大培养的繁殖阶段，也可能发生在发酵阶段的前期、中期或后期。不同时期的杂菌污染对发酵产生的影响也不尽相同，一般情况下，污染越早发生，对发酵造成的危害就越大。

1）在生产菌种的保藏及制备阶段的染菌，优质及无污染的生产菌株的保藏和制备是所有发酵生产企业能正常生产的前提和保证，是发酵生产的第一道工序，如果在源头上就发生了染菌，后果是极其严重的。轻者造成大面积染菌，重者可能造成企业全面停厂。因此，在菌种的保藏及制备的每个环节，都要严格把好“无菌”关，不断提高操作人员的专业素质和责任心，严格执行工艺规程，确保生产菌种的无杂菌污染。

2）种子培养期染菌，种子的培养主要是使微生物细胞在种子罐或繁殖罐中充分生长与繁殖，使之达到一定细胞量满足发酵的要求。此时，微生物菌体浓度低，培养基的营养十分丰富，比较容易染菌。若将污染的种子带入发酵罐，则危害极大，因此一旦发现种子受到杂菌的污染，应经灭菌后弃去，并对种子罐、管道等进行仔细检查和彻底灭菌。

3）发酵前期染菌，发酵前期由于生产菌细胞数量少，有些还处在细胞生长的适应期，细胞繁殖的速度也比较慢。而此时的发酵液营养丰富，发酵液中代谢产物的含量很少，因此在发酵前期也容易受杂菌污染。遭污染后，杂菌迅速增殖，跟生产菌争夺营养成分和氧气并产生有害的代谢物，如果此时不及时中断发酵，有可能会造成“倒罐”，最终造成更大的损失。发酵前期发生污染杂菌，由于营养成分消耗不多，此时，应该根据发酵液的破坏程度将发酵液重新灭菌或补充必要的营养成分后重新灭菌，重新接种后再进行发酵。发酵前期染菌大多是由于种子带菌、培养基灭菌不彻底及在移种的过程中操作不当造成的，对发酵生产的危害极大，应尽量避免。

4）发酵中期染菌，发酵中期染菌会比发酵前期染菌的危害稍小些，由于发酵中期正常生产菌已达到了一定数量，已成为罐中绝对的优势菌群，同时，产物量也开始增加，而有些产物本身对杂菌的生长就有一定的抑制作用。当然，也会有一些杂菌仍然会在发酵罐中大量繁殖，并严重干扰生产菌的正常代谢，影响产物的生成。有些杂菌在代谢过程中会产生大量酸性物质，使发酵液发酸发臭；杂菌的大量繁殖还会使发酵液的糖、氮等营养物质的消耗加速，菌体发生自溶，发酵液发黏，产生大量的泡沫，代谢产物的积累减少或停止；有些杂菌会使已生成的产物被利用或破坏。因此，发酵中期染菌一般较难挽救，危害性较大，在生产过程中应尽力做到早发现，快处理。处理方法应根据发酵的品种不同及污染杂菌的情况不同，具体情况要具体分析，处理的方法也应灵活掌握。例如，抗生素发酵，可将另一罐发酵正常、单位高的发酵液压一部分到染菌罐中，以抑制杂菌繁殖，同时采取降低罐温、不补料、不补水、减少通气量等方法来减缓杂菌的生长繁殖速度。当然，也有人提议在不影响正常生产菌株的生长代谢和下游提炼纯化工艺及产品质量的前提下，根据污染杂菌的种类加入某些抑菌物质，如某些抗生素、酚类化合物，但从实际的应用情况看，效果并不理想，同时也增加了生产成本。如染菌的程度较严重，同时又无法有效的加以控制，就要考虑提前放罐。

5）发酵后期染菌，在发酵后期，染菌的概率相对较小，危害程度也较轻。此时，发酵液中产物的积累量已较多，营养物质也已快利用完了，如果染菌不严重，就继续发酵；如染菌严重，可以提前放罐。但对于某些发酵过程来说，例如，肌苷酸、谷氨酸、赖氨酸等发酵，后期染菌也会影响产物的产量、提取和产品的质量。

7.1.3 染菌程度对发酵的影响

杂菌的数量越多，杂菌的控制就越困难，对发酵的危害当然就越大。杂菌的繁殖速率与染菌时间有关，越早染菌，杂菌繁殖速率就越快。发酵后期当生产菌在发酵过程已有大量的繁殖，并已在发酵液中占绝对优势，污染极少量的杂菌，对发酵不会带来太大的影响。正是因为发酵后期染菌对生产的危害较轻，人们往往忽略它，没有认真分析染菌的原因，为后面的生产埋下了安全隐患。因此，对无论什么时期染菌的所有的染菌罐，发酵结束后都应该认真分析染菌的原因并及时采取有效措施以免除后患。

7.2 发酵染菌的途径分析

发酵过程的染菌，从广义上讲，涉及种子制备、设备严密度、操作是否存在问题和管理上的漏洞等一系列因素，原因是错综复杂。如果在平时的工作中能加强管理，认真的操作，维护好设备，即使发生了染菌，也可以及时准确地找出染菌原因。造成发酵染菌的原因很多，总结归纳起来，其主要原因有：种子带菌、无菌空气带菌、设备渗漏、原辅料灭菌不彻底、操作失误和技术管理不善等。

7.2.1 发酵染菌后的异常表现

发酵染菌的确定，一般是通过罐上取样的方式，获得无菌试验样品，经培养后对罐上的染菌情况进行监测，或通过对罐内发酵液直接涂片镜检的方法了解罐上是否染菌。但在实际发酵生产中，往往会出现这样几种情况：其一，无菌试验的样品在监测时没有发现问题，而发酵罐内已经异常发酵；其二，无菌试验的样品已经出现染菌，而发酵罐上的工艺控制、生长情况仍然暂时没有异常表现。

Note

对于以上可能出现的情况，要进行正确分析，作为具体的操作人员，应当加强无菌概念和相关方面的知识，懂得染菌后的发酵罐发酵液在外观上有什么异常表现以及染菌罐的工艺应如何合理的控制。发酵染菌后的异常现象在不同种类的发酵过程所表现的形式虽然不尽相同，通常情况下往往表现出以下一些现象。了解这些异常现象与染菌的关系，对更加及时准确判断染菌有一定的帮助。染菌罐一般在表观上会出现下面一些异常现象。

1. 罐温异常升高

一般正常的发酵罐罐温，升温和冷却都有一定的规律，而染菌罐的罐温有时会突然上升并且难于控制。这是因为发酵罐内污染的大量杂菌快速生长繁殖，代谢旺盛，产生发酵罐罐温异常上升的怪现象。

2. 发酵液 pH 异常变化

pH 变化是所有代谢反应的综合反映，在发酵的各个时期都有一定规律，pH 的异常变化就意味着发酵的异常。染菌后的发酵液 pH 有时会突然发生变化。比如：染产酸的细菌，pH 急剧下降到 4～5 之间；染噬菌体，pH 会急剧上升到 8 左右。

3. 溶解氧及 CO_2 水平异常

任何发酵过程都要求一定的溶解氧水平，而且在不同的发酵阶段其溶解氧的水平也是不同的。如果发酵过程中的溶解氧水平发生了异常的变化，发酵罐内的发酵液就很可能已被杂菌污染。在正常的发酵过程中，发酵初期生产菌处于适应期，耗氧量比较少，溶解氧基本不变；当菌体进入对数生长期后，耗氧量增加，溶解氧浓度下降很快，之后会维持在一定的水平上，虽然操作条件的变化会使溶解氧有所波动，但变化不大；到了发酵后期，菌体衰老，耗氧量减少，溶解氧又再度上升。而发生染菌后，由于生产菌的呼吸作用受抑制，或者由于杂菌的呼吸作用不断加强，溶解氧浓度波动异常，有可能很快上升或下降。

由于污染的微生物不同，产生溶解氧异常的现象是不同的。当发酵污染的是好氧性微生物时，溶解氧的变化是在较短时间内下降，甚至接近于零，且在长时间内不能回升；当发酵污染的是非好氧性微生物或噬菌体时，生产菌生长被抑制，使耗氧量减少，溶解氧升高。尤其是污染噬菌体后，溶解氧的变化往往更加明显。发酵过程的工艺确定后，排出的气体中 CO_2 含量应当呈现出规律性变化。但染菌后，培养基中糖的消耗发生变化，引起排气中 CO_2 含量的异常变化。如杂菌污染时，糖耗加快，排气中的 CO_2 含量增加；噬菌体污染时，糖耗减慢，排气中 CO_2 含量减少。因此，可根据排气中 CO_2 含量的异常变化来判断是否染菌。

4. 菌丝黏度的异常变化

正常发酵罐的菌丝黏度是稳定并有规律的，从发酵液的外观上看，较黏稠。而染菌后的发酵液，发酵液黏度有时会突然变稀或变浓，甚至还会产生沉降现象。例如，感染烈性噬菌体后会造成菌体大量裂解和自溶，出现菌体浓度异常下降的情况；而感染某些杂菌也可能会因为杂菌的大量繁殖导致菌体浓度的异常上升。

5. 发酵液气味的异常变化

正常发酵罐的发酵液，有其自己独特的气味。而染菌后的发酵液，有的变酸，有的产氨，时间拖得越久，气味的变化也越大。

6. 发酵液中碳、氮含量的异常变化

在发酵过程中菌体对培养基中碳源、氮源的利用都呈现出一定的规律。发酵染菌会破坏这种规律。发酵污染杂菌后碳源和氮源的消耗会异常加快；而污染噬菌体后碳源、氮源消耗都会下降，甚至不消耗。

7. 发酵液中产物量的异常变化

正常发酵罐随代谢产物的积累，产量逐步上升。染菌罐中，各种杂菌和生产菌一起消耗营养成分，同时又破坏生产菌的正常代谢产物，以至造成产量的急剧下跌。

8. 泡沫异常

在发酵过程中，尤其是耗氧发酵中产生泡沫是很正常的现象。但是如果泡沫过多产生则是不正常的。导致泡沫过量产生的原因很多，其中染菌特别是污染噬菌体是原因之一，因为噬菌体爆发使菌体死亡、自溶，发酵液中的可溶性蛋白质等胶体物质迅速增加，导致泡沫大量产生。

发酵罐在运行过程中，如发生以上异常情况，即使无菌试验样品暂时还没有出现问题，也应当认真注意罐上的代谢情况和数据。与此同时，还应当增加无菌试验样品的取样次数，并对样品进行培养观察，以确定罐上染菌的真实情况。

在发酵生产中，一般是无菌试验样品先出现杂菌，而罐上还没有异常反应，要等数小时以后，罐上才可能表现出来。但有时也可能出现无菌监测样品中杂菌长得较慢，而罐上异常变化来得快的情况。所以，懂得染菌后的发酵罐上可能出现的异常表现，对正确判断染菌是大有用处的。

7.2.2　染菌的检查判断

发酵生产过程中，如何尽快发现染菌，并及时对染菌罐采取合理有效的方法进行处理，是保证生产正常进行的很重要的一个环节，也是避免染菌造成严重经济损失的重要手段。在发酵生产过程中，须严格按照工艺的要求对生产的全过程进行无菌监控，如菌种制备环节、种子罐和发酵罐的接种前后及培养过程等环节，进行无菌检验。目前，发酵企业一般采用无菌试验（无试）、样品的检查及对发酵罐内样品的直接涂片镜检等手段来判断是否发生染菌。

1. 无菌检查方法

无菌检查方法有显微镜观察法、肉汤培养法、斜面培养法、双碟培养法等。其中主要以显微镜观察法、肉汤培养法、斜面培养法为主。

(1) 显微镜检查法（镜检法）

对样品进行涂片、染色，然后在显微镜下（一般采用油镜）观察微生物的形态特征，根据生产菌与杂菌的特征进行区别、判断是否染菌。如发现有与生产菌形态特征不一样的其他微生物的存在，就可判断为发生了染菌。在染菌早期，杂菌的数量较少，而显微镜下的视野小，在显微镜下有时较难发现杂菌，因此在观察时应多转换几个视野，在有怀疑染菌时还可以加涂几个片子进行观察。有时，灭菌后的培养基中常常含有大量的已灭活的杂菌，在显微镜下要注意分辨死菌和活菌，一般可以根据杂菌在相同染色条件下，死菌和活菌的着色深浅不同及菌的外观形态也存在差异，必须在实际生产中不断积累经验，提高判断的准确性。此法检查杂菌最为简单、直接，也是最常用的检查方法之一。为了提高染菌判断的准确性，镜检法必须结合其他无菌检查方法来进行染菌判断。

(2) 肉汤培养法

将待检样品接入经完全灭菌后的葡萄糖酚红肉汤培养基中（培养基的组成是：牛肉膏0.3%，葡萄糖0.5%，氯化钠0.5%，蛋白胨0.8%，1%酚红溶液0.4%，pH 7.2）。然后放入37℃恒温室（箱）内培养。定时观察试管内肉汤培养基的颜色变化，同时对可疑的肉汤无试样进行涂片及显微镜观察。如果连续三次取的肉汤无试样品均发生变色反应（由红色变为黄色）或产生混浊，即可判断为染菌。有时肉汤培养的阳性反应不够明显，而发酵样品的各项参数确有可疑染菌，并经镜检等其他方法确认连续三次样品有相同类型的异常菌存在，也应该判断为染菌。肉汤培养基在接入待检样品的全过程应注意无菌操作，避免由于操作不慎引起染菌而造成判断的误差。例如，直接用装有酚红肉汤的无菌试管罐上取样时，应严格按照罐上取样的岗位操作规程进行，动作要轻、快、准，取样前应对其取样管道进行充分消毒（适当打开取样管冷凝水伐，全开取样管蒸汽伐，以冷凝水伐调节，保持一定的活蒸汽消毒一定时间）。肉汤培养法也常用于检查培养基和无菌空气是否带菌。

Note

(3) 斜面培养法

用无菌的斜面试管罐上取样时(斜面培养基的配方可采用一般细菌培养基配方),取样过程同肉汤培养法,应注意无菌操作,并控制好取样量,让发酵液顺着斜面由试管口流向试管底。然后置于37℃恒温室(箱)内培养。定时在灯光下观察有无杂菌菌落生长。如发现有可疑的杂菌菌落,可以涂片镜检的方式加以确认。一般情况下,进行斜面和肉汤培养的试管同时进行取样,统称为无试样,编号(包括罐号、罐批、培养时间等)后一同放入恒温室培养。

(4) 双碟培养法

有些企业也采用双碟培养方法对罐上无菌度进行监测,方法如下,一般种子罐样品直接用肉汤培养基试管取样,然后在无菌条件下在双碟培养基(培养基的配方可采用一般细菌培养基配方)上面划线,剩下的肉汤培养物在37℃恒温室(箱)内培养6 h后复划线一次。发酵罐培养液可用空白无菌试管取样,于37℃下培养6 h后在双碟培养基上划线。24 h内的双碟,定时在灯光下检查有无杂菌生长。24~48 h的双碟1天检查一次,以防生长缓慢的杂菌漏检。

(5) 双层平板培养法

此法主要是用在噬菌体检查上。培养基组成见表7-1。

表7-1 双层平板培养法的培养基组成

培养基	上层含量/%	下层含量/%
葡萄糖	0.1	0.1
牛肉膏	1.0	1.0
蛋白胨	1.0	1.0
硫酸镁	0.06	0.06
氯化钠	0.5	0.5
琼脂	1.0	2.0
pH	7.0	7.0

下层培养基灭菌后冷却至45~50℃,以无菌操作倒入平皿内,每只平皿倒入培养基8~10 ml,待下层培养基凝固后,移入32℃恒温箱内空白培养48 h后,检查无菌后备用;无菌操作下,用接种环刮取生产菌斜面菌苔混在5 ml无菌生理盐水中,作为指示菌备用;吸取5 ml待测样品和0.5 ml指示菌液于无菌空白试管内,倒入事先溶解好的冷却至45~50℃的装有5 ml上层培养基的试管中,混合后倒入下层平板中,冷却后于32℃恒温下培养20 h,观察有无噬菌斑。

无菌试验的结果一般需要8~12 h才能作出判断。为了缩短判断时间,有时向无菌试验的培养基中加入赤霉素、对氨基苯甲酸等生长激素以促进杂菌的生长。由于无菌试验取样少,从取样到得出结果耗时长,因此不能完全依赖于无菌检查来判断染菌的发生。在生产中,应当结合发酵过程中发生的种种异常现象来进行判断。

2. 无菌检查的样品

对发酵生产中各个环节进行监控,需对下列岗位的样品进行留样或无菌取样,进行无菌检查。

(1) 菌种岗位的样品

菌种岗位的无试样品为每批次的摇瓶菌丝悬液,孢子悬浮液。生产上,根据品种不同,有时以摇瓶菌丝作为种子进罐,有时直接以孢子悬液作为种子。一般将每批次接入种子罐后剩余的菌丝悬液或孢子悬液在无菌操作下接入无菌检查试验用的肉汤及斜面试管中,编号后,置37℃恒温室(箱)内培养,样品保留至该罐批发酵结束。

(2) 种子岗位的样品

种子岗位的样品包括:种子罐灭菌后样品、接种后样品、培养期间每间隔2~4 h取的样品(间隔时间可以根据具体情况调整)、移种样品。无试样品编号后,置37℃恒温室(箱)内培养,样品保留至该罐批发酵结束。

Note

(3) 发酵岗位的样品

发酵岗位样品包括：发酵罐灭菌后样品、接种后样品、培养期间每间隔 6 h 取的样品(间隔时间可以根据具体情况调整)，一般培养 60 h 后，每间隔 12 h 取样，直至放罐。无试样品编号后，置 37℃恒温室(箱)内培养，样品保留至该罐批发酵结束后 12 h，确认为无杂菌污染后方可弃去。

(4) 空气系统的样品

包括总空气过滤器、分过滤器。定期取无试样(常用肉汤培养法)，如 1 月 1 次。

3. 染菌的判断

培养液的染菌判断错综复杂，需要细微观察、认真分析。

(1) 染菌罐的判断

目前，许多发酵企业无菌检查主要以酚红肉汤培养和斜面培养的反应为主，以镜检为辅。每个无菌样品的无菌试验，至少用 2 只酚红肉汤试管和 2 只斜面试管同时取样培养。菌种岗位的无试样可以在无菌室内进行；罐上无试样品，一般从罐上取样口直接取得，取样过程应严格按相关岗位操作规定进行，尽量避免取样误差。每次取样量应控制好，不同取样量有时会影响肉汤无试样品的颜色反应和浑浊程度而影响观察。

在罐上取的无试样品中，如果连续 3 个时间的酚红肉汤无菌样品发生颜色变化或产生浑浊，或斜面上时间连续的 3 个样品长出杂菌，即可判断为染菌。有时酚红肉汤反应不明显，要结合镜检确认连续 3 个时间样品染菌并且污染的杂菌菌型一致，即可判为染菌。

无菌试验的肉汤和斜面一般应保存并观察至本罐批放罐后 12 h，确认为无杂菌污染后方可弃去。

(2) 染菌率的统计

以发酵罐染菌罐批数(染菌罐批数应包括染菌重消后的重复染菌的罐批数)除以总投料罐批数计算染菌率。发酵过程中，无论前期或后期染菌，均视为“染菌”。

$$\text{染菌率}(\%) = \frac{\text{发酵罐染菌罐批数}}{\text{总投料罐批数}} \times 100\%$$

7.2.3　染菌原因分析

在发酵的过程中染菌的途径及原因错综复杂，一般可以从以下 4 个方面对染菌的原因进行分析。

1. 从染菌的时间上分析

发酵罐或种子罐的生长前期染菌，可以从种子系统、种子制备、物料消毒灭菌、接种或移种操作、设备有无死角渗漏等方面查找原因。种子系统包括种子制备，要有严格的无菌考查和数据，如果考查的结果和数据均证实种子系统和种子制备均无问题，那就应当果断的、迅速地排除种子的疑点。物料消毒灭菌的不彻底、设备上有死角和渗漏，尤其是冷却系统的设备渗漏，都是生长前期染菌的主要原因。

发酵罐生长中期染菌，可以从补加料液的消毒灭菌、设备有无死角和渗漏，以及搅拌密封处的泄漏寻找原因。补加料液的灭菌不彻底，补加料液过程中的操作不当，设备阀门有死角及渗漏点，搅拌密封处的渗漏，及发酵过程中发酵液“逃液”等，都是引起发酵中期染菌的主要原因。空气过滤器的失效带菌，也有可能表现在发酵的前期和中期染菌上，而且往往表现为连续染菌。

2. 从染菌菌型上分析

发酵罐和种子罐前期染酵母菌或霉菌，可能是由于设备渗漏、培养基灭菌不彻底、种子系统带菌以及空气过滤器失效导致。据有关统计数据分析，前期污染真菌，一般多源于种子制备的无菌操作不当。所以，要求种子制备一定要有严格的经得起考察的无菌试验和样品。发酵前期污染不耐热的球菌、无芽孢杆菌等，可能是由于种子带菌、空气过滤效率低、设备阀门渗漏和操作失误等引起。空气过滤器的失效，空气系统有积水，都可能造成发酵前期污染不耐热的杂菌。污染革兰阴性杆菌、球菌，一般来源于冷却盘管穿孔，培养基中掺入冷水所致。发酵前期染耐热的芽孢杆菌，除了种子带菌以外，更主要的原因可能是由于设备和物料灭菌的不彻底所造成的。

Note

发酵中后期染酵母菌或霉菌，可以从补料操作、设备的严密度等方面寻找原因。中后期染不耐热的杂菌，多源自于补料操作的不严格、补料设备的渗漏及罐上搅拌密封处渗漏造成。发酵中后期污染细菌或芽孢杆菌，可以从设备渗漏、补料灭菌操作方面寻找原因。

3. 从染菌的规模上分析

所谓染菌的规模，这里指的是：染菌罐是单批，还是多批，是断续间隔染菌，还是连续染菌。发酵罐或种子罐，如果是单批染菌或断断续续染菌，而且杂菌菌型不一致，这就要从单批操作上，根据染菌时间和杂菌的菌型寻找原因。

如果是大面积连续染菌，而且杂菌菌型一致，应该重点检查公用系统以及系统操作方面上寻找原因，如种子扩大培养系统、空气系统，特别是空气系统，总空气过滤器失效或效率下降，空气带菌造成发酵染菌，这种情况在发酵工厂时有发生。总空气过滤器失效多数是因为空气中油水多，特别是雨水季节，相对湿度大，如果没有及时、有效除去过滤介质中的水分，过滤介质极易失效。

发酵罐如果是大面积断续的染菌，而且杂菌菌型相互不一致，在这种情况下，发酵生产一定是不正常的，各项管理工作和制度以及实际操作必然是存在较大问题。所以，出现以上这种情况，要从严格管理和规章制度上抓起。从每个岗位，每个班组入手，严加管理，落实各项制度，认真细致的检查各项工作。只有这样，才有可能发现染菌的真正原因。

4. 对疑难罐染菌原因的分析

在发酵染菌上确实存在着染菌的疑难罐。所谓染菌的疑难罐，指的是染菌原因不明了，连续染菌又无法解决的罐。对于这种疑难罐，不少人常常表现出束手无策，于是在操作中采取了高温、高压、长时间的灭菌方法，结果只能是无济于事。对疑难罐染菌原因的分析，应当更细致、更认真、更注重调查研究。在时间和条件允许的情况下，要对疑难罐的每一个阀门、每一根管路的严密度和所能构成的死角，逐一的进行检查，对每一根管路的进气量，灭菌时的每一步操作，以及空气过滤器的除滤效果等，都要逐一的进行认真检查。在每个项目的如实考查中，要放掉那些无足轻重的问题，抓住主要问题。再经过仔细分析研究和考察后，找出真正的染菌原因。

染菌的原因和途径很多也很复杂，因此不能机械地、孤立地认为某种染菌现象必定是某一原因或渠道所致。应把染菌后出现的各种现象、染菌的时间、周围的环境等方面的情况联系起来，并结合无菌检查进行综合分析，才能做出正确的判断。

7.3 发酵染菌原因及防治对策

7.3.1 种子带菌及防治

由于种子染菌的危害极大，关系到发酵生产的成败。因此对种子染菌的检查和染菌的防治是非常重要的，种子染菌主要发生在以下几个环节中。

1. 菌种制备和培养过程中或保藏过程中受到污染

菌种的制备、移接等过程都应严格按操作规程的要求进行无菌操作，如砂土管的制备、斜面接种、摇瓶接种等过程，都应在无菌室或超净工作台上在火焰的保护下进行操作。因此，无菌室的洁净度(至少在操作台面上洁净级别应达到 100 级)就显得格外重要。无菌室要定期进行灭菌，可以根据生产工艺的要求和特点，交替使用各种灭菌手段对无菌室进行处理。除常用的紫外线杀菌外，如发现无菌室已污染较多的细菌，可采用石碳酸或土霉素等进行灭菌；如发现无菌室有较多的霉菌，则可采用制霉菌素等进行灭菌；如果污染噬菌体，通常用甲醛、双氧水或高锰酸钾等灭菌剂进行处理。无菌室用的工作衣、帽等要定期清洗、灭菌，使用前用紫外线消毒。

Note

对各级种子培养基、种子制备所用器具、种子罐应进行严格的灭菌处理。在利用灭菌锅进行灭菌和种子罐实罐灭菌时，都要求在保压前先将罐内的冷空气完全排除干净，以免造成假压，导致灭菌的温度达不到规定值而灭菌不彻底，这是保证种子不带杂菌的最基本要求。对于种子罐车间可采用甲醛、石碳酸、漂白粉等进行灭菌。种子罐等种子培养设备应定期检查，防止设备渗漏引起染菌。

斜面菌种在培养和保藏过程中，常常由于棉花塞松动，使带有杂菌的空气进入试管而造成斜面染菌。因此，棉花塞应有一定的紧密度，且有一定的长度。菌种的保藏温度应按工艺要求尽量保持相对稳定，不宜有太大变化。

对每一级种子的培养物均应进行严格的无菌检查，确保该阶段种子未受杂菌污染后才能移接到下阶段使用。

2. 接种过程中染菌

接种过程中，种子及其培养液有可能直接暴露在空气中，所以在此过程中发生染菌的概率是比较高的，是预防染菌的一个较薄弱的环节。生产企业通常采用的接种形式一般分为三种，即注射式、倒压式、火焰保护旋塞开口式。

注射式和倒压式的接种多用于种子为液体形态的摇瓶菌丝或孢子悬浮液，接种过程中，暴露在空气中的时间短、范围小，罐内又属于带压操作。所以，接种时只需注意导管和接种口的彻底灭菌并在火焰的保护下接种，一般是不会发生染菌情况的。

火焰保护旋塞开口式接种多用于固体形态的菌种，有时液体形态的摇瓶菌丝也采用这种方式。接种时，首先要降低罐压，然后在接种旋塞周围点起酒精火焰，再将罐压降为“0 Pa”后，打开接种旋塞，在火焰的保护下，迅速把种子倒入罐内并快速旋紧接种口恢复罐压。

火焰保护旋塞开口式接种造成的染菌因素较多，其中主要有如下几点：

1) 接种过程中，种子瓶的开口没有在火焰保护区内，开口太快，动作过大等都有可能造成种子与带菌的空气接触而染菌。因此，操作人员平时必须加强无菌操作基本功的训练，规范操作。

2) 接种过程中，接种环境空气流动大造成染菌。一般在接种前应关闭所有门窗，保持接种时室内气流的稳定。

3) 接种前室内卫生条件差，没有进行药物喷洒消毒或者是药物喷洒后马上就开始接种造成染菌。一般要在接种前 15 min 左右喷洒新洁尔灭或石炭酸进行室内环境的消毒。

4) 待接种罐罐压降至“0 Pa”后，由于排气阀的倒流造成的染菌。由于发酵罐的排气管往往相互联通，一起接入总排气管路，至使总排气管内有一定的压力，一旦被接种罐的罐压降至“0 Pa”，而且排气阀门密封圈渗漏时，就会造成排气倒入罐内造成染菌。为了防止排气阀门的倒流必须定期检查排气阀的严密度，同时，也可以在排气阀下端的排气管上安装保护蒸汽。

除了在具体接种的操作过程中应注意以上这些因素外，还应该加强管理，操作人员应严格执行岗位操作规程，确保在接种过程中万无一失。

7.3.2　空气带菌及防治

无菌空气带菌是引起发酵大面积染菌的主要原因之一。要杜绝无菌空气带菌，就必须从空气的净化工艺和设备的设计、过滤介质的选用和装填、过滤介质的灭菌和管理等方面完善空气净化系统。

1. 空气中的油、水对空气净化系统的影响

为了防止空气中油、水对空气净化系统的影响，应制定合理的空气预处理工艺，尽可能减少生产环境中空气带油、水量，提高进入过滤器的空气温度，降低空气的相对湿度，保持过滤介质的干燥状态，防止空气冷却器漏水，防止冷却水进入空气系统等。

空气中带有油滴和水分，必然要污染空气过滤器的填装介质，降低过滤介质的除菌效率。在使用往复式空气压缩机制备无菌空气时，由于这种空压机采用油润滑，势必有油雾带到空气中。要解决这个问题，最好选用无油润滑的空气压缩机，空气净化系统安装高效率的降温、除水装置，保持过滤介质的干燥状态，防止空气冷却器漏水，防止冷却水进入空气系统，并对空气在进入总过滤器之前升温，使相对湿度下降，然后进入总过滤器除菌。过滤介质的选择也很重要，应尽量采用玻璃棉、活性炭等不易吸附油滴的材料作为过滤介质，尽量不使用棉花作为填料，因为棉花被油雾污染后，空气阻力大，除菌效率差，容易造成空气带菌。

水分是杂菌生长的条件之一，空气中水分大，必然造成空气过滤器介质杂菌繁殖并且降低空气过滤器的过滤效果，从而造成空气带杂菌。解决空气带水的办法，可以通过安装必要的设备，如旋风分离器、瓷环除水器等以排除水分。值得注意的是空气压缩机站的冷却器穿孔，也是造成空气带水的主要原因，因此必须保证冷却器的严密不漏。

空气的初级净化质量如何，直接影响着发酵生产的无菌情况。因此，必须采取相应的措施，消除空气中的油雾和水滴，保证初级空气的净化质量。

2. 空气过滤器的填装和安装对空气净化系统的影响

总空气过滤器的安装台数，要根据来源空气的净化程度和发酵车间所应达到的总空气流量而定。如：来源空气不纯净，带油带水较严重，可以适当增加总过滤器的台数。但应以不影响发酵总空气流量为前提。目前，我国许多发酵企业仍然延用几十年前使用的空气过滤器，体积大且笨重。过滤介质主要是活性炭、玻璃棉、棉花等，安装和更换劳动强度大，操作繁重，而且实际的空气净化效果并不理想。随着大量过滤介质材料的开发和应用，国内外的某些发酵企业在生产中已经取消了笨重的总空气过滤器，而采用定型生产的微孔过滤器或某种特殊材质的过滤器，供单独罐上使用。此种过滤器除滤性能好，每 15 批左右更换一次，染菌率极低。

从空压站出来的初级净化空气，一般采用两级空气过滤，即总空气过滤器和分空气过滤器。也有采用一级过滤，即总空气过滤器过滤后的空气直接进入发酵罐内。这样，在保证无菌良好的情况下，减少了空气压差，提高了通气量。

过滤器内过滤介质的质量也直接影响着空气除滤的效果。活性炭应当选用颗粒整齐、无粉末、耐压力强、吸附力强的产品；玻璃棉应选用纤维长、柔软、易撕拉、不结块的产品；棉花应选用长纤维、拉得开、没有结块的产品，切忌成团、成块的棉花；超细纤维纸应采用拉力强、纤维层厚、无受潮、无折断粉碎的产品。

总之，过滤器介质的选择，必须要充分考虑到来源空气的净化程度，发酵总的用气量，以不影响空气流量为原则。

空气过滤器介质的填装质量也直接影响着空气除滤的效果。所以，填装介质时，必须认真、细心，松紧适中，否则，在使用过程中介质易被空气吹翻，使空气走短路造成染菌。例如，在填装活性炭时，要利用空气吹掉粉尘，注意填装紧，尤其是过滤器罐壁的边缘要压紧，防止松动，防止空气走短路，防止活性炭被蒸汽消毒灭菌时变松，而被空气吹翻，造成重大事故。在填装玻璃棉时，要注意拉丝均匀，铺展均匀，切忌成团、成块的玻璃棉填装于空气过滤器内。在填装棉花时，要求棉花纤维全部拉开，铺平，同时也要防止过滤器内棉花成团、成块。超细纤维纸的填装，一定要注意防止受潮，不能折断并定期更换。

3. 空气系统的管理

无菌空气系统，除了注意来源空气的净化程度，过滤器介质的填装质量之外，整个空气系统的管理，也是十分重要的消灭染菌的措施之一。事实上，许多厂家就是因为空气系统的管理不严格，造成了染菌现象的反复出现以及大面积的连续染菌。所以，设立专人专职对空气系统进行严格管理，对防止因空气系统原因造成的染菌起到积极的作用。空气系统的管强主要包括以下几个方面。

（1）总空气过滤器定期消毒

空气过滤器，使用一段的时间之后，过滤器内的介质吸附能力会明显下降，甚至还会有杂菌在上面生存。因此，对总空气过滤器必须进行定期消毒。总空气过滤器的消毒灭菌时间，一般根据本企业和所在地区的气候条件、流量大小、介质填装情况和实际生产中异常情况而决定的。例如，在我国北方的企业，均在风沙到来前的二、三月份和阴雨到来前的七、八月份，以及秋末的十月份，对总过滤器进行消毒灭菌。

一般在消毒总空气过滤器前，应注意把所有发酵罐的空气流量降低，直到全部总空气过滤器消毒结束，再恢复发酵罐的正常空气流量。这是制服染菌中十分成熟的措施之一。除了消毒总空气过滤器时要降低所有发酵罐的空气流量，保持空气总流量的平稳之外，来源空气流量也不能过大过小。这也是制服染菌中很重要的环节之一。

在消毒灭菌的同时，必须注意蒸汽压力、灭菌温度和时间控制，防止过滤介质被冲翻而造成短路，避免过滤介质烤焦或着火。

（2）防止空气过滤器积水

空气过滤器内的介质含水量过大，就会失去除滤作用。同时，长时间的潮湿，也会使过滤介质上滋生杂菌，造成过滤介质失效，空气带菌。

防止空气过滤器的潮湿和积水，必须保持空气管路排水用的各"小吹口"的畅通，无堵塞。尤其是空气过滤器的底部的"小吹口"和总管路上的"小吹口"，要保持畅通，并定期检查排气畅通情况。尤其是空气潮湿的雨季，更要注意各"小吹口"的畅通和排水状况，并定时多排放几次，以防止介质受潮后失去吸附能力或滋生杂菌。

（3）防止空气管路及过滤介质的污染

发酵用的空气管路是一根无菌管路。因此，它不能和无关的管路相连接，在设备安装上要合理。

有些企业在供发酵使用的无菌空气管路上，还连接着去往过滤、提炼岗位的空气管路，一旦形成负压，会造成有杂菌的料液倒流污染空气总管路，后果十分严重。有的企业在过滤压料管路上，同时连接着空气管路和冷水管路，而空气管路与供给发酵用无菌空气管路相连接，在冲水顶料时，就有可能使带有杂菌的料液或冷水倒流到空气管路，从而造成空气总管的污染。

在发酵过程中应防止由于物料倒流到空气管路引起的过滤器失效及空气管路的污染。引起物料倒流的罐体有与空气管路相通的油罐、计量罐、补料罐、糖化液罐以及发酵罐本身等，当物料倒流到无菌空气管路之后，有可能污染过滤介质，造成过滤介质失效，这些物料也可能在空气管路内构成死角。同时，倒流的料液，有些营养成分丰富，易导致杂菌在空气管路内大量繁殖。倒流到空气管路的物料，既无法清理干净，又无法彻底消毒灭菌（因为在料液倒流到空气管路的同时，也许还有其他发酵罐正在运行中，总管空气是不可以停止的），后果十分严重。

7.3.3 操作失误导致染菌及其防治

操作失误是导致染菌的人为因素。由于操作者不了解操作原理和灭菌中应注意的问题，工作责任心不强，导致操作失败，引起染菌。现以实罐灭菌操作为例来阐述哪些方面容易由于人为因素造成染菌。

1. 空罐的准备

要想从根本上消灭染菌，首先应保证发酵罐设备本身无渗漏，无死角，性能良好。所以，空罐准备工作在制服染菌中是很重要的。空罐准备应包括以下三个方面。

（1）空罐严密度的检查

发酵罐及其一些附属设备均是无菌设备，所以必须保证设备的严密不漏。发酵罐的严密度检查包括：罐身焊缝、法兰连接、阀门填料密封处以及阀门的带压试漏检查等。有些企业，尽管制度上有明确规定，在进罐之前应进行严密度检查，但在实际的操作中却由于人为的"懒"而不执行。

（2）设备的检查

设备的检查包括罐内设备和罐外设备的检查。罐内设备主要指，罐内传动设备、罐内管路、夹层、蛇形管等。罐内传动设备检查包括：搅拌轴、拉杆、搅拌叶的腐蚀情况及牢固情况，对罐内传动设备的检查主要目的，在于保证设备正常运转，不至于因设备故障而影响生产进度。罐内管路的检查包括：罐内空气分布管、移种管、取样管、盘管等罐内管路的牢固情况，有无腐蚀、穿孔等异常问题，有无堵塞结垢的现象。对罐内管路的检查主要目的是消除罐内管路的腐蚀穿孔、堵塞结垢，从而造成消毒灭菌时的蒸汽走短路，或消毒灭菌时进汽不畅通而造成灭菌不彻底。罐内盘管是发酵过程中用于通冷却水或蒸汽进行冷却或加热的蛇形金属管，由于盘管常处于内外温差大或温度急剧变化状况中，而且有些发酵液的 pH 低、化学腐蚀严重等，使金属盘管较易受损，因而盘管是最易发生渗漏的部件之一。渗漏后带菌的冷却水一旦进入罐内，就必然引起染菌。因此，罐内夹层、盘管的严密度定期检查，是罐内设备检查的重要内容。

罐外设备的检查，包括各支管、阀门的严密度及畅通情况的检查。例如，要认真检查管路内是否有焦化物堵塞的异常情况，一般凭手感检查传热温度就可以作出正确判断。阀门渗漏也是造成染菌的因素之一，因此，必须在进罐之前更换渗漏的阀门。

(3) 死角的清除

罐内死角的清除是消灭染菌的一项重要措施，它与罐内设备的检查是紧密相关的。由于操作、设备结构、安装及其他人为因素造成蒸汽不能有效到达预定的灭菌部位，而不能达到彻底灭菌的目的。生产上常把这些不能彻底灭菌的部位称为“死角”。

在发酵罐内容易形成死角的部位有：挡板、扶梯、搅拌轴拉杆、联轴器、冷却管等及其支撑件、温度计套管焊接处及空气分布管周围容易积集污垢，形成“死角”而染菌。尤其是采用环形空气分布管时，由于管中的空气流速不一致，靠近空气进口处流速最大，离进口处距离越远流速越小，因此，远离进口处的管道常被来自空气过滤器中的活性炭或培养基中的某些物质所堵塞，最易产生“死角”而染菌，如图 7-1 所示。

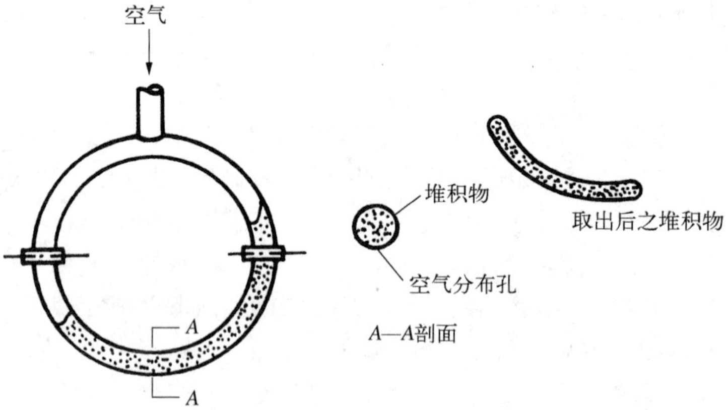

图 7-1　空气分布管污垢堆积造成“死角”(引自梅乐和等，2007)

以上这些地方，由于不断的黏结培养基，再加上不断的消毒焦化，形成了越来越厚的坚硬的杂菌保护层。这些“死角”如果不及时下罐清除干净，“死角”内杂菌将很难彻底无菌。所以，每批下罐检查设备并清除罐内的“死角”和残渣，定期更换空气分布管，认真洗涤罐体是人为避免染菌的重要手段。

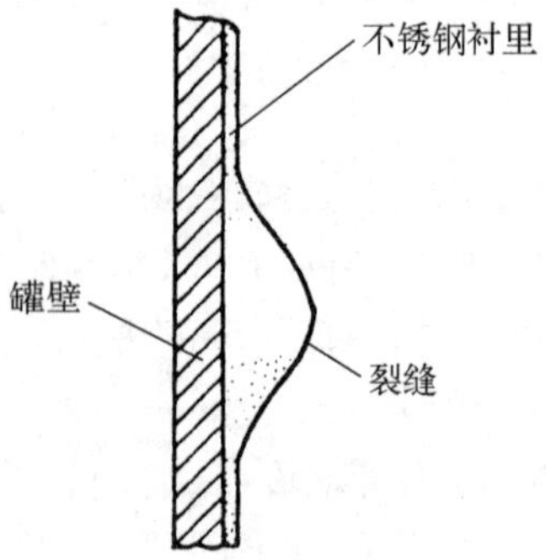

图 7-2　不锈钢衬里破裂形成“死角”(引自梅乐和等，2007)

有些发酵罐在制作过程中，如不锈钢衬里焊接质量不好，使不锈钢与碳钢之间不能紧贴，导致不锈钢与碳钢之间有空气存在，在灭菌加温时，由于不锈钢、碳钢和空气这三者的膨胀系数不同，不锈钢会鼓起，严重者还会破裂，发酵液通过裂缝进入夹层从而造成“死角”染菌，如图 7-2 所示。

发酵罐封头上的入孔、排气管接口、照明灯口、视镜口、进料管口、压力表接口等也是造成“死角”的潜在因素，一般通过安装边阀，使灭菌彻底。除此之外，发酵罐底常有培养基中的固形物堆积，形成硬块，这些硬块有一定的绝热性，使藏在里面的脏物、杂菌不能在灭菌时候被杀死而染菌，如图 7-3 所示。通过加强罐体清洗、适当降低搅拌桨位置都可减少罐底积垢，减少染菌。

Note

发酵罐支撑件加强板与罐体之间也容易形成的“死角”而染菌，如图 7－4 所示。

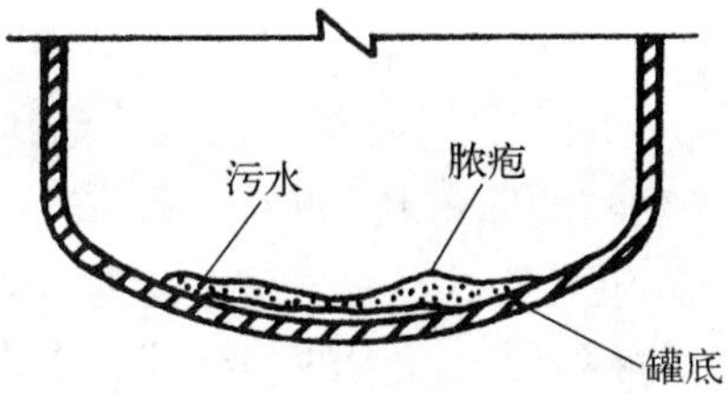

图 7－3　发酵罐底部培养基的沉淀积垢形成“死角”

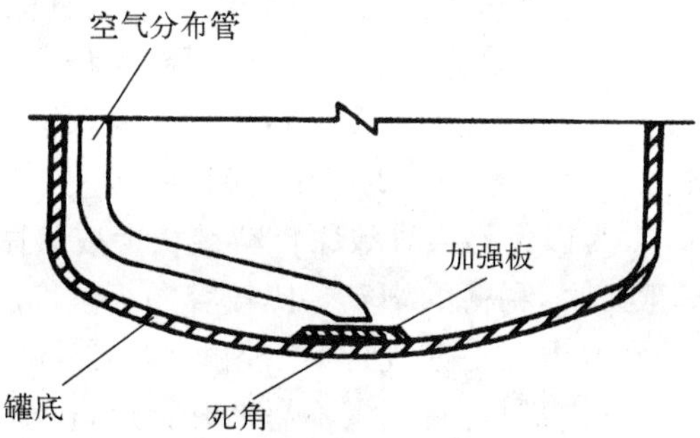

图 7－4　发酵罐支撑件加强板形成“死角”（引自梅乐和等，2007）

至于罐壁上的焦化物，如果没有大块的脱落或鼓包，应以不铲除掉为好。因为，有些罐壁上黏结的焦化物事实上已成为保护层，在一定程度上防止和减少了发酵罐中铁离子对发酵的影响，对提高发酵产量有一定的益处。一旦铲除罐壁上的这些焦化保护层，会造成新的缝隙，杂菌藏在里面，表面有坚硬的焦化层保护，反而造成灭菌不彻底。

生产上发酵过程的管路大多数是以法兰连接，但常会发生诸如垫圈大小不配套、法兰不平整、法兰与管子的焊接不好、受热不均匀使法兰翘曲以及密封面不平等现象，从而形成“死角”而染菌，如图 7－5 所示。

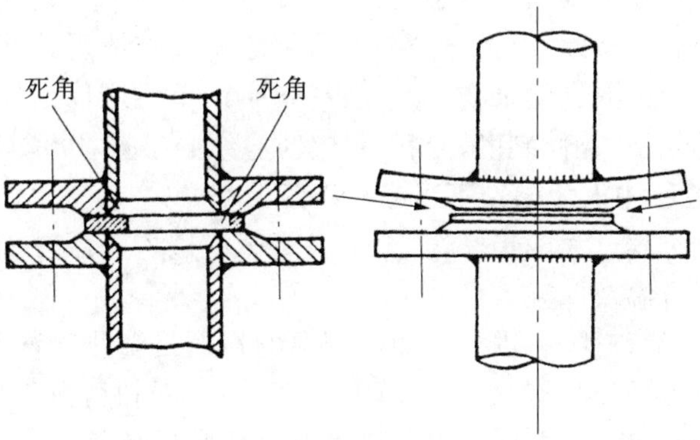

图 7－5　法兰连接不当造成“死角”（引自梅乐和等，2007）

因此，法兰的加工、焊接和安装要符合灭菌的要求，务必使各衔接处管道畅通、光滑、密封性好，垫片的内径与法兰内径匹配，安装时对准中心，甚至尽可能减少或取消连接法兰等措施，以避免和减少管道出现“死角”而染菌。

2. 空罐的预消

在实罐消毒灭菌之前，在条件允许的情况下如能先进行一次空罐预消，对消灭染菌是有帮助的。空罐预消主要有以下两个作用：

（1）提高实罐灭菌的可靠性

实罐灭菌之前的空罐预消，对各支管、阀门、罐本身均进行了一次加热消毒灭菌，无疑对消灭染菌是有利的。空罐预消实际上也是对发酵罐及其附属设备再进行了一次带压的严密度检查，其中包括：夹层和蛇形管的冷水阀是否漏，轴封处是否渗漏，各阀门的法兰连接及其阀门填料密封是否渗漏等，如果发现渗漏点，可以及时停止加热并进行更换和检修，防止在实罐消毒过程中出现问题又无法解决。

（2）确保消后物料体积的准确性

进行空罐预消后，对所使用的蒸汽而言，相对的干燥了一些，蒸汽中冷凝水的含量也相对的减少了，同时蒸汽的温度也会相应的高一些，这对于一些蒸汽质量欠佳的厂家来说是有利的。

其次，蒸汽中冷凝水含量减少，对保证消后培养基的体积准确是有利的。因为，任何微生物发酵的培养基的配比和体积是相互联系的。只有保证体积的准确，才能保证配比和含量的准确。如果消后体积过大培养基成分将会稀释，对种子培养和发酵都会带来不良的影响。所以，有条件的情况下，在进行实消前先进行一次空罐预消对减少蒸汽中冷凝水的含量，保证消后培养基体积的准确性及防止染菌的发生是有利的。

Note

3. 人为操作不当导致原材料结块造成染菌

一般来说，稀薄的培养基比较容易灭菌彻底，而一些易黏结的原材料，如蛋白胨、黄豆饼粉、淀粉等，在升温过快或混合不均匀时容易结块，形成大块的“包囊”，这些结块和“包囊”，表面光滑、黏结，而内部松散，蒸汽不易冲开穿透，机械搅拌也不易打碎，形成人为的“死角”。在发酵过程中这些团块会散开，而造成染菌。通常对于淀粉质培养基的灭菌采用实罐灭菌较好，在实消投料前，先加水至底层搅拌叶盘，然后停止加水，开动搅拌，形成搅拌转动和水花飞溅的情况，再开始投料。这样培养基原材料投入罐内后，立即被旋转的搅拌和水花所打碎，而不会形成物料结块。待培养基原材料全部均匀投入罐内后，再重新加水至要求体积即可。

培养基中诸如麸皮、黄豆饼粉一类，固形物含量较多，在投料时溅到罐壁或罐内的各种支架上，容易形成堆积，这些堆积物在灭菌过程由于传热较慢，一些杂菌也不易被杀灭，一旦灭菌操作完成后，通过冷却、搅拌、接种等操作，含有杂菌的堆积物将重新返回培养液中，造成染菌。因此，对于麸皮、黄豆饼粉一类的固形物含量较多的培养基，一般采用罐外预先配料，然后通过输料筛板过滤器和打料泵打入发酵罐内进行实罐消毒灭菌。

原材料中混进杂物，也是造成染菌的另一方面原因。原材料中的杂物主要有绳头、木屑、骨刺、塑料带等，如这些杂物随培养基进入了发酵罐，并沉积罐底和缠绕在搅拌轴上，就极易形成了难于消毒灭菌的“死角”。所以，每批发酵结束后下罐检查并清理这些杂物，是预防染菌的有力措施。为了防止原材料中混进的杂物，除了原材料生产单位应保证原材料质量外，更重要的是使用单位要有严格的复检、复称制度，分料、投料时应细心检查，以保证原材料不含杂物。

4. 在加热和保温过程中人为操作不当造成染菌

实罐消毒灭菌的全过程分为两步操作，第一步是蒸汽进入夹层或蛇形管进行预加热升温，第二步是直接蒸汽进罐升温及保温。

蒸汽进入夹层或蛇形管对物料进行预加热升温的目的是防止物料和蒸汽之间温度相差太大，如罐内直接通入蒸汽易引起设备震动颠簸而损坏设备。同时，由于预加热可使罐内物料均匀的升温，减少冷凝水的产生，从而保证消后培养基体积的准确性。一般通过夹层或蛇形管将罐温加热到 90℃左右，才可以开启直接进罐蒸汽对罐进行加热。在预加热的过程中，应当注意物料升温过快或过慢都是不正常的。一般对某一具体的罐而言，通过夹层或蛇形管将罐加热升温到一定的温度所需要的时间是基本相同的，如果不是这样，就应引起操作人员的重视。如检查总蒸汽压力的波动情况，夹层或蛇形管冷水阀的严密情况，夹层或蛇形管本身的严密情况等。

预热结束后，应放掉夹层内冷凝水。当罐温升温至 90℃左右，停止夹层加热以后，要及时打开夹层放水阀放掉夹层内的冷凝水，以减少冷凝水造成的降温区。

在直接蒸汽的加热和保温过程中，为避免染菌，要分清哪些管路和阀门是主要进汽点，哪些管路和阀门是次要进气点。直接蒸汽的进汽点应以空气分布管蒸汽，物料管蒸气为主要进气点。这些和物料直接接触的管路在进气时应稍开大一些，以确保迅速的热传递从而避免物料升温不均匀或存在死角。而罐顶部位的进气点，如冲洗视镜用蒸汽管，加油管、补料管等不和物料直接接触的管路蒸汽为次要进气点，它们的进气量要开小一些，只要保持蒸汽畅通就可以了。有时，次要进气点进气量过大，反而造成物料升温不均或在罐顶部位产生假压力。进汽分主、次，不仅因为它是避免染菌的合理操作方法，同时又节省了蒸汽，降低了能耗。

5. 人为操作不当形成“假压力”而引起染菌

实罐消毒灭菌过程中，如操作不当很容易形成“假压力”并造成染菌。所谓“假压力”，是指消毒灭菌罐的蒸汽压力和温度无正常的对应关系。如果在消毒过程中只注意消毒罐压，而忽略了看温度，势必会造成消毒灭菌的不彻底。造成压力温度不对应的原因，有可能是因为温度计反映温度不灵敏或温度计套管导热性能不好引起的，但由于操作不当形成“假压力”也是造成压力和温度不对应的原因之一。防止“假压力”的正确操作是，在灭菌操作中物料升温要均匀，升温达到一定值后才能开始保温，同时，务必注意将罐内冷凝性气体彻底排除。具体操作时应注意以下两点：一是蒸汽直接进罐时应分清主次，避免罐顶部分和物料不接触的管路进气量过大；二是要注意调节进气量和排气量，实消开始时，罐上排气阀应稍开大一些，以保证罐内冷凝性气体的完全排出。当物料均匀受热，温度迅速上升，罐压达 0.05 MPa时，应注意调节进气量和排气量，使消毒罐压稳定，并缓慢上升至灭菌工艺所要求的压力值，开始保温、保压并计时。

6. 在消毒灭菌过程中由于人为操作不当产生过多泡沫引起染菌

实消灭菌过程中，发酵液容易产生泡沫，控制不好会引起“逃液”，并造成染菌。所以，控制并消除泡沫是实消灭菌操作中避免染菌的又一重要措施。

实消灭菌过程中泡沫产生的原因，除了和培养基品种、浓度配比等因素有关外，还存在以下三个方面原因：一是配料体积偏大，再加上消毒灭菌时产生的冷凝水会使体积更大。消毒过程中进气、高速搅拌引起的翻腾，必然会引起泡沫的产生和逃液；二是消沫剂的加量不够，发酵液中加入适当量的消沫剂，不仅不会对产生菌的生长代谢产生不利影响，还会起到有效控制发酵液泡沫的作用；三是在实消灭菌时进气量和排气量的控制不当，在实消过程中，由于进气量和排气量的控制不当，往往待罐压上升后才发现罐压和罐温的无对应关系，随着罐压的急剧上升，排气和进气总处于不平衡、不稳定的状况，结果导致泡沫大量上升，顶罐外溢。

因此，在实消灭菌过程中除了注意培养基原材料品种、质量配比外，还应注意投料体积的准确性，要根据消毒罐的容积及工艺要求确定投料体积。可以根据工艺的要求在基础料中加入适量的消沫剂并在消毒灭菌的过程中尽量保持进气量和排气量平衡及稳定。

一旦实消灭菌过程中产生了大量泡沫，此时，消毒罐压很高，消毒罐温又达不到灭菌要求，该如何处理呢？首先，应冷静分析产生泡沫的原因，如果是消沫剂忘记加，应及时冷却，放掉罐内压力，重新加入消沫剂再消毒；如果是操作不慎形成的泡沫，就应当果断的关闭进气和排气阀，维持现有的罐压 5～10 min 后，待罐内泡沫自行破裂、液面降下后，重新打开进气和排气阀，并注意调节和控制，保持消毒罐的进气和排气的平衡和稳定，并适当的缩短消毒灭菌时间，泡沫也就不会大量产生了。

7. 在连续消毒灭菌过程中人为因素造成染菌

连续消毒灭菌法(连消)涉及的设备多，操作繁杂，人为的染菌因素增加。所以在连消过程中，操作应更加合理，更加认真细致，以减少人为染菌的因素。

例如，在物料总管路的消毒时，应随时注意蒸汽压力的变化，注意检查物料总管路的畅通情况。由于物料总管经常处于高温蒸汽消毒之中，物料在高温中易焦化黏结在总管路的管壁上形成焦化层。随着设备使用时间的推移，这些焦化层会越来越厚，造成管路堵塞。所以在连消过程中，要认真观察蒸汽压力的变化情况，一旦发现蒸汽压力异常或蒸汽压力下降缓慢，应当果断关闭消毒塔蒸汽，拆下总管路冷凝水阀门，检查和清理物料总管中焦化物，排除故障后重新开始消毒。

总之，在连消过程中，所有培养基灭菌的温度及其停留时间都必须符合灭菌的要求，以确保彻底灭菌。

7.3.4　设备因素造成的染菌及其防治

发酵生产中的染菌，不仅仅因为人为因素，如操作人员的工作责任心、操作质量和操作方法等引起。发酵设备上存在的漏洞也是染菌的不可忽视的重要因素。造成染菌的设备因素主要包括：设备安装的不合理、设备的泄漏和死角、设备结构的不合理、设备的管理不严格。

为了避免设备漏洞造成的染菌，在发酵设备的结构和安装应以简化、严密、无死角、方便操作为原则。

Note

设备安装的不合理有时是导致染菌的关键因素。在所有发酵企业中，蒸汽管路的合理安装非常重要。为了解决蒸汽中水分含量过大、温度偏低的问题，除了在锅炉的容量上进行改进之外，主要问题还应当放在蒸汽总管和支管的合理安装上，主要应注意以下几点：

1）避免蒸汽总管道过长，支管过多。蒸汽的总管路不宜过长，其中包括锅炉的蒸汽总管，发酵车间内的蒸汽总管，都不宜过长或绕行。总管路过长，会使蒸汽在管路输送中热量损失而变成冷凝水，使其蒸汽性质改变，温度降低。在一些小企业，由于锅炉容量低，产汽压力也低，就容易发生这种现象。蒸汽支管过多，既不便于平时的维修和阀门更换，而且每根支管内都有可能存有冷凝水，从而改变蒸汽的性质。正确的支管安装，应当考虑到正常的维修及停气方便，尽可能地避免支管过多的现象。

2）蒸汽总管路的合理安装。蒸汽总管及蒸汽总管上的各罐用汽支管和连续消毒系统的消毒塔用汽管不能采用串联方式安装连接，如采用串联方式安装连接，在发酵罐空消或实消过程中，消毒塔一旦使用蒸汽，就会造成总蒸汽压力的急剧下降，甚至会产生蒸汽走短路的现象。应当把发酵罐的总管蒸汽和消毒塔的蒸汽总管采用并联的安装连接。这样既避免了蒸汽走短路，也防止了总管路蒸汽压力急剧下降的弊病。

3）蒸汽管路尽量不与生产无关的一些设施相连。如生活用的暖气、办公室的暖气、澡堂等。尤其是到了冬季，生活和生产争着用气，造成蒸汽总压力低，波动大，发酵的染菌率也随之升高。为了保证蒸汽质量，消灭染菌，有些企业把消毒灭菌的尾汽预热回水再与生活用供暖系统相连接，这样既不影响罐消毒灭菌，同时也解决了生活的取暖问题。对一些无法利用蒸汽尾气的设施，应当采取定时开放制度，这样既减少蒸汽不必要损耗，又不影响生产用气。

4）蒸汽管路外部要有保温层。蒸汽在管路输送中，如果管路外部没有保温层，在蒸汽输送过程中必然要损失大量的热量，并产生冷凝水而改变蒸汽的性质。为了保证蒸汽质量，蒸汽管路外部必须有较好保温层或隔热层。保温层除了能防止热量的损失外，还对预防烫伤、防止事故的发生起着重要的作用。

管路的安装或管路的配置不合理易形成"死角"而造成染菌。发酵过程中与发酵罐连接的管路很多，如空气、蒸汽、水、物料、排气、排污管等，一般来讲，管路的连接方式要有特殊的防止微生物污染的要求，对于接种、取样、补料和加油等管路一般要求配置单独的灭菌系统，能在发酵罐灭菌后或发酵过程中进行单独的灭菌。发酵工厂的管路配置的原则是使罐体和有关管路都可用蒸汽进行灭菌，即保证蒸汽能够达到所有需要灭菌的部位。除发酵罐的进料总管、出料总管和蒸汽总管应有2%坡度外，其他管道应横平竖直；对水平安装的管道，必须在凹陷点安装排污阀，同时，为避免较长的管路中间下垂而形成凹陷点，管路必须有足够的支撑点；为了减少管道，减少染菌机会和便于操作，同一线路管道应安装在一起，各罐的排污管装在最外位置，单独与总排污粗管相接，但大口径排污管必须单独安装，以免大口径管排出的大量蒸汽使总排污管带压力，导致外界空气从未关严或渗漏的排污阀倒流入无菌管路；发酵罐顶的移种管应直插罐内，以便进行倒种和防止移种时排气过猛等操作失误使移种管带负压，导致外界空气从渗漏处倒吸入移种管内；总蒸汽管起端应有分水阀，以便排放冷凝水，避免蒸汽带水；无菌管路末端或支管应装排气边阀，以免形成灭菌死角，如图7-6所示。

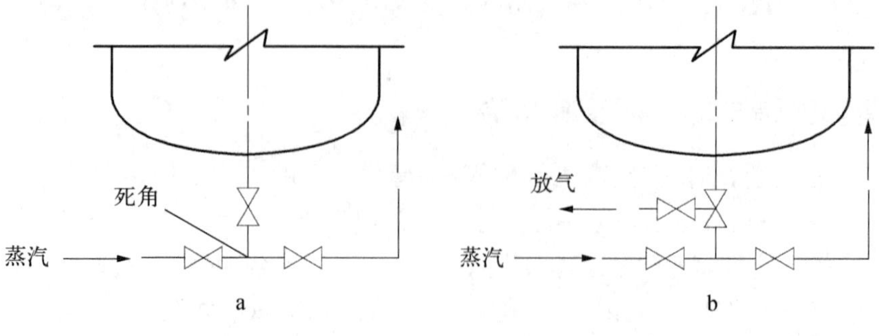

图7-6　灭菌时蒸汽不易到达的"死角"及消除方法（引自梅乐和等，2007）

在实际生产过程中，为了减少管材，经常将一些管路汇集到一根总的管路上，如将若干根发酵罐的排气管汇集在一根总的排气管上，在使用中会产生相互串通、相互干扰，已染菌的罐往往会影响其他罐，造成其他发酵罐的连锁染菌，不利于染菌的防治。采用单独的排气、排水和排污管可有效防止染菌的发生。无菌空气管路应是一条供发酵使用的无菌的专用管路，若连接着去往过滤提炼岗位的空气管路、各种贮藏罐、计量罐上，一旦形成负压，会造成料液倒流污染空气总管路，后果十分严重。

在发酵车间，为使发酵罐罐温得到正常的控制，冷却水管路就要和蒸汽管路连接在一起，组成加热器。由于蒸汽和冷却水管路连接在一起，就必然的引起冷却水和蒸汽之间的相互倒流。而一旦冷却水倒流入蒸汽管路，就会影响灭菌用蒸汽的质量，造成染菌。同时，还可能造成正在运行发酵罐染菌，如果蒸汽管路内含有冷却水，在开启正在运行发酵罐的视镜冲洗蒸汽阀时，冷却水就有可能流入发酵罐，从而造成单批发酵罐染菌。为避免蒸汽管路和冷却水管路相连时产生的倒流，在安装加热器的时候，一般要在加热器的蒸汽进汽阀前以及冷水管进水阀前安装单向阀，防止倒流。使用操作时，应经常检查单向阀，如发现单向阀不严密，就应及时更换。还应当充分考虑到蒸汽和冷却水之间的压力差，缓慢开启阀门，尤其是压力较高的管路阀门，不要猛开、猛关。

管件的渗漏也极易造成染菌。实际上管件的渗漏主要是指阀门的渗漏，目前生产上使用的阀门不能完全满足发酵工程的工艺要求，是造成发酵染菌的主要原因之一。采用加工精度高、材料好的阀门可减少此类染菌的发生。

7.3.5　噬菌体的污染及防治

噬菌体是原核生物的病毒，至今在绝大多数的原核生物中都发现了相应的噬菌体。它广泛存在于自然界中，尤其在发酵生产车间周围的空气及下水道中都有噬菌体的存在。噬菌体无细胞结构，其基本形态为蝌蚪状、微球状和丝状，多数呈蝌蚪状，由头部和尾部两部分组成(图 7－7)。核酸是噬菌体的遗传物质，由头部的蛋白质衣壳包绕。蛋白质构成噬菌体头部的衣壳和尾部，起着保护核酸的作用，并决定噬菌体外型和表面特征。噬菌体有很强的寄生性及宿主专一性，体积很小，能通过细菌过滤器，只能在电子显微镜下才能观察到它的存在。噬菌体对理化因素的抵抗力比一般细菌强，如能耐受乙醚、氯仿、乙醇和低温、冷冻等，但对紫外线、X 线等敏感，易受热变性。

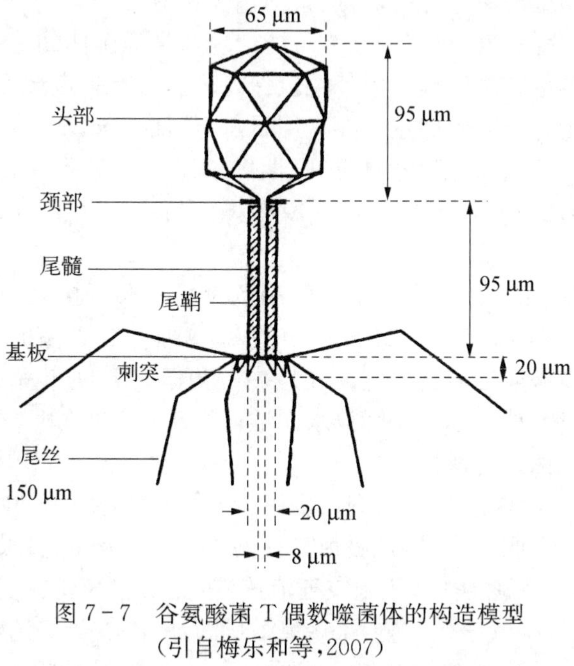

图 7－7　谷氨酸菌 T 偶数噬菌体的构造模型
(引自梅乐和等，2007)

Note

在发酵工业生产中，生产菌株一旦受到噬菌体的侵染所造成的损失是相当惊人的。由于噬菌体的感染力非常强，传播蔓延迅速，且较难防治，发酵生产一旦感染噬菌体就很难彻底根除，因而预防发酵生产中噬菌体的危害就显得相当重要。在利用细菌或放线菌作为生产菌株进行的发酵生产的企业中，都不同程度遭受噬菌体的侵害。发酵一旦感染噬菌体，往往在几小时内菌体全部死亡，产物合成停止，并造成倒罐，甚至连续倒罐。这将影响企业正常的生产计划，甚至全面停产，给企业经济上造成巨大损失。

由于噬菌体体积小，可在空气中传播，几乎可以潜入发酵生产的各个环节。空气过滤系统侵入噬菌体，种子(包括一级种子、二级种子)带进噬菌体或种子本身是溶源性菌株，培养基灭菌不彻底，都会造成多罐连续污染，是造成噬菌体大规模污染的主要途径。发酵罐及其辅助管道有死角、穿孔、渗漏，接种操作失误等是造成单罐污染的主要途径。补料(氮源、碳源、前体、消泡剂等)过程侵入噬菌体，泡沫过多等是造成后期感染的主要途径。

发酵过程中感染噬菌体后，一般会出现以下现象：短时间内菌体大量死亡自溶，只剩下残留的菌体碎片，发酵液检测可发现菌体浓度很低，镜检时可发现菌体数量显著减少，缺乏正常的排列，找不到完整菌体；发酵液 pH 逐渐上升，温度停止上升然后逐渐下降，排出 CO_2 量急剧下降；发酵代谢异常，糖耗、氨耗缓慢或停止，产物合成停止；发酵液产生大量泡沫，颜色发红、发灰，有时发酵液呈现黏胶状，可拔丝；用双层平板检测会出现噬菌斑。

发酵工业生产中，噬菌体污染防治是一个很复杂的问题。多年来，人们一直很重视噬菌体的防治工作，并采取了一系列防治措施，使噬菌体污染得到基本控制，污染程度也逐步减轻，但是尚未达到彻底杜绝的程度。

噬菌体的防治是一项系统工程，应从培养基灭菌、种子培养、空气净化系统、环境卫生、设备、管道、车间布局及职工工作责任心等诸多方面，分段检查把关，才能做到根治噬菌体的危害。目前，在发酵企业中主要采取以下手段预防污染噬菌体。

1. 从源头上消灭噬菌体

由于发酵罐排出的废气和废液泡沫中夹带有大量的菌体，在发生噬菌体感染时将有大量的噬菌体随废气或废液排出，造成严重的污染和扩散。因此，必须将排出物通过贮有药剂的容器设备处理后排放。

严格控制由于取样或洗罐后废液的排放。如可通过在取样漏斗内加甲醛，对漏斗定期用蒸汽消毒，对取样漏斗和下水道应经常冲洗，防止污水及菌丝体长期积存于这些地方。对于倒罐后所排出的废液也应灭菌处理后才能排放，严禁活菌体排放。

建立经常性的环境卫生制度，车间四周有可能严重污染噬菌体的地方，应经常、及时用药剂(如石灰或漂白粉等)或其他方法处理。此外还应保持环境具有一定湿度，因为噬菌体在干燥状态下比湿润状态下更稳定。车间周围空气经常用石灰、新洁尔灭、84 消毒液、漂白粉喷洒，空压机周围要用次氯酸钙喷雾剂消毒，控制空气中噬菌体浓度。制定环境的净化目标，定期进行检测，检测结果一般应控制在每次每只培养皿生成的噬菌斑在 10～20 PFU/ml(plague-forming unit, pfu)以下。

严把“种子关”，菌种要由专人管理。菌种的制备及培养要严格无菌操作，感染噬菌体的培养物不得带入无菌室、摇瓶间等与菌种制备有关的场所。加强无菌室的灭菌及噬菌体的检查工作。菌种要定期纯化。噬菌体的检查室应设在厂内的角落。合理布置发酵车间、提取车间、空压机房三者位置，成三角形，尽量远离。铺设水泥地面和道路并搞好厂区绿化，扩大绿化覆盖面积，防止尘土飞扬，减少噬菌体传播机会。

进一步改善对空气的净化能力，消灭进入发酵罐、种子罐空气中的噬菌体是防止污染的有效方法。具体应做到：高空取气，空压机吸风口应在 30 m 以上高处；采用空气加热净化工艺，空气加热到 150℃可完全杀死噬菌体；控制空气流速，避免因空气线速度过大、油水过多使空气过滤器失去净化效果；改进空气净化装置，采用高效的过滤介质，最好用绝对空气过滤器如英国的(Domnick Hunter)公司研制的绝对空气过滤器，可 100%地过滤除去 0.01 μm 以上的微粒，可耐121℃反复加热杀菌。

2. 选育抗噬菌体的菌株

生产上使用抗噬菌体的菌株替代敏感性的生产菌株，这是发酵工业中克服噬菌体危害最有效措施之一。实践已经证明合理地使用抗噬菌体的菌种是解决噬菌体危害的一种可靠方法。对于选育工作而言，首先应该通过自发突变或人工诱变育种等方法选育具有抵抗噬菌体能力的菌株，同时，该菌株在生产能力应不低于原来菌株的生产能力。

Note

3. 菌种的轮换使用

为了解决发酵生产中的噬菌体危害，在缺乏适宜的抗性菌株时，根据生产的需要，可以多准备几株不同的生产菌株，按期轮换使用。如在丙酮丁醇的生产中，每周轮换使用生产菌种，取得了较好预防效果。

4. 污染噬菌体后的挽救措施

根据噬菌体污染时间不同，处理方法也有所不同。一般而言，感染越早，危害越大；挽救越早，效果越好。发酵早期如发现噬菌体污染常采用放罐重消法、轮换菌种法、低温重消重接种法、并罐法等。只要处理得当，往往会取得一定的效果，降低损失。如发酵后期污染噬菌体，一般应对罐进行处理后提前放罐。

从目前处理污染噬菌体罐的效果看，都不尽如人意，因此，噬菌体的污染还是应该以预防为主，挽救为辅。一旦发酵污染噬菌体，应立即积极采取以环境净化为中心的综合治理措施。

复习思考题

1. 什么是染菌？染菌对发酵会产生什么影响？
2. 发酵发生染菌后常常会出现哪些异常现象？工业发酵生产上一般采用什么办法来判断发酵过程是否染菌？
3. 发酵过程发现染菌后如何进行原因的分析？发酵过程中杂菌污染的主要途径及防治对策有哪些？
4. 发酵过程中噬菌体污染的主要途径和危害是什么？如何防治发酵过程中噬菌体的污染？

第8章 基因工程菌的培养

知识框架图

- 基因工程菌的培养
  - 概　　述
  - 宿主-载体系统
    - 宿主系统
    - 表达系统
    - 微生物表面表达系统
    - 低等真核细胞
    - 哺乳动物细胞
  - 基因工程菌生产的特性
    - 分离丢失
    - 质粒结构不稳定性
    - 宿主细胞突变
  - 重组大肠埃希菌的高密度培养策略
    - 控制基质浓度流加
    - 恒 pH 流加
    - 恒溶氧流加
    - 控制比生长速率的葡萄糖流加
    - D-氨基酸氧化酶在大肠埃希菌(*E. coli*)中高效表达
  - 基因工程菌生长与表达的影响因素
    - 溶氧浓度对工程菌发酵的影响
    - pH 对工程菌生长和表达的影响
    - 诱导时间对外源蛋白表达的影响
    - 诱导时机对表达的影响
    - 乙酸对生长和表达的影响
  - 毕赤酵母(*Pichia pastoris*)表达策略
    - 酵母作为宿主菌的优点
    - 三角酵母 D-氨基酸氧化酶在毕赤酵母中表达
    - 重组质粒
    - 重组毕赤酵母菌株发酵
    - 重组菌株在 5 L 发酵罐中培养

内容提要

Note

利用基因重组技术构建的基因工程菌的发酵工艺不同于传统的发酵工艺，就其选用的生物材料而言，前者含有带外源基因的重组载体，而后者是单一的微生物细胞；从发酵工艺考虑，基因工程菌的发酵生产之目的是希望能获得大量的外源基因产物，尽可能减少宿主细胞本身蛋白质的污染，外源基因的高水平表达，不仅涉及宿主、载体和克隆基因三者之间的相互关系，而且与其所处的环境条件息息相关，因此仅按传统的发酵工艺生产生物制品是不够的，需要对影响外源基因表达的因素进行分析，探索出一套适于外源基因高效表达的发酵工艺。

基因工程菌发酵问题中最重要的两个问题是菌体的高密度发酵和诱导条件的确定。菌株的高密度生长将导致供氧不足和培养基中大量乙酸的产生，这将极大的影响菌体的生长；另外，菌体密度的高低与外源蛋白表达量之间并没有直接相关性，它们之间的结合点就是诱导条件的确定。另外，不同的发酵条件，工程菌的代谢途径和产物不一样，这对目标蛋白的下游纯化工艺将造成不同的影响。因此，在高表达高密度的前提下，建立有利于纯化的发酵工艺也是非常重要的问题。

8.1　概述

随着基因重组技术的发展，许多基因已被克隆并得到表达，为利用微生物大量生产具有实用价值的各种蛋白质和改造已有生产菌株创造了条件。对于以生产蛋白质为目标的基因工程菌发酵，希望在发酵过程中生产尽可能多的外源蛋白，提高发酵罐中产物的体积生产速率，并利于降低目标蛋白分离纯化的难度和成本，提高最终产品的质量；对于通过改变细胞参与代谢的酶、物质的运输及代谢反应调控的方法(即代谢工程)来改善菌株的生产性能的情况，外源基因只需要适度表达即可，过度表达反而会对宿主细胞的代谢产生冲击，造成宿主细胞代谢的紊乱，引起目标代谢物合成水平的下降。因此，这两种基因工程菌发酵中，对外源基因表达水平的要求是完全不同的。基因工程菌生产的主要产品有两类，即蛋白质和非蛋白质。非蛋白质产物可以通过代谢工程细胞来获得，这些细胞插入编码酶的 DNA，产生新的途径或增强某一途径，从而得到新的化合物或增加产量。

8.2　宿主-载体系统

8.2.1　宿主系统

构建基因工程菌，必须选择合适的宿主和表达系统，一般希望翻译后的处理要简单，如果用于食品要考虑宿主菌是否列入美国食品药品管理局表中，列入的被认为是安全的菌。常用的宿主系统有：大肠埃希菌、G^+ 细菌、低等真核细胞和哺乳动物细胞。

8.2.2　表达系统

1. 革兰阴性细菌通用的表达载体

细菌基因工程的表达系统由三部分组成：外源基因、表达载体和宿主细菌。外源基因的表达水平不仅与基因的来源、基因的特性以及载体有关，还取决于宿主细胞。要使克隆的外源基因在宿主细胞中高效表达，首先需要构建专门的表达载体，用来控制转录、翻译、蛋白质稳定性以及克隆基因产物的分泌等。

基因工程的宿主细胞多种多样，但目前大多数重组 DNA 技术生产的蛋白质产品都是在大肠埃希菌中合成的，大肠埃希菌是目前研究最深入，使用最广泛的基因工程宿主菌。如果产品蛋白翻译后不需要修饰，大肠埃希菌是最普遍选用的宿主。

大肠埃希菌作为宿主的优点：人们对大肠埃希菌的生理学和遗传学背景了解得比其他任何生物更加深刻；有利于进行复杂的基因操作；有相当高的生长速率，并能得到高细胞浓度(50 g/L)；能在简单便宜的培养基生长。这些因素给大肠埃希菌许多经济上的优势。但大肠埃希菌不是完美的宿主，主要问题是大肠埃希菌分泌(secretion)的蛋白质通常在细胞内，当这些蛋白质达到高浓度时，会被水解或形成不溶的包涵体，其中主要是外源蛋白，但也含有其他细胞物质。包涵体中的蛋白质是不折叠的，不折叠的蛋白质没有生物活性，必须重新溶解并使它复性。大量外源蛋白产生会触发热冲击响应。热冲击调节子的一种响应是增加蛋白质水解酶的活性。在一些情况下，细胞内蛋白水解酶使蛋白质的降解速率几乎等于产生的速率。

大肠埃希菌主要作为外源蛋白超量表达的平台，其主要目的是对不同的蛋白质进行体外超量表达，从而可以将目的蛋白用于不同的下游领域，如制备基因工程疫苗，蛋白质组学研究等。

表达载体实际上是在克隆载体的基础上装载了用于表达的一些元件，当外源基因插入到合适的位点后，在宿主菌中就可启动表达。表达载体的选择应注意以下几点：① 启动子的选择；② 转录的有效性；③ 翻译起始的有效性；④ 翻译的有效终止；⑤ 外源基因以融合蛋白形式表达，融合表达是指目的基因与编码具有特殊活性的多肽或蛋白质的基因融合，构建成一个融合蛋白基因。用于融合的表达标签蛋白和多肽有六聚组氨酸肽和谷胱甘肽S转移酶。利用tag的特性通常可以对融合蛋白进行亲和层析等分离提纯，因此选择融合表达既可以保护外源蛋白不受宿主内蛋白酶的降解，同时也大大简化了重组蛋白的纯化过程。⑥ 构建可分泌蛋白，分泌到胞外培养基中，通常位于蛋白质N端称为信号肽的一段氨基酸序列会帮助蛋白质通过细胞膜。另一种办法是通过遗传工程将革兰阴性细菌改造成蛋白质分泌型。

大肠埃希菌并不一定是所有的外源蛋白表达的理想微生物，除了大肠埃希菌以外，还有许多其他的细菌表达系统，但是目前对其他微生物在遗传和分子生物学方面的研究程度不及大肠埃希菌。幸运的是，适用于大肠埃希菌的方法和策略也同样可以应用于其他的微生物。因此，其他细菌没有可专门利用的通用型表达载体，通常研究者只有在使用他们时才构建特异性或专一性的表达载体。

2. 革兰阳性(G^+)细菌表达载体

枯草芽孢杆菌是可替代大肠埃希菌的菌种，它是革兰阳性菌，没有外膜，能运动，并且能把蛋白分泌到胞外的杆状细菌，无致病性，对人畜无毒，是革兰阳性细菌的主要代表。它的这一性质对生产非常有吸引力，然而枯草芽孢杆菌有许多问题妨碍它在商业上的采用。主要是枯草芽孢杆菌产生大量的蛋白酶，会很快降解产物。而且枯草芽孢杆菌基因构建比大肠埃希菌困难，质粒稳定性也比较差，所以在使用上有较大的限制。有两个应用于枯草芽孢杆菌的表达载体即穿梭载体和整合载体。

8.2.3 微生物表面表达系统

微生物细胞表面展示系统的构成包括载体蛋白、目的蛋白和宿主菌三部分。位于细胞表面的蛋白都可用于细胞表面展示，常见的载体蛋白包括大肠埃希菌的外膜蛋白和与肽聚糖相关的脂蛋白、假单孢菌的外膜蛋白和冰核蛋白、蜡状芽孢杆菌群的S-层表面蛋白、葡萄球菌的表面蛋白、胞外附属结构的蛋白等。为了将目的蛋白展示于微生物细胞表面，还需要构建目的蛋白和外表面蛋白的融合。在大多数细菌表面融合蛋白中，目的蛋白位于融合蛋白的N端或C端，有时目的蛋白的短片段也可以在融合蛋白的中间表达。

微生物细胞表面展示技术有着广泛的用途，可开发一些独特的生物产品如疫苗、细胞催化剂、细胞吸附剂和生物传感器等。

8.2.4 低等真核细胞

酵母菌中酿酒酵母是第一个被利用的生物，它的最大生长速率是大肠埃希菌的25%，酵母细胞比最大的细菌大，容易从发酵液中回收，有简单糖基化能力和分泌蛋白的能力，这些是它的优点。但酵母达到高表达水平比大肠埃希菌困难，外源蛋白分泌到胞外也有限，现在发展了其他的酵母如甲醇营养型酵母等。

外源蛋白需要复杂的糖基化和翻译后修饰时，低等真核细胞就不能适应，要用动物细胞组织培养来达到。

8.2.5　哺乳动物细胞

哺乳动物细胞在表达时有正确的氨基酸排列，而且所有转录后处理与动物体内相同，在某种情况下可能转录后修饰有些不同但提供最接近于天然副本的产物，此外多数产物可以分泌到胞外。但动物细胞生长缓慢，培养基价格昂贵，蛋白质表达水平较低。用于重组DNA生产蛋白的最常用的宿主是CHO(中国仓鼠卵巢细胞)。

尽管现在已经成功开发了一些细胞表面展示系统，但是在这一领域里仍有许多问题需要解决。比如：利用细胞表面技术开发细胞催化剂的时候，细胞表面酶的活性与游离酶相比往往降低；在构建细胞表面蛋白库的时候有些蛋白的表达量太少以至于难以鉴定；还有空间阻碍；多亚基蛋白表达；多种外源蛋白的同时表达等问题。

8.3　基因工程菌生产的特性

基因工程菌带有外源基因，外源基因可能在质粒上，也可能整合到染色体上，这些基因可能不稳定。丢失外源基因的菌往往比未丢失的菌生长快得多，这样就会大大降低产物的表达。为了抑制基因丢失的菌的生长，一般在培养中加入选择压力，如抗生素。基因工程菌的培养一般分两段，前期是菌体生长，生长到某一阶段，加入诱导因子，诱发产物表达。

8.3.1　基因工程菌的不稳定性

生产的目标是得到最大量的外源蛋白，但是大量外源蛋白的形成对宿主细胞是有损害的，通常是致死的，失去制造外源蛋白的能力的细胞一般生长快得多，从而能替代有生产能力的菌株，这就导致基因的不稳定性。基因的不稳定性原因主要有：分离丢失、结构不稳定性和宿主细胞调节突变。

基因工程菌的稳定性是实现外源基因产物高水平生产的必要条件。外源基因通常是通过重组的载体进入受体菌，这些载体包括质粒和噬菌体等。基因工程菌的不稳定性有两种情况，一种是脱落不稳定(segregational instability)，另一种是结构不稳定(structural instability)。脱落不稳定是由于在基因工程菌的生长和繁殖过程中，因重组质粒在子代细胞中的分配问题，造成重组质粒的丢失；结构不稳定则是由于重组基因的突变造成的。对于具有质粒分离性不稳定的基因工程菌的培养，由于丢失重组质粒的细胞在非选择性培养基中一般具有生长优势，培养液中一旦出现丢失重组质粒细胞，基因工程菌细胞在培养液中的比例会随时快速下降，从而严重的影响外源基因产物的表达。分批培养中微生物的传代数非常有限，而且培养环境变化大，比生长速率无法控制，研究基因工程菌的稳定性有较大局限性。连续培养可提供恒定的环境，微生物的比生长速率很容易控制，而且可以长期进行，因而被广泛用于稳定性研究。

影响基因工程菌稳定性的因素包括遗传和环境两个方面，见表8-1。在构建基因工程菌时，可通过载体的选择、宿主的选择、将外源基因整合到宿主染色体等手段，来提高基因工程菌的稳定性。同时，基因工程菌的稳定性也与发酵的工艺条件有密切关系，如培养基、限制性底物、生长速率等。外源基因的高表达会严重干扰基因工程菌的生长代谢，影响基因工程菌的稳定性。本节主要从发酵工程的角度讨论影响基因工程菌稳定性的因素。

Note

表 8-1 基因工程菌质粒稳定性的影响因素

遗传因素	环境因素	遗传因素	环境因素
质粒的结构	培养基	选择性标记	溶氧、温度
质粒拷贝数	限制性底物	外源基因表达水平	发酵操作方式
宿主细胞特性	比生长速率		

8.3.2 分离丢失

当细胞分裂时一个子细胞没有接受质粒就出现分离丢失。质粒可分为高拷贝质粒(>20 拷贝/细胞)和低拷贝质粒(有时低到每个细胞一至两个拷贝)。低拷贝质粒有专门的机制保证在子代细胞中有相等的分配,高拷贝质粒通常很少遵循二分法分配到子代细胞。对于高拷贝质粒,几乎所有子细胞接受一些质粒,也有可能有的细胞没有接受质粒,当然形成无质粒细胞的可能性是低的(每百万细胞分裂中一个)。但在大的反应器中含有非常多的细胞,总会存在无质粒细胞,例如,1 000 L 发酵液,每毫升有 10^9 个细胞,总共就有 10^{15} 个细胞,那么在这个反应器中就含有 10^9 个无质粒细胞。

质粒的分离丢失可能受许多环境因素影响,如溶氧、温度、培养基组成和恒化器中的稀释速率。许多质粒也会形成多聚体,相同质粒附着在一起形成一个单位。

8.3.3 质粒结构不稳定性

除了分离不稳定性问题外,某些细胞保留质粒,但质粒结构发生改变,而不产生外源蛋白,减少对细胞的有害影响,这就是结构不稳定性。如果质粒发生突变,仍保留了抗生素抗性基因,但不合成外源蛋白,那么这些突变株仍能在含有抗生素的培养基中生长。而且由于不合成外源蛋白,生长得比原来的工程菌更快,使得在这种培养物中带有改变了的质粒占优势地位的菌,这种培养情况就是结构不稳定性。

质粒不稳定的因素有两方面:一为细胞生长分裂时丢失。二为质粒 DNA 发生变化。在含 50 μg/ml 氨苄青霉素的琼脂平板上一般有超过 20%的细胞失去氨苄青霉素抗性。如使用高浓度氨苄青霉素(400 μg/ml)对不带质粒的细胞进行选择,增加表达质粒的拷贝数,使接种物中少于 1%的细胞失去抗性,发酵时甚至不加氨苄青霉素,仍使诱导前仅有少于 3%的细胞失去抗性。

8.3.4 宿主细胞突变

宿主细胞的突变也会造成生产能力的减少。这些突变通常改变细胞调节,结果减少目标蛋白的合成。例如,控制外源蛋白表达,利用宿主细胞的启动子,当宿主细胞启动子改变,将大大改变质粒编码蛋白的生产水平。乳糖操纵子是常用的操纵子,通过加入乳糖或它的结构类似物(如 IPTG)来启动表达,如果乳糖操纵子编码半乳糖透过酶的基因发生突变就会阻止乳糖或乳糖的结构类似物进入细胞,从而不能启动细胞的表达。

8.4 重组大肠埃希菌的高密度培养策略

重组菌生长的障碍是重组菌携带外源基因,加重代谢负担,生长缓慢。重组蛋白不能分泌到胞外,外源蛋白在菌体内合成后就会造成积累。高表达的外源蛋白尤其是高度疏水性蛋白对菌体有害,对细胞生长有抑制作用,甚至会导致细胞中毒或死亡,因此工程菌的比生长速率往往远小于宿主菌。重组大肠埃希菌高表达的障碍主要有:外源基因的不稳定,造成表达的下降;高生长速率与高表达之间的矛盾;乙酸的产生、蛋白质的降解。

要实现重组大肠埃希菌的高密度培养,最常用和最有效的方法就是分批补料流加培养法。分批补料培养以分批培养为基础,吸取了连续培养的优点,可消除高浓度底物对细胞生长的抑制作用,还可弥补低浓度底物限制细胞生长的缺陷,从而有效地控制了菌体的生长过程。现在常用的是反馈补料培养，有几种反馈控制：控制基质浓度流加、恒 pH 流加、恒溶氧流加、控制比生长速率的葡萄糖流加等。

8.4.1　控制基质浓度流加

用专门的电极维持基质浓度（如葡萄糖、乙酸、氨等）。以葡萄糖为例，用葡萄糖电极检测发酵液中的葡萄糖含量，葡萄糖电极通过反馈系统与补糖单元相连。当葡萄糖浓度在设定值之上，糖阀关闭；当葡萄糖浓度由于菌体消耗低于设定值时，糖阀开启，葡萄糖以一定速率加入。这样，发酵液中的葡萄糖浓度始终保持恒定，可避免葡萄糖的抑制效应，达到很高的细胞浓度。

8.4.2　恒 pH 流加

大肠埃希菌在 LB 培养基上生长，pH 会上升。这是由于菌体分解 LB 培养基中的胰蛋白胨，造成氨积累的原因，因此用葡萄糖代替酸液进行恒 pH 流加。通过 pH 反馈控制系统流加葡萄糖，使 pH 恒定，结果推迟了比生长速率的降低时间，细胞密度是无流加的 2 倍。可以以葡萄糖代替酸液，以氨水代替氢氧化钠碱液，同时流加氨水和葡萄糖。这种方法的缺点是葡萄糖浓度往往不易控制，容易产生乙酸，对某些工程菌不适宜。

8.4.3　恒溶氧流加

用复膜氧电极来控制补糖。当培养液的溶解氧浓度高于控制点，糖阀开启，以一定速率补糖。加入的糖被菌利用则需要更多的氧，从而减少溶解氧浓度，引起读数下降。当读数下降到控制点以下，糖阀关闭，需氧就会随之减少，溶解氧浓度逐渐上升，从而达到供需平衡。Konstantinov 等进一步发展了这种方法，用 DO-state 法间歇流加葡萄糖，通过控制溶氧、搅拌转速及糖流加速率，使乙酸维持在低浓度，从而获得高密度和高表达。

8.4.4　控制比生长速率的葡萄糖流加

菌体的比生长速率与代谢产物的表达密切相关。比生长速率太大，超过某一值，易产生乙酸，这一比生长速率值称为菌体的乙酸产生临界比生长速率。参见图 8－1，通过考察得出最优比生长速率，控制溶氧、转速、补糖来控制比生长速率。比生长速率直接影响到目的蛋白和副产

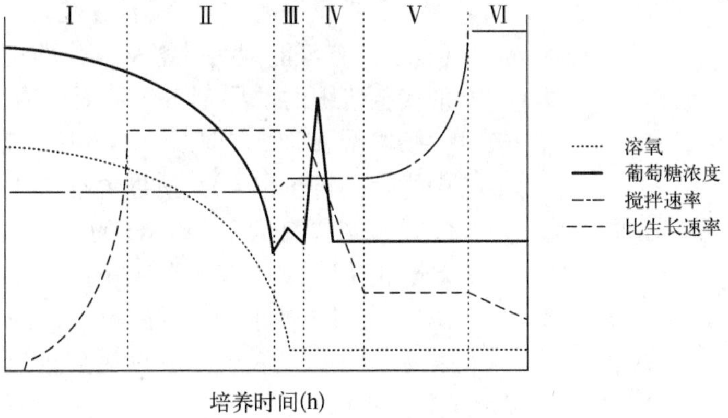

图 8－1　分批补料培养的 6 个阶段

Ⅰ. 接种后，比生长速率（μ 从 0 升至最大 μ_{max}）。
Ⅱ. 进入稳定生长期，$\mu = \mu_{max}$，溶氧下降至最低值。
Ⅲ. 通过搅拌速度控制溶氧维持在饱和值的 20%，在此阶段初始培养基中的葡萄糖已逐渐耗尽。
Ⅳ. 由于碳源的耗尽使溶氧迅速上升，此阶段通过控制葡萄糖的补料速度来稳定溶氧，并使比生长速率从最大值 μ_{max} 下降到表达外源蛋白的最佳值（μ_{pr}）。
Ⅴ. 调整葡萄糖的补加速度，使溶氧维持在饱和值的 20%恒定。由于此时菌体已达一定密度而溶氧较低，为了维持比生长速率，采用指数增加搅拌速度至最大值的方法来维持 μ_{pr} 的值。
Ⅵ. 由于氧气和葡萄糖的补给速率满足不了高密度菌体的生长需要而使比生长速率下降，为了增加氧气的补给，可通过补充富氧或纯氧气体以及降低培养温度、增加罐压来实现。

Note

物的产生。Seo 和 Bailey 以及 Riesenberg 等人都证明了在分批培养中存在着最佳比生长速率。Bentley 的理论则认为，对构建的表达系统来说，细胞只有以低的比生长速率生长时才能获得高的蛋白质产率。从基因的剂量角度看，每个细胞中质粒拷贝数越多，产生的蛋白质也越多。细胞以低速生长时，质粒的复制有更充裕的时间。

限定培养基使限制性碳源在分批补料培养的第三阶段趋于耗尽，溶氧与 pH 的骤增是葡萄糖耗尽的信号，此时则需补料以维持菌体生长。为了简化补料成分，通常使用含有或不含 Mg^{2+} 的葡萄糖作为单一补料液，氨水既可调节 pH 也可补充氮源。

恒速补料并不能满足逐渐增加的菌体的生长需求。Chen 等所提出的指数补料方案将可维持限定的生长速率，并成功地使几种菌株的表达产率得到显著提高。葡萄糖耗尽后乙酸盐也可作为碳源被大肠埃希菌利用，所以由 Perez 等提出的频繁的和不断少量增加的补料方式可使葡萄糖和乙酸盐在补料间隔中被完全吸收，从而获得更稳定的生长速率。

8.4.5 D-氨基酸氧化酶在大肠埃希菌中高效表达

大肠埃希菌中重组基因的表达方式有组成型表达和诱导型表达。组成型表达无需诱导即可表达，但是由于外源蛋白过早表达而导致菌体的正常生长受到影响，很难达到高密度发酵。诱导型表达有温度诱导和化学诱导，温度诱导 3～4 h 即可达到最大表达量，菌体也基本上停止生长。利用 lac 启动子用 IPTG 诱导 8～10 h 菌体还在生长，故化学诱导比温度诱导更易达到高密度发酵。

作为异源基因表达系统，大肠埃希菌作为基因工程菌宿主的研究较为深入。1998 年，Molla 等从纤细红酵母克隆获得编码 D-氨基酸氧化酶(DAAO)的 1.2 kb cDNA 后，将其插入到表达载体 pT7.7 的多克隆位点的 EcoR Ⅰ 酶切位置上，得到重组质粒 pT7 - DAAO。DAAO 编码基因的表达置于 T7 RNA 聚合酶启动子的控制下，这一重组质粒分别转化大肠埃希菌宿主 BL21(DE3)和 BL21(DE3)pLysS 后，DAAO 的表达水平与诱导物 IPTG 浓度、诱导时菌的生长状态、诱导后的培养温度和时间等因素密切相关。在最适条件下的产酶水平为 2 300 μ/L 发酵液，比活力8.8 μ/mg蛋白，酶蛋白占细胞总可溶性蛋白的 8%。同样的基因当使用 pKK233 - 3 构建重组质粒 pKK - DAAO 时，DAAO 的产量为 800 μ/L 发酵液。

乳糖是一种二糖，没有毒性，另外，由于其低廉的价格，使其有可能成为代替 IPTG 的诱导剂。以乳糖诱导剂代替传统的诱导剂 IPTG，对带有 DAAO 基因的重组大肠埃希菌 BL21(DE3)/pWY 诱导表达。在 3 L 发酵罐中优化补料速率、pH、诱导温度等因素，在偏弱酸性 pH 6.4～6.7 更有利于 DAAO 的表达；诱导温度 23°C 能有效防止菌体自溶，使 DAAO 酶活达到最高。分三次补加诱导剂(乳糖)，能使酶发酵单位达到 2 500 μ/L。诱导高表达 DAAO 的关键步骤就是要控制葡萄糖在消耗完之后开始补加诱导剂(乳糖)。具体的发酵工艺流程如右：

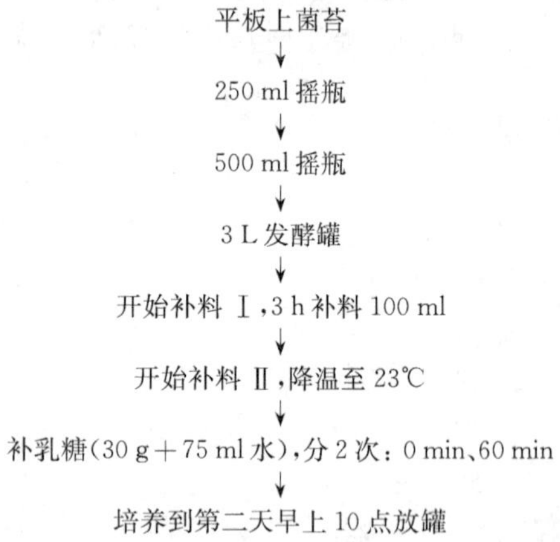

8.5 基因工程菌生长与表达的影响因素

一些基因工程芽孢杆菌在较高的比生长速率下显示较差的质粒稳定性。如 Argyropoulos 等在连续培养一株带有氯霉素抗性和葡聚糖酶基因的枯草芽孢杆菌 ToC46 (Ppff1)时发现，使用非选择性培养基分别在稀释度 0.2 h^{-1}、0.07 h^{-1} 和 0.03 h^{-1} 进行连续培养时都发生质粒不稳定的现象，在最低稀释率下质粒全部丢失所经历的时间最长。不过，判断质粒稳定性的恰当指标并不一定是丢失全部重组质粒的时间，而是传代数。若按重组质料细胞减为 40%时，不同稀释率下的传代数来看，还是稀释率 0.03 h^{-1}时传代数最高，稀释率为 0.2 h^{-1}时为最低。

Note

影响连续培养中带有质粒细胞和丢失质粒细胞比例变化的主要因素是二者比生长速率的差异和基因工程菌丢失质粒的概率。Mosrati 等研究了连续培养的稀释率对大肠埃希菌 C600galK(GAPDH)质粒稳定性的影响，发现随着稀释率 D 的提高，基因工程菌在培养液中的比例下降加快。这是因为随着稀释率的增加，带质粒细胞丢失质粒的概率(p)和基因工程菌与丢失质粒的宿主菌的比生长速率差($\Delta\mu$)都相应增大的缘故。例如，当 D 为 0.129 h^{-1}时，$\Delta\mu$ 和 p 分别为 0.040 h^{-1}和 4.58 h^{-1}；D 为 0.403 h^{-1}时，二者分别为 0.060 h^{-1}和 29.74×10^{-4}；而 D 为 0.653 h^{-1}时，二者分别为 0.190 h^{-1}和 53.76×10^{-4} h^{-1}。

Brigidi 等采用丢失质粒的速率常数 R 表示质粒稳定性，他们在对分别带有重组质粒 Pply2、pPCH2 和 Ppam2 嗜热脂肪芽孢杆菌工程菌 NUB3621 进行不同稀释率的连续培养时，发现随稀释率的提高，R 相应下降，反映了质粒稳定性的提高。

假单胞菌 B13FR1 是一可矿化 3-氯苯甲酸(3-CB)和 4-氯苯甲酸(4-CB)的菌株，转化带有真养产碱杆菌异构酶基因(mil)的柯斯质粒 pFRC20P 后，还可降解 4-甲基苯甲酸(4-MB)。当以 4-MB 为碳源时进行 B13FR1 的连续培养时，丢失 pFRC20P 的 B13FR1 细胞因没有利用 4-MB的能力被洗掉，而以 3-CB 为唯一碳源培养时，培养基没有选择压力，会发生 pFRC20P 的丢失。Hempel 等对该基因工程菌在以 3-CB 为唯一碳源的基本培养基中连续培养，随稀释率的提高，含有 pFRC20P 的基因工程菌在发酵液中的含量迅速下降，质粒稳定性变差。有趣的是，将该基因工程菌在稀释率 0.14 h^{-1}下，用 3-CB 为碳源，连续培养约 200 h，基因工程菌并未完全洗掉，而保留 10%左右。从连续培养的培养液中，分离能降解 4-MB 的菌落 15 个，作为种子，以 3-C 耿碳源，重新进行连续培养。基因工程菌比例又很快下降，但最终保持约 50%的比例。这时，将培养基的碳源改为 4-MB，分批培养 24 h 后继续连续培养，在选择压力下 B13FR1(pFRC20P)的比例升到 70%左右。他们认为，这是由于在连续培养中，假单胞菌 B13FR1(pFRC20P)产生了带有质粒 pFRC20P 但生长快的突变菌的缘故。

O'Kennedy 等发现，在复合培养基和基本培养基中，重组酿酒酵母的质粒稳定性与比生长速率的关系不同。在葡萄糖限制的复合培养基中连续培养，质粒丢失速率随稀释率的增加而增大，但是在葡萄糖限制的基本培养基中则相反。Ibba 等通过连续培养考察了重组酿酒酵母的稳定性，虽然在研究的 3 个稀释率(0.06 h^{-1}、0.12 h^{-1}和 0.17 h^{-1})下质粒的丢失都不多，但在中等稀释率下(0.12 h^{-1})更稳定。

从以上例子可以看出，不同基因工程菌质粒稳定性与比生长速率的关系显示出不同的规律，在发酵中根据基因工程菌生长速率与稳定性的规律和其比生长速率加以控制，可以有效地提高质粒稳定性。

8.5.1　溶氧浓度对工程菌发酵的影响

在鲤鱼生长激素基因工程菌的发酵研究中发现当发酵液的溶氧为 1.8～2.6 mg/L 时，菌体湿重为 1.9～2.08 g/L，外源基因表达量为 13.8%～16.7%，而当溶氧值提高到 4.0 mg/L时，菌体湿重为 2.27 g/L，外源基因表达量为 26.4%。在诱导表达期间，要维持外源基因的高水平转录和翻译，细胞需要大量的能量代谢以促进呼吸作用。因此通过增大通气量和提高搅拌转速以保证较大的溶氧值，不仅能提高工程菌的生长而且有利于外源蛋白产物的形成。

8.5.2　pH 对工程菌生长和表达的影响

在相同通气量和搅拌速度下，pH 对不同菌群生长影响不大，而对外源蛋白表达有一定影响。由于工程菌培养采用两阶段培养工艺，前期为菌体生长阶段，后期为蛋白诱导表达阶段。偏碱性的 pH 对外源蛋白的表达不利，因此，表达开始要调节 pH 在 6.8～7.0 之间，以保证外源蛋白的高水平表达。

Note

8.5.3 诱导时间对外源蛋白表达的影响

诱导时间是指加入诱导剂后的培养时间。随着诱导时间的延长，外源蛋白的表达量增加，但外源蛋白在细胞内的积累，对重组菌产生毒性，合成速率下降，甚至产物被分解。

37℃下当菌浓 OD_{600} 为 1.0 时，加入终浓度为 10 g/L 的乳糖，28℃下分别诱导 4 h、4.5 h、5 h、5.5 h、6 h、6.5 h、7 h，取样测酶活。结果表明，在诱导 6 h 前，酶活随时间的延长而增加，从第 6 h 开始趋于平稳，随着菌体对诱导剂乳糖的适应，表达量增加并累积，6 h 时 DAAO 酶活最高，因此诱导最佳时间为 6 h(图 8－2)。

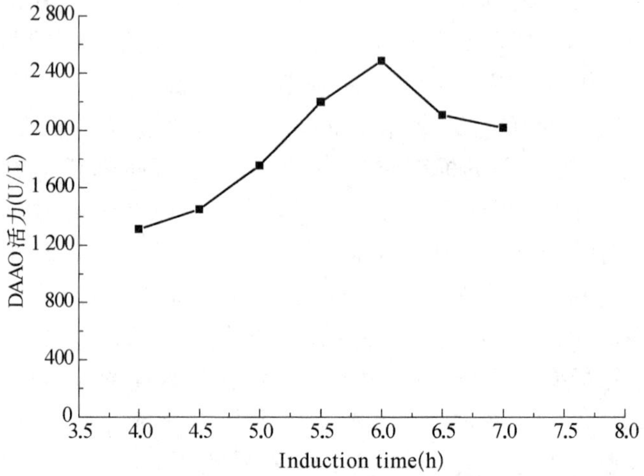

图 8－2　诱导时间对 DAAO 表达的影响

8.5.4 诱导时机对表达的影响

37℃培养至菌体浓度 OD_{600} 分别为 0.250、0.504、0.725、1.020、1.16、1.414、1.7 时，加入乳糖进行诱导表达，发现菌浓 OD_{600} 为 1.020 时，DAAO 酶活最高达 2 335.68 U/L(图 8－3)。乳糖作为诱导剂与 IPTG 不同的是乳糖自身无法进入菌体细胞内部，需借助于乳糖透过酶(Permase)的作用；另外，乳糖的加入造成菌体生长迟滞，由于乳糖的转运是一种主动运输的过程，这一过程会造成细菌质子推动力的暂时消耗，并竞争性的利用菌体的能量，比较而言，在菌体对数生长期的诱导相对较好，即菌浓 OD_{600} 为 1.0 左右，D－氨基酸氧化酶基因工程菌可表达较高的酶活。

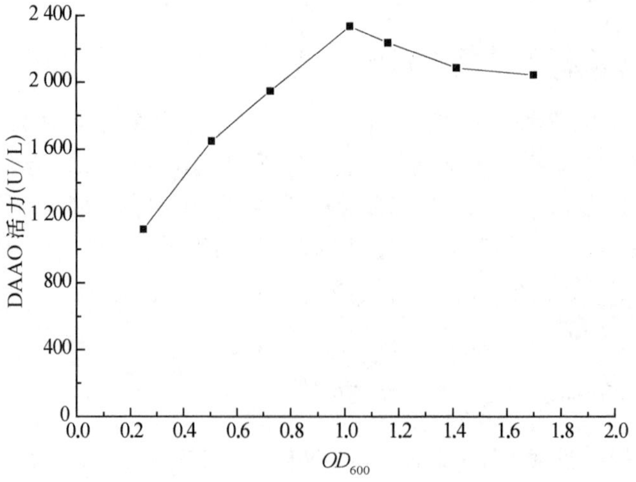

图 8－3　菌体浓度(OD_{600})对 DAAO 表达的影响

当菌浓 OD_{600} 大于 1.0,菌体生长进入对数期后期,由于发酵液中营养物质的消耗,氧气的缺乏及代谢产物的积累,使菌体的比生长速度明显受到抑制。在此状态下诱导,表达显然受到影响。

8.5.5 乙酸对生长和表达的影响

1. 乙酸的产生及抑制作用机制

乙酸的产生与细胞中的电子传递链和三羧酸循环有关。当葡萄糖加入量超过菌体生长和二氧化碳产生所需要量或在缺氧的条件下便会产生大量的乙酸,特别是在培养时间较长的高密度发酵过程中,问题更为严重。Han 认为细菌在低比生长速率下通过氧化代谢的作用产生的能量足以满足合成和异化的需求,不会产生乙酸,而在高比生长速率时,大肠埃希菌仅靠氧化代谢不能提供足够的能量,必须通过乙酸生成途径储备 ATP 和 NADH。乙酸的生成需要两个关键性的酶,即磷酸转乙酰酶(Pta)和乙酰激酶(Ack),它们催化葡萄糖代谢中从乙酰辅酶 A 生成乙酸的两步酶促反应。

EL-Mansi 和 Luli 假设的乙酸抑制机制是:乙酸在中性 pH 环境中以离子化(CH_3COO^-)和质子化(CH_3COOH)两种形式存在,质子化的乙酸具有弱的亲脂性,可以穿过细胞质膜进入胞内,在细胞内(pH 7.5)解离成 CH_3COO^- 和 H^+,这样就降低了膜内的 pH,使膜内外的 pH 差减小,减弱了质子的推动力,产生的能量就大大减少,扰乱了细胞的正常代谢和生理活性。

在分批培养中,当细胞浓度超过 30~40 g/L 时,菌体的生长就会停止。这是由于发酵液中乙酸盐、乳酸盐、丙酮酸盐、琥珀酸盐、丙酸盐以及异丁酸盐等抑制蛋白合成的代谢副产物的积累所造成的。相似的研究也发现,大肠埃希菌快速生长将导致糖分解的中间产物乙酸盐的积累,进一步对细菌的生长和重组蛋白的表达都产生负面的影响。乙酸盐对重组细胞的损害作用大于非重组细胞。关于乙酸盐抑制作用的机制目前还不完全清楚,一般认为是分子态乙酸盐能作为 H^+/ ATP 泵的去耦合剂而使质子驱动力下降,影响 ATP 合成。当乙酸盐浓度被限制在 10 mmol/ L 之内时,则不会影响细胞生长,高浓度的乙酸盐使比生长速率、细胞得率和最大可达菌体密度均下降。乙酸盐的形成取决于所用的培养基和比生长速率。在复合培养基和限定培养基中,比生长速率分别超过 0.12/h 和 0.135/h 时就会产生乙酸盐。

2. 减少乙酸积累的对策

1) 诱变宿主菌,不同的宿主产生乙酸不同,可通过诱变使乙酸生成途径中的两个关键酶产生突变或活性降低,使乙酸合成受阻。

2) 改变培养基组成,培养基组成影响乙酸的产生,特别是碳源的含量影响最大。在基本培养基中大肠埃希菌产生的乙酸比在复合培养基中产生少。另外用甘油取代葡萄糖可以降低乙酸的生成,Han 等在培养基中加入某些氨基酸(甘氨酸、甲硫氨酸)减轻乙酸的抑制作用,提高了重组菌的生长速率和重组蛋白的产率。Klemam 等研究了培养基 pH 对产生乙酸的影响,发现重组大肠埃希菌 W3200 在葡萄糖浓度为 5 g/L、pH 6.0 的培养基中乙酸生成量为 6 g/L,而在 pH 7.5 的培养基中乙酸生成量为 12 g/L。

3) 降低比生长速率,细菌比生长速率高,乙酸的比生成速率就高,一般来说,在合成培养基中,当重组菌的生长速率超过某个临界值便产生乙酸。在连续培养中,当稀释速率超过 0.2 h^{-1} 才能检测到乙酸的存在。较低的比生长速率虽然产酸少,但同时对产物表达不利,因此选取合适的比生长速率才能达到高密度、高表达发酵。

4) 降低培养温度,将温度从 37℃降低到 26~30℃可以降低菌体对营养物的吸收率,从而减少有机酸的形成。

5) 采用透析培养,在重组菌的培养过程中可以利用透析技术除去发酵液中有害物质,降低乙酸的含量从而实现重组菌的高密度发酵。Lee 等用中空纤维膜过滤装置除去乙酸,可以在较高的葡萄糖浓度下培养重组菌而得到较高的密度。利用葡萄糖为碳源培养重组大肠埃希菌时

Note

要控制其浓度在较低的范围内，减少乙酸的生成。目前大多数高密度发酵均采取了限制性流加葡萄糖的方法。如利用反馈参数 pH、μ、OUR、CER 作为控制对象，和葡萄糖流加相关联，控制流加量，使培养基中葡萄糖的浓度限定在较低水平。

为了防止乙酸产生，一般采用限制比生长速率在临界值下、降低初始培养基中的碳源浓度并采用分批补料技术补入糖类以维持菌体生长、充分通风等方法，使产生的乙酸为重组大肠埃希菌再利用。业已证明，在发酵工艺上通过限制葡萄糖的补料速率控制工程菌的比生长速率来减少乙酸的产生，是实现工程菌高密度培养的一项成功的策略。以上的方法主要是对乙酸的产生在工艺水平上加以限制，这往往会降低菌体的比生长速率从而延长培养时间，此外，上述工艺手段在很大程度上也增加了工艺及设备的复杂性。另一种方法是选择利用具有乙酸生物合成酶缺陷的 *E. coli* 突变菌株作为外源蛋白生产的宿主菌，特别是磷酸转乙酰酶(pta)和乙酸激酶(ack)缺陷的菌株。目前，多采用代谢工程对重组大肠埃希菌进行改良，以改变菌株的固有特性，优化细胞的代谢系统，降低副产物的累积并提高细胞的代谢水平。对此目前已提出多项代谢工程的策略，概括起来主要包括以下几个方面：① 阻断乙酸产生的主要途径，② 限制糖酵解途径上的碳代谢流，③ 将过量的碳代谢流转化为其他低毒的副产物，④ 对碳代谢流进行分流等。

8.6 毕赤酵母(*Pichia pastoris*)表达策略

8.6.1 酵母作为宿主菌的优点

单细胞低等真核生物，易于培养、繁殖快、便于基因工程操作，具有真核生物的蛋白质翻译后加工的功能，具有适合于真核生物基因产物正确折叠的细胞内环境和糖链加工系统，分泌外源蛋白到培养液中，利于纯化。

由于人们对酿酒酵母(*S. Cerevisiae*)的遗传学和生理学背景了解得多，及其表达的安全性，所以酿酒酵母是最先用来作为外源基因的表达宿主菌之一。但酿酒酵母表达系统也存在一些问题如：① 缺乏强有力的严格调控的启动子。目前一些常用的启动子很难精确控制或需要大量昂贵的诱导物，如半乳糖苷酶启动子需要半乳糖的诱导；② 分泌效率低，特别是对分子量大于 30 kD 的外源蛋白几乎不分泌；③ 表达菌株不够稳定，表达质粒易于丢失；④ 不适于高密度培养。

基于以上的问题，人们发展了甲醇营养型酵母作为第二代酵母表达系统。

甲醇营养型酵母主要包括 *Candida*、*Torulopsis*、*Hansenula*、*Pichia*。用作表达宿主株的主要是 *Hansenula* 和 *Pichia*。甲醇营养型酵母的重要特性是能利用甲醇作为唯一的碳源和能量来源。因为甲醇能诱导其表达甲醇代谢所需的酶，如醇氧化酶(Alcohol Oxidase, AOX)、二羟丙酮合成酶(Dihydroxy-acetone synthase, DHAS)和过氧化氢酶(Catalase)，表达的 DHAS 的含量甚至可达到总细胞蛋白的 60%～80%。而当以葡萄糖、甘油或乙醇作为碳源时，AOX 几乎不表达。进一步研究表明，AOX 的表达是转录水平调控的，其启动子能非常有效地控制外源基因的表达。已经在 *P. pastoris* 染色体中鉴定了二个 AOX 基因(AOX1 和 AOX2)，AOX1 编码的蛋白质与 AOX2 编码的蛋白质有 97%的同源性，但 AOX1 基因的启动子(PAOX1)受甲醇强烈诱导，而 PAOX2 则很弱。*H. polymorpha* 染色体只有一个 AOX 基因，也受甲醇调节。甲醇营养性酵母的另一个特点是甲醇代谢所需的三种酶被分拣转运入过氧化物酶体中，形成区域化。在葡萄糖为碳源时，菌体中只有一个或几个很小的过氧化物酶体，而在甲醇作碳源时，过氧化物酶体几乎占到整个细胞体积的 80%，里面的蛋白质主要为 AOX 和 DHAS。

自 1987 年 Gregg 等首次在 *P. pastoris* 菌中表达乙型肝炎表面抗原以来，至少有 40 多种外源蛋白在 *P. pastoris* 和 *H. polymorpha* 中获得表达。表达产物分泌到培养液中或聚集在胞浆，表达量最高的可达全菌蛋白的 32%或 12 g/L 产物。*H. polymorpha* 表达比 *P. pastoris* 有更多的优点，如更高的耐热性(理想温度为 37～43℃，而 *P. pastoris* 为 30℃)和在甲醇诱导下更快的生长速率，可减少培养时间，降低污染机会。*H. polymorpha* 更适于大分子量蛋白

Note

(150 kD)的表达与分泌。

为了提高外源表达蛋白在酵母细胞中的稳定性，免受蛋白酶的降解，通常采用以下几种方法：① 在培养液中补加一些富含氨基酸的组分如胃蛋白酶水解物或酪蛋白水解物，提供给酵母细胞蛋白酶过量的底物，减少目的蛋白的水解；② 由于 *P. pastoris* 能耐受较宽的 pH 范围(pH 3.0～7.0)，因此可调培养液 pH 抑制蛋白水解酶活性；③ 改造 *P. pastoris* 表达宿主菌株，缺失基因组中主要蛋白水解酶的基因，使目的蛋白稳定。

酵母细胞是真核生物，具有一些亚细胞结构，如过氧化物酶体等，它们对细胞的功能极端重要，过氧化物酶体内不含 DNA，也无蛋白质合成机制，所有过氧化物酶体内的蛋白都由核基因编码表达，再转运入过氧化物酶体。因此蛋白质结构中必定存在一些进入过氧化物酶体所必需的局部信息。如果把表达的外源蛋白运输进入过氧化物酶体储存起来，不仅可使蛋白免受蛋白水解酶降解，增加其稳定性，还可减少外源蛋白对宿主的毒害作用。已鉴定出两种选择性进入过氧化物酶体所需的靶信号 PTS1 和 PTS2。

由于甲醇营养型酵母表达系统具有一些特殊的优点如：① 应用 AOX 启动子，转录效率高，易于诱导调控；② 表达质粒易于整合到基因组，不易丢失，适于高密度发酵，表达量高；③ 表达产物选择性进入过氧化物酶体等。因此最近十几年来，人们越来越多的应用毕赤酵母作为外源基因表达的系统。

8.6.2　三角酵母 D-氨基酸氧化酶在毕赤酵母中表达

D-氨基酸氧化酶(D-Amino acid oxidase，DAAO，EC 1.4.3.3)主要用于裂解头孢菌素 C(CPC)生成戊二酰基-7-氨基酸头孢烯酸(GL-7-ACA)第一步反应。DAAO 广泛存在于微生物和动物组织中，目前只有三角酵母 DAAO(*Tv*DAAO)和红酵母 DAAO(*Rg*DAAO)用于工业生产中。*Tv*DAAO 固定化酶在 O_2 和 H_2O_2 环境中表现出较好的操作稳定性，当使用 N-Carbamoyl-D-Alanine 作为诱导物时，野生型三角酵母表达 DAAO 达到 4 000 U/L。最初人们构建了酯酶表达量较低的三角酵母突变菌株，同时能够成功表达 DAAO。后来人们尝试基因工程菌表达 *Tv*DAAO，用到的宿主菌有重组大肠埃希菌、*Saccharomyces cerevisiae* 和 *Kluyveromyces lactis*，后来开发了 *Schizosaccharomyces pombe* 和 *Pichia pastoris*。因为酶活力测定方法、条件和酶活力定义上存在差异，直接比较各种重组系统表达 DAAO 差别存在困难。尽管 *Tv*DAAO 固定化酶和固定化细胞已经发展到工业规模，为了降低生产成本，在工业生产中需要继续提高 DAAO 表达量和开发更好的固定化 DAAO。

8.6.3　重组质粒

重组质粒的构建参见图 8-4。

8.6.4　重组毕赤酵母菌株发酵

对于酸氧化酶(AOX1)启动子的重组菌株，采用基本盐培养基发酵诱导胞外型重组菌株 MMZY02 和组成型胞外表达菌株 MMZY01，按照 10%接种量将过夜种子液接种至含有 3 L 基本盐培养基的 5 L 发酵罐中，维持溶氧大约 30%，温度 28℃，发酵过程中用氨水调节 pH 6.0，发酵至大约 20 h 时，基本盐培养基中起始的甘油已经消耗完，溶氧开始上升，当溶氧达到 80%时不再上升，此时开始流加含有 12 ml PTM1/L 的 70%甘油，流加速度为 13.2 ml/h·L，维持 4 h 结束甘油流加。等待溶氧回升至最高点稳定后开始甲醇诱导。最初甲醇诱导流加速度为 3.6 ml/h·L 维持 3 h 左右，增加甲醇流加速度至 7.2 ml/h·L，维持此流加速度直至发酵结束。对于 GAP 启动子，采用 YPD 培养基发酵组成型胞内表达菌株 MMZY03 和 MMWY01 重组菌株。按照 10%接种量将 300 ml 种子液接种至含有 3 L YPD 培养基的发酵罐中，温度设置 28℃，维持溶氧大约 30%，发酵过程中用 3 mol/L NaOH 调节 pH 为 6.0，当起始 YPD 培养基中葡萄糖消耗完后，溶氧开始上升，此时流加 50%(w/v)葡萄糖直至发酵结束。

Note

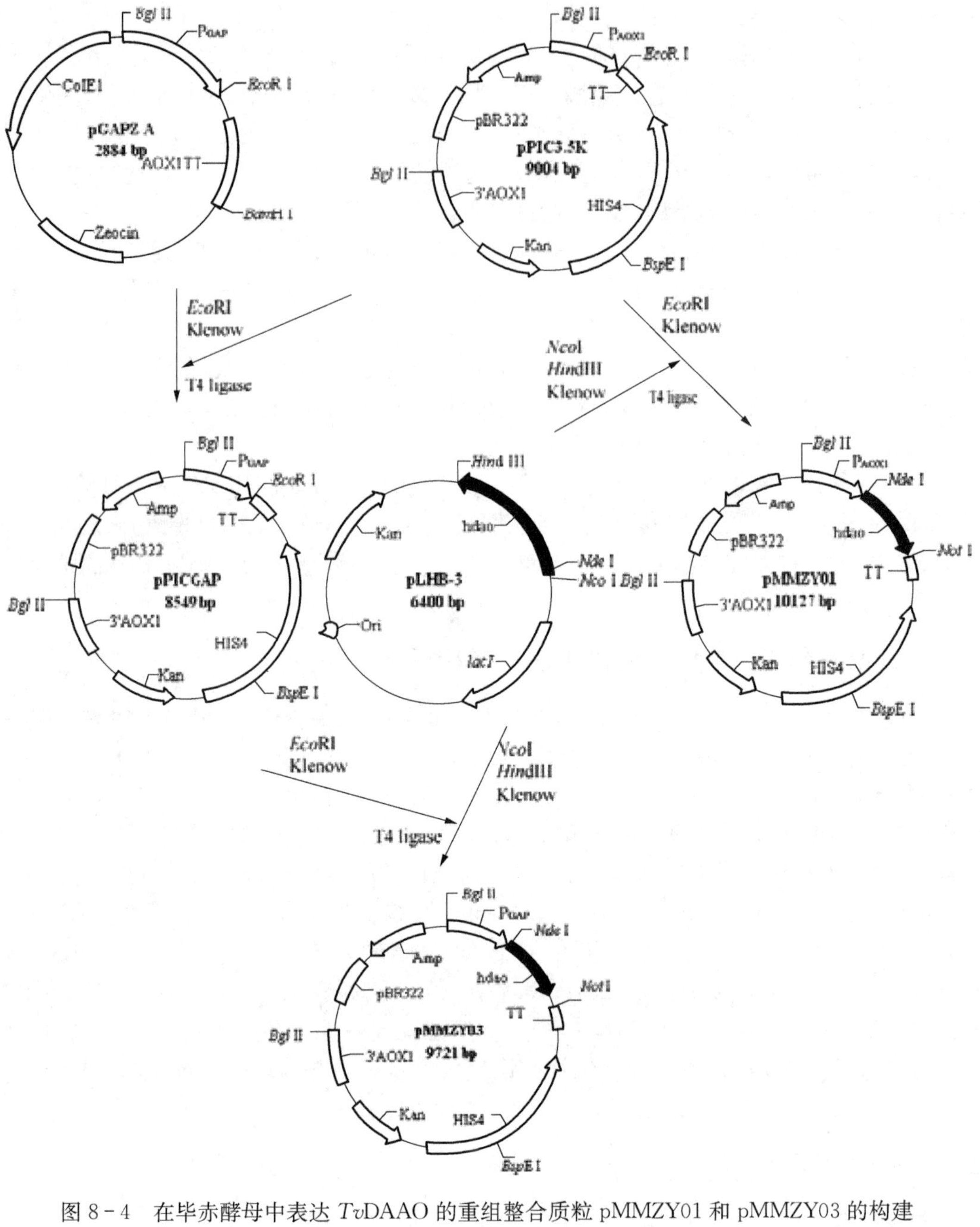

图 8-4　在毕赤酵母中表达 *Tv*DAAO 的重组整合质粒 pMMZY01 和 pMMZY03 的构建

8.6.5　重组菌株在 5 L 发酵罐中培养

在 5 L 发酵罐中，诱导胞内型重组菌株 MMZY01 发酵选用基本盐培养基，甘油作为培养基初始碳源，开始溶氧大约在 80%左右，而后迅速下降，发酵中采取溶氧与转速相关联，结果使溶氧控制在 30%左右，等待甘油消耗完开始甘油流加控制，流加速度为 18.2 ml/h · L，甘油流加 4 h 后进行甲醇诱导。甲醇诱导前 5 h，菌体干重有下降趋势。随后出现缓慢上升趋势，可能开始甲醇诱导菌体不适应出现自溶现象。诱导 13 h 左右最高酶活力达到 7 596 U/L，结果见图 8-5。

诱导胞外型重组菌株 MMZY02 发酵采用与诱导胞内重组菌株相同的发酵工艺，添加甲醇诱导至 53 h 时胞外 D-氨基酸氧化酶酶活力达到最高，为 182 U/L。随后酶活力出现下降，而胞内酶活力在诱导 25 h 达到 7 372 U/L，随后酶活力也出现下降趋势，当发酵至 75 h 时胞内酶活力测定为 5 040 U/L，结果如图 8-5。组成胞内型和组成胞外型重组菌株采用 YPD 培养基发酵，其中组成胞内型 MMZY03 重组菌株发酵至 13 h 左右产酶最高，达到 7 293 U/L，此时培养基中初始葡萄糖已消耗完，随后流加 20%葡萄糖，但是胞内酶活力并没有增加，结果如图8-6。

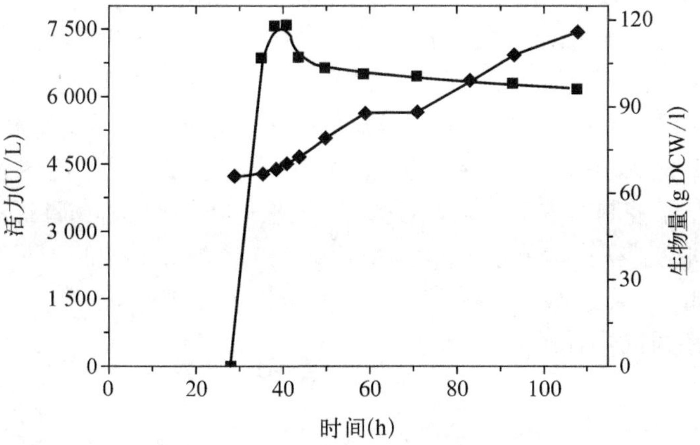

图 8－5　重组菌株重组菌株 MMZY01 在 5 L 发酵罐中发酵过程中菌体浓度(◆)和表达 HDAAO 的活力(■)的变化曲线

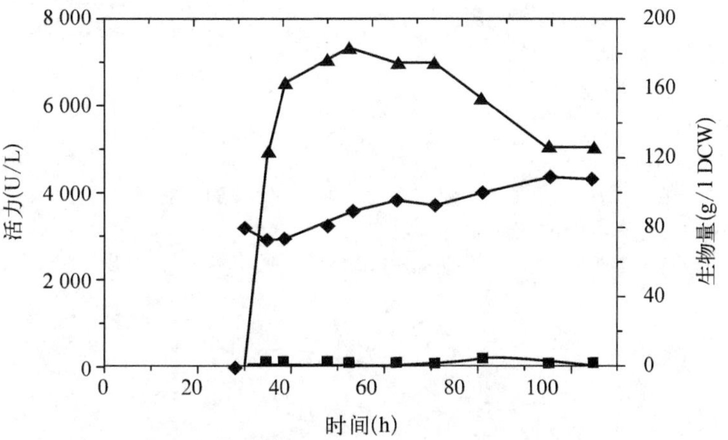

图 8－6　重组菌株 MMZY02 在 5 L 发酵罐中发酵过程中菌体浓度(◆)，胞外 HDAAO 的活力(■)和胞内 HDAAO 的活力(▲)的变化曲线

组成型胞外表达 MMWY01 重组菌株发酵工艺与组成型胞内表达 MMZY03 重组菌株基本相同。发酵至 25 h 时，胞外 DAAO 酶活力最高达到 500 U/L，而胞内的酶活力为 280 U/L，此后胞内和胞外的酶活力都有下降趋势，参见图 8－7。结果说明 HDAAO(带 6 个组氨酸的 DAAO)在毕赤酵母中分泌表达量较低，不具有应用价值。而 MMZY03 菌株胞内表达的 HDAAO 活力较高，发酵时间短，与 AOX1 启动子控制下重组菌株相比，具有实际应用潜力。

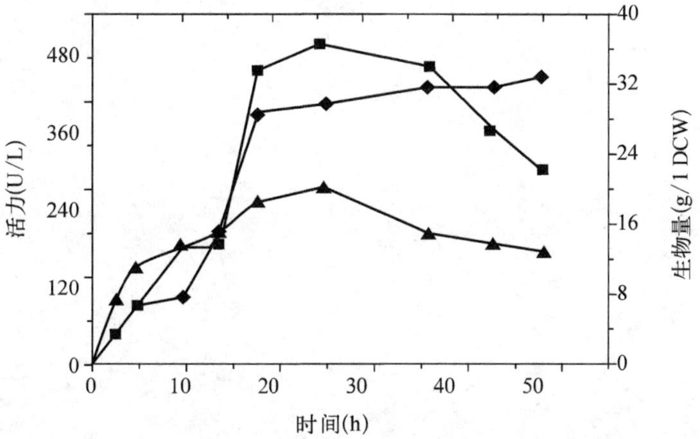

图 8－7　重组菌株 MMWY01 在 5 L 发酵罐中发酵过程中菌体浓度(◆)，胞外 HDAAO 的活力(■)和胞内 HDAAO 的活力(▲)的变化曲线

Note

自从飞利浦石油公司宣布毕赤酵母表达系统后，文献报道大约有200多种不同外源蛋白在毕赤酵母表达系统中成功地表达，该系统可以进行高密度发酵。在毕赤酵母系统中以GAP启动子替代AOX1启动子来表达HDAAO的可能性，结果是新构建的组成型胞内表达菌株MMZY03在以YPD为培养基发酵中，菌体量和HDAAO酶活力同步增加。MMZY01和MMZY03重组菌株的发酵产率分别是177 U/h和561 U/h。这说明在GAP启动子控制下胞内表达HDAAO菌株的优势强于AOX1启动子控制的重组菌株，但是还需要进一步优化发酵条件提高发酵单位。同时郑华宝和王筱兰等也研究了毕赤酵母中分泌表达HDAAO可能性，这样可以简化培养基中目的蛋白的纯化工艺。为此郑华宝和王筱兰等构建了MMZY02和MMWY01重组菌株，实验结果证实分泌表达HDAAO效率很低，不具备生产应用潜力。

复习思考题

1. 利用基因工程菌生产有什么优势和特点？常用的宿主菌有哪些？
2. 重组菌基因不稳定性的原因有哪些？
3. 在基因工程菌培养过程中为什么质粒会丢失？
4. 基因工程菌高表达的障碍是什么？
5. 常规的高密度培养的措施有哪些？
6. 基因工程菌与传统微生物在产物表达上有什么区别？与大肠埃希菌相比酵母作为宿主菌有什么优点？
7. 基因工程菌与传统菌在发酵过程控制中有哪些相同之处？
8. 重组大肠埃希菌的诱导因子有哪些？重组酵母的诱导因子有哪些？

第9章 植物动物细胞和微藻培养

9.1 植物细胞培养

知识框架图

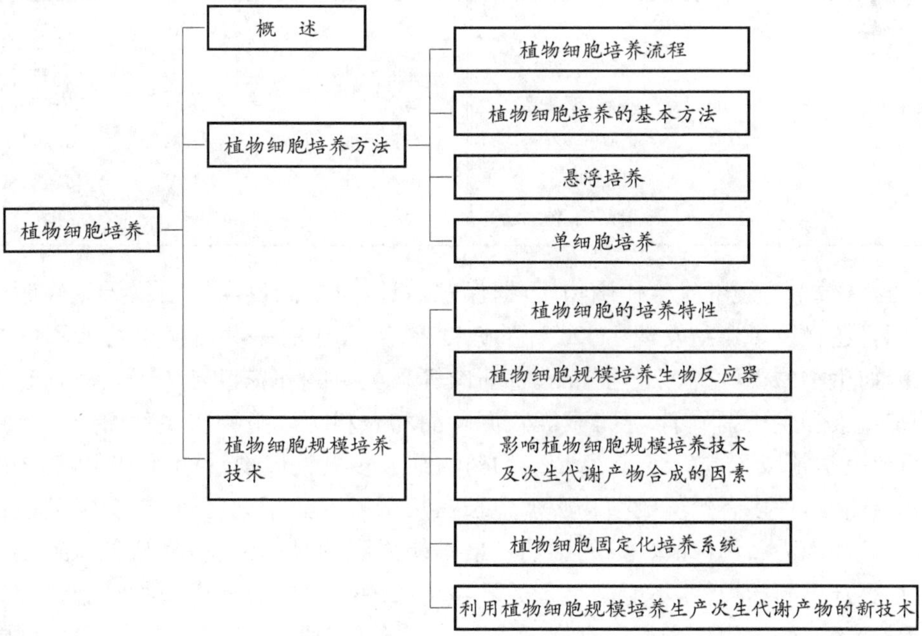

内容提要

本节首先简单介绍了植物细胞培养技术的基本概念及其历史演变过程，指出其在农业、医药、食品和化妆品等生产领域的广泛应用，尤其是大规模培养植物细胞生产次级代谢产物；然后主要介绍了植物细胞培养的方法和流程，分析了植物细胞的培养特性、适宜的生物反应器以及植物细胞大规模培养的影响因素；最后介绍了近年来出现的一些植物细胞培养的新技术。

9.1.1 概述

植物细胞培养是指在离体条件下培养植物细胞的方法，即将愈伤组织或其他易分散的组织置

Note

于液体培养基中，进行振荡培养，使组织分散成游离的悬浮细胞，通过继代培养使细胞增殖，获得大量的细胞群体。小规模的悬浮培养在培养瓶中进行，大规模的悬浮培养可利用生物反应器生产。

植物细胞培养是在植物组织培养技术基础上发展起来的。1902 年 Haberlandt 提出细胞全能性的观点，他认为高等植物细胞有可能在离体条件下培养实现分裂、分化乃至形成胚胎和植株。该论断成为植物组织培养的开端。其后，为了实现分裂组织的无限生长，对外植体的选择及培养基等方面进行了探索。20 世纪 30 年代，组织培养取得了飞速的发展，细胞在植物体外生长成为可能。1939 年 Gautheret 和 Nobercourt、White 分别成功进行了烟草、萝卜的类似组织培养，至此，植物组织培养才真正开始。20 世纪 50 年代，Talecke 和 Nickell 确立了植物细胞能够成功地生长在悬浮培养基中。自 1956 年 Nickell 和 Routier 第一个申请用植物组织细胞培养生产化学物质的专利以来，应用细胞培养生产有用的次生代谢产物（或称次级代谢产物）的研究取得了很大的进展。借助于微生物细胞培养的先进技术，大量培养植物细胞的技术日趋完善，并接近或达到工业生产的规模。

植物细胞培养技术广泛用于农业、医药、食品（香料、调料、食品添加剂）、化妆品等生产上（表 9－1）。尽管通过植物细胞培养可以获得许多产品，但总的来说分为两类：初级代谢产物（包括细胞本身）和次级代谢产物。目前，大规模培养植物细胞主要用于生产次级代谢产物。

表 9－1　工业化生产植物细胞产物

名　称	价格/(USD/kg)	用　途	名　称	价格/(USD/kg)	用　途
长春新碱	≤1 000 000	抗肿瘤药物	紫草宁	4 000	消炎、抗菌、染料
长春花碱	≤3 500 000	抗肿瘤药物	苦橙花油	1 125	香料
保加利亚玫瑰油	2 000～3 000	香料、调味品	吗啡	600	麻醉剂、镇痛剂
毛地黄毒苷	3 000	心肌能障碍	当归根油	800	香料、中药
辅酶 Q10	600	强心剂	春黄菊油	500	香料、药物
可待因	650	麻醉剂、镇痛药	茉莉	500～2 000	香料

植物中含有数量可观的次生代谢物质，据保守估计，目前已发现的植物天然代谢产物已超过 2 万种，而且还在以每年新发现 1 600 种的速度递增，其中有一些是微生物所不能合成的特有代谢产物，如生物碱类（尼古丁、阿托品、番茄碱等）、类黄酮和花色苷、苯酚、皂角苷、固醇类、萜类、某些抗生素和生长调节剂（赤霉素等）、调味品和香料等。植物次生代谢产物已被广泛用于日常生活及医学领域，《本草纲目》所记载的药物绝大多数是植物，目前仍有约 25％的法定药品来自植物。然而，许多有价值的植物必须生长在热带或亚热带地区，还要受到其他自然条件（如干旱、疾病）和人为条件（如政策）的影响。最不能克服的是，有些植物从种植到收获要花几年时间，又很难选出高产植株，不能满足人类日益增长的需要。而利用植物细胞体外培养生产有价值的天然产物，较大田生产相比有如下优点：① 不受地区、季节、土壤及有害生物的影响；② 代谢产物的生产完全在人工控制条件下进行，可以通过改变培养条件和选择优良培养体系得到超过整株植物产量的代谢产物；③ 有利于细胞筛选、生物转化、寻找新的有效成分；④ 减少大量用于种植原料的农田，以便进行粮食作物的生产；⑤ 有利于研究植物的代谢途径，还可以利用基因工程手段探索或创造新的合成路线，得到新的有价值的物质。

1956 年 Routier 和 Nickell 提出工业化培养植物细胞以提取天然产物的大胆设想。Reinhald 等（1968）首先将这种设想转变成现实，生产出了哈尔碱（harmine）。现在一些发达国家已集中相当数量的人力、财力潜心开拓这个经济潜力十分巨大的生产领域。目前世界上最大批量工业化培养细胞（烟草细胞）已达 20 000 L，我国在工业化培养红豆杉细胞生产抗肿瘤药物紫杉醇的研究方面处于世界先进水平。

Note

9.1.2　植物细胞培养方法

9.1.2.1　植物细胞培养流程

植物细胞培养过程是将植物体的某一部分无菌处理后，经过愈伤组织的诱导或其他方法得到易分散的细胞，然后置于人工培养基上使细胞增殖培养的技术（图 9－1）。进行植物细胞培养所取的植物部分称为外植体（explant）。植物体的各部分如根、茎、叶、花、果、穗、胚珠、胚乳、花药和花粉等均可作为外植体进行细胞培养。已有特定结构和功能的植物组织，在一定条件下，其细胞被诱导改变原来的发育途径，逐步逆转其原有的分化状态，成为具有分生能力的胚性细胞，这个过程称为脱分化（dedifferentiation）。来自植物各种器官的外植体在离体条件下，经脱分化等一系列过程，改变了它们原有的特性而转变形成一种能迅速增殖的无特定结构和功能的细胞团，即愈伤组织。将愈伤组织转接到液体培养基中进行悬浮培养。

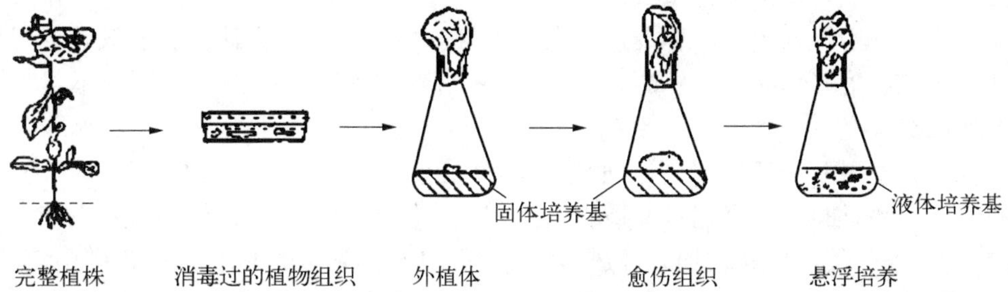

图 9－1　从完整植物建立悬浮培养的基本过程

9.1.2.2　植物细胞培养的基本方法

植物细胞培养，按培养对象来说，可分为单倍体培养、单细胞培养和原生质体培养；按培养基类型可分为固体培养和液体培养；按培养方式可分为悬浮细胞培养和固定化细胞培养。

单倍体培养主要指花药培养，即将花药在人工培养基上进行培养，从小孢子直接发育成胚状体，然后长成单倍体植株；或通过愈伤组织诱导分化出芽和根，最终长成植株。原生质体培养指将原生质体置于无菌培养基上分裂、分化，最终形成植株。不同植物的原生质体融合后可获得体细胞的杂交株。

固体培养是在微生物培养基础之上发展起来的植物细胞培养方法，一般在培养基中加入一定比例的琼脂，故又称琼脂培养。固定化培养是固体培养的一种，但不是使用固体培养基，而是将细胞包埋在惰性支持物的内部或贴附在其表面上，这样有利于细胞的分化和组织化，也利用对环境因子参数的调控。

液体培养一般可分为两种：静止培养和振荡培养。静止培养适用范围较窄，常用于某些原生质体的培养。振荡培养需要摇床或转床等设备。细胞悬浮培养属于液体培养的一种，通过机械或气体搅拌实现细胞的悬浮，是植物大规模培养的主要方式。

9.1.2.3　悬浮培养

悬浮培养是将游离的植物细胞或小的细胞团置于液体培养基中进行培养和生长的一种技术。它是从愈伤组织的液体培养基础上发展起来的一种培养技术。植物细胞悬浮培养具有三个基本优点：① 增加细胞与培养液的接触面，改善营养供应；② 可带走培养产生的有害代谢产物，避免有害代谢产物局部浓度过高等问题；③ 保证氧的充分供给。因此，悬浮培养时细胞的生长条件比固体培养有很大的改善。

一个成功的悬浮细胞培养体系必须满足三个基本条件：一是悬浮细胞的分散性良好，细胞团较小；二是均一性好，细胞形状和细胞团大小大致相同；三是生长迅速。诱导出疏松易碎的愈伤组织是建立良好悬浮细胞系的关键。一般情况下，植物各器官均有诱导产生愈伤组织的潜在可能性。但以幼胚诱导的愈伤组织为最佳，因为它的质量好，分化能力强。某些情况下直接用幼胚、子叶等作外植体进行悬浮培养也比较容易建立悬浮细胞系。但是到目前为止，还不能使悬浮液中只有游离细胞，而没有一些小的细胞团。

Note

与微生物培养相似，植物细胞的悬浮培养也包括分批培养、半连续培养（流加培养）和连续培养等三种方式，其中分批培养可用于实验室小规模的摇瓶培养和工业化大规模培养，而半连续培养和连续培养一般用于工业化大规模培养。

分批培养是将一定体积的新鲜液体培养基一次性地加入反应器，接种适量继代培养的植物细胞，培养一定时间后收获细胞的操作方式称为分批培养。在培养过程中，既不从培养系统放出培养液，也不从外界向培养系统中补加培养基，除气体和挥发性代谢产物可以同外界气体交换外，一切都是密闭的。当培养基中主要营养物质耗尽时，细胞的生长和分裂停止。

在反应器投料和接种培养一段时间后，在放出部分培养液的同时加入部分新鲜培养液的培养方法称为半连续培养法。半连续培养可以认为是一种具有定时进出装置的分批培养系统。每天或一定时间间隔收获一部分培养物（最多可达 50%），然后再加入新鲜培养基，通过调整收获细胞的数量和次数来保持细胞重量的恒定。

连续培养是利用特制的培养容器进行大规模细胞培养的一种方法。在连续培养过程中，新鲜培养基的注入和培养物的排出不断进行，这样在培养物容积保持恒定的情况下，培养液中营养物质不断得到补充。

连续培养有封闭型和开放型之分，所谓封闭型是指培养物的排出与新鲜培养基的注入是等量进行的，排出液的细胞经处理后，又被收回到培养系统中，因此，在这样的培养系统中，随着培养时间的延长，细胞数目不断增加。开放型培养中，加入新鲜培养基的容积和排出培养物的容积相等，并通过调节流入、流出速度，使细胞的生长速度保持在接近最高值的恒定水平上。

根据调节机制的不同，可分为恒化式和恒浊式。恒化式培养是以固定速度加入新鲜培养基，将其中一种营养成分（氮、磷或葡萄糖）的浓度调节成为生长限制浓度，从而使细胞的增殖保持在稳定状态之中。恒浊式培养中，新鲜培养是间断加入的，它是由细胞密度的增加引起培养液浊度的增加来调节的——预先设定一种细胞密度，当超过这一密度时，就排出培养液及其中的细胞，再加入新鲜的培养基，从而保持细胞密度的恒定。

9.1.2.4 单细胞培养

植物体是由很多性质不同的细胞组成，而组成植物某一组织、器官的细胞在生理、生化和遗传特性上是异质的，因此，一般的细胞培养实际上是很多不同质细胞的混合培养，这对细胞生长发育和代谢特性研究、突变体选择、遗传操作等都不是很有利的，为此，开发研究了单细胞的分离与培养。

1. 单细胞的分离

（1）机械法

机械法是一种较原始的方法，主要通过机械磨碎、切割植物体获得游离的单细胞。如植物的叶片组织含有大量的薄壁细胞，成为分离细胞的好材料。具体做法是在一定缓冲液中将叶片研磨，匀浆过滤后再经低速离心得到净化的细胞。该方法效率很低，获得的细胞数量非常有限。

（2）酶解法

酶解法是目前最为有效的一种获得单细胞的方法，如用果胶酶处理植物组织，酶的作用使细胞间相联结的胞间层（主要成分为果胶）被分解，在温和条件下将细胞壁分解掉，从而释放出细胞。这种方法是由 Takebe 等人（1968）发明的，并已将烟草叶片酶解，成功获得叶肉细胞，分离过程中要注意必须对细胞进行渗透压保护。在烟草细胞分离时，甘露醇的浓度不能低于 0.3 mol/L，否则，细胞内的原生质体会破坏。酶解分离的方法，在很多植物中都是适用的，但也有些植物如大麦、小麦、玉米就很难用酶解法来分离细胞。

（3）愈伤组织诱导法

利用植物组织培养技术获得愈伤组织，即将外植体在含激素的培养基上诱导出愈伤组织，并将愈伤组织在相同培养基反复继代培养，以增加其松散性，然后将这种愈伤组织转移到液体培养中振荡培养，就可得到游离的细胞。这是应用相当广泛的一个方法。

Note

2. 单细胞的培养

(1) 平板培养法

将一定量细胞接种到或混合到有一薄层固体培养基的培养皿内进行培养，具体做法是：将游离细胞和小细胞团计数，根据实际密度，或稀释、或浓缩，最终调整到接种密度的 2 倍，再把含 0.6%～1.0%的琼脂，成分与细胞悬浮液相同的培养基加热，并保持 45℃，将这种培养基与上述细胞悬浮液等量混合并迅速倒入培养皿中，使细胞均匀分布在一薄层(1 mm)培养基中，用封口膜将培养皿封严，25℃暗培养，在倒置显微镜下观察，并在培养皿外用记号笔把单细胞的相应位置标记下来，以便将来分离纯的单细胞系。注意在培养期间不要频繁地在光下对细胞进行镜检，这对细胞的生长有毒害作用。

平板培养时常用植板率来表示培养效果，植板率用每个平板上能生长的细胞团数占接种细胞总数的百分率表示。

$$植板率 = \frac{每个平板形成的细胞团数}{每个平板上接种的细胞总数} \times 100\%$$

在平板培养中，培养成功的关键因素是培养基和植板密度，这两种因素是相互依赖的，当植板密度较高时(10^4～10^5细胞/ml)，用培养愈伤组织相似的培养基就能成功；而当植板密度下降时，对培养基的要求就变得复杂起来。如 Kao 和 Michayluk 配制的用于低密度细胞培养的培养基，其成分就相当复杂，除无机盐外，还有 10 种糖、14 种维生素、4 种有机酸及水解酪蛋白、椰子汁和激素。在这种培养基上，植板密度低至 1～2 细胞/ml，也能生长和分裂。

(2) 看护培养法

1953 年由 Muir 创立。本方法用一块活跃生长的愈伤组织来看护单个细胞，使其持续分裂和增殖。一般做法是将单个细胞接种到滤纸上，再置于愈伤组织之上培养(图 9－2)。此方法简便、成功率高，但不能在显微镜下观察。

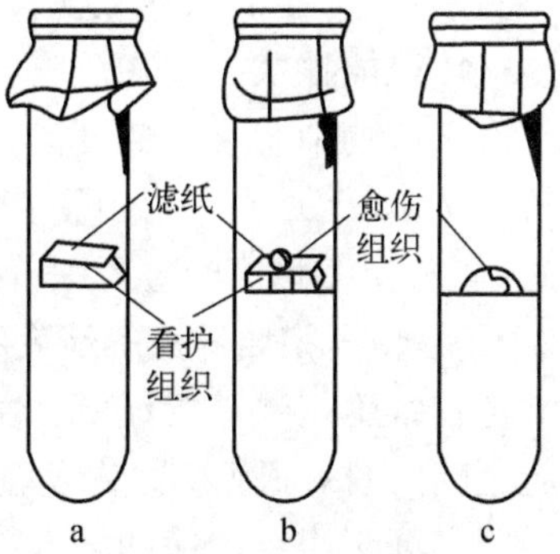

图 9－2　应用看护培养建立单细胞无性系

a. 一个置于滤纸上的单细胞，滤纸铺在一大块愈伤组织(看护组织)的顶上；b. 培养的细胞分裂形成了一个小细胞团；c. 由滤纸上转到培养基上进行直接培养之后，由单细胞起源的细胞团已长成一大块愈伤组织(参考 Muir 等，1958)

(3) 饲养层培养法

指用无活性或分裂很慢、不具代谢能力的细胞来饲养所需培养的细胞，使其分裂和生长。具体做法可分为 4 种：① 饲养细胞与要培养的细胞共同混合于琼脂培养基中。② 饲养细胞与需培养的细胞分别混合于琼脂培养基中，前者位于下层，后者位于上层。③ 饲养细胞与需培养的细胞一起置于液体培养基中。④ 饲养层细胞与需培养细胞层之间放两张滤纸，上面的一层滤纸可用于培养细胞的转移培养。

(4) 微室培养法

人工制造一个小室，将单细胞接种在小室的微量培养基中，这种方法的最大优点在于能对一个细胞的生长、分裂和细胞团形成的全过程进行跟踪观察。具体做法是：先取一滴只含有一个细胞的培养液，加在无菌的载玻片上，在培养液周围隔一定距离加一圈石蜡油，将培养滴围起来，再在两侧各加一滴石蜡油并分别放一张盖玻片，然后将第三张盖玻片放在两支柱上(图 9－3)，于是含单细胞的培养液滴就被包围在微室之中，最后将带有微室的载玻片放入培养皿中进行培养，当细胞团长到一定大小时，转移到新鲜培养基上。通过微室培养技术，可对细胞培养过程连续进行显微观察，了解到细胞的生长、分裂、分化和形成细胞团的过程。

9.1.3　植物细胞规模培养技术

目前用于植物细胞大规模培养的技术主要有植物细胞的大规模悬浮培养和植物细胞的固定化培养。

Note

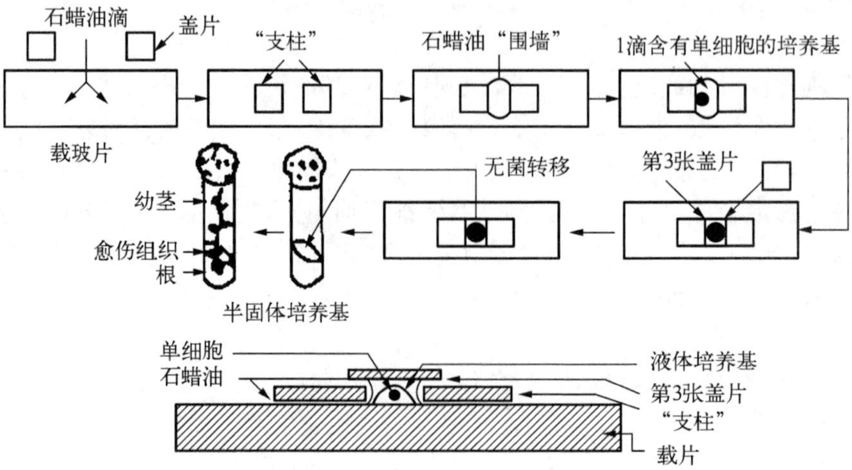

图 9-3 微室培养法图解(引自 Jones 等,1960)

9.1.3.1 培养特性

1. 植物细胞本身的特性

尽管人们已经在各种微生物反应器中成功进行了植物细胞的培养,但植物细胞因有其自身的特性,植物细胞培养的条件和微生物是不同的。植物细胞本身特性:① 植物细胞比微生物细胞大得多,其平均直径要比微生物细胞大 30～100 倍;② 植物细胞很少以单细胞形式悬浮存在,细胞数通常在 2～200 之间,以直径为 2 mm 左右的非均相集合细胞团的方式存在;③ 细胞壁易被传统搅拌式微生物反应器损伤;④ 植物细胞生长速率缓慢,培养周期长。

由于植物细胞生长速度慢,培养周期很长,即使间歇培养也要 2～3 周,半连续或连续培养可长达 2～3 个月。同时由于植物细胞培养基的营养成分丰富而复杂,很适合于真菌的生长。因此,在植物细胞培养过程中,保持无菌是相当重要的。

2. 植物细胞培养液的流变特性

植物细胞培养液的流变特性可用黏度参数来描述。黏度变化可以由细胞本身或其分泌物引起,前者包括细胞浓度、年龄、大小、结团情况等,如在相同的浓度下,大细胞培养液的表观黏度要明显高于小细胞团的培养液,后者指细胞分泌的黏多糖等物质。

3. 气体传递对植物细胞培养的影响

植物细胞培养需要通过光合作用合成有机物,因此氧气和 CO_2 的含量与传递对培养过程影响较大,所有的植物细胞都需要连续不断地供氧。由于植物细胞对培养液中的氧的浓度非常敏感,太高或过低都会对培养过程产生不良影响,因此大规模培养植物细胞对氧的供给和尾气氧的监测十分重要,要严格控制溶解氧的水平。CO_2 含量对于细胞培养也相当重要,只有在氧气与 CO_2 的浓度达到某一平衡状态时,细胞才能很好地生长。

4. 泡沫与器壁表面黏附性

植物细胞培养过程中会产生表面覆盖有蛋白质或黏多糖的气泡,黏度较大,细胞很容易被包埋在泡沫里被循环的营养液中带出来,造成非均相培养。可采用微生物培养中消泡的一些方法对泡沫进行消除。植物细胞培养过程中,细胞经常会黏附于培养容器或反应器内一些挡板、反应器部件、电极的表面,可在这些物体表面涂以硅油消除或减少黏附现象。

5. 细胞分裂和愈伤组织的形成

悬浮培养的单个细胞在 3～5 d 内就可以观察到细胞分裂,1 周左右可形成肉眼可见的小细胞团。在以获取次生代谢产物为目的的大规模细胞培养中,应采取适当的手段使不断形成的细胞团分散开,让细胞保持继续增殖,达到最高细胞密度。

9.1.3.2 植物细胞规模培养的生物反应器

生物反应器的成功研制是植物细胞培养技术走向工业化的前提条件之一。与传统的培养程序相比，生物反应器培养植物细胞具有工作体积大、单位体积生产能力高、物理和化学条件控制方便、不受时间和地点限制、随时随地规模化生产等许多优点。由于微生物发酵技术首先应用于高等植物细胞悬浮生长动力学研究，使大规模液体培养和生物反应器控制系统的发展取得了较大的进步。但植物细胞与微生物细胞形态结构不同，尤其是对剪切力耐受性和对氧需求等原因，多数微生物反应器并不适合植物细胞的生长。目前用于植物细胞培养的生物反应器主要有机械搅拌式生物反应器、气升式生物反应器和鼓泡式生物反应器。

Note

从20世纪70年代起，用于微生物培养的搅拌式生物反应器就开始应用于植物细胞大规模培养。搅拌式生物反应器有很多优点，如混合性能好、传氧效率高、操作弹性大、适用于细胞高密度培养等。搅拌式生物反应器应用于植物细胞培养时存在的主要问题是植物细胞的细胞壁对剪切的耐受力差，搅拌转速越高，产生剪切力越大，对植物细胞伤害越大。目前人们对搅拌形式、叶轮结构和空气分布器进行了改进，力求减少剪切力、满足供氧、混合的要求。如黄艳等用2 L通气搅拌式生物反应器分批培养水母雪莲细胞时，采用了倾斜式搅拌桨代替透平桨，研究了搅拌转速、通气量和接种量对细胞生长和黄酮合成的影响，发现在搅拌速度为75 r/min、通气量为700～1 000 L/min和接种量为4.0～5.0 g DW(干重)/L的条件下细胞生长和黄酮合成比较好。

气升式光生物反应器(airlift photobioreactor)是目前应用非常广泛的一种生物反应器。其原理主要是依靠上升液体和下降液体的静压差推动培养液作翻滚式循环运动，以实现气流循环。与其他类型的生物反应器相比这种反应器更适于植物细胞培养。与搅拌式生物反应器相比，气升式生物反应器结构较简单，无轴封装置及泄漏点，也不存在死角，在长期培养过程中容易保持无菌状态。反应器内能进行良好的传热、传质，剪切力较弱且氧传递速率较高，运行成本和造价比较低。同时，该反应器能够适应植物细胞培养周期长的特点，随培养进程而蒸发减少；抑制气泡的聚合，减弱气泡在液面破裂时产生的冲击力对细胞的损伤；提高降液区气含率，消除降液区缺氧现象；可强化混合与氧传递，大大降低反应器高度。只是过量的通气驱除了培养液中的CO_2和乙烯，对细胞的生长反而有阻碍作用。Liu等用一种改进的气升式内旋生物反应器培养青蒿毛状根，培养20 d后，青蒿素产量达到了577.5 mg/L。

鼓泡式生物反应器是结构最为简单的反应器。空气从反应器底部通过喷嘴或孔盘进入培养液，实现气体的传递和物质的交换。它不含转动部分，整个系统密闭，易于无菌操作。培养过程中无需机械能的消耗，具有结构简单、成本低、剪切力小等特点，适合于培养对剪切力敏感的细胞。

9.1.3.3 影响植物细胞悬浮培养及次生代谢产物合成的因素

1. 植物细胞生长与产物合成的关系

植物细胞生长和产物合成的关系可分为三种类型：① 生长耦联型，产物的合成与细胞的生长呈正比；② 中间型，产物仅在细胞生长一段时间后才能合成，但细胞生长停止时，产物合成也停止；③ 非生长耦联型，产物只有在细胞生长停止时才能合成。事实上，由于细胞培养过程较复杂，细胞生长和次级代谢产物的合成很少符合以上模式，特别是在较大的细胞群体中，由于各细胞所处的生理阶段不同，细胞生长和产物合成也许是群体中部分细胞代谢的结果。此外，不同的环境条件对产物合成的动力学也有很大的影响。

2. 影响植物细胞培养及次生代谢产物合成的因素

(1) 细胞的遗传特性

植物细胞的遗传素质对次生代谢产物的产量有重要影响。一般来源于高产次生代谢产物的植物种类、品种或高产植株的细胞培养系统，可得到较高的次生代谢物的产量。而且在一个植株不同部位结果可能也不相同，因为某些组织部位所具有的高含量的次生代谢产物并不一定就是该部位合成的，而有可能是在其他部位合成后通过运输在该部位上积累的。因此，在植物细胞培养外植体选择时，必须弄清楚产物的合成部位。

Note

(2) 培养环境

由于各类代谢产物是在代谢过程的不同阶段产生的，因此通过植物细胞培养进行次生代谢产物生产所受的限制因子是比较复杂的。各种影响代谢过程的因素都可能对代谢产物生产发生影响，这些因素主要有光、温度、搅拌、通气、营养、pH、前体和调节因子等。

1) 温度　植物细胞培养通常是在25℃左右进行的，因此一般来说在进行植物细胞培养时很少考虑温度对培养影响。但是实际上，无论是细胞的生长或是次生代谢产物的合成和积累，温度都起着一定的作用。

2) pH　pH是一个重要因素。植物细胞培养的最适pH一般在5～6，最佳起始pH在5.5～5.8之间。培养过程中对培养液pH进行控制有利于细胞的生长和产物积累。

3) 营养成分　培养基的营养成分对植物细胞培养和次生代谢产物的生成具有很大影响。营养成分一方面要满足植物细胞的生长所需，另一方面要使每个细胞都能合成和积累次生代谢产物。普通的培养基主要是为了促进细胞生长而设计的，它对次生代谢产物的产生并不一定最合适。一般地说增加氮、磷和钾的含量会使细胞的生长加快，增加培养基中的蔗糖含量可以增加次生代谢产物的合成。

4) 光　光照时间的长短、光强度对次生代谢产物的合成都具有一定的作用。一般来说愈伤组织和细胞生长不需要光照，但是光对细胞代谢产物的合成有很重要的影响。

5) 搅拌和通气　植物细胞在培养过程中需要通入无菌空气，适当控制搅拌程度和通气量，在悬浮培养中更要如此。不同的细胞系，对氧的需求量是不相同的。为了加强气-液-固之间的传质，细胞悬浮培养时需要搅动。植物细胞虽然有较硬的细胞壁，但是细胞壁很脆，对搅拌的剪切力很敏感，在摇瓶培养时，摇床振荡范围在100～150 r/min。各种植物细胞耐剪切的能力不尽相同，细胞越老遭受的破坏也越大。烟草的细胞和长春花的细胞在涡轮搅拌器转速150 r/min和300 r/min时，一般还能保持生长。培养鸡眼藤的细胞时，涡轮搅拌器的转速应低于20 r/min。

6) 前体　有些植物细胞在合成次生代谢产物时，如果在培养物中加入外源前体将会使目的产物产量增加。因此，在植物细胞培养过程中，选择适当的前体是相当重要的。对于所选择的前体除了有增加产物产量的要求外，还要求是无毒和廉价。但是，前体的作用在植物细胞培养中未完全清楚，而且同样一种前体，在细胞的不同生长时期加入或添加的量不同，对细胞生长和次生代谢产物合成的作用极不相同，有时甚至还起抑制作用。如在洋紫苏细胞的培养中，一开始就加入色胺，无论对细胞生长和生物碱的合成都起抑制作用，但在培养的第二星期或第三星期加入色胺却能刺激细胞的生长和生物碱的合成。

7) 生长调节剂　在细胞生长过程中生长调节剂的种类和数量对次生代谢产物的合成起着十分重要的作用。植物生长调节剂不仅会影响到细胞的生长和分化，而且也会影响到次生代谢产物的合成。生长素和分裂素有使细胞分裂保持一致的作用，不同类型的生长素对次生代谢产物的合成有着不同的影响。生长调节剂对次级代谢的影响随着代谢产物的种类的不同而有很大的变化，对生长调节剂的应用需要非常慎重。

(3) 两步培养法

目前，在大规模植物细胞悬浮培养中，为了提高生物量和次生代谢产物量，一般采用两步培养法，第一步主要使用适合细胞生长的培养基即生长培养基，尽可能快地使细胞量增长；第二步使用适合次级代谢产物合成的培养基即生产培养基，诱发和保持次生代谢旺盛。李弘剑等在黄花蒿细胞培养过程中采用了两步培养法，分别在N_6和改良N_6培养基中培养，结果青蒿素合成量达到190 mg/g。

9.1.3.4　植物细胞的固定化培养

植物细胞固定化培养是在微生物和酶的固定化培养基础上发展起来的，将游离的细胞包埋在多糖或多聚化合物制备成的网状支持物中，培养液呈流动状态进行无菌培养的一门技术。1979年Bradilius首次将高等植物细胞固定化培养以获得目的次级代谢产物，此后，植物细胞的固定化培养得到不断的发展，逐步显示其优势。不完全统计，约有 50 多种植物细胞已成功地进行了固定化培养。

Note

1. 固定化的优点

与悬浮培养相比，固定化培养具有很多优点：① 提高了次生代谢产物的合成、积累；② 能长时间保持细胞活力；③ 可以反复使用；④ 抗剪切能力强；⑤ 耐受有毒前体的浓度高；⑥ 遗传性状稳定；⑦ 后处理难度小。

2. 植物细胞固定化方法

目前，植物细胞固定化的方法有：包埋法、表面吸附、网格或泡沫材料固定和膜固定法等，其中最基本、最普遍采用的方法是包埋法，因为该方法操作相对简单且无毒性，即用多孔性聚合物载体内包埋完整植物细胞，如海藻酸盐、卡拉胶、琼脂、琼脂糖、角叉藻聚糖、明胶、聚丙酰胺等。在包埋法中，制备能保留细胞，易于底物和产物传递的具有较大孔隙率的多孔性网状材料是关键。同时还需要注意：网状载体要有化学稳定性及机械稳定性，便于加工和控制颗粒的几何形状，还要有多孔性，保证细胞的装载容量及固定化后的活力等。

用海藻酸钠与 Ca^{2+} 交联，是一种最常用的包埋技术。用该法包埋时，先配置一定浓度的海藻酸钠溶液，高温、高压灭菌；将离心收集的植物细胞悬浮液与海藻酸钠溶液混合，倒入塑料注射器中，然后慢慢滴入到含有 $CaCl_2$ 的培养基中，不断搅拌，形成球形颗粒；过滤收集颗粒，培养基清洗后转入装有培养基的摇瓶中进行培养。大规模固定化的步骤与上面基本相同，不同的是采用专门的固定化装置进行植物细胞固定化。该装置主要由装有海藻酸钠溶液和细胞悬浮液的加料部分，通过鼓入无菌空气将海藻酸钠溶液和细胞悬浮液喷入含钙离子的培养基中。

卡拉胶也是一种常用的固定化剂，它是一种从海藻中分离的无毒多糖物质，在 40～60℃可溶于水，冷却至室温时可发生凝胶化作用。卡拉胶水溶液与含有 K^+、NH_4^+、Ca^{2+}、Cu^{2+}、Mg^{2+} 等离子的水溶液及水溶性有机溶剂等凝胶化诱发剂接触时，也能导致凝胶化。用卡拉胶包埋的具体方法主要有以下三种：① 滴入法。用含 NaCl 的热溶液配制卡拉胶溶液，高温、高压灭菌，将植物细胞悬浮液与卡拉胶溶液混合，滴入含 KCl 的培养基中，形成颗粒后过滤收集，经过清洗后转入合适的培养基中培养。② 模铸法。将细胞-卡拉胶的悬浮溶液注入由两块夹子夹紧构成的模子中形成颗粒，这种方法可用于间歇式培养，不适合填充床式反应器，且这种方法仅适合制备少量的固定化细胞。③ 两相法。将细胞-卡拉胶的悬浮液在不断搅拌的情况下分散于豆油等有机相中，形成大小、形状都比较均匀的颗粒。

9.1.3.5　利用植物细胞培养生产次生代谢物的新技术

植物细胞大量培养生产次生代谢产物，大体上分三个步骤：① 高产细胞系的建立，包括从植物材料诱导愈伤组织，从愈伤组织分离细胞，细胞诱变和高产突变细胞的筛选及其无性系的保存。②"种子"培养，即对高产细胞系进行多次扩大繁殖，以便获得大量培养时所要求的接种用细胞量。③ 大量培养，即用生物反应器进行大规模培养。

20 世纪 90 年代以来，随着植物细胞培养技术生产紫杉醇的研究成功并应用于临床，植物细胞培养及其次生代谢产物的研究进入新的发展时期，尤其是两相培养法、诱导子技术、毛状根和冠瘿组织培养等新方法和新技术的发展，更显示了植物细胞培养的巨大潜力。

1. 前体饲养

前体添加已成为植物细胞培养中增加次生代谢产物的有效手段，其原理是对于任何一种前体化合物，它都是生物体代谢途径中的中间体，在培养体系中加入这种外源中间体将有利于终端产物的合成。在东北红豆杉的培养体系中加入苯丙氨酸和醋酸钠对紫杉醇的生产均有明显的促进作用；李树敏等在人参培养体系中加入苯丙氨酸，在 5～20 mg/L 的范围内，花青素的含量随苯丙氨酸的增加而增加。

2. 两相培养法

由于植物细胞合成的大多数次生代谢产物是疏水性的，在培养液中的溶解度很低，不能及时释放到培养液中，造成反馈抑制和被一些酶类水解，因而次生代谢产物产量很低，不能达到工业化

Note

生产的要求。细胞培养时可采用两相培养技术即细胞培养——产物分离耦合技术，在培养液中加入对细胞无毒性的吸附剂和萃取剂使培养体系分为上下两相，细胞在水相中生长和合成次生代谢物质，次生代谢物质分泌后再转移到有机相中，然后从有机相分离植物次生代谢物的技术，称为两相培养技术。如在紫草悬浮培养中在合适时间添加十六烷提取紫草素，可使产量提高七倍多；孔雀草发根培养中添加十六烷，可使噻吩的分泌量由原来的1%提高至30%～70%。

3. 诱导子技术

植物合成次生代谢产物实际是对外界病原体侵袭的一种防御反应，所产生的次生代谢产物统称为植保素。触发形成植保素的信号称为诱导子。当植物被类似于病原体的诱导子侵染时也会做出相同的反应。当诱导子与植物的相互作用时，能快速、高度专一和选择性地诱导植物特定基因的表达，进而活化特定次生代谢途径，积累特定目的次生代谢物，从而提高植物次生代谢产物的产量。在植物细胞培养中应用的诱导子包括生物诱导子如真菌、细菌、酵母菌等的菌丝体匀浆和非生物诱导子如多糖、凝乳聚糖、壳聚糖、花生四烯酸、水杨酸等，目前应用最多的真菌诱导子，如张长平等在红豆杉细胞悬浮培养体系中加入真菌诱导子，结果发现紫杉醇的合成被加强。

4. 毛状根培养技术

毛状根技术是20世纪80年代后期在植物细胞培养领域发展起来的一项新技术，与一般的植物细胞培养相比，毛状根可以生长在不含激素的培养基上。它主要借助于发根农杆菌(*Agrobacterium rhizogenes*)能侵染绝大多数双子叶植物和少数单子叶植物及个别裸子植物，并在感染植物的受伤部位产生毛状根的特性。发根农杆菌之所以具有这种致根特性，是由于它含有的Ri质粒的T-DNA片段上有冠瘿碱合成酶基因和生长素合成有关的基因，因而可参与生长素的合成。毛状根培养技术正是将发根农杆菌含有的Ri质粒中的T-DNA片段整合到植物细胞中，使被转化植物细胞的生长方式是激素自主型，在诱导出毛状根的基础上，结合细胞培养技术建立起毛状根培养系统。

毛状根培养技术的特点：① 毛状根培养不需要外加激素且在暗培养的情况下生长迅速、分枝多；② 毛状根培养次生代谢物质含量一般远高于细胞悬浮培养且含量稳定；③ 利用毛状根进行生物转化研究，可以产生某些新奇的化合物，为制药提供新的试材；④ 毛状根易于分离且容易获得再生植株，对于获得转基因药用植物或把外源基因转到可由根再生的植株具有重要意义；⑤ 毛状根培养次生代谢产物同样也受营养成分、诱导子、前体和基因操作等因素的影响。

与毛状根培养技术类似，如果利用的是根癌农杆菌的Ti质粒上的T-DNA片段整合到植物细胞的基因组，诱导细胞冠瘿组织发生的也称为冠瘿培养技术。

5. 反义技术

用药用植物细胞培养生产的药物多数是次生代谢产物，其代谢途径常常是植物的分支代谢之一。因此如何抑制与细胞生长和目的产物积累无关的分支代谢途径是提高产率的一个重要方法。采用现代分子生物学技术中的反义技术有可能实现这一点。根据碱基互补原理，人工合成或生物体合成特定互补DNA或RNA片段，抑制或封闭某些基因表达的技术，通过此技术，可以将反义DNA或RNA片段导入植物细胞，使催化某一分支代谢的关键酶活性受抑制或加强，从而提高目的产物的含量，同时抑制其他化合物的合成。番茄中的乙烯合成酶的反义RNA转入番茄后，乙烯合成减少97%。

复习思考题

1. 名词解释

外植体；脱分化；看护培养法；微室培养法；两相培养法；诱导子技术；毛状根培养技术；反义技术。

2. 什么是悬浮培养？植物细胞悬浮培养有哪些优点？

3. 一个好的悬浮细胞系有哪些特征？用于建立悬浮细胞系的愈伤组织有何要求？
4. 简述悬浮细胞系在继代培养中其群体生长规律。
5. 试分析植物细胞固定化培养的优点，并简述常用的固定化方式有哪些。
6. 读书报告：试举例说明如何利用植物细胞培养技术大规模生产植物次生代谢产物。

Note

9.2　微藻细胞培养

知识框架图

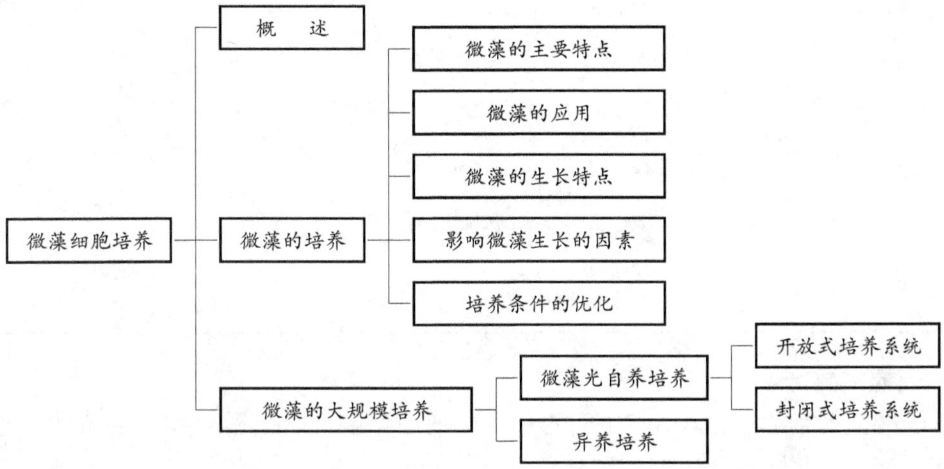

内容提要

本节主要介绍微藻的特点和应用，微藻的生长特点、培养过程的影响因素如温度、光照、pH、营养盐、超声波等，不同类型的微藻大规模培养系统，如光自养培养中的跑道池反应器、管式光生物反应器、平板式光生物反应器的特点和应用情况等，简单介绍不同的化能异养培养方式。

9.2.1　概述

藻类(algae)是一类进行放氧光合作用、营自养生活、无根茎叶分化、无胚的孢子植物，具有突出的多样性、广布性和特殊性。藻类分为原核和真核藻类，不同门类的藻类形态千差万别。原核藻类只有蓝藻门，真核藻类包括红藻门、隐藻门、甲藻门、金藻门、硅藻门、褐藻门、绿藻门、裸藻门和轮藻门共十个门。根据藻体的大小，藻类又可分为微型藻和大型藻。微藻细胞直径可小至几个微米，而大型藻中的巨藻(Macrocystis)可长达 60～70 m，相差悬殊。藻类中只有红藻门、褐藻门和绿藻门具有大型藻的种类，而微藻则包括其余七个门类的全部藻类，再加上红藻和绿藻门中的部分种类，而褐藻中没有单细胞藻的种类。微藻(microalgae)是指那些在显微镜下才能辨别其形态的微小的藻类类群。微藻种类多样，约 2 万余种，约占已知藻类的 70%。根据形态划分，微藻包括单细胞藻和由单列细胞构成的丝状藻；根据微藻生长的环境可分为水生微藻、陆生微藻和气生微藻三种生态类群。水生微藻又分淡水和海水微藻，根据生活方式不同又可分为浮游微藻和底栖微藻。由于微藻种类繁多，生长特性各异，因此本节所指的微藻只限于那些已工厂化生产或有应用前景、能用生物技术大量培养、能以全部或其成分作为利用形式的种类。现已在国内外大规模培养的微藻见表 9－2，它们分别属于 4 个门：蓝藻门(Cyanophyta)、绿藻门(Chlorophyta)、金藻门(Chrysophyta)和红藻门(Rhodophyta)。

Note

表 9-2　大规模培养的微藻(引自陈峰,1999)

门　类	属　名	用　途
蓝藻门(Cyanophyta,Cyanobacteria)	组囊藻(*Anacystis*)	分子遗传学实验材料
	集球藻(*Synechococcus*)	分子遗传学实验材料
	集胞藻(*Synechocystis*)	
	螺旋藻(*Spirulina*)	保健食品
	节旋藻(*Arthrospira*)	
	鱼腥藻(*Anabeana*)	稻田氮肥
绿藻门(Chlorophyta)	杜氏藻(*Dunaliella*)	生产β-胡萝卜素和甘油
	衣藻(*Chlamydomanas*)	遗传学实验材料
	红球藻(*Haematococcus*)	虾青素
	四爿藻(*Tetrasemis*)	饵料
	小球藻(*Chlorella*)	健康食品
	栅藻(*Scenedesomus*)	健康食品
金藻门(Choysophyta)	等鞭金藻(*Isochrysis*)	饵料
定鞭藻纲(Prymnesiophyceae)	角毛藻(*Chaetoceros*)	饵料
硅藻纲(Bacilariphyceae)	褐指藻(*Phaeodactylum*)	饵料
	骨条藻(*Skeletonema*)	饵料
	菱形藻(*Nitzschia*)	饵料
红藻门(Rhodophyta)	紫球藻(*Porphyridium*)	胞外多糖及藻胆蛋白
	蔷薇藻(*Rhodella*)	

1. 微藻的主要特点

微藻是介于微生物与植物细胞之间的一类单细胞生物,微藻、微生物和动植物细胞的主要区别见表 9-3。它与陆地微生物相比具有如下的特点。

1) 具有叶绿素等光合器官,能有效地利用太阳能通过光合作用将水、二氧化碳和无机盐转化为有机化合物。

2) 一般以简单的分裂式繁殖,易于进行大规模培养,而且微藻通常无复杂的生殖器官,使整体生物量容易采收和利用。

3) 可以用海水、咸水或半咸水培养微藻,因此是淡水短缺、土地贫瘠地区获得有效生物资源的重要途径。

4) 海洋微藻,因其独特的生存环境使其能合成许多结构和生理功能独特的生物活性物质,是人类未来医药品、保健品和化工原料的重要资源。

表 9-3　微藻、微生物和动植物细胞的比较

特　性	微　藻	微　生　物	植 物 细 胞	动 物 细 胞
大小	10～100 μm 或更长	2～10 μm	10～200 μm	10～100 μm
营养方式	自养或异养	异养或自养	自养	异养
培养周期	5～10 d	2～4 d	15～30 d	长
生长速度	较快	快,倍增时间 0.5～5 h	慢,倍增时间 24～72 h	慢,倍增时间 15～100 h
营养要求	简单	简单	较复杂	复杂
细胞或产物浓度	较高	高	低	低
氧气	不需要	需要或不需要	不需要	需要
二氧化碳	需要	不需要	需要	不需要
培养规模	较大	大	小	小
对剪切应力敏感性	不敏感	不敏感	敏感	非常敏感
对环境敏感性	耐受范围宽	耐受范围宽	耐受范围宽	耐受范围窄
技术要求	较低	高	高	高
培养成本	低	低	较高	高

Note

2. 微藻的应用

(1) 健康食品

人类利用天然生长的微藻作为食品已有较长的历史，生活在非洲乍得共和国乍得湖和中美洲墨西哥 Texcoco 湖附近的居民把螺旋藻作为重要的食品。微藻中含有丰富的蛋白质、多不饱和脂肪酸、多糖、维生素、矿物质等，是极好的天然健康食品。微藻营养健康食品可分为两类：一是直接用食品级干藻粉制成藻片或胶囊营养保健食品，大部分以普通健康食品形式在食品商场、药房出售；二是个别产品获得医药批文，在药房出售或作医生处方药物。微藻健康食品不仅在日本、美国、欧洲等发达国家的销量持续上升，而且在中国、印度等一些发展中国家和地区也日益被人们所认可。目前商业化大规模培养并用于保健食品和食品添加剂的微藻主要有小球藻、螺旋藻、盐藻等品种。小球藻是最早用于优良饲料添加剂和健康食品开发研究的微藻之一，在日本、美国、以色列及中国台湾，小球藻商业化开发已有 40 多年的历史，小球藻属中以蛋白核小球藻蛋白质含量最高(不低于 50%)，且氨基酸种类齐全。螺旋藻是成功开发并实现产业化生产的微藻，国内外已成功研制一系列螺旋藻健康食品。螺旋藻的蛋白质含量在所有天然食物中最高，可达 60%～70%，而且蛋白质氨基酸组成合理，含有 8 种人体必需氨基酸，是人类理想的蛋白质宝库。

(2) 药品

微藻的药用价值已日益引起人们的注意，它是海洋药物的重要来源，还是海洋无脊椎动物活性物质的来源。陆生高等植物和微生物等传统药物资源经过长时间研究，筛选工作中获得具有开发价值的先导化合物重复率高，而微藻已确认可提供具有新颖而多样的化学和药理特性资源，有证据表明微藻是海洋无脊椎动物中，发现的高度活性化合物的真正来源。微藻中的生物活性物质具有抗肿瘤、抗病毒、抗真菌、防治心血管疾病、防治老年人痴呆症等功能。微藻富含多不饱和脂肪酸(PUFA)，能降低血液的黏稠度，降低血液中胆固醇和低密度脂蛋白的含量，从而起到预防和治疗心血管疾病的作用。微藻多糖能够抗辐射、抗氧化，并能提高机体免疫力、促进淋巴细胞转化和抑制癌细胞增殖。杜氏藻中富含的β-胡萝卜素可抑制自由基的活性，减少过氧化物对组织的损伤，提高吞噬细胞和淋巴细胞的功能，促进细胞释放一些抗肿瘤因子，对白内障、黄斑变性病以及心血管病有一定的防护作用。

(3) 水产动物的饵料

微藻是水域中最主要的初级生产者，是水产动物或其幼体直接或间接的饵料。具有营养丰富，个体小，不败坏水质，可提高水产动物，特别是海珍品育苗的成活率，降低育苗成本，还可使观赏鱼的体色鲜艳等优点，至今仍难以用人工饵料取代。国外在鱼类、贝类、甲壳类育苗中应用的微藻，已达 40 多种。我国海洋微藻生物饵料的培养工作始于 20 世纪 50 年代，目前已有 20 多种，主要有以下种类：三角褐指藻、小新月菱形藻、牟氏角毛藻、纤细角毛藻、中肋骨条藻、亚心形扁藻、塔胞藻、盐藻、小球藻、微绿球藻、等鞭金藻、湛江等鞭藻、绿色巴夫藻、异胶藻、钝顶螺旋藻、舟形藻、东方弯杆藻、卵形藻等。由于每种微藻的营养成分不同，而每种水产动物所需的营养成分也不同，因此培养不同的水产动物要选用不同的饵料，水产动物的不同发育阶段，也要选用不同的饵料。

(4) 生物质能

随着化石能源(如石油和煤炭)储量的日益减少，以及化石能源的燃烧对空气造成的污染，人们开始寻找新的能源，其中最为人们关注的就是生物质能。生物质能是一种可再生能源，取之不尽，用之不竭。在众多的生物质中，藻类具有生物量大、生长周期短、易培养以及含有较高的脂类物质等优点。利用微藻作为生物炼制能源具有如下优势：生产无季节限制，微藻培养不占用耕地，可利用 CO_2，微藻体无复杂的纤维素、半纤维素组分，炼制工艺相对较为简单。将微藻作为生物质能进行开发，主要是用于生产乙醇、生物柴油、燃料油或制氢等。

20 世纪 80 年代初，美国可再生能源国家实验室在美国能源部的资助下，就开始了对利用微藻制备生物柴油的研究。研究首先从收集微藻样本开始，通过筛选、表征，再进行统计分析，得出制约微藻产量和产油量的关键因素，并探明了微藻细胞的生理和生化特性，最终采用分子生物学和基因工程技术，改变微藻细胞的生理结构，制备出高产量、高含油量的工程微藻，并实现了工业放大。2007 年美国推出"微型曼哈顿计划"，其宗旨是向藻类要油，以帮助美国摆脱严重依赖进口原油的能源窘境，不仅如此，这一计划更令人注目的是，它重新燃起了美国新一轮的藻类生物"原油"研发热潮。许多微藻如小球藻(*Chlorella vulgaris*)、丛粒藻(*Botryococcus braunii*)、栅藻(*Scenedesmus acutus*)、隐甲藻(*Crypthecodinium cohnii*)、杜氏盐藻(*Dunaliella primolecta*)、单肠藻(*Monallanthus salina*)、三角褐指藻(*Phaeodactylum tricornutum*)、四爿藻(*Tetraselmis sueica*)、舟形藻(*Navicula pelliculosa*)和 *Neochloris oleoabundans* 都能积累油脂。微藻油脂含量因藻种而异，一般为 20%～30%，最高可达 60%～70%，因此微藻是一种理想的生物炼制能源的原料。

微藻制氢气。生物制氢主要包括细菌制氢和微藻制氢，微藻相对于其他生物产氢材料而言，具有光合作用效率高、生长快、氢酶活性高、放氢时间长等特点，是研究生物放氢的理想材料之一。微藻光水解制氢是绿藻和蓝藻以太阳能为能源，以水和二氧化碳为原料，通过光合作用及其特有的产氢酶系，将水分解为氢气和氧气。微藻制氢大致有三种方式：直接生物光解、固氮酶放氢和间接生物光解。随着对微藻光水解制氢技术研究的不断深入，已发现许多产氢绿藻，如斜栅藻、小球藻、绿球藻和亚心形扁藻等。固氮蓝藻有鱼腥蓝藻属、海洋颤蓝藻属、丝状蓝藻属和不固氮蓝藻如聚球蓝藻属和黏杆蓝藻属等均具有产氢能力。鱼腥蓝藻属产氢能力远高于其他蓝藻属，特别是丝状异形胞蓝藻和多变鱼腥藻具有很高的产氢能力。

(5) 基因工程材料

由于藻类具有丰富的生物多样性、对环境适应方式的多样性以及重要的进化地位，使其成为基因工程研究的理想材料。主要体现在：① 多数藻类含有丰富的营养物质和生物活性物质，有些藻类具有耐受极端环境条件的能力，使藻类成为丰富的基因源库；② 在部分蓝藻、红藻和硅藻中发现了质粒，经改造后可以作为基因工程的载体，藻类病毒也有希望成为新型载体；③ 某些模式藻遗传背景清晰，遗传转化技术成熟，可被其他藻类借鉴；④ 由于密码子的偏向性和启动子的通用性，藻类可能成为植物基因表达的宿主，特别是大型海藻有希望成为廉价高效、规模宏大的生物反应器，生产有用物质或清除海洋污染；⑤ 多种经济藻类已具有相当的栽培或养殖规模，转基因经济藻具备产业化基础。

围绕构建新品种、降解污染物或生产特定产品等应用目标，国内外相继开展了蓝藻表达系统的构建工作，并首先在模式藻中进行了大量有益的尝试(表 9-4)，但由于模式藻缺乏养殖基础，难以积累足够的生物量以规模生产目标产品，加之部分模式蓝藻具有含毒藻株，使得与实用的表达系统还有一定距离。

表 9-4 已构建的部分模式蓝藻表达模式(引自何培民，2007)

产物/特性	外源基因	转化受体
杀蚊幼毒素	*Bacillus sphaericus* 内毒素基因	聚球藻 S. PCC7942
		聚球藻 S. PCC6301
	*Bacillus thuringiensis cry*IVB	聚球藻 S. PCC7002
		集胞藻 S. PCC6803
	*Bacillus thuringiensis cry*IVD	聚球藻 S. PCC7002
生长因子	鲑鱼生长因子基因	聚球藻 S. PCC7002
γ-亚麻酸	*Synechocystis* PCC6803Δ^6脱饱和酶基因	鱼腥藻 A. PCC7120
EPA	*Shewanella putrefaciens* SCRC2738 EPA 合成酶基因	聚球藻 S. sp
虾青素	*Haematococcus pluvialis* β-胡萝卜酮化酶基因	聚球藻 S. PCC7942
α-环化糊精	*Bacillus marcens* 环化糊精葡聚糖转移酶基因	聚球藻 S. PCC7002

续　表

产物/特性	外　源　基　因	转 化 受 体
PHB	*Alcaligenes eutrophus* 的 β-酮硫解酶、乙酰辅酶 A 还原、PHB 合成酶等基因	聚球藻 S. PCC7942
超氧化物歧化酶	人 CuZn 超氧化物歧化酶基因 hSOD	聚球藻 S. PCC6301
α-淀粉酶	来自 *Bacillus amyloliquefaciens* A50 的 α-淀粉酶基因	聚球藻 S. PCC7942
内切葡聚糖酶	来自 *Clostridium thremocellum* 内切葡聚糖酶基因	聚球藻 S. PCC7942
大麦醇溶蛋白	来自 *Hordeum vulgare* L 的大麦醇溶蛋白基因	集胞藻 S. PCC6803
肿瘤坏死因子	人肿瘤坏死因子 α 基因	鱼腥藻 A. PCC7120
尿激酶原	人尿激酶原基因	聚球藻 S. PCC7002
HIV-1 口服疫苗	HIV B 细胞抗原决定簇基因	聚球藻 S. PCC7942
表皮生长因子	人表皮生长因子 *hEGF* 基因	聚球藻 S. PCC7002 鱼腥藻 A. PCC7120
金属硫蛋白	小鼠金属硫蛋白基因	聚球藻 S. PCC7942 鱼腥藻 A. PCC7120
	小鼠金属硫蛋白-Ⅰ基因	鱼腥藻 A. PCC7120
	人肝金属硫蛋白突变体 β 基因	集胞藻 S. PCC6803
耐受高渗	来自甲单胞杆菌的转录调控因子基因、NADH 脱氢酶Ⅱ基因和磷酸甘油磷酸酯酶基因	聚球藻 S. PCC7942
利用乳糖异氧生长	来自牛布鲁杆菌 *Brucella abortus* 的葡萄糖激酶基因 glk 和大肠埃希菌乳糖操纵子 lacZYA	集胞藻 S. PCC6803 鱼腥藻 A. PCC7120 鱼腥藻 A. ACHB709

9.2.2　微藻的培养

1. 微藻的生长特点

(1) 单细胞微藻的生长曲线

单细胞微藻在适宜的条件下培养，一般都表现出特有的增殖模式。单细胞微藻的生长可分为 5 个期，即延缓期、指数生长期、相对生长期、稳定期和死亡期(图 9-4)。

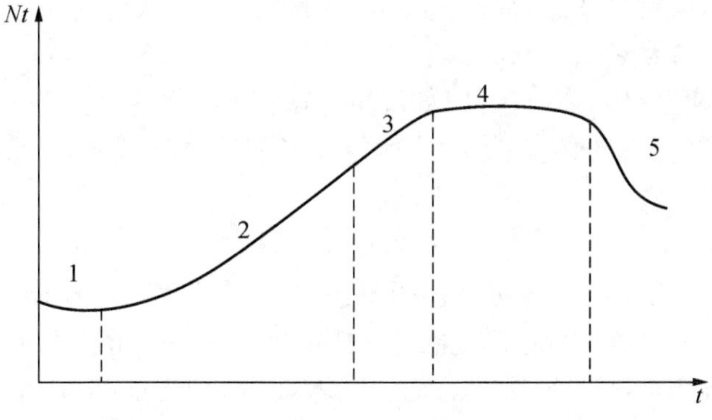

图 9-4　分批培养单细胞微藻的生长曲线(引自 Fogg，1965)

1. 延缓期　2. 指数生长期　3. 相对生长期　4. 稳定期　5. 死亡期

1) 延缓期(lag or induction phase)　　该期的特点是细胞数量不增加、细胞不分裂。出现延缓期主要有以下三方面的原因：第一，与藻种的生长状态有关，延缓期的长短取决于藻种接种前的生长状态。藻种接种前如果绝大多数细胞都不具备繁殖能力，则接种后这些细胞需要在新的环境中吸取营养，积聚能量，激活酶系统，重建自身的活力，因此需要一定的时间。第二，与单细胞微藻的胞外物质有关，有些胞外物质可能对单细胞藻的生长和繁殖有辅助作用。第三，与单细胞藻对环境的适应性有关，当单细胞藻接种到新的培养液中，生态环境的变化较大，藻种对新的生态环境有逐渐适应的过程,因而出现延缓期。

单细胞藻在延缓期培养,细胞数量不增加,影响了培养效果,故应竭力缩短和避免出现延缓期。缩短延缓期的措施主要有两条,一是保证藻种的质量,藻种应处于指数生长期,不能用老化的藻种;二是要适当加大接种量,这不仅有助于缩短延缓期,还可以提高增殖速度、保持种群优势。

2) 指数生长期(expotential phase)　该期的特点是细胞密度呈指数函数增长、细胞分裂频率为常数,即每单位时间细胞分裂次数均相等。指数生长期是单细胞微藻最重要的生长时期,它直接关系到产量和质量。

3) 相对生长期(phase of declining relative growth)　该期的特点是随着培养时间的增加,细胞密度虽然还在上升,但已经不是以指数函数形式上升;细胞分裂频率不再是常数,而是随着培养时间的增加而下降。在开放式生产中,相对生长期对于提高产量而言是一个相当重要的时期。

4) 稳定期(stationary phase)　该期的特点是随着培养时间延续,细胞密度不断增加,细胞分裂频率为零。此阶段有少部分细胞可能还在分裂,而同等数量的细胞则老化死亡。

5) 死亡期(death phase)　该期的特点是细胞逐渐老化死亡。

(2) 微藻的生长特点

由于微藻与陆地微生物非常相似,所以具有与微生物生长过程基本相似的特征;同时又由于它具有与陆地植物细胞相近的光合反应器官,因此可以认为微藻是介于陆地微生物与植物细胞之间的一类单细胞生物。

1) 微藻生长的本质是复杂的酶催化体系。微藻生长过程中,一方面从外界摄取营养物质,在体内经过各种化学变化,把这些物质转化为微藻自身的组成物质,即同化过程;另一方面,微藻体内的组成物质不断地分解成为代谢物质而排出体外,即异化过程。

2) 微藻的生长过程是一个复杂的反应过程。反应体系中藻细胞的生长、营养物质的消耗和代谢产物的形成三者之间是相互影响和制约。尤其是光能的吸收与利用使微藻细胞与一般微生物细胞存在明显的不同,从而使其内部的反应过程更为复杂。微藻生长过程中,细胞的形态、组成、活性等都处在动态变化过程中,细胞也经过生长、繁殖、维持、死亡等阶段,不同藻龄,有不同的活性,而且细胞组成的蛋白质、多糖等成分也随环境、细胞状态的变化而变化。因此在培养微藻细胞过程中,要特别注意环境对细胞生长的影响,以获得高品质的微藻产品。

2. 影响微藻生长的因素

微藻的生长与代谢会受到环境条件(如温度、光照等)、营养条件(如碳源、氮源、无机盐等)等多种因素的影响,了解藻种的生理特性及其与环境和营养的关系,有助于提高微藻的生长速度,获得高的目标代谢产物。

(1) 光照

绝大多数微藻属于光合自养生物,光是微藻生长的重要因素。微藻利用光能合成碳水化合物,然后再通过生理生化过程,合成氨基酸、蛋白质、脂肪等。一般情况下,在一定光照强度范围内,微藻的光合作用效率会随光照强度的增加而增加,但当光照强度达到一定值时,光合作用效率几乎保持在一定水平,不再增加,这种现象称为光饱和效应。如果光照强度超过光饱和点一定限度后,微藻的光合作用效率将会下降,导致细胞生长减缓,甚至死亡,这就是通常所说的光抑制现象。在光饱和点以下的光照强度是微藻生长的一个限制性因子,即在此范围内,藻细胞生长速度与光照强度呈线性关系。当光径较长、细胞浓度较高时,由于细胞间的相互遮掩,光的衰减尤其明显时,光限制作用就显得尤为突出。图 9-5 表示光照强度与微藻光合作用的关系。

螺旋藻生长的最适光照强度为 3 000～3 500 lx,光强达到 12 000 lx 时藻体死亡变白,光质对螺旋藻生长、光合放氧和放氢以及色素蛋白都有不同程度的影响。光强与光质变化会影响紫球藻的生长、改变代谢产物和光合色素的含量及比例,光强从 538 lx 增加到 4 300 lx,藻体生长

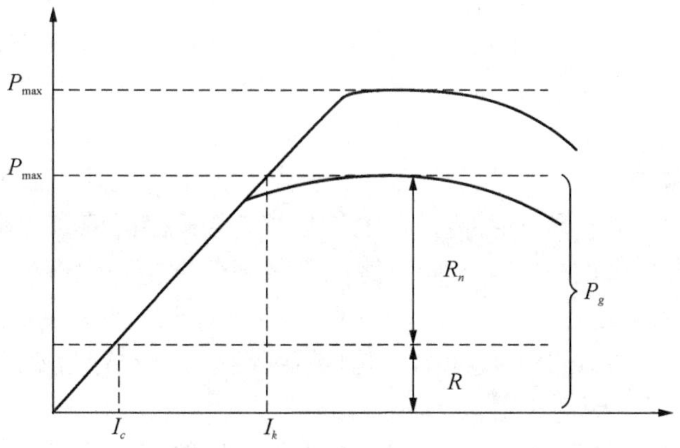

图 9-5　光合作用与光强关系曲线(引自陈峰,1999)

P_{max}：最大光合作用;I_c：补偿光强;I_k：饱和光强;R：呼吸作用;P_n：净光合作用;P_g：毛光合作用(图中上面的曲线为较高温度时的曲线关系)

速率增加 400%。弱光促进藻红蛋白合成,强光促进藻多糖合成。微绿球藻在 1 000～7 000 lx 范围内都能繁殖生长,生长的最适光强范围为 5 000～7 000 lx。随着光强的增强,EPA 呈下降趋势,1 000 lx 光强使 EPA 达最高,与此相反,饱和脂肪酸含量随光强的增强而上升。光照和光暗周期显著影响微绿球藻合成 EPA,光周期 12∶12 或 16∶8 为适宜,显著优于 24∶0。

(2) 温度

温度是影响微藻代谢活动的一个重要因素。在一定温度范围内,微藻的生长繁殖等生命活动才能正常进行,这一温度范围称适宜温度。在适宜温度内,微藻的生长繁殖最快、生命活动最旺盛的温度称最适温度。超出适宜温度,微藻的生长繁殖等生命活动就要受到影响。各种微藻都有各自的适温范围和最适温度。温度过高或过低,都会对微藻造成伤害,从而影响微藻的生长和繁殖。温度还影响微藻代谢产物的形成,大多数情况下,提高培养温度,脂肪酸含量增加,多不饱和脂肪酸含量减少;降低培养温度,磷脂含量增加,但将抑制糖脂和叶绿素的积累。通常情况下,某些代谢产物积累的最适温度与微藻生长的最适温度并不一致。

大多数微藻的温度适应范围较宽,一般在 18～25℃,但种类不同,其最适温度也有所差异。一般情况下,蓝藻、绿藻的温度适应范围较高,夏秋两季水体里不仅种类多,而且数量也大,而金藻、硅藻多数在温度较低的冬春两季生长繁殖。螺旋藻适宜的生长温度为 28～37℃,最佳范围 35～37℃,最高生长温度可达 40℃,最低生长温度为 15℃;在实验室培养的最适温度为 35～38℃,不同品系的螺旋藻的最适生长温度不一样。紫球藻生长的适温范围 8～31℃,最适温度 21～26℃,当它低于 13℃时生长缓慢,高于 31℃生长受到抑制。微绿球藻适温范围较广,对最适温度,不同的文献报道的结果不同,有的文献报道最适温度为 20℃,有文献报道 25±5℃的范围适合该藻生长。

(3) pH

微藻对 pH 有一定的适应范围,不同的微藻都有其适宜的 pH 范围,藻液 pH 过高或过低都能抑制微藻的生长繁殖,甚至使其停止生长。pH 对微藻的影响主要体现在:影响藻细胞内外的离子平衡,影响藻细胞膜的通透性,影响二氧化碳的溶解度和存在形式。在微藻生长繁殖过程中,当其密度较低时,藻液的 pH 变化不大,随着藻密度的逐渐升高,藻液的 pH 将会大幅度上升,往往会成为微藻生长繁殖的限制因子。造成藻液 pH 上升的主要原因是游离二氧化碳被吸收利用。螺旋藻生长的最适 pH 为 8.5～10.5,pH 过低,容易被其他藻类或生物污染;pH 过高,可利用的 CO_2 量将受到限制。当 pH 接近 11.5,光照强度为 12 000 lx 时,螺旋藻细胞会发生溶解现象。微绿球藻的生长对 pH 有较强的适应性,在 pH 6.2～9.8 的范围内均能较好的生长,但在 pH 5.5 和 pH 6.2 的酸性条件下,营养源的吸收受到阻碍,因而藻细胞的生长受到抑制,在 pH 9.8 的强碱性条件下,仍能保持很高的生长率。紫球藻在 pH 5.3～8.3 的范围内均可正常生长,最适 pH 7.5。

(4) 氮源

微藻可以利用的氮源包括硝酸盐($NaNO_3$、KNO_3)、氨盐(NH_4Cl、$(NH_4)_2SO_4$、NH_4HCO_3)和尿素(NH_2CONH_2),一些蓝藻还可以利用 N_2。氨盐作为微藻的氮源比硝酸盐更易被同化,如果同时供给硝酸盐和铵盐,铵盐将优先被利用,而硝酸盐只有在铵盐被利用尽时才被利用。这是由于硝酸态氮在被利用前必须先被还原,而铵盐中的氮已经处于还原状态,可以直接参与代谢作用,但在实际使用时并不一定都会选用铵盐。铵离子在灭菌时不太方便,并且铵盐被利用后培养液中 pH 会有较大的变化。不同氮源浓度对微藻细胞的生理生化产生显著的影响,如藻的生长状况、胞外多糖、藻胆蛋白、色素、脂肪酸的含量以及酶活性等。张艳燕和陈必链等研究了不同硝酸钾浓度对蔷薇藻生长代谢的影响,蔷薇藻在以硝酸钾为氮源,浓度为 0.75 g/L 的条件下生长最好,硝酸还原酶活性最大,分别得到最大的藻蓝蛋白产量 24 mg/L 和类胡萝卜素含量 1.42 mg/L;当硝酸钾浓度为 7.5 g/L 时,获得最高叶绿素 a 含量为 1.91 mg/L;高氮源有利于产糖,当硝酸钾浓度为 30 g/L 时,得到最高胞外多糖产量为 1.633 g/L;SOD 活性随硝酸钾浓度增加而增大。邱昌恩等在研究绿球藻(*Chlorococcum* sp.)时发现,低氮条件下,绿藻生长较好,对 N 的吸收率也高。Murillo 等对三角褐指藻的研究结果显示,在氮丰富的培养基中,SOD 的活性更高。

尿素是有机物,不能直接被微藻利用,需要在尿素酶的作用下还原为氨。因此,只有具有尿素酶的微藻才能同化尿素。小新月菱形藻、三角褐指藻、角毛藻、等边金藻等微藻都具有尿素酶,因而可以利用尿素作氮源。

(5) 碳源

碳几乎占藻细胞干重的 50%,是细胞的主要组成元素。碳酸盐是自养微藻最易利用的碳源,一般通过在淡水或海水培养基中通空气或混有 CO_2 的气体供给。CO_2 在海水中有 4 种形态:游离 CO_2、HCO_3^- 态二氧化碳、CO_3^{2-} 态二氧化碳、H_2CO_3 态二氧化碳,这些不同形态二氧化碳的浓度,受 pH 等多种因素的影响。培养基 pH 变化会影响气体 CO_2、HCO_3^-、CO_3^{2-} 的平衡。有些微藻细胞表面存在碳酸酐酶,能吸收 HCO_3^-,通过细胞表面的碳酸酐酶将 HCO_3^- 转化为 CO_2,CO_2 在通过质膜被利用。碳酸根离子(CO_3^{2-})不能直接作为碳源被微藻利用。

在开放式培养体系中,海水中所有形态的二氧化碳都是充足的,而且其比例也是比较稳定,碳源一般不会成为微藻生长的限制因素。在淡水中可利用的各种形态的二氧化碳比海水变化大,但除了在强光照和平静无风的条件下,碳源一般也不会限制微藻的生长繁殖。在人工培养条件下,由于人为地为微藻提供了适宜的生态环境,营养盐一般比较充足,光照强度和温度可以控制,它们不会成为微藻生长的限制因子。碳源却会成为微藻生长的限制因子。随着微藻对 CO_2 的吸收利用,藻液的 pH 不断上升,过高的 pH 不但使微藻难以适应,而且会使游离二氧化碳的浓度下降。因此,保持藻液中游离二氧化碳含量较高和低 pH 化学环境,是微藻培养中必须注意的一个重要问题。

(6) 磷

磷是所有藻类细胞生长所需要的一个主要营养元素,它主要存在于藻细胞的原生质和细胞核中,是构成某些蛋白质不可缺少的元素。微藻可以利用的磷酸盐有 KH_2PO_4 和 NaH_2PO_4。水体中磷通常以磷酸盐和有机磷的形式存在,由于浓度比较低,常会限制藻细胞的生长。有机磷通常是被胞外磷酸酶水解后才被利用的,不同种类的藻细胞利用有机磷的能力相差很大。在自然环境中,有机磷通常是被细菌分解释放出磷酸后再被吸收。在微藻的培养中,磷的浓度要与氮浓度相适应,一般氮与磷之比应为 10∶1。

(7) 微量元素

很多微量元素在适宜浓度范围内,对微藻的生长繁殖都有促进作用。铁是微藻代谢过程中不可缺少的物质,它对叶绿素等细胞色素的形成起重要作用,同时也是构成多种酶的必需元素。锰也是微藻生长繁殖共同需要的元素,锰对某些微藻的氮代谢,尤其是对硝酸盐的同化有特别的影响。钴是构成维生素 B_{12} 的重要元素，它能促进藻细胞的增殖，但高浓度的钴则对藻的生长产生抑制作用。

微量元素浓度过高会起抑制作用，甚至导致中毒。由于微藻的生长繁殖，导致藻液中的pH上升，使一些微量元素产生沉淀，使微量元素难以在藻液中保持适宜的浓度，为此可以采取以下措施：① 加络合物，络合物可以络合重金属离子，并且络合和释放是可逆的。常用的络合物为EDTA（乙二胺四乙酸）或其钠盐。② 加土壤浸出液，土壤浸出液含有天然有机物质腐殖酸，腐殖酸能络合某些重金属离子，从而阻止重金属离子生成沉淀和溶胶化，并且通过络合作用和吸附交换，使微量元素在藻液中保持适宜浓度。③ 加入某些有机酸或其盐类，某些有机酸可与铁形成可溶性化合物，防止铁沉淀。常用的有机酸盐有柠檬酸盐和酒石酸盐。

(8) 土壤浸出液

土壤浸出液含有微藻细胞所需的微量元素和辅助生长的有机物质，加入培养液中，一般能获得良好的效果。土壤浸出液含有天然有机质——腐殖酸能阻止铁的沉淀和溶胶化；其次土壤浸出液含有某些植物生长激素；第三，土壤浸出液还可能含有微藻生长需要的微量元素。不同地点取的土壤或海泥制成的浸出液的营养成分和数量是不同的，这是由于不同地点的土壤或海泥所含物质的成分和数量存在差别的缘故。因此在取用土壤或海泥时，必须固定地方，不要经常变换，对其培养效果及合适的使用量，均应通过培养试验，才能了解掌握。

(9) 中间补料

接种时，培养液中营养盐一般都是很充足的，随着微藻的生长，藻体密度随着增加，相应地培养液中营养盐的利用也加快，浓度迅速降低。当藻生长到一定时期，营养盐的缺乏可能成为限制藻细胞进一步生长和增殖的原因。因此适当补充营养盐可以解除这种抑制作用。游文朗和陈必链等的实验结果证实紫球藻在平板式光生物反应器中，不同的补料方式可在一定程度上提高紫球藻的胞外多糖产量和生物量。培养过程补充培养液较补充水更有利于藻的生长和胞外多糖的产生，采用隔天补料方式可以使培养液维持更适宜的营养环境，使藻体在较长时间内保持较高的生长速率，从而更有利于细胞的生长及胞外多糖的积累，多糖含量达530 mg/L，生物量2.457 g(干重)/L。

(10) 超声波

超声波是物质介质中的一种弹性机械波，它通过热作用、空化作用和机械传质作用与细胞或酶作用，作用的强弱与超声波的频率及强度等有关。超声波技术应用于藻类次生代谢产物提取和藻类环境污染治理，它对湛江等鞭金藻的生物学效应显著，使藻生长速率常数、脂肪酸不饱和度提高。用于控制富营养化湖水的蓝藻水华，用于分裂螺旋藻细胞进行大规模快速和选择性的提取藻蓝蛋白，生物净化水质。Ma采用150 kHz，30 W的超声波处理铜绿微囊藻(*Microcystis aeruginosa*)污染的水体20 min，可以降解污染水体中70%微囊藻毒素。陈必链等的研究表明，合适剂量的超声波辐射能促进紫球藻的生长，对紫球藻细胞抗氧化防御系统产生影响，超声波处理后紫球藻细胞总抗氧化能力、抗超氧能力阴离子及抗羟自由基能力提高，而电解质渗透率下降。

3. 培养条件的优化

在研究和开发微藻的过程中，培养基组成和培养条件的优化是至关重要的，它们能显著提高微藻的生长速度和代谢产物的产生。采用的优化方法有单因素法、数理统计法、人工神经网络法、模糊逻辑法、遗传算法等。其中单因素法和数理统计方法在发酵过程优化中的应用较为普遍。单因素法除了一个可变因子外，其他各因子都设为恒定，可变因子在给定范围内变化，该方法简单易行。然而，该法没有考虑这些因子的相互联系，它需要相对大量的实验才能得出较为准确的结论。

王娟和陈必链等用均匀设计对摇瓶培养影响紫球藻生长和代谢产物积累的条件移种量、装液量、光照强度、初始pH进行了优化，并利用DPS软件通过二次多项式模型分析和拟合分别

Note

得到了以生物量、胞外多糖、藻红蛋白为目标的优化方案，建立了相应的回归模型。在各自的最佳培养条件下，生物量、胞外多糖、藻红蛋白分别达到 3.273 g/L、543.1 mg/L、132.0 mg/L。林金新和陈必链等用神经网络对念珠藻的生长情况进行模拟，利用均匀设计就 pH、装液量、接种量和光强等影响念珠藻生长的因素进行研究，并以所得的数据为样本建立一个结构为 4－6－1 的神经网络。当网络的学习速率为 0.08，动态参数为 0.8，SIGMOID 参数为 0.8，隐含层神经原数为 6 时，网络的拟合平均误差为 2.24%。500 ml 三角烧瓶在固定装液量为 100 ml 的条件下，利用该网络优化念珠藻的培养条件，得到最优的培养条件为 pH 7.4，接种量 1.5 g/L，光强 5 700 lx，生物量达到 1.702 g/L。Wen 和 Chen 用统计实验设计法优化菱形藻（*Nitzschia laevis*）获得二十碳五烯酸（EPA）的培养基组成和环境条件，他们用 Plackett-Burman 法从包括培养基组成和环境条件等在内的各种影响中筛选出最显著的影响因子，发现 NaCl、CaCl、pH 和温度是影响最显著的变量。这些变量被进一步采用中心组合设计进行优化，实验数据被关联成可以确定最佳值的二次多相式，进一步的实验证实预测的合理性。通过这种优化策略得到的培养条件，EPA 产量达到 280 mg/L，EPA 生产率达到 28 mg/(L·d)。

9.2.3 微藻的大规模培养

微藻的大规模商业化培养始于 20 世纪 60 年代日本培养的小球藻。20 世纪 70 年代早期，在墨西哥城附近的 Sosa Texcoco 湖建立了螺旋藻回收及培养技术，1977 年大日本油墨化学公司（Dai Nippon Ink and Chemicals Inc.）在泰国建立了商品化的螺旋藻工厂，到 1980 年在亚洲就有 46 家大规模的微藻（主要是小球藻和螺旋藻）生产企业。微藻大规模培养涉及微藻培养技术及光生物反应器这两大基本问题。培养方式有开放式、半封闭式与封闭式等，培养系统包括天然湖泊、敞开式跑道池、管道式或平板式等形式的光生物反应器，可采用机械、鼓泡或气升循环等搅拌方式。根据微藻自身的营养特点，可分为光能自养及化能异养（包括兼养培养）。

9.2.3.1 微藻光自养培养

微藻大多数是专性光合自养生物，以光作为能量还原 CO_2 同化为碳水化合物，而获得生物量。光合成反应如下：

$$CO_2 + NO_3^- + PO_4^{3-} + H_2O + 太阳能 \rightarrow [CH_2ONP] + O_2$$

1. 开放式培养系统

所谓开放式光生物反应器就是开放池培养系统（open pond culture system）。分为天然湖泊和人造池或容器。天然湖泊养殖是最原始的生产方式，非洲的乍得湖、墨西哥城郊的 Sosa Texcoco 湖盛产螺旋藻。人造池或容器中最典型、最常用的开放池培养系统是美国人 Oswald 设计的跑道池反应器（race-way photobioreactor）。该类培养系统一般水道面积 1 000～5 000 m^2，培养液一般深 15～18 cm，培养池用水泥或黏土为底，或用塑料膜衬里覆盖，以自然光为光源和热源，借电力或风力带动桨叶轮搅拌培养液，桨轮直径从 0.7～2 m 不等；也可通入空气或 CO_2 气体进行鼓泡或气升式搅拌（图 9－6）。目前国际上较著名的大规模生产微藻的公司（如 Cyanotech，Earthrise Farms 等）均采用这种培养方式应用于螺旋藻、小球藻和盐藻以获得大量的产物。此外，还有浅水池、循环池等类型。

图 9－6 跑道池培养系统

敞开式跑道池培养系统具有投资少、操作简单、易于生产等优点；同时也具有易受外界环境、条件变化的影响，易污染，培养效率低，收获费用高，占地面积大等缺点。基于这些原因，生产中常在池体上方覆盖一些透光薄膜类的材料，使之成为封闭池，这样水分蒸发及污染大大减少了，但长期使用会使光线透过率减少，覆盖材料也使单位面积的投资费用增加。开放式培养体系有其技术局限性，目前仅有少数能耐受极端环境的微藻（盐藻、小球藻和螺旋藻）采用开放式培养，无法满足微藻生物技术发展的需要，因此开发新型封闭式光生物反应器生产系统成为必然。

Note

2. 封闭式培养系统

由于开放式培养系统存在许多问题，不少学者都在探索另一种与开放式培养系统不同的培养方式——封闭式培养系统。开放式培养系统和封闭式培养系统的主要性能比较见表9-5。封闭式培养系统开发虽已有近50年的历史，但最快的进展还是近20年的事。封闭式培养系统现已开发出许多型的光生物反应器，主要有下列几种：① 以反应器主体形状来划分，主要有管道式（又分水平式和垂直式）、平板箱式、发酵罐式、圆筒式、鼓泡柱式、浮式薄膜袋等。② 按光源性质划分，若以光源安放位置为标准，有外光源和内光源两种；若以光源种类来分，有太阳光、普通光源（如荧光灯）、特殊光源（如发光二极管、光导纤维等）等。③ 以搅拌形式来分，有机械搅拌、鼓泡搅拌、气升循环等形式。④ 其他形式的光生物反应器，如管道式循环磁处理光生物反应器、浅层溢流光生物反应器等。不同形式的光生物反应器的特性如表9-6。以下重点介绍现在研究较多、生产上应用潜力较大的管道式和平板式光生物反应器。

表9-5　开放式培养体系和封闭式培养体系的比较

	开放式培养体系	封闭式培养体系
培养特点	操作简单，培养条件、生长参数难控制，培养环境不稳定； 容易被污染，很难实现无菌培养； 二氧化碳利用率较低； 培养液中的水分蒸发量较大； 产率较低； 生产周期短，受自然条件限制 已大规模投产	培养条件、生长参数容易控制，培养环境稳定； 容易控制污染，实现无菌培养； 二氧化碳利用率较高； 培养液中的水分蒸发量较少； 产率较高； 生产周期长，可全年生产 已达到数百至数千平方米规模
面积/体积	低（5～10 m^{-1}）	高（20～200 m^{-1}）
光利用效率	低	高
放大	容易	困难
产品特点	产品质量较低	产品质量高
适用范围	仅适用于少数能耐极端环境的微藻	适用于各种微藻的培养
投资成本	低	高

表9-6　大规模微藻培养系统特性的比较（引自Michael等，1999）

反应器类型	混　合	光利用效率	温度控制	气体传递	藻的流体应力	种的控制	灭　菌	放　大
无搅拌的浅池	极差	差	无	差	非常低	困难	无	极困难
罐	差	极差	无	差	非常低	困难	无	极困难
循环搅拌池	好	极好	无	差	低	困难	无	不难
带浆轮的跑道池	极好	极好	无	差	低	困难	无	不难
搅拌罐式反应器（内部或外部光源）	大部分均匀	极好	极好	低-高	高	容易	容易实现	困难
气升式反应器	普遍均匀	好	极好	高	低	容易	容易实现	困难
袋式培养	多变	极好	好（室温）	低-高	低	容易	容易实现	困难
平板式反应器	均匀	极好	极好	低-高	低-高	容易	能实现	困难
管道式反应器（Serpentine型）	均匀	极好	极好	低-高	低-高	容易	能实现	较好
管道式反应器(Biocoil型)	均匀	极好	极好	低-高	低-高	容易	能实现	较易

Note

(1) 管道式

管道式光生物反应器一般采用透明的直径较小的硬质塑料或玻璃、有机玻璃管，弯曲成不同形状，借助外部光源进行工厂化繁殖生产藻类的方式。含有微藻的培养液通过泵或空气升液器的作用在管道中循环流动。由于密封的管道系统容易与其他加工设备配套，可用泵把管道内生长到一定生物量的藻体传递到下道工序，因而整个过程可以实现自动化的生产过程。这种培养系统具有以下一些优点：① 面积与体积比例较好，光能利用率高；② 能获得高的生物量；③ 反应器可以高效灭菌；④ CO_2转化效率高；⑤ 污染较少；⑥ 反应器的参数易于监测和控制。虽然管式光生物反应器被认为是最适合于商业化大规模培养微藻，但氧气积累、二氧化碳消耗和 pH 的变化限制管的长度，同时存在细胞黏附于管壁等不利因素，因而管式光生物反应器很难精确放大，限制了该反应器的应用范围。

管道式光生物反应器(图 9－7)分为垂直管式、倾斜可调管式、水平管式等多种形式。水平管式采用泵循环、气升循环等方式混合，多数采用自然光，也有采用人工光源。

图 9－7　管道式光生物反应器

图 9－8　管道式光生物反应器(Biocoil)(引自 http://www.fishace.com.au)

意大利的 Florenzano 以及合作者 Torzillo 等是研究和发展管道式光生物反应器培养蓝藻，特别是螺旋藻的先驱。他们最初用一种聚乙烯塑料管制作管式反应器。反应器的管径 14 cm，培养液总体积 8 000 L，占地面积约 80 m^2，由于管壁较薄，机械强度不够。后改用有机玻璃制作了管径 13.1 cm 和管径 7.4 cm 的两种管式反应器，管壁厚度 4 mm，管道平行排列水平放置于地面。该反应器培养螺旋藻，5 年试验中平均产率达到每公顷每年 30～33 t，最高日平均面积产率达到 25 g/(m^2·d)。为了提高管式反应器的光能利用率，他们又设计了一种集光管双层排列的管式光生物反应器。该反应器每层集光管由 15 根 8 m 长的有机玻璃管道组成，管道之间由 U 形玻璃弯管连接，管道内径 2.6 cm，外径 3.0 cm，管路总长 245 m，反应器的总装液体积为 145 L，总占地面积 7.8 m^2。双层管式光生物反应器培养钝顶螺旋藻时，获得了 27.8 g/(m^2·d)的日平均面积产率(包括夜间呼吸消耗)。英国和澳大利亚研制一种垂直的管道式光生物反应器，管道直径 33 mm 为低密度的塑料管旋绕在一个圆形框架上，反应器容积1 300 L，光合作用面积近 100 m^2，他们将这种反应器称为 Biocoil(图 9－8)。用这种装置培养小球藻生物量浓度高达 10 g/(L·d)。

(2) 板式光生物反应器

板式光生物反应器主要是由透明的玻璃或有机玻璃制成，主要由光源、循环装置、板式反应器、控温系统和 CO_2供给系统组成(图 9－9)。可以根据太阳光强度以及入射方向的变化，调节最适宜的采光方向，增大透光率。反应器内部的藻液混合常采用两种方式，一种是气升式混合，另一种是鼓泡式混合。平板式培养系统具有光利用率高，易放大培养，易清洗，操作条件容易控制等优点，其内部的贴壁生长和外部的盐沉淀容易处理，可以随意调节放置角度以便使其获得最佳的取光效果。

图 9-9　平板式光生物反应器(引自：http://biofuels.asu.edu)

Zhang 等报道了一种平板式光生物反应器，该反应器由 100 个板式反应器单元串联组成，单板的体积为 20 L，单板长 200 cm、宽 10 cm、高 100 cm，光径为 10 cm，其示意图如图 9-10 所示。用该反应器对微绿球藻进行规模化连续培养，细胞密度达到 6×10^8 个/ml，细胞干重为 12 g/m^2 · d，最大面积产率为 12 g/m^2 · d。EPA 的产量为 650 g/m^2 · d。游文朗和陈必链等研究了平板式光生物反应器中紫球藻(*Porphyridium cruentum*)的培养条件，运用均匀设计法对光照强度、通气速率、装液量、接种密度以及 pH 等影响紫球藻生长的因素进行优化，获得了在平板式光生物反应器中培养紫球藻的最佳条件，在最佳条件下藻体的生物量产率和生物量产量分别达到 0.431 g/(L · d)和 3.240 g/L，最大生长速率达 0.652 g/(L · d)，胞外多糖含量高达 0.665 g · L^{-1}。许波和王长海应用平板式光生物反应器中对微藻 *Parietochloris incisa* 进行了放大培养。该反应器由 6 个串联放置、结构一致的平板式玻璃光生物反应器组成。在通气率为 1 900 ml/L、采收率为 20%的条件下，微藻细胞的培养密度达到了 5.15 g/L，其单位体积和面积的细胞生物量产率分别提高到了 0.73 g/ (L · d)和 70.1 g/(m^2 · d)。刘建国等以 1.4 cm 和 2.8 cm 光径的平板光生物反应器，恒定高光强、通气、无菌高密度连续培养雪藻，两种平板光生物反应器的高密度连续培养体系都有非常高的产出率，其中雪藻生物产量、总脂肪酸和花生四烯酸的日最大产率分别达到 35.3、7.0 和 2.6 g/(m^2 · d)。

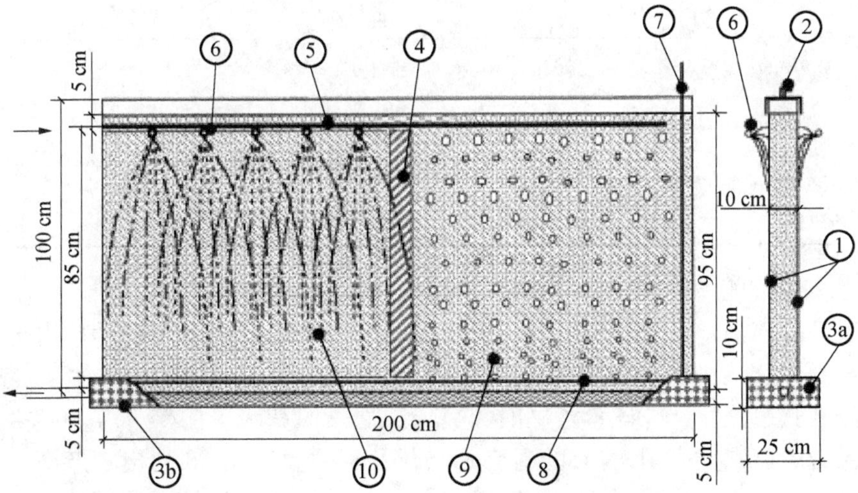

图 9-10　平板式光生物反应器(引自 Zhang CW 等，2001)

1. 10 mm 厚的玻璃平板；2. 玻璃盖；3a. 集水槽(侧视图)；3b. 集水槽；4. 支撑板；5. 喷水管；6. 喷口；7. 通气管；8. 气体分布器；9. 气泡；10. 藻体

此外，还有多种实验室规模的光生物反应器，如光纤光生物反应器、溢流喷射式光生物反应器、柱状气升式光生物反应器、浮式薄膜袋和搅拌式光生物反应器等报道。搅拌式光生物反应器可以分成内置光源和外置光源两种。外置光源机械搅拌式生物反应器是广泛用于规模培养微生物的生物反应器，配套光源而成。因此可利用现有发酵工程技术开展微藻的研究开发工作，国内外许多学者在这方面都做了尝试。陈必链等用5 L搅拌式光生物反应器培养螺旋藻和紫球藻，通过对培养条件即搅拌转速、通气量和光照强度进行优化，使螺旋藻的生物量达到1.922 g/L，紫球藻的生物量达2.548 g/L、胞外多糖为557.2 mg/L。内置光源光生物反应器一般配备搅拌装置起到培养液的搅拌作用，并通过喷淋装置提供空气和CO_2。

9.2.3.2　异养培养

微藻的异养培养可定义为微藻在无光照的条件下，利用外源有机物包括糖类、蛋白水解物、有机酸等为唯一碳源和能源进行生长。与光合自养相比，异养培养有以下优点：① 细胞培养密度高，微藻细胞密度可达到或接近大肠埃希菌及酵母的浓度；② 可实现培养条件的自动控制，利于藻细胞快速生长；③ 培养过程无需光照，减少了能耗；④ 可充分借鉴现有的发酵工艺，如分批培养、分批补料培养、恒化培养等，提高细胞生长和细胞培养的密度，加快微藻及其产品的产业化进程；⑤ 藻细胞收获的成本低。

有关微藻利用有机物的研究早在20世纪50～60年代就已开始，70年代的研究重点在兼性异养微藻的鉴别、有机物吸收、有机物分解代谢及相应的能量代谢等方面，20世纪80年代以后，由于微藻开发利用的需要，如何利用微藻的异养混合营养特性进行微藻的高密度培养，即微藻高密度异养/兼养培养技术成为微藻研究领域的热点。英国Cell Systems公司利用葡萄糖生产饵料微藻瑞典四片藻CSL 161的发酵罐规模达50 t，日本用隐甲藻异养生产DHA的方法已经取得专利，美国Martek Biosciences公司异养培养提取DHA用隐甲藻的发酵罐规模达到了150 m^3。近年来，已有许多有关高细胞密度、高产率异养培养微藻的报道，这些不同种类的微藻包括绿藻门的小球藻（*Chlorella* spp.）、裸藻门的纤细裸藻（*Euglena gracilis*）、硅藻的菱形藻（*Nitzschia laevis*）、甲藻门的隐甲藻（*Crypthecodinium cohnii*）和红藻门的*Galdieria sulphuraria*。这些微藻的细胞密度和生物量产率如表9-7所示。以下从异养藻种的筛选和异养培养系统等两方面介绍微藻异养培养。

表9-7　高细胞细胞密度异养培养微藻的最大细胞密度(X_{mas})和体积产率(P_{volume})(引自Eriksen,2008)

微　　藻	产　物	培养方法	X_{mas}(g/L)	P_{volume}(g/L·d)
纤细裸藻(*Euglena gracilis*)	α-生育酚	补料分批培养	48	7.7
菱形藻(*Nitzschia laevis*)	EPA	灌注培养	30	6.75
隐甲藻	DHA	补料分批培养	83	10.0
小球藻(*Chlorella protothecoides*)	生物柴油	补料分批培养	51.2	7.7
Galdieria sulphuraria	C-藻蓝蛋白	连续培养	83.3	50.0

1. 异养微藻种的筛选

异养微藻种的筛选是异养培养的第一个步骤。可异养培养的微藻种的获得可通过以下两个途径获得：① 从已有的微藻株中筛选可异养培养的微藻。可进行异养或兼养生长的微藻涉及蓝藻门、隐藻门、甲藻门、金藻门、黄藻门、硅藻门、裸藻门和绿藻门等80门60多属近百种微藻。这些微藻有的已知其有用途，有的尚待研究开发利用。表9-8列出了产高不饱和脂肪酸的异养培养微藻。② 通过诱变育种或细胞融合的手段改造微藻以期获得既能在异养条件下快速生长又能大量产生某一特定的有应用价值的生理活性物质的藻种。沈继红等将富含EPA和DHA的自养微藻绿色巴夫藻和生长迅速的异养微藻四鞭藻相融合，筛选出兼养的融合藻株，融合藻株在自养和兼养条件下培养，藻细胞中脂肪酸以多不饱和脂肪酸为主，在总脂肪酸中的质量分数分别为：0.523 0和0.554 4；而在异养条件下培养，脂肪酸以饱和单不饱和脂肪酸为主，质量分数分别达到0.405 5和0.437 0。

表 9-8　异养微生物生产 EPA 和 DHA 的能力(引自 Chen,2006)

藻　　株		设　备	培养系统	细胞浓度/(g/L)	EPA/DHA 产率/(mg/L·d)	EPA/DHA 产量/(mg/L)
EPA	*Ulkneia* sp.	三角烧瓶	分批培养	4.7	6.5	14
	Nitzchia alba	发酵罐	补料分批培养	30	250.0	675
	Nitachia laevis	三角烧瓶	分批培养	9	28.0	280
	Nitachia laevis	发酵罐	补料分批培养	22.1	49.7	695
	Nitachia laevis	发酵罐	连续培养		73.0	
	Nitachia laevis	发酵罐	灌注培养	40	74.1	1 112
DHA	*Crypthecodinium cohnii*	发酵罐	分批培养	27.7	456.0	1 400
	Crypthecodinium cohnii	发酵罐	补料分批培养	83	1 276.4	11 700
	Schizochytrium mangrovei	三角烧瓶	分批培养	13.3	1 282.2	2 779
	Schizochytrium sp. *SR21*	发酵罐	分批培养	59.2	2 976	15 500

2. 异养培养系统

目前微藻异养培养的系统有分批培养、补料分批培养、连续培养及灌注培养。

分批培养是应用最为普遍的、较为简单的培养方式。将纯化后的微藻接种到装有培养液的容器中，提供适当的温度、盐度、pH 等条件，培养一段时间后，一次性收获。这种培养方法过程易于控制，但随着培养液中营养成分的消耗，细胞的生长逐渐停止，因而难以达到高密度培养。如果加大培养基(包括有机物质)初始浓度，往往无法避免基质对微藻细胞生长的抑制。

补料分批培养是指在分批培养过程中，间歇或连续补加一些细胞生长及目的产物合成所需关键物质，满足微藻的生长需求。这种培养方法可以解除底物的限制或抑制作用，因而可以获得较高的产量。补料分批培养系统被成功用于异养培养硅藻(生产 EPA)、小球藻(*Chlorella protothecoides*)(生产叶黄素、生物柴油)、隐甲藻(生产 DHA)和 *Galdieria sulphuraria*(生产藻蓝蛋白)。Xiong 等用 5 L 生物反应器采用补料分批培养发酵小球藻(*Chlorella protothecoides*)生产生物柴油，通过对发酵过程进行优化得到高密度细胞，通过实施预培养(performing preliminary)和改进分批培养策略，发酵培养 184 h 细胞密度达到 16.8 g/L、167 h 细胞密度达到 51.2 g/L。华南理工大学梁世中的课题组报道在 5 L、50 L、800 L 和 4 000 L 机械搅拌发酵罐中，采用葡萄糖流加工艺异养培养小球藻。5 L 发酵罐，异养培养 64 h，生物量达到 358 g/L，4 000 L 发酵罐，异养培养 63 h，生物量达到 30.6 g/L。在优化发酵条件的基础上，进行了 4 000 L 机械搅拌发酵罐放大生产试验，连续 3 罐批，平均生物量达到 46.8 g/L。Wen 等采用补料分批培养方法培养菱形藻(*Nitzschia laevis*)，通过研究发现，在不同的培养基组成中，葡萄糖、氮、蛋白质和酵母膏可以提高细胞干重，增加比生长速率。Swaff 等分别以葡萄糖和乙酸为碳源，研究用分批补料培养海藻寇氏隐甲藻生产 DHA 的发酵工艺，以乙醇为碳源 DHA 的产量达到 11.7 g/L。

连续培养分半连续培养和连续培养。半连续培养是指定期定量的加入培养液和取出培养物。连续培养则是在培养过程中不断加入培养液和取出培养物，使流入速度和流出速度保持平衡。通过调整稀释速度，既可以使培养器中的营养成分保持恒定，也可以使微藻的细胞浓度保持不变。该方法消除了由于营养物浓度过高或有害物质的积累而造成的不良影响。Wen 等采用不同的稀释率和不同的流加葡萄糖浓度连续培养菱形藻(*Nitzschia laevis*)，当稀释率为 $0.5\ d^{-1}$，葡萄糖浓度为 20 g/L 时，最高 EPA 生产效率为 73 mg/(L·d)。

灌注培养是指带有细胞在位分离装置，能使流出液中的细胞重新回流到反应器中的连续培养模式。该培养模式的特点是不但可控制基质浓度还可选择性地去除抑制细胞生长的物质及分离产物以实现高密度培养，它能有效提高细胞密度和有价值代谢产物产量。灌注培养法被用于异养培养菱形藻(*Nitzschia laevis*)生产 EPA，生物量干重达到 40 g/L、EPA 产量达到1 112 mg/L。

Note

复习思考题

1. 微藻具有哪些优势？这些优势使得微藻在哪些方面得到广泛的应用？
2. 微藻分批培养的生长曲线有何特点？影响微藻生长有哪些因素？
3. 微藻的工业化生产有哪些方式？他们各具有何特点？
4. 限制微藻工业化生产的可能因素有哪些？将来的发展趋势如何？

9.3 动物细胞培养

知识框架图

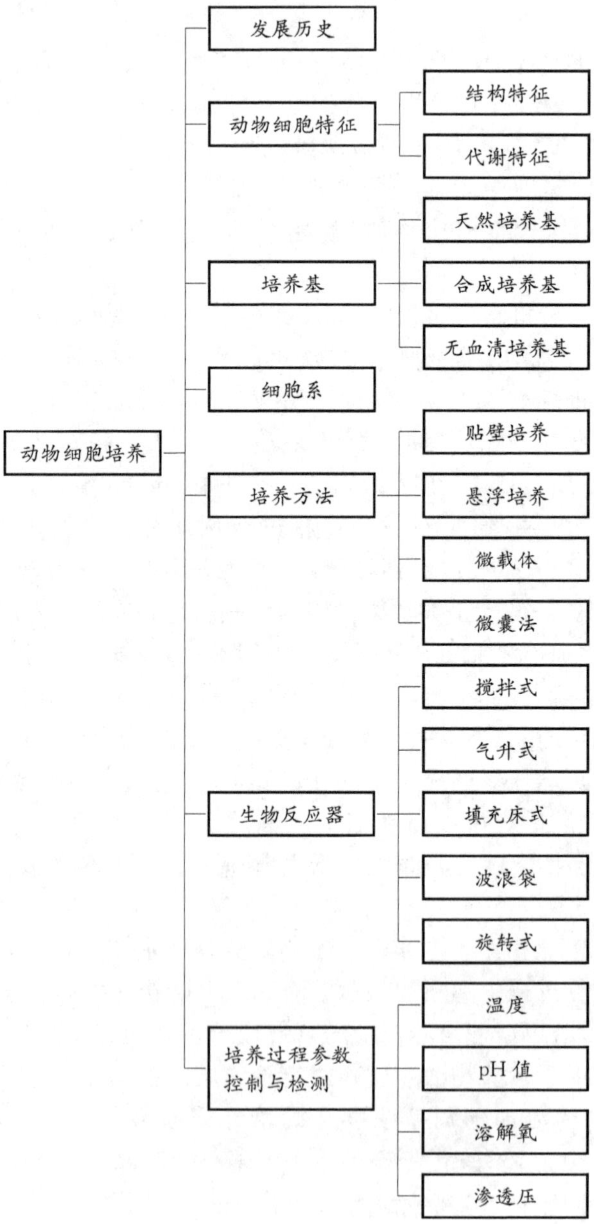

内容提要

本节首先介绍了动物细胞培养技术的基本概念和发展历史，指出其在生物技术领域具有重要的应用价值；随后分析了动物细胞的结构与代谢特征，概述了在体外培养过程中，动物细胞对培养基、培养方式、生物反应器类型以及过程参数控制的特殊要求，描绘了动物细胞培养过程的轮廓。

动物细胞培养技术（Animal cell technology），有时也称细胞工程（Cytotechnology），是指在体外无菌条件下，模拟体内生理环境（如适宜的温度和营养成分），使离体细胞得以生存、生长并维持结构和功能的一门技术。与微生物细胞相比，动物细胞具有转录后修饰的能力，如形成蛋白质限制性酶切位点、二硫键等，可进行特殊的糖基化、磷酸化、羧基化、酰胺化作用以及形成蛋白质精确的三维结构，使其所表达的蛋白质，在空间结构、功能和活性等方面都与人体细胞表达的蛋白质相似，因此，越来越受到生物医药业内人士的青睐。目前，大规模培养动物细胞的技术已经广泛应用于生产生物制品如单克隆抗体、病毒疫苗、干扰素、细胞因子、凝血因子、白介素以及细胞与组织工程产品，是生物技术领域的重要组成部分之一。

9.3.1　动物细胞培养的发展历史

细胞体外培养已经历了大约一百年的发展历史，1907年，美国生物学家Ross Harrison在无菌条件下，以淋巴液为培养基成功地在试管中培养了蛙胚神经组织，使其在体外存活长达数周，证明了动物细胞（组织）在离体条件下培养是完全可行的，从而创立了体外组织培养法。随后，Carrel将无菌技术应用到组织细胞培养中，在合适的条件下使鸡胚的心脏细胞维持生存了34年，先后传代3400次，令人信服地证明动物细胞有可能在体外无限地生长。

从20世纪40年代起，以开发适合动物细胞培养用的培养基、生物反应器以及培养方法为标志的细胞培养技术有了迅速发展。培养装置由最初简单的试管、旋转管，发展到多种培养瓶、转瓶、生物反应器等。近年来，塑料瓶、皿、多孔培养板的使用已日趋普遍。1951年，Eargle等人开发了能促进动物细胞体外培养的培养基，即化学成分确定的DMEM培养基，在添加血清的基础上，替代当时普遍使用的生物体液进行细胞培养，实现了从纯天然培养基到合成培养基、从鸡胚浸出液发展到动物血清（促细胞生长物）的转变。从20世纪60年代起，无血清培养基以及无蛋白培养基的设计与开发也得到快速的发展，甚至可以根据不同类型细胞的生长代谢特性来设计专用的无血清或无蛋白培养基，近来，部分无血清培养基逐步实现了商品化。此外，细胞的培养方式也由单一的贴壁培养发展到悬浮培养、微载体培养等多种形式，这些都极大地促进了动物细胞培养技术的发展。

1975年两位英国科学家Kohler和Milsten成功地把分泌单一抗体的一种B型淋巴细胞与可以无限增殖的骨髓瘤细胞融合在一起，所形成的杂交瘤细胞承袭了两种亲代细胞的遗传特性，既保存了骨髓瘤细胞在体外迅速增殖传代的能力，又继承了B型淋巴细胞合成与分泌抗体的能力。于是人们可以按照需要构建不同的杂交瘤细胞株，并利用其可在体外无限增殖的能力大量制备单克隆抗体。杂交瘤技术的问世掀起了动物细胞大规模培养技术发展的第一次高潮，应用这一技术制备了大量的各种鼠源单克隆抗体，其应用渗透到生命科学的各个领域，尤其在疾病诊断及各种检测中发挥着巨大的作用。1986年，由Ortho开发的用于治疗器官移植出现的排斥反应的首个单克隆抗体药物——莫罗单抗-CD3（Muromonab-CD_3，hoclone OKT3）获得了美国食品与药品管理局（FDA）的批准，由此拉开了单克隆抗体药物发展的序幕。如今，单克隆抗体药物已经成为生物医药最重要的发展领域之一。

进入20世纪80年代之后，随着基因工程技术的发展，外源基因在微生物宿主系统中的表达获得成功，但是由于原核生物中缺乏形成天然蛋白质精确三维结构的环境，产生的蛋白质不能形成正确的二硫键及糖基化作用等，使其生物活性受到了影响。与之相比动物细胞具有转录后修饰的能力，如形成蛋白质限制性酶切位点、二硫键等，可进行特殊的糖基化、磷酸化、羧基化、酰胺化作用以及形成蛋白质精确的三维结构，还能将蛋白类产品分泌至培养基中，便于产品分离纯化，因此成为表达众多生物活性蛋白质的理想宿主。1984年Genentech公司采用rCHO

Note

细胞表达的“非天然”药物——组织型溶纤酶原激活剂(t-PA)投入临床试验,1987 年获得批准上市,成为第一例用动物细胞培养技术生产的基因重组产品,其产量可达到 50 mg/10^9 CHOcells/day 以上,反应器规模也达到了 10 000 L。t-PA 生产的成功为利用动物细胞生产其他一系列基因重组蛋白铺平了道路。1989 年,第二个用动物细胞培养技术生产的基因工程药物促红细胞生产素(EPO)也获得批准上市,从而掀起了动物细胞大规模培养技术发展的第二次高潮。

目前美国 FDA 批准的生物技术药物中,大肠埃希菌表达的有 20 种,酵母表达的有 8 种,而哺乳动物细胞表达或生产的生物技术药物有 57 种:其中有 6 种激素类、7 种酶、7 种细胞因子、6 种凝血因子、18 种治疗性抗体、6 种体内诊断用抗体、2 种受体- Fc 融合蛋白和活化蛋白、4 种组织工程产品。FDA 在 2000 年以后批准的创新生物技术药物中用酵母表达的有 2 种,大肠埃希菌表达的产品有 4 种,而通过动物细胞培养生产的生物技术产品则有 22 种,可见哺乳动物细胞已成为生物技术药物最重要的表达或生产系统,这种局面仍将持续并且其所占比例有逐年扩大趋势。

9.3.2 动物细胞的特征

1. 结构特征

哺乳动物细胞由细胞膜(cell membrane)、细胞质(cytosol)和细胞核(nucleus)三部分组成,细胞质中分布着线粒体(mitochodrium)、内质网(endoplasmic reticulum)、核糖体(ribosome)、高尔基体(Golgi body)、质体(plastid)、微粒体(microsome)、溶酶体(lysosome)、中心体(centrosome)等亚细胞器,它们是由一层或两层生物膜包裹并区域化的独立结构,行使各自独特的功能。细胞的各种代谢活动都在亚细胞分区内进行,各区域被细胞膜所分隔。细胞膜包裹细胞,使之与环境分开,维持细胞内渗透压以及进行离子的交换。细胞膜上有受体,动物细胞膜对大分子具有胞吞和胞吐作用。动物细胞的不同的代谢途径及其相应的酶体系定位于特定的亚细胞区域,区域之间通过胞内运输(囊泡包裹)实现物质、信息和能量的流动,通过穿梭实现不同代谢途径之间交换。

与微生物细胞相比,动物细胞体积较大,对环境因素敏感,营养需求高,倍增时间长,动物细胞没有坚硬的细胞壁,在培养中对渗透压、剪切力、气泡撞击引起的损伤更为敏感。

2. 动物细胞的代谢特征

在动物细胞培养过程中,葡萄糖和谷氨酰胺是主要营养物质,乳酸和氨是主要的代谢副产物。

动物细胞吸收葡萄糖后,主要通过糖酵解途径(glycolytic pathway),把葡萄糖分解为丙酮酸,一部分丙酮酸进一步被还原为乳酸,乳酸分泌到胞外并在培养液中积累;一部分丙酮酸进入三羧酸循环(tricarboxylic acid cycle,TCA 循环),彻底氧化产生二氧化碳和水。大约有 4%~8%的葡萄糖进入戊糖磷酸途径(pentose phosphate pathway, PPP),把葡萄糖转化为 4、5、7 碳糖和还原力 NADPH,5 碳糖用于核酸合成。中间产物进入脂肪酸代谢、核酸代谢和氨基酸代谢。

葡萄糖被细胞利用的方式受制于胞外葡萄糖的相对浓度。增加培养基中葡萄糖的浓度,其转化为乳酸的得率增加,进入三羧酸循环途径的比例减少,同时也引起细胞的摄氧率降低。Reitzer 观察到,当培养基中葡萄糖浓度大于等于 1 mmol/L 时,80%的葡萄糖转化为乳酸,8%进入磷酸戊糖途径,只有 4%~5%通过三羧酸循环被利用。

葡萄糖的主要代谢途径见图 9-11 所示。

谷氨酰胺在细胞代谢中具有多重生理功能,动物细胞吸收谷氨酰胺后,大多数谷氨酰胺通过脱氨反应生成谷氨酸,并释放氨离子。小部分谷氨酰胺通过转氨反应生成其他嘌呤、嘧啶和氨基酸等合成代谢的前体。

谷氨酰胺在谷氨酰胺酶作用下反应生成谷氨酸,再转化为 α-酮戊二酸,是谷氨酰胺代谢途径的关键步骤,见图 9-12。谷氨酸可以在谷氨酸脱氢酶还原酶的作用下生成 α-酮戊二酸酮进

Note

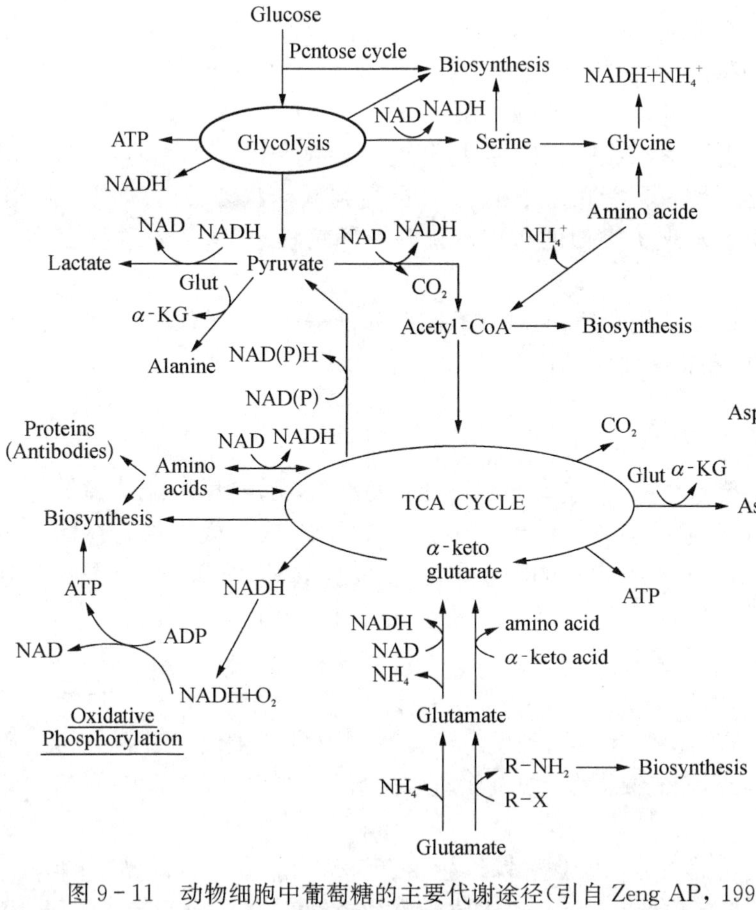

图 9-11　动物细胞中葡萄糖的主要代谢途径(引自 Zeng AP，1995)

入三羧酸循环，为细胞提供能量。谷氨酰胺在丙氨酸转氨酶或天冬氨酸转氨酶的作用下可生成丙氨酸和天冬氨酸，丙氨酸可溢出至培养液中并积累。Bonarius 等通过对杂交瘤细胞的代谢流量分析，提出谷氨酸基本上都在转氨酶的作用下生成 α-酮戊二酸，经过脱氢酶反应生成 α-酮戊二酸的流量几乎为零。Street 等利用同位素的方法也证实了 Hela 和 CHO 细胞主要以转氨途径利用谷氨酸。总体上，谷氨酰胺的能量代谢为细胞的生长及产物合成提供了大约 30%～65%的能量。

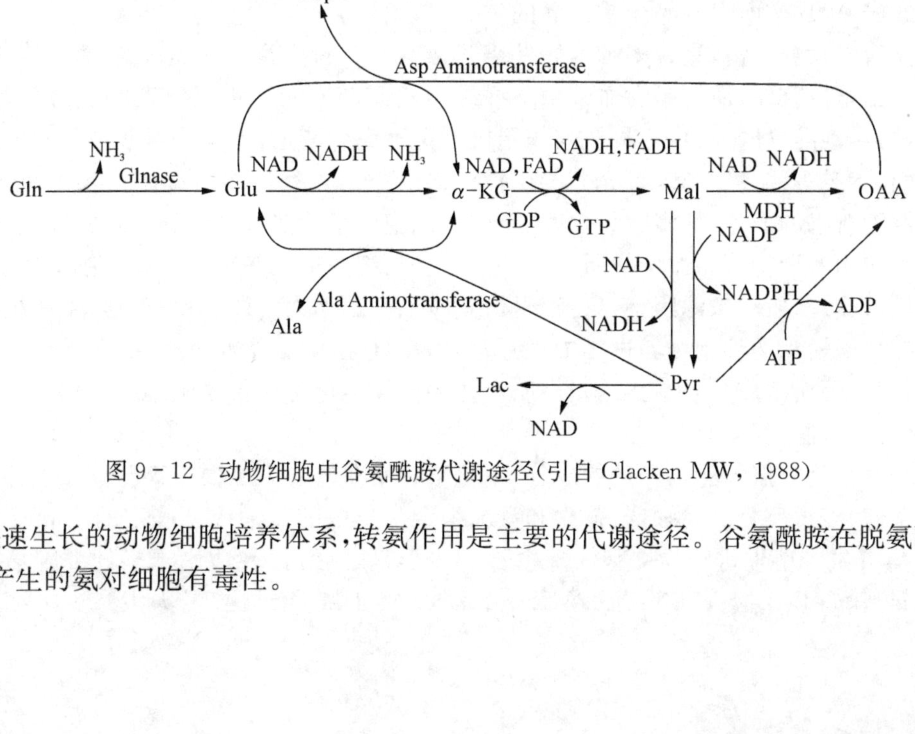

图 9-12　动物细胞中谷氨酰胺代谢途径(引自 Glacken MW，1988)

在快速生长的动物细胞培养体系，转氨作用是主要的代谢途径。谷氨酰胺在脱氨酶的催化下，脱氨产生的氨对细胞有毒性。

Note

Ray 研究小组用同位素标记法研究了葡萄糖和谷氨酰胺在 CHO 细胞中的代谢方向。发现在不同的葡萄糖和谷氨酰胺浓度下，这两种物质的代谢方向会发生较大改变。当葡萄糖浓度较高时，更多的葡萄糖转化为乳酸，即完全氧化的比例低。在不同的葡萄糖浓度下，谷氨酰胺参与能量代谢的程度也不相同。高葡萄糖浓度下，谷氨酰胺主要用于生物合成（占消耗总量的50%）；而低葡萄糖浓度下，谷氨酰胺用于生物合成的比例降至 20%左右，由谷氨酰胺完全氧化生成的二氧化碳的比例则由高糖状态下的 13%提高到低糖状态下的 32%。在对 BHK 细胞、杂交瘤细胞的研究中也发现了类似的现象。说明在低糖状态下，谷氨酰胺更多地参与了能量代谢。

由于葡萄糖和谷氨酰胺代谢的相互影响，因此降低培养基中葡萄糖浓度以减少乳酸生成的同时，必须平衡葡萄糖和谷氨酰胺的比例。

9.3.3 培养基

动物细胞对营养要求很高，为使离体细胞能更好地生长，要尽可能地提供与体内生存条件接近的培养环境，而培养基含有维持细胞生长的营养物质，人工模拟细胞在体内生长的营养环境，是促进细胞生长增殖和产物表达的物质基础。动物细胞培养基分为天然培养基和合成培养基两大类。主要组成成分包括糖类、必需氨基酸、维生素、无机盐、生长类因子及激素、结合蛋白质、贴附与伸展因子及其他附加成分等。

1. 天然培养基

天然培养基是指来自动物体液或利用组织分离提取的一类培养基，如血浆、血清、淋巴液、组织浸出液（如胚胎浸出液）、凝固剂（如血浆）、水解乳蛋白等。目前广泛使用的天然培养基是血清。

血清含有丰富的营养成分，如氨基酸、维生素、无机物、脂类物质、核酸衍生物等细胞生长所必需的营养成分；还含有胰岛素、肾上腺皮质激素（氢化可的松、地塞米松）、类固醇激素（雌二醇、睾酮、孕酮）、纤维细胞生长因子、表皮生长因子、血小板生长因子等促进细胞生长和产物分泌的各种激素和生长因子；血清中的白蛋白、转铁蛋白等在细胞代谢过程中起重要作用的结合蛋白。在体外培养过程中，血清还可以抑制蛋白酶活性、稳定培养基的 pH、保护细胞免受剪切力伤害，在某种程度上对细胞有保护作用。

用于动物细胞培养的血清主要有牛血清、人血清、马血清等，其中最常用的是牛血清。牛血清又分为胎牛血清、新生牛血清、小牛血清。胎牛血清取自剖腹产的胎牛，新生牛血清取自出生24 h之内的新生牛，小牛血清取自出生10～30 d的小牛。由于胎牛血清中所含的抗体、补体等对细胞有害的成分最少，所以其品质是最高的。

尽管血清中营养丰富，是许多细胞体外培养必不可少的营养成分，但是血清的使用，存在着很多不利的因素。首先，血清是由血浆去除纤维蛋白而形成的一种很复杂的混合物，成分可能多达几百种，对其准确的成分、含量及其作用机制仍不完全清楚，尤其是对其中一些多肽类生长因子、激素和脂类等的作用尚未有充分的认识。血清中虽含有许多对细胞生长有利的成分，但也含有对细胞有害的成分，如多胺氧化酶，能催化细胞产生的多胺（如精胺、亚精胺）反应形成对细胞有毒性作用的聚精胺。血清中所含的补体、抗体、细菌毒素等也都会影响细胞生长，甚至造成细胞死亡。此外，血清来源困难，价格昂贵，其质量会随动物个体、血清产地、生产批号不同产生波动。在大规模动物细胞培养过程中，使用血清不仅会大大增加生产成本，还会使生产难以实现标准化，并因血清成分复杂而给蛋白质产物的分离纯化工作带来困难。

2. 合成培养基

合成培养基是根据天然培养基的成分，用化学物质在体外人工模拟细胞体内生存环境中已知的物质条件，经过反复试验筛选、强化和重新组合后形成的化学成分确定的培养基。自 1951 年 Eargle 等开发了能促进动物细胞体外生长的培养基之后，各种适用于多种细胞培养的商品化合成培养基，如 IMDM、HANK、RPMI1640、DMEM、F12 相继出现，大大减少了细胞培养的工作量。此外合成培养基成分确定，便于对细胞培养条件进行控制，因此，使细胞培养技术得到广泛的应用。但是由于天然培养基中一些重要组分目前尚未研究清楚，而且某些天然的未知成分尚无法用已知的化学成分所替代，因此，为了使细胞更好地生长繁殖，在合成培养基中还必须补充部分天然培养基，一般是添加一定比例的动物血清。合成培养基的主要成分有氨基酸、维生素、糖类、无机离子和其他辅助成分。

(1) 氨基酸

氨基酸是组成蛋白质的基本单位，不同种类的细胞对氨基酸的要求各异，但有几种氨基酸是细胞自身所不能合成的，必须依靠培养液提供，称之为必需氨基酸。所有细胞都需要13种必需氨基酸：缬氨酸、亮氨酸、异亮氨酸、苏氨酸、赖氨酸、色氨酸、苯丙氨酸、蛋氨酸、组氨酸、酪氨酸、精氨酸、胱氨酸和谷氨酰胺。其中谷氨酰胺在细胞代谢过程中有重要作用，是细胞合成核酸和蛋白质必需的氨基酸。几乎所有细胞对谷氨酰胺都有较高的要求，在缺少谷氨酰胺时，细胞生长不良甚至死亡，因此，各种培养液中都含有较高浓度的谷氨酰胺。

(2) 维生素

维生素是维持细胞生长的一种生物活性物质，多是作为酶的辅基或辅酶而参与细胞的代谢。维生素分为水溶性和脂溶性两大类，其中脂溶性维生素(A、D、E、K)可从添加的血清中得到补充，水溶性维生素包括生物素、叶酸、烟酰胺、泛酸、吡哆醇、核黄素、硫胺素、维生素B12等都是合成培养基常有的成分。

(3) 碳水化合物

碳水化合物是细胞生长主要能量来源，主要有葡萄糖、核糖、脱氧核糖、丙酮酸钠和醋酸等。其中六碳糖是主要能源，也是合成某些氨基酸、脂肪、核酸的原料。细胞对葡萄糖的吸收能力最强，体外培养动物细胞时，几乎所有的培养基或培养液中都以葡萄糖作为能源物质。

(4) 无机盐

培养液中的无机盐主要有 Na^+、K^+、Mg^+、Ca^{2+}、Cl^-、SO_4^{2-}、PO_4^{3-} 和 HCO_3^-，其主要功能是帮助细胞维持渗透压平衡。大多数培养细胞对渗透压有一定的耐受性，通常可耐受260～320 mOsm/kg。此外，细胞生长还需要某些微量元素，如铁、锌、硒、铜、锰、钼、钒等。

(5) 其他成分

在一些较为复杂的培养液中还包括其他成分，如一些激素类和生长因子类的物质，如2-巯基乙醇(2-Mercaptoethanol, 2-Me)、氢化可的松等。2-巯基乙醇的活性部分是硫氢基，可使血清中含硫的化合物还原成谷胱甘肽，能诱导细胞的增殖，同时避免过氧化物对培养细胞的损害。

3. 无血清培养基

无血清培养基是在基础培养基中引入成分完全确定或部分明确的血清替代物，使其既能满足细胞生长的基本需求，又可有效地克服因使用血清所引发的问题。

目前关于血清替代物对动物细胞作用方面的研究已取得很大的进展，对无血清培养基中各类补充因子(如激素和生长因子、结合蛋白、贴壁和扩展因子以及低分子量营养因子等)的性质及作用有了较全面和正确的认识(表9-10)，并认识到不同细胞类型及不同培养方式对无血清培养基组成的要求有显著的差异，克服了先前设计无血清培养基时过于注重细胞生长速率的局限，而把高密度培养、细胞活力及目的产物的产率作为设计无血清培养基的综合评估指标。常用的血清代替物有白蛋白(albumin)、胰岛素(insulin)、转铁蛋白(transfering)、乙醇胺(ethanolamine)、类脂(lipids)、氢化可的松(hydrocortisone)、胆固醇(chotesterol)、抗坏血酸(ascorbic acid)以及硒(selenium)等，这些物质对细胞生长和产物分泌起刺激作用。

目前开发出的无血清培养基主要成分有：

(1) 激素

如多肽类激素：胰岛素、生长激素、胰高血糖素等；甾体类激素：孕酮、氢化可的松、地塞米松、雌二醇等。其中胰岛素促进对葡萄糖和氨基酸的利用及糖原和脂肪酸的合成，对细胞的生长有刺激作用；氢化可的松能促进细胞的贴壁和细胞分裂，在某些情况下会抑制细胞生长和诱导细胞分化；地塞米松对细胞的生理代谢有复杂的调节作用。

Note

(2) 生长因子

如表皮生长因子、成纤维生长因子、神经生长因子等。生长因子对维持细胞体外培养生存、增殖和分化起调节作用。

(3) 蛋白

如转铁蛋白、白蛋白等。转铁蛋白是结合铁的糖蛋白，与细胞表面专一受体作用，传递铁离子，协助铁的吸收，还可络合有害离子，起解毒作用，同时还有生长因子的作用。水解乳蛋白(Lactalbumin hydrolysate，LH)是不定成分的氨基酸的主要来源，主要含 P-乳球蛋白、α-乳白蛋白、血清蛋白等。

(4) 贴壁和扩展因子

如纤粘蛋白、胶原、聚赖氨酸和昆布氨酸等。纤粘蛋白和昆布氨酸可促使细胞贴附伸展并影响细胞增殖和分化。

(5) 脂质

主要是油酸、亚油酸、胆固醇等。一般情况下，脂类由血清提供，在无血清培养基中加入脂类复合物代替游离的脂肪酸。脂类是细胞膜的主要成分，适当加入可促进细胞增殖。

(6) 其他营养物质

包括微量元素和维生素等，如 Cu、Fe、Zn、Se、Co、Mo、Sn、Si 等，主要起细胞生理过程调节和控制作用，有些能消除过氧化物酶和氧自由基对细胞的损害。

此外，无血清培养基中通常还含有对细胞破损具有保护作用的添加剂，如高聚物 Pluronic F68 等，可有效地防止哺乳动物细胞在生物反应器中的机械破损。

自 20 世纪 50 年代起人们即开始无血清培养基的研究，到 20 世纪 80 年代末 90 年代初无血清培养基的研制与开发取得了迅速的发展，有商业应用价值的无血清培养基纷纷上市。无血清培养基在很大程度上避免了血清的缺点，此外它还有有血清培养难以比拟的优点，见表 9-10。

表 9-10　有血清培养基与无血清培养基的比较(引自林世康等，2000)

有血清培养基	无血清培养基
1. 存在批间差异，需要大量的验证工作	1. 避免批间差异和不明血清成分对细胞的影响
2. 含促进生长的活性成分和抑制生长的成分	2. 避免血清的外源性污染和对细胞的毒性作用
3. 血清中蛋白量超过 45 g/L，成分复杂，不利于产物的分离纯化	3. 产品易于纯化，回收率高
4. 易被病毒和支原体污染	4. 成分明确，有利于研究细胞的生理调节；可根据不同细胞株设计和优化出适合其高密度生长或高水平目标产物表达的培养基
5. 产业化时难以建立标准操作流程，生产成本高	5. 适用的细胞系谱窄，对特定细胞株需摸索新配方或最优条件
6. 血清来源可能受到来源地区的气候及牛群疾病影响，来源难以不稳定	6. 黏度小，细胞易受搅拌等机械因素的影响
7. 保存和应用方便	

Darfler 等以 DMEM/F12(1∶1)为基础培养基，添加了 5 mg/L 的过氧化氢酶、1.5 mg/L 的胰岛素、1.5～3.0 mg/L 的转铁蛋白、2 nmol/L 睾酮、0.5 mg/L 二亚油酸磷脂胆碱和 1.5 mg/L β-甘油磷酸，制成无血清培养基。该培养基可支持杂交瘤细胞的培养。而 Kover 和 Frank 开发的无血清培养基以 RPMI 1640 为基础培养基，添加了 10 mg/L 胰岛素、5 mg/L 转铁蛋白、20 μmol/L 乙醇胺、5 mg/L 亚油酸、1 g/L 牛血清蛋白、3 mg/L 抗坏血酸、2 μg 氢化可的松和 12 种微量元素，制备了可适合几种细胞生长的无血清培养基。

无血清培养基中添加的蛋白成分价格昂贵，且有的成分(如牛血清蛋白)含有很多种杂质，因此，在无血清培养成功以后，研究人员又开始尝试从培养基中减去这些成分，研制无蛋白培养基。在对细胞的营养需求有比较深入认识的基础上，无蛋白培养基已被用于中国仓鼠卵巢细胞(CHO)和杂交瘤细胞的培养中，如 2001 年 Nadeau 成功地将 293 细胞在低蛋白培养基中进行了流加培养，结果腺病毒产量提高 4 倍。Jayme 等人采用优化的 PFHM－Ⅱ无蛋白培养基高密度培养杂交瘤细胞 AE－1，使单抗产率提高 6 倍左右。

Note

无血清培养基尚存在许多不足，但是其成分确定、质量一致，因而通过成分优化，可以获得细胞的长期高密度培养。由于使用血清产生的种种限制，使得采用无血清培养哺乳动物细胞成为大势所趋，因此，无血清培养基的开发及其血清替代物的研究一直是动物细胞培养技术的重要课题。

9.3.4 动物细胞系的获得与保存

动物细胞体外培养可分为原代培养和传代培养。

原代细胞系是直接用动物组织或器官，经过粉碎、消化而获得的细胞悬浮液。培养原代细胞的过程也称为原代培养或初代培养(primary culture)。原代细胞通常只能培养 10～50 代左右即退化死亡。而由原代细胞通过变异、分化等手段筛选出来的、具有无限增殖能力的细胞群称为细胞系，这类细胞的培养称为传代培养(passage culture)。

原代培养物经首次传代成功之后，即成为细胞系(cell line)，可泛指一般可能进行传代的细胞。如果不能继续传代或传代次数有限，则称为“有限细胞系”(finite cell line)，如二倍体细胞，在正常情况下具有有限生命期限，故属有限细胞系。随供体年龄和组织细胞的不同，二倍体细胞的寿命长短各异。如人胚肺成纤维细胞可传 40～60 代，人胚肾只能传 8～10 代，人胚神经胶质细胞则可传 15～30 代。细胞可传代的次数还与其来源的个体年龄相关，如从老龄个体获取的细胞，体外培养的生存期就短。

如果可以连续传代则称为“连续细胞系”(continuous cell line)。此类细胞系大多已发生染色体异倍体化，为异倍体核型，具有永生性，但仍保留接触抑制且无异体接种致瘤性，如 NIH3T3、Hela、CHO 细胞等均为这类细胞系。

而从一个经过生物学鉴定的细胞系，用单细胞分离培养或通过筛选的方法，由单细胞增殖形成的细胞群，称为细胞株。描述一个细胞株时，必须说明它的特殊性质或标志。与细胞系类似，如果不能继续传代或传代代数有限，可称为“有限细胞株(finite cell strain)”。如果可以连续传代，则可称为“连续细胞株(continous cell strain)”。

一些形态比较均一、生长增殖特性稳定、生物学性状清楚的细胞群，经过细胞生物学鉴定的细胞系或细胞株都会采用有一定意义的缩写字或代号进行命名，如以组织来源命名的 BHK 幼地鼠肾细胞系、以获得时间、地点定名的 S7811 白血病细胞系、以供体患者姓名缩写命名的宫颈癌 Hela 细胞，该细胞系源自一位名叫 Henrietta Lacks 美国妇女的子宫颈癌细胞；而 CHO 细胞为中国地鼠卵巢细胞的英文名称 Chinese Hamster Ovary 三个单词的首字母缩写。对这些已鉴定的细胞在保存时应说明其组织来源，如供体的年龄、性别、取材器官或组织等。此外，还需要对其生物学性状以及生长条件加以说明，如细胞的一般形态、特异结构、适用的培养基、血清种类和用量、细胞适宜生存的温度和 pH 以及细胞生长曲线、分裂指数、倍增时间等。

表 9－11 中列出了用于生产人生物制剂的几种主要的细胞系。如 293 细胞为人亚三倍体细胞系，含有 AdsEl 区的人胚肾细胞，染色体总数为 64，30％的细胞有 64 条染色体，4.2％的细胞染色体数目更多。它是由 DNA 转染技术构建而成，能够表达转染的 5 型腺病毒的基因，是腺病毒载体的包装细胞。

CHO 细胞即中国仓鼠卵巢细胞(Chinese Hamster Ovary Cell)，建立于 1958 年，属于成纤维细胞。由于该细胞具有多重优点，如属于分泌型细胞，能够进行复杂的蛋白质翻译后修饰作用，表达产物与天然产物具有很高的相似性，因此是目前哺乳动物细胞表达外源重组蛋白最常用的细胞系。

Note

表 9-11 用于生产人生物制剂的主要细胞系

细胞株	产品
中国仓鼠卵巢细胞(Chinese hamster ovary cells,CHO)	组织纤溶酶原激活剂(tissue plasminogen activator, t-PA)、促红细胞生成素(erythropoletin, EPO)、各类抗体、凝血八因子(factor Ⅷ)
鼠胎肾细胞(baby hamster kidney cells,BHK)	CD分子、凝血八因子(factor Ⅷ)
293细胞 (human kindey cells)	各类重组蛋白,用于基因治疗的各类病毒载体
非洲绿猴肾细胞(african green monkey kindey cells,VERO)	病毒疫苗,如狂犬病疫苗
杂交瘤细胞(hybridomas cells)	各类单克隆抗体

无论传代细胞系还是工程细胞系,都需要建立细胞库,进行长期保存。

常用低温冷冻方法保存动物细胞系。通常用冷冻保护液将细胞制成 $2\sim5\times10^6$ cells/ml 的,细胞悬浮液置于冷冻管中,以一定的降温速率逐步降低其温度,然后放入低温冰柜或液氮中予以保存。

冷冻保护液中需要加入一定种类的低温保护剂(cryoprotective agent,CPA),如甘油、二甲亚砜等。合理地选择低温保护剂,配制合适的冷冻保存液,对在冷冻保存期间保持细胞活性至关重要。到目前为止,人们发现的低温保护剂不下数十种,按其是否能渗透到细胞内,又可将其分为渗透型和非渗透型两种。

甘油、二甲亚砜(DMSO)都是渗透型低温保护剂。甘油做冻存保护液时,由于进入细胞所需的平衡时间长,复苏后移出细胞慢,易使细胞出现稀释性休克现象。二甲亚砜是目前最常用的细胞冷冻保护剂,单用效果优于其他保护剂,但其自身在常温下能抑制细胞过氧化氢酶的活性,而对细胞产生毒性,因而在使用时要尽量缩短它和细胞在常温下高浓度接触的时间。二甲亚砜如与其他保护剂联合使用,会达到更好的效果。其他类似的保护剂还有乙二醇(EG)、乙酰胺、丙二醇(PG)等。此类低温保护剂多属低分子的中性物质,在溶液中易结合水分子,发生水合作用,使溶液的黏性增加,从而弱化了水的结晶过程,降低了细胞脱水皱缩程度和速度,缓解了复温时细胞渗透性肿胀而引起的损伤,达到了保护细胞的目的。

非渗透型低温保护剂主要是一些大分子的物质,如乙烯吡咯烷酮(polyvingly pyrollidone, PVP)、蔗糖(sucrose)、葡聚糖(右旋糖酐,dextrane)、聚乙二醇(polyethylene glycol, PEG)、白蛋白、羟乙基淀粉(hydroxyethyl starch, HES)等。这类物质不能轻易进入细胞,但能使细胞脱水,使溶液呈过冷状态,在特定温度下降低溶质(电解质)浓度,从而起到保护作用。如羟乙基淀粉(hydroxyethyl starch, HES)可以吸收部分细胞水分并在低温下保持不冰冻状态,这一现象可能与其保护特性有关,增加其浓度可以提高冷冻保护效果,但浓度太高又会使细胞过度脱水、皱缩而造成损伤。

细胞虽能在低温下长期保存,但却极容易在降温和复温过程中受到溶液冻结、融化以及溶液渗透压力变化等因素的作用而损伤。这种低温损伤主要发生在−60～0℃这段温度范围内,而这个温度范围也被称为“危险温度区”。因此,在冻存细胞时控制这个温度段的降温速率,对提高细胞冻存效果是非常重要的。

不同类型的细胞,它们的最佳冷却速率相差极大,这取决于水分渗透速率、细胞的表面积与体积之比以及膜的渗透率。一般说来,结构简单的小细胞,如红细胞等,最佳冷却速率较高,可达103℃/min或更高;而结构复杂的大细胞,如直径在100 μm以上的胚胎,其最佳冷却速率只有每分钟零点几度到几度。冷冻保存细胞时,冷却速率越是接近最佳冷却速率,其冻存的细胞存活率越高。而过快或过慢的冷却速率都会导致细胞损伤,降低细胞存活率。所谓过快冷却、过慢冷却都是相对于具体的细胞而言的,例如,10℃/min的冷却速率,对于红细胞就是过慢冷却;而对哺乳类动物的胚胎保存,则是过快冷却。过慢冷却是质量迁移起主要作用的过程,水分由胞内大量渗出,细胞剧烈收缩,但无胞内冰产生;而过快冷却是传热起主要作用的过程,水分来不及渗出胞外，大量胞内冰形成。

如果要复苏细胞，将冷冻细胞取出后，立即在 37℃水浴中快速融化。在保护剂存在下，慢冻快融是保存复苏细胞的要领。

9.3.5　动物细胞培养方法

动物细体外培养胞时，按其对生长基质依赖性的差异可分为两类：一类是贴壁依赖性细胞，这类细胞必须贴附于带适量电荷的固体或半固体基质表面才能生长；另一类为非贴壁依赖性细胞，这类细胞生长不需贴附在基质表面，如血液、淋巴组织细胞、许多肿瘤细胞及某些转化细胞。

1. 贴壁培养

贴壁培养(anchoraged-dependent culture)是指把细胞贴附于一定的固体支持表面上进行培养的方法。细胞一经贴壁就迅速铺展，然后开始有丝分裂，并很快进入对数生长期。大多数动物细胞属于贴壁依赖性，因此，贴壁培养是动物细胞培养的一种重要方法。用于实验室研究的贴壁培养常采用多孔板(如 96、48、24、6 孔板等)、培养瓶(如 T-flask)进行静态培养(Static culture)。大规模动物细胞培养的常用装置主要有滚瓶(Roller bottle)(图 9－13)以及玻璃珠、微载体和中空纤维的生物反应器等。滚瓶培养一般用于小规模培养到大规模培养的过渡阶段，或作为准备生物反应器接种细胞的一种手段。滚瓶培养系统包括二氧化碳培养箱和转瓶机两部分。这种培养方式中，细胞贴附于固定的表面生长，不随培养液一起流动，因此比较容易更换培养液，不需要特殊的分离细胞和培养液的设备。但较难扩大培养规模，不能直接监控细胞的生长情况，故较多用于制备小量的高附加值生物药品。

图 9－13　滚瓶机

2. 悬浮培养

悬浮培养(suspension culture)是指细胞在反应器内游离悬浮生长的培养过程，主要用于非贴壁依赖性细胞的培养，如杂交瘤细胞等。该培养方法的优点是操作简单，培养条件相对均一，传质和传氧效果较好，容易进行培养过程放大。但是由于动物细胞没有细胞壁，适应环境变化的能力差，不能耐受剧烈的搅拌和通气所造成的剪切应力，因此，悬浮培养时必须控制适当的流体力学环境，使细胞免受机械损伤。

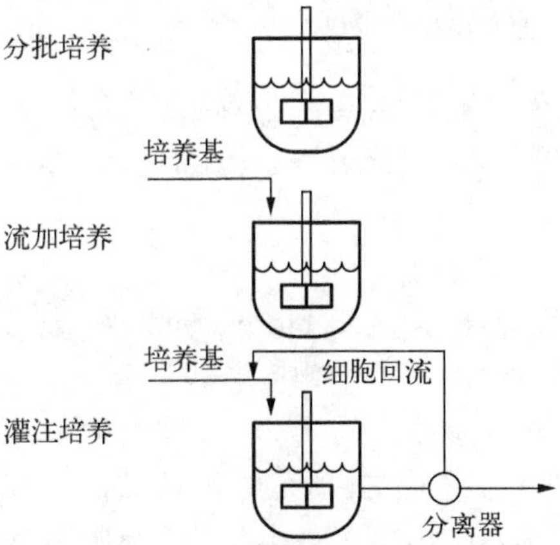

图 9－14　动物细胞悬浮培养生物反应器系统的操作方式(引自 Kadouri A，Spier RE. 1997)

悬浮培养生物反应器通常有三种操作方式：分批培养(batch culture)、补料分批培养(或流加培养)(fed-batch culture)、半连续培养(semi-continuous culture)和灌注培养(perfusion culture)，见图 9－14。

灌注培养是一种实现高密度细胞培养的有效方法。它通过细胞截流装置将细胞与上清液(包括细胞的代谢副产物、死细胞等)分离，活细胞返回至反应器内，在培养的过程中上清液连续移出的同时，以一定的流速连续补充新鲜培养基，以避免有害代谢副产物在培养液中积累以及营养物的耗竭，维持培养环境均一稳定，使细胞保持高活性和快速生长，使反应器内的细胞密度达到较高水平，从而实现产物的高表达和高产率。

3. 微载体培养

1967 年 Van Wezel 开发了 DEAE－Sephadex A－50

Note

的微载体(microcarrier),建立了微载体培养(microcarrier culture)技术。微载体是指直径在60～250 μm的微球,具有较大的比表面积,适用于贴壁依赖型细胞的生长,细胞贴附于微载体上进行伸展和增殖,再悬浮于培养液中继续生长。

微载体系统培养细胞具有显著的优点:① 兼具贴壁培养和悬浮培养的优势;② 细胞所处环境均一,是均相培养;③ 环境条件(温度、pH、DO、CO_2等)容易测量与监控;④ 具有较高的比表面;⑤ 培养操作可系统化、自动化,降低了污染发生的机会。此外,微载体培养提供了更近于体内环境的三维立体环境,细胞在微载体上可克服接触抑制,形成多层生长,可有效维持体外培养细胞的生物学特性。

实际应用的微载体主要有实心球微载体和多孔微载体两种,实心微载体的代表是Cytodex系列微载体,多孔微载体的代表是Cytopore系列微载体。与多孔微载体相比,实心球微载体比表面积小,可获得的细胞浓度较低。细胞在实心球微珠表面贴壁、铺展时,易受搅拌、珠间碰撞、流体剪切力等动力学因素的影响,造成损伤。而多孔微载体存在空间位阻,限制了氧等营养成分的传递以及病毒与感染细胞的接触,同时培养环境不易检测和控制,因此在使用时均存在一定的局限性。

4. 微囊法培养

微囊法(microencapsulation)是用一层亲水的半透膜将细胞包围在珠状的微囊里,细胞不能逸出,但小分子物质及营养物质可自由出入半透膜。制备微囊所用的试剂和膜材料应该对细胞无毒害;制备条件应当温和、快速、不损伤细胞,尽量在液体和生理条件下操作;所形成膜孔径应大小适中且可控,使营养物和代谢物能够自由通过;此外,膜还应有足够机械强度抵抗培养过程中搅拌引起的剪切应力。

微囊可形成一种与液体培养相似的微环境,保护细胞免受外界不利因素造成的损伤,故有利于细胞生长。微囊直径一般控制在200～400 μm为宜。多聚赖氨酸/海藻酸是目前最为成熟的制备微囊的材料。

制备微囊时,首先将细胞与海藻酸钠溶液混合,经微囊发生器,微球滴入氯化钙溶液中形成凝胶,然后用多聚赖氨酸处理,凝胶载体的表面被多聚赖氨酸覆盖形成一层坚韧、多孔可透性薄膜,再用柠檬酸去钙离子,球内海藻酸钠成液态,细胞就会悬浮在微囊内。采用微囊化固定细胞培养工艺生产单克隆抗体,抗体截留在膜内,而血清中的蛋白质被排出到膜外,因而微囊内产物浓度和纯度较高。培养结束后收获微囊,使微囊破碎后,即可纯化抗体。该方法纯化工艺简单,应用前景广阔。

由于微囊具有良好的生物相容性、合适的半透性、较强的机械稳定性和较低的免疫原性,也被广泛地用于人体细胞的培养。如微囊膜可提供细胞附着的基质,增加肝细胞之间相互接触,并能形成一种三维结构,使得肝细胞在微囊内能够长期存活并维持正常的生理功能,为肝细胞大规模、高活性体外培养及长期冻存提供了新的技术支持。

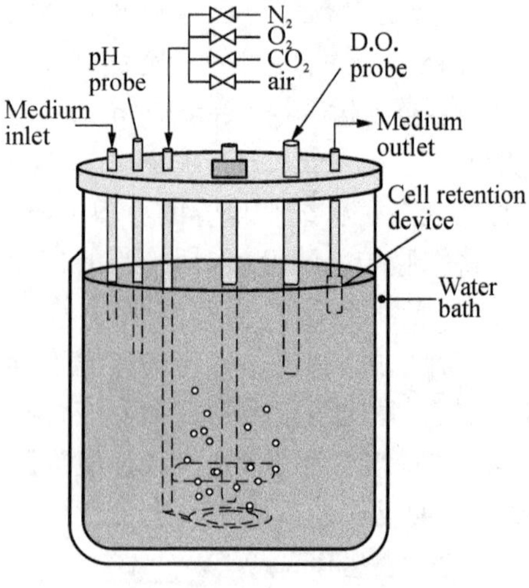

图 9-15　搅拌式生物反应器示意(引自Cabrita GJ. 2003)

9.3.6　动物细胞培养生物反应器

动物细胞培养用生物反应器主要有搅拌式、鼓泡式、气升式、中空纤维、固定床、流化床生物反应器及一些新型生物反应器。

1. 搅拌式生物反应器

搅拌式生物反应器(stirred bioreactor)(图9-15)是开发较早、应用较广的一类生物反应器。搅拌式反应器靠搅拌桨提供液相搅拌的动力,具有较大的操作范围、良好的混合性和浓度均匀性,可以连接监测培养物的温度、pH、溶解氧(dissolved oxygen, DO)等培养过程参数的变化,能培养各种类型的动物细胞,培养工艺容易放大,产品质量稳定,非常适合工厂化生产,但不足之处是机械搅拌所产生的剪切力对细胞有一定的损伤。

2. 气升式生物反应器

气升式生物反应器(airlift bioreactor)(图 9－16)的基本原理是气体混合物从底部的喷射管进入反应器的中央导流管，使得中央导流管侧的液体密度低于外部区域从而形成循环。从结构上看，该反应器与搅拌式生物反应器大同小异，其显著差异是用气流代替搅拌桨进行搅拌，因而产生的剪切力相对温和，对细胞损伤较小。英国 Celtech 公司是应用气升式生物反应器进行动物细胞大规模培养的成功范例，该公司早在 1985 年就应用 100 L 气升式生物反应器对杂交瘤细胞进行了大规模培养，现在还开发出了 10 000 L 气升式生物反应器用于各类单克隆抗体的规模化生产。

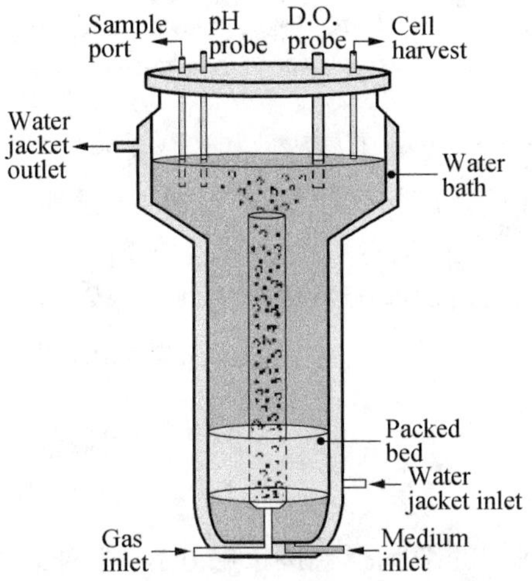

图 9－16　气升式生物反应器示意图
(引自 Cabrita GJ. 2003)

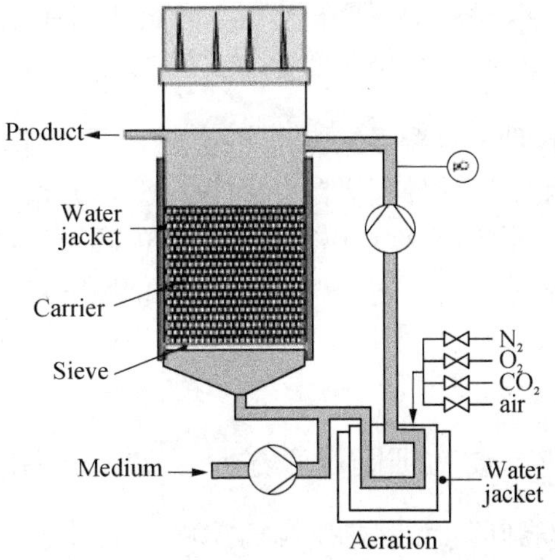

图 9－17　填充床生物反应器示意图
(引自 Cabrita GJ. 2003)

3. 填充床生物反应器

填充床生物反应器(packed bed bioreactor)(图 9－17)是在生物反应器中填充一定材质的填充物，供细胞贴壁生长。细胞生长所需的养分通过循环灌注的方式提供，并可在循环过程中不断补充。这类反应器剪切力小，适合细胞高密度生长。

中空纤维生物反应器(hollow fiber bioreactor)是开发较早且正在不断改进的一类特殊的填充床式生物反应器。这类反应器由中空纤维管组成，每根中空纤维管的内径约为 200 μm，壁厚为 50～70 μm。管壁是多孔膜，CO_2 和 O_2 等小分子可以自由透过膜扩散，动物细胞附在中空纤维管外壁生长，可以很方便地获取养分。中空纤维反应器由于剪切力小，细胞培养环境温和，培养细胞密度高，既可培养悬浮生长的细胞，又可培养贴壁依赖性细胞，因此广泛应用于动物细胞的大规模培养。但这种生物反应器的培养环境不够均一，在一定程度上影响了产品质量的稳定性。此外，采用这种生物反应器时，难以检测培养过程中细胞生长的状况，工艺路线放大困难，存在一定的局限性。

4. 波浪袋生物反应器

波浪袋生物反应器(图 9－18)是一个独特的细胞培养装置，不同于其他生物反应器，它由若干个可随意替换无菌培养袋以及特殊的摇动装置组成。采用波浪袋反应器培养细胞时，氧的传输不是通过透气膜进行，氧的传输以及氧与培养基的混合是通过特殊的摇动装置产生波浪来实现，这种波浪活动不会产生气泡，通过波浪产生的液体表面与反应器顶部空气的接触进行氧的交换。波浪活动同样可将悬浮的细胞、微粒以及培养液混匀。

5. 旋转式细胞培养系统

旋转式细胞培养系统(rotary cell culture system，ROCS)，又叫回转式生物反应器(rotating wall vessel bioreactor，RWVB)。其培养容器主要由内外两个圆筒组成，外筒固定，内筒可旋转以悬浮培养物，见图 9－19。

Note

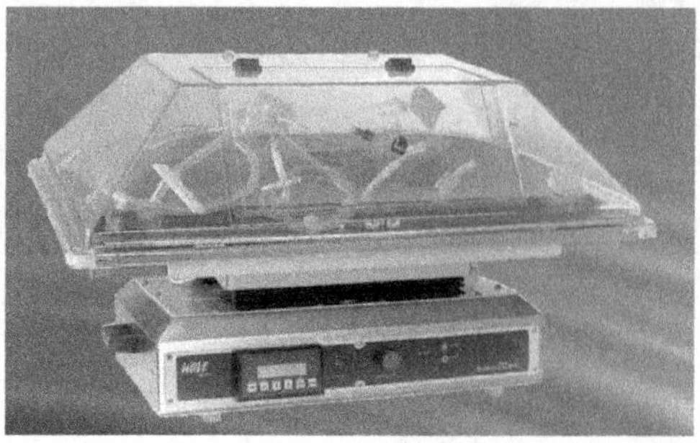

图 9-18　波浪袋生物反应器示意图(引自 http://www.wavebiotech.net)

图 9-19　旋转式细胞培养系统示意图(引自 http://www.nasa.gov)

这种反应器可使培养物的重力向量在旋转过程中产生随机化，导致一定程度的重力降低，使细胞处于一种模拟自由落体状态，以此模拟微重力环境。旋转式生物反应器由于没有搅拌剪切力的影响，细胞可以在相对温和的环境中进行三维生长，同时随机化的重力向量可能直接影响细胞的基因表达，或者间接促进细胞的自分泌/旁分泌，从而影响细胞的增殖分化和组织器官形成，因而这种生物反应器可用于当前十分热门的组织工程研究，也可用于探索微重力环境对细胞生长、分化的影响。

9.3.7　动物细胞培养过程参数的控制与检测

与细菌和植物细胞相比，动物细胞由没有细胞壁保护的细胞膜直接接触外界，相对而言，对培养环境中的物理化学因素如温度、渗透压、pH、离子浓度、剪切力等的耐受力很弱，容易受到外部不利条件的伤害，因此，在动物细胞的体外培养过程中需要对一些过程参数进行监控，为细胞提供适宜的生长环境，保证细胞进行正常的生长和产物表达。

1. 温度

哺乳动物细胞耐受温度范围较窄，一般在 35～37℃内能进行正常的生长代谢，超出这个温度范围会引起细胞伤害甚至死亡。细胞在 39～40℃下培养 1 h，细胞会受到可恢复性损伤；当温度达到 41～42℃，细胞会受到严重损伤且部分损伤是不可恢复的；而当温度达到 43℃以上时，大多数细胞均会死亡。鉴于动物细胞对温度变化很敏感，在体外培养时需要严格控制培养环境的温度，通常采用高灵敏的温度计(灵敏度为±0.25℃)进行在线检测，将温度控制在培养温度±0.5 度的范围内，以保证细胞的正常生长。此外，也可采用培养基预加热或加热培养装置周围的水套层的办法使培养温度恒定。需要指出的是不同种类的动物细胞对培养温度的要求不同，在培养过程中，应根据所培养细胞的种类选择确定适宜的培养温度。

2. 溶解氧

培养基中的溶解氧水平直接影响细胞的代谢。过高或过低的溶解氧水平都会导致细胞代谢异常，不利于细胞的生长。为此，在细胞培养过程中，需要严格控制培养液中溶解氧水平。细胞的耗氧率受细胞类型、细胞密度和增殖速率、培养液中葡萄糖以及谷氨酸盐浓度的影响。一般而言，动物细胞对氧的比消耗速率在 0.003～0.5 μmol/10^6 cell. h 的范围内，如 CHO 细胞的氧比消耗速率为 0.15 μmol/10^6 cell. h，BHK-21 细胞为 0.2 μmol/10^6 cell. h，而鼠杂交瘤为 0.03～0.48 μmol/10^6 cell. h。

采用生物反应器培养动物细胞时，应确保所采用的供氧方式必须满足培养液中溶解氧水平高于细胞身子生长所需的临界氧浓度。通过提高氧传质系数、传质面积、传质动力等方法可以改善培养装置的供氧能力。在大规模生物反应器中可以采用直接鼓泡或膜通气的方式供氧。在摇瓶或转瓶培养时，通过控制装液体积(一般不超过培养瓶体积的三分之一)保持瓶内有足够的空间，通过液面进行气体交换。

培养动物细胞用的生物反应器都有溶解氧检测装置以及气体混合系统，可通过向培养液中加入不同比例的氧气、空气或氮气或二氧化碳来控制培养液中溶解氧水平。

Note

3. pH

对大多数动物细胞而言，适合体外培养的 pH 为 7.2～7.4，过高或过低多的 pH 都会对细胞的生长和产物的表达产生不利的影响。用于动物细胞的培养基大多呈偏碱性，培养基组分中含有微量的酚红指示剂，可直观地根据指示剂颜色的变化显示培养基的 pH 变化。在动物细胞的培养过程中，随着细胞浓度的增加，会产生较多的 CO_2 和乳酸，从而导致培养环境的 pH 下降，因此，需要监测以及控制培养液中的 pH，一般控制 pH 在 6.7～7.9 的范围内。在大规模培养过程中，通常用 pH 电极在线监测培养过程中 pH 的变化，而用缓冲液、向培养液中通入 CO_2 等方法调节 pH 在合适的范围内。

最广泛使用的缓冲液为碳酸氢钠/碳酸（$NaHCO_3/H_2CO_3$）和磷酸二氢钠/磷酸氢二钠（Na_2HPO_4/NaH_2PO_4）盐离子缓冲液。

4. 渗透压

对于大多数哺乳动物细胞，渗透压在 260～320 mOsm/kg 的范围都适宜。人血浆渗透压 290 mOsm/kg，可视为培养人体细胞的理想渗透压。鼠细胞渗透压在 320 mOsm/kg 左右。过高或过低的渗透压都会影响细胞的生长与产物的合成。如 Vivian 等人的研究表明培养环境中的渗透压升高，细胞更容易发生凋亡。另外也有报道显示，加入某些氨基酸可对细胞在高渗透压条件下起到一定的保护作用。

目前动物细胞体外大规模培养技术与微生物发酵技术一起已成为生物技术走向产业化的核心和关键，然而目前动物细胞培养过程的经济性还远未达到令人满意的地步，细胞在生物反应器中批式培养时所达到的细胞密度要比体内组织的低两个数量级以上，产物浓度和过程产率远低于微生物发酵过程，这一缺陷已在很大程度上限制了动物细胞培养技术在生物技术产业化中的进一步应用。如何提高动物细胞培养过程的产率和经济性仍然是当前动物细胞大规模培养工程的研究热点。

复习思考题

1. 动物细胞培养有哪些主要用途?
2. 动物细胞培养基由哪几类营养成分组成?
3. 什么是无血清或无蛋白培养基? 它们有什么优点?
4. 动物细胞悬浮培养和贴壁培养各有什么特点?
5. 动物细胞生物反应器主要有哪几种类型? 它们各有哪些特点?

第10章 生物炼制

知识框架图

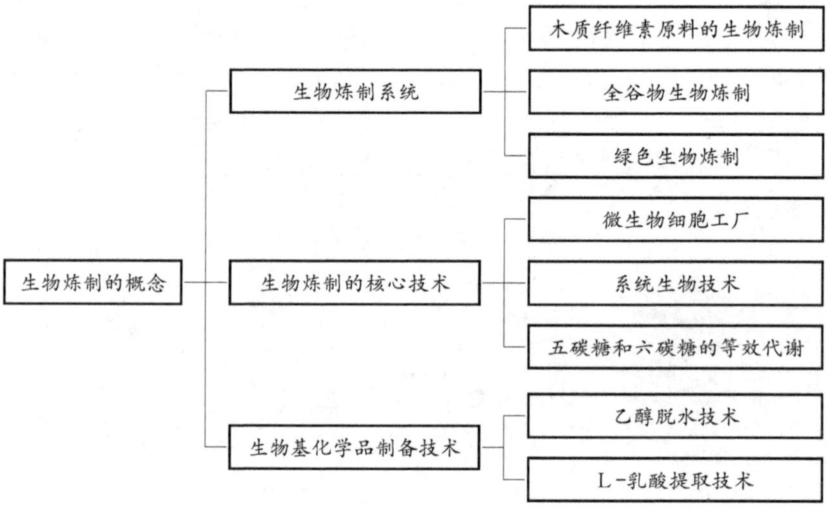

内容提要

生物炼制是一种以可再生生物质资源为原料，生产能源与化工产品的新兴工业模式。本章首先阐明了生物炼制的定义、基本特点，并与石油炼制相对比，指出了生物炼制存在的优缺点。然后简要说明三种主要生物炼制系统的基本工艺流程，提出生物炼制的核心技术是构建和改造具有定向转化和合成能力的生产菌株，最后以乙醇和乳酸的提取和纯化为例，介绍来源于生物质资源的产品的制备工艺。

目前的工业生产模式是不可持续的，人类需要一种自然与社会环境协调的生产方式，一种可循环、可持续发展的生产模式。应运而生的新一代工业生物技术，将会极大地改变现有的工业格局，有利于解决人类社会所面临的资源、能源和环境问题。微生物可产生许多生理活性物质和重要的化工产品，是最活跃的“细胞工厂”。

在地球上，每年植物产生的生物质总量大约在 1 700 亿 t，由 75%的糖类物质，20%的木质素和 5%其他物质如油脂、脂肪、蛋白质、萜烯和生物碱组成。估计现在只有 60 亿 t 生物质(3.5%)在被人类利用。生物炼制是一种以可再生生物质资源为原料，生产能源与化工产品的新兴工业模式。如果通过生物炼制能使生物质资源得到有效利用，人类就相当于拥有了一个取之不尽、用之不竭的资源宝库。

Note

10.1　生物炼制概述

10.1.1　生物炼制的基本定义

1982 年，生物炼制的概念在《科学》杂志上首次被提出。随着能源、资源、环境问题的日趋严峻，生物炼制已经成为世界各国的战略研究方向。在石油日益短缺的情况下，世界各国都开始寻求新的不以石油作为原料制备平台化合物的工艺路线，国际上开始出现了工业生物技术，即利用生物质资源进行生物炼制的思路。生物质是指分布于植物体内的大量含碳化合物，主要包括纤维素、半纤维素、木质素以及淀粉、蛋白质及脂类化合物，是丰富的生物基产品原料。生物炼制（Biorefinery）是以可再生的生物质为原料，经过生物、化学、物理法等多种加工转化途径生产各种化学品、燃料和生物基材料的新型工业模式（图 10－1）。它是混合原料（Feedstock-Mix）通过联合工艺（Process-Mix）生产混合产品（Product-Mix）的一个复杂过程。1997 年，第一届国际绿色生物炼制会议提出了绿色生物炼制的概念并将其定义为绿色炼制，代表了一种环境和资源友好的复杂技术体系，它以探索和开发可持续利用土地资源所产生的绿色生物质原料的全面利用为目的。美国国家可再生能源实验室（The American National Renewable Energy Laboratory，NREL）发表的生物炼制定义为："生物炼制是以生物质为原料，通过生物质转化工艺和设备的集成，来生产燃料、电力和化学品的设施。"美、英两国研究人员在 2006 年 1 月的《科学》杂志上发表文章认为，生物炼制是一种新的工业制造概念，生物炼制细胞工厂为实现生物能源和生物材料的可持续生产提供了可能，并将成为一种新的制造技术典范。虽然各种定义的侧重点不同，但其描述的本质是相同的，即利用多种生物质原料，通过不同技术过程的整合，来生产多样的产品系列。

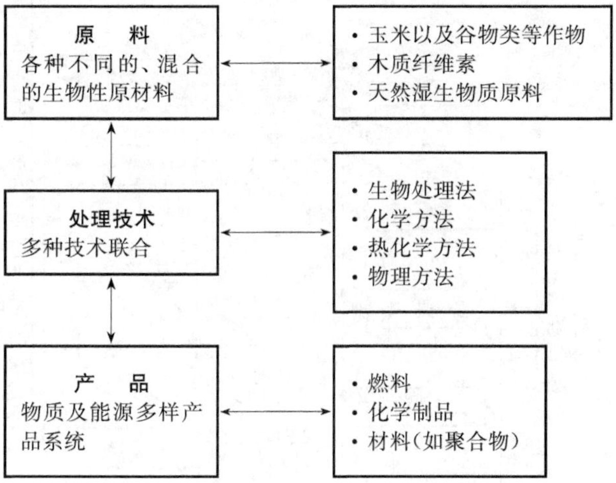

图 10－1　生物炼制的基本原理

10.1.2　生物炼制与石油炼制

生物炼制的概念与今天的石油炼制概念相似，石油炼制以不可再生的化石资源（石油、煤炭、天然气等）为原料，以化学催化剂为手段，实现物质的彻底、多元化转化（图 10－2）。这一模式受到化石原料的严重制约而终将被新的工艺所取代。生物炼制和石油炼制相比，具有以下特点：① 原料可再生，不受石油资源枯竭的影响；② 环境友好，没有净 CO_2 增加，燃烧后产生的 CO_2 可被植物光合作用所利用，生物炼制过程即传统的碳氢化合物（石油）经济模式向碳水化合物（糖）经济模式转移（图 10－3）。

Note

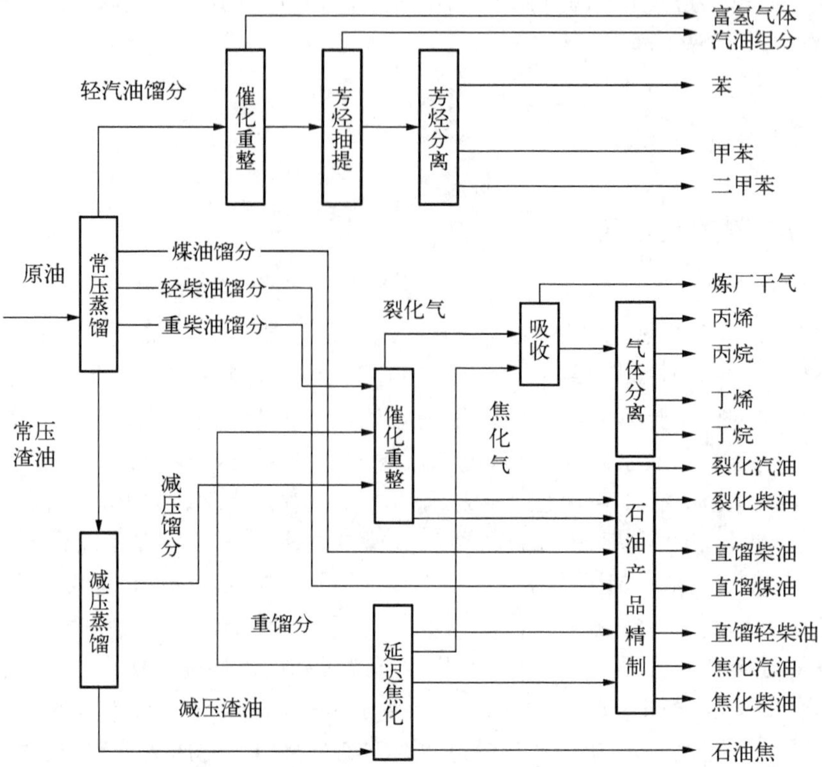

图 10-2　石油炼制工艺

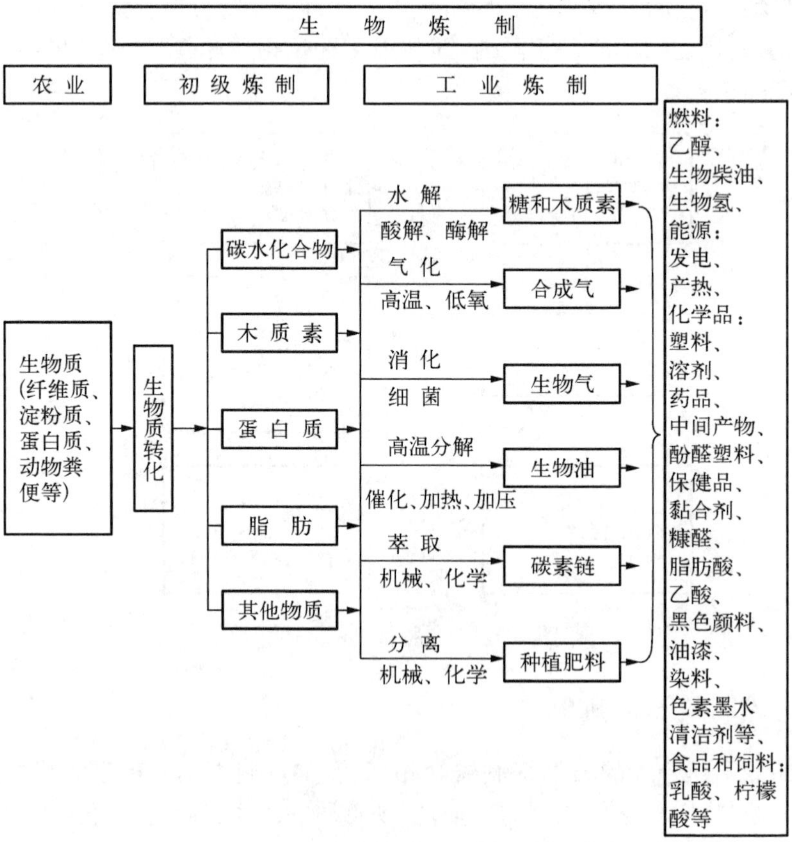

图 10-3　生物炼制工艺

和石油炼制类似，生物炼制以生物质（如淀粉、半纤维素、纤维素等）为原料，通过热化学、化学或生物方法等降解成为一些中间平台化合物，生物质原料通过一系列转化形成单体物质如生物基合成气、糖类(如葡萄糖、木糖等),然后经过生物或化学方法加工成为平台化合物,其中 C1 平台化合物主要包括甲烷、甲醇等。C2 平台化合物主要包括乙醇、醋酸、乙烯、乙二醇等,其中乙醇既可作为燃料,又可经过化学催化剂直接转化得到乙烯。C3 平台化学品包括甘油、乳酸、丙酸、1,3-丙二醇等。甘油经过生物转化可得到 1,3-丙二醇,再加工为高分子材料聚三亚甲基对苯二酸酯(PTT)。3-羟基丙酸和乳酸也是重要的平台化合物,可以生产多种化合物,包括丙烯酸、丙烯酰胺、丙烯腈等。C4 平台化合物包括琥珀酸、富马酸、天门冬氨酸等。琥珀酸可以合成多种化工产品。C5 平台化合物包括谷氨酸、木质酸、糠醛等。C6 平台化合物包括柠檬酸、赖氨酸、葡萄糖酸等。通过生物炼制可以构筑新的化学工业产品,产生新的生物基化学品结构(图 10-4)。这个结构除了在利用生物质生产新的平台化合物上和传统的化学工业有区别外,其他没有本质区别。

按照产品的用途划分,生物炼制的产品主要包括三个类群:生物质化学品、生物质材料和生物质能源等。其中,生物质化学品主要有乙烯、乙醇、丙烯酸、丙烯酰胺、1,3-丙二醇、1,4-丁二醇和琥珀酸等,生物质材料包括聚乳酸、尼龙工程塑料等,生物质能源主要包括沼气、乙醇汽油和生物柴油等。

微生物是地球上分布最广的物种,经过了 38 亿年进化的微生物具有卓越的化学合成能力,几乎能合成地球上所有的有机化学品,理论上,生物炼制可以获得比石油炼制更丰富的产品。特别是对于含氧元素化学品的制备,生物炼制具有明显的优势,例如生产醇、羧酸和酯等。生物炼制的原料是碳水化合物,因此可省去石油炼制过程中投资浩大的氧化过程,降低生产成本。另外,手性是生物的属性,生物炼制合成的产品,可以具有立体选择性,并通常可达到光学纯,因此无需石油炼制过程中昂贵的手性催化和繁杂的合成路线。

与石油炼制相比,生物炼制的一个劣势在于其需要使用相对较多的加工技术。这在各种可再生原材料成分的分离和转化方面表现得尤为明显,应该注意到生物炼制厂的生产可能首先开始于预处理(分离以及发生反应)初始原料以生产相对小范围的中间产品,这些中间产品包括碳水化合物、蛋白质、合成气(一氧化碳、氢气以及二氧化碳的混合物)以及一些其他产品。这些中间产品经过进一步的反应及分离步骤转化为各种终产品。这些反应和分离的步骤,有的已经完全建立起来,有的仍然处于开发阶段。目前还没有将木质纤维素材料低成本、高效率地转化为碳水化合物及其他产品的加工技术,然而,一旦这些加工技术发展完善且得到使用,它们将会被用于生产比石油炼制种类更多的产品。

10.2　生物炼制系统

生物炼制的本质是将所使用的多种原料,根据其不同的组分转化为糖、蛋白质以及脂肪等,再采用发酵等生物方法转化为各种化学品。主要炼制过程包括生物质预处理过程、酶解过程、微生物发酵过程以及产品回收分离等。通过预处理过程和酶解过程将纤维素物质转化为微生物可利用的糖类物质,通过发酵过程将糖类转化为其他类化学品。

要实现生物炼制过程的工业化以及经济性,必须将预处理过程、酶水解过程、发酵过程以及高附加值产品的生产过程整合起来,成为生物炼制系统。这些整合包括各个过程的内部整合,各过程之间的局部整合以及宏观层次上的农业系统、工业系统和环境系统之间的整合。只有实现生物炼制的系统整合,才能达到全部利用生物质的所有成分,并环境友好地经济性生产。

目前生物炼制根据所使用的原料以及过程的不同,可以分为三类主要的炼制系统:① 木质纤维素原料炼制,是指利用包含有纤维素的干生物质或废料为原料的炼制过程;② 全谷物炼制,是指利用玉米以及谷物类等作物为原料的炼制过程;③ 绿色炼制,是指利用天然湿生物质原料,如青草和苜蓿等为原料的炼制过程。实现生物炼制的目标必须将物理、化学以及生物等过程进行综合,在这里,主要介绍生物炼制系统的生物化学转化。

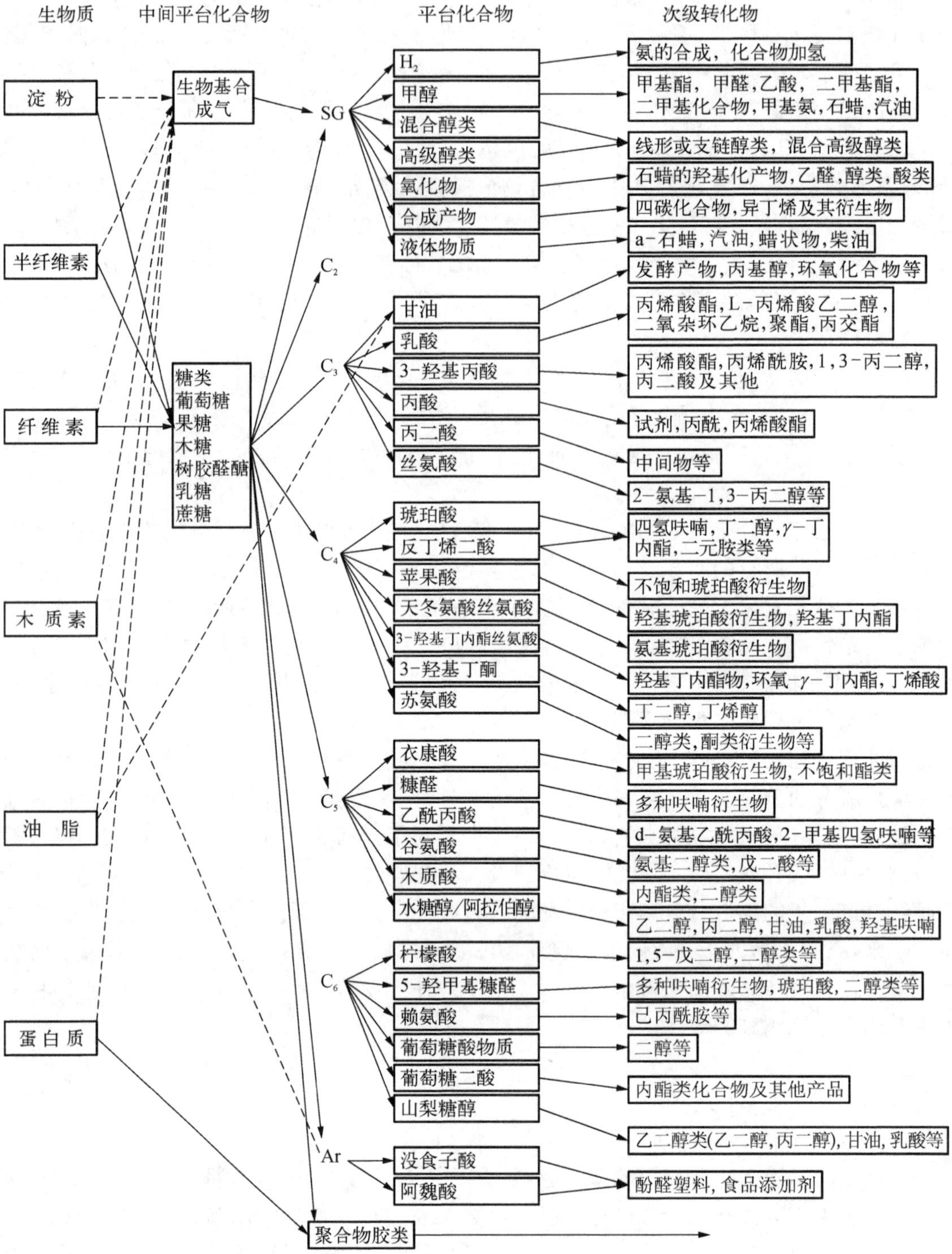

图 10-4 生物炼制的产品流向图

10.2.1 木质纤维素原料的生物炼制

木质纤维素材料包括秸秆、草、木材和废纸等，主要成分为纤维素、半纤维素和木素，不同来源的材料中三种化学成分的结构和比例有较大差异。在有潜力的大规模工业化生物炼制工厂中，以木质纤维素为原料的生物炼制最可能被成功地建立起来。一方面是由于原料成本低廉，另一方面，其转化的产品如糠醛、低聚木糖和乙醇等具有良好的应用前景。

对木质纤维素材料进行生物炼制，必须做到对纤维素、半纤维素和木素的充分利用。目前以半纤维素为原料得到的高附加值的产品有低聚木糖和糠醛等，纤维素通过酸解或酶解得到葡萄糖，再通过发酵产生乙醇、丁醇、有机酸等产品。木质素一般只能作为燃料或黏合剂，尚不能有效利用(图 10－5)。

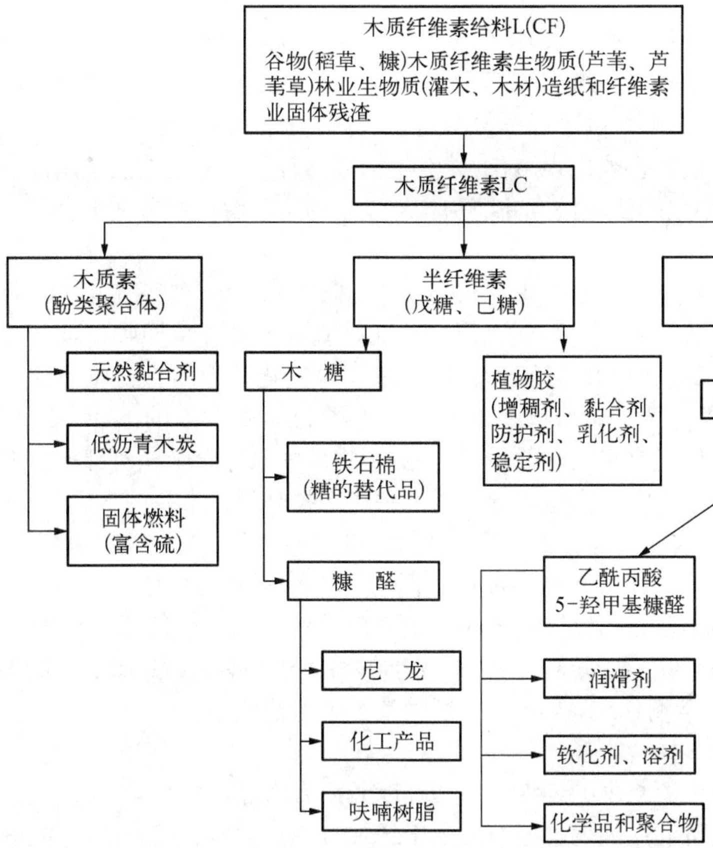

图 10－5　木质纤维素为原料的生物炼制

预处理、酶促水解以及发酵过程三者相互影响，如何处理好三者之间的关系是建立一体化生物炼制过程研究的关键所在。目前，在纤维素生物质转化成为可发酵糖的过程中，相应的技术和工程遇到的挑战尚未解决，仍无法大规模商业化利用木质纤维素进行生物炼制，但已取得了一些阶段性成果。

1. 木质纤维素材料的组成及预处理技术

纤维素类植物细胞壁是由纤维素、半纤维素以及木质素所组成的复杂结构，其中纤维素组成纤丝，类似高楼大厦中的钢筋结构，主细胞壁的机械强度正是由这些纤丝提供。纤丝中纤维素结晶区和非结晶区周围缠绕着大量半纤维素，此外半纤维素在次细胞壁中还与木质素共价连接。要使这样的细胞壁能够被酶水解，必须要克服物理、化学的障碍。与自然界中的木质纤维素类生物质以年为单位的自然降解相比，生物炼制中的原料必须在几天或者几个小时内就完成生物质的降解。为了满足这样的工业要求，需要将物理破坏、化学处理以及酶处理等方法结合起来。预处理通过重力或撕扯作用、温度、压力和(或)酸碱度等物理作用下破坏植物原料纤维素—半纤维素—木质素之间的复杂结构，提高水解酶在生物炼制厂按顺序水解多聚糖类的效率。目前有效的预处理过程原理通常为增加酶作用的表面积和游离木质素等。常用的预处理方法包括稀酸处理、蒸汽爆破法、热水处理法、有机溶剂法、氨爆破法以及碱处理法等。

(1) 稀酸预处理技术

这种工艺是目前研究最透彻的预处理方法之一，生物质与强酸稀释液(如 5%的硫酸)在高温(160～200℃)高压反应器中混合 1～10 min 后迅速释放压力。这种方法有效地将半纤维素水解成为木糖、阿拉伯糖等五碳糖，其水解效率可达到 95%以上。通过该工艺还可以去除少量的木质素。稀酸处理能使生物质软化，并发生重排，从而使纤维素更加容易水解。不同来源的生物质必须根据其组成确定预处理的条件，从而最大限度地水解半纤维素，同时还要尽量减少稀酸处理过程中形成的对发酵菌株或其他工业微生物有害的糠醛和羟甲基呋喃等物质的含量。

(2) 蒸汽爆破技术

Note

高压蒸汽爆破技术是比较有效、无污染的新技术。向装有纤维素原料的压力罐通入高压蒸汽，使罐温度达到200～240℃左右，维持较短时间(30 s至20 min)后，突然减压将物料喷出，使物料爆碎。在高温条件下，原料中的半纤维素会迅速分解释放出有机酸，进而发生自水解作用而变得可溶。细胞间的木质素也能出现熔化，并发生部分降解。加上突然减压爆碎的机械分离作用，使植物细胞间质或细胞壁变疏松，细胞游离，纤维素的可酶解性明显增强。

(3) 纤维氨化处理

纤维氨化处理是将生物质与氨水按1∶1的比例在1.4～3 atm的高压下60～110℃维持5～15 min后迅速释放压力。由于氨具有挥发性，因此氨基本上能等量回收。虽然在氨化处理过程中，仅有少量木质素(10%～20%)被除去，但是在经过氨化处理的生物质中加入足量的纤维素酶，纤维素水解率能够达到理论水解率的98%。半纤维素聚合度的下降，不仅是可变的，同时与生物质中的水分含量也有很大的关系，但一般生物质中水分含量相对都比较低。在高效的酶促纤维素水解反应体系中需要少量半纤维素水解酶来提高纤维素酶的水解效率。

(4) 湿氧化

湿氧化处理原理是分子氧和水在高温高压下同时与生物质发生反应。Varga等的许多研究报道表明，60 g/L的生物质在195℃和12 atm氧气下处理15 min后秸秆中至少有10%的纤维素、60%的半纤维素以及30%的玉米秸秆木质素能够溶解于含有2 g/L碳酸钠的溶液。剩下的固形物在50℃下用纤维素酶作用，接近85%纤维素水解为葡萄糖。

2. 纤维素糖化发酵工艺

经过预处理后的纤维素原料中的纤维素结晶程度并没有降低，因此必须通过酸水解或酶水解才能将其转化为微生物可利用的糖类原料。由于纤维素酶在常压、常温和中等酸碱度的条件下即可发生作用，对设备没有特殊的要求，并且酶具有较高选择性，产率较高，所以现在倾向于利用酶法降解纤维素。

将经过预处理的纤维素类原料转化成生物基产品包含4类依次进行的生物过程：① 纤维素酶的生产；② 纤维素以及其他不溶性多糖的水解；③ 纤维素水解物的发酵；④ 半纤维素水解物的发酵。以上4个过程可以分步进行，也可以进行局部或全过程的整合，具体的过程操作如图10-6所示。将纤维素先用纤维素酶糖化，再经发酵生成乙醇等产品的方法称为水解发酵二步法(separate hydrolysis and fermentation, SHF)。这种方法可使水解和发酵处于各自的最适条件，但是纤维素酶水解产生的纤维二糖和葡萄糖会反馈抑制水解反应。随着水解过程中葡萄糖浓度的不断升高，酶解反应很快就因为产物抑制作用而速度降低，反应进行不完全。在纤维素原料中加入纤维素酶的同时接种发酵微生物，可使生成的葡萄糖立即被利用，可去除产物抑制，就可以不妨碍纤维素糖化的继续进行，这种方法称为同步糖化发酵法(simultaneous saccharification and fermentation, SSF)。同步糖化发酵法(SSF)整合了纤维素水解和纤维素

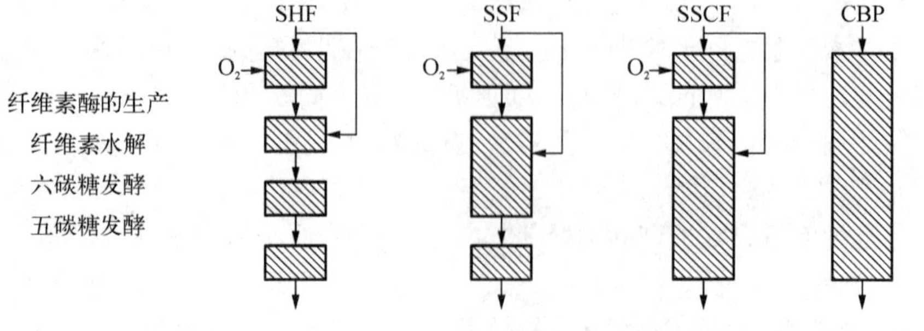

图10-6 纤维素酶水解和发酵过程整合策略

注：SHF：水解发酵二步法；SSF：同步糖化发酵法；SSCF：同时糖化和共发酵法；CBP：综合生物过程

水解物的发酵过程，其关键是选择合适的发酵微生物，使纤维素酶水解的温度与发酵温度接近。此外，同时糖化和共发酵法(SSCF)整合了纤维素水解、纤维素水解物和半纤维素水解物的发酵过程。而综合生物过程(CBP)，又称为直接微生物转化(DMC)是一种高度整合的过程。CBP和其他几种方法不同的是，不需要一个专门的独立纤维素酶的生产过程，因此是一种潜在的低成本、高效率的生物炼制方法。无论何种过程方法，有效地生产纤维素酶以及利用具有高效转化能力的菌株是实现生物质原料炼制的关键。

纤维素酶广泛存在于自然界的生物体中。细菌、真菌、动物体内等都能产生纤维素酶。真菌纤维素酶产量高、活性大，一般用于生产的纤维素酶主要来自于真菌，比较典型的有木霉属(*Trichoderma*)、曲霉属(*Aspergillus*)和青霉属(*Penicillium*)。

纤维素酶根据其催化反应功能的不同可分为内切葡聚糖酶(1,4-β-D-glucan glucanohydrolase或endo-1,4-β-D-glucanase,EC3.2.1.4)，外切葡聚糖酶(1,4-β-D-glucan cellobilhydrolase或exo-1,4-β-D-glucannase,EC.3.2.1.91)和β-葡聚糖苷酶(β-1,4-glucosidase,EC.3.2.1.21)。内切葡聚糖酶随机切割纤维素多糖链内部的无定型区，产生不同长度的寡糖和新链的末端。外切葡聚糖酶作用于这些还原性和非还原性的纤维素多糖链的末端，释放葡萄糖或纤维二糖。β-葡萄糖苷酶水解纤维二糖产生两分子的葡萄糖。

纤维素酶反应和一般酶反应不一样，其最主要的区别在于纤维素酶是多组分酶系，且底物结构极其复杂。由于底物的水不溶性，纤维素酶的吸附作用代替了酶与底物形成复合物的过程。纤维素酶先特异性地吸附在底物纤维素上，然后在几种组分的协同作用下将纤维素分解成葡萄糖。在纤维素生物炼制的过程中，降低纤维素酶的成本占据重要位置。通过对产纤维素酶菌株的筛选和对纤维素酶系的改造可显著降低纤维素酶的成本。美国在20世纪90年代后期，生产每加仑(1加仑=3.785 L)乙醇所用纤维素分解酶的费用为5美元，而2003～2004年酶转化费用仅为原来的1/10，生产每加仑乙醇所需酶的费用降低到50美分。但到目前为止，仍缺乏可用于以纤维素材料大规模生产乙醇的高效纤维素酶。通过持续改进酶、开发更有效的预处理方法，可望进一步降解酶水解作用的成本。

改进现有的纤维素酶生产菌株可从以下几个方面进行：寻找能在纤维素中快速有效生长的菌株；破坏代谢物阻遏机制；改善纤维素酶的分泌；增加酶的热稳定性；寻找新的促进纤维素酶活性的特殊因子。

3. 发酵菌株选育

传统的利用活细胞发酵将糖转化为商品或中间品的技术以利用相对较清洁的、几乎不含杂质的糖液为基础。但是全面利用生物质中所有碳成分是一个更为复杂的过程。生物质经过预处理和酶水解后得到的是包括己糖、戊糖和许多降解副产品的混合物，其中的糠醛、苯酚和有机酸等是发酵过程的抑制剂。为避免抑制作用，在发酵时产物需要稀释或进行流加，这使得发酵过程变得复杂，且降低了单位时间或体积内可利用的水解生物质的总量。

现在，生物质的酶水解作用多使用酶混合物，其工作条件为：50～60℃，pH3～5。但是至今开发的大多数生产菌种在温度为30～40℃，pH6～8的范围时，其利用生物质水解产物的效果最好。因此在开始发酵前，需要调节温度和pH。如果能开发出在低pH、高温发酵条件下很好利用生物质水解产物的生产菌株，将会降低发酵成本。基于以上挑战，今后发展利用生物质水解产物的商业化发酵过程，需要与筛选传统的生产菌株不同的微生物，这些微生物应该能在低pH、高温、高糖发酵条件下仍能良好生长，能较好地利用戊糖。此外这些微生物还要能抵抗生物质预处理及水解中产生的副产品的抑制作用。

10.2.2 全谷物生物炼制

用于全谷物生物炼制的原材料为谷类，如玉米、小麦、黑小麦等。第一步是分离谷粒和秸秆。秸秆会作为木质纤维素的原料进一步利用，谷粒或者被转化成淀粉，或者在磨成粗粉后直接使用。一种比较成型的工艺是玉米湿磨工艺，可用于生产玉米油、玉米纤维以及玉米淀粉。

玉米淀粉进一步利用可生产乙醇和高果糖玉米糖浆等(图 10-7)。

Note

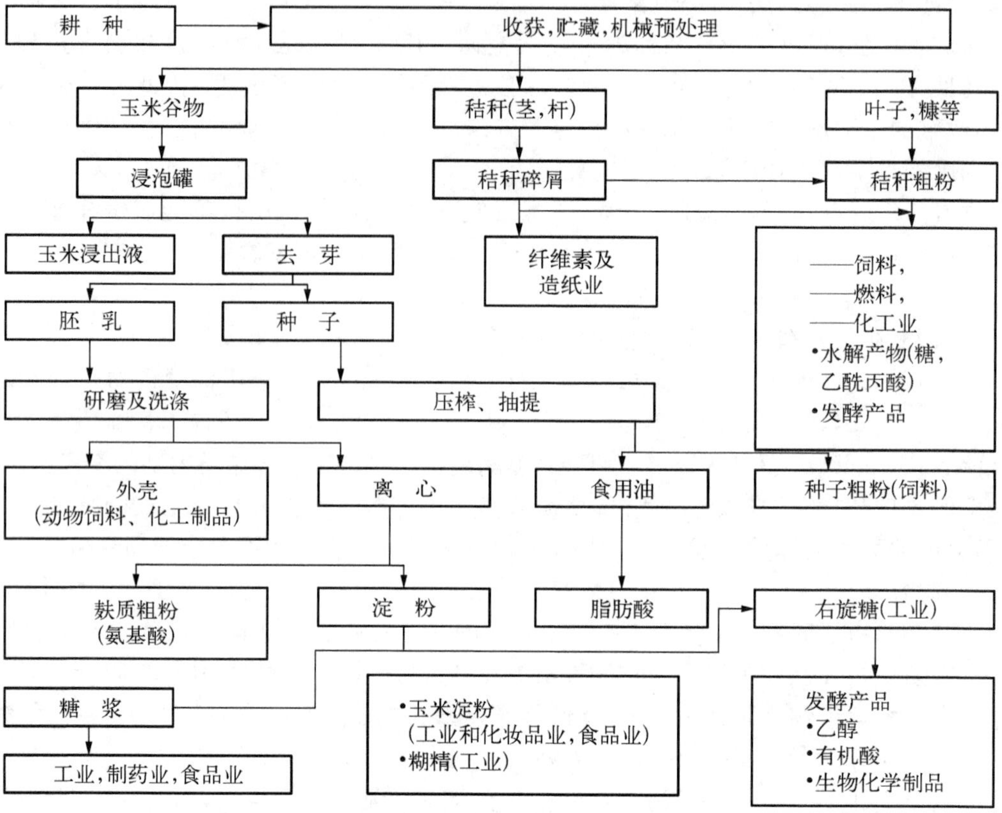

图 10-7 全谷物湿磨生物炼制(引自 Birgit Kamm 等著,马延和主译. 2007)

对于玉米等粮食作物也同样需要预处理过程,但其主要目的是要达到对糖类、蛋白质类以及脂肪等多种成分的充分利用。目前玉米等谷物的主要预处理方法为湿磨法和干磨法两种。

将玉米放入盛有温水(50℃)浸渍罐中浸渍 30~40 h。浸渍罐要保持终浓度为 0.2%的二氧化硫用以控制细菌的生长。当微酸的水扩散进膨胀的玉米粒后,玉米粒软化,皮变松,麸质-淀粉间的连接被破坏后,进行胚芽分离工序,水流旋流器会将相对密度较小的胚芽从粗磨浆中分离出来。胚芽中含有玉米粒中 85%的油,干燥后可经过机械和化学加工提取油脂。

去胚的浆液在磨粉工序经进一步研磨,可以从玉米粒的纤维外皮中释放出淀粉和麸质,进一步分离后,麸质和加工过的玉米胚芽饼用作优质饲料添加剂。淀粉用来加工成淀粉产品、糖浆或发酵产品,其中大部分的湿磨玉米淀粉被转化成甜味剂或燃料乙醇。在加工过程中,在热处理、酸解和酶解的共同作用下,玉米淀粉浆被液化并糖化产生葡萄糖浆,可根据需要调整水解程度生产玉米糖浆或发酵成乙醇,还可以在固定化异构酶的作用下将一些葡萄糖转化成果糖生产高果糖玉米甜味剂。

综上所述,现代玉米炼制厂利用丰富易得的自然资源生产燃料、化学品和材料,可以部分取代石化产品,为生物炼制的应用提供了一种可持续发展的范例。当来源于其他生物质资源的葡萄糖利用技术开发成功后,可以很方便地整合到这样的加工过程中。

10.2.3 绿色生物炼制

绿色生物质包括绿色农作物和其他绿色草本植物,绿色生物炼制也是多产品体系。自然状态下的绿色植物通过湿法分级加工被分离为富含纤维的压缩饼状物和富含营养的绿色汁液。在一些工厂绿色生物质在压榨前用蒸汽加热至 80℃,这会使植物细胞破裂,蛋白质凝结,产生的汁液称为褐色汁液。除了纤维素和淀粉外,压缩物中还含有有价值的色素及其他有机成分,可用于生产绿色饲料,也可作为原材料用于生产化学品,还可以用于转化产生合成气和烃。绿色汁液和褐色汁液中含有蛋白质、游离氨基酸、有机酸、染料、酶、激素及其他有机成分和矿物质，主要用于生产乳酸及其衍生物、氨基酸、乙醇和蛋白质等(图 10－8)。

Note

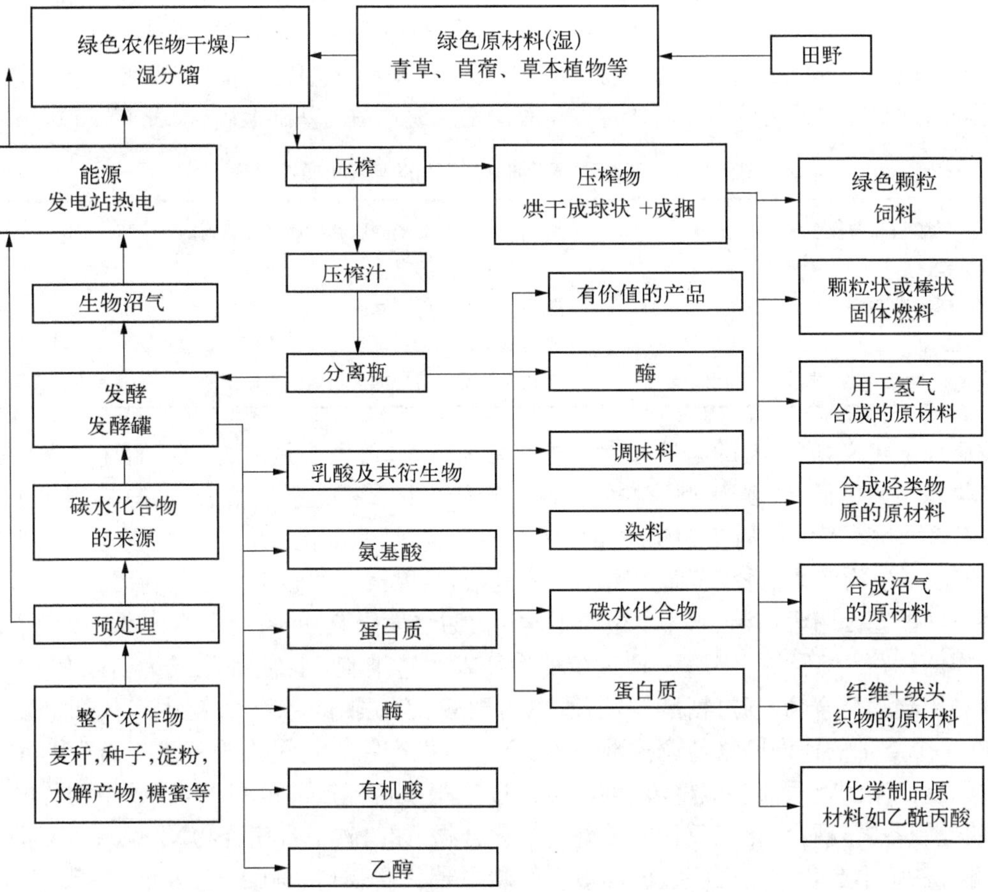

图 10－8　绿色炼制厂生产的产品(引自 Birgit Kamm 等著，马延和主译. 2007)

10.3　生物炼制的核心技术

生物炼制厂是一个处理厂，在这里生物质被分离成组分流，然后通过酶法和/或发酵过程，转化成各种各样的产品。但是目前生物炼制还没有发挥其全部潜力，生物质的利用方法以及生物炼制的发展完善都面临着巨大的技术挑战。获得能高效生产纤维素酶的菌株以及高效发酵菌株是实现生物质原料炼制的关键。要取得生物炼制技术的重大突破，设计、构建和改造具有定向的转化和合成能力的生产菌株将是至关重要的核心技术，这就要求解决生产菌株的结构、调控与性能等方面的关键问题。

10.3.1　微生物细胞工厂

2002 年英国出版了《微生物细胞工厂》杂志，微生物细胞工厂的理念在全世界已经得到广泛重视。所谓微生物细胞工厂(Microbial Cell Factories)，是指能够按照人类意愿、高效生产出满足社会需要的重要产品的重组微生物。通过遗传操作可以实现对微生物细胞代谢功能的改造，能够使微生物细胞利用廉价原料过量积累一种或者多种化学品，甚至去生产其原来并不合成的产品。

生物炼制是以可再生生物资源为原料基础，生产能源与化工产品的新型工业模式，通过开发新的化学、生物和机械技术，大幅提高可再生资源原材料的利用水平。生物炼制主要有两种途径，一是热化学加工，二是生物化学转化。微生物细胞工厂就是生物化学转化的基础。所谓“工厂”，

Note

是指能够生产或制造某种产品，或者进行某种处理程序的场所。一般意义上的"工厂"应该具备特定的生产线，以及相应的动力等辅助系统，并且需要在一定的管理程序下才能正常运转。尤其重要的是，"工厂"的各要素是根据人的意志"设计"进行的，可以根据需求设计生产线及辅助系统等，并调控生产进度。如表 10－1 所示，"细胞工厂"也具备相应的组成要素。同样，对于"细胞工厂"而言，其"可设计性"也是最重要的。这就首先需要了解菌体的遗传操作背景及原有的代谢途径或网络，因此，细胞工厂的构建多在遗传背景相对清楚的模式菌的基础上进行(表 10－1)。

表 10－1 "工厂"及"细胞工厂"的组织和调控要素

"工厂"组织和调控要素	"细胞工厂"相应的细胞结构或调控要素
生产线	产物合成/底物降解途径
动力等辅助系统	胞内能量及辅因子系统
管理程序	胞内复杂的调控系统和对外界调控的响应系统
根据需求设计生产线，调控生产进度	在遗传背景较清楚的模式菌中构建新的代谢途径或进行代谢调控

按照以上定义，野生型的菌株通常不能称为细胞工厂，主要是因为：① 野生型菌株代谢速率和产物积累浓度低；② 野生型菌株的代谢产物往往是多种产品的混合物，直接用于工业生产时产品分离难度较大；③ 野生型菌株主要依靠自然进化，速度慢，随机性强，不适合用于工业生产；④ 多数微生物底物谱较窄，而生物质成分复杂，难以被一种微生物全部利用。

基于功能基因组学(转录组学，蛋白组学，代谢组学研究)的系统生物技术，改变了以往单基因操作的思路，综合更多因素，通过多种途径来改造细胞，将使细胞成为名副其实的工厂。微生物利用碳水化合物，通过糖酵解途径，以丙酮酸、乙酰辅酶 A 等关键中间代谢产物为分化节点，在一个复杂的代谢网络与调控网络中，合成有机产物。经过人为的重组、优化，重新分配微生物细胞代谢的物质流和能量流，可以达到过量积累目标产品的目的，形成生物炼制细胞工厂，高效地制备替代石油化工原料的关键平台化合物，如一碳平台化合物(甲烷)、二碳平台化合物(乙醇)、三碳平台化合物(乳酸、丙烯酸)、四碳平台化合物(富马酸、琥珀酸、丁醇)等，进而与现代化工技术和产业相衔接，大规模生产各种化学品(图 10－9)。

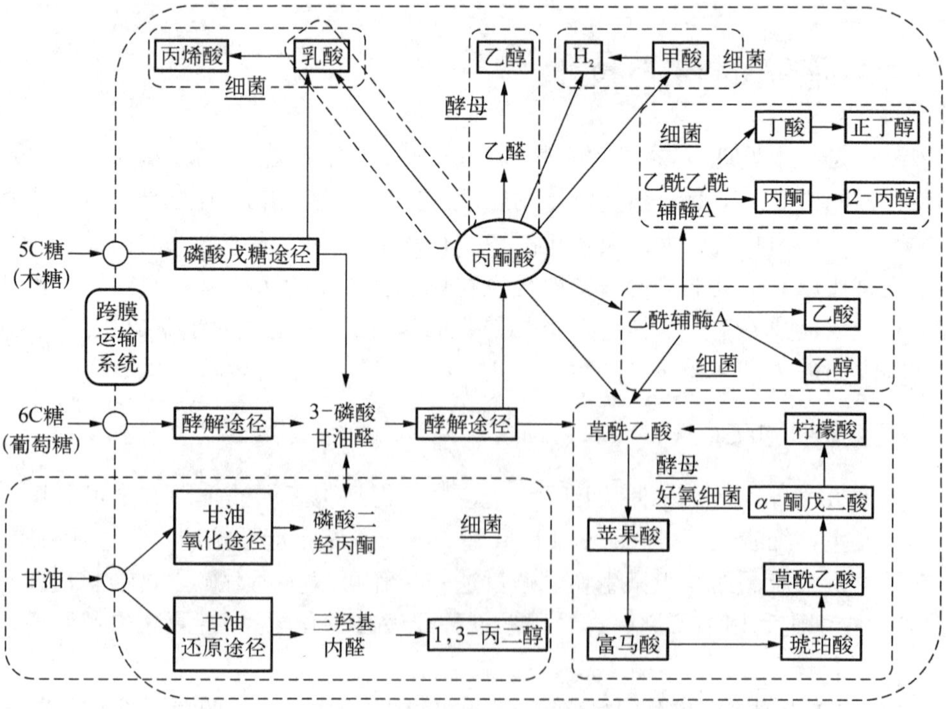

图 10－9 微生物细胞工厂的生物炼制示意图(引自黄英明等. 2006)

(单虚线框表示源于不同微生物的代谢途径)

细胞工厂的基本研究思路如图 10－10 所示。基于基因组序列数据、代谢组分析和通量组计算重构代谢网络，已经成为对生物炼制细胞工厂运行过程进行调控和优化的基础。基因组提供的信息相对静态，但是为特定目的而产生的蛋白质家族和组装分子体系的过程却表现出令人惊讶的动态、复杂和适应。所有基因组编码的蛋白质构成了一个生物体的蛋白质组，它们催化生物化学反应、识别和结合其他分子、发生构象变化以控制细胞过程。细胞并不同时产生所有的蛋白质，而是在特定的时间、特定的环境下产生一套具有特定功能的蛋白质。这些蛋白质的产生，在空间和时间上受到精确的调节，来控制细胞生长、发育的过程和阶段。了解微生物在不同环境条件下的蛋白质表达情况，是理解微生物复杂代谢网络的第一步。在此基础上，需要利用计算生物学的方法，整合转录组学、蛋白质组学和代谢组学所产生的数据，理解微生物对不同的细胞内和环境刺激的应答情况，利用适当的算法解析代谢网络结构，确定其中的关键节点。可以设计出新的代谢工程策略，设法调节代谢流向目标产物产量最大化的方向流动。在经典的正向代谢工程基础上，进化代谢工程、反向代谢工程等新策略都在迅速发展。

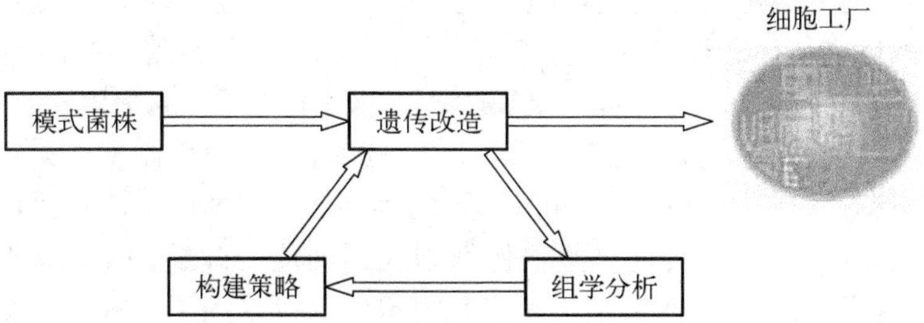

图 10－10　细胞工厂的构建策略

10.3.2　系统生物技术

20 世纪以来，生物学经历了由宏观到微观的发展过程，由形态、表型的描述逐步分解、细化到生物体的各种分子及其功能的研究。2003 年，完成了人类基因组计划和随后发展的各种组学技术把生物学带入了系统科学的时代，生物科技发展正在以“结构基因组学——功能基因组学(蛋白质组学)——系统生物学——合成生物学”路径模式快速演进。

用系统生物学的方法来研究微生物内在的生理活动、微生物之间的相互作用、微生物与外在环境的相互作用关系，其最大的特点是全域性的研究，特别是全基因组基因表达的时序及环境适用性的研究、蛋白质组的时序及环境适用性的研究、代谢组的时序及环境适用性的研究。这种全域性的研究可以发掘微生物生物合成调控基因，为代谢工程改造菌种、重构微生物基因组及表达调控系统提供理论基础。也为研究发酵过程参数优化的分子机制，进一步优化发酵过程参数提供理论依据。

到 2007 年 6 月 18 日，全世界已经完成了 579 个生物体的全基因组测序，另外有 721 个真核生物、1 184 个细菌和 63 个古菌的基因组序列正在测定。海量的基因信息、特别是占基因组大约 40％的功能未知或功能未定基因，为发现新的生物炼制功能提供了可能。对野生型、突变型或经过代谢工程改造的菌株的基因组进行比较分析，识别出获得所需代谢类型应当导入、敲除或修饰的基因，是一个相对比较简单却十分有效的方法。应用这种方法，我们可以敲除不必要的基因，而保留那些对维持细胞生存的代谢活动起关键作用的基因。然而，传统的以单一基因为对象的线性研究模式对此无能为力，对细胞整体的认识必须依靠以高通量组学分析技术(转录组、蛋白质组、代谢组、通量组)和计算生物学为基础的系统生物技术来完成。系统生物技术不仅能鉴别生物炼制细胞工厂中各种分子及其相互作用，还能解析代谢途径、模块、网络的功能和调控机制，最终完成整个微生物代谢活动的路线图。因此，系统生物技术可以对微生物的代谢能力有一个基本、全面的了解，推动生物炼制细胞工厂的设计、构建和优化，从而提高生物炼制的能力和效率。

Note

对于一个具有工业应用价值(或潜在价值)的微生物,我们可以从基因组序列、代谢途径等方面进行理解和认识,但对于某些途径的改造(如对某些基因的过量表达或基因敲除)往往并不能够实现预期目标。这是因为,微生物作为一个立体的细胞工厂,其主要代谢途径由于与产物的合成直接相关,最容易受到人们的关注,但是菌体内的代谢途径往往不是独立的,而是存在于复杂的代谢网络中,受到各种各样的调控。微生物代谢功能的强弱由其基因型与环境因素决定,其中微生物基因型是内因,而环境因素则是外因。从内因的角度看,长期进化的结果,微生物的基因型决定了其代谢功能具有为自身服务的本能,其代谢过程处于最经济的状态,一般不会过量积累不必要的代谢产物。这种控制是在转录水平、翻译水平和酶结构不同等级上调节的复杂过程,构成了一个精密的分子调控网络。生物炼制要求微生物细胞能够定向、高效地生产人类所需要的目标化合物,就必须去干扰、改变微生物原有的调控体系。不了解代谢途径的分子调控机制,就难以实现对细胞功能的理性调节。从外因的角度看,细胞感知外界条件变化的信号系统将引发胞内调控网络一系列的遗传变化,迫使微生物对自身的生理和代谢功能进行调整,以适应环境的变化。微生物在适应环境的过程中对目标代谢途径的关键酶将产生不同尺度的调控。不了解微生物如何通过环境适应实现对代谢功能的调控,就不能准确定位微生物在适应环境过程中发生在DNA、mRNA、蛋白质和代谢物水平的变化,也难以在理论上设计出具有针对性的代谢工程与细胞机能改造策略。因此,要构建用于生物炼制的高效的细胞工厂,应当在理解微生物代谢调控机制的基础上,认识细胞的表达调控机制,重构基因的表达调控网络。只有这样,才可能通过遗传操作实现对微生物细胞代谢功能的改造,实现代谢途径的优化、途径的组装和途径的拓展等,能够使微生物细胞利用粗原料过量积累一种或者多种化学品,甚至去生产其原来并不合成的产品。如美国杜邦和杰能科公司构建的能够生产1,3-丙二醇(用于合成聚酯树脂和聚对苯二甲酸丙二醇的原料)的重组大肠埃希菌(图10-11),整个研究过程中一共对70多个大肠埃希菌的基因进行单个或组合的修饰,最后得到的工程菌中有18个基因被敲除或过量表达。该生物路线生产的1,3-丙二醇完全具备了与石油路线产品竞争的能力,2006年底已实现工业化生产。

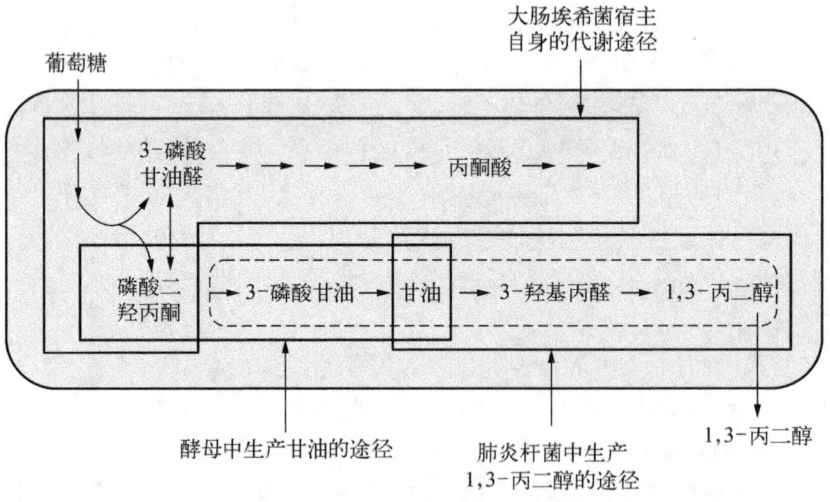

图10-11 产1,3-丙二醇重组大肠埃希菌代谢途径示意图
(引自黄英明等,2006)

10.3.3 五碳糖和六碳糖的等效代谢

纤维素的高效利用一直是生物炼制细胞工厂追求的目标,代谢工程正在发挥重要作用。美国和澳大利亚科学家将大肠埃希菌中利用五碳糖(木糖和阿拉伯糖)的途径导入运动发酵单胞菌(*Zymomonasmobilis*)中,实现了不同糖代谢途径的重组,使工程菌利用木屑水解液(主要成分为木糖)生产乙醇。最近发现在梭菌属(*Clostridia*)中存在与纤维素代谢关系密切的两个种,

其中 *C. thermocllum* 能够分泌纤维素酶和半纤维素酶，将纤维素和半纤维素分别降解为纤维二糖和木糖及木二糖，然后该菌能够利用纤维二糖生产乙醇。*C. thermosaccharolyticum* 虽然不具有分解纤维素和半纤维素的酶系，但能够利用纤维二糖、木糖及木二糖生产乙醇。将这两种菌的野生型菌株在木质素底物(含纤维素和半纤维素)上混合培养，乙醇的产率明显高于单独培养 *C. thermocllum* 的情况。由于梭菌中同时还存在乙酸、乳酸等其他重要平台化合物的代谢途径，从长远看，梭菌可能是一个木质素生物炼制生产乙醇、乳酸等系列产品的潜在细胞工厂。

Note

五碳糖和六碳糖是生物炼制的基本原料，进一步发掘利用五碳糖和六碳糖合成特殊化合物的基因与蛋白，阐明 C2、C3、C4 等平台化合物合成网络与流量关系的本质，逐步解决微生物代谢的分子基础及其相互关系的科学问题，有助于我们解析代谢网络结构，发现定向优化微生物功能中需要改变的因素，提高生物炼制细胞工厂的转化与合成能力，对于提升生物炼制的技术水平具有重要意义。

附加值较高的精细化学品的微生物合成已经是一种比较成熟的技术，这些过程往往生产条件比较精细，生产量较小，生物合成具有一定优势。大宗化学品的生物炼制工艺往往不能达到这种精细的工艺条件，而且要求产量足够高，培养基组成及操作工艺足够简单。这就要求降低工业菌株的营养需求，并提高其底物及产物耐受性等，即提高细胞工厂的工业适应性。近年来，极端环境微生物的研究为细胞工厂的工业适应性改造奠定了一定的基础，但完全适应工业需求真正实现工业应用仍是未来细胞工厂研究的重要方向。研究并提高细胞工厂的工业适应性，才能真正应用于生物炼制领域，使之发展成为高产、高效、经济的现代工业生物技术产业。

10.4　生物基化学品制备技术

虽然生物炼制的各种技术还远没有成熟，但随着技术的进步，已经涌现出了一批能够代替或部分代替石油基产品的生物基产品。这些产品可以按照碳水化合物平台、油脂类平台和热化学平台等划分为多种产品类型。包括燃料乙醇、乳酸、柠檬酸、生物柴油、1,3-丙二醇等大宗化学品以及色素、染料、润滑剂等特殊化学品。

化学工程单元操作对石油化工炼制产生了巨大的推动作用，同样对生物炼制也有重要意义。如何高效、低能耗地将生物基化学品从低浓度的发酵体系中分离纯化也是摆在我们面前的一个新难题。本节以乙醇和乳酸为例介绍生物基化学品的制备技术。

10.4.1　乙醇脱水技术

乙醇在化学工业、食品工业、医药工业、燃料工业等都得到了广泛的应用，当前国内外都在开发利用其作为液体燃料来部分替代汽油，因此乙醇成为生物炼制的主产品。纤维素酒精生产技术的工艺流程如图 10-12 所示。由酒精发酵醪液蒸馏得到的乙醇含有 5%的水，不能直接添加到汽油中，因此乙醇脱水是重要的环节，以下介绍几种常用的乙醇脱水方法。

1. 恒沸精馏法

在 95%乙醇中添加夹带剂如苯、环己烷、戊烷等进行精馏，夹带剂可与乙醇溶液中的乙醇、水形成新的三元恒沸物，这时该三元恒沸物与纯组分乙醇(或水)之间的沸点差较大，从而可较容易地通过精馏获得纯度很高的乙醇。例如，苯、乙醇和水形成三元恒沸物，沸点为 64.6℃，比乙醇的沸点 78.3℃或乙醇-水的恒沸点 78.15℃都要低得多，在精馏时从脱水塔顶馏出。三元恒沸物的组成(摩尔比)为：苯 0.554、乙醇 0.230、水 0.226。其中水对乙醇的摩尔比为 0.98，比乙醇-水恒沸物的 0.12 要大得多。因此只要有足量的苯作为夹带剂，在精馏时水将全部集中于三元恒沸物，从塔顶馏出，而塔底产品为无水乙醇(图 10-12)。

恒沸精馏生产无水酒精的主要特点是机械化程度高，产量大，质量好，消耗低等。如生产用于燃料的乙醇用苯作为夹带剂，生产用于化妆品、医药等用的无水乙醇时，则一般用环己烷等作夹带剂。

Note

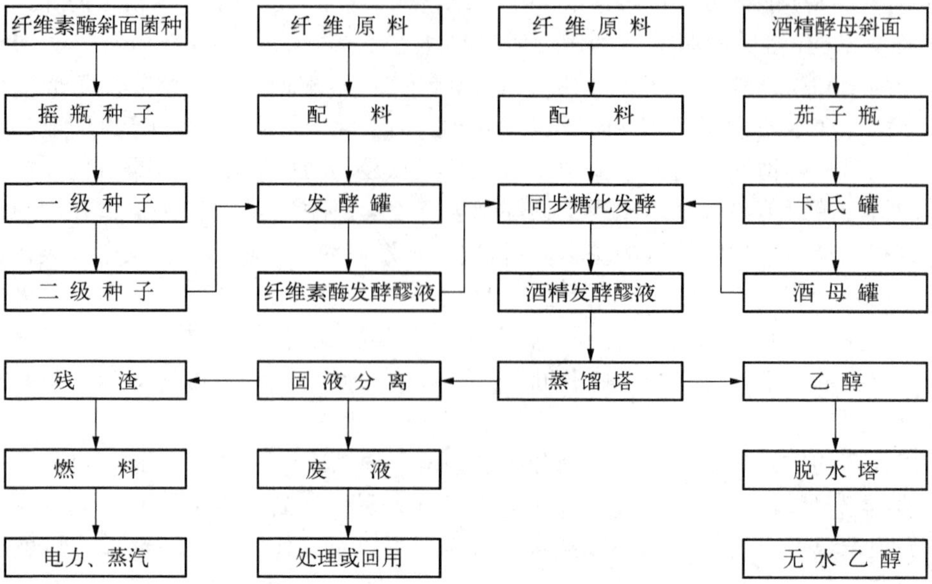

图 10-12　纤维素酒精生产技术的工艺流程

2. 分子筛脱水

该法是采用可以吸附乙醇中水分的沸石为分子筛，将此分子筛装入塔中，当 95%（体积分数）乙醇通过该塔时，被吸附的 3/4 是水，1/4 是乙醇。当该分子筛塔被液流饱和后，转入另一个新塔中，同时将饱和塔再生，回收排出液流中的乙醇。这种方法生产出的无水乙醇质量较好。

3. 醋酸钾及醋酸钠混合液脱水法

醋酸钾与醋酸钠是具有脱水性能的盐类，能溶于水及乙醇，所以可以用以脱去乙醇中的水分。将乙醇蒸汽由脱水塔的下部自行上升，此时醋酸钾及醋酸钠混合液（其中醋酸钾为 70%，醋酸钠为 30%）由脱水塔的上部加入，这样上升的乙醇蒸汽中所含的水分即被落下的混合液所吸收，实现了脱水作用。被脱水的乙醇蒸汽进入塔顶部的冷却器，冷却后即为 99.8%的无水乙醇。被混合液带下来的含水盐的乙醇溶液，从脱水塔底部进入乙醇回收塔，经过乙醇回收塔的分离浓缩作用，乙醇变为乙醇蒸汽，重新进行脱水蒸馏。不含乙醇的盐类水溶液用 300℃的过热蒸汽，将其中的所含有的水分蒸发，则又成为无水的混合盐。

4. 萃取蒸馏法

该法采用 15%～20%的醋酸盐作溶剂，原料为 95%的乙醇，溶剂比为 1∶1 至 1.2∶1，产品含水量<0.2%。加盐萃取蒸馏法操作费用较低，设备投资较少，目前已在生产中得到很好的应用。

5. 淀粉吸附法

该法是目前国内外介绍的生产无水乙醇的新方法，它利用淀粉做吸附剂去除乙醇中的水分，淀粉再生使用 80～120℃的空气、氮气或二氧化碳进行，淀粉失效后可用作乙醇生产原料。该方法能耗比恒沸精馏、分子筛吸附要低。

6. 离子交换树脂脱水法

该法是我国目前大中试剂厂使用较多的一种方法，采用阴、阳离子树脂吸附乙醇中的水分，同时吸附少量的乙醇。常用的树脂为聚苯乙烯钾型强酸性树脂，当树脂被液流饱和后，需要停产再生。

10.4.2　L-乳酸提取技术

乳酸是一种重要的 C3 化合物。生产 L-乳酸的工艺主要有两种，即微生物发酵法和化学合成法。目前除日本外，世界上的 L-乳酸生产全部采用微生物发酵法。1 mol 葡萄糖经发酵可生成 2 mol 乳酸，理论上 1 t 糖可得 1.01 t 乳酸，实际转化率可以达到 90%～95%。由乳酸脱水可制备丙烯酸或聚合生成聚乳酸。丙烯酸及其衍生物、聚合物在油田化学品、涂料、黏合剂、纺织等行业中具有广泛的应用，是重要的大宗化学品。下面简单介绍乳酸提取技术。

Note

乳酸提取的工艺路线如图 10－13 所示。乳酸提取的技术比较复杂，发酵醪液中残糖的分离是其最大的难点。提取工艺路线选择不妥，残糖除不掉，不仅影响产品的质量，而且会进一步影响企业的效益。L-乳酸的光学纯度是 L-乳酸提取过程中又一个难点，因为其光学纯度的下降会直接影响聚乳酸的生产。众所周知，L-乳酸的提取已经成为乳酸、聚乳酸生产中的瓶颈，国内外都十分重视对它的研究。现已用于工业生产中的提取方法有：钙盐法、酯化法、电渗析法、溶剂萃取法和高真空蒸馏法。

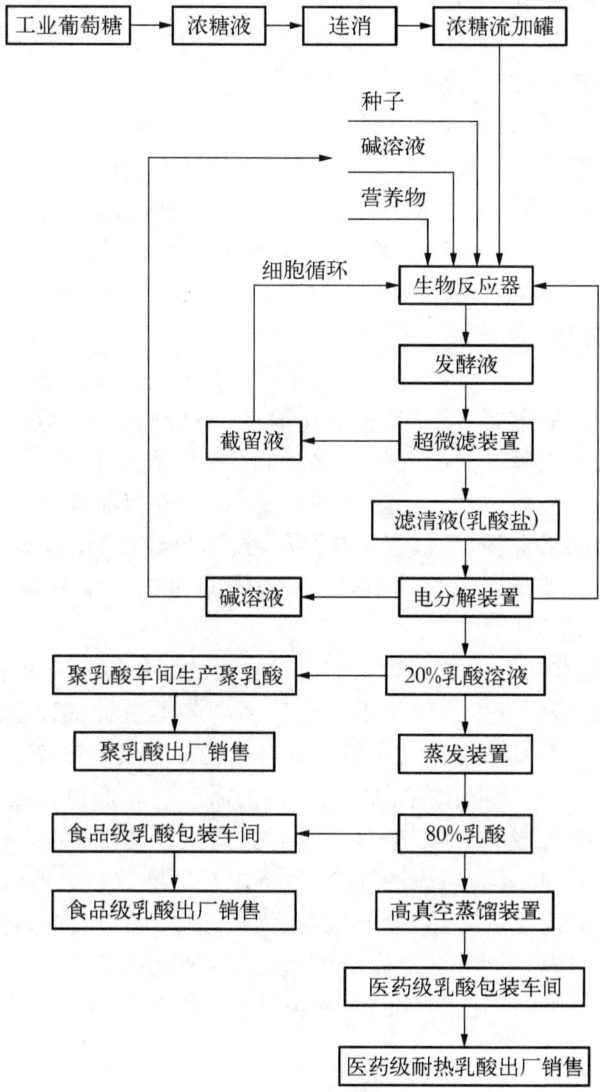

图 10－13　乳酸炼制工艺流程

1. 钙盐法

乳酸发酵一般是在过量 $CaCO_3$ 存在下进行的，乳酸与 $CaCO_3$ 反应，生成带有 5 个水的水合型乳酸钙。由于杂质的存在，发酵终了时，发酵醪液变得十分黏稠。采用钙盐法，其优点是钙离子对发酵有促进作用。其缺点也是十分明显的，加入的 $CaCO_3$ 和石灰乳含有大量的杂质，将其加入发酵液中，在后续的提取过程中又要其分离出来，显然其路线是不合理的，而该法的最大缺点是不能有效地分离残糖且提取收率低。

2. 酯化法

乳酸的酯化法提取纯化技术来源于合成乳酸的制取纯化。一般认为钙盐法提取的乳酸尚

Note

不能满足一些对乳酸有耐热性要求的工业用途，如用于焙烤食品、聚合物工业以及其他一些附加值高的工业用乳酸产品。将钙盐法提取后的乳酸产品进一步在高温条件下同甲醇或乙醇反应，产生乳酸甲酯或乙酯，然后蒸馏分离出乳酸酯，再水解乳酸酯，回收提纯乳酸，水解时释放出的醇可重复回收利用。稀乳酸经浓缩蒸发可制成高纯度、耐热性好的乳酸，该方法能耗较高，装备的投资也较大。

3. 高真空蒸馏法

高真空蒸馏法提纯精制乳酸生产耐热级乳酸是我国在分子蒸馏法（短程蒸馏法）基础上建立起来的。分子蒸馏法是欧洲一些乳酸大公司生产耐热级乳酸时广泛采用的方法，可基本解决残糖的分离。国内亦有不少乳酸企业采用，其缺点是在短程蒸馏过程中还存在雾沫夹带现象，残糖不能彻底去除，蒸馏釜底物中带走的乳酸亦不少，故提取回收率不高。高真空蒸馏法提纯精制 L-乳酸的新技术，其基本原理为：原料在真空条件下脱水，脱水完毕后提高真空度，在高真空条件下将残糖彻底分离，生产出高质量的耐热乳酸。

4. 电渗析法

电渗析法是在离子交换技术与膜技术基础上发展起来的一种新的分离提纯技术。欧美率先将该技术运用于 L-乳酸等有机酸的提取，在 L-乳酸的提取过程中使用单极电渗析的目的是：① 分离电解质和非电解质；② 浓缩乳酸盐，用双极电渗析的目的是最终将乳酸盐变成高纯度的乳酸，并回收碱回用到发酵罐中调 pH。该技术的最大优点是分离提纯效果好、回收率高、产品质量好，其缺点是能耗高。

5. 溶剂萃取法

萃取法是提取化工产品的重要方法，具有操作简便，占地面积少，对设备腐蚀性小，可以连续化、自动化操作等优点，应用萃取法的关键是寻找高效、无毒、水溶性小、经济可行的萃取剂。用于乳酸萃取效果较好的载体为一种水不溶性的长链叔胺，并将载体溶于油醇后去萃取乳酸，于是载体与乳酸形成乳酸胺络合物，后被有机相萃取分离，再经反萃取，即可获得纯净的稀乳酸液，浓缩蒸发后即为成品 L-乳酸。该法的不足之处是萃取剂的价格较高、回收较繁、回收率也不高。

对于生物炼制来说，只有其生产成本与工艺成本与石油炼制接近时才有竞争力。为了提高生物炼制的可行性，目前还需要对生物转化工艺中很多高成本过程加以改进和提高，生物质原料的收集与预处理必须适应可发酵性糖的水解及提高目的产物转化效率的要求，可再生原料转化的反应器需进行优化设计，生物催化剂及催化工艺仍需改进。通过预处理、酶促转化和发酵过程的优化和整合形成一个低成本、高效率、可持续的、高附加值的物料-能量循环是生物炼制发展面临的最大挑战，但同时也具有巨大的社会、经济以及环境效益。可以预期在不久的将来，通过进一步了解基因组信息与基因表达、分子机器、代谢途径、代谢网络调控以及细胞功能重构原理，细胞能够完全地被改造，甚至能够被完全创造出来，从而构成人造细胞工厂，利用可再生的生物质资源，通过生物炼制生产化工产品，为人类社会的可持续发展带来新的曙光。

复习思考题

1. 生物炼制的定义是什么？与化学炼制相比，生物炼制有哪些优缺点？
2. 当前的主要生物炼制系统有哪些？哪种生物炼制系统最有发展前景？
3. 什么叫微生物细胞工厂？举例说明微生物细胞工厂的应用。
4. 常用的乙醇脱水方法有几种？
5. 读书报告

生物炼制理念和技术是在不断发展完善的。结合所学知识，查找文献，对生物炼制相关研究的最新进展予以归纳总结。

第11章 微生物工程清洁生产

知识框架图

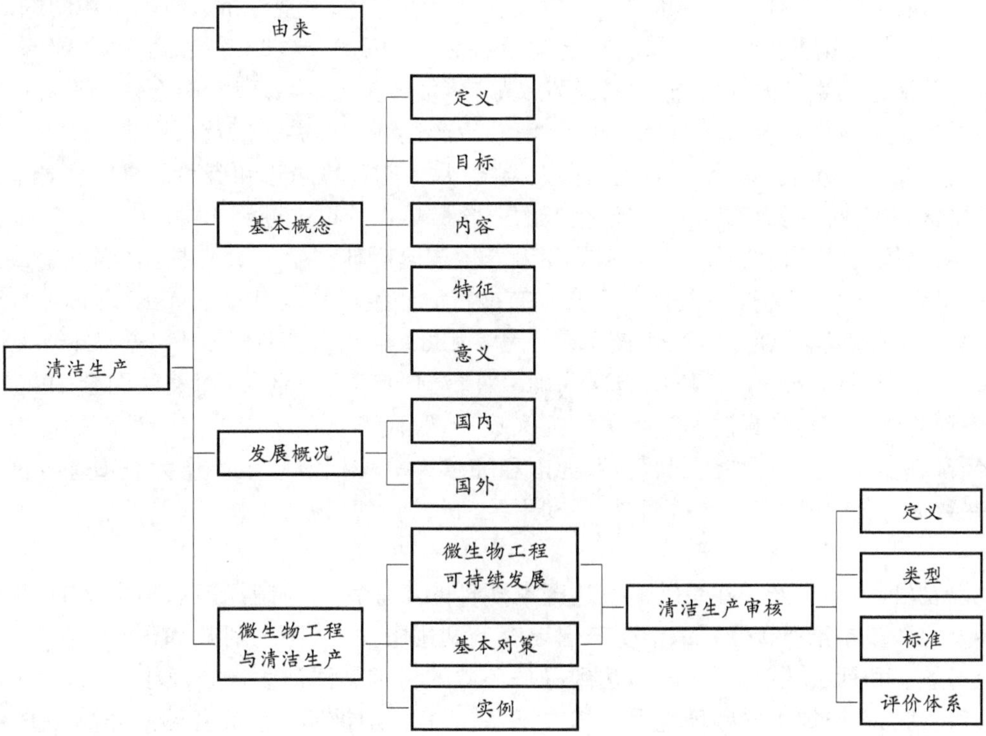

内容提要

本章首先介绍了清洁生产这一观念的由来，接着重点介绍了清洁生产的相关概念，主要包括清洁生产的定义、目标、内容、特征和意义等，明确了实施清洁生产的途径、体现的原则及含义，并概括介绍了国内外清洁生产的发展情况。在此基础上，进一步介绍了微生物工程与清洁生产的关系，即微生物工程可持续发展与清洁生产的关系，以及在微生物工程领域实施清洁生产的基本对策，指出清洁生产审核是微生物工程企业推行清洁生产的关键。最后以某一制药企业清洁生产审核为例解释了微生物工程企业如何实施清洁生产。

Note

11.1 清洁生产的由来

在20世纪60年代，随着西方发达国家工业的快速发展和对环境保护的漠视，致使环境污染问题日益严重，公害事件不断发生，对生态环境和人类健康造成极大危害。人类与自然的矛盾日趋尖锐，严重阻碍了人类社会的发展和进步，威胁着人类自身的生存。于是，环境问题逐渐引起各国政府的极大关注，纷纷采取了相应的环保措施和对策。

在工业化初期，各国污染物的排放大多采用“稀释排放”方式。但随着工业化的迅速进行，污染物种类和总量均急剧增加，污染物的处理方式也由“稀释排放”方式发展为相对进步的“末端治理(end-of-pipe control)”方式，这在一定程度上减缓了环境污染和生态破坏的势头。然而，即使是通过这种相对先进的“末端治理”方式，对排放的各种污染废水、工业废气和废渣进行治理，人们仍然付出了巨大代价。尽管通过增加环保投资、建设污染控制和处理设施、制定污染物排放标准、实行环境立法等，环境污染问题得到了一定程度的控制和改善，不过由于工业迅速发展，排放污染物进一步增加，这种末端治理方式也无法从根本上解决环境恶化的问题。通过多年的实践发现：这种仅着眼于控制末端排污口，使排放的污染物通过治理达标排放的办法，只能是一种治标不治本的方法，虽然在一定时期内或在局部地区起到了一定的作用，但并未从根本上解决工业污染问题和生态环境恶化问题。

对此，人们不得不对过去的经济发展模式进行反思，重新审视经济、环境、资源间的关系，并逐渐认识到：从末端开始治理不如从起始点开始控制。因此，寻求一种节约资源、能源，排污少和经济效益最佳的生产方式，实施可持续发展战略，使经济、社会、环境、资源协调发展的新途径成为各国政府和科学家努力的目标。于是，清洁生产逐渐被人类认识及采用。

清洁生产(cleaner production)就是在人类发展、生态环境恶化和资源危机的背景下出现的一个新概念和解决方案。实际上，清洁生产的概念最早大约可追溯到1976年。当年，欧洲经济共同体(欧共体)在巴黎举行了“无废工艺和无废生产国际研讨会”，会上提出“消除造成污染的根源”的思想。1979年4月欧共体理事会宣布推行清洁生产政策，1984～1987年欧共体环境事务委员会三次拨款支持建立清洁生产示范工程。1989年，联合国环境规划署(United Nations Environment Programme, UNEP)首次明确了“清洁生产”这一定义，而美国国会1990年通过了《污染预防法》，把污染预防作为美国的国家政策，取代了长期采用的末端处理的污染控制政策。接着，许多发达国家，如法国、荷兰、德国和加拿大等均把清洁生产作为一项基本国策加以推行，并致力于促进开展减少废物和循环利用及回收利用废物的工作，以促进清洁生产方式的推广。

可以看出，清洁生产是在总结了发达国家多年的工业污染控制经验后提出来的，并在目前被世界上的许多国家所接受。清洁生产倡导充分利用资源，从源头削减和预防污染物，从而在保证经济效益和社会效益的前提下，达到保护环境的目的。清洁生产自诞生以来，经过不断创新、丰富、发展，现已成为国际环境保护的主流思想，有力地推动了世界各国的环境保护事业，促进了人类经济和社会的可持续发展(臧树良，2006)。

11.2 清洁生产的基本概念

11.2.1 清洁生产的定义

清洁生产这一思想的表达在其出现的初期并不统一，这体现在不同国家、不同地区对清洁生产有着不同的提法。例如，在美国称之为“废料最少化”，在欧洲称之为“少废无废工艺”，在其他地区还有“绿色工艺”、“生态工艺”等多种提法。在我国，以往的提法是“无废少废工艺”。这些提法虽然体现了清洁生产的不同侧面，但所反映的清洁生产的本质是一样的。1989年，联合国环境规划署首次提出了“清洁生产”这一术语，目前已经得到国际社会普遍响应与认可，使环境保护战略由被动的“末端治理”转向主动的“源头治理”这一新的发展趋势得以推进。

为了保证在获得最大经济效益的同时使工业的工艺生产过程、产品的消费、使用以及处理对社会、生态环境产生最小的影响，在总结世界各地工业污染防治理论和实践的基础上，联合国环境规划署将清洁生产定义为：“清洁生产是关于产品的生产过程的一种新的、创造性的思维方式。清洁生产意味着对生产过程、产品和服务持续运用整体预防的环境战略以期增加生态效率并降低对人类和环境的风险。”因此，清洁生产是着眼于在产品生产过程和产品预期消费中，既合理利用自然资源，把对人类和环境的危害减至最小，又充分满足人们的需求，使社会经济效益最大的一种生产方式；同时它还将污染整体预防战略持续地应用于生产全过程，通过不断改善管理和技术进步，提高资源综合利用率，减少污染物排放以降低对环境和人类的危害。

清洁生产的对象是生产过程、产品和服务。对于生产过程，清洁生产意味着节约原材料和能源，不使用有毒原材料，在生产过程排放废物之前减少和降低废物的数量和毒性；对于产品，清洁生产意味着减少和降低产品从原材料使用到最终处置的全生命周期的不利影响；对于服务，清洁生产要求将环境因素纳入设计和所提供的服务中。

在我国，1993年制定的《中国21世纪议程》把推行清洁生产列入落实可持续发展战略的重要措施。《中国21世纪议程》对清洁生产的定义是：“清洁生产是指既可满足人们的需要又可合理使用自然资源和能源，并能保护环境的实用生产方式和措施，其实质是一种物料和能源消耗最少的人类生产活动的管理和规划，将废物减量化(reduce)、资源化(reuse)和无害化(recycle)，或消灭于生产过程中。同时，对人体和环境无害的绿色产品的生产，也将随着可持续发展进程的深入而日益成为今后产品生产的主导方向。”2002年6月，我国政府颁布了《中华人民共和国清洁生产促进法》，该法第二条规定：“本法所称清洁生产，是指不断采取改进设计、使用清洁的能源和原料、采用先进的工艺技术与设备、改善管理、综合利用等措施，从源头削减污染，提高资源利用效率，减少或者避免生产、服务和产品使用过程中污染物的产生和排放，以减轻或者消除对人类健康和环境的危害”。这些定义虽然表述不同，但内涵是一致的(郭显锋，2007)。《清洁生产促进法》关于清洁生产的定义，借鉴了联合国环境规划署的定义，结合我国实际情况，表述更加具体、更加明确。从清洁生产的定义可以看出，实施清洁生产的途径主要包括5个方面。

1) 改进设计，在工艺和产品设计时，要充分考虑资源的有效利用和环境保护，生产的产品不危害人体健康，不对环境造成危害，能够回收的产品要易于回收；

2) 使用清洁的能源，并尽可能采用无毒、无害或低毒、低害原料替代毒性大、危害严重的原料；

3) 采用资源利用率高、污染物排放量少的工艺技术与设备；

4) 综合利用，包括废渣综合利用、余热余能回收利用、水循环利用、废物回收利用；

5) 改善管理，包括原料管理、设备管理、生产过程管理、产品质量管理、现场环境管理等。

同时，《清洁生产促进法》提出实施清洁生产应体现以下4个方面的原则。

1) 减量化原则，即资源消耗最少、污染物产生和排放最小；

2) 资源化原则，即“三废”最大限度地转化为产品；

3) 再利用原则，即对生产和流通中产生的废弃物，作为再生资源充分回收利用；

4) 无害化原则，尽最大可能减少有害原料的使用以及有害物质的产生和排放。

所以，清洁生产体现了集约型的增长方式和发展循环经济的要求。

由清洁生产的定义可知，它还包含了以下4层含义(肖泉，2007)。

1) 清洁生产的目标是节省能源、提高资源利用效率、降低原材料的消耗、减少污染物的产生量和排放量。

2) 清洁生产的基本手段是改进工艺技术、强化企业管理；尽量少用或者不用有毒有害的原料；减少生产过程中有毒有害的中间产品；加强物料循环；优化生产管理；进行必要的污染治理；实现高效的清洁生产。在产品自身方面，需要保证产品具有合理的使用功能，在消费过程中不

Note

会对人体产生危害，消费之后易于回收及再利用。

3）清洁生产的方法是排污审核，通过审核发现排污部位和排污原因，并寻找减少污染的合理措施及产品生命周期分析(life cycle analysis)。

4）清洁生产的最终目标是保护人类与环境，提高企业的经济效益。

然而，需要强调的是，清洁生产不仅仅是一个概念，而是一种全新的观念和思维(但卫华，2008)。当今，世界上许多国家仍处于工业化进程中，工业生产仍然是环境污染的主要因素，工业污染远远超出环境容量，控制难度很大。在这种情况下，工业污染若仍旧采取“末端治理”这一被动的管理模式，就必然会存在一系列严重问题。清洁生产的内涵核心是实行源头削减和对产品生产实施全过程控制，包括一个组织内的全体员工、各相关专业、各部门以及产品、生产、服务的各项环节、活动等。由此可见，清洁生产是一种从“源头”治理工业污染的生产方式，是一种消除或削减产品在生产过程、使用过程以至于废弃过程中造成的环境污染的全新思维。这也是环境保护战略由被动反应向主动行动的转变，同时还是环境保护措施由治标向治本的转变。

需要指出的是，清洁生产还是一个相对的概念，所谓清洁的生产过程和清洁的产品，都是与现有的生产过程和现有的产品相比较而言的。而且推行清洁生产本身就是一个不断完善、不断提高的过程。必须随着社会经济的不断发展和科学技术的不断进步，适时地提出更新的清洁生产目标，采用最新的方法、技术和手段，使清洁生产达到更新、更高的水平。总之，清洁生产是时代的要求，是世界工业发展的一种大趋势，是实现节能、降耗、减污、增效的一种生产方式，也是实现经济效益、社会效益与环境效益相统一的21世纪工业生产的基本模式。

11.2.2 清洁生产的目标

清洁生产是一种全新的生产方式，它的实施将实现以下目标：

(1) 降低资源和能源的消耗，提高资源利用率，降低生产成本，提高经济效益

微生物工程行业应在生产过程中，通过技术创新，吸收、引进新技术对传统工艺技术进行改革，进行资源的综合利用，短缺资源的高效利用或者代用，二次能源的利用以及节能、降耗等一系列措施，达到用最少的原材料和能源消耗，生产尽可能多的产品，提供尽可能多的服务，既能保证生产过程的清洁化，又能提高产品收(得)率，提高资源利用率，降低生产成本，以提高资源利用率、减少消耗、维护生态平衡的目的。最终达到环境效益、经济效益和社会效益的完美统一，保证国民经济的可持续健康发展。

(2) 减少废物和污染物的产生，对人类和环境的危害最小化

在生产过程中，尽量使用无毒、无害的原辅材料，少用或不用有毒、有害的原辅材料，减少生产过程中的危险因素。通过工业废水的循环利用，节约原辅材料、减少污染物的排放。同时还必须在国民经济的所有行业中更有效地推动清洁生产，提倡把清洁生产作为一种投资战略和一种竞争因素；使更清洁和更安全的生产方式与旨在节能、降耗、减污、增效的可持续发展相结合。

11.2.3 清洁生产的内容

清洁生产的主要内容可以归纳为“三清一控制”，即：清洁的资源和能源、清洁的生产过程、清洁的产品以及清洁生产中的全过程控制。

(1) 清洁的资源和能源

选择清洁的资源和能源，是实施清洁生产的前提条件。许多工业污染的主要原因是资源和能源的选择不当和使用不当造成的。为了提高资源转化成产品的比率、减少废物的产生和排放，杜绝有毒、有害的原材料和产品对环境造成的冲击，就必须对生产过程中所使用的资源和能源进行筛选。一般而言，清洁的资源和能源应在生产中能够被充分利用。也只有那些利用率高、不对环境造成污染的原材料才能被称为清洁资源。在微生物工程生产中所使用的大量原材料中，通常只有部分物质是生产中需要的，其余部分在生产过程中都变成了“无用物质”。这种“无用物质”就是应该最大限度地减少的物质。同样，能源的利用也存在利用率高低、能效转换

比率高低和废物排放量大小的问题。在生产中，如果选用较纯净的原材料和较洁净的能源，则有用物质多、转换率高、废物排放少，资源利用率也就高。

在清洁资源和能源利用方面，至少需要考虑两个方面的问题：

1）清洁能源包括新能源开发、可再生能源利用、现有能源的清洁利用以及对常规能源（如煤）采用清洁利用的方法，如城市煤气化、乡村沼气利用、各种节能技术等。

2）清洁资源包括少用或不用有毒、有害及稀有短缺原料，以及现场循环利用有关物料和利用二次资源作为原料。

（2）清洁的生产过程

所谓清洁的生产过程，是指在生产过程中采用各种高新技术，实现废物的减量化、资源化和无害化，从源头治理污染，直至最终消灭废物。这是一个与科学技术发展和工艺改进密切相关的环节，也是最具有清洁生产技术含量的一个环节。其实施将有助于实现：

1）废物减量化。废物减量化是指通过革新生产工艺、采用先进设备，提高原材料的利用率，使原材料尽可能多地转化为产品，从而使废物的排放量达到最小值。

2）废物资源化。废物资源化是将生产环节中的废物综合利用，转化为进一步生产的资源，达到变废为宝的目的。

3）废物无害化。废物无害化就是减少或消除将要离开生产过程的废物的毒性，使之不对人类和环境产生危害。

要实现清洁的生产过程，应采取以下几项措施：

1）消除有毒有害的中间产品；

2）减少生产过程的各种危险性因素，如高温、高压、低温、低压、易燃、易爆、强噪声、强振动等；

3）采用少废、无废的工艺和高效的设备；

4）实现物料的再循环；

5）使用可回收利用的商品包装，尽量使用生态包装；

6）采用简便可靠的操作和控制；

7）建立和健全生产环境管理制度，推行生产环境的全面绿色管理制度。

（3）清洁的产品

清洁产品，是指有助于资源的有效利用，在生产、使用和废弃后处置的全过程中不会对环境和人类产生危害的产品。清洁的产品要有利于资源的有效利用。这就要求清洁产品设计工艺应使产品的功能性强，既能满足人们的需要，又省料、耐用，而且对环境和人类不产生危害。这就不仅要求产品在其生产周期中对环境影响最小，对生产人员和消费者应无毒、无害；还应具有合理的包装、合理的使用功能和使用寿命，在使用中、使用后不危害人体健康和生态环境，且易于回收、复用和再生，在报废后还应易于处置和降解，降解产物对人类和环境没有危害。

（4）清洁生产中的全过程控制

清洁生产中的全过程控制包括以下三个层次。

1）低层次控制是指生产过程的全过程控制，包括产品、原材料、能源及生产工艺设备等全过程的污染控制，是指从原材料的加工到产品的产出、使用直至废弃后的处置的各个环节中所采取的必要的污染预防控制措施。

2）中层次控制是指工业再生产的全过程控制，包括基本建设、技术改造、工业生产及供销活动过程中的污染控制，是指对工业生产运行全过程的控制，包括从产品设计开发、规划、建设到工厂的运营管理中所采取的防止污染发生的措施。

3）高层次控制是指经济再生产的全过程控制，包括生产、流通、分配和消费各个领域的过程控制，是一种需要社会参与的控制。

11.2.4 清洁生产的特征

Note

由清洁生产的定义不难看出，清洁生产具有以下特征：

1）预防性　清洁生产是对产品生产过程及产品生命周期产生的污染进行综合预防，通过污染物产生源的削减和回收利用，使废物减至最少，从而有效地防止污染的产生。“预防优于治理”是清洁生产的一个重要指导思想。清洁生产是从资源节约和环境保护两个方面对工业产品生产从设计到产品的生产、包装、储藏、运输、销售、使用直至产品废弃后的最终处置，都给予全程控制和预防。强调在产品的生命周期内，实现全过程的污染预防，通过全过程控制对污染从源头进行削减，而不是“末端治理”。

2）系统性　清洁生产是一项系统工程。清洁生产不仅要求考虑产品及其生产过程对环境的影响，而且要求考虑服务对环境的影响。推行清洁生产，企业需建立一个预防污染、保护资源所必需的组织机构，并明确职责，制定发展战略、政策、法规，进行科学的规划与设计，包括产品设计、能源与原材料的更新与替代、少废或无废工艺的开发、排放污染物的处置及物料循环等。此外，清洁生产是企业整体战略的一部分，应贯穿于整个企业的思想之中，不应将其看作是一种强加的约束。

3）效益性　传统的末端治理方式投入多、治理难度大、运行成本高，经济效益与环境效益不能有机结合。清洁生产最大限度地利用资源和能源，强调节约、洁净利用，对污染物实行有效的源头削减，将污染物消除在生产过程之中。这样，不仅环境状况从根本上得到改善，而且能源、资源的消耗减少并导致生产成本降低，使生产体系运行最优化，即产品具备最优的价格，经济效益提高，竞争力增强，能够实现经济效益与环境效益相统一。

4）广域性　清洁生产决不是某个企业、某个地区甚至是某个国家的事情，而是全人类的共同事业，因此，需要全人类的共同参与。清洁生产着眼于全球环境的彻底保护，为人类建设一个清洁、和谐的地球。只有人类与自然和谐相处，人类社会才得以持久发展。

11.2.5 实施清洁生产的意义

清洁生产，是总结了各国防治工业污染经验教训后，提出的一个比较完整、比较科学的新概念，已作为防治工业污染，保护环境，提高工业企业整体素质，实现可持续发展战略的重大举措。它不仅涵盖了过去常说的“清洁工艺”、“无废少废工艺”、“废物最小化”、综合利用、企业管理、产品原材料、能源替代、技术更新改造等防治工业污染的全部内容，而且提出了通过产品生命周期评估防治污染的新观念。清洁生产是一种兼顾经济效益和生态效益、环境效益的最优生产方式，实施清洁生产是实现可持续发展的要求。它开创了防治污染的新阶段，是防治工业污染的必然选择和最佳模式，能够有效地协调经济发展与环境保护之间的矛盾，为实施可持续发展提供了重要保障。它是提高全民环保意识的重要途径，能够促进经济增长方式转变，全民生活观念和消费观念的转变，实现经济效益、社会效益和环境效益的统一，有利于促进环保产业的发展和保护生态环境。与此同时，它还是现代工业发展的基本模式和现代文明的重要标志，有利于进一步与世界接轨，减少国际贸易壁垒的影响。

微生物工程产业是关乎国计民生的重要行业，在国民经济中占据重要地位。然而，相对来说，微生物工程产业又是一个对环境污染较为严重的行业。大量事实表明，环境污染问题已经成为制约我国微生物工程产业发展的重要因素。不解决微生物工程产业的环境污染问题，微生物工程产业就无法实现可持续发展，整个微生物工程产业将无法继续生存下去。而要解决微生物工程产业的环境污染问题，唯一的出路就是研究开发微生物工程清洁生产技术、实现微生物工程清洁生产。

总之，实施清洁生产，对于保护生态环境，实现经济和社会的可持续健康发展，具有重大的现实意义和深远的历史意义。

11.3　清洁生产国内外发展概况

Note

11.3.1　国际发展概况

1976 年，欧共体举行了“无废工艺和无废生产国际研讨会”，标志着清洁生产的概念正式被提上议程。1984 年，美国国会通过了《资源保护与恢复法——固体及有害废物修正案》，明确指出了废物最少化。1987 年，世界环境与发展委员会(World Commission on Environment and Development, WCED)向联合国大会提交了一份题为《我们共同的未来》(*Our Common Future*)的报告。该报告向全人类提出要走可持续发展的道路。1989 年，联合国环境规划署工业与环境计划活动中心制定了《清洁生产计划》，在全球范围内推行清洁生产。1990 年美国国会又通过了《污染预防法》，再次强调了清洁生产的观念，成为美国的一项国策。在上述背景下，1992 年联合国环境与发展大会(UNCED)在巴西里约热内卢召开。巴西会议通过了《里约环境与发展宣言》(地球宪章)和《21 世纪议程》，明确了“可持续发展战略”并被各国普遍接受。这次会议标志着人类对环境问题的认识上升到了一个全新的高度，找到了解决环境问题的可行途径，被认为是一次意义极为深远的世界性会议。

联合国环境规划署于 1992 年举行了清洁生产部长级会议和高级研讨会——巴黎清洁生产会议。1994 年联合国工业发展组织和联合国环境规划署联合发起了“全球范围创建发展中国家清洁生产中心计划”。1995 年，多个国家共同签署了《荒漠化公约》。其后，联合国成立了可持续发展委员会(Commission on Sustainable Development, CSD)，于 1997 年召开环境与发展的特别联大会议。1998 年 5 月，第五次国际清洁生产高级研讨会在韩国召开，此次会议发表了《国际清洁化生产宣言》。这次会议揭开了清洁生产活动的新篇章。之后，清洁生产在全球范围内得到了如火如荼的开展。

国际推进清洁生产活动，概括起来有以下一些特点。

1) 将清洁生产与国际标准化组织 ISO14000 的环境管理制度有机地结合起来，一同进行推行。

2) 采用自愿协议(即政府和工业部门之间通过谈判达成的契约)来达到清洁生产的目标，要求企业在规定的时间内达到契约规定的污染物削减量。

3) 将中小型企业作为宣传和推广清洁生产的主要对象。

4) 依赖经济政策来推进清洁生产。

5) 要求社会各个部门广泛地参与清洁生产。

6) 在高等教育中增加清洁生产课程。

7) 利用科技力量的支持来推广清洁生产。

11.3.2　国内发展概况

我国是一个发展中国家，发展社会生产力是全社会追求的主要目标，也是每一个社会成员的历史责任。在我国，由于人口众多，经济增长速度过快，加之落后的经济增长方式和技术管理，资源、能源浪费严重，已成为我国经济可持续发展的瓶颈。目前，我国面临着严重的环境问题，主要表现在大气污染十分突出；水资源污染十分严重，饮用水质量得不到保证；垃圾问题和噪声问题等日趋严重；能源和原辅材料消耗过高，利用率低且浪费严重；工艺技术落后，生产过程缺乏最优化控制；在废物回收率较差，造成较大的经济损失和环境污染；环境管理不规范、不科学等。由此可见，我国目前所处的形势非常严峻，为了解决环境问题，必须采取治理措施。但是污染治理需要庞大的费用，我们不可能重复发达国家“先污染后治理”的发展模式，必须走以污染预防为主、具有显著环境经济效益的清洁生产的道路。

因此，我国 20 世纪 70 年代提出了“预防为主，防治结合”的工作原则。到 1992 年，我国批准了《关于联合国环境与发展大会的报告》中提出的尽量采用清洁生产工艺这一要求，并在1993年明确提出实行清洁生产将作为一项具体政策在全国推行。1994年底，我国成立国家清洁生产中心，并于2003年颁布实施了《中华人民共和国清洁生产促进法》，将清洁生产提升到法律的高度予以推行。

虽然我国在清洁生产方面与国外发达国家相比差距仍然较大，但是在不断努力的前提下，我国在清洁生产方面也取得了一定的成就，特别是建立了相关的机构和具有中国特色的清洁生产方法论体系，构筑了清洁生产的政策框架，建立了企业清洁生产审核示范，取得了显著的经济效益和环境效益。在此基础上，我国正在逐步完善推广清洁生产的基础条件，建立完善的法律法规，制定相关经济政策，改革科技发展体制，提高公众的环境意识，改进信息基础设施，并充分发挥政府和工业部门在促进清洁生产中的作用，强化政府在清洁生产推进过程中的作用，发挥产业部门的关键作用，进一步增强科学研究与教育的重要性，加强清洁生产的科学研究，将基础研究和应用研究以及技术发展融为一体，注重清洁生产的培训和教育，加强清洁生产的宣传，提高公众对清洁生产的认识。

11.4 清洁生产与微生物工程可持续发展

11.4.1 可持续发展的基本概念

可持续发展(sustainable development)理论的形成经历了相当长的历史过程。大约在20世纪50年代，人们在经济迅速增长、城市化进程不断加速、工业生产不断发展、人口数量不断增加以及资源逐渐枯竭等方面所形成的环境压力下，逐渐对原有的“增长＝发展”的模式产生了怀疑，并开始寻求新的发展模式。

1987年，挪威首相布伦特兰夫人在她任主席的联合国世界环境与发展委员会的报告《我们共同的未来》中，把可持续发展定义为“既满足当代人的需要，又不对后代人满足其需要的能力构成危害的发展”。这一定义目前已被广泛接受。后来，我国学者进一步将“可持续发展”的定义扩展为：“可持续发展是指能动地调控自然、经济及社会的复合系统，使人类在超越资源与环境承载能力的条件下，促进经济发展，保持资源的永续利用和生活质量的持续提高，发展就是人类对这一复合系统的调控过程。”这一定义告诉我们：人类既要强调发展，又必须兼顾自然、社会、生态、经济等各个系统之间的平衡，它体现了可持续发展公平性、持续性和共同性的基本原则，并以发展度、协调度和持续度作为可持续发展的标志。

11.4.2 微生物工程清洁生产与可持续发展

1. 末端治理方式的局限性

随着世界范围内工业的发展，工业污染物经历了自由排放、稀释排放和末端治理(也称为终端治理)三个阶段。末端治理是指工业污染物产生之后，对其实施的物理、化学、生物等的治理。它主要着眼于已生成污染物的处理。末端治理方式作为防治污染而采取的一种补救措施，在环境保护中起到了重大作用。许多微生物工程企业兴建了规模庞大的综合废水处理场，较好地解决了微生物工程领域工业废水的污染问题。尽管如此，必须清醒地认识到，由于末端治理方式先天的局限性，随着经济的飞速发展和人口数量的不断增长，只要经济增长方式和工业生产方式未能得到改善，不从源头上削减污染物的产生，那么全球性的污染、生态环境破坏和资源浪费将有增无减，并导致生态环境的进一步恶化，经济发展与生态环境之间的矛盾也将越来越严重。末端治理方式的局限性主要表现在以下几个方面。

1) 治标不治本　　工业污染物产生于生产过程中，而末端治理方式却偏重于污染物产生后的处理上，忽视了对污染物的全过程控制，与生产过程明显脱节，这种“先污染，后治理”的模式，侧重于“治”，决定了它是一种治标而不治本的方法。

2）忽视对污染物的总量控制　　末端治理方式侧重于控制污染物排放浓度，企业最关心的是能否达标排放，却很少关心排放污染物的总量多少，以及这些污染物对环境和人类是否会产生危害以及危害程度如何等问题。这就说明，末端治理方式在一定程度上起到了鼓励达标排放的作用，使污染物总量居高不下。

3）投资和运行费用高　　末端治理方式经济投入大，治理难度高，往往只有环境效益而顾及不到企业的经济效益，企业负担重甚至难以承受，致使企业缺乏应有的积极性。往往有这种情形：庞大的综合废水处理设施竣工后，随之而来的高额运行费用，使一些企业难以承受而减产、转产甚至停产。这就造成了社会的环境效益与企业的经济效益难以实现有机的统一，不能调动企业防治工业污染的积极性。因此，在很多企业中出现了生产和环保扯皮甚至消极对待环境保护的现象。

4）浪费资源和能源　　在微生物工程工业污染物中，有许多可以回收利用的原材料及其副产物。但实施末端处理后，这些有用物质都被当作“三废”处理掉，未能得到充分、有效的利用，造成了资源和能源的极大浪费。这既不利于资源和能源的节约，又存在造成二次污染的风险。

5）具有潜在的环境污染　　单纯地依赖于末端治理，往往仅起到污染物朝不同介质的转移作用。由于治理技术的局限性，末端治理方式使环境中新的污染物无法得到恰当处理，特别是某些有毒、有害物在处理时，甚至有可能转化为新的污染物，形成“治不胜治”的恶性循环。与此同时，企业员工仍在有污染的环境中工作，有碍员工的身心健康。

由上可见，我们必须彻底转变观念，实现由片面依赖末端治理微生物工程废水向微生物工程清洁生产方面转变，把微生物工程的污染物消灭在工艺生产过程中。

2. 微生物工程可持续发展

要实现微生物工程可持续发展，必须消除污染源，实施清洁生产。清洁生产是实现微生物工程可持续发展的必由之路，而要推行清洁生产，微生物工程行业应结合本行业实际，依靠科技进步和科技创新，革新工艺，有计划、有步骤地研究开发、推广应用清洁生产技术，特别是推广应用资源节约型工艺技术，不断提高资源利用率。

在微生物工程行业特别是发酵工业，首先要推广应用节水节电技术，实施节水节电工程。例如，工业废水净化回用技术、循环利用技术、废水资源化技术等节水技术，以及在好氧微生物深层发酵过程中，推广按照微生物的生长代谢需求，按需提供搅拌强度和压缩空气的用量以节约电能等。其次，要通过工艺改革，减少资源的消耗，提高原材料的利用率和产品的回收率，增加经济效益。

11.5　微生物工程清洁生产的基本对策

清洁生产是一种全新的工业生产模式，是一种新的观念和思维，也是工业生产发展的必然趋势。由于各个行业、各个企业具有不同的特点，所处环境也有很大差异，因此，在实施清洁生产的过程中，不能强求一致、搞“一刀切”。微生物工程行业及各工业企业，应该根据自身特点，对产品设计、原材料选择、工艺技术路线、工艺参数、生产设备、操作规程以及企业内部管理模式等方面进行全面分析，寻求适合本行业、本企业清洁生产的基本途径和基本对策。微生物工程清洁生产的基本对策主要有：

11.5.1　更新观念

要实现微生物工程清洁生产的目标，就必须更新观念。清洁生产不仅涉及科学和技术的具体运用，而且更为重要的是涉及人们的思想观念的更新。只有观念更新了，才有可能实现清洁生产。

首先，要认识末端治理不等于清洁生产，不能按照传统的生产模式，只会从环境中攫取可用资源，进行粗放型生产后再向环境排放废物，造成全世界范围内的污染和生态环境破坏。而应当按照清洁生产模式进行集约型生产，把物料消耗降到最低限度，使废物减到最少，创造良好的环境效益、社会效益和经济效益，实现人类社会的可持续发展。

其次，要认识到虽然目前部分企业根据自己的需要，采用了某些清洁生产单元技术，对污染进行治理，实现局部地改善了微生物工程行业的污染状况，但离清洁生产的要求还有很大的距离。因此，我们应当在一种从产品的研究开发过程就开始考虑环境影响，把环境因素作为产品开发中必须考虑的一个重要因素，与一般的传统因素(如利润、功能、美观、环境条件与效率、企业形象和整体质量等)具有同样的地位，并依此建立起一整套全面绿色管理制度且加以贯彻实施，从而在源头就能有效地避免或减少后续生产、制造、使用等环节可能产生的环境污染。

11.5.2 研究开发和推广新型清洁生产技术

近年来，微生物工程清洁生产技术的研究与开发取得了明显进展，各种新技术、新工艺和新装备也已逐渐得到推广应用。然而，目前的进展还仅仅限于局部范围。由于多种原因，企业对先进的微生物工程清洁生产技术的接受、吸收、转化和应用还存在诸多的障碍，导致这些先进的微生物工程清洁生产技术无法顺畅地进入企业进行转化；有的清洁生产技术虽然实现了成功转化，但长期坚持却存在困难；或者已经应用了清洁生产技术的企业，也可能因为其技术的覆盖面较小，而无法产生最佳的经济效益、社会效益、环境效益和生态效益。由此可见，新型微生物工程清洁生产技术的研究开发和推广应用，是一个庞大的系统工程，需要全社会的共同努力。

11.5.3 发展新型环保技术

虽然清洁生产不以末端治理为目的，但为了实现清洁生产，在全过程控制中还必须包括必要的末端治理，使之成为一种在采取其他措施之后的防治污染最终手段。这种企业内实施的末端处理，可以作为集中处理前的预处理措施，即只需处理达到集中处理设施可接纳的程度。因此，根据这种要求，可以开发一些针对性强的末端处理技术，这些技术是一类先进性明显、处理效果好、占地面积小、投资少、见效快、可回收有用物质、有利于资源再循环的新型实用环保技术。

11.5.4 限制有毒、有害化学品的生产和使用

过去，微生物工程所使用的原材料、化学品，主要侧重于其是否有效，而对其是否节约、是否洁净(无污染)不很关心。清洁生产要求在生产过程中所使用的原料、能源不但要洁净，而且对环境和人类没有危害，因此，要实现清洁生产就必须将资源的有效利用转变为节约、洁净和有效的利用。

在微生物工程领域，部分企业具有半合成药物的生产能力。化学合成过程需要大量使用一些有毒、有害的化学品，这些化学品的使用对生态环境的保护带来了巨大的压力。为了限制有毒、有害化学品的生产和使用，有关部门可以将用于微生物工程行业的所有化学品实行“市场准入制”，即只有符合绿色化学品标准的化学品才准许其生产和进入市场。但是从目前情况看，真正符合绿色化学品标准的化学品仍然少之又少。因此，需要逐步地限制有毒、有害的化学品进入微生物工程行业的生产过程中，并加快无毒、无害的绿色化学品的研究开发。

11.5.5 实施资源化工程

由于世界性资源紧张，各国对保护资源、节约资源和资源再利用等技术予以高度重视。如对于水资源，在欧美、日本等发达国家，工业废水的回用率高达 80%～90%，而我国工业废水的回用率不足 10%。微生物工程产业是用水大户，其工业废水排放量很大，这既浪费了宝贵的水资源，又加大了微生物工程处理综合废水的负荷，使微生物工程废水的处理费用大大增加。因此，实施节水工程意义重大。此外在微生物工程产业废水中，存在着大量的、各种各样的有用物质，特别是微生物的次级代谢产物。按照传统的工艺，这些次级代谢产物的提取率较低，这些有

用物质都会被当作废物排放到环境中，因而造成了极大的浪费和严重的环境污染。采用先进的资源化工程技术，回收利用废水中的有用物质，变废为宝，化害为利，减少其对生态环境的冲击。

对于固体废物的资源化，应当以微生物工程产业中的固体废物为原料，运用高新技术将其资源化，不仅可以延伸产业链，增加新的经济增长点，还符合循环经济模式的要求和可持续发展的要求。如许多微生物工程生产过程的主要原料均为粮食和农副产品，可以用于生产有机肥料或饲料添加剂等。

Note

11.5.6　开展企业清洁生产审核

企业清洁生产审核是企业推行清洁生产的关键和核心。通过企业清洁生产审核，可对微生物工程企业生产全过程中的每个环节、每道工序可能产生的污染物进行定量检测，对资源和能源的消耗进行定量测算。在此基础上，发现生产全过程的问题并找出原因，提出有针对性的对策和措施，彻底消除高物耗、高能耗和高污染的源头，从根本上实现清洁生产。

11.6　清洁生产审核

11.6.1　清洁生产审核的定义

清洁生产审核(cleaner production audit)是指按照一种系统化的程序，对生产和服务过程进行调查和诊断，找出能耗高、物耗高、污染重的原因，提出减少有毒有害物料的使用、产生，降低能耗、物耗以及废物产生的方案，进而选定技术经济及环境可行的清洁生产方案的过程。通过对企业进行清洁生产审核，可以起到如下作用：查清企业各生产单元原材料、产品、用水、能源和废弃物的现状及问题的成因；确定废弃物削减目标，制定经济有效的削减废弃物的对策；提高企业对削减废弃物获得效益的认识和知识；判定企业效率低的“瓶颈”部位和管理不善的地方；提高企业经济效益、产品质量、服务和企业形象。从而达到尽可能高效率利用资源(如原辅材料、能源、水等)、减少或消除废物的产生和排放的目的。

清洁生产是一种跨学科、综合的战略，其目标是实现可持续生产和消费，最终实现可持续发展。而清洁生产审核和环境管理体系(environmental management system)是执行这一战略的环境工具。而企业则是通过清洁生产审核来贯彻清洁生产的思想。

11.6.2　清洁生产审核类型

清洁生产审核分为自愿性审核和强制性审核。

污染物排放达到国家或者地方排放标准的企业，可以自愿组织实施清洁生产审核，提出进一步节约资源、削减污染物排放量的目标。如果污染物排放超过国家和地方排放标准，或者污染物排放总量超过地方人民政府核定的排放总量控制指标的污染严重的企业以及使用有毒有害原料进行生产或者在生产中排放有毒有害物质的企业，必须实施强制性清洁生产审核。

11.6.3　清洁生产审核标准

清洁生产审核标准是在达到国家和地方环境标准的基础上根据当前行业技术、装备水平和管理水平由行业技术主管部门或行业协会制定的工艺技术、原材料消耗、能耗、综合利用、吨产品污染物产生量、排放量等阶段性先进指标体系，经环保主管部门和有关经济主管部门备案后，发布的阶段性先进指标体系。

11.6.4　微生物工程行业清洁生产评价指标体系

国家鼓励企业选择清洁生产，让企业通过清洁生产得到效益，并通过具体的环保政策加以保证。如通过实施排污交易政策、排污权许可证制度、总量控制制度等，使通过清洁生产的企业享有更多的环境利益。获得清洁生产认证的企业，在新建项目、环境评估上，可以采取特殊措施和具有优先权。国家还将进一步加强对清洁生产的管理工作，并借用市场化的宏观管理经验，开展清洁生产认证、公告制度。

Note

2007年，国家发展与改革委员会发布了《发酵行业清洁生产评价指标体系(试行)》，该评价指标体系适用于发酵行业，包括酒精、味精、柠檬酸等发酵生产企业，是我国微生物工程行业的第一个系统性的清洁生产评价指标体系。根据清洁生产的原则要求和指标的可度量性，该评价指标体系分为定量评价和定性要求两大部分。

定量评价指标选取了有代表性的、能集中体现"节能"、"降耗"、"减污"和"增效"等有关清洁生产最终目标的指标，建立评价体系模式。通过对各项指标的实际达到值、评价基准值和指标的权重值进行计算和评分，综合考评企业实施清洁生产的状况和企业清洁生产程度。

定性评价指标主要根据国家有关推行清洁生产的产业发展和技术进步政策、资源环境保护政策规定以及行业发展规划选取，用于定性考核企业对有关政策法规的符合性及其清洁生产工作实施情况。

定量指标和定性指标分为一级指标和二级指标。一级指标为普遍性、概括性的指标，二级指标为反映发酵企业清洁生产各方面具有代表性的、内容具体、易于评价考核的指标。同时考虑到不同类型发酵企业生产工序和工艺过程的不同，该评价指标体系根据不同类型企业各自的实际生产特点，对其二级指标的内容及其评价基准值、权重值的设置有一定差异，使其更具有针对性和可操作性。

《发酵行业清洁生产评价指标体系》是一份涉及微生物工程领域具体行业的清洁生产评价指标体系，其发布不仅可作为这些行业清洁生产的具体指标，还可用于指导这些行业的清洁生产审核。以下以微生物制药行业的清洁生产为例，介绍微生物工程领域的清洁生产实施过程。

11.7 微生物制药行业的清洁生产实例

11.7.1 微生物制药行业概况

从1990年开始，我国主要化学药品原料药如抗生素类等经过国内、国际的价格战后，行业集中度得到提高，从而提升了我国原料药的竞争力。

总体而言，医药行业呈快速增长趋势，目前我国已成为第二大原料药生产和第一大原料药出口国，同时还是全球最大的药物制剂生产国。我国原料药的出口接近世界原料药市场份额的20%左右，主要以大宗原料药为主，在维生素C、青霉素钾盐等方面占绝对优势，在60多个品种上具有较强的竞争力。中国原料药行业的主要优势在于人力资源丰富而成本低廉，而存在的问题是研究和生产技术工艺水平方面落后于发达国家，产品结构中缺乏高附加值原料药。

11.7.2 微生物制药行业存在的主要环境问题

微生物制药工业的特点是：产品种类繁多、更新速度快、所用原材料繁杂，而且有相当一部分原材料是易燃、易爆的危险品或是有毒有害物质；工艺环节收率不高，这样，往往是几吨、几十吨甚至是上百吨的原材料才制造出1吨成品，因此造成的废液、废气、废渣相当惊人。

微生物制药业的主要环境影响源于废水和固体废弃物，如在抗生素制造业具体表现如下。

1. 废水

抗生素生产过程的废水可分为提取废水、洗涤废水和其他废水。在发酵阶段产生的废水主要来源于以下工艺流程：种子罐和发酵罐的冲洗废水、倒灌废水和冷却废水；发酵废液预处理(加酸碱、预处理)的冲洗废水和废菌丝水等。在提取阶段产生的废水则较为复杂，可能包含多种有毒有害物质等。在抗生素生产过程中，产生的废水污染物主要有石油类、硝基苯类、酚类、苯胺类、肼、硫化物、醛类、氨氮等。

Note

2. 固体废弃物

抗生素生产的主要原料为淀粉、豆饼粉、玉米浆、葡萄糖、麸皮等，经微生物发酵产生各种抗生素，然后再经固液分离，滤液进一步提取抗生素，滤渣即为固体废弃物。将滤渣采用填埋或直接排入下水道，不仅严重污染环境，还会占用大量土地；同时，还浪费了宝贵的资源。实际上抗生素生产的主要原料均为粮食和农副产品，其固体废弃物及处理污水的活性污泥中都含有较高含量的蛋白质，可以生产高效有机肥料或饲料添加剂。

11.7.3　微生物制药行业清洁生产审核实例

某微生物制药企业按照环保部门的要求，组织了清洁生产审核。在经过筹划和组织后，进行了生产现状调研与现场考察，并对产污排污状况进行了评价，确定了审核重点和清洁生产目标，提出无费/低费方案(表 11－1)和中费/高费方案(表 11－2)并加以实施。该方案涉及对发酵、提炼、动力、设备、环保等部门和车间的生产现场、工艺路线、过程控制、设备更新、环保设施、管理制度等方面的改进。

表 11－1　部分清洁生产无费/低费方案汇总表

序号	方案名称	部门/车间	方案内容	方案类型	投资 /元	经济效益	环境效益
1	采用节能摇瓶机	发酵	采用节能摇瓶机(450 W/台)代替耗能摇瓶机(750 W/台)，且单台生产能力增加	设备维护和更新	20 000	11 300 元	减少废液 5 t/d，节电 10 512 kWh/年
2	发酵移种系统改造	发酵	由原站头移种改为蒸汽软管移种，可节约蒸汽用量和维修成本	技术工艺改进	40 000	80 000 元	减少蒸汽用煤 550 t/年，减少染菌几率，减少管道料液残留
3	发酵放罐系统改造	发酵	由原盲板封闭改为阀门开关，避免洗罐水溢流，提高环境清洁程度，降低发酵染菌几率	技术工艺改进	30 000	减少染菌。若出现将损失 4 万元/罐，且将导致停产	减少洗罐水 24 t/年。减少染菌罐批排放与处理(45 t/罐)
4	环境中生产菌活菌控制	发酵、提炼	规范取样液的处理，加强发酵过程中逃液的控制，完善发酵终止菌体灭活及相关管道灭菌	生产现场管理	4 000	减少染噬菌体。若出现将损失 4 万元/罐，且将导致停产	减少异常罐批排放与处理(45 t/批)
5	解吸工艺改进	提炼	改善解吸工艺，控制解吸液灰分、pH，在提高收率的同时大量减少再生时的污水排放	技术工艺改进	0	降低生产成本 40 万元/年，节水 2 000 元/年	减少废水 2 000 t/年
6	酸碱回收利用	提炼	树脂再生时，其后较干净的酸碱串柱套用，既节约酸碱用量，又减少污水排放	技术工艺改进	0	节约再生剂成本	减少废水排放
7	中和树脂再生工艺改进	提炼	用碱取代氨再生中和树脂。减少废水中氨氮含量	技术工艺改进	200	节约再生剂 10 万元/年，节水约 3 500 元/年	减少废水 3 500 t/年，减少环境污染及废水氨氮浓度
8	改进提炼工艺	提炼	取消炭脱过滤与高锰酸钾脱色工序，减少危险废弃物产生，同时产品质量提升	技术工艺改进	1 000	节约成本约 10 万元/年，产品价格可提高 1 元/单位	减少废水及固体废弃物
9	划分卫生责任区	提炼	划分卫生责任区，制定卫生值日制度，将卫生执行情况纳入绩效考评中	加强管理	0	0 元	改善环境卫生
10	明确清污分流	提炼	将明排和暗污分别接入雨水沟和污水沟。车间制定清污分流细则，规定具体的排水走向	技术工艺改进	4 000	0 元	降低废水处理难度

Note

续 表

序号	方案名称	部门/车间	方 案 内 容	方案类型	投资 /元	经济效益	环境效益
11	浓水回收利用	提炼	提炼车间纯化水制水每天产生80 m^3浓水，回收利用于板框清洗与绿地用水、消防用水	技术工艺改造	1 000	节水约 3 万元/年	节约自来水
12	曝气消泡水改造	环保	SBR 池曝气时产生大量泡沫，将消泡用自来水改成经环保处理的污水	废物回收利用	40 000	节水 23.7 万元/年	节水 5 t/d
13	制冷机系统的联营运行	动力	局部更改冷冻管道，冷冻工艺合理化	技术工艺改进	4 000	提高生产效率，避免停机停产，节省 10 万元/年	

表 11－2　部分中费/高费清洁生产方案汇总表

序号	方案名称	部门/车间	方 案 内 容	方案类型	投资 /万元	经济效益	环境效益
1	发酵过程溶氧浓度优化控制	发酵	根据微生物生长代谢特性，结合变频控制技术，采用集散控制系统对发酵过程溶氧浓度进行优化控制，空气流量与搅拌转速控制在合理水平，达到微生物发酵过程溶氧的优化	过程优化控制	90.0	196.4 万元	降低劳动强度，提高生产水平，降低单位产品能耗与物耗
2	发酵过程工艺优化和控制	发酵	根据微生物生长代谢特性，对温度、pH、DO、空气流量、搅拌转速、尾气成分等各参数进行优化控制，实现连续补料，提高发酵水平	过程优化控制	108.0	4 345.0 万元	节能降耗，提高生产水平，降低提炼工序难度，减少提炼三废
3	配氨系统改造	设备、提炼	采用槽车运输液氨、配氨罐配制 25%氨水，液氨利用完全，耗时短，冷却水可循环使用	技术工艺改进	66.6	节约运行费用 56.1 万元/年	避免污染环境和危害公共安全
4	菌渣回收处理	提炼	发酵液残渣经烘干处理后，作为某种规格产品的辅料	废弃物回收利用	36.0	减少原辅料 160.6 万元/年	减少发酵菌渣固废
5	安装省煤器	动力	利用锅炉烟气热量和软水进行热交换	节能	7.0	水温提高，降低煤耗 50 t/月	减少煤用量，减少 SO_2 1.12 t/月
6	污水站臭气治理	环保	采用风机牵引，将臭气抽吸至穿流板式废气净化(吸收)塔，用碱液进行吸收后高空排放	环保设施	32.8	环保设施	污水站水解酸化池臭气得到有效处理
7	锅炉改造	动力	改进炉拱，改善炉膛通风，加强炉膛的燃烧，减少漏风，增大了锅炉生产能力	节能	20.5	提高锅炉生产能力 10%，煤耗量降低 1 000 t/年，节约成本60.0 万/年	节煤 1 000 t，减少 SO_2 11.2 t/年
8	锅炉废气双碱法脱硫	动力	采用碱性废水的脱硫工艺	环保设施	34.0	环保设施。节约排污费 5.0 万元/年	减少 SO_2 12 t/月

经过清洁生产审核后，该企业完成了预定的清洁生产目标，多个指标得到了改善(表 11－3)，并取得了明显的经济效益和环境效益(表 11－4)。

Note

表 11-3　清洁生产目标完成情况

项　目	削减比例/%	项　目	削减比例/%
玉米淀粉消耗量	100.0	水耗	51.7
碳酸钙消耗量	100.0	电耗	5.2
浓硫酸消耗量	51.2	煤耗	55.9
盐酸消耗量	51.8	COD 排放总量	34.0
液碱消耗量	36.0	氨氮排放总量	29.7
液氨消耗量	24.6	BOD 排放总量	18.7
高锰酸钾消耗量	100.0	SS 排放总量	13.9
活性炭消耗量	100.0	SO_2排放总量	66.0

表 11-4　已经实施的清洁生产方案成果

方案类型	拟实施数量/个	已实施数量/个	经济效益/(万元/年)	环境效益
无费/低费方案	27	24	288	废水减排 20.5 万 t/年，节煤 735 t/年，节电 22.3 万 kWh/年，减少生产设备各环节的跑冒滴漏现象
中费/高费方案	8	6	4 818	废水减排 1.8 万 t/年，节煤 1 600 t/年，固废减排 154.35 t/年，SO_2减排 25.7 t/年
合　计	35	30	5 106	废水减排 22.31 万 t/年，节煤 2 335 t/年，节电 22.3 万度/年，固废减排 154.35 t/年，SO_2减排 25.7 t/年

清洁生产审核的完成，给企业里带来了可观的经济效益，同时也大大改善了企业的环境质量，实现了节能、降耗、减污、增效的清洁生产目标。由于对清洁生产知识和清洁生产促进法的宣传和贯彻，企业员工对清洁生产有了较深入的了解和认识，环境意识得到进一步提高，取得了良好的环境效益、经济效益和社会效益。

复习思考题

1. “末端治理”方式有何局限性？清洁生产与末端治理有何区别与联系？
2. 为什么说清洁生产可以达到环境效益、经济效益和社会效益的统一？
3. 针对清洁生产的内容，联系你所知的微生物工程企业的具体情况，提出在该企业中实现清洁生产的具体措施。
4. 如何通过清洁生产实现微生物工程的可持续发展？

第12章 微生物工程生产实例简介

12.1 酒精发酵工艺

知识框架图

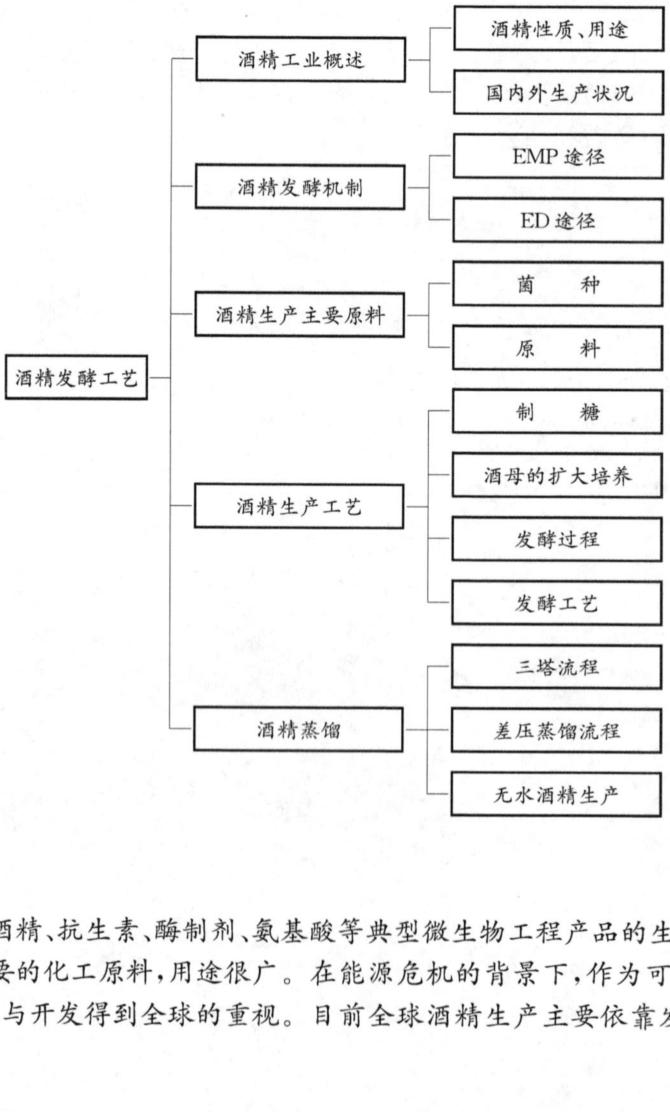

内容提要

本章主要介绍酒精、抗生素、酶制剂、氨基酸等典型微生物工程产品的生产实例。

酒精是一种重要的化工原料，用途很广。在能源危机的背景下，作为可再生能源的重要来源途径之一，其生产与开发得到全球的重视。目前全球酒精生产主要依靠发酵法生产，利用酵母菌的EMP途径或细菌的ED途径将各种可再生原料(淀粉质原料、糖质原料和纤维质原料)生物转化为乙醇。通过工业化菌种工艺及发酵工艺实现大规模的生产，最终采用各种蒸馏流程生产不同用途要求的酒精产品。

12.1.1 酒精性质与用途

酒精的化学名称是乙醇，分子式为C_2H_5OH，相对分子质量为46.07。分析纯级的无水乙醇是无色透明、易挥发、具有特殊芳香和强烈刺激味的易燃液体。酒精的用途主要有三方面：燃料酒精、食品用酒精、化工医药用酒精，尤其前者将成为酒精的主要用途。

燃料酒精作为一种清洁能源，是指向汽油或柴油中加入一定比例的无水乙醇作为燃料使用。酒精作为一种新能源，其优势在于发酵酒精是源于太阳能的一种生物质转化能源，属于可再生能源。燃料酒精被认为是替代和节约汽油的最佳燃料之一，这项技术在国内外已成熟。美国是第一大燃料乙醇生产国，2008年美国乙醇产量达到92亿加仑(348亿L)。巴西是世界上唯一不供应车用纯汽油的国家，2008年乙醇产量达到245亿L。巴西、美国等国推行燃料酒精的经验证明，燃料酒精能给国家带来巨大的综合效益。以巴西为例，约40%的小汽车完全以乙醇为燃料，其余则以22%的燃料酒精和78%的车用汽油的混合物作为燃料。燃料酒精计划的实施，给巴西带来了三大收益：一是形成了独立的经济能源运行系统；二是刺激了农业和酒精相关行业的发展；三是大气质量和生态环境显著改善。

我国是能源消耗的大国，已经连续多年成为石油净进口国，进口量还呈急剧上升趋势，如果不及时发展可代替能源，我国将面临石油供应问题而导致的各种危机。统计局数据表明2008年1～12月中国汽油、柴油表观消费量为6 114万t、13 885.5万t。若全部汽油、柴油是含10%乙醇，每年将消费近2 000万t乙醇，目前国内产量与之相距较远。因此发展燃料酒精对农业、酒精行业、农副产品加工业以及国家能源安全等方面具有深远的意义。

12.1.2 酒精生产概况

近年来，世界酒精产量一直处在高速攀升之中，2006年产量达4 063万t，较2005年的3 655万t，增加408万t，增幅达11.16%。2006年，世界酒精产量最大的前三个国家，美国、巴西、中国的产量分别是：1 559万t、1 363万t、581万t，增长速度为18%、4%、47%。三国酒精产量的总和已经占据了国际市场份额的85.46%，其中美国的市场份额为38.37%，巴西的市场份额为33.55%，中国的市场份额为13.54%。世界酒精的需求多年来一直都很稳定，但随着能源安全问题日益受到关注，燃料酒精的需求也日渐旺盛。从2005年开始，需求量刚性升高，势头不减。就中国的情况来看，2007年酒精产量达到630万t以上，2008年1～9月份产量较去年同期增长达15%，依照该增长速度，2008年酒精总量超过700万t。

中国的酒精工业始于1900年的黑龙江，从最先年产量不到1万t，到现如今的600万t左右，跃居世界第三位，获得了迅猛的增长。据统计我国现有乙醇总生产力约为600万t。生产厂家有200多家，但是生产规模小、生产技术落后的小厂占绝大多数。年产10万t以上的企业只有10家左右，其中包括吉林省年产60万t变性燃料乙醇项目(第一期30万t已投产)；安徽丰原集团年产32万t燃料乙醇项目；河南天冠企业集团年产50万t规模；黑龙江华润集团年产30万t规模。

12.1.3 发酵法生产酒精机制

工业上生产乙醇的方法概括起来分为两大类：即合成法和发酵法。合成法是利用化学的方法使乙烯与水结合生成乙醇。自20世纪70年代以来，由于石油价格的迅猛增长，用于合成乙醇的原料——乙烯的价格快速上涨，这使得发酵法生产乙醇成为乙醇生产的主要方式。乙醇的发酵主要是将淀粉类物质、纤维类物质或其他含糖物质转变为单糖(己糖或戊糖等)，然后利用微生物(主要是酵母或细菌)的新陈代谢将其转变为乙醇。但是，酵母与细菌的乙醇发酵机制各不相同。

Note

以葡萄糖为原料时，酵母通过EMP途径将1 mol葡萄糖生成2 mol丙酮酸，丙酮酸脱羧生成乙醛后，再将乙醛还原为乙醇。在此过程中由1 mol葡萄糖生成2 mol乙醇和2 mol ATP。细菌主要通过ED途径将葡萄糖先被磷酸化后，再氧化成葡萄糖酸-6-磷酸，后者脱水生成2-酮-3-脱氧葡萄酸-6-磷酸(KDPG)后，再在KDPG缩酶的裂解作用下，由1 mol葡萄糖生成2 mol丙酮酸，同时生成1 mol的ATP。最后丙酮酸脱羧生成乙醛，乙醛还原生成乙醇。

以戊糖为原料时，微生物发酵乙醇存在多种途径。图12-1为产气杆菌(*Aerobacter aerogenes*)对戊糖和戊糖醇的代谢途径。代谢过程中产生5-磷酸-木酮糖与5-磷酸-核酮糖，必须经过7-磷酸-景天庚糖、4-磷酸赤藓糖和3-磷酸甘油醛途径形成6-磷酸果糖之后，进入糖酵解途径。

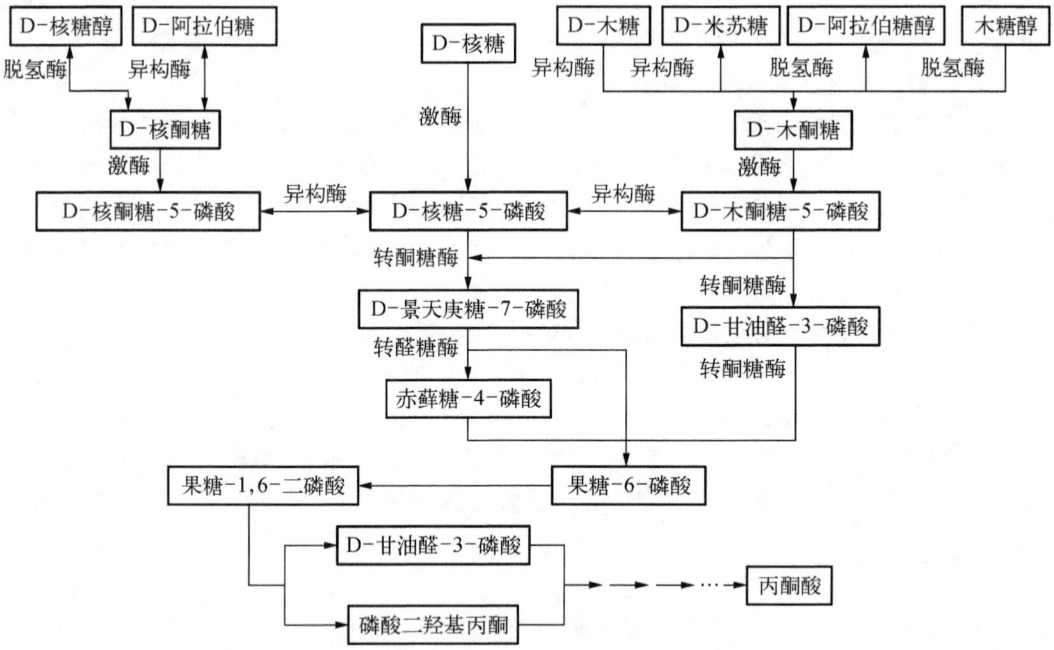

图12-1　产气杆菌对戊糖和戊糖醇的代谢途径(引自胡洪波，2006)

12.1.4　酒精发酵常用的微生物

作为酒精发酵的微生物应具备以下条件：① 对于所利用底物发酵酒精，具备高转化率与发酵速度快的特征；② 能够耐较高的酒精浓度；③ 能够在较高的温度与偏酸性的条件下发酵；④ 对底物的适应范围广。自然界中，很多微生物都能代谢产生酒精，但酿酒酵母(*Saccharomyces cerevisiae*)等酵母菌和兼性厌氧细菌运动发酵单胞菌(*Zymomonas mobilis*)是目前乙醇生产的主要微生物。

常用于葡萄糖发酵生产酒精的酵母菌有：酿酒酵母(*Saccharomyces cerevisiae*)、卡尔斯伯酵母(*Saccharomyces uvarum*)、粟酒裂殖酵母(*Schizosaccharomyces pombe*)和克鲁农夫酵母(*Kluyvermyees* sp)及其变种等。通过酵母发酵生产酒精，发酵液pH为3～4，因此不易染菌，同时除乙醇外没有什么副产物。但酵母大多不耐高温，且不能直接利用淀粉或纤维素为原料进行发酵。通过细菌进行酒精发酵具备代谢速度快，发酵周期短，且生成的菌体约为酵母的一半，所以乙醇的得率较高。最常用的细菌为运动发酵单胞菌(*Zymomonas mobilis*)。但是它的缺点在于碳源利用面窄，仅限于葡萄糖、果糖和蔗糖，同时在合成乙醇时还会合成一些副产物如醇类(丁醇、丁二醇等)，有机酸(乙酸、丁酸、蚁酸等)，多元醇(阿糖醇、甘油等)。

常用于木糖发酵生产酒精的酵母菌有：管囊酵母(*Pachysolen tannophilus*)、树干毕赤酵母(*Pichia tipitis*)和休哈塔假丝酵母(*Candida shechatae*)。这些菌种能够利用木糖，但与酿酒酵母比

Note

较，它们利用木糖发酵生产乙醇的过程发酵速率低、酵母对乙醇的耐受力差，目前还没有取得非常成功的结果。细菌有：嗜水气单胞菌(*Aeromonas hydrophila*)、多黏芽孢杆菌(*Bacillus polymyxa*)、浸麻芽孢杆菌(*Bacillus macerans*)等，但普遍存在利用率低、副产物种类多及转化率低的缺陷。

目前在酒精生产过程，根据生产的需求大力开发以下几种类型的生产菌种。

1. 活性干酵母

活性干酵母(AADY)是指经优选的乙醇酵母繁殖得到菌体后再经干燥得到的一种保持活性的干酵母制品。它经复水活化后即能完全恢复其正常繁殖、发酵性能。由于应用活性干酵母具备节省酒母培养投资、简化生产环节、稳定酵母质量的优点，目前在许多乙醇生产企业中得到大量的使用。

2. 自絮凝酵母

自絮凝酵母具备在培养和发酵过程中自絮凝形成毫米级大小的颗粒的特征。利用自絮凝酵母生产酒精具有突出的优点有：酵母细胞在发酵罐中不需要载体费用能够实现完全固定化；有效提高发酵罐中酵母的密度，提高了发酵生产强度；容易实现清洁生产。因此自絮凝酵母乙醇发酵技术的推广应用给乙醇发酵工艺技术带来了重大突破。

3. 基因工程菌构建

利用基因工程菌技术，赋予菌株新特性。目前研究主要集中在三个方向，一是在酿酒酵母中表达淀粉酶基因，包括 α 淀粉酶基因和糖化酶基因，从而实现酵母可直接利用淀粉质原料进行乙醇发酵。二是构建能够利用木糖的基因工程菌。例如在酿酒酵母中引入木糖形成木酮糖的代谢途径，从而实现酿酒酵母的木糖酒精发酵。三是强化乙醇生成途径。例如，野生大肠埃希菌(*Escherichia coli*)缺少强有力的产醇发酵母系统，将乙醇合成的两个关键酶 PDC(丙酮酸脱羧酶)、ADH(乙醇脱氢酶)的基因引入到大肠埃希菌中，从而有效增强了乙醇合成能力。

12.1.5　酒精的生产原料与辅料

1. 酒精生产的原料

从生产工艺的角度来看，凡是含有可发酵性糖或可转化为可发酵性糖的物料都可作为酒精的生产原料，主要包括：淀粉质原料、糖质原料、纤维素原料。

淀粉质原料主要有：谷物原料(主要有玉米、小麦、大米等，通常在过剩或变质时才采用)；薯类原料(甘薯、木薯、马铃薯)。目前来看，谷物原料中的玉米因栽培面积与亩产水平的提高而占据原料主导地位。

糖质原料主要有：糖厂的副产品废糖蜜、甘蔗汁(巴西酒精生产主要原料)、甜菜汁(东欧酒精生产主要原料)等。

纤维质原料主要有：农作物纤维下脚料(稻麦草、高梁秸秆、玉米秸秆、玉米芯、棉子壳、花生壳、稻壳、棉花秆等)，森林和木材加工工业下脚料(残留的树枝、木屑、壳、果核等)，工厂的纤维和半纤维下脚料(甘蔗渣、废纸浆和废纺织纤维)，城市固体纤维垃圾。纤维质原料是地球上储量非常丰富的一种可再生生物质资源，目前纤维质原料已经成为一种具有巨大潜力的乙醇生产原料。

2. 酒精生产的辅助原料

酒精生产中常用的辅助原材料主要有：酶制剂、尿素、纯碱、硫酸、活性干酵母等。其中最重要是酶制剂，主要用于制糖，常用的主要包括：

α-淀粉酶(α-amylase)　其功能是酒精生产液化工序重要酶制剂，主要有高温淀粉酶与中温淀粉酶两种，目前前者用得较多，其作用是与液化喷射器协同完成淀粉液化过程。

糖化酶　其功能在于将液化后的短链淀粉和糊精的非还原性末端切割 α-1,4-葡萄糖苷键，并生成葡萄糖。

酸性蛋白酶　其功能在于降低淀粉质醪液黏度，提高酒精产率。

纤维素酶(cellulase)其功能在于水解纤维素，切割 β-1,4-葡萄糖苷键，生成葡萄糖和纤维二糖，是酶水解纤维素的主要用酶。

半纤维素酶(hemicellulase)其功能分解天然纤维素中含有的半纤维素。

纤维二糖酶(cellobiase)其功能将纤维二糖进一步分解成葡萄糖。

Note

多聚半乳糖醛酸酶(polygalacturonase)又称果胶酶,其功能分解果胶质,醪液的黏度明显降低。

12.1.6 酒精生产工艺

根据不同原料,现主要有淀粉质原料生产酒精、糖质原料生产酒精与纤维质原料生产酒精三种酒精生产工艺。目前国内最主要的酒精生产是利用淀粉质原料,其中最常用的是玉米和薯干。由于酵母不能直接利用和发酵粗原料为乙醇,原料需要通过一系列的处理才能用于酵母发酵。

12.1.6.1 酒精生产工艺的基本工艺流程

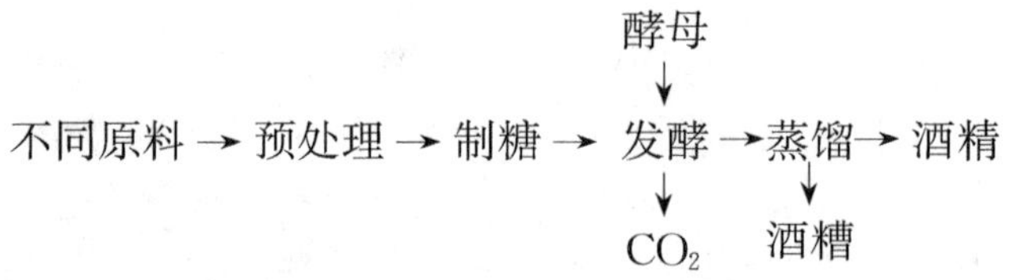

12.1.6.2 预处理

淀粉质与纤维素原料的预处理主要包括除杂、粉碎两个工序,目的是除去原料中的金属、石块、泥土等杂质,再将原料粉碎至预定的细度。一般粉碎度为通过 1~2 mm 筛孔。

糖质原料的预处理主要进行稀糖液的制备,根据原材料不同主要有三种制备工艺。

1. 糖蜜原料

糖蜜是糖厂的副产物,含有大量可发酵的蔗糖,所以无需糖化,即可用于酒精发酵。其干物质含量高达 80~90°BX,含糖分 50%以上,因此,必须经过稀释才能发酵。糖蜜原料的稀释主要有两个流程:单浓度流程和双浓度流程。单浓度流程即在整个生产过程采用单一的稀糖液浓度,一般为 22%~25%。双浓度流程制备两种稀糖液,稀糖液用于酵母培养,一般为 12%~14%,较浓用于乙醇发酵,一般为 33%~35%。以下为双流程稀糖液制备流程。

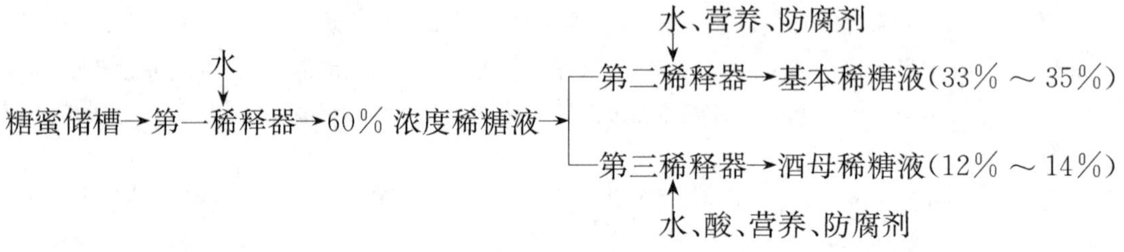

糖蜜的稀释方法有两种。间歇稀释法,糖液稀释是在稀释罐内分批进行操作的,通常罐内装有搅拌器。连续稀释法,糖液稀释是在连续稀释器中完成的,稀释水连续不断地加入,稀糖液连续不断地排出。

糖蜜酸化的目的是防止杂菌的污染,加速糖蜜灰分和胶体物质沉淀,同时得到适合于酵母生长、发酵的糖液。酸化用的无机酸通常是硫酸,现在有用盐酸和磷酸。一般加酸量以将稀释液的 pH 调节至 4 左右为限。

糖蜜所需添加的营养成分主要有以下 4 种。氮源,甘蔗糖蜜中缺乏的主要是氮源,通常可加入糖蜜量的 0.36%~0.4%的硫酸铵进行补充,而甜菜糖蜜通常不需要补氮。磷源,甜菜糖蜜缺磷,一般用过磷酸钙来补磷,用量为甜菜糖蜜量的 1%。镁盐,镁盐具有促进酵母的生长和乙醇发酵,扩大酵母生长素的效能作用。通常添加硫酸镁作为镁盐的补充原料,用量为糖蜜的 0.04%~0.05%。生物素,生长素由于受到高温处理而易被破坏,必要时加麸曲汁或酵母自溶液作为生长素。

2. 甜菜原料

欧洲利用甜菜生产酒精,通常先制成甜菜汁,再将汁发酵成酒精。制汁工艺如下:甜菜→水力输送→洗涤→热水逆向萃取→糖液。

3. 甘蔗原料

巴西等南美国家主要利用甘蔗生产酒精，通常也是先制成蔗汁，制汁工艺如下：甘蔗→洗涤→切断→压榨→蔗汁。

12.1.6.3　制糖

对于淀粉质与纤维质原料必须经过一系列处理程序，转化为可被酵母利用的糖类后，才能进入发酵阶段。

1. 淀粉质原料

淀粉质原料制糖过程主要包括：调浆，液化与糖化。

(1) 调浆

在带搅拌器的拌料罐中，将粉碎的淀粉原料加水制成粉浆，加水比例一般控制在1∶3～4，经充分搅拌，制成均一的粉浆。

(2) 液化

液化是利用液化酶使糊化的淀粉黏度降低，并水解成糊精和低聚糖。目前，多采用α淀粉酶进行液化。它能水解淀粉及其产物分子中的α-1,4糖苷键，将淀粉长链从内部分裂成若干短链的糊精。近年来发展最快的淀粉液化方法是喷射液化法。该法是利用液化喷射器将蒸气直接喷入淀粉浆薄层，同时利用耐高温的α淀粉酶(耐热温度可达100～105℃)，瞬间完成淀粉的糊化与液化。应用此法液化效果最好，由于蛋白质类杂质凝聚结合在一起，使液化醪过滤性好，便于连续操作。淀粉液化的目的是为糖化酶作用创造条件，因此必须控制液化程度，据生产经验，在正常的液化条件下，控制淀粉水解程度在葡萄糖值10～20之间较好(此时保持较多量的糊精及低聚糖、少量的单糖)，有利于糖化酶作用。

(3) 糖化

糖化是利用糖化剂将淀粉液化产物糊精及低聚糖进一步水解成葡萄糖，完成制糖过程。近来采用的糖化剂主要是糖化酶。糖化酶作用于淀粉、糊精、低聚糖等，使糖苷键连接的葡萄糖残基逐个水解分离。目前采用最多的糖化工艺是真空冷却连续糖化工艺。液化醪在真空冷却器(汽液分离器)进行前冷却，在糖化锅进行糖化，最后在螺旋板换热器中完成后冷却后送往发酵罐进行酒精发酵。

2. 纤维质原料

纤维质原料是由纤维素、半纤维素和木质素组成。纤维质原料需要通过水解成单糖后才能供酒精发酵，主要包括纤维素最终水解产物——葡萄糖，半纤维素的水解产物——木糖、葡萄糖及其他己糖和戊糖。针对不同纤维质原料的特性，可以采用不同的处理工艺进行水解，目前常用的水解处理工艺可分为酸水解工艺和酶水解工艺。

(1) 酸处理工艺

根据水解酸浓度的不同又分为浓酸水解和稀酸水解。

1) 浓酸水解　　结晶纤维能完全溶解于72%的硫酸和42%的盐酸中，纤维素逐步分解生成寡糖(主要是纤维四糖)，在低酸和加热的条件下，可进一步分解为葡萄糖。浓酸水解的优点是产率高，可达到90%以上，但需时间长，必须要考虑酸的回收，此外还需防腐蚀容器。

2) 稀酸水解　　常用硫酸和盐酸为催化剂，原料越细，水解效果越好；液固比控制在8～10；水解温度控制在200℃以上，温度越高，水解速度越快，水解时间越短。稀酸水解工艺简单，原理处理时间短，且酸不用回收，但也存在对设备腐蚀性高的缺点。

(2) 酶处理工艺

利用纤维素酶高效水解纤维素，生成单糖。与酸水解法相比，酶活的优点是可在常温下反应，水解副产物少，糖化得率高，不产生有害发酵物质。

由于纤维素的致密复杂结构及纤维素结晶特点，需要采用合适的预处理方法。纤维质原料预处理主要采用蒸汽爆裂法与稀酸预处理。预处理的目的是对纤维素分子间晶体结构的初步解体，破坏木质素和半纤维素对纤维素形成的保护层，使纤维素分子暴露出来，为纤维素进一步酶解创造条件。

Note

采用纤维素酶，将预处理好的纤维素进行酶法催化水解生产单糖。纤维素酶包括内切葡聚糖酶、外切葡聚糖酶和葡萄糖苷酶。内切葡聚糖酶的作用是随机切割β-1,4葡萄糖苷键，使纤维素长链断裂；外切葡聚糖酶从游离的糖链末端切割纤维二糖单元；葡萄糖苷酶水解纤维二糖生成葡萄糖。纤维二糖和葡萄糖对于纤维素酶的催化作用具有很强的反馈抑制作用，因此为了高效水解纤维素，必须解除纤维素酶的反馈抑制，也可采用纤维素水解与发酵乙醇进行耦合的方法，使得中间产物纤维二糖和葡萄糖的浓度保持较低水平，从而加快纤维素酶的酶解速度。

地球上储存了大量的纤维素资源，利用纤维质原料生产乙醇是最具潜质的生产方向。目前，由于纤维素生产酒精的成本相对较高，限制了大规模的生产，其工艺还需进一步完善。今后研究的主要方向在于如何一步开发高活性纤维素酶和低成本的预处理工艺。

12.1.6.4　发酵

通过以上处理工艺，不同的原料转变为可发酵糖后，即可进入发酵工序。发酵过程的目的是通过酵母的作用将醪液中的可发酵糖转化酒精与CO_2。从表面看，乙醇发酵过程很简单，但不同种类的微生物对营养需求的不同，处理后原料成分的差异，以及发酵工艺的多样性都决定了乙醇发酵是一个复杂的过程。

1. 酒母的培养

酒精发酵时所用的酵母叫"酒母"，培养流程：原始菌种→斜面菌种→液体试管→三角瓶培养→卡氏罐培养(大三角瓶)→小酒母罐→大酒母罐→成熟酒母醪。酒母的培养温度为28～30℃，卡氏罐前培养基用米曲汁、麦芽汁，小酒母罐后用生产醪生产。大、小酒母培养有间歇培养、半连续式和连续式三种形式。

成熟酒母质量的好坏关系到酒精的生产产率。在实际生产中，除要求细胞形态整齐、健壮、没有杂菌、出芽多、耗糖快外，还要通过以下指标进行检查。酵母细胞数，一般成熟的酵母细胞数为1×10^8个/ml；出芽率，成熟的酵母出芽率要求在15%～30%；死亡率，正常培养的酵母不应有死亡现象，通常要小于1%；耗糖率，成熟的酵母耗糖率一般要求控制在40%～50%；乙醇含量，成熟的酵母醪中的乙醇含量一般在3%～4%；酸度，如果成熟的酵母醪中酸度明显增高，说明酵母被产酸细菌污染。

现在不少酒精厂采用专门酵母厂生产的酒用活性干酵母(AADY)。使用干酵母的优点是酒母的质量有保证，出酒率较高，缺点是相对成本高些。通常干酵母的用量一般为原料量的0.08%～0.12%，如果是耐高温AADY的用量一般为原料量的0.05%。AADY使用前都要进行复水活化，活化方法有清水复水活化、糖水复水活化与糖化醪复水活化。复水活化工艺控制的关键是温度和时间。以糖化醪复水活化为例，用5～10倍量的38～40℃的4～5°Bx的糖化醪复水15 min，降温至31～33℃活化1～3 h。AADY复水活化较好时表现为：镜检细胞无结团现象，活细胞率高，开始出芽。有的工厂将干酵母作为种子，扩大培养一次再用，从表面上看，此法减少了干酵母的用量，但由于扩培工序带来消耗及染菌机会，反而经济效益会下降，所以这种方法是不可取的。

2. 酒精发酵过程

酒精发酵的要求是将糖化醪中的淀粉、糊精和糖尽可能多地转变为酒精。通常乙醇发酵过程可分为三个不同发酵阶段。

前发酵期，酵母细胞数还不多，由于醪液中含有一定量的溶解氧和充足的营养物质，酵母的繁殖速度较快，与此同时，残留的糖化酶继续作用，糊化的淀粉以及糊精不断转化为葡萄糖。实际生产中，酒母量控制在10%左右，间歇发酵的前发酵期约为6～8 h，连续发酵时前发酵期基本不存在，发酵温度通常控制在28～30℃，超过30℃会使酵母早期衰老，温度太低，酵母生长缓慢。

主发酵期，酵母细胞数已达10^8个/ml，由于溶解氧的耗竭，醪液中氮、磷等缺乏，此时酵母停止了大量繁殖，而进行酒精发酵。发酵作用增强，糖分迅速下降，乙醇含量逐渐上升，产生大量的CO_2带动了醪液上下翻动，并发出泡沫破裂的响声。主发酵时间一般为12 h左右，温度控制在30～34℃，由于发酵热较大，生产上要加强这一阶段的温度控制。如果温度过高，极易造成酵母早期衰老，降低酵母活力。

Note

后发酵期，醪液中的糖已大部分被酵母菌所利用，但醪液中残余的糊精等多糖成分继续被转化为可发酵性糖，但这一作用很慢，所以产生的乙醇和CO_2很少。对于淀粉原料酒精发酵，由于后糖化作用较慢，因此后发酵期一般需40 h左右才能保证发酵彻底。一般发酵温度控制在30～32℃，否则会影响后糖化作用和淀粉的出酒率。

前发酵期、主发酵期和后发酵期构成了酒精发酵的全过程。各期时间长短受糖化剂的种类、酵母的性能、酵母接种量、发酵方式和发酵温度的影响。对于淀粉原料酒精发酵，间歇发酵时间为56～72 h，连续发酵为44～52 h。

3. 酒精发酵工艺

酒精发酵工艺有间歇式、半连续式和连续式3种。

(1) 间歇发酵

也称单罐发酵，发酵的全过程在一个发酵罐内完成。表12-1列出按糖化醪液添加方式不同间歇发酵。

表12-1　常见间歇发酵方法

糖化醪流加方式	具体操作	优缺点
一次加满法	将糖化醪送入发酵罐中，一次加满，经60～72 h发酵即得成熟发酵醪	具有操作简单，易于管理的优点。但初期酵母密度低，发酵延迟期延长，初始生长和发酵速度低的缺点
分次添加法	糖化醪分几批加入发酵罐，一般先打入1/3容积的糖化醪，每隔3～6 h左右，再加入第二个和第三个1/3糖化醪	发酵旺盛，迟缓期短，有利于抑制杂菌繁殖的优点。要控制好添加的时间间隔
连续添加法	将酒母醪打入发酵罐，同时连续添加糖化醪，流加速度控制6～8 h加满一个罐	基本上消除了发酵的延迟期，总发酵时间较短。要控制好流加的速度
主发酵醪分割法	将处于主发酵阶段的发酵醪分割出1/3～1/2到第二罐中，然后两罐补加新鲜的糖化醪，继续发酵	具有节省酵母用量，接种量大，发酵时间短的优点，但易染菌的缺点

(2) 半连续式发酵

指主发酵采用连续发酵，后发酵阶段采用间歇发酵。通常有两种操作方法。

第一种方法将一组罐连接起来，前2只罐始终保持连续主发酵，第3只罐流出发酵液分别顺次加其他发酵罐，完成后发酵。应用该法可以节省大量酒母，缩短发酵时间，但必须注意消毒灭菌，防止杂菌污染。

第二种方法将7～8只发酵罐组成一个罐组，罐间用溢流管连接。生产时，先在第1只罐中加入1/3的酒母，并在保持主发酵状态下流加糖化醪。满罐后，溢流到第2只罐，当充满1/3后，糖化醪改为流加第2只罐，如此反复直至最后1只罐。最后，由首罐到末罐逐个顺次将成熟醪送去蒸馏。此方法可以大量节省酒母，发酵时间缩短，但每次新发酵周期开始时要制备新的酒母。

(3) 连续发酵

在一组发酵罐中进行，实现连续流加糖化醪，连续获得成熟发酵醪。阶梯式连续发酵是乙醇发酵连续发酵较常采用的发酵方式。发酵在同一组罐内进行，每个罐本身的各种参数基本不变，但罐与罐之间按一定规律形成一个梯度，从首罐到末罐，可发酵物浓度逐罐递减，酒精浓度则逐罐递增。发酵时糖化醪液连续从首罐加入，成熟醪液连续从末罐送去蒸馏。酒精连续发酵有利于提高设备的利用率，有利于生产过程自动化等优点，如何保障长时间不受污染是实现连续发酵成功的关键，目前还无法完全解决该难点，因此连续酒精发酵还不能在行业中全面地实施，目前仅有糖蜜原料酒精发酵多采用连续发酵。

4. 乙醇发酵的成熟指标

乙醇发酵醪成熟指标包括：酒精含量、残总糖、还原糖、酸度、挥发酸和外观糖等(表12-

2)。通过对这些指标很好控制,不但可以提高设备利用率、增加乙醇的产量和提高出酒率,而且通过分析可查找异常情况的原因,采取针对性措施,使生产正常。

Note

表 12-2 发酵醪的成熟指标

项　　目	间 歇 发 酵	连 续 发 酵
乙醇含量(体积分数)/%	9～13	8～11
残总糖/%	1 以下	0.3～0.6
还原糖/%	0.3 以下	0.2 以下
酸度	增酸不超过 0.5	不超过 0.15
挥发酸	0.1～0.15	/
外观糖/°Bx	0.5 以下	−1.0 以下

12.1.6.5 蒸馏

蒸馏是利用液体混合物中各组分挥发性能的差异,将各组分分离的方法。酒精成熟醪是一个多组分的混合物,含水 80%～90%,干物质 3%～7%,酒精 6%～10%(体积分数)及挥发性物质,同时还含有一定量的 CO_2。因此成熟醪主要包括两类物质:挥发性物质和非挥发性物质,两者较易分离开来。除酒精外,可挥发性物质中还含有数十种杂质,包括一些醇类、醛类、酸类和酯类等。乙醇的蒸馏目的就是:① 将酒精和挥发性杂质从发酵成熟醪中分离出来,即将粗酒精和酒精糟液分离;② 将粗酒精中的杂质进一步分离,并提高酒精浓度即精馏提高纯度。严格地讲,第一步为粗馏,第二步为精馏,就是通常所说的蒸馏的两个方面。酒精成品包括:工业酒精、食用酒精、精馏酒精、高纯酒精及无水酒精等。根据不同酒精产品质量的要求对蒸馏塔和精馏塔等设备进行组合,构成各种不同的蒸馏工艺流程。

1. 三塔流程

常规的三塔流程包括粗馏塔、脱醛塔和精馏塔。粗馏塔作用是从发酵成熟醪液蒸馏出粗酒精。脱醛塔的作用是在酒精浓度低时利用醛酯类杂质挥发系数和精馏系数较大的特性,将醛酯类杂质排除。精馏塔的作用是将脱醛酒精再次除杂、浓缩。根据成品酒精质量的特殊要求,增添了具有专门功能的附加塔甲醇塔、浓缩塔,构成四塔、五塔流程。甲醇塔的作用是将酒精中甲醇进一步分离,同时去除一部分头级杂质,进一步提高成品酒精的质量。通常甲醇塔设置在精馏塔之后,故又称后馏塔。

2. 差压蒸馏流程

差压蒸馏是多次重复利用蒸汽的热量,也称多效蒸馏。该工艺的特点在于不同的塔是在不同压力下进行操作,低压下运行的塔利用高压下运行塔产生的二次蒸汽作为热源,从而可节省大量能源。

3. 无水酒精生产

用普通蒸馏方法获得乙醇浓度不会超过 95.57%(质量分数),因为这是常压下酒精水溶液恒沸混合物中的酒精浓度。因此为了提高乙醇浓度,去除多余的水分,就需要采用特殊的脱水方法生产无水酒精。目前燃料酒精的发展需要更多的无水酒精,因此无水酒精生产越发重要。

无水酒精生产关键在于脱水技术。目前主要采取以下方法:① 固体吸水剂脱水,最常用有分子筛脱水法、淀粉脱水法;② 液体吸水剂脱水,最常用利用吸水性较强的甘油、汽油等液体吸收普通乙醇中的水分;③ 精馏脱水,常用恒共沸精馏脱水法、萃取精馏脱水法与加盐精馏脱水法;④ 膜分离脱水法,利用蒸汽通过膜的扩散现象脱水;⑤ 超临界或亚临界萃取脱水。目前应用于工业化生产的无水酒精方法主要是恒共沸脱水法、分子筛法脱水法和有机物吸附脱水法等。

12.1.7 酒精发酵工艺中的新技术

1. 浓醪乙醇发酵

所谓的浓醪乙醇发酵包含两个意思,一是提高单位体积内发酵醪液中淀粉的含量,二是提高发酵醪中酒精的浓度。以玉米原料为例，一般乙醇发酵生产淀粉质原料糖化醪的可溶性固形物含量为 20%～25%，而浓醪乙醇发酵要达到 30%以上；一般乙醇发酵醪的酒精浓度为 9%，而浓醪乙醇发酵要达到 15%以上。这样不仅将发酵强度大为提高，将原有设备利用率提高了 50%，而且能量消耗、管理费用、蒸馏体积均将减少 50%左右。实现浓醪发酵的途径有两条，一是选育耐高糖和高酒精浓度的酵母菌株；二是研制适合浓醪发酵的发酵工艺。但浓醪发酵也存在发酵时间长，发酵不完全，物料黏度大，输送困难等问题。

2. 固定化酵母发酵

采用吸附法、包埋法与交联固定法，将酵母细胞固定在载体上进行乙醇发酵，不仅可以提高细胞密度，而且可以反复使用，减少酵母增殖消耗的糖分，从而既增加了发酵强度，又提高了产率。通常固定化酵母呈颗粒状，将这些颗粒装在圆柱形的发酵柱内，糖液连续从柱底部进入，在柱上部流出成熟的发酵醪，送往蒸馏。目前仍然有一些技术上的问题需要解决，因此该技术还未大范围使用。

3. 细菌酒精发酵

细菌酒精发酵与常规酒精发酵相比具有以下优点：酒精得率高，1 mol 葡萄糖可生成 1.9 mol 酒精；发酵强度高，比酵母高 3 倍左右；无需供氧；发酵温度较高，适应夏季生产的要求，可节省大量的冷却水；代谢产物少，为酒精蒸馏提纯及生产高质量的酒精提供了有利条件。但存在易染菌、耐酒精能力低等缺点。

4. 发酵分离耦合技术应用

传统的发酵过程，一般只能生产 8%～10%的乙醇，当乙醇的浓度达到 5%时，酵母就会停止生长，当乙醇浓度从 6%增加到 12%时，乙醇的产率降为零。因此采用发酵分离耦合技术可以有效解决以上问题，而且也为发酵过程的连续化打下基础。目前常用方法有：发酵与吸附耦合、发酵与渗透蒸发耦合、发酵与中空纤维膜分离耦合、发酵与萃取耦合、真空发酵与气体发酵。

复习思考题

1. 细菌酒精发酵与酵母酒精发酵机制有什么不同，各有什么优势？
2. 酒精发酵过程通常包括几个阶段，每一阶段的特点是什么？
3. 在酒精蒸馏过程，如何实现高效分离与节能分离？
4. 请通过文献检索介绍目前有哪些酒精发酵新技术的应用？

12.2　氨基酸生产工艺

知识框架图

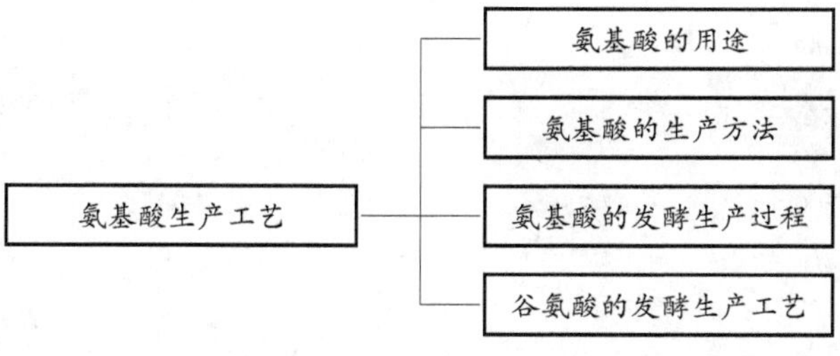

内容提要

氨基酸主要应用于食品、饲料、医药、化学、农业等方面，其可用微生物发酵法、酶法、提取法与化学合成法等多种方法生产。氨基酸的发酵是利用微生物的生长和代谢活动，阻断菌体正常合成途径而将发酵中间物质引向其他途径并排出体外的代谢控制发酵。以谷氨酸发酵生产工艺为例，了解谷氨酸发酵生产中菌种选育、生物合成途径、发酵过程调控和发酵工业控制等具体过程。

Note

氨基酸是构成蛋白的成分，是α碳原子分别以共价键连接氢原子、羧基和氨基及侧链。侧链不同，氨基酸的性质不同。目前世界上可用发酵法生产氨基酸有20多种。生产氨基酸的大国为日本和德国。日本的味之素、协和发酵及德国的德固沙是世界氨基酸生产的三巨头。它们能生产高品质的氨基酸，可直接用于输液制剂的生产。日本在美国、法国等建立了合资的氨基酸生产厂家，生产氨基酸和天冬甜精等衍生物。

目前，我国是味精的生产大国，产量居世界第一，也是世界最大的赖氨酸生产国，仅大成集团一个企业赖氨酸的生产量现在已经达到了35万t，而世界赖氨酸的总量70万t。赖氨酸产量也居世界前列。苏氨酸产量由于引进前苏联的生产菌种，有了很大的提高。国内生产氨基酸的厂家主要是天津氨基酸公司，湖北八峰氨基酸公司，但目前无论生产规模及产品质量还难与国外抗衡。在20世纪80年代中后期，我国从日本的味之素、协和发酵以技贸合作的方式引进输液制剂的制造技术和仿造产品，1991年销售量为2 000万瓶，1996年达6 000万瓶，主要厂家有无锡华瑞、北京费森尤斯、昆明康普莱特，但生产原料都依赖进口。20世纪60年代初，氨基酸主要用于鲜味调料，60年代后期开始用于饮料添加剂，70～80年代用于营养制剂；90年代以后用于医药保健、食品添加剂、日用化工、农药等。世界主要氨基酸品种和产量见表12-3。

表12-3 世界主要氨基酸产量/t·年$^{-1}$(引自欧阳平凯等，2005)

品名	1990年		1996年		2002年	
	日本	全世界	日本	全世界	全世界	中国
甘氨酸	5 500	6 000	14 000	22 000	250 000	28 000①
DL-丙氨酸	1 500	1 500	1 500	1 500	≥1 500	≥8
L-丙氨酸	200	200	250	500	≥500	≥250
L-天冬氨酸	2 500	6 000	3 000	7 000	20 000	7 000
L-精氨酸	900	1 000	1 000	12 000	15 000	约9
L-半胱氨酸	900	1 500	900	1 500	≥1 500	≥1 000
L谷氨酸钠	88 000	640 000	85 000	1 000 000	1 190 000	≥600 000
L-谷氨酰胺	1 200	1 200	1 200	1 300	1 500	300
L-组氨酸	350	350	400	400	≥400	约3
L-异亮氨酸	300	300	350	400	≥400	≥60
L-亮氨酸	300	400	350	500	≥500	≥30
L-赖氨酸盐酸盐	30 000	150 000	35 000	250 000	675 000	47 000②
L-苯丙氨酸	2 000	7 000	2 500	8 000	>20 000	约2 120
L-脯氨酸	200	300	250	350	≥350	≥250
DL/L-蛋氨酸	30 150	300 250	3 500	35 000	545 000～580 000	约125
L-丝氨酸	70	150	100	200	≥200	约5
L/DL-苏氨酸	300	700	350	4 000	30 000(L-苏氨酸)	≥30
L/DL-色氨酸	200	200	400	500	≥500	≥100
L-酪氨酸	60	100	70	120	≥120	约36
L-缬氨酸	350	400	400	500	≥500	≥100

① 预计中国2005年需求量达51 800 t。
② 预计中国2005年需求量达150 000 t。

12.2.1　氨基酸的用途

Note

1. 已发展成熟的应用领域

目前氨基酸主要用作食品补充剂、动物营养饲料添加剂，临床营养制剂以及氨基酸药物，如氨基酸注射液、氨基酸口服液、氨基酸制剂等。

(1) 食品工业

食品工业中应用氨基酸量约占氨基酸总产量的 60%。氨基酸对食品具有各种各样的效果，对防止食品变质、消除异臭、提高食品风味及增加营养价值等方面有很大作用，因此，在食品工业中的应用极其广泛。如强化食品剂(赖氨酸，苏氨酸，色氨酸)、增鲜剂(谷氨酸单钠和天冬氨酸)。另外，苯丙氨酸与天冬氨酸可用于制造低热量二肽甜味剂(α-天冬酰苯丙氨酸甲酯)，此产品 1981 年获美国 FDA 批准，现在每年产量已达数万吨。

(2) 饲料工业

氨基酸作为饲料添加剂，主要有 4 个方面的功效：促进动物生长发育；改善肉质，提高产奶、产蛋量；节省蛋白质饲料，使饲料得到充分利用；降低成本，提高饲料利用率。如甲硫氨酸等必需氨基酸可用于制造动物饲料。

(3) 医药工业

氨基酸在医药上主要用作氨基酸输液和口服氨基酸制剂，此外还用作治疗药物、短肽药物和医药合成原料。药用氨基酸以氨基酸输液量最大，2000 年氨基酸输液产量约为 1 亿瓶，2005 年达到 5 亿瓶。如多种复合氨基酸制剂可通过输液治疗营养或代谢失调，苯丙氨酸与氮芥子气合成的苯丙氨酸氮芥子气对骨髓肿瘤治疗有效，且副作用低。

氨基酸输液发展至今，已经历了几个阶段。氨基酸输液发展的新动态是各种特殊用途氨基酸液的出现，如肾衰竭病人专用、癌症患者专用、幼儿专用氨基酸输液等。氨基酸输液已由维持营养需要扩展到临床治疗。氨基酸输液可参考 PAO-WHO 标准制定配方，我国氨基酸输液按卫生部 1998 年版的《生化药品》规定执行。由于生活水平和消费水准的提高，我国氨基酸输液得到快速发展。

(4) 化学工业

氨基酸凭其本身固有的物理化学性质，在化学工业中具有极其光明的应用前景，如氨基酸可应用于化妆品中、谷氨基钠可用于洗涤剂中、丙氨酸可用于制造丙氨酸纤维等。

(5) 农业

农药对环境的污染已构成严重的社会问题，人们一致希望能有不会构成公害的农药问世。氨基酸农药既是无害农药，其易被微生物分解，而且无毒性、不污染环境，可增强植物抗菌能力。主要品种有：杀虫剂、杀菌剂、除草剂、农药稳定剂、植物生长促进剂、脱叶剂等。

2. 有待拓展的新应用领域

(1) 药物合成的原料

L-脯氨酸是胆碱酯酶抑制剂(ACE)的合成原料，D-苯甘氨酸和 D-对羟基苯甘氨酸是合成新抗生素的原料，L-缬氨酸是合成环孢菌素的原料，L-苯丙氨酸是合成 HIV 蛋白酶抑制剂和抗肿瘤药物紫杉的重要原料。

(2) 氨基酸金属盐

氨基酸的金属盐有：谷氨酸和赖氨酸的盐、天门冬氨酸和精氨酸的盐、丙氨酸谷氨酸胺等。如谷氨酸钠，是最常用的调味料，当溶于水时，会散发类似肉味，可刺激味蕾，增添食物鲜味。DL-天门冬氨酸镁可用于食品和饲料添加剂、医药保健品。

(3) 多聚氨基酸

γ-聚谷氨酸是一种出色的环保塑料，可用于食品包装、一次性餐具及其他工业用途，可在自然界迅速降解，不污染环境；聚赖氨酸(PL)既是导向药和基因治疗的载体，又是出色的保鲜剂，可用于肉、禽、海产品及各种谷类的保鲜，被称为新颖的食品保鲜剂，日本已建成年产1 000 t

的生产线；聚精氨酸(PAA)作为农用的保湿地膜、日用洗涤剂、环保废水处理，德国拜耳公司已建成年产 2 000 t PAA 实验厂。

Note

(4) 氨基酸螯合剂

以谷氨酸和天门冬氨酸为原料，生产日用化工洗洁精、照相显影剂等。

(5) 其他高新技术产品

氨基酸产品还可用作光导纤维、超导材料等，随着科学的进步，研究的深入，氨基酸新的应用领域将越来越广。

12.2.2 氨基酸的生产方法

氨基酸的制造始于 19 世纪。首先是从水解溶液中提取氨基酸，后来发明了用化学法合成氨基酸，20 世纪又出现了用微生物发酵法、酶法、提取法与化学合成法等多种氨基酸的生产方法。以下是几种具有代表性的氨基酸生产方法。

1. 酶法

酶法是利用微生物细胞或微生物产生的酶来制造氨基酸，即用酶作催化剂生产 D 型氨基酸或 L 型氨基酸的方法。其最大的特点在于底物与酶结合后能产生选择性很高的催化反应。酶法生产氨基酸具有工艺简单、周期短、能耗低、专一性强等优点。不足之处在于合适的酶的选择难度大，并且该法得到的产物浓度低，对分离与精致技术要求高。

2. 提取法

提取法以毛发、血粉及废蚕丝等天然蛋白质为原料，经酸水解后，从中提取氨基酸。提取法是最早的氨基酸生产方法，利用提取法得到的氨基酸产品是一个含有多种氨基酸的复杂物系，下游分离工序难度大、技术要求高且产生的大量废酸造成环境污染。目前随着氨基酸生产技术的进步，这一古老的生产方法受到很大的冲击，但在药用氨基酸的生产中仍有其存在的价值。如胱氨酸、半胱氨酸和酪氨酸的生产。

3. 合成法

利用有机合成和化学工程相结合的技术生产制备氨基酸的方法称为合成法。合成法的最大优点是所生产的氨基酸的品种不受限制，除制备天然氨基酸外，还可用于制备各种特殊结构的氨基酸。其缺点在于生产步骤繁杂、周期长、总收率低，并且合成法得到的产品多是 DL 型消旋体，要得到 D 型氨基酸或 L 型氨基酸，还必须进行光学拆分，而拆分成本又高。近年来，日本用微生物固定化酶分离 DL 型氨基酸获得成功。该技术和有机合成相结合，可使生产收率高、成本低、周期短。但该工艺比发酵工艺要复杂得多。亦可通过不对称合成的方法制得光学活性的氨基酸。化学家对此进行了广泛的研究，不对称合成氨基酸的新方法不断涌现，主要包括两类：一类是饱和碳原子上的取代反应；另一类是不饱和化合物的加成反应。通过手性催化剂、手性辅助试剂上大体积基团空间位阻，控制取代反应的立体化学，光学纯度收率很高。但该法手性试剂价格昂贵，反应条件苛刻。寻找廉价、反应条件温和、高立体选择性手性催化剂和手性辅助试剂是今后不对称合成方法的发展方向。DL-蛋氨酸、丙氨酸、甘氨酸、苯丙氨酸等氨基酸常用合成法生产。

但传统的提取法、酶法和化学合成法由于前体物的成本高，工艺复杂，难以达到工业化生产的目的。

4. 发酵法

发酵法是利用微生物的生长和代谢活动，生产各种氨基酸的方法。氨基酸的发酵是阻断菌体正常合成途径而将发酵中间物质引向其他途径并排出体外的异常的发酵，是典型的代谢控制发酵。通过代谢调控，选育稳定高产的氨基酸菌种，便于进行工业化生产。当前，约有 19 种氨基酸可用发酵法生产或试生产，且产量急速增长，品种逐年增加。

发酵法与其他几种方法相比，具有下列重要特征。

1) 所生成的特定氨基酸以游离态或盐的形式大量积累，其他氨基酸的种类及其含量都很少；

2）发酵法得到的氨基酸，通常都是具有生物活性的氨基酸，不需进行拆分；

3）所用原料通常是以非蛋白质为原料，如淀粉、糖蜜、石油等，这些原料廉价易得；

微生物发酵法直接制造氨基酸有许多优点，但也存在发酵液浓度低、反应时间长、设备规模较大、动力费用及产品成本较高、存在副产物、分离精制技术要求较高等问题。

下面介绍氨基酸的发酵生产过程。

12.2.3　氨基酸的发酵生产过程

利用菌种可以直接发酵，即野生菌株发酵、营养缺陷型突变菌株发酵、抗氨基酸结构类似物突变株发酵、抗氨基酸结构类似物突变株的营养缺陷型菌株发酵和营养缺陷型回复突变株发酵等，也可以利用添加前体法进行发酵。目前发酵生产主要是利用菌种直接发酵法。

所谓氨基酸发酵生产过程，就是在以糖类和铵盐为主要原料的培养基中培养微生物，积累特定的氨基酸。这种方法成立的一个重要原因是使用具有氨基酸生物合成高能力的菌株。而菌株的育种工作是从自然界中筛选有产酸能力的菌株并确立其最佳培养条件开始的，而后再在确立突变技术和阐明氨基酸生物合成系统调节机制的基础上发展为营养缺陷变异株、抗药性菌株的育种。随着重组 DNA 技术的发展，接合、转导、转染、细胞融合等手段首先用于体内基因重组，是早期用基因重组方法构建生产菌株的尝试。20 世纪 70 年代末至 80 年代初期，随着载体、受体系统的构建及体外基因重组技术的日益完善，氨基酸生物工程菌的构建有了长足的发展。苏氨酸等的生产菌株被成功地构建并应用于工业化生产。

1950 年发现了大肠埃希菌能分泌少量的丙氨酸、谷氨酸、天冬氨酸和苯丙氨酸，以及加入过量的铵盐可增加氨基酸积累量的现象。1957 年，日本的木下祝郎等采用谷氨酸棒状杆菌进行 L-谷氨酸发酵取得成功。不久，利用该菌的突变株又发酵生产了 L-赖氨酸、L-鸟氨酸和 L-缬氨酸等。中国于 1958 年开始研究 L-谷氨酸，随后分别报道了酮戊二酸短杆菌 2990-6 的 L-谷氨酸发酵及其代谢的研究结果。1965 年把北京棒状杆菌 AS1299 和钝齿棒状杆菌 AS1542 先后应用于 L-谷氨酸发酵的工业生产，接着在选育其他氨基酸的优良菌株方面也取得一定成果，逐渐形成了中国的氨基酸发酵工业。

1. 发酵菌株的筛选

(1) 直接用野生株的方法

即从自然界分离获得的菌株直接用于发酵生产。典型的例子就是谷氨酸发酵。此外，可改变培养条件，使发酵产物发生变化，如变化铵离子浓度、磷酸浓度，使谷氨酸转向谷氨酰胺和缬氨酸的发酵。

近 20 种氨基酸均可用微生物发酵法生产。但是，微生物的细胞具有代谢自动调节系统，使氨基酸不能过量积累。如果要在培养基中大量积累氨基酸，就必须解除或突破微生物的代谢调节机制。氨基酸发酵就是人为控制这种机制所取得的重大成果。从自然界中分离筛选野生菌株，控制其胞膜通透性，使之有利于分泌大量 L-谷氨酸，这也是获得 L-谷氨酸发酵微生物优良菌株的重要途径。其次通过对产 L-谷氨酸菌株的人工诱变，选育产氨基酸的各种突变株，是获得其他氨基酸发酵微生物优良菌株的有效方法。

(2) 用营养缺陷变异株的方法

利用营养缺陷型突变株发酵生产氨基酸的关键是限制某种反馈抑制物或阻遏物的量，以解除代谢调节机制而有利于代谢中间体或最终产物的过量积累。因此，不同氨基酸缺陷型生长在含有限量的所要求氨基酸的培养基中，往往能产生和积累大量某种氨基酸。例如，L-赖氨酸的生产菌株多采用高丝氨酸缺陷型突变株，而精氨酸缺陷型突变株往往产生鸟氨酸或瓜氨酸，还有用异亮氨酸缺陷株的脯氨酸发酵。

(3) 类似物抗性变异株的方法

采用调节突变株发酵生产氨基酸是成功的工艺之一，因为这类突变株一旦对氨基酸结构类似物具备了抗性之后，其正常代谢调节机制即被解除，因而能够积累大量的相应的氨基酸。即在微生物体内，具有限制过量氨基酸生成的调节机制。因此，一般很难如愿获得所要的氨基酸。为此，用一种与想获得的氨基酸结构相类似的化合物加入培养基内，使其发生控制作用，从而抑制微生物的生长。这样，就可以得到在这种培养基中能够生长的变异株，而这种变异株正是解除了调控机制的，能够生成过量的氨基酸。利用此方法发酵的有：苏氨酸、赖氨酸、异亮氨酸、组氨酸和精氨酸等(表 12-4)。

表 12-4　筛选突变株中常用的几种结构类似物

积累的物质	结构类似物
Arg(精氨酸)	刀豆氨酸
Phe (苯丙氨酸)	对-氟苯丙氨酸、噻恩基丙氨酸
Trp (色氨酸)	5-甲基色氨酸、6-甲基色氨酸
Val (缬氨酸)	α-氨基丁酸盐
Ile (异亮氨酸)	Val
Met (蛋氨酸)	α-氨基-4-乙硫基丁酸
腺嘌呤	2,6-二氨基嘌呤
尿嘧啶	5-氟尿嘧啶

(4) 营养缺陷型与抗反馈调节多重突变株

采用这类多重突变株对提高某些氨基酸的发酵产率有明显的效果。例如，生产 L-精氨酸、L-色氨酸、L-苯丙氨酸、L-酪氨酸、L-白氨酸和 L-苏氨酸等就常采用多重突变株。

(5) 体内及体外基因重组的方法

基因工程包括细胞内基因重组方法和体外基因重组方法。其中，体内基因重组在应用上又称为杂交育种，主要方法包括：转化、转染、接合转移、转导和细胞融合等，这都是在细胞内暂时地产生染色体的局部二倍体，在两条 DNA 链之间引起两次以上的交叉，是遗传重组现象。通过体内基因重组技术的应用，易于组合遗传特性，能较为有效地育种。细胞融合技术和转导技术开始应用，前者的实例有用短杆菌的苏氨酸、赖氨酸等发酵产生菌的育种；后者的实例是用大肠埃希菌的色氨酸，沙门氏菌的亮氨酸，沙雷氏菌的组氨酸、精氨酸、苏氨酸、异亮氨酸等发酵产生菌的育种。细胞内基因重组技术的缺点是，现在只在同种或有近缘关系的微生物之间进行并较难成功。

1979 年，苏联人首先成功地利用体外构建重组质粒的基因工程方法选育了苏氨酸产生菌，进行工业生产苏氨酸，开创了氨基酸发酵工业的新纪元。近几年来，用体外基因重组的方法得到许多性能优良的氨基酸生产菌株。

(6) 基因工程菌的方法

基因工程技术应用于发酵工程，使发酵工业呈现欣欣向荣的景象。发酵工业中基因工程的研究虽然起步较晚，但已取得成效，通过基因突变和重组，已选育了大批优良菌株，不仅提高了传统产品的产量，而且开发了新产品，然而道路是艰辛的。因为代谢途径工程比蛋白多肽的基因工程复杂得多，它涉及的基因通常不止一个，除了需要有效的载体受体系统外，对代谢途径及调控机制的研究也十分重要，通过多年的努力，人们在上述的研究结果的基础上，提出了构建工程菌的一些策略。

2. 氨基酸生物合成的途径

要选育生产某种氨基酸的产生菌，首先要了解这种氨基酸的生物合成途径、关键酶的反馈调控机制，从而设计正确的育种方案。代谢途径可分为共同途径和分支途径。共同途径为分支途径提供前体物质。各氨基酸的合成代谢见图 12-2。

(1) 共同途径

对共同途径的研究的焦点在于代谢过程的关键分支点。根据现有的研究资料，PEP 是各个酶系统竞争的对象。丙酮酸激酶将 PEP 转化为丙酮酸，PEP 羧化酶、PEP 羧激酶将 PEP

Note

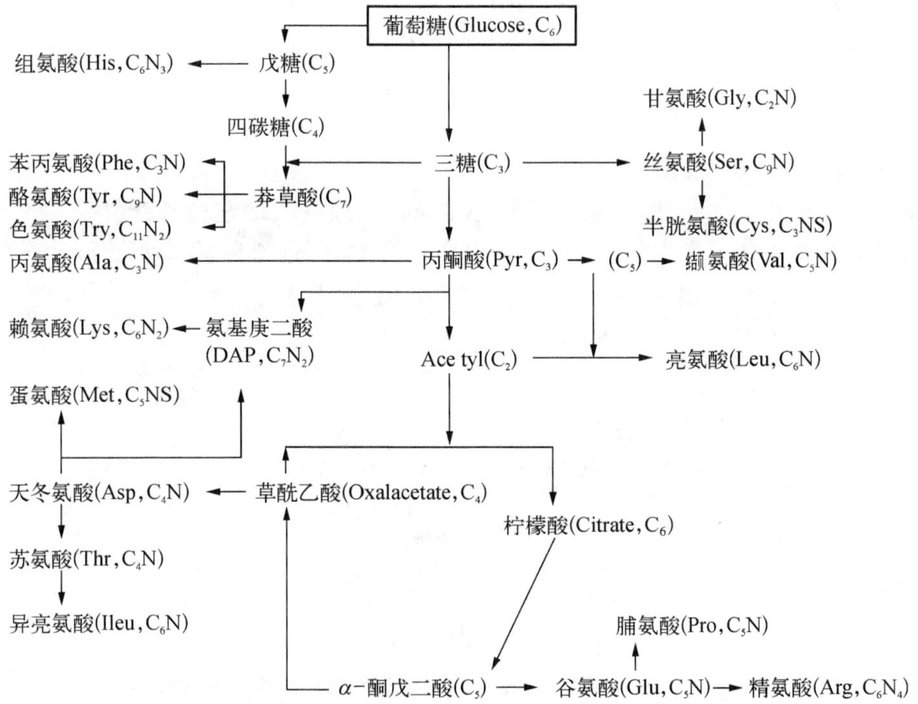

图 12-2　各氨基酸的代谢途径(引自张伟国，1997)

以葡萄糖为碳源时，细胞内各种氨基酸的代谢途径

和 CO 转化为草酰乙酸；DAHP 合成酶将 PEP 与 4-磷酸赤藓糖合成 DAHP。目前对代谢途径的研究，主要是通过插入法取代某些基因，或使酶基因失活，从而研究基因产物的功能。Gulber 等在研究 PYK 的功能时，根据其 N 端序列合成 PCR 引物，扩增得到 PYK 基因内部片段，用可移动质粒 PSU301 导入棒杆菌中同源重组，得到 PYK 突变体，来研究 PYK 基因的功能。

(2) 分支途径

分支途径通过若干个酶系，将共同的前体物质转化为不同的氨基酸。途径的研究热点在于关键酶的克隆与调控。参与氨基酸发酵的关键酶主要有 12 个，每个分支途径都有一到数个关键酶，生物合成的途径越长，关键酶的数目越多。关键酶中有的是变构酶，有的是同功酶，也有的多功能酶，它们作用于由同一前体出发去合成多种氨基酸的关键点上。目前，许多关键酶的基因已被克隆，Ozaki 等克隆了谷氨酸棒杆菌的分支酸变位酶和预苯酸脱水酶基因，通过质粒载体导回谷氨酸棒杆菌提高产量。Katsumata 克隆了谷氨酸棒杆菌的阿拉伯庚酮糖酸合成酶基因提高了色氨酸的产量。

3. 氨基酸生产的酶调控

(1) 酶量的调控

酶量的调控也可视为酶基因转录的调控，在产氨基酸途径上的关键酶的表达，受到调节基因产物与代谢终产物的共同影响。诱导物利于酶在浓度高时的合成，而阻遏物抑制酶的合成。Yang 等对 *TyrR* 基因的研究表明，它是个调节基因，调控着大肠埃希菌中 8 个转录单位的转录，其产物为 5.3 万 Da 的蛋白，可与 DNA 的连续两个大沟相互补，它在溶液中以单体状态存在，当有一定量的芳香族氨基酸存在时，可与 *TyrR* 蛋白结合，使之自体结合为六聚体，从而调节芳香族氨基酸合成中关键酶基因的转录-Ⅰ。它一方面可作为阻遏物，aroF-tyrA，tyrP，tyrB，atop 均可被 tyrR 和 tyr 复合物抑制，另一方，对于 *trp*、*mtr* 两基因的转录，又可充当激活物。TyrR 基因产物对转录的调控作用，目前是芳香族氨基酸基因工程研究的热点。

(2) 酶活性的调节

酶的活性可受到代谢物的抑制，在达到一定浓度时，代谢产物可结合于酶上，酶由活性态聚

Note

合为无活性的复合物。1992年，Jennifer用定点突变的方法证明Trp－338位点的突变可改变CMPD酶与Phe的结合，在Phe的浓度较高时，CMPD酶也不从有活性的二聚体态转变为四聚体或八聚体的无活性态。随着x-衍射、核磁共振技术在酶的结构、功能关系研究中的应用，这方面的研究将会有更大的进展。

4. 氨基酸发酵的代谢控制

1）控制发酵条件　专性需氧菌，控制环境条件可改变代谢途径和产物。

2）控制细胞渗透性　生物素、油酸和表面活性剂，引起细胞膜的脂肪酸成分的改变；青霉素可抑制细胞壁的合成，由于细胞壁的不完整性而泄露出来。

3）控制旁路代谢　图解见图12－3。

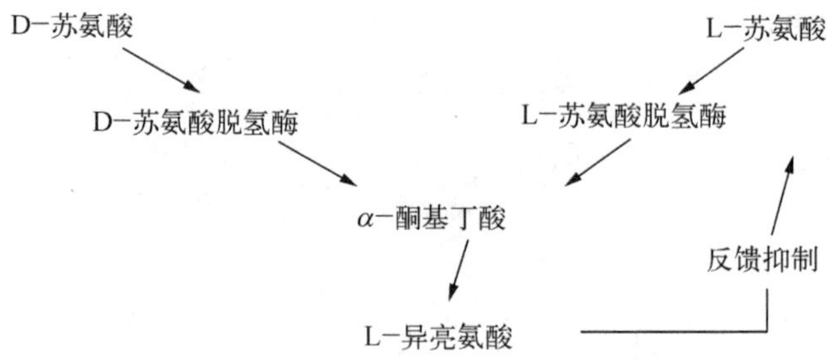

图12－3　黏质赛氏杆菌由D-苏氨酸生成L-异亮氨酸的代谢机制

4）控制反馈作用物的浓度　利用营养缺陷型突变株进行氨基酸发酵必须限制所要求的氨基酸的量。限制精氨酸的浓度可解除反馈抑制，实现鸟氨酸的生物合成。

5）消除终产物浓度与阻遏作用　使用抗氨基酸结构类似物突变株的方法，是一种与初级代谢产物结构类似但缺乏生理功能的化合物。如黄色短杆菌AHVr突变株可解除Thr的反馈抑制而积累苏氨酸。

6）促进ATP积累，以利于氨基酸的生物合成　ATP的积累可促进氨基酸的生物合成。

5. 氨基酸发酵的工艺控制

（1）培养基对氨基酸发酵的影响

1）碳源　碳源有淀粉水解糖、糖蜜、醋酸、乙醇、烷烃等。碳源浓度过高时，对菌体生长不利，氨基酸的转化率降低。菌种性质、生产氨基酸种类和所采用的发酵操作决定碳源种类。

2）氮源　氮源有铵盐、尿素、氨水等。尿素灭菌时形成磷酸铵镁盐，须单独灭菌，可分批流加；氨水用pH自动控制连续流加；营养缺陷型添加适量氨基酸时，主要添加有机氮源水解液，如生物素和氨基酸缺陷型，以添加玉米浆作氮源，同时调整pH。

3）合适C/N　氮源用于调整pH，合成菌体，生成氨基酸，因此比一般微生物发酵的C/N高。

4）磷酸盐　对发酵有显著影响，不足时糖代谢受抑制。

5）镁　是己糖磷酸化酶、柠檬酸脱氢酶和羧化酶的激活剂，并促进葡萄糖-6-磷酸脱氢酶活力。

6）钾　促进糖代谢。谷氨酸产酸期钾多利于产酸，钾少利于菌体生长。

7）钠　调节渗透压作用，一般在调节pH时加入。

8）锰　是许多酶的激活剂。

9）铁　是细胞色素、细胞色素氧化酶和过氧化氢酶的活性基的组成分，可促进谷氨酸产生菌的生长。

10）铜离子　对氨基酸发酵有明显毒害作用。

11）生长因子　生物素。其可影响细胞膜透性和代谢途径。过多促进菌体生长，氨基酸产量低。过少菌体生长缓慢，发酵周期长。另外，氧供给不足，生物素过量时，发酵向其他途径转化。可以玉米浆、麸皮水解液、甘蔗糖蜜和甜菜糖蜜为来源。

(2) pH对氨基酸发酵的影响及其控制

pH在发酵过程中会发生变化，如菌体生长阶段，相对于接种后的起始pH来说，有上升或下降的趋势；生产阶段，pH趋于稳定，维持在最适产物形成pH范围；菌体自溶阶段，培养液中氨基氮增加，pH上升。但是微生物本身具有一定的调节pH的能力。所以pH变化有一定的规律性。

pH主要影响酶的活性、微生物细胞的结构(影响细胞膜所带电荷的状态，改变细胞膜的通透性，营养物质的吸收和代谢产物的排泄，新陈代谢的进行)、影响微生物对基质的利用速率(影响培养基中某些组分的解离)、影响代谢方向等(如黑曲霉pH 2～3时产柠檬酸，pH中性时产草酸)。

微生物发酵的最适pH范围一般在5～8之间，同一菌种，生长最适pH可能与产物合成最适pH不同。生长的最适pH与发酵的最适pH可能不同。因此应从以下几方面考虑pH的控制。

1) 首先从基础培养基的配方考虑　① 调节培养基的原始pH，如使发酵期的pH在6.0左右，则原始培养基的pH调为6.5～6.8。② 加入缓冲溶液(如磷酸盐)或加入维持pH的物质如$CaCO_3$。③ 使盐类和碳源的配比平衡。

2) 通过加酸碱和中间补料来控制　① 过去直接加酸(H_2SO_4)或碱(NaOH)，现常用生理酸性物质和生理碱性物质，如$(NH_4)_2SO_4$，NH^{4+}被细胞利用后，SO_4^{2-}引起pH下降；氨水作用快，pH波动大，要采用少量、多次流加的方法。② 补料既调节了pH，又补充了营养，还可减少阻遏作用。如：味精厂普遍采用流加尿素，有两个作用，即调节pH和补充氮源，菌体生长或耗糖慢时，少量多次流加尿素，避免pH过高；菌体生长或耗糖过快时，流加尿素可多些，以抑制菌体生长；发酵后期，残糖少，接近放罐时，少加或不加尿素，以免造成氨基酸提取困难。

(3) 温度对氨基酸发酵的影响及其控制

温度主要影响发酵的反应速率和方向，还影响发酵液的黏度、溶氧和传递速率。菌体生长温度过高，则菌体易衰老，pH高，糖耗慢，周期长，酸产量低。且菌体生长达一定程度后才开始产生氨基酸，因此菌体生长最适温度和氨基酸合成的最适温度是不同的。最适发酵温度是既适合菌体的生长又适合代谢产物合成的温度。但最适生长温度与最适生产浓度往往是不一致的。如谷氨酸产生菌的最适生长温度为30～34℃，产谷氨酸的温度为36～37℃。因此在发酵前期的长菌阶段和种子培养阶段应满足菌体的生长最适温度，在发酵的中后期要适当提高温度。另外，温度随菌种、培养基成分、培养条件和菌体生长阶段不同而改变；随培养基和培养条件状况而定，如培养基稀薄时，温度可低些，若温度高，营养利用快，使菌过早自溶；通气条件差，可适当降低温度，提高溶氧率，使菌体呼吸速率降低。

采取措施：采用少量多次流加尿素、维持最适生长温度、减少风量等，来促进菌体生长；一般不需加热，因释放了大量的发酵热，需要冷却的情况多，常用夹套或蛇形管，通冷却水。

(4) 溶解氧对氨基酸发酵的影响及其控制

溶解氧对发酵的影响指标有2个，一是最适氧浓度，即菌体生长或产物合成最适浓度范围；另一个是临界氧浓度，即满足微生物呼吸的最低氧浓度。溶氧量的大小与产物的生物合成途径有关，故要考察每一种发酵产物的临界氧浓度和最适氧浓度，使发酵过程中氧保持在最适浓度。

1) 谷氨酸、谷氨酰胺、精氨酸和脯氨酸等谷氨酸系氨基酸，在菌体呼吸充足的条件下，产量最大。若供氧不足，氨基酸合成就会受到强烈抑制(乙醛酸循环磷酸烯醇式丙酮酸产生的NADH量多)。

2) 异亮氨酸、赖氨酸、苏氨酸、天冬氨酸等天冬氨酸系氨基酸，供氧充足可得最高产量，但供氧受限，产量受影响不明显(产生的NADH量不多)。

3) 亮氨酸、缬氨酸、苯丙氨酸仅在供氧受限，细胞呼吸受抑制时，才能获得对大量的氨基酸。

若供氧充足，产物形成反而受抑制(不经 TCA 循环，NADH 产量很少，过量供氧，反而抑制)。

溶氧浓度决定因素有供氧和需氧两方面，所以溶氧浓度的控制从这两方面来控制。

Note

1) 供氧方面　调节搅拌转速；调节通气速率。

2) 需氧方面　菌体浓度和菌龄(呼吸旺盛，耗氧大)；营养丰富，浓度高，菌体生长快，耗氧量大，以菌浓影响最明显；

(5) 泡沫的形成对氨基酸发酵的影响及其控制

泡沫的形成主要是由于通风搅拌程度剧烈以及菌体新陈代谢产生的 CO_2，如果培养基中蛋白质含量多(玉米浆，蛋白胨，黄豆粉，酵母粉)，糊精含量也多易发泡。泡沫的形成对氨基酸的发酵有许多不利影响。如：① 可降低生产能力(装料系数减少)；② 造成大量逃液，引起原料浪费，产物流失，增加了染菌的机会；③ 严重时，影响通气搅拌，妨碍另外菌体呼吸代谢，导致代谢异常或菌体自溶。

泡沫的控制途径有：① 调整培养基成分(如少加或缓加易起泡的原材料)；② 改变某些物理化学参数(如 pH、温度、通气和搅拌)；③ 改变发酵工艺(采用分批投料)；④ 机械消泡(物理方法，消除已形成的泡沫)，利用机械振动或压力变化使泡沫破裂；⑤ 消泡剂消泡，其可降低液膜的机械强度，降低液膜的表面黏度，从而达到破裂泡沫的目的，常见的消泡剂有天然油脂类：豆油、玉米油、棉籽油、菜籽油(还可作为碳源)，用量大，0.1%～0.2%；聚醚类：又称泡敌，消泡能力为豆油的 10～20 倍，用量少，0.02%～0.03%。

12.2.4　谷氨酸的发酵生产工艺

谷氨酸是氨基酸的一种，主要用于生产谷氨酸钠，即味精。我国的味精生产始于 1923 年，最初采用传统的蛋白质水解法。这种工艺原料消耗高(需要 30 多吨小麦的面筋才生产出 1 t 味精)、劳动条件差、污染严重、生产效率低、成本高，当时的最高年产量不足 4 000 t。1958 年，我国广大的科技工作者，在国家的支持下联合攻关选育菌种，自主创新选育了以淀粉质或糖蜜为原料生产谷氨酸的优良菌种，于 1965 年正式在上海味精厂首先投入工业化生产，继而在全国味精生产企业全面推广。微生物发酵法这一新工艺，生产条件温和，使劳动和环境得到大大的改善，生产的产品食用更加安全，并为节约宝贵的蛋白质资源、促进粮食深加工、提高农产品附加值作出了积极的贡献。发酵法生产谷氨酸是我国氨基酸工业科学技术的重大突破，是 20 世纪 60 年代谷氨酸发酵的重要成果，为生物技术在氨基酸工业中的应用开辟了广阔的前景。

利用发酵法生产谷氨酸 40 年来，我国的味精生产实现了快速发展。2006 年，中国的味精产量已达到 136 万 t，成为占世界产量 66%左右的第一生产大国。技术水平和装备水平也在不断提高，大大缩短与国外先进水平的差距。作为味精的生产和消费大国，为提高人们的生活品质作出了积极的贡献，同时味精产业也是利用高新生物技术对农产品进行精深加工的产业，年消耗玉米等农产品 250 万 t 以上，对于以科技为龙头，推动农业产业化进程和带动农民增收等方面都有较大的贡献和较好的示范性。味精生产成本的降低，一方面为我国广大人民能享用的鲜味剂提供了广泛的发展空间，也为味精进入国际市场扩大出口量创造了条件。

1. 产生菌株特点

L-谷氨酸发酵的优良菌株多属棒状杆菌属、微杆菌属、节杆菌属和短杆菌属。谷氨酸生产菌的生化特征：有苹果酸酶和丙酮酸羧化酶；α-酮戊二酸脱氢酶活性弱，异柠檬酸脱氢酶活性强，异柠檬酸裂解酶活性弱；谷氨酸脱氢酶活性高，经呼吸链氧化 NADPH2 的能力弱；菌体本身利用谷氨酸的能力低。另外，其还具有下列共同特征：细胞形态为短杆至棒状；无鞭毛，不运动；不形成芽孢；革兰阳性；要求生物素(利用石蜡为碳源的要求硫胺素)；在通气培养条件下产生大量 L-谷氨酸。此外，其他细菌、放线菌和真菌中的一些属种也有产 L-谷氨酸的菌株，但产酸率较低。常见的谷氨酸生产菌株见表 12-5。

表 12－5　谷氨酸产生菌株(引自张伟国,1997)

菌　　种		拉　丁　名
棒杆菌属(*Corynebacterium*)	北京棒杆菌 AS1.299	*C. pekinense*
	钝齿棒杆菌 AS1.542	*C. crenatum*
	谷氨酸棒杆菌	*C. glutamicum*
	百合棒杆菌	*C. lilium*
	糖蜜棒杆菌	*C. melassecola*
短杆菌属(*Brevibacterium*)	天津短杆菌 T6－13	*B. tianjinense*
	扩展短杆菌	*B. divaricatum*
	乳糖发酵短杆菌	*B. lactofermentum*
	黄色短杆菌	*B. Flavum*
	硫殖短杆菌	*B. thiogenitalis*
小杆菌属(*Microbacterium*)	水扬苷小杆菌	*M. sahcnovarum*
	嗜氨小杆菌	*M. ammoniaphilum*
	产碱小杆菌	*M. Alkaliscers*
	胶黏小杆菌	*M. glutinosus*
节杆菌(*Arthrobacter*)	氨基酸节杆菌新菌	*A. aminoformis*
	裂烃谷氨酸节杆菌	*A. hydrocarboglutamicus*
	石蜡节杆菌	*A. paraffineus*

2. 谷氨酸生物合成机制

由三羧酸循环中产生的 α－酮戊二酸,在谷氨酸脱氢酶和氢供体存在下进行还原性氨化作用而得到(图 12－4)。

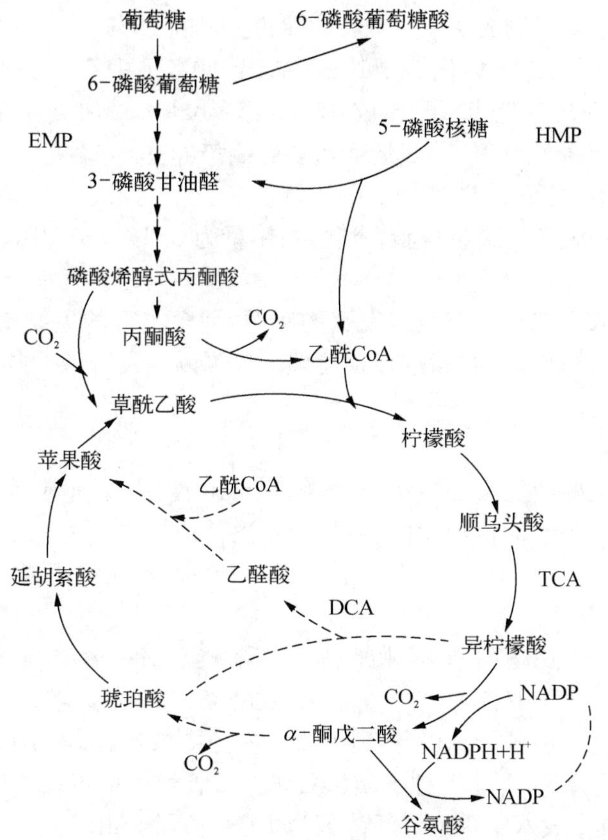

图 12－4　谷氨酸棒杆菌的谷氨酸的生物合成途径(引自张伟国,1997)

Note

3. 谷氨酸合成的调节机制

1）谷氨酸比天冬氨酸优先合成。

2）谷氨酸对谷氨酸脱氢酶反馈抑制和反馈阻遏。

3）柠檬酸合成酶是 TCA 的关键酶，受能荷调节，谷氨酸反馈阻遏，乌头酸反馈抑制。

4）异柠檬酸脱氢酶受 α-酮戊二酸反馈抑制。

5）α-酮戊二酸脱氢酶先天丧失或微弱。

6）PEP 受天冬氨酸反馈抑制，受谷氨酸和天冬氨酸反馈阻遏。

4. 谷氨酸积累的必备条件

1）一定的糖酵解速度，不能走向乳酸等的发酵。

2）生成丙酮酸后，一部分氧化脱羧生成乙酰 CoA，一部分固定 CO_2 生成草酰乙酸或苹果酸，草酰乙酸与乙酰 CoA 在柠檬酸合成酶作催化作用下，缩合成柠檬酸，再经下面的氧化还原共轭的氨基化反应生成谷氨酸。

3）生成的乙酰 CoA 不向脂肪酸途径转化，全部趋于合成柠檬酸。

4）α-酮戊二酸氧化能力微弱，即不转化为琥珀酸，而成为马蹄形不完整的三羧酸环。

5）异柠檬酸裂解酶活性弱，即不形成二羧酸环。

6）异柠檬酸脱氢酶活性强。

7）L-谷氨酸脱氢酶活性强，在 NH_3 存在下，由 α-酮戊二酸转化为谷氨酸。

8）NADPH 再氧化能力欠缺。谷氨酸菌有两种该类酶，即异柠檬酸脱氢酶和 L-谷氨酸脱氢酶。

9）造成强的细胞膜透性，以便克服终产物反馈抑制和阻遏，使生产菌产生的谷氨酸不断地渗到细胞外进入培养基中。

5. 谷氨酸发酵过程（工艺流程图见图 12-5）

（1）淀粉水解糖的制备：酸水解或酶水解

1）调浆　　干淀粉用水调成 10～11 Bx 的淀粉乳，加 0.5%～0.8%盐酸至 pH1.5。

2）糖化　　蒸汽加热，加压糖化 25 min。冷却至 80℃下中和。酶法糖化：以大米或碎米为原料时采用大米进行浸泡磨浆，再调成 15 Bx，调 pH6.0，加细菌 α-淀粉酶进行液化，85℃30 min，加糖化酶 60℃糖化 24 h，过滤后可供配制培养基。

3）中和　　烧碱中和，至 pH4.0～5.0。

4）脱色　　活性炭脱色和脱色树脂。活性炭用量为 0.6%～0.8%，在 70℃及酸性条件下搅拌后过滤。

糖蜜原料，不宜直接用来作为谷氨酸发酵的碳源，因含丰富的生物素。可经活性炭或树脂吸附法和亚硝酸法吸附或破坏生物素进行预处理。也可以在发酵液中加入表面活性剂吐温 60 或添加青霉素。

（2）菌种扩大培养

1）斜面培养　　主要产生菌是棒状杆菌属、短杆菌属、小杆菌属、节杆菌属。我国各工厂目前使用的菌株主要是钝齿棒杆菌和北京棒杆菌及各种诱变株。生长特点：适用于糖质原料，需氧，以生物素为生长因子。斜面培养基：蛋白胨、牛肉膏、氯化钠组成的 pH7.0～7.2 琼脂培养基，32℃培养 18～24 h。

2）一级种子培养　　由葡萄糖、玉米浆、尿素、磷酸氢二钾、硫酸镁、硫酸铁及硫酸锰组成。pH6.5～6.8。1 000 ml 容积中装入 200～250 ml 发酵液，32℃振荡培养 12 h。

3）二级种子培养　　用种子罐培养，料液量为发酵罐投料体积的 1%，用水解糖代替葡萄糖，于 32℃ 进行通气搅拌 7～10 h。种子质量要求：二级种子培养结束时，无杂菌或噬菌体污染，菌体大小均一，呈单个或八字排列。活菌数为 10^8～10^9 个/ml。

（3）谷氨酸发酵

1）适应期　　这个时期的主要特点是不利用糖，尿素分解释放出氨使 pH 上升，其持续时

Note

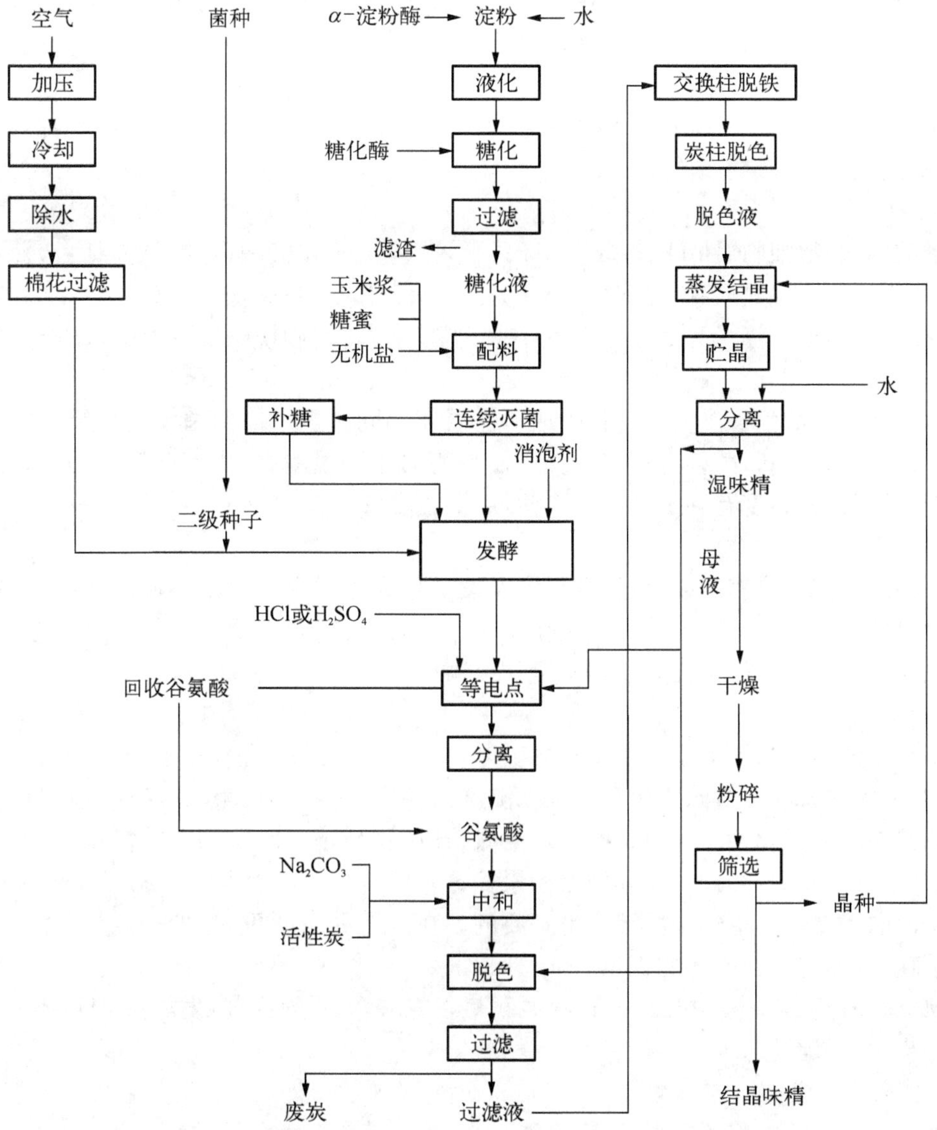

图 12-5　谷氨酸钠和味精的生产工艺流程(引自梅乐和,2007)

间约 2～4 h。可以通过控制接种量和发酵条件使适应期的维持时间缩短。

2) 对数生长期　　这个时期的主要特点是糖耗快,尿素大量分解使 pH 上升,氨被利用 pH 又迅速下降;溶氧量急剧下降后维持在一定水平;菌体浓度迅速增大,菌体形态为排列整齐的八字形,不产酸。其维持时间约 12 h。可以通过及时供给菌体生长必需的氮源、调节 pH(在 pH7.5～8.0 时流加尿素)、维持温度 30～32℃等方法使菌体的浓度在有限的时间内达到最大。

3) 菌体生长停止期　　这个时期的特点是大量合成谷氨酸。可以提供必需的氨、pH 维持在 7.2～7.4、大量通气、控制温度 34～37℃等方法大量积累谷氨酸。

4) 发酵后期　　这个时期的特点是菌体衰老、糖耗慢、残糖低。当营养物耗尽、酸浓度不增加时,应及时放罐。整个发酵周期一般为 30 h。

6. 谷氨酸发酵控制措施

(1) 生物素

作为催化脂肪酸生物合成最初反应的关键酶乙酰 CoA 的辅酶,参与脂肪酸的生物合成,进而影响磷脂的合成。当磷脂含量减少到正常的一半左右时,细胞发生变形,谷氨酸能够从胞内渗出,积累于发酵液中。生物素过量,则发酵过程菌体大量繁殖,不产或少产谷氨酸,代谢产物中乳酸和琥珀酸明显增多。

为了控制生物素的数量，除了选用的菌种必须是生物素缺陷型以外，所用的原料（主要是玉米浆）每批都要通过摇床实测后确定加入量。

Note

(2) 种龄和种量的控制

一级种子控制在 11～12 h，二级控制在 7～8 h。种量为 1%，接种量过多，则菌体娇嫩，不强壮，提前衰老自溶，后期产酸量不高。

(3) pH

发酵前期，幼龄细胞对 pH 较敏感，pH 过低，菌体生长旺盛，营养成分消耗大，转入正常发酵慢，长菌不产酸。谷氨酸脱氢酶最适 pH 为 7.0～7.2，转氨酶最适 pH7.2～7.4。在发酵中后期，保持 pH 不变。若 pH 过高，则转为谷氨酰胺，若过低，则说明发酵液中氨离子不足。

(4) 温度

谷氨酸菌的最适生长温度与产物生成所需温度不同。发酵前期菌体生长繁殖所需温度为 30～32℃。前期温度高，菌种容易衰老。后期是酶的作用温度，要比前期温度稍高。菌体增殖到稳定期，适当提高温度有利于产酸。因此，后期温度可在 34～36℃。

(5) 通风

不同种龄、种量，培养基成分，发酵阶段及发酵罐大小要求通风量不同。在长菌体阶段，通风量过大，生物素缺乏，抑制菌体生长。在发酵产酸阶段，需要大量通风供氧，以防过量生成乳酸和琥珀酸，但过大通风，则大量积累 α-酮戊二酸。

(6) 氨

谷氨酸生产菌除利用氨作为氮源合成菌体蛋白质外，大部分是生成谷氨酸所需。因此谷氨酸发酵中，加入的尿素等氮源比较大。根据测定结果，当 C∶N＝100∶0.5～2 时，只合成菌体，几乎不积累谷氨酸；当 C∶N＝100∶11 以上时，开始积累谷氨酸。加入的氮量中，作为菌体固定的只有 3%～6%，而 30%～80%作为积累谷氨酸用。在生产上通过控制 C∶N，促进以生长为主的阶段向以发酵为主的阶段转化是必要的。在一定的时间里，流加一定量氮源，不仅加速了糖的消耗，也加速了谷氨酸的积累。

当氨缺乏时，积累 α-酮戊二酸，适量时积累谷氨酸，如果氨太高，发酵液 pH5.5～6.5，谷氨酸会进一步生成谷酰胺。

(7) 磷酸盐

磷酸盐是谷氨酸发酵所必需的，但不能过高，否则转向缬氨酸发酵（表 12－6）。

表 12－6　环境条件引起谷氨酸合成的代谢转换

控制因子	产　　物
氧	（不足）乳酸或琥珀酸←→谷氨酸（充足）←→α-酮戊二酸（过量）
NH_4^+	（不足）α-酮戊二酸←→谷氨酸（适量）←→谷氨酰胺（过量）
生物素	谷氨酸（限量）←→乳酸或琥珀酸（充足）
pH	（酸性）N-乙酰-谷氨酰胺←→谷氨酸（中性或微碱性）
磷酸盐	（适量）谷氨酸←→缬氨酸（高浓度）

(8) 防止噬菌体和杂菌的污染

(9) 从空气过滤、培养基、设备、环境等环节严格把关，常见问题及控制见表 12－7。

表 12－7　常见问题及解决方法

序号	现　象	原　因	解　决　方　法
1	菌体生长缓慢或不长	(1) 感染噬菌体 (2) 培养基贫乏 (3) 菌种老化 (4) 前期风量过大，或尿素过多抑制生长	(1) 按感染噬菌体处理 (2) 补料，并停搅拌 (3) 换种、补种 (4) 停搅拌、小通风

续 表

序号	现 象	原 因	解 决 方 法
2	中后期耗糖慢、产酸低	(1) 菌种老化 (2) 前期风量过大 (3) 种子或发酵前期温度过高 (4) 生物素不足	(1) 略减风量，如残糖高可补种，或并罐发酵 (2) 略减风量，如残糖高可补种，或并罐发酵 (3) 略减风量，如残糖高可补种，或并罐发酵 (4) 补料
3	14 h后OD值继续上升	(1) 生物素过量 (2) 染菌	(1) 提高风量，提高温度 (2) 按染菌处理
4	耗糖快，pH偏低，产酸低	(1) 培养基丰富，生物素过量 (2) pH低，流加尿素不及时 (3) 通风不足，空气短路，搅拌转速低 (4) 感染杂菌	(1) 提高风量，提高pH (2) 及时流加尿素，提高pH (3) 提高风量，提高pH (4) 按染菌处理
5	发酵液变红	生物素充足，风量不足	提高风量
6	谷氨酸生成后又下跌	(1) pH偏低，NH_4^+过量，谷氨酸转变为谷酰胺 (2) 大量下跌，可能染菌	(1) 及时流加尿素，提高pH (2) 按染菌处理
7	泡沫太多	(1) 水解糖质量不好 (2) 染菌	(1) 改进水解糖质量 (2) 按染菌处理

7. 谷氨酸的提取

将谷氨酸生产菌在发酵液中积累的L-谷氨酸提取出来，再进一步中和、除铁、脱色、加工精制成谷氨酸单钠盐叫提炼。谷氨酸是发酵的目的物，它溶解在发酵液中，而在发酵液中还存在菌体、残糖、色素等胶体物质以及其他发酵副产物。提取工艺的选择原则：工艺简单，操作方便，提取收率高，产品纯度高，劳动强度小，设备简单，造价低，使用的原材料、药品价廉，来源容易。

1) 等电点法　操作简单，收率60%，周期长，占地面积大。此法分为带菌体低温等电点分批提取工艺和除菌体浓缩等电点工艺，前者分离母液中一般含谷氨酸10～15 g/L，一次收率可达78%～85%，具体与发酵液谷氨酸含量有关；后者一次谷氨酸提取收率可达85%～90%。

2) 离子交换法　用阳离子交换树脂提取吸附谷氨酸形成的阳离子，再用热碱洗脱，收集相应流分，再加盐酸结晶。用强酸性阳离子树脂(732)氢型吸附后，用60℃的NaOH洗脱。树脂再生用5.4%HCl。

3) 双柱法　将发酵液先通过弱酸性阳离子交换树脂(氢型)，以除去阳离子杂质(NH_4^+，K^+，Mg^{2+}等)，不吸附谷氨酸。再通过磺酸性阳离子交换树脂，以吸附谷氨酸，用碱液洗脱谷氨酸(第二柱)，因浓度集中，谷氨酸含量可达到60%。再分别用酸洗第一柱和第二柱进行再生。

4) 盐酸盐法　发酵液中除含谷氨酸外，尚有一定量的谷氨酰胺以及焦谷氨酸，用等电点以及离子交换提取均无法回收，可用盐酸水解来提高收率。盐酸水解时也使菌体蛋白水解成氨基酸并可使碳水化合物破坏，生成腐殖质而被除去，提高水解液质量，利用谷氨酸盐在浓盐酸中溶解度低而将谷氨酸与其他杂质分离。

5) 锌盐法　利用谷氨酸锌在水溶液中的溶解度低的原理，将发酵液中谷氨酸一次进行回收。

6) 直接浓缩法　适用于醋酸为原料发酵生产谷氨酸。

7) 离子交换膜电渗法。

8. 谷氨酸发酵研究新进展

选育各种生化突变菌株：转化率提高，或可在富含生物素的培养基中保持较高产酸水平。提高原料利用率，拓宽原料来源或简化操作工艺。

生物工程新技术的应用：体外DNA重组的基因工程、原生质体融合技术和固定化细胞技术能使产量提高。

Note

改进发酵工艺：开拓原料，改进流加工艺，通过电子计算机控制发酵条件。

9. 非糖质原料的谷氨酸发酵

(1) 醋酸发酵谷氨酸

机制：醋酸形成乙酰CoA，再进入TCA，因此凡能利用葡萄糖原料的菌种也可作为醋酸发酵谷氨酸的菌株。以醋酸钠或醋酸铵与醋酸的混合液为原料，且浓度不超过4%。发酵过程中也需流加混合液原料以保持pH。

醋酸的发酵途径类似于糖质原料，都是先变为乙酰辅酶A，再进入三羧酸循环，当生成α-酮戊二酸时，与培养基的铵离子起作用，进行还原氨基化生成谷氨酸。因此，醋酸原料所用菌种和糖质原料一样，例如，黄色短杆菌、乳糖发酵短杆菌等都是一般的谷氨酸产生菌。不过近年关于醋酸发酵谷氨酸产生菌的选育有所进展。如：

1）油酸缺陷型变异株，其谷氨酸小球菌产率较生物素缺陷型变异株为高。

2）不能由糖生成谷氨酸而能由醋酸生成谷氨酸的菌株。

3）高级不饱和脂肪酸缺陷型菌株，应用这一菌株时，由于醋酸消耗很慢，在培养初期要先以糖质原料为碳源，在不控制生物素的条件下，进行发酵。当培养液的残糖在1%以下时，连续地添加醋酸，可以生成大量的谷氨酸。

4）已分离到一些对单氟乙酸和丙二酸有抗性，且具有高产谷氨酸的优良菌株。

在发酵技术方面，有关铜离子的影响、抗氧剂的添加和醋酸与糖混合发酵法等，其中重要的是如何克服醋酸对谷氨酸产生菌的生长抑制作用。

(2) 由正构石蜡发酵生产谷氨酸

1962年发现，发酵生产谷氨酸的菌株都属于棒状杆菌、无色杆菌、芽孢杆菌和小球菌。后来又发现裂烃棒状杆菌、石蜡节杆菌和溶烷棒状杆菌等。在发现这些菌株后不久，对其生长因子要求进行了研究，结果发现硫胺素是这类菌的主要生长因子。在限量硫胺素的培养基中(3～5 μg/L)，可以生产较多量的谷氨酸，因为硫胺素焦磷酸是α-酮戊二酸的氧化脱羧酶的辅基，如硫胺素的添加量多，则此氧化作用增强，其结果不能生成谷氨酸。

在硫胺素过量情况下，所采取的发酵技术有：

1）采用青霉素和表面活性剂法：如添加青霉素、吐温40、吐温60等。

2）采用甘油缺陷型变异株法：根据磷脂的构造，能够调节磷脂含量的突变株可能有4种类型，即① 磷脂缺陷型菌株；② R(乙醇胺、丝氨酸、肌醇、胆碱)缺陷型菌株；③ 脂肪酸缺陷型菌株；④ 甘油缺陷型菌株。

当糖质和醋酸为碳源时，脂肪酸的含量可以通过生物素进行控制，而以正烷烃作碳源时，脂肪酸是由正烷烃合成的，因此不适用同样的方法，只能采取甘油缺陷型菌株。这种变异株在发酵时一般加入的甘油浓度为0.2 g/L，不受多量生物素和油酸影响。

烃类发酵和碳水化合物发酵，就工程来说是不同的。烃类发酵有两个特征：一是需要多量的氧，二是烃在水中溶解度有限。适用液烃发酵时至少有4个相：气相(空气)、液相(水)、扩散相(油)和固相(菌体)，这样一个多相体系的发酵所遭受的各种因子影响，比两相体系发酵要复杂得多。

复习思考题

1. 优良菌种获得的方法并举例说明。
2. 举例说明温度、pH、溶氧、泡沫对氨基酸发酵的影响及控制方法。
3. 谷氨酸的生物合成途径及代谢调控机制。
4. 读书报告：在谷氨酸发酵过程中，除要严格控制无菌外，还要控制哪些因素，生产菌才能实现高产。

12.3　微生物酶制剂生产工艺

Note

知识框架图

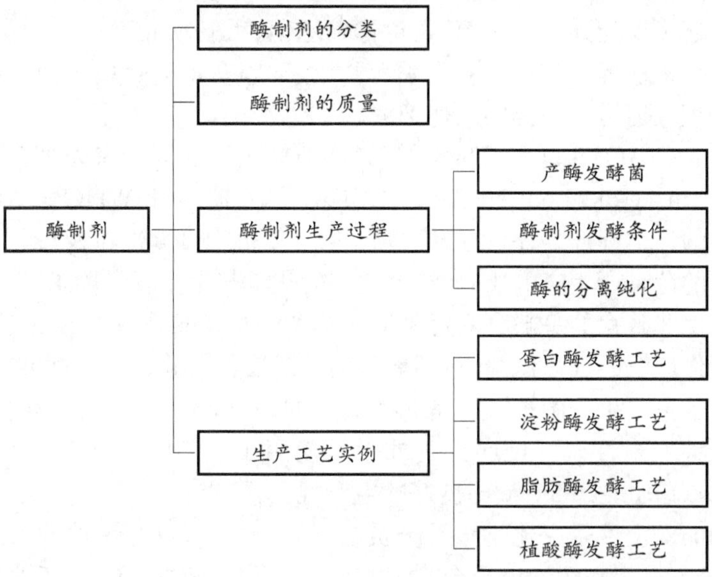

内容提要

介绍酶制剂工业的发展历程与现状，强调酶制剂在生产和生活中的重要意义。接着系统地介绍了酶制剂生产菌种的选育，发酵工艺和提取工艺等基础知识。最后以工艺实例阐述了目前酶制剂工业常用的淀粉酶、蛋白酶、脂肪酶和纤维素酶等产品的生产过程。

酶是生物反应过程的催化剂，能在常温、常压下加快化学反应的速率，合适催化各类生化反应。酶来自生物体，可以利用动物、植物、微生物为材料进行转化生产，经过提取、分离和精制等步骤得到符合使用要求的具有一定产品形式的酶，这就是酶制剂。

酶制剂工业是生物技术产业化的重要领域，它不仅是食品发酵工业的基础，也是许多相关产业发展的支柱。近年来以酶进行生物催化的环境友好、过程高效的生物化工技术已经逐步渗透到工业生产中，呈现出了良好的发展势头。随着后基因组时代的到来，蛋白质结构分析与设计技术、定向进化技术和高通量筛选技术等的迅速发展，酶工程及其应用必将显示出极大的发展潜力。

12.3.1　概述

现代酶制剂工业是一个知识密集的高科技产业。全世界酶制剂市场以年平均 11%的速度逐年增加。从 1995 年的 12.5 亿美元增加到 2008 年超过 25 亿美元的市场规模。酶的应用领域也十分广阔，其中在食品和饲料工业中用量最大，约占销售总额的 45%，洗涤剂占 32%，纺织工业占 11%，造纸工业占 7%，化学工业占 4%。近年来，酶制剂在非食品工业领域使用规模的迅速扩大，也反映出了人们资源和环保意识的增强。

目前，在全世界上百个有名的酶制剂企业中，丹麦 NOVO 公司占有约 50%市场份额，美国的杰能科公司其次，约占 25%左右市场份额，其他各国酶制剂生产企业分享余下的 25%市场份额。工业上使用的酶制剂基本上分为两种类型：第一类是水解酶类，包括淀粉酶、纤维素酶、蛋白酶、脂肪酶、果胶酶、乳糖酶等，约占市场销售额的 75%以上。目前约有 60%以上的酶制剂产品已用基因改良菌株生产，丹麦诺维信(NOVO)公司使用的菌种有 80%是基因重组菌株。第二类是非水解酶，约占市场销售额 10%左右，并有逐年增大的倾向，主要是分析试剂用酶和医药工业用酶。

酶制剂在工业上的广泛应用随之带来的安全问题也正引起人们的重视。酶本身虽是生物产品，比化学制品安全，但酶制剂并非单纯制品，常含有培养基残留物、无机盐、防腐剂、稀释剂等。在生产过程中除了某些生产菌种本身可能产生有害物质(如可能会含生物毒素，尤其是黄曲霉毒素等)之外，还可能受到沙门氏菌、金黄葡萄球菌、大肠埃希菌等病原微生物的污染。此外培养基中使用的无机盐等原料难免混入汞、铜、铅、砷等有毒重金属。为保证产品绝对安全，对原料、菌种、后处理等道道工序都要严格把关。

联合国粮农组织(FAO)和世界卫生组织(WHO)食品添加剂专家委员会(The Joint FAO/WHO Expert Committee of Food Additive,JECFA)早在 1978 年 WHO 第 21 届大会提出了对酶制剂来源安全性的评估标准。评估标准要求：来自动植物可食部位及传统上作为食品成分，或传统上用于食品的菌种所生产的酶，如符合适当的化学与微生物学要求，即可视为食品，而不必进行毒性试验。由非致病的一般食品污染微生物所产的酶要求作短期毒性试验。由非常见微生物所产之酶要作广泛的毒性试验，包括老鼠的长期喂养试验。这一标准为各国酶的生产提供了安全性评估的依据。生产菌种必须是非致病性的，不产生毒素、抗生素和激素等生理活性物质。菌种需经各种安全性试验证明无害才批准使用于生产。酶制剂生产场地也应该符合 GMP(Good Manufacturing Practice 即良好的生产规程)要求。

英国对添加剂的安全性是由化学毒性委员会(简写 COT)进行评估的，并向政府专家咨议委员会 FACE(食品添加剂和污染委员会)提出建议。COT 最关心的是菌种毒性问题，建议微生物酶至少做 90 d 的老鼠喂养试验，并以高标准进行生物分析。COT 认为菌种改良是必要的，但每次改良后应作生物检测。

美国对酶制剂的管理制度有两种：一是符合 GRAS(Gene Ralrig Conizedas Safe)物质；二是符合食品添加剂要求。被认为 GRAS 物质的酶，在生产时只要符合 GMP 就可以。而认为食品添加剂的酶，在上市前须经批准，并在联邦管理法典(CFR The Code of Federal Regulation)上登记。申请 GRAS 要通过二次评估，即技术安全性和产品安全性试验结果的接受性评估。GRAS 的认可除 FDA 有权进行外，任何对食品成分安全性具有评估资格的专家也可独立进行评估。在美国用以生产食品酶的动物性原料，必须符合肉类检验的各项要求，并执行 GMP 生产，而植物原料或微生物培养基成分在正常使用条件下，进入食品的残留量，不得有碍健康。所用设备、稀释剂、助剂都应是适用于食品的物质。须严格控制生产方法及培养条件，使生产菌不致成为毒素与有碍健康之来源。

此外，近年世界食品市场推行 KOSHER 食品认证制度，即符合犹太教规要求的食品制度。有了 KOSHER 证书，才可进入世界犹太组织的市场。在美国不仅是犹太人，连穆斯林、素食者、对食物有过敏的人，大多数也购买 KOSHER 食品。KOSHER 食品中不得含有猪、兔、马、驼、虾、贝类、有翼昆虫和爬虫类的成分。加工 KOSHER 食品的酶制剂同样要符合 KOSHER 食品的要求。故国外许多食品酶制剂都有符合 KOSHER 食品的标记。要将我国酶制剂向海外开拓，对此不可不加注意。符合 KOSHER 食品要求由专门权威机构审批，比 FDA 还严。

1. 酶制剂的分类

据报道从生物界已经发现酶的种类可能有 25 000 多种，而目前工业上生产的酶只有 60 多种，能达到工业化规模的才只有 20 多种，商品酶制剂的剂型和品种约有 600 多个。

工业生产上根据酶的习惯命名将常见的酶制剂产品分：淀粉酶制剂、蛋白酶制剂、纤维素酶制剂和脂肪酶制剂等。而从酶制剂的应用领域可以将酶制剂分为：食品用酶制剂(如：淀粉酶、糖化酶、乳糖酶、纤维素酶、脂肪酶、蛋白酶、过氧化氢酶、溶菌酶、果胶酶、烟草发酵酶制剂、酱料用复合酶和茶叶用复合酶等酶制剂)；饲料用酶制剂(如：复合酶、纤维素酶、木聚糖酶、植酸酶、葡萄糖氧化酶、木瓜酶等酶制剂）；纺织用酶制剂（如：酵素、果胶酶、纤维素酶、脂肪酶、蛋白酶、煮练酶、退浆酶、淀粉酶、漆酶、过氧化酶等酶制剂）；酒用酶制剂（如：α-乙酰乳酸脱羧酶、α-淀粉酶、β-淀粉酶、蛋白酶、酸性尿酶、葡萄糖氧化酶、β-葡聚糖酶、真菌淀粉酶、普鲁兰酶等酶制剂）；以及化妆品用酶制剂，有机合成用酶制剂，环境保护用酶制剂，洗涤用酶制剂，医疗用酶制剂和基因工程用酶制剂等。

2. 酶制剂的质量

酶制剂的质量是由其活性、纯度、稳定性、配方和包装等指标来表征的。这些参数会互相影响，其中的活性、纯度和稳定性是酶制剂质量的决定性指标，而配方和包装一般比较容易控制并能保持稳定。

酶制剂活性通常指其所具有的比活力，单位通常表示为，u/mg（单位每毫克），对于纯度不高的酶制剂也可以用 u/g（单位每克）。酶活力的测定必须在相同的条件下进行，以便于不同产品能够有一个比较的标准，在比活力检测时一般还要测定酶制剂的蛋白质含量。

酶制剂产品的纯度可以根据市场的需求或是使用要求进行灵活调整。酶产品的纯度主要是在发酵后的下游加工过程中进行调整。厂家可以根据需要，提供几个不同纯度等级的酶制剂，如工业级、食品级及医药级或者是盐析纯、电泳纯和层析纯等。工业级的酶制剂纯度的要求不高；食品级和医药级的酶制剂纯度要求比较严格，要进行产品毒性和安全性的评价。纯度高的酶制剂产品的价格比一般工业级产品通常要高出很多。

酶制剂与其他产品不同，它的质量性能是通过其催化活性来体现的，而活性一般又不稳定，因此酶制剂在储存时的生物活性的稳定性非常重要。工业生产中所用的酶很少是结晶形式的、化学纯的或是单种蛋白质制剂，会不同程度地含有一些杂质。只要酶制剂中的这些杂质不干扰酶的活力，含杂质是被允许的，而且杂蛋白对酶的稳定性也是有一定的保护作用的。一般而言，含杂蛋白的酶制剂比纯品稳定，干燥品比液体制剂稳定。

3. 酶制剂的使用

选择酶制剂产品的种类和规格一般应从下列因素予以考虑。

酶制剂成本因素　酶制剂的使用量与其添加后产生的效益在经济成本核算上是否合算。例如，β-葡聚糖酶和戊聚糖酶能有效地降解饲料中的β-葡聚糖和戊聚糖。而这两种水溶性非淀粉多糖是抗营养因子，能结合大量的水分从而使消化道流体的黏度增加，降低营养底物与消化道内源酶的作用，致使营养成分的有效利用率下降。β-葡聚糖酶和戊聚糖酶添加在玉米、豆粕型含这类抗营养因子较少的日粮中，对动物的生产性能改善作用不明显。添加在以黑麦、大麦、小麦的日粮中，对动物的生产性能改善作用较大，因此，酶的加入要权衡投入的成本与产出的效益。

影响酶制剂活性的因素　酶制剂本身是一类蛋白质，影响蛋白质活性的众多因素都会影响酶制剂的活性。酶制剂的活性随温度的升高而增加，但当温度高到一定程度时，又使酶制剂变性而丧失活性。一般酶制剂活性的最适温度为 30～45℃，超过 60℃时酶制剂就会变性而丧失活性。pH 对酶制剂活性也有影响，在其他条件不变的情况下，酶制剂在一定的 pH 范围内活性最高，一般酶制剂活性的最适 pH 接近于 6.5～8。此外，碘乙酸、高铁氰化物和重金属离子等可与酶制剂的必需基团结合或发生反应，从而使酶制剂丧失活性。因此，在酶制剂使用过程中一定要注意温度、酸碱度、重金属离子浓度等因素对酶制剂活性的影响，以求达到酶制剂的最佳使用效果。

酶的有效含量及价格因素　市场上酶制剂的种类很多，用户在购买酶制剂时，一定要选择既能保证有效含量，价格又比较合理的酶制剂，不应该只考虑价格便宜，而不考虑产品的有效含量。

再有就是要考虑酶制剂使用效果因素等。

酶制剂保藏时关键要控制好水分和温度两个条件。一般含水量高时酶易失活，含水量超过10%，在室温或低温下均易失活；含水量降至 5%时，在室温或低温下较稳定，温度越高，越易失活。因此最好在低温下保存酶制品，特别是酶制品含水分较高时，更宜低温保存。日光照射有时也引起某些酶的失活，因此应避免日光直射。一些重金属离子(如铜、铁、铅、汞、银等)会抑制酶的活力，甚至会使酶失活，应尽量避免与这些物质接触。酶的底物和某些物质具有保存酶的作用，因此酶贮存时应根据酶的不同特性添加酶的稳定剂或进行包被处理，以使酶长期保存不失活。

Note

大多数工厂生产的酶制剂对酶稳定性的要求是：干燥品在25℃时保持6个月的活力，在4℃时保持12个月的活力；液体酶在25℃时保持3个月的活力，在4℃时保持6个月的活力。

12.3.2 酶制剂生产过程

酶制剂的发酵生产过程包括发酵产酶和酶蛋白的分离提纯两个基本过程。具体地说就是菌种的获得、培养基的制备、菌种的培养、产酶条件确定、发酵条件控制和产物提取及精精制等几个方面。

1. 酶制剂生产菌种的获得

合适的微生物菌种是发酵法生产酶制剂的必要条件。很多微生物都能合成同一种酶，但是否可以作为酶制剂的生产菌种还必须测试微生物的一系列性能指标。用于发酵产酶的微生物应该具备以下几个特性：① 能够利用廉价原料，发酵周期短，产酶量高；② 易于快速繁殖，产生大量健壮的营养细胞、孢子或其他繁殖体；③ 菌株对设备和生产过程适应性强；④ 菌种不易变异退化，不易感染噬菌体；⑤ 最好选用产生胞外酶的菌种，有利于酶的分离，回收率高；⑥ 对诱变剂敏感，可通过诱变达到提高产酶性能的目的；⑦ 不是致病菌，在系统发育上最好是与病原体无关。此外，如果产品应用在食品和医药工业上的菌种还应考虑安全性问题。

产酶菌种可以来自自然界，也可从微生物保藏单位获取。从自然界分离、纯化、筛选和鉴定一种微生物需要花费很大的精力，有时往往还不能得到理想的结果。为了节约产酶菌种的开发成本，减少一些不必要的测试，也可以从确认安全的传统微生物中筛选产酶菌种。有时为了获得合适的微生物，必须去特定的生态环境中分离，如食品用酶的生产菌种常常来源于传统的发酵食品的生产菌种，这些是经过上百年自然筛选留下的性能安全可靠的微生物；有时为了生产的需要也可直接从菌种保藏机构取得菌种来进行酶的生产，这样往往可省去很多必要的检测和鉴定手续，是一种快捷的获得菌种的方法。

直接从自然界分离得到的菌种其生产性能往往还不能达到理想化程度，在实际生产中所选用的生产菌种一般需经历一个漫长的选育过程。菌种选育的方法通常有以下几种：自然突变育种，即利用菌株在日常生产过程中发生的自然突变，来选育生产性能趋向优良的正向突变株；诱变育种即利用物理或化学诱变剂处理待选菌株，促使其提高突变率，从中选出性能优良的突变菌株。表12-8列出常见酶制生产所用菌种。此外，还可以依据酶代谢工程原理通过基因重组手段进行菌种选育。

表12-8 常见酶制剂生产菌种

酶制剂名称	菌种	主要用途
α-淀粉酶	黑曲霉、米曲霉、地衣芽孢杆菌	淀粉液化、葡萄糖生产
β-淀粉酶	黑曲霉、巨大芽孢杆菌	麦芽糖生产、酿造啤酒
糖化酶	根霉、黑曲霉、内孢霉	葡萄糖生产、淀粉转化
蛋白酶	枯草芽孢杆菌、曲霉	制蛋白胨、洗涤剂添加
纤维素酶	木霉、青霉	食品、发酵、饲料添加
果胶酶	霉菌	果汁、果酒澄清
葡萄糖异构酶	放线菌、细菌	生产高果糖浆
脂肪酶	真菌、细菌	乳酪后熟、洗涤剂添加
植酸酶	细菌、霉菌	饲料添加
葡萄糖氧化酶	黑曲霉、青霉	食品保鲜

2. 发酵培养基

菌种培养目的是确定以何种方式可获得高的酶产量。一般采用固体培养法和液体培养法。酶制剂的生产应根据酶的种类、菌种性能、酶制剂的使用目的和生产条件来选择合适的微生物菌种的培养方法。

酶制剂生产上使用的菌种大都是利用有机碳的异养型微生物，培养基的营养成分是微生物发酵产酶的原料，因而，培养基在酶制剂生产中具有一定的要求。构成微生物营养物质的主要成分是碳源、氮源，其次是无机盐、生长因子和产酶促进剂等。

碳素是构成菌体成分的主要元素，也是细胞贮藏物质和生产各种代谢产物的骨架，还是菌体生命活动的能量的主要来源。同时，碳源也是一些酶生产的诱导物质。有机碳主要来源于农副产品如甘薯、麸皮、米糠等淀粉质的原料或是野生的如土茯苓、橡子、石蒜等淀粉质原料。此外，石油产品中烃类物质用作碳源生产蛋白酶也已获得成功。

氮素是生物体内各种含氮物质，如氨基酸、蛋白质、核苷酸、核酸等的成分。酶制剂生产中的氮源有两种：一种是有机态氮，常利用农产品的籽实榨油后的材料，如豆饼、花生饼、菜籽饼等；另一种是无机态氮，如$(NH_4)_2SO_4$、NH_4Cl等。

产酶培养基常需添加一定量的无机盐，主要是P、S、K、Mg、Ca、盐等。产酶培养基中的微量元素有Mn、Zn、Cu、Co、Mo等。

微生物还需一些微量的如维生素一类的物质，才能正常生长发育，这类物质统称生长因子。其中包括某些氨基酸、维生素、嘌呤或嘧啶等。酶制剂生产中所需的生长因子，大多是由天然原料提供，如玉米浆、麦芽汁、豆芽汁、酵母。玉米浆中一般含有生长素32～128 mg/ml。目前广泛采用玉米浆作为生长因子的原料。

产酶促进剂是指在培养基中添加某种少量物质，能显著提高酶产率，这类物质称为产酶促进剂。产酶促进剂大体上分为两种：诱导物和表面活性剂。诱导物一般可分为3类，即酶作用底物、酶反应产物和酶的底物类似物；表面活性剂能增加细胞的通透性，处在气-液界面改善了氧的传递速度，还可以保护酶的活性，如吐温-20的浓度为0.1%时能增加许多酶的产量。生产上常采用非离子型表面活性剂，如聚乙二醇、聚乙烯醇衍生物、植酸类、多糖、羧甲基纤维素、苯乙醇等。离子型的表面活性剂对微生物有害。用于食品、医药的酶的生产中所用的表面活性剂还须对人、畜无害。此外各种产酶促进剂的效果还受到菌种、种龄、培养基组成的影响。

3. 发酵方法

(1) 固体培养法

固体培养法(solid fermentation)虽然比较古老，但是由于设备简单、操作方便、成本低廉等原因，至今未被淘汰。甚至在有些酶的生产中产酶量大大高过液体发酵法，因而，目前仍有为数不少的工厂采用固体发酵法生产酶制剂。固体培养法是以麸皮、稻草、米糠、玉米芯等农副产品作为主要营养基质，加少量水，使之呈固体形式的培养基，接种，并在合适的温度下培养，使其生长并形成酶。酶活性测定可用少量的固体曲浸出液。

一般工艺流程：

斜面原种→斜面活化菌种→三角瓶或茄形瓶曲种→种曲→曲室固体发酵

(2) 液体培养法

液体培养法(liquid fermentation)是目前发酵工业上通常用的培养方法。它是用液体培养基对生产菌种进行多级扩大培养，以获得一定数量的、生长旺盛的菌体并接种到大型发酵罐中，采用液体深层通风培养，生产各种酶制剂产品的生产过程。在菌种培养时，结合菌种的筛选和纯化一般需进行培养物的酶活力测定。

一般工艺流程：

斜面原种→斜面活化菌种→小米或曲汁试管→摇瓶或孢子悬浮液→种子罐→发酵罐发酵

(3) 菌种产酶的类型

微生物产酶有不同类型，根据菌体生长与产酶速度的相关性可以分为：同步合成型，即酶合成与细胞生长同步，又称生长耦联型。此类型的酶，其生物合成可被诱导，但不受分解代谢产物和末端产物阻遏，且当除去诱导物或细胞进入平衡期后，酶合成立即停止；延续合成型，即酶的合成伴随着细胞生长而开始，但在细胞进入平衡期后，酶还可以延续合成较长一段时间。此类酶可受诱导，但不受上述末端产物阻遏和降解代谢产物阻遏，其对应的 mRNA 是相当稳定的，可在生长平衡期后继续合成酶，如聚半乳糖醛酶，这是一种较最理想的产酶模式；中期合成型，即酶的合成是在细胞生长一段时间后才开始的，而在进入稳定生长期后，酶合成也停止。此类酶受上述末端产物阻遏，其对应的 mRNA 是不稳定的，如枯草芽孢杆菌合成碱性磷酸酶；滞后合成型，即酶的合成是在细胞生长进入细胞平衡期后，酶才开始大量合成。此类酶大多水解酶，在对数生长期不合成，可能是受分解代谢产物阻遏，当阻遏解除后，酶开始合成，其对应 mRNA 是稳定性提高。因此需要根据各类菌种产酶的特性选择培养条件。

4. 酶的分离纯化

不同酶制剂产品的分离纯化要求是不一样的，这主要由酶的应用要求所决定，因此酶制剂的生产过程中采用的分离纯化策略也是不一样的。有的粗制品只需进行简单的浓缩或干燥就可以，一般工业级酶制剂只要求纯化到盐析沉淀，而有的应用要求比较高的酶制剂必须要用电泳或层析等手段纯化到非常高的蛋白纯度才行。

酶制剂的一般提取加工过程为：

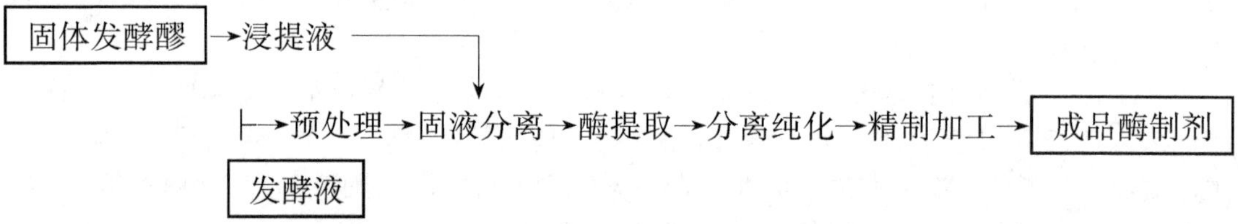

微生物细胞发酵产生的酶有两类情形，一类由细胞内产生后分泌到细胞外进行作用的酶，称为胞外酶。这类酶大都是水解酶，如酶法生产葡萄糖所用的两种淀粉酶，就是由枯草芽孢杆菌和根霉发酵过程中分泌的。这类酶一般含量较高，容易得到；另一类酶在细胞内产生后并不分泌到细胞外，而在细胞内起催化作用，称为胞内酶，如部分医用酶、基因工程用酶等。这类酶在细胞内往往与细胞结构结合，有一定的分布区域，催化的反应具有一定的顺序性，使许多反应能有条不紊地进行。胞内酶提取时在预处理过程中需要对细胞先进行破碎再分离提取。

生物细胞内产生的总的酶量虽然很高，但每一种酶在发酵液中的浓度一般却很低，往往还有许多其他酶和一般蛋白质以及其他杂质，因此为制取某酶制剂时，必须经过分纯化的手续。从发酵液中制备达到一定纯度要求的酶制剂的过程一般包括三个基本阶段：即提取、纯化、精制。具体操作步骤可以分为发酵液预处理、固液分离技术、细胞破碎、离心或过滤分离、膜分离浓缩、酶蛋白沉淀、纯化分离、浓缩结晶和干燥等单元操作，现代酶工程中有时会利用一些修饰剂对酶蛋白分子表面或内部基团进行化学修饰，优化酶蛋白分子构象，以进一步提高酶的反应能力和改善酶的使用性能。具体要求请阅读生化分离和酶的化学修饰等相关知识。

12.3.3 酶制剂产品生产工艺及其工艺操作的关键点

由于不同种类的酶来源的菌种不同，酶学性质也有差异，生产的规格要求也不同，因此，不同酶制剂发酵生产过程具有一定的特殊性，生产工艺并不完全相同。本节选取工业上常用的几类酶制剂产品的生产过程，简单介绍酶制剂的生产工艺。

1. 蛋白酶制剂的发酵生产工艺

蛋白酶(proteinase)是一类能选择性作用于含氮化合物，特别是蛋白质肽键的一类酶的总称，它作用于蛋白质，将其分解为蛋白胨、多肽及游离氨基酸。此酶种类繁多，广泛存在于所有生物体内。按其来源可分为植物蛋白酶、动物蛋白酶、微生物蛋白酶(又可分为细菌蛋白酶、放线菌蛋白酶、霉菌蛋白酶等);按其作用形式可分为肽链内切酶、肽链外切酶。通常在蛋白酶的生产应用中按蛋白酶作用条件将蛋白酶分为酸性蛋白酶,如凝乳酶;中性蛋白酶,如细菌中性蛋白酶;碱性蛋白酶,如枯草芽孢杆菌蛋白酶。

生产蛋白酶所用的菌种有细菌和霉菌等微生物。酸性蛋白酶(最适 pH2～5)产生菌主要是黑曲霉、米曲霉、根霉、微小毛霉、拟青霉、青霉、血红色螺孔菌等的某些种;中性蛋白酶(最适 pH7～8)产生菌主要是枯草芽孢杆菌、巨大芽孢杆菌、腊状芽孢杆菌、米曲霉、栖土曲霉、灰色链霉菌、微白色链霉菌、耐热性解蛋白质杆菌等;碱性蛋白酶(最适 pH9～11)主要产生菌为枯草芽孢杆菌、蜡状芽孢杆菌、米曲霉、栖土曲霉、灰色链霉菌、镰刀菌等。其中,酸性蛋白酶是生产历史较长,工艺比较成熟并较典型的一种蛋白酶,现以酸性蛋白酶生产菌种黑曲霉素 3.350 为例介绍酸性蛋白酶制剂生产的基本发酵工艺。

(1) 生产菌种

黑曲霉素 3.350。

(2) 培养基

种子培养基:玉米粉 0.625%、豆饼粉 3.65%、鱼粉 0.625%、Na_2HPO_4 2%、NH_4Cl 1.0%、$CaCl_2$ 0.5%以及豆饼粉水解液 10%(豆饼粉水解液制备:豆饼粉 100 份、石灰 6 份和水 600 份,在 9.8×10^4 Pa 下加热水解 1 h),初始 pH5.5。

发酵培养基成分与种子培养基相同。

(3) 发酵工艺

采用发酵罐进行分批发酵方式发酵产酶,酸性蛋白酶一般发酵生产工艺过程如图 12-6 所示。

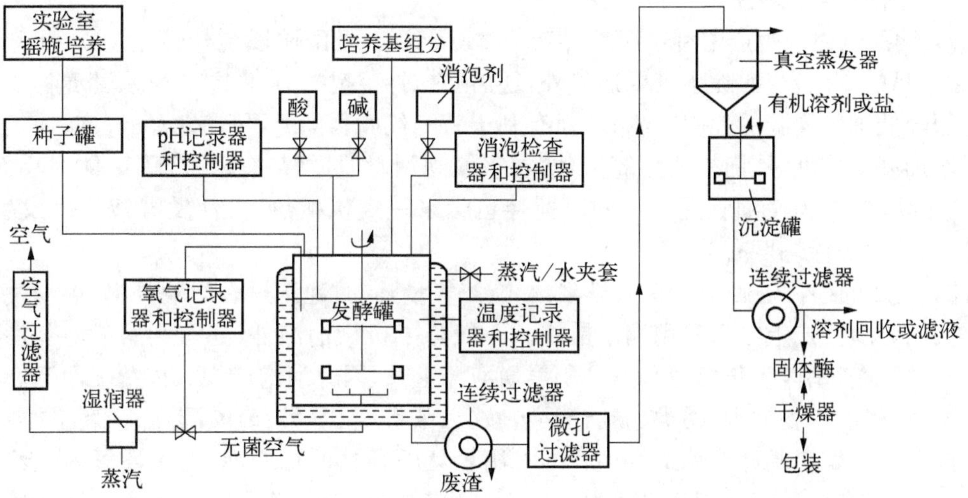

图 12-6　蛋白酶发酵生产工艺流程

(4) 发酵工艺控制

蛋白酶的发酵生产中发酵效果(产酶能力)除了受到菌种产酶性能的影响外,还受到发酵温度、pH、溶氧量等条件的影响。

温度:发酵温度的变化主要随着微生物代谢反应、发酵过程通风、搅拌速度的变化而变化。微生物在生长发育中,不断地吸收培养基营养成分来合成菌体的细胞物质和酶时的生化反应都是吸热反应;当培养基中的营养物质被大量分解时的生化反应都是放热反应。发酵初期合成反应吸收的热量大于分解反应放出的热量,发酵液需要升温。当菌体繁殖旺盛时,情况则相反,发酵液温度就自行上升,加上通风搅拌所带来的热量,这时,发酵液必须降温,以保持微生物生长繁殖和产酶所需的适宜温度。

在酸性蛋白酶生产中,种子培养初始温度控制在 31±1℃,培养时间 26 h;发酵阶段发酵温度控制在31±1℃，培养48 h结束。发酵周期为72 h，酶活性一般可达到2 500～3 200 U/ml。

pH：种子培养基和发酵培养基的pH直接影响酶的产量和质量。生产上根据pH的变化情况常作为生产控制的根据。酸性蛋白酶生产过程中种子初始pH为5.5，发酵过程pH控制在5.5左右，直到发酵结束。

Note

一般来说，培养基成分中C/N比高，发酵液倾向于酸性，pH低；C/N低，发酵液倾向于碱性，pH高。pH与通气量也有关系，通气量大，糖、脂得到完全氧化，最后产物为CO_2和H_2O；如果通气量不足，糖、脂氧化不完全，则产物为中间产物有机酸，这些使培养基pH会不同程度的降低。不同盐的利用对pH也会产生影响，如$(NH_4)_2SO_4$被利用则pH下降；而一些生理碱性盐（如$NaNO_3$）的酸根被利用则导致发酵液pH上升；在碳源严重不足，微生物被迫利用氨基酸的碳架，留下—NH_3，pH亦可能上升。pH的这些变化情况，常常引起细胞生长和产酶环境的变化，对产酶带来不利的影响。因此生产中常采用一些控制pH的方法，通常有：添加缓冲液维持一定的pH；调节通风量维持发酵液的氧化还原电位于一定范围；调节培养基的原始pH，保持一定的C/N比；当发酵液pH过高时用糖或淀粉来调节，pH过低时，通过氮调节。

通风量：种子培养阶段，种子罐通气量为1∶3 $L \cdot L^{-1} \cdot min^{-1}$，培养时间26 h；发酵阶段通气量为0～24 h控制在1∶0.25 $L \cdot L^{-1} \cdot min^{-1}$；24～48 h为1∶0.5 $L \cdot L^{-1} \cdot min^{-1}$，培养48 h结束。实际通风量的多少应根据培养基中的溶解氧而定。一般来说，在发酵初期，虽然年青细胞呼吸强度大，耗氧多，但由于菌体少，相对通风量可以少些；菌体生长繁殖旺盛期时，耗氧多，要求通风量大些；产酶旺盛时的通风量因菌种和酶种而异，一般需要强烈通风；但也有例外，通风量过多反而抑制酶的生成。因此，菌种、酶种、培养时期、培养基和设备性能都能影响通风量，从而影响酶的产量。目前用于酶制剂生产的微生物都为好气性微生物，生产上普遍采用自动测定和记录溶解氧的仪表。

搅拌：酸性蛋白酶生产中种子罐搅拌转速230 r/min，发酵阶段搅拌转速180 r/min。对于好气性微生物的深层发酵，除了需要通气外，还需要搅拌。搅拌有利于热交换、营养物质与菌体均匀接触，降低细胞周围的代谢产物，从而有利于新陈代谢。同时可打破空气气泡，使发酵液形成湍流，增加湍流速度，从而提高溶氧量，增加空气利用。但搅拌速度主要因菌体大小而异，由于搅拌产生切应力，易使细胞受损。同时搅拌也带来一定机械热，易使发酵液温度发生变化。搅拌速度还与发酵液黏度有关。

泡沫：泡沫的存在阻碍了CO_2的排除，影响溶氧量，同时泡沫过多影响补料，也易使发酵液溢出罐外。因此，生产上必须采用消泡措施。一般除了机械消泡外，还有利用消泡剂消泡。在酶生产中一般随着菌体生长繁殖和酶的积累而泡沫上升，因此消泡应视具体情况而定。消泡剂主要是一些天然的矿物油类、醇类、脂肪酸类、胺类、酰胺类、醚类、硫酸酯类、金属皂类、聚硅氧烷和聚硅酮，其中聚甲基硅氧烷最好。我国常用聚氧丙烯甘油醚或泡敌（聚环氧丙氧乙烷甘油醚）。理想的消泡剂，其表面相互作用力应低，而且应难溶于水，还不能影响氧的传递速率和微生物的正常代谢。

(5) 酶的提取

为了便于运输、储存、使用，除直接将成熟的含酶固体发酵曲或发酵液作为粗蛋白酶制剂作用外，一般需要通过提取和纯化的方法将酶制作成为固体或液体形式的酶制剂成品。酸性蛋白酶为一类胞外酶，提取过程按照胞外蛋白质提取过程。由于工业用蛋白酶制剂通常不需要过高的酶纯度，提取过程达到硫酸铵盐析沉淀粗酶即可满足使用要求。

1) 发酵液除杂　经提取，浓缩的酶液为粗酶液，可以直接应用，或进一步处理制成干粉后使用。工业上可把浓缩后的酶液作为商品粗酶液，或者略浓缩后喷雾干燥，或者盐析后制成干粉出售。这些粗酶中含有其他蛋白质、多糖、脂类和核酸等杂质。要得到纯度较高的酶制品还要去杂纯化，主要方法有以下几种：① 控制酶液的pH：利用不同蛋白质在不同pH下发生变性的原理，在目的酶稳定pH范围内保持酸性或碱性。② 利用蛋白质热变性的温度差异：一定 pH 条件下，将提取液加热到一定温度，使杂蛋白沉淀。在实际生产中，主要根据不同种类酶的 pH 进行保温调控，以达到除杂的目的。③ 蛋白沉淀剂法：加一种对目的酶没影响而杂蛋白却能沉淀去除的化学试剂，如醋酸铅、利凡诺（7-乙氧基，2，5-氨基丫啶）、单宁酸、离子型表面活性剂等，可去掉杂蛋白和黏多糖。④ 盐析法：大部分蛋白质，特别是球蛋白在低浓度盐溶液中比在纯水中易溶——盐溶现象。当盐浓度继续增加到某一点时，蛋白质不溶且沉淀下来，这种反应常称为盐析效应。对于不同的酶蛋白或其他蛋白分子，其表面极性基因不同，电荷数不同，电荷分布也不同，因而蛋白质周围的水合程度也不相同。盐是脱水剂，只有达到某一浓度，蛋白质才能沉淀。当酶液中有两种或两种以上酶时，使它们分别在不同盐浓度下先后沉淀出来。选择盐时宜利用中性盐，如 $(NH_4)_2SO_4$、$MgSO_4$、NaCl 等，现在几乎都用硫酸铵，因为硫酸铵溶解度高，对大多数酶无破坏作用，硫酸铵溶解时温度系数小，在 25℃时为 4.1 mol/L（767 g/L），在 0℃时为 3.9 mol/L（676 g/L），分级效果好，廉价易得。但应该使用质量好的硫酸铵，避免有毒性的杂质或游离硫酸破坏酶。

通常把酶培养液过滤除去菌体等杂质后，直接加入稳定剂、防腐剂作为商品酶出售。也有将酶培养液去除杂质后，进行浓缩处理，加入稳定剂和防腐剂，作为浓缩酶液出售。液态酶液的稳定性较差，且易感染杂菌。通常用甲苯等作防腐剂，用甘油、乙醇、氯化钠等的复合物作稳定剂。酶是比较脆弱的物质，如果处理条件不适宜，容易变性失活。在提取之前，应对目的酶的基本性质，如等电点、稳定性（pH、温度）、氧化还原剂对其影响等有所了解。

2）酶蛋白分离　　可以用过滤法或离心法将除杂后的不溶物分离。在实验室里可用 4 层纱布或脱脂棉，滤纸过滤效果不好。固体残渣可以再反复抽提 1～2 次，以增加收率。大规模生产可用板框过滤机或真空抽滤的办法（常用双层粗布），最好加入硅藻土等助滤剂，以用量少、不吸附酶为标准。如果使用离心分离法时，要根据酶的特点选择离心机。离心机一般用转速（r/min）表示性能。常速离心机、低速离心机最大转速为 6 000 r/min 左右。高速离心机最高转速不超过21 000 r/min，装有冷冻设备，能防止摩擦生热，多数不装真空系统，最大容积为1 500 ml。超速离心机最大转速 80 000 r/min，有冷冻和真空设备，可选择温度，恒温控制于室温与冰点之间。超速离心机使用前离心管与内容物必须准确平衡，误差不许超过 0.05～0.10 g。

3）酶蛋白提取　　许多酶蛋白在蒸馏水中不溶解。但在某些情况下用蒸馏水提取比盐有效，其原因一是酶蛋白是清蛋白，二是低渗透压可能有助于进一步破坏细胞的结构。酶蛋白（清蛋白或球蛋白）在低盐浓度下易溶，所以提取时要用加少量盐的办法以提高酶的溶解度。过高的盐浓度会使酶蛋白沉淀。盐浓度的选择与 pH 有很大关系：pH 中性时盐浓度可高些，pH 偏酸、偏碱时，盐浓度要低些。一般用等渗溶液（生理盐水）、0.15 mol/L 的 NaCl 溶液最适宜。特殊情况下为了去掉酶的络合物，常用的盐溶液有 0.15 mol/L NaCl 溶液、0.02～0.05 mol/L 磷酸盐缓冲液、0.02～0.05 mol/L 焦磷酸钠缓冲液。这种缓冲液缓冲的 pH 范围大，对氢键、离子键有较强的解离能力，能结合二价离子，对某些酶有保护作用。

盐析法是提取蛋白酶的一种有效方法。盐是一种电解质，而蛋白质具有胶体的性质，即蛋白质在水中借助于水化层和带电荷等性质能均匀地分散而不凝聚，因此加入大量的中性盐如 $(NH_4)_2SO_4$溶解于蛋白质溶液中，它们之间的反应可分为两个阶段。第一个阶段是中性盐的脱水作用，把酶表面的水分夺走，也就是说使亲水系统变成憎水系统。第二个阶段是中性盐电荷的中和作用，使酶表面的电荷下降，从而引起可见的凝聚或沉淀现象。

盐析法制备酶制剂工艺：

发酵处理液 → 硫酸铵盐析 → 压滤 → 硫酸铵沉淀酶 → 成型 → 烘干 → 成品

应用硫酸铵盐析时，一般用到硫酸铵饱和度这个概念。把硫酸铵饱和溶液的浓度作为饱和度 100%，50%饱和度是指在一定温度下加入的硫酸铵量达到一半饱和。饱和溶液的配法是，向水中加入过量的 $(NH_4)_2SO_4$，加热到 50～60℃，保温数分钟，趁热滤去沉淀。再将 0℃改为

Note

25℃条件下平衡 1～2 d,有固体析出时溶液即达 100%饱和度。在实际应用过程中,如果不知道使某酶沉淀的硫酸铵饱和度时,可按以下方法进行测定。取少量酶液,在 0℃或 25℃的温度下,边搅拌边加入研细的固体$(NH_4)_2SO_4$,直到产生沉淀时测定上清液的酶活力。若有酶活力说明目的酶没沉淀出来,继续向其中加硫酸铵粉,产生沉淀后再测上清液的活力。如此重复,直到上清液无活力,计算加入的硫酸铵总量与原酶液体积的比值,换算成 1 L 原酶液加入的盐量。再查有关的$(NH_4)_2SO_4$饱和度表确定使该酶沉淀的盐饱和度。如果测定上清液中几种不同酶的活力,也可换算出该酶液中不同酶沉淀的盐饱和度。

盐析沉淀法的缺点是要耗用大量硫酸铵。为了减少硫酸铵的使用量,提取工艺也可采用喷雾造粒法。

喷雾造粒法制备酶制剂工艺:

发酵处理液 →加 $CaCl_2$、Na_2HPO_4絮凝→压滤→酶液→薄膜浓缩(30～45℃)→喷雾造粒→筛分→ 成品

喷雾造粒法是先用 1.5%$CaCl_2$和 2.5% Na_2HPO_4(对发酵液体积)分别加水 1.3 倍和 2 倍左右配成溶液作为絮凝剂,边搅拌边把两种絮凝剂加入发酵液中,再搅拌 15 min 后静置反应 30 min。蛋白酶发酵液中含有麸皮等粗渣在浓缩造粒过程中,易堵塞设备,管道,故应除去滤渣,把经凝聚处理过的酶液经板框压滤机过滤。用压缩空气吹气二滤层中残留的酶液。滤液送浓缩工段浓缩。滤渣送烘房处理。烘房工段滤渣在烘房中于 50℃左右烘干控制含水量在 6%以下,粒度在 20～40 目,作为粗酶制品。

滤液先用刮板式薄膜蒸发器在真空度为 700 mmHg 以上进行浓缩,浓缩到酶的比活力大约为 20 000 U/ml 时利用流化床进料液喷雾沸腾造粒。它可使料液的干燥和成粒在一套设备里一次完成。

超滤膜浓缩法是使用一种特别的薄膜对溶液中的各种溶质分子进行选择性过滤的方法。该法的技术关键是选用半透性膜。目前已有多种成膜材料和制膜方法,并制出平面型、管型的商品膜。可以根据要保留的目的酶的相对分子质量数量级范围,选择不同孔径大小的超滤膜。

当溶液在一定压力(由外源氮气等惰性气体形成)下或真空抽吸、或离心通过膜时,溶质和小分子透过,大分子受阻保留于原来溶液中。采用此法可使酶液浓缩到体积分数为 10%～50%,回收率高达 90%,这是近年来发展很快并且为生产广泛采用的技术。这种方法适用于酶液和蛋白溶液等的浓缩和脱盐,其特点是成本低,操作方便,条件温和,回收率高。

2. 淀粉酶发酵工艺

淀粉酶(amylase)是能够分解淀粉糖苷键的一类酶的总称,包括 α-淀粉酶、β-淀粉酶、糖化酶和异淀粉酶。α-淀粉酶又称淀粉 1,4-糊精酶,能够切开淀粉链内部的 α-1,4-糖苷键,将淀粉水解为麦芽糖、含有 6 个葡萄糖单位的寡糖和带有支链的寡糖。生产此酶的微生物主要有枯草芽孢杆菌、黑曲霉、米曲霉和根霉。β-淀粉酶又称淀粉 1,4-麦芽糖苷酶,能够从淀粉分子非还原性末端切开 1,4-糖苷键,生成麦芽糖。此酶作用于淀粉的产物是麦芽糖与极限糊精。该酶主要由曲霉、根霉和内孢霉产生。

糖化酶又称淀粉 α-1,4-葡萄糖苷酶,此酶作用于淀粉分子的非还原性末端,以葡萄糖为单位,依次作用于淀粉分子中的 α-1,4-糖苷键,生成葡萄糖。此酶作用于支链淀粉后的产物有葡萄糖和带有 α-1,6-糖苷键的寡糖;作用于直链淀粉后的产物几乎全部是葡萄糖。此酶产生菌主要是黑曲霉(左美曲霉、泡盛曲霉)、根霉(雪白根霉、德氏根霉)、拟内孢霉、红曲霉。异淀粉酶又称淀粉 α-1,6-葡萄糖苷酶、分枝酶,此酶作用于支链淀粉分子分枝点处的 α-1,6-糖苷键,将支链淀粉的整个侧链切下变成直链淀粉。该酶产生菌主要是嫌气杆菌、芽孢杆菌及某些假单孢杆菌等细菌。

我国酶制剂工业以生产α-淀粉酶和糖化酶产量最大。生产一般包括菌种培养、酶的分离、抽提过滤、纯化结晶等工艺过程。以下以α-淀粉酶的生产为例简单介绍淀粉酶的生产。

Note

(1) 生产菌种

目前工业生产上使用α-淀粉酶的生产菌种有地衣芽孢杆菌ATCC9789，用γ射线、NTG、紫外线单独或交叉诱变处理后，其产耐热性α-淀粉酶活力可增加25倍；枯草芽孢杆菌BF7658-209，这是经物理和化学诱变处理后得到的突变株。以地衣芽孢杆菌ATCC9789为菌种为例。

(2) 培养基

种子培养基：玉米粉4%、豆饼粉3%、麸皮1%、米糠1%、$Na_2HPO_4$0.8%、NH_4Cl0.2%。

发酵培养基：玉米粉6%、豆饼粉3%、麸皮1%、米糠2%、$Na_2HPO_4$0.8%。

(3) 发酵条件的控制

培养基灭菌：罐的夹套升温至60℃时加入α-淀粉酶6U/g对玉米粉进行液化。停止搅拌，用直接蒸汽升温至121～123℃，保温40 min。

接种：将已灭菌的培养液冷却至30～31℃时按10%的接种量接入种子液，种子罐则接入孢子悬浮液。

温度控制：采用37℃，培养24～48 h。

通风培养：通风过程中，控制种子罐的罐压为50 kPa，通气量0.5 VVM，温度31～32℃，培养时间24 h。控制大发酵罐罐压为50 kPa，通气量0.5～0.7 VVM，培养温度30～32℃，并根据发酵pH的变化进行补料，培养时间为88～92 h。

α-淀粉酶酶制剂生产一般都采用液体深层培养，培养基可采用连续灭菌法也可采用间接灭菌法。灭菌完毕之后，在发酵罐内保压冷却至25～40℃，罐内压力主要用无菌空气维持。同液体曲生产相似，酶制剂生产过程中种子的培养也是用逐级扩大的方法。一般将培养好的种子按10%接种量接种到冷却后的发酵培养基内，生长过程中给予适当的通气和搅拌。菌种在不同生理时期的发酵温度有不同要求，通过夹套用蒸汽或冷水加以调节。发酵全过程必须严格控制无菌条件、温度、pH、产酶率以及培养基关键组分的消耗比例等工艺指标，定时取样，镜检化验。必要时可以滴加营养成分、缓冲液或酸碱以调节生长和产酶的pH。当酶活力单位出现高峰稳定值，即表示发酵最适终止期已到，当酶活力达到高峰时结束发酵，一般采取迅速降温的办法中止发酵罐内的培养物的生命活动。发酵结束了的培养液要及时处理。罐体设备及管路要充分清洗，并且直接吹蒸汽彻底灭菌，而后通入无菌空气保压备用。

(4) 酶的提取加工

根据酶的提取要求对发酵液进行相应的预处理，以离心或硅藻土作助滤剂滤去菌体及不溶物。在Ca^{2+}存在下低温真空浓缩后，加入防腐剂(松油、麝香草酚、苯甲酸钠等)、稳定剂(5%～15%食盐和钙盐、锌盐或山梨醇等)和缓冲剂后即可作为商品粗酶成品。

α-淀粉酶的提取及剂型生产的方法可根据自身的酶学特性参照酸性蛋白酶制剂的生产方法进行。

3. 脂肪酶发酵工艺

脂肪酶(lipase)是发现和使用较早的酶，自然界中有许多微生物可以通过它们分泌的脂肪酶来水解油脂作为生长所需的碳源物质(表12-9)。由于微生物脂肪酶的种类很多，具有比动植物酶更广的pH适应性、温度范围及对底物的专一性，又便于生产，更容易获得高纯度制剂，因此其在研究和应用上的进展相当迅速。目前，微生物脂肪酶已有多种商品化制剂供应市场，用途也相当广泛。脂肪酶可用于皮革皮毛、纺织和明胶等加工的脱脂，增加和改进食品的风味和香味，制备化工产品和试剂，用于医药等。特别是其可以起到药物作用，帮助进行消化，降低血脂及治疗局部炎症等。在该领域，随着对微生物脂肪酶研究的进一步深入，不仅酶的性质会越来越清楚，而且在酶种研究、酶种选择和酶的新用途开发方面的成绩也会不断扩大。

表 12-9　我国研究的具有工业化价值的脂肪酶生产菌

脂肪酶生产菌	酶作用条件 温度/℃	pH	主要用途	开发者及单位
阿氏假囊酵母	40	8.0～8.5	乳品增香、绢纺丝原料脱脂	沈永强 上海植物生理所
解脂假丝酵母				中科院微生物所
AS2.1203	37	8.0	绢纺原料脱脂	中科院生物所
AS2.11405	40	7.8		
扩展青霉		9.4	皮革、皮毛脱脂	施巧琴
UN503	32	9.4	造纸脱脂、洗涤剂用酶	福建师范大学
FS1884	28～30	8.5～9.0	水产品加工、食品加工	施巧琴 福建师范大学
圆弧青霉	30	9.4	洗涤剂用酶	邬显章 江南大学

以下以碱性脂肪酶为例介绍脂肪酶的生产工艺。

（1）生产菌种

产碱性脂肪酶的菌种主要有扩展青霉、无色杆菌、产碱杆菌、米赫毛霉、日本根霉、解脂假丝酵母、类产碱假单胞菌等。本文以扩展青霉变异株 FS1884 为菌种生产碱性脂肪酶。

（2）发酵条件

脂肪酶也是一种诱导酶，一般认为在发酵液中加入脂类（主要是天然油脂）能诱导脂肪酶，此外添加带酯键的化合物，有些是表面活性剂，如聚氧乙烯壬醚酚等，也能促进脂肪酶形成。

种子培养基：豆饼粉 2.5%；玉米粉 2.5%，硫酸铵 0.15%，泡敌 0.08%，pH7.0。

发酵培养基：豆饼粉 5.5%，玉米淀粉 0.8%，硫酸铵 0.2%，泡敌 0.08%，pH7.0。

培养条件：

种子罐：接种量 1%～2%，温度 27～28℃，罐压 0.1 MPa，通气量 0.5 VVM，时间 26～28 h。

发酵罐：移种量 10%，温度 26～27℃，罐压 0.1 MPa，通气量 0.7～1.0 VVM，时间 50～60 h。

（3）碱性脂肪酶生产基本工艺流程

菌种斜面 → 摇瓶 → 种子罐 → 发酵罐 → 发酵液 → 板框过滤 → 超滤 → 喷雾干燥 → 脂肪酶

（板框过滤 ↓ 滤渣）

脂肪酶的提取及加工根据酶的一般下游加工过程要求，参照其他酶制剂的生产过程。

4. 纤维素酶发酵工艺

纤维素酶（cellulase）的研究最早是 1906 年 Seilliere 在蜗牛的消化液中发现了分解纤维素的纤维素酶。20 世纪 70 年代，美国、日本和前联邦德国等发达国家已工业化生产纤维素酶制剂，它可将丰富的纤维素资源转化为再生资源，解决能源、饲料和食品供应之不足。我国于 20 世纪 70 年代开始研究纤维素酶，并在酒精、白酒、酱油行业上应用。近几年来，在饲料行业应用很广。

纤维素酶是降解纤维素 β-1,4-葡萄糖苷键的一类酶的总称，因此纤维素酶又有纤维素酶复合物之称。通常认为主要包括 C_1 酶、C_X 酶和 β-葡萄糖苷酶。C_1 酶主要作用天然纤维素，将其转变成水合非结晶纤维素；C_X 酶又可分为 C_{X1} 酶和 C_{X2} 酶，C_{X1} 酶是内切型纤维素酶，它从水合非结晶纤维素分子内部作用于 β-1,4-糖苷键，生成纤维糊精和纤维二糖。C_{X2} 酶为外切型纤维素酶，它从水合非结晶纤维素分子的非还原性末端作用。β-葡萄糖苷酶又称纤维二糖酶，它作用于纤维二糖，生成葡萄糖。这些酶协同作用可将纤维素彻底降解为还原糖-葡萄糖。纤维素占地球动植物总量的一半，是数量最大的可再生资源，但在自然状态下，纤维生物降解是很缓慢的。参与分解纤维素的微生物在不同环境下也是不同的，而且酶在时空上常常是由很多微生物依先后次序分工协调完成的。要把自然界的这个过程加速完成是一件不容易的事。纤维素酶可分解富含纤维的细胞壁，使其包含的蛋白质、淀粉等营养物质释放出来并加以利用，同时又可将纤维降解为可被畜禽机体消化吸收的还原糖，从而提高饲料利用率。

(1) 生产菌种

产生纤维素酶的微生物研究较多的是真菌，对细菌和放线菌研究很少。当前用来生产纤维素酶的微生物主要是木霉、黑曲霉、青霉和根霉，此外，漆斑霉、反刍动物瘤胃菌、嗜纤维菌、产黄纤维单孢菌、侧孢菌、黏细菌、梭状芽孢杆菌等也能产生纤维素酶。本文以里氏木霉为菌种介绍纤维素酶的生产工艺。

(2) 培养基

1) 斜面培养基　马铃薯 200 g，琼脂 15～20 g，蔗糖 20 g，水 1 000 ml。马铃薯去皮切成块煮沸半小时，然后用纱布过滤，再加糖及琼脂溶化后补足水至 1 L，0.1 MPa 灭菌 20 min。

2) 摇瓶培养基　麸皮 3%、蛋白胨 0.3%，硫酸铵 0.2%，酵母膏 0.05%，K_2HPO_4 0.4%，$CaCl_2 \cdot 2H_2O$ 0.03%，$MgSO_4 \cdot 7H_2O$ 0.03%，0.1 MPa 灭菌 30 min。

3) 发酵培养基　稻草粉 4%、麸皮 1%、蛋白胨 0.3%，硫酸铵 0.2%，酵母膏 0.05%，K_2HPO_4 0.4%，吐温 80 0.02%。

(3) 液体发酵工艺流程

斜面菌种 → 摇瓶培养 → 发酵罐 → 固液分离 → 硫酸铵盐析固液分离 → 低温干燥 → 纤维素酶成品

种子培养：斜面母菌种 → 斜面活化培养 → 250 ml 三角瓶内装 100 ml 摇瓶培养基，30℃，250 r/min 培养 18～24 h。

发酵条件的控制：30℃、溶氧保持在 70 % 以上培养，发酵至 108 h，发酵结束放料提取纤维素酶。

(4) 酶的提取

将含酶的发酵液经板框过滤后，过滤清液经超滤机浓缩至所需的酶活，直接作为液体成品酶制剂。固体酶制剂一般采用硫酸铵盐析法，先缓慢加入硫酸铵配制成 60%饱和度，静置 1 h。离心分离，取盐析沉淀物。盐析酶沉淀物低温干燥(40℃气流干燥)，即为成品粗纤维素酶制剂。

其他纯度和剂型的制剂加工请参照酶的分离纯化过程。

复习思考题

1. 简述酶制剂种类及其主要用途。
2. 酶制剂的质量标准主要体现在哪些指标上？
3. 微生物发酵产酶的主要特点有哪些？
4. 试述酶的分离提取过程的主要步骤及其操作要领。
5. 概述淀粉酶的发酵生产工艺流程。

12.4　抗生素生产工艺

知识框架图

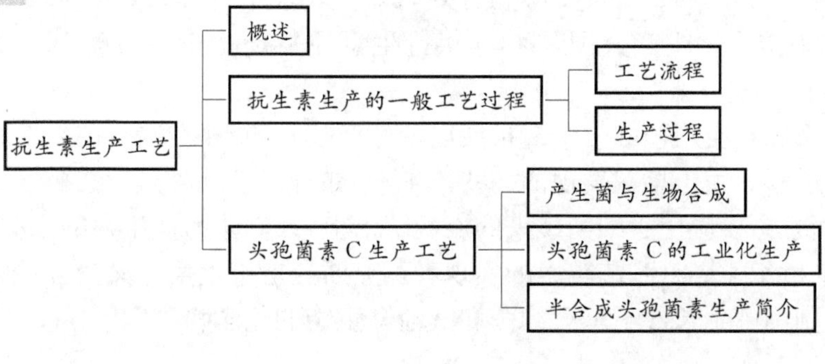

内容提要

Note

本节主要介绍抗生素的基本概念、种类、来源、生产过程、作用机制及其应用。详细介绍了头孢菌素C的生产工艺,并介绍了临床上重要的半合成头孢菌素的生产方法。

12.4.1 概述

1. 抗生素(antibiotic)的定义和命名

在很久以前,我们的祖先就知道利用长在豆腐上的霉来防止伤口化脓,然而,古代的人们并不知道其中的原因。1680年,荷兰人安东尼·列文虎克发明了显微镜,大大地推动了微生物学的发展。19世纪末,有人从铜绿假单孢菌的培养液中分离出一种具有拮抗作用的物质——铜绿假单孢菌脂,用来治疗化脓的伤口,但由于毒性太大,而没有临床实用价值。

1928年,英国细菌学家弗莱明(Alexamder Fleming)发现了由丝状真菌点青霉(*Penicillium notatum*)产生的,具有抗菌活性的物质青霉素(penicillin)。1940年,弗罗里(Florey)和钱恩(Chain)成功地从点青霉培养液中制得了青霉素结晶,并证实它对金黄色葡萄球菌和其他革兰阳性细菌所引起的许多严重疾病确有卓越的疗效,世界上真正有临床价值的抗生素从此诞生。第二次世界大战结束前夕,为救护伤员,许多著名的微生物学家、化学家、药理学家和工程技术人员等联合起来大规模地开展青霉素的工业生产,发展了一个新的工业部门,即抗生素发酵工业。

1944年,美国放线菌专家瓦克斯曼(Selman Waksman)发现了第一个用于临床的由放线菌产生的抗生素——链霉素(streptomycin),能有效地治疗细菌特别是结核杆菌引起的感染。此后,人们又陆续发现了抗革兰阴性菌、抗革兰阳性菌和抗病毒的广谱抗生素,如氯霉素(chloramphenicol)、金霉素(chlorteracycline)和土霉素(oxytetracycline),抗真菌的制霉菌素(nystatin),对青霉素耐药菌有效的红霉素(erythromycin)和抗癌抗生素丝裂霉素(mitomycin)等。

20世纪60年代,半合成抗生素开始发展。1959年巴切勒(Batchelor)获得了青霉素母核,即6-氨基青霉烷酸(6-aminopenicillanic acid,简称6-APA),并研究了半合成青霉素和头孢菌素C(cephalosporin C),得到了耐酸、可口服、毒性低及对青霉素耐药菌有效的广谱青霉素。从此开始了用化学方法对已有的抗生素进行结构改造的新时期,开辟了一条研发新抗生素的十分有效的新途径,在此期间有大量半合成抗生素进入临床。

进入20世纪80年代以来,抗生素的研制已由过去的随机筛选法进入了根据作用机制进行理性筛选的阶段,建立起各种筛选模型,以寻找各种适应症更专一、作用力更强的新抗生素。目前,已有160种抗生素被用于临床治疗。

我国于1953年建立上海第三制药厂,开始生产青霉素。1957年建立华北制药厂。在第一个五年计划期间,中国医学科学院建立抗生素研究所,中国科学院药物研究所、中国科学院微生物研究所、上海医药工业研究院、福建师范大学等单位相继组建抗生素研究室。经过50多年的发展,我国抗生素的研究、生产从无到有、从小到大地迅速发展,建成了几十个大、中型抗生素生产企业,国内临床上使用的主要抗生素,我国基本上有生产,而且还有相当数量可供出口。另外,我国还研制出国外没有的抗生素——创新霉素等。研制出灭瘟素(blasticidin S)、春日霉素(kasugamycin)和有效霉素(亦称井冈霉素,validamycin)等农用抗生素。我国现已成为抗生素生产大国,2009年抗生素原料药产量预计达到14.7万t,抗生素产量总体规模居世界首位。

随着抗生素来源和应用领域的不断扩展以及生产技术的不断发展,抗生素的定义也经历了一个不断修正的过程。由于早期发现的一些抗生素,如青霉素、链霉素、红霉素等均来源于微生物的生命活动,而且主要应用于细菌感染的疾病防治上,人们认为抗生素的来源仅限于"微生物所产生",正如19世纪40年代,链霉素的发现者瓦克斯曼把抗生素定义为"由微生物产生的,其稀释溶液能够抑制细菌生长甚至杀灭细菌和其他微生物的化学物质"。

随着合成技术的出现，抗生素的来源不仅限于微生物，也可以通过化学方法对已有的抗生素进行结构改造(即半合成)或者完全由化学合成的方法获得新的抗生素，如磺胺类和 4 -喹诺酮类。同时，发现植物及动物也能产生抗生素，例如蒜素、黄连素、鱼腥草素及鱼素等。此外，抗生素的应用范围已远远超出了抗菌范围。有的抗生素对肿瘤细胞有抑制作用，如博来霉素可治疗皮肤和头颈部鳞状上皮细胞癌；有的抗生素对原虫有抑制作用，如巴龙霉素可治疗阿米巴痢疾；有些抗生素有抑制某些特异性酶的活力，如抑胃霉素对胃蛋白酶具有抑制作用，可治疗胃溃疡。除抗菌作用外，还有其他生理活性，如新霉素、两性霉素 B 等具有降低胆固醇的作用，有的还有镇咳、止血、改善心血管功能、刺激机体生长、增强机体免疫功能的效果。因此，仅仅把抗生素看作是抗菌药物就显得狭隘了。比较确切的抗生素定义应为“抗生素是生物，包括微生物、植物和动物在内，在其生命活动过程中所产生的(或由其他方法获得的)，能在低微浓度下有选择地抑制或影响他种生物功能的有机物质”。

同样一种抗生素，可能只有抑制细菌生长的作用，也可能具有杀死细菌细胞的作用，因使用环境和作用对象而定。能抑制细菌生长的抗生素称为抗菌素，如氯霉素；而引起细菌细胞死亡的抗生素称为杀菌素，它能使细菌数量减少，如青霉素。

抗生素的命名方法很多，对常用抗生素的命名，基本上可以归纳为以下三种：

1) 根据合成抗生素的动物、植物或微生物菌属分类学名称来命名。例如：青霉素、链霉素、赤霉素、灰黄霉素、蒜素、黄连素、鱼素等。

2) 以抗生素的化学结构或性质特征命名。例如：四环素、氯四环素、氯霉素、环丝氨酸、重氮丝氨酸等。

3) 以一些有纪念意义或首次发现抗生素的地方命名以及延用习惯上已采用的俗名。例如：创新霉素、正定霉素、庐山霉素、平阳霉素、井冈霉素、金霉素、土霉素等。

2. 抗生素的分类

抗生素的种类繁多，数量上不断膨胀，结构和性质上日趋多样化、复杂化，分类方法也变得更加多样，更加困难。不同领域的科学家提出了不同的分类方法，表 12 - 10 列出了常用的几种抗生素分类方法。

表 12 - 10　抗生素的分类

分类方法	抗生素类别	抗生素举例
根据抗生素来源分类	1. 放线菌产生的抗生素	庆大霉素、金霉素、红霉素
	2. 真菌产生的抗生素	青霉素、头孢菌素、灰黄霉素
	3. 细菌产生的抗生素	多黏菌素、杆菌肽等
	4. 植物或动物产生的抗生素	蒜素、黄连素、鱼素等
	(1～4 为生物来源抗生素，即天然抗生素)	
	5. 合成抗生素	磺胺甲噁唑、诺氟沙星等
	6. 半合成抗生素	氨苄西林、头孢克洛等
根据抗生素的作用分类	1. 广谱抗生素	氨苄西林、四环素、氯霉素等
	2. 抗革兰阳性菌的抗生素	青霉素、红霉素等
	3. 抗革兰阴性菌的抗生素	链霉素、多黏菌素等
	4. 抗真菌抗生素	制霉菌素、克念菌素等
	5. 抗病毒抗生素	阿糖胞苷、阿昔洛韦等
	6. 抗肿瘤抗生素	阿霉素、博来霉素、柔红霉素
	7. 抗原虫抗生素	抗滴虫霉素、巴龙霉素、红霉素、蒜素、嘌呤霉素等
根据抗生素的化学结构分类	1. β-内酰胺类抗生素	青霉素、头孢菌素、棒酸等
	2. 氨基糖苷类抗生素	卡那霉素、链霉素、托布霉素
	3. 大环内酯类抗生素	红霉素、螺旋霉素、阿维菌素
	4. 四环类抗生素	金霉素、四环素等
	5. 多肽类抗生素	多黏菌素、杆菌肽、卷曲霉素
	6. 糖肽类抗生素	万古霉素、替考拉宁等
	7. 多烯类抗生素	纳他霉素、制霉菌素等
	8. 蒽环类抗生素	柔红霉素、阿霉素等
	9. 利福霉素类抗生素	利福霉素、利福平等
	10. 其他抗生素	磷霉素、氯霉素、莫匹罗星等

Note

续 表

分类方法	抗生素类别	抗生素举例
根据抗生素的作用机制分类	1. 抑制细胞壁合成的抗生素	青霉素、头孢菌素、万古霉素
	2. 影响细胞膜功能的抗生素	匹马霉素、两性霉素 B 等
	3. 抑制蛋白质合成的抗生素	西索霉素、卷曲霉素等
	4. 抑制核酸合成的抗生素	丝裂霉素 C、新生霉素等
	5. 抑制生物能作用的抗生素	抗霉素、短杆菌肽 S 等
根据抗生素合成途径分类	1. 氨基酸、肽类衍生物	青霉素、头孢菌素等
	2. 糖类衍生物	链霉素等糖苷类抗生素
	3. 乙酸、丙酸衍生物	四环类抗生素、红霉素等

3. 主要抗生素简介

(1) β-内酰胺类抗生素

这类抗生素都包含一个四元β-内酰胺环(β-lactam),是临床上应用最多的一类抗生素。β-内酰胺类抗生素一般依据其母核的不同,即与β-内酰胺环所结合的环的不同进行分类。临床应用的β-内酰胺类抗生素可分为三类,即青霉素类、头孢菌素类和新型β-内酰胺类抗生素。其中天然β-内酰胺类抗生素的母核主要有青霉烷(如青霉素类 penicillins)、头孢烯(如头孢菌素类 cephalosporins)、碳青霉烷(如硫霉素 thienamycin 和橄榄酸类 carbapenem)、氧青霉烷(克拉维酸 clavulanic acid)和单环β-内酰胺 monobactam(如诺卡菌素类 nocardicins)等几种。图 12-7 为β-内酰胺环和几种典型天然β-内酰胺类抗生素的化学结构。

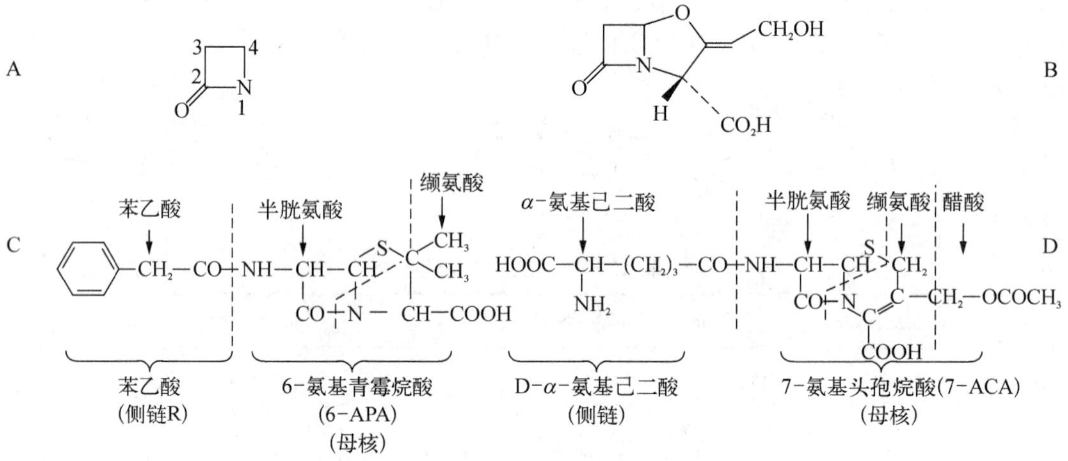

图 12-7 典型天然β-内酰胺类抗生素的化学结构(部分引自齐香君,2003)

A. β-内酰胺环(β-lactam) B. 棒酸(clavulanic acid)
C. 青霉素 G(penicillin G) D. 头孢菌素 C(cephalosporin C)

青霉素是真菌的次级代谢产物。1928 年弗莱明发现青霉素时的产生菌为点青霉(*Penicillum notatum*),青霉素的生产能力只有 1~2 U/ml。经大规模筛选与选育,发现了产黄青霉(*Penicillum chrysogenum*)变株 Q176 等高产菌株,培养方式由表面培养改变成深层发酵,使青霉素的单位产量飞跃增长。现在工业上使用的菌株,青霉素生产能力已达到 80 000 U/ml 以上。

天然青霉素仅对革兰阳性菌与少数革兰阴性菌有效,多数只能注射,不能口服。经过长期的使用,大量细菌产生一种能够打开青霉素β-内酰胺环的β-内酰胺酶(青霉素酶)而成为耐药菌株(耐药性金黄色葡萄球菌就是其中的一个典型例子),加上天然青霉素易引起过敏,甚至会引起过敏性休克,在相当程度上限制了青霉素的使用。为此,科学家们对青霉素β-内酰胺的侧链进行修饰,以青霉素母核 6-氨基青霉烷酸(6-aminopenicillanic acid,简称 6-APA)对不同的侧链进行二次酰化,或者对 6-APA C3 位上的羧基进行修饰,得到一系列耐酸、可口服、生物利用度高、广谱、耐青霉素酶的半合成青霉素。

临床使用的半合成青霉素根据其化学和生物学特性可分为四类。

1) 耐酸青霉素　主要有苯氧乙基青霉素(非萘西林 phenethacillin)、苯氧丙基青霉素(丙匹西林 propicillin)及叠氮青霉素(叠氮西林 azidocillin)。其抗菌谱与不耐酸的青霉素G相同，主要作用于革兰阳性菌，对酸比较稳定，口服吸收良好，血药浓度也较高。但抗菌活性均不及青霉素G或V，因此临床应用并不广泛。

2) 耐青霉素酶的青霉素　这类青霉素的侧链酰胺基上的α碳原子邻位均具有取代芳香环，可产生一种空间位阻效应，保护了其邻近的β-内酰胺环免受青霉素酶的攻击。这类青霉素的抗菌谱与青霉素G相同，但对敏感菌株的抗菌活力仍不及青霉素G，用于治疗产青霉素酶的金黄色葡萄球菌等革兰阳性菌感染。这类青霉素有甲氧西林(methicillin)、萘夫西林(nafcillin)和四种异噁唑类青霉素——苯唑西林(oxacillin)、氯唑西林(cloxacillin)、双氯西林(dicloxacillin)和氟氯西林(flucloxacillin)。其中甲氧西林需注射给药，萘夫西林可口服，四种异噁唑类青霉素的抗菌活性比甲氧西林强，且既可口服又可注射。

3) 广谱青霉素　在侧链的α位具有氨基，抗菌谱扩展到抗一般革兰阴性菌，如嗜血杆菌属、奇异变形杆菌和部分大肠埃希菌、沙门菌属、痢疾杆菌等。但对假单胞菌属、沙雷菌属、不动杆菌属、吲哚阳性变形杆菌、枸橼酸杆菌、脆弱类杆菌仍不敏感。对革兰阳性菌的活性也一般不如青霉素G。它们对青霉素酶不稳定。这类青霉素主要有氨苄西林(氨苄青霉素，ampicillin)、阿莫西林(羟氨苄青霉素，amoxcillin)、环己西林(cyclacillin)和依比西林(epicillin)。其中氨苄西林和阿莫西林是临床上应用最广泛的两个品种，均可口服。

4) 抗假单胞菌的广谱青霉素　在侧链酰胺基α位置上都含有一个较氨基更强的极性基团(羧基或磺酸基)。这是抗菌谱最广的一类青霉素，对大多数革兰阴性菌有良好的作用，并对各种变形杆菌及假单胞菌也有较好的抑制作用。属于这类半合成青霉素的主要有羧苄西林(carbenicillin)、磺苄西林(subenicillin)、替卡西林(ticarcillin)。其中羧苄西林的抗菌活性相对较弱，磺苄西林稍强，替卡西林抗绿脓杆菌活性比羧苄西林强2～4倍。

此外，氨苄西林的脲基衍生物——酰脲型青霉素也属于抗假单胞菌的广谱青霉素。主要有呋苄西林(furbencillin)、美洛西林(mezlocillin)、阿洛西林(azlocillin)、哌拉西林(piperacillin)等。它们的抗菌谱更广，对铜绿假单胞菌等革兰阴性菌、阳性菌、厌氧菌都有较强作用，被誉为“第三代”半合成青霉素，临床上多用于控制铜绿假单胞菌及其他革兰阴性杆菌所致的严重感染。

头孢菌素类抗生素(cephalosporin antibiotics)在抗感染药物中占有重要地位，具有抗菌谱广、抗菌活性强、疗效高、耐酸、耐碱、低致敏、耐β-内酰胺酶、副作用小等特点。其杀菌机制是抑制细菌细胞壁在合成过程中的粘肽转肽酶反应，从而阻碍细胞壁的形成，导致细胞死亡。

1945年，Brotzu从撒丁海岸阴沟出口处分离到一株顶头孢霉(*Cephalosporium acremonium*)，产生头孢菌素C (Cephalosporin C，简称CPC)等多种组分抗生素。1955年Newton与Abraham分离出头孢菌素C，其抗菌作用不强，但毒性低于青霉素G，对酸稳定，且不被蜡样芽孢杆菌与金葡菌的青霉素酶水解。1961年阐明化学结构(图12-7D)，其母核为7-氨基头孢烯酸(7-aminocephalospranic acid，7-ACA)，与青霉素母核6-氨基青霉烷酸(6-APA)相似，不同处只是与β-内酰胺环相连的是双氢噻嗪环而不是四氢噻唑环，具有极大的结构修饰潜力。

1962年美国礼来公司成功地采用化学裂解头孢菌素C制造出头孢菌素母核7-ACA，研制出第一个临床应用的头孢菌素——头孢噻吩(cephalothin)，对革兰阳性菌与部分革兰阴性菌有良好作用，且对青霉素酶稳定。1963年Morin等提出青霉素向头孢菌素的转化反应，从而使由廉价青霉素制取头孢菌素成为可能，1967年出现了第一代口服头孢菌素——头孢氨苄(cephalexin)，1966年Woodward等完成头孢菌素C的全合成，为头孢菌素母核与更深入的化学修饰奠定基础。第一代头孢菌素目前在临床应用中常用品种有头孢拉定、头孢唑啉、头孢氨苄、头孢羟氨苄等。

1969 年发明抗革兰阴性菌的活性较第一代头孢菌素明显增强的第二代头孢菌素一头孢孟多(cefamandole)。第二代头孢菌素的特点是对革兰阴性菌的抗菌效能较强,主要表现在抗 β-内酰胺酶性能强和抗菌谱广,如一些革兰阴性菌(如大肠埃希菌、奇异变形杆菌等)易对第一代头孢菌素耐药,而第二代头孢菌素对这些耐药菌株较有效,且对奈瑟菌、部分吲哚阳性变形杆菌、部分枸橼酸杆菌、部分肠杆菌属均有抗菌作用。目前临床应用较多的第二代头孢菌素品种主要有头孢孟多、头孢呋辛、头孢替安、头孢西丁、头孢克罗、头孢美唑等。

1981 年出现第三代注射用头孢菌素——头孢噻肟(cefotaxime),1987 年开始有第三代口服头孢菌素——头孢克肟(cefixime)问世。第三代头孢菌素抗菌谱更广,对 β-酰胺酶高度稳定,但抗革兰阳性菌活性不如第一、二代头孢菌素,目前常用的品种有:头孢噻肟、头孢哌酮、头孢曲松、头孢他啶等。

1992 年第四代头孢菌素——头孢匹罗(cefpirome)问世。第四代头孢菌素的主要特点是对各种 β-内酰胺酶稳定,对多数耐药菌株的活性普遍超过第三代头孢菌素。它们对青霉素结合蛋白有高度亲和力,可通过革兰阴性菌外膜孔道迅速扩散到细菌周质并维持高浓度;对染色体介导的和部分质粒介导的 β-内酰胺酶稳定,故对革兰阳性菌、阴性菌、厌氧菌显示了广谱抗菌活性,特别是对链球菌、肺炎链球菌等都有很强的活性。目前在临床上应用的品种有:头孢匹罗、头孢吡肟、头孢唑兰、头孢瑟利等。

(2) 氨基糖苷类抗生素

氨基糖苷类抗生素(aminoglycoside antibiotics)是在分子中含有氨基糖苷结构的一大广谱抗生素,它们都是在化学结构上由氨基糖与氨基环醇以苷键相结合的易溶于水的化合物,其化学结构见图 12-8。按照其来源可分为两大类:① 由链霉菌产生的抗生素,包括链霉素、新霉素、巴龙霉素、利维霉素、卡那霉素、卡那霉素 B、妥布霉素、核糖霉素,以及半合成的阿米卡星等;② 由小单孢菌产生的抗生素,包括庆大霉素、西索米星、小诺米星、丁苷菌素以及半合成的异帕米星、奈替米星等。已报道的天然和半合成氨基糖苷类抗生素的总数已超过3 000种,其中天然氨基糖苷类抗生素有近 200 种。不同的氨基糖苷类抗生素分子中含有不同的氨基环醇,其中主要有 2-脱氧链霉胺、链霉胍和 actinamine。这些氨基环醇均源自葡萄糖,通过一共同的中间体和不同的途径获得其结构。

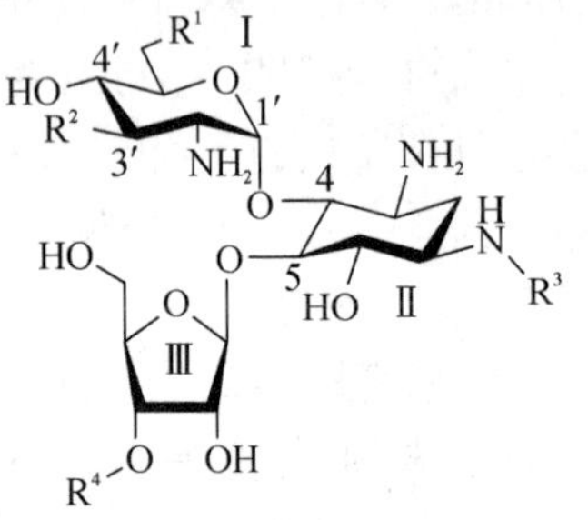

	R¹	R²	R³	R⁴
新霉素 B	NH_2	OH	H	DAG
巴龙霉素	OH	OH	H	DAG
利维霉素 B	OH	H	H	DAG
丁胺菌素 B	NH_2	OH	AHB	H
核糖霉素	NH_2	OH	H	H

DAG:2,6-二氨基-2,6-二脱氧-α-*L*-吡喃葡萄糖

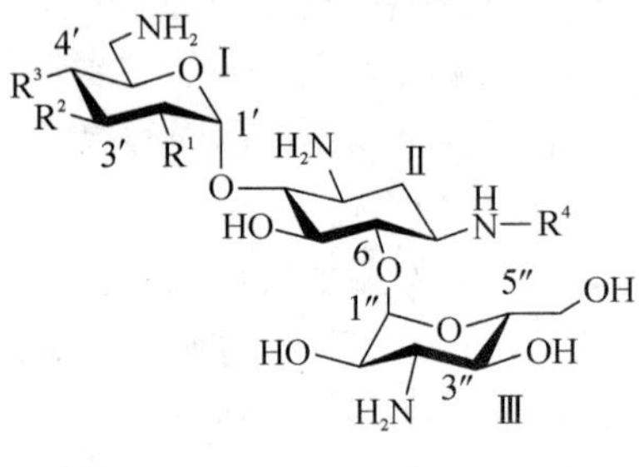

	R¹	R²	R³	R⁴
卡那霉素 A	OH	OH	OH	H
地贝卡星	NH_2	H	H	H
妥布霉素	NH_2	H	OH	H
阿米卡星	OH	OH	OH	AHB
阿贝卡星	NH_2	H	H	AHB

AHB:(S)-4-氨基-2-羟基丁酰基

图 12-8　氨基糖苷类抗生素的化学结构(引自王舒等,2009)

氨基糖苷类抗生素是临床应用中重要的抗感染药物,具有水溶性好、化学性质稳定、抗菌谱广、杀菌完全、与 β-内酰胺等抗生素有很好的协同作用、对许多致病菌有抗生素后效应(PAE)等特点。虽然由于耐药菌的出现,耳、肾毒性以及 β-内酰胺类抗生素的广泛使用而限制了氨基

糖苷类抗生素的大量使用,但它们仍然是治疗危及生命的革兰阴性菌严重感染的一类重要药物,在治疗结核病方面也是不可缺少的药物。为了得到抗菌活性强、毒性小的新抗生素,目前除了从自然界进行筛选外,同时还对其进行化学改造。通过各种结构修饰,设计并合成了大量的氨基糖苷类衍生物。另外,通过糖基化的策略也可以开发新的半合成氨基糖苷类抗生素。

Note

(3) 大环内酯类抗生素

大环内酯类抗生素(macrolide antibiotics)是分子中含有大的内酯环(12～16 个原子),并通过糖苷键与氨基糖相连的一类抗菌药物。按其大环结构含碳母核的不同,分为多氧大环内酯(polyoxo macrolide)、多烯大环内酯(polyene macrolide)和蒽沙大环内酯(ansamacrolide)。多氧大环内酯按大环内酯环的组元数不同,又分为 14、15 和 16 元环大环内酯类抗生素。1952 年第一代大环内酯类抗生素——红霉素上市,14 元环的红霉素因对革兰阳性菌抗菌作用强,对治疗院外获得性呼吸道感染,皮肤软组织感染等具有良好疗效,而广泛用于临床。但它也存在对胃酸不稳定,口服剂量较大等缺点。20 世纪 70 年代开始出现了 16 元环大环内酯类抗生素,常用的有螺旋霉素、麦迪霉素、交沙霉素、吉他霉素等。20 世纪 80 年代以来,针对红霉素 A 酸性失活的化学修饰,产生了第二代大环内酯类抗生素,其中有 14 元环的克拉霉素(clarithromycin)、罗红霉素(roxithromycin)、地红霉素(dirithromycin)和氟红霉素(flurithromycin);15 元环的阿奇霉素(azithromycin);16 元环的罗他霉素、米欧卡霉素等。与红霉素相比,第二代大环内酯类抗生素的抗菌谱有所扩大,抗菌活性增强,阿奇霉素等不仅对流感杆菌、卡他莫拉菌和淋球菌的抗菌活性增强,抗支原体等非典型病原体的活性也有明显增强。对红霉素及其衍生物结构改造的研究,获得了第三代对耐药菌有效的大环内酯类抗生素,如酮内酯类的泰利霉素(telithromycin)和 cethromycin 等。第三代大环内酯类抗生素对大环内酯敏感菌、耐药呼吸道病原体(如肺炎链球菌,金葡菌,流感杆菌,酿脓链球菌,肺炎支原体等)均有很好的活性。

(4) 四环素类抗生素

四环类抗生素(tetracyclines antibiotics)是以四骈苯(萘并萘)为母核的一类有机化合物,主要种类包括四环素、土霉素、金霉素等,其结构式和环上碳原子的位置如图 12-9 所示,其他半合成制取种类主要包括甲烯土霉素、强力霉素、二甲胺基四环素等。四环素类抗生素对大多数革兰阳性菌和阴性菌、立克次体、衣原体、支原体、附红细胞体、螺旋体、放线菌及某些原虫等均有抑制作用。但对绿脓杆菌、变形杆菌、棒状杆菌、克雷伯氏菌通常耐药,对真菌、病毒无效。表 12-11 列出了几种主要四环类抗生素种类与抗菌特性。

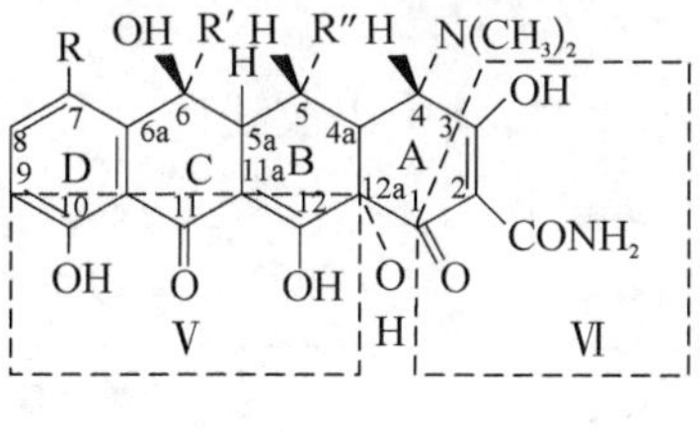

(Ⅰ) 四环素 $C_{22}H_{24}N_2O_4$,
R=R″=H, R′=CH_3
(Ⅱ) 土霉素 $C_{22}H_{24}N_2O_3$,
R=H, R′=CH_3 R″=OH
(Ⅲ) 金霉素 $C_{22}H_{23}ClN_2O_3$,
R=Cl, R′=CH_3 R″=H
(Ⅳ) 去甲基金霉素 $C_{22}H_{21}ClN_2O_3$,
R=Cl, R′=R″=H

图 12-9 四环类抗生素的结构式

表 12-11 四环类抗生素的种类和抗菌作用(引自张致平,2003)

抗生素	抗菌作用	抗生素	抗菌作用
四环素		5α,11α-去氢-7-氯四环素	活性低,对葡萄球菌相当于四环素的 1/50
7-氯四环素(金霉素)	四环素的 3～4 倍	2-乙酰基-2-去酰胺基四环素	相当于四环素的 10%
5-羟基四环素(土霉素)	与四环素相同	2-乙酰基-2-去酰胺基-7-氯四环素	相当于四环素的 30%
7-溴四环素	与 7-氯四环素相似	2-乙酰基-2-去酰胺基-5-羟基四环素	相当于四环素的 10%
6-去甲基四环素	与四环素相似		
6-去甲基-7-氯四环素	稍低于四环素		

（5）多肽类抗生素

多肽类抗生素系含有多种氨基酸经肽键缩合而成的一族抗生素。它可以由放线菌、真菌或细菌产生，但由细菌（尤其由形成芽孢的杆菌）产生的多肽类抗生素特别多。这类抗生素具有多种不同的抗菌作用，其中大多数能抗革兰阳性菌，也有的对革兰阴性菌、铜绿假单胞菌、分枝杆菌、真菌、病毒和抗肿瘤细胞等有较好的抑制或杀灭作用。多肽类抗生素按其化学组成和结构，可分为下列几种类型：

- 多肽类抗生素
  - 线状多肽　如短杆菌肽（gramicidin）A、B、C
  - 环状多肽
    - 仅由氨基酸组成的多肽
      - 氨基酸都是以酰胺键相连的，比如短杆菌肽 A、短杆菌酪肽（tyrocidine）、多黏菌素、杆菌肽（bacitracin）等。
      - 除以酰胺键相联外，还有部分氨基酸以内酯链等相连，如放线菌素、宜他霉素（etamycin）等。
    - 除氨基酸外，尚含有其他组分，如羟基酸等。例如思镰孢菌素（enniatin）、缬氨霉素（valinomycin）等。

（6）喹诺酮类抗生素

喹诺酮类是一类全合成的抗菌药物，具有抗菌谱广，药物动力学特征好，作用机制独特，高效低毒等特点。从 1962 年萘啶酸问世以来，已合成了数以千计的喹诺酮类化合物。喹诺酮类历经了 40 多年的发展，可以分为四代，第一代药物有萘啶酸、西诺沙星、吡哌酸，以萘啶酸为代表，它们对革兰阴性菌有很好的抗菌活性，主要用于治疗尿路感染，因其不良反应严重，现已淘汰不用。1973 年合成了第二代喹诺酮类药物，有诺氟沙星（norfloxacin）、氧氟沙星（ofloxacin）、环丙沙星（ciprofloxacin），以环丙沙星为代表，与第一代相比抗菌谱扩大，不仅对革兰阴性菌有效，而且对革兰阳性菌也有活性，适用于治疗呼吸道等多种感染。1978 年合成了第三代喹诺酮类药物，有替马沙星、那氟沙星、司帕沙星（sparfloxacin），以司帕沙星为代表，第三代喹诺酮类药物的共同特点是在化学结构 7 位连以哌嗪环，6 位处又引入氟原子从而大大提高抗菌活性，增宽抗菌谱，疗效显著，同时副作用也小。第四代有曲伐沙星、莫西沙星、克林沙星、西他沙星，以西他沙星为代表，他们具有抗菌谱更广且不容易产生耐药性，而且对厌氧菌也有很好的抗菌活性。新型的喹诺酮类药物具有口服给药生物利用度较高、半衰期较长、血药浓度较高、组织分布较广等优点，从而扩大了临床适应症，可用于各种感染的治疗。

4. 产抗生素的微生物

获得抗生素主要有三个来源：微生物来源、全合成和半合成。此外，一些细菌噬菌体可能在细菌感染的化学治疗中充当重要的角色；一些动、植物产物可能将被证明是一种潜在的、资源丰富的新的抗生素。

目前已商业化的抗生素中，55%是由革兰阳性丝状菌生产，其中以放线菌生产的为最多，真菌次之，细菌再次之。表 12－12 列出了产抗生素的部分微生物。

表 12－12　产抗生素的微生物

微　生　物	抗　生　素
真菌	
顶头孢霉（*Cephalosporium acremonium*）	头孢菌素 C
灰黄青霉（*Penicillium griseofulvum*）	灰黄霉素
点青霉和产黄青霉（*Penicillium notatum*，*P. chrysogenum*）	青霉素
放线菌	
链霉菌	
棒状链霉菌（*Streptomyces clavuligerus*）	棒　酸
多结链霉菌（*Streptomyces nodosus*）	两性霉素 B
委内瑞拉链霉菌（*Streptomyces venezuelae*）	氯霉素
波塞链霉菌（*Streptomyces peucetius*）	柔红霉素
红霉素链霉菌（*Streptomyces erythreus*）	红霉素
阿维链霉菌（*Streptomyces avermitilis*）	阿维菌素

续　表

微　生　物	抗　生　素
链霉菌	
灰色链球菌(*Streptomyces griseus*)	链霉素
卡那霉素链霉菌(*Streptomyces kanamyceticus*)	卡那霉素
弗氏链霉菌(*Streptomyces fradiae*)	新霉素
纳塔尔链霉菌(*Streptomyces natalensis*)	纳他霉素
地中海链霉菌(*Streptomyces mediterranei*)	利福霉素
金色链霉菌(*Streptomyces aureofaciens*)	四环素
抗生链霉菌(*Streptomyces antibioticus*)	阿糖腺苷
玫瑰孢链霉菌(*Streptomyces roseosporus*)	达托霉素
吸水链霉菌(*Streptomyces hygroscopicus*)	他克莫司
其他放线菌	
小单孢菌(*Micromonospora species*)	庆大霉素
替考游动放线菌(*Actinoplanes teichomycetic*)	替考拉宁
东方拟无枝酸菌(*Amycolatopsis orientalis*)	万古霉素
细菌	
地衣芽孢杆菌(*Bacillus licheniformis*)	杆菌肽
多黏杆菌(*Bacillus polymyxa*)	多黏菌素
短芽孢杆菌(*Bacillus brevis*)	短杆菌酪肽

5. 抗生素的作用机制

抗生素能杀死微生物细胞的机制在于：抗生素选择性地阻断了微生物细胞代谢中一些关键代谢过程，导致微生物细胞中的一个或多个代谢途径或结构单元损伤，从而启动了细菌死亡的一系列反应过程。它们的作用主要影响微生物的细胞壁合成、细胞膜的功能、蛋白质的合成、核酸的合成以及细胞的能量代谢、电子传递等。

（1）抑制细胞壁合成

细菌有细胞壁而人体细胞无细胞壁，因而作用于细胞壁的抗生素有很好的选择性毒性作用。革兰阳性菌的细胞壁与革兰阴性菌的细胞壁相比较，有明显厚得多的网状肽聚糖层。多种抗革兰阳性菌的抗生素，它们的作用机制主要与抑制肽聚糖的结合有关，而肽聚糖合成的阻断，就使得细胞壁无法完全形成。细菌细胞壁主要由多糖、蛋白质和类脂质组成。黏肽是基本结构，由 N-乙酰基黏质酸(Mur-NAc)、N-乙酰基氨基葡萄糖(GlcNAc)和肽组成。黏肽生物合成的前提是 UDP-GlcNAc 和 UDP-MurNAc-五肽在细胞内合成，然后在膜上合成 GlcNAc-MurNAc-(十肽酰胺)-受体，最后在细胞膜外合成黏肽。抑制细菌细胞壁肽聚糖合成的代表性抗生素有环丝氨酸、万古霉素和杆菌肽、β-内酰胺类。

（2）影响细胞膜的功能

细胞膜由双层蛋白与类脂分子组成。细菌细胞质膜中，存在着电子传递系统和与其耦联的氧化磷酸化系统及蛋白质、核酸、类脂、细胞壁等物质的合成系统。如果膜受损伤，会引起细胞内盐类离子、核苷酸、氨基酸和蛋白质等物质的外漏。作用于细胞膜的抗生素有多肽类、多烯类、电子载体类等。

（3）抑制蛋白质合成

蛋白质的合成是细胞生长最基本的活动，它的合成受到抑制，势必抑制生物体的生长。蛋白质合成在核糖体上进行，细菌和动物的核糖体结构不同，对药物的敏感性也有差异。抑制蛋白质合成过程的抗生素主要有氨基环醇类、四环素类、大环内酯类氯霉素类以及其他一些抗生素，这些抗生素作用于蛋白质合成的起始、延长、终止各阶段的不同环节。

（4）抑制核酸合成

不同的抗生素通过不同的机制来干扰或抑制微生物细胞的核酸(DNA 或 RNA)的合成。

RNA以DNA为模版，由RNA多聚酶以ATP、GTP、CTP、UTP为底物合成产生。DNA作模板，由DNA多聚酶以dATP、dGTP、dCTP、dTTP为底物合成DNA。抗肿瘤抗生素的作用大多是抑制DNA、RNA的合成。根据传统的抗肿瘤抗生素作用机制，可分为嵌入型DNA结合、非嵌入型DNA结合、共价DNA结合和DNA链断裂交互作用几种机制。如在临床使用的蒽环类抗生素，包括阿霉素(adriamycin)、洋红霉素(carminomycin)、阿克拉霉素(aclacinomycin)等属于嵌入型DNA结合机制；光神霉素(mithramycin)、色霉素A3(chromomycin A3)属于非嵌入型DNA结合机制。

Note

(5) 抑制能量代谢系统

细胞活动中利用ATP为能量，ATP来源于呼吸作用，高等生物、真菌和原生动物的氧化磷酸化在线粒体上形成，而细菌无线粒体，则在细胞膜上形成。它们的机制有一定差别。作用于能量系统的抗生素选择性毒性差，不能用作化疗药物。现有抑制氧化磷酸化的药物可分为三类：① 呼吸链电子传递抑制剂；② 将电子传递与磷酸化的耦联拆开的解偶联剂；③ 抑制由高能中间体化合物向ATP转移能量的化合物。作用于能量代谢系统的抗生素有抗霉素A(antimycin A)、寡霉素(Oligomycin)、有效霉素(Validamycin)等。

6. 抗生素的应用

(1) 在医疗方面的应用

抗生素在医疗上的应用已有60多年的历史，在人类同疾病斗争中，特别是同各种严重的传染病的斗争中，抗生素起了划时代的作用。抗生素的应用使细菌感染已基本得到控制，死亡率大幅度下降，人类寿命明显延长。抗生素在对付真菌感染引起的疾病方面有一定的疗效，如灰黄霉素对皮肤真菌病有较大的作用，可治疗浅部真菌病如头癣、手足癣等。抗肿瘤抗生素如阿霉素、博莱霉素、丝裂霉素等，在肿瘤化疗中占有重要地位。抗生素以外的生理活性物质在医疗中日益发挥作用，如免疫抑制剂环孢菌素A，使异体器官移植得以顺利进行。但抗生素如使用不当，会带来许多不良后果，如细菌耐药性逐渐普遍，产生过敏反应和由于体内菌群失调而引起的二重感染等。

对医用抗生素的评价包括以下要求：① 具有较大的差异毒力，即对人体组织和正常细胞只是轻微毒性，对某些致病菌或肿瘤细胞却有强大的毒力。② 在人体内应发挥其抗生效能，而不被人体血、脑脊液及其他组织成分破坏，同时它不应大量与体内血清蛋白质结合。③ 给药后应较快地被吸收，并迅速分布至被感染的器官或组织中。④ 致病菌在体内对该抗生素不易产生耐药性。⑤ 不易引起过敏反应。⑥ 具备较好的理化性质和稳定性，以利于提取、制剂和储藏。

(2) 在农业上的应用

抗生素在防治粮、棉、蔬菜、水果病虫害，以及作为植物生长刺激素方面促进增产有着显著的作用，并可减少因施布化学农药造成的环境污染。有些微生物药物用作植物生长激素，如赤霉素(gibberellin)等，有些具有选择性除草作用，如茴香霉素(anisomycin)、丰加霉素(toyocamycin)等。目前农用抗生素的品种按大类可分为抗真菌、抗细菌、杀虫除草以及刺激植物生长等。我国已能生产的农用抗生素有有效霉素、春日霉素、杀稻瘟霉素S(blasticidin S)、多氧霉素(polyoxin)、杀粉蝶素(piricidin)、盐霉素(salinomycin)、庆丰霉素(gougeroton)和赤霉素等。

(3) 抗生素在畜牧业及水产养殖业的应用

我国《饲料药物添加剂使用规范》中明确规定，允许作为促生长类添加剂在饲料中长期使用的抗生素为33种。促生长类抗生素饲料添加剂以亚治疗剂量应用于健康动物饲料中，可改善动物营养状况，促进动物生长，提高饲料效率，同时起到预防疾病，提高动物免疫功能，抵抗应激的作用。家禽常用抗生素饲料添加剂有：杆菌肽、黏杆菌素、维吉尼亚霉素、土霉素、金霉素、泰乐菌素、黄霉素。

近年来，随着水产养殖的不断发展，抗生素在水产饲料及水产养殖中的应用也越来越广泛。抗生素在水产养殖中的作用主要有以下三方面。① 防治疾病，利用抗生素可以有效地抑制或杀灭导致鱼类感染疾病的细菌、真菌等，如防治鱼类的烂鳃病、肠炎病、水霉病等。② 促进生长、提高饲料利用率。目前,维吉尼亚霉素、黄霉素等已成为常用抗菌促生长剂,广泛用于水产养殖。③ 节约营养成分,抗生素在水产上的使用可以减少养殖对象对维生素、氨基酸以及矿物质的需求。

为了减少长期使用抗生素,特别是滥用抗生素所带来的抗药性、药物残留和破坏微生态平衡等问题,必须根据生产目的要求,选择适宜的抗生素种类和添加时机,严格控制添加量,认真执行停药期。

(4) 在食品保藏及其他方面的应用

在食品工业中,抗生素可用作防腐剂,人们日常食用的肉类、鱼类、水果和蔬菜常因微生物在其中生长而腐败变质,抗生素可作食品的保藏防腐剂。为避免耐药菌产生,现已趋向少用或不用医用抗生素。在科学研究中抗生素也有多方面的应用,如用作生物化学与分子生物学研究的重要工具,用于干扰或切断蛋白质、RNA、DNA 等在特定阶段的合成,抑制特定的酶系反应等;用于建立药物筛选与评价模型,如利用链脲菌素(streptozotocin)建立糖尿病动物试验模型等。用于防止细菌培养、组织培养的污染等。

7. 细菌的耐药性

抗生素的广泛使用,使细菌对抗生素的耐药性逐年增加,病原菌中葡萄球菌、肠道细菌、绿脓杆菌和结核杆菌的耐药性已成为抗感染治疗中的重要问题。此外,抗生素作为促生长剂在世界很多地区被广泛用于农业、畜牧业,抗生素的选择压力使食源性病原菌的耐药性不断发展,并通过食物链传播给人类,使人类健康面临很大的威胁。

(1) 细菌耐药性的种类

细菌耐药性分为固有耐药性、获得性耐药性、多重耐药性和交叉耐药性等四类。

1) 固有耐药性是由致病微生物染色体基因决定的、代代相传的天然耐药性。这种耐药性是细菌本身自然生物现象,可能与细菌的种属特性有关。

2) 获得耐药性是指致病微生物接触抗感染药物后。由于遗传基因的变化,改变代谢途径而产生的耐药性。通常是在临床上不合理用药或长期用药之后表现出的抗药性。

3) 多重耐药性是指某一微生物可同时对两种以上作用机制不同的药物所产生的抗药性。其发生原因很多,具多重耐药性的菌株,可能含有两个以上的抗药质粒,或其抗药质粒上可能含有多个抗药基因,表现在生物化学上即可能产生使抗生素结构改变的酶(钝化酶)、修饰抗生素作用的靶位或改变细胞膜通透性而导致多重耐药结果。

4) 交叉耐药性是指致病微生物对某一种抗感染药物产生耐药性后,对其他作用机制相似的抗感染药物也产生耐药性。一般是单一基因的变异同时对两种以上不同药物产生的耐药性。

(2) 细菌耐药性的生化机制

细菌产生耐药性的生化机制主要有以下几点:

1) 灭活酶和钝化酶的产生　　细菌可以产生灭活酶和钝化酶,这些酶可以破坏抗生素或者使其失去抗菌作用,使药物在作用于菌体前就被破坏或失效。细菌产生的灭活酶有多种,主要有β-内酰胺酶、氨基糖苷类钝化酶、红霉素类药物钝化酶以及氯霉素乙酰转移酶。

2) 细菌体内靶位结构的改变　　细菌体内靶位结构的改变是指由于抗生素作用的靶位(如核糖体和核蛋白)发生突变或被细菌产生的某种酶修饰而使抗菌药物失去作用,以及抗生素的作用靶位(如青霉素结合蛋白和 DNA 回旋酶)结构发生改变而使之与抗生素的亲和力下降,这种耐药机制在细菌耐药中普遍存在。

3) 细菌生物被膜的形成　　细菌生物被膜是指细菌黏附于固体或有机腔道表面,形成微菌落,并分泌细胞外多糖蛋白复合物将细菌包裹其中而形成的膜状物,继而对抗菌药物产生耐药性。细菌生物被膜形成后可以减少抗菌药物渗透性;吸附抗菌药物钝化酶促进药物分解;使细菌代谢低下,对抗菌药物不敏感;生物被膜的存在阻止了机体对细菌的免疫力,产生免疫逃逸现象,减弱机体免疫与抗菌药物的协同杀菌作用。

4) 渗透屏障　　细菌细胞膜是一种具有高度选择性的通透屏障,其通透性对药物进出菌体至关重要。由于细菌细胞壁的障碍或细胞膜通透性的改变,形成一道有效屏障,抗生素无法进入细胞内达到作用靶位而发挥抗菌效能，这也是细菌在进化与繁殖过程中形成的一种防卫机制。这类耐药机制是非特异性的，主要见于革兰阴性菌。

Note

5）主动外排　近年来研究表明，在一些细菌中存在主动外排系统，是细菌细胞膜上的一类蛋白质在能量支持下，将药物选择性或非选择性地排除细胞，使抗生素在细菌体内的积累减少，从而获得耐药性。

6）细菌其他耐药机制　细菌可以通过改变代谢途径，增加抗菌药物拮抗物的产量而引发耐药。如磺胺药物通过氨基苯甲酸（PABA）竞争性结合二氢叶酸合成酶对细菌生长起抑制作用，在磺胺药物影响下，细菌改变代谢途径，产生大量的PABA，因而可不受该药影响，继续合成叶酸而出现耐药性。此外，细菌的耐药机制通常是由于各种耐药协同形成的，从而使不断开发的抗生素难以明显奏效。

12.4.2　抗生素生产的一般工艺过程

1. 抗生素生产的工艺流程

抗生素工业生产特点：纯种发酵、需氧发酵、抗生素为次级代谢产物，较难进行物料计算其产率；多组分、有效成分含量低而且不稳定、医药用途，对生产过程和产品质量要求高。上述这些特点决定其生产过程的独特性，在发酵工艺上较一般产品复杂。抗生素种类多，但基本生产过程相似，一般流程为：保存菌种→孢子制备→种子培养→发酵→提取→精制→成品检验→包装→分装→（应用→跟踪→质量分析）等环节。

工业生产过程主要由以下四个环节构成：种子制备、发酵、提取和精制。

2. 抗生素的生产过程

（1）菌种选育与孢子制备

从自然界如土壤等分离获得的能产抗生素微生物，经过分离、选育和纯化后即称为菌种。生产菌种可采用多种方式保存，如超低温液氮（−196℃）、超低温冰箱（甘油管，−80℃）、脱脂牛奶真空冷冻干燥（冻干管，4℃）和砂土管4℃冰箱等方法。一般生产用菌株经多次移植往往会发生变异而退化，故必须经常进行菌种选育、纯化和复壮以提高其生产能力。生产菌株须经过纯化和生产能力的检验，符合规定才能用来制备种子。抗生素生产种子制备前要先制备孢子，将保藏的处于休眠状态的菌种，通过严格的无菌手续，将其接种到经灭菌过的固体斜面培养基上，在一定温度下培养5～7 d或7 d以上产孢。有些种类需要获得更多数量的孢子以供生产，必要时可进一步用扁瓶在固体培养基（如小米、大米、玉米粒或麸皮）上扩大培养，产生更多孢子。上述休眠菌种活化和获得大量孢子的过程也称为孢子制备。

（2）种子制备

种子制备是将沙土管、甘油管或冻干管中处于休眠状态的生产菌种接入斜面活化，再经扁瓶或摇瓶及种子罐逐级扩大培养的过程，其目的是使孢子发芽、繁殖以获得足够数量的菌丝，从而得到充足的高品质纯种，所制备的纯培养物称为生产种子。种子制备可用摇瓶培养后再接入种子罐进行逐级扩大培养，或直接将孢子接入种子罐后逐级放大培养。种子扩大培养级数的多少，决定于菌种的性质、生产规模的大小和生产工艺的特点等因素。通常，扩大培养级数为二级，即一级种子和二级种子。摇瓶培养是在锥形瓶内装入一定数量的液体培养基，灭菌后以无菌操作接入孢子，放在摇床上恒温培养。在种子罐中培养时，接种前有关设备和培养基都必须经过灭菌。接种材料为孢子悬浮液或来自摇瓶的菌丝，以微孔压差法或打开接种口在火焰保护下接入一级种子罐。接种量根据需要而定，如用菌丝，接种量一般相当于0.1%～2%。从一级种子罐移入二级种子罐接种量一般为5%～20%。培养温度放线菌和霉菌一般在25～30℃，细菌则在32～37℃培养。在罐内培养过程中，需要搅拌和通入无菌空气。控制罐温、罐压，定时取样作无菌检查，并观察菌丝形态，测定种子液中抗生素含量及进行其他生化指标分析。只有经过扩大培养达到足够菌体量，并检查种子质量合格后方可移入发酵罐。

种子制备过程是一个由实验室（菌种室）到车间生产的过程，目的是获得代谢旺盛、数量充足、质量优良的种子。因为种子是抗生素发酵的起点，种子制备的好坏关系到整个生产周期、产品产量和质量，以及设备利用效率，直接影响到发酵过程和下游分离提取。因此在整个种子制备过程中均必须定时检测种子的质与量。与发酵相比，种子培养时间短，可供检测分析的参数也较少，为了保证逐级种子质量，要重点关注下列参数和质量指标：

1）无菌检查　　保证无杂菌污染，维持纯培养。

2）孢子及菌丝形态　　了解种子生理状态。

3）菌龄及培养液外观　　了解种子生理状态。种子转接到下一级种子罐或发酵罐的菌龄又称为种龄，种龄以生长旺盛的对数生长期为宜。种龄太老的菌丝容易自溶影响产量，反之，种龄太年轻的种子延长发酵前期生长时间，严重时甚至导致发酵异常和产量降低。

4）菌丝浓度　　了解种子生长速度和重要移种指标。

5）种子液体积和接种量　　种子液体积和下一级培养基体积的比例就是接种量，接种量和菌丝浓度均要适度才能移种。大多数抗生素发酵的最适接种量为 7%～15%。

6）种子液 pH、糖、氨基氮、水解酶等　　反映种子代谢状态和生长活力。

7）其他参数　　抗生素产物含量等。

（3）发酵培养

抗生素发酵过程是利用微生物菌种的生长代谢获得一定量菌体，然后在菌体内所包含的抗生素合成酶催化作用下将培养基底物转化合成抗生素。抗生素发酵过程中初级代谢和次级代谢途径交织在一起，分为菌体生长期和产物合成期两个截然不同的生理代谢阶段。产物形成通常与微生物生长不同步，发生在菌体生长速度减低或停止生长后，才开始合成与积累次级代谢产物。因此，菌种的生产水平不仅决定于菌株的遗传特性，还取决于菌种所获得的环境条件。从实际生产过程来看，发酵工艺和控制的意义就是提供这种合适的环境条件，只有在适宜的环境条件下，才有利于菌种生产能力的充分表达，最适量地表达抗生素生物合成酶并维持其最大稳定性和最高酶活性，从而保证产量。在抗生素发酵过程中，环境条件是一个综合体，包括发酵设备、培养基、发酵温度、pH、溶解氧、CO_2 等，这些条件动态变化、相互影响、综合作用极大影响了菌株的生产能力，通过合理的发酵工艺和控制技术调控达到最优化。

发酵控制的第一步是对重要参数与指标的检测与记录，所需的参数远多于种子扩大培养阶段，通常采用在线或离线检测两种方法获得，大多发酵参数都可采用在线检测与控制，实现自动化控制发酵。由于不同厂家条件不一，自动化程度差别，在线检测参数多少不定，不能在线检测指标通常取样离线测定，然后人工控制优化发酵工艺。发酵过程中比较重要的检测和控制参数见表 12－13。

表 12－13　发酵过程重点检测记录参数

发酵参数检测、记录与控制				单　位	生物学或工程学意义
物理参数	在线	温度	传感器	℃；K	生长或合成条件
		罐压	压力表	Pa	增加溶氧，维持发酵正压防污染
		空气流量	传感器	m^3/h	增加溶氧，排废气
		搅拌转速	传感器	r/min	混合发酵液，提高 $K_L\alpha$
		搅拌功率	传感器	kW	$K_L\alpha$ 和搅拌强度
		装量	传感器	m^3	发酵液量和发酵指数
		传质系数 $K_L\alpha$	计算，在线	h^{-1}	溶氧状况
		泡沫	传感器	—	反映代谢情况
		密度	密度计或传感器	g/cm^3	发酵液性质
		浊度	浊度计或传感器	%	菌体生长和代谢情况
		加糖速率	传感器	kg/h	耗氧和代谢情况
		加前体或中间体速率	传感器	kg/h	前体利用和代谢情况
		加油或消泡剂速率	传感器	kg/h	泡沫和代谢情况
	离线	黏度	黏度计	Pa·s	菌体密度和 $K_L\alpha$

Note

续 表

发酵参数检测、记录与控制				单 位	生物学或工程学意义
化学参数	在线	溶解 O_2 浓度	传感器	%，饱和度	供氧和代谢状况
		排气 O_2 浓度	传感器	%	耗氧情况
		溶解 CO_2 浓度	传感器	%	代谢和发酵影响
		排气 CO_2 浓度	传感器	%	菌体呼吸情况
		pH	传感器	—	菌体代谢情况
		氧化还原电位	传感器	mV	菌体代谢情况
生化参数	离线	产物浓度/效价	取样或在线	μg/ml	产物合成和发酵情况
		前体或中间体浓度	取样或在线	mg/ml	前体或中间体利用情况
		氨基 N 含量	取样或在线	mg/100 ml	菌体代谢情况
		菌体浓度	取样	g/L	了解菌体生长情况

在抗生素发酵生产中，经常测定的参数有温度、罐压、空气流量、搅拌转速、pH、溶解氧、残糖量、氨基氮含量、前体浓度、菌体浓度和产物效价等。在线检测不必取样，及时省力，而且便于计算机控制发酵，是发展方向。

由于各菌种的生理生化特性不一样，不同抗生素种类发酵所采用的工艺也不同，所需的培养基组成和控制条件亦各异。即使同一菌种，在种子培养阶段和不同发酵时期，其营养要求和控制工艺也不一样。除了一般工艺外，特别要关注抗生素生产中几个发酵控制要点：碳源的组成及流加或补料；前体补料或流加；添加诱导物和抑制剂；适当的磷酸盐浓度。

碳源主要供给菌种生命活动所需的能量，构成菌体细胞及代谢产物，部分碳源还参与抗生素的生物合成。常用碳源包括淀粉、葡萄糖和油脂类。由于抗生素次级代谢发酵特点，适量使用葡萄糖可以促进菌体生长，但浓度不当导致葡萄糖效应和初级生长过度，产量受影响，故在必要时采用流加工艺，以利于提高产量。培养基中慢速利用碳源有利于延长产物分泌期，可解除葡萄糖等分解产物阻遏效应，增加产量。

前体(precursor)是在抗生素生物合成中，菌体直接利用它来构成抗生素分子中的一部分而其本身结构没有显著改变的物质。前体除直接参与抗生素生物合成外，在一定条件下也控制菌体合成抗生素的方向，并增加特定抗生素的产量。如：苯乙酸及其类似物是青霉素 G 的前体；苯氧乙酸是青霉素 V 的前体；丙醇或丙酸可作为红霉素发酵的前体；氯化物(NaCl)是金霉素的前体；肌醇是链霉素的前体等。前体虽然能大大提高次级代谢产物的产量，加入量应当适度，如过量则往往前体有毒性，并增加了生产成本。如不足，则发酵单位降低。前体能大大提高发酵水平，但前体一般对生长不利，因此也应把握加入的时间，否则也会适得其反。

诱导物或刺激剂是能诱导或刺激某种物质的产生或大大提高其产量的物质。如：β-吲哚乙酸是金霉素生物合成的刺激物；甲硫氨酸和亮氨酸是头孢菌素的刺激剂；丙氨酸和异亮氨酸是阿弗米丁的刺激剂；巴比妥是链霉素、利福霉素等的刺激剂；B 因子(3′-磷酸丁酰-腺苷)能刺激利福霉素产生菌生产能力成倍增长。抑制剂是在次级代谢产物发酵生产过程中，抑制某一代谢途径，从而使另一代谢途径活跃的物质。如溴化物抑制了金霉素的产生，从而减少金霉素的含量，提高四环素的含量；二乙基巴比妥盐可抑制利福霉素 B 以外其他利福霉素的生成，从而增加利福霉素 B 的含量和产量。

磷既是菌体生长繁殖所必需，也是抗生素合成所必需。菌体正常生长所需浓度通常为 0.32～300 mmol/L，而合成次级代谢产物所允许的磷浓度最高水平仅为 1.0 mmol/L，其浓度超过 10 mmol/L 会显著抑制抗生素合成。因此，控制磷浓度对次级代谢发酵非常重要，通常采用生长亚适量磷酸盐浓度。

(4) 提炼

抗生素发酵产物较为复杂，可能同时产生几个甚至几十个结构类似的副产物，使得发酵过程难以控制，并需采用一系列物理、化学和生物化学方法对目的产物提取和精制。而且，抗生素产品大多为医药原料或中间体，生产过程必须满足药品生产质量管理规范(GMP)的要求，产品也必须符合药典标准。提炼包括发酵液预处理、提取和精制等三个阶段，最终获得高纯度的符合药典规定的抗生素成品。

抗生素发酵结束后的发酵液具有三个特点：成分复杂，包含有菌体、蛋白质、培养基残余等固体物质，还包含有无机盐、残糖、脂肪、产物、各种中间代谢产物、副产物，以及色素、热原等各种杂质；目的产物抗生素的浓度很低，而杂质的浓度相对较高，特别是混杂有多种结构类似物杂质，区分不易；多数抗生素较不稳定，发酵液易污染。故整个下游处理过程要求速度快、时间短、温度低、处理温和、pH 稳定。

预处理过程主要分离固体杂质、杂蛋白和无机盐。先要清楚抗生素存在的部位和稳定性，如对 pH 的稳定性(如青霉素酸性不稳定；多黏菌素酸性稳定；红霉素酸性不稳定，但碱性稳定)，对温度的稳定性(杆菌肽、灰黄霉素可在 90～100℃下加热过滤；而四环素、青霉素则需 15～18℃低温处理)。有些抗生素发酵液调整 pH 后直接采用吸附或离子交换提取，无需经过固液分离操作。

提取过程较常用膜过滤、溶剂萃取、离子交换和吸附等分离方法，去除其他杂质，纯化产物。精制过程常采用结晶和重结晶法，还包括脱色、去热原和干燥。精制后的成品要符合 GMP 和国家药典规定。

12.4.3　头孢菌素 C 生产工艺

头孢菌素 C，化学名称：3-(乙酰氧)甲基-7-[(5-氨基-5-羧基-1-氧戊烷基)氨基]-8-氧代-5-硫杂-1-氮杂双环[4.2.0]辛-2-烯-2-甲酸，分子式：$C_{16}H_{21}O_8N_3S$，相对分子质量：415.52，结构式见图 12-13(D)，是生产 7-ACA，进而生产许多临床重要半合成头孢菌素类抗生素的起始原料。

1. 产生菌与生物合成

(1) 产生菌

头孢菌素 C 的生产菌种从过去一直至今都是采用 1945 年 Brotzu 发现的顶头孢霉菌(*Cephalosporium acremonium*)的后代，1971 年顶头孢霉菌被重新命名为产黄顶孢霉菌(*Acremonium chrysogenum*)。

(2) 菌种选育

常用的顶头孢霉菌育种方法主要有诱变育种、细胞融合和分子育种。诱变育种时常用的诱变方法有紫外线诱变、微波诱变、激光诱变和离子注入诱变以及化学诱变剂诱变(如烷化剂诱变)等。分子育种作为一种新的育种技术，因其目的性强、效率高而得到快速发展。到目前为止，头孢菌素 C 生物合成相关的重要基因，除异青霉素 N 异构酶基因外，都已经被克隆。双功能的扩环酶/羟化酶基因的扩增提高了大规模生产发酵罐上的头孢菌素 C 的产量，降低了脱乙酰氧头孢菌素 C 的水平，而较低的脱乙酰氧头孢菌素 C 含量又提高了头孢菌素 C 裂解产物 7-ACA 产品的纯度。

(3) 菌种保藏

在工业生产中和实验室内，顶头孢霉菌的菌种保藏方法有固体斜面保藏法、冷冻干燥保藏法和液氮超低温保藏法等。斜面在 4℃冰箱中的保存时间不得超过一个月。冷冻干燥保藏法和液氮超低温保藏法的保藏时间在一年以上，比较完善的冷冻干燥保藏期限可长达五年。顶头孢霉菌的冷冻干燥保藏操作方法如下：

用 2 ml 冷冻保护剂洗涤每支斜面(保护剂配方为：葡聚糖 100 g/L、谷氨酸钠 100 g/L、葡萄糖 100 g/L)，制成悬浮液，使其匀化后，取 0.3 ml 该悬浮液装入无菌管内，按常规方法进行冷冻干燥。冷冻干燥结束后，冻干管内加棉塞，在每只棉塞上放上 1～2 粒硅胶。再将冻干管放入洁净的干燥器内抽真空，待干燥器内的空气抽干净后，向干燥器充入氩气(注意氩气须经减压，并经过滤器过滤除菌方能通入干燥器。充氩气时，氩气阀门应微开，防止干燥器内压力过高造成危害），然后，取出冻干管用火焰封口。做好标记后保存于 4℃冰箱内。

Note

（4）头孢菌素 C 的生物合成

顶头孢霉菌生物合成头孢菌素 C（CPC）的途径如图 12－10 所示。第一步是在非核糖体 ACV 合成酶的催化下以 L－α－氨基己二酸（L－AAA）、L－半胱氨酸和 L－缬氨酸为底物，形成三肽－（L－α－氨基己二酰）－L－半胱氨酰－D－缬氨酸（ACV），然后 ACV 环化形成异青霉素 N（IPN），接着，异青霉素 N 由差向异构酶系统转化为青霉素 N，青霉素 N 在一个双功能酶的四氢噻唑环扩环活性（扩环酶）和 3′－羟化酶活性的作用下先后转化为脱乙酰氧头孢菌素 C（DAOC）和脱乙酰头孢菌素 C（DAC）。最后，脱乙酰头孢菌素 C 在脱乙酰头孢菌素 C 乙酰转移酶（即头孢菌素 C 合成酶）的作用下转化为头孢菌素 C。

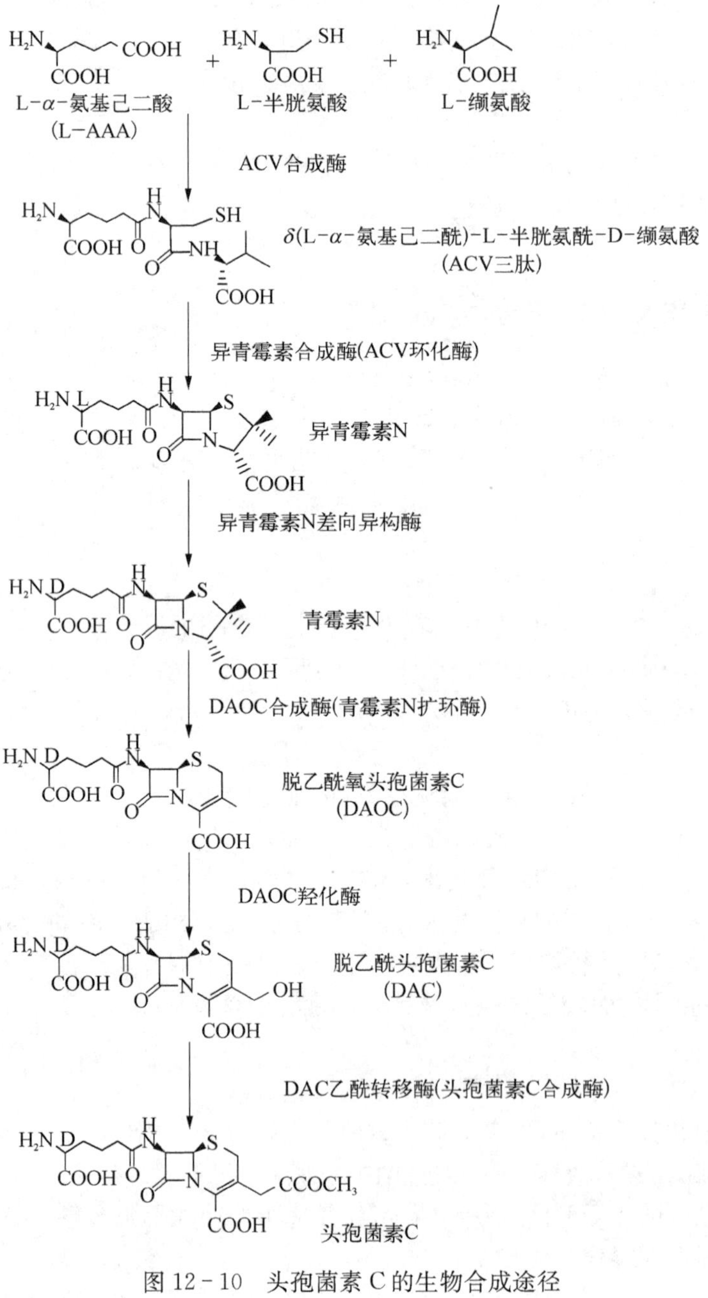

图 12－10　头孢菌素 C 的生物合成途径

2. 头孢菌素 C 的工业化生产

（1）菌种的活化和扩大培养

将保藏条件下的菌种应用到生产上前，必须先经过活化和扩大培养，才能接入发酵罐中进行生产。顶头孢霉菌的活化和扩大培养操作步骤如下：

1）菌落挑选　将冷冻干燥保藏法所保藏的冷冻培养物悬浮于0.3 ml浓度为9 g/L的无菌生理盐水中，按十倍稀释法由10^{-2}稀释至10^{-8}，每个稀释度各取0.2 ml接种至装有固体培养基的培养皿（每个稀释度接两个培养皿）。固体培养基配方为：蛋白胨8 g/L、麦芽汁20 g/L、麦芽糖20 g/L、琼脂20 g/L，pH自然，120℃灭菌25 min。接种后的培养皿置于28℃培养约14 d，培养结束时，挑选出显示以下特征的菌落：直径约5～6 mm，浅灰色至乳黄色，背面淡乳黄色。

Note

2）母斜面的制备　从上述培养皿中挑出10个菌落，将每个菌落悬浮于1 ml无菌生理盐水中，每个菌落以0.2 ml悬浮液接种至两支斜面，28℃培养约9 d。斜面培养基配方同固体培养基。成熟的斜面显示以下特征：淡黄色营养菌丝，轻微皱折，背面为浅灰褐色。

3）生产斜面的制备　取上述培养成熟的每个菌落的两支斜面试管之一作生产能力试验，在摇瓶效价达到11 000 u/ml以上的情况下，取第二支斜面再接种10支生产斜面或利用其悬浮液制备冷冻干燥培养物，用于保藏。生产斜面的培养条件与母斜面相同。培养成熟的斜面保存于4℃冰箱内不超过一个月。

4）菌种生产能力试验　每支斜面用8 ml无菌生理盐水洗下，然后取0.3 ml悬浮液种入装有30 ml培养基的300 ml种子摇瓶。于28℃、130 rpm摇瓶机上培养72 h。种子摇瓶培养基配方为：麦芽汁粉20 g/L，酵母膏25 g/L，蛋白胨15 g/L，碳酸钙5 g/L，豆油3 g/L。pH用15%NaOH调至6.90。于120℃灭菌20 min。

以每瓶3 ml的接种量将培养成熟的种子接入装有27 ml培养基的300 ml发酵摇瓶，于25℃、320 rpm摇瓶机上培养144 h。发酵摇瓶培养基配方为：玉米浆125 g/L，玉米淀粉55 g/L，DL-蛋氨酸8 g/L，碳酸钙3.5 g/L、硫酸铵8 g/L、磷酸二氢钾3 g/L、尿素2 g/L、$MgSO_4 \cdot 7H_2O$ 5.6 g/L、$FeSO_4 \cdot 7H_2O$ 0.09 g/L、$MnSO_4 \cdot H_2O$ 0.03 g/L、$ZnSO_4 \cdot 7H_2O$ 0.02 g/L、$CuSO_4 \cdot 5H_2O$ 0.02 g/L、豆油15 ml/L。

从培养48 h开始，每个摇瓶分别补入下列养分：48 h补入1 ml 3%的$(NH_4)_2SO_4$溶液和0.15 ml豆油。72 h补入1 ml 3%的$(NH_4)_2SO_4$溶液和0.15 ml豆油，96 h补入0.45 ml豆油。

发酵结束时，要求CPC单组分的效价在11 000 u/ml以上，CPC纯度在75%以上，菌种方能用于工业生产。

(2) 种子的培养

头孢菌素C的大规模工业生产通常采用三级发酵或者四级发酵，一般采用摇瓶菌丝（俗称菌丝瓶种子或摇瓶种子）接种。

1）摇瓶种子的制备　将冷藏时间不超过一个月的生产斜面，加入8 ml无菌生理盐水，制成悬浮液，取0.5 ml移入装有200 ml培养基的1 000 ml摇瓶，于28℃，摇瓶机转速120 rpm，培养72 h。种子摇瓶培养基配方为：蛋白胨10 g/L、麦芽汁粉24 g/L、酵母膏27 g/L、碳酸钙5 g/L、豆油2 g/L，pH用15%NaOH调至7.5，120℃灭菌25 min。

2）一级种子罐培养　容积为2 000 L的种子罐，装800 L培养基，接入2.4 L摇瓶种子进行培养。一级种子罐培养基配方为：蔗糖35 g/L、玉米浆35 g/L、醋酸铵5.5 g/L、豆油9 g/L、DL-蛋氨酸0.5 g/L、$CaCO_3$ 5 g/L、泡敌0.1 g/L，pH用15%NaOH调至6.90，120℃灭菌25 min。培养条件：温度28℃，通气量0.7 VVM，搅拌转速120～160 rpm，罐压0.05 MPa。培养过程中，溶氧浓度低于30%饱和度时，应适当提高搅拌转速，培养周期约72 h。

3）二级种子罐培养　容积为12 m^3的种子罐，装6.3 m^3培养基，接入700 L一级种子罐种子进行培养。二级种子罐培养基配方与一级种子罐相同。培养条件：温度28℃，通气量0.7 VVM，搅拌转速90～125 rpm，罐压0.05 MPa。溶氧控制同一级种子罐。培养周期30～34 h。

(3) 发酵

容积为90 m^3的发酵罐，装63 m^3培养基，接入7 m^3二级种子罐种子进行培养。发酵培养基为：硫酸铵4.5 g/L、玉米浆92 g/L、花生粉16.0 g/L、玉米淀粉25.0 g/L、碳酸钙5.2 g/L、玉米糊精 40 g/L、磷酸二氢钾 1.8 g/L、DL-蛋氨酸 7.5 g/L、尿素 1.8 g/L、豆油 2.2 ml/L、泡敌 0.3 g/L、$MgSO_4 \cdot 7H_2O$ 4.8 g/L、$FeSO_4 \cdot 7H_2O$ 0.1 g/L、$CuSO_4 \cdot 5H_2O$ 0.015 g/L、$MnSO_4 \cdot H_2O$ 0.02 g/L、$ZnSO_4 \cdot 7H_2O$ 0.15 g/L，121℃灭菌 25 min，灭菌后 pH 用 NH_4OH 调至 6.30。

培养条件：① 温度的控制：0～36 h 为 28℃，36～84 h 为 25℃，84 h 至发酵结束为 24℃；② 通气量的控制：0～60 h 为 0.6 VVM，60～72 h 为 0.7 VVM，72 h 至发酵结束为 1.0～1.2 VVM；③ 搅拌转速的控制：0～36 h 为 75 rpm，36～60 h 为 90 rpm，60～84 h 为 100 rpm，84～108 h 为 110 rpm，108 h 至发酵结束为 120 rpm；④ 罐压控制 0.03～0.05 MPa；⑤ 溶解氧≥30%；⑥ pH 控制：接种后，pH 约为 6.30，前 24 h，pH 趋于下降，当降至 pH 6.1 时，由 pH 自控系统加入 25%的 NH_4OH，将 pH 控制在 6.2，发酵 24 h 后，pH 自然上升至 6.8，然后在 36 h 左右降至 6.40，此时，调整 pH 设定值至 6.50，自动补加 NH_4OH，直至发酵结束。

中间补料：发酵培养过程中，除了补加 NH_4OH 外，还需流加豆油，一方面补充碳源，另一方面用于控制菌量的缓慢增长，使菌丝形态朝着形成节孢子的方向发展。大约在 28 h(pH 升至 6.50)开始连续加入豆油，最初流速约为 0.2 $L/m^3 \cdot h$，发酵前 60 h，可用离心(3 000 rpm 10 min)检测油量，将其控制在 1%左右。60 h 后，则根据溶氧值控制，利用一台双定点控制器加入豆油。停止加油的最低溶氧值为 30%，开始加油的最高值为 35%。

发酵培养周期在 120～130 h。后期 CPC 效价增长缓慢，DAC 和 DAOC 含量上升较快时，应尽早放罐，以防止 CPC 降解，杂质过多，造成损失，并影响产品质量。

(4) 分离纯化

工业生产上所使用的头孢菌素 C 最初为锌盐，后来，由于化学法裂解头孢菌素 C 锌盐制备 7-ACA 过程中，锌对环境污染严重，而且头孢菌素 C 锌盐不能采用酶法裂解制备 7-ACA，因为重金属锌可导致酶失活，现基本上以钠盐取代了锌盐。头孢菌素 C 钠盐用于酶法裂解制备 7-ACA 反应条件温和、节能、无污染，是发展的主流。

早期的头孢菌素 C 分离纯化主要采用大孔树脂吸附法和沉淀法相结合的工艺，虽然在收率和头孢菌素 C 成品质量上都达到较为满意的结果，但是，随着抗生素分离纯化技术的不断进步和市场竞争的加剧，成品质量、收率(生产成本)、节能、环保和劳动条件都面临更加苛刻的要求。传统工艺中发酵液的过滤采用板框加压过滤或真空转鼓过滤，为了提高过滤效率，还需要在发酵液中添加絮凝剂和助滤剂，存在操作工艺繁琐、滤液质量不高、收率较低等问题，同时还将影响 7-ACA 的产品质量。另外，在沉淀结晶工序中，传统工艺所得到的脱色液中 CPC 浓度低，结晶收率受到影响，并且使用的有机溶剂量大，不仅会对环境造成污染，还增加了生产成本。随着膜技术的迅猛发展并在工业生产上的推广应用，目前国内外均普遍采用膜技术来分离纯化头孢菌素 C。膜技术的应用，不仅简化了操作工艺流程，提高了滤液质量和分离纯化收率，而且节能、环保。如再与头孢菌素 C 的酶法裂解相结合，则可用浓缩液直接生产 7-ACA，而不需分离出头孢菌素 C 产品，更可以免去干燥工序，对减少头孢菌素 C 受热损失十分有利。以下是一种头孢菌素 C 的膜分离工艺流程和操作步骤：

发酵液→预处理→微滤膜过滤→大孔吸附树脂层析提纯→阴离子交换树脂脱色→纳滤浓缩→CPC・Na 盐结晶及过滤→干燥→CPC・Na 盐成品

1) 发酵液预处理和微滤　放罐发酵液 6～10℃低温保存在贮罐内。在搅拌下加入 10%W/V 硫酸，调 pH2.6～3.0，通过 0.2 μm GVLP 微孔滤膜进行过滤(GVLP 为 Millipore 公司生产的膜的牌号)，除去菌丝及培养液中的固形物。

2) 大孔吸附树脂层析提纯　6～10℃的滤液(pH2.6～3.0)用大孔网状吸附树脂 Amberlite XAD-4 吸附。XAD-4 树脂的用量按 15～20 g/L 的吸附容量计算。吸附后，树脂先用 2～4 倍吸附体积的无盐水洗涤，除去 SO_4^{2-} 等离子，紧接着用 0.05 mol/L 的 NaOAc 洗脱出产品。当洗脱液中 CPC 的含量升到 350u/ml 时开始收集，CPC 的含量降低到 350 u/ml 时停止收集。注意 NaOAc 溶液的体积和浓度并非完全不变，如果 NaOAc 浓度太低，洗脱不完全，结晶过程 pH 也太低；如果 NaOAc 浓度太高，洗脱完全，但色素会洗下过多，同时 pH 太高，将导致 CPC 降解。一般来说，洗脱液 pH 要控制在 4.7 左右。

Note

在吸附、洗涤和洗脱的过程及终点均需取样，用 HPLC 进行监测，排掉的废液中 CPC 总量应低于 1%。

3）阴离子交换树脂脱色　　将 6～10℃的 XAD－4 洗脱液以（10～50 BV/h）的流速通过醋酸盐型的 IRA68 弱碱性阴离子交换树脂（4 根柱串联）。开始阶段只有一根柱操作，流出液直接收集。脱色过程中测定树脂柱进出口的波长 420 nm 透光度（T420），一般来说，出口的透光度必须＞95%。当第一根柱流出液透光度开始下降时，将它串入第二根柱。当第一根柱出口 T420 nm 数值与入口相同时，可认为色素已饱和，第一根柱用 2BV 无盐水洗涤。至此，第一根柱准备进行再生。接着，第二根柱进行与第一根柱相同的操作，同样操作依次循环进行。这样，有一根柱在进行再生，一根柱再生完后备用，两根柱在工作。

4）纳滤浓缩　　IRA68 树脂脱色液通过进料泵进入卷式纳滤膜，再通过循环泵形成密闭的循环系统，维持 2 MPa 的操作压力，使流速在 25 L/(m^2·h)左右，将脱色液的温度维持在6～10℃，一直连续循环，直至脱色液浓缩到 CPC 的浓度为 100～110 g/L（向纳滤系统投入脱色液时都要用 HPLC 检测 CPC 含量，这样就可以通过浓缩液的体积来控制 CPC 的浓度）。

5）CPC·Na 盐的结晶及过滤　　将 6～10℃的浓缩液泵入结晶罐，用 15%NaOH 调节 pH 至 4.8±0.2，在搅拌下匀速加入 2.8 倍体积已冷却至 10℃的丙酮，CPC－Na 盐沉淀下来。CPC－Na 盐结晶悬浮液用离心机过滤，滤饼用 6℃丙酮洗涤，甩干后，得到湿晶体。

6）干燥　　将湿晶体转入具有颗粒破碎功能的旋转真空干燥器，在真空下 35～40℃干燥 18 h，得到 CPC－Na 盐成品，其纯度（CPC 钠盐二水合物）≥85.0%，DAC 钠盐≤1.5%，DAOC 钠盐≤1.0 %，干燥失重≤6%。

3. 半合成头孢菌素生产简介

头孢菌素 C 本身的抗菌活性很弱，没有实际的临床应用价值，目前临床上使用的头孢菌素类抗生素全部是半合成的，即通过对微生物发酵得到的青霉素和头孢菌素 C 进行化学或酶促反应转化，制得 6－APA、7－ADCA、7－ACA 等中间体，再进行结构修饰，得到各种半合成头孢菌素。目前，市场上销售的头孢菌素类抗生素大约有三分之二是以 7－ACA 为原料合成的，大约三分之一则是以 7－ADCA 为原料合成的。7－ACA 和 7－ADCA 的生产直接影响半合成头孢菌素的成本和发展。

（1）7－氨基头孢烷酸（7－ACA）的生产

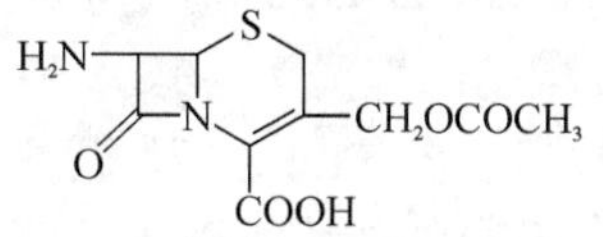

图 12－11　7－ACA 化学结构

7－氨基头孢烷酸（7－aminocephalospranic acid，7－ACA），化学名：3－乙酰氧甲基－5－硫－7－氨基－8－氧－1－氮杂二环[4,2,0]辛－2－烯－2 羧酸，分子式：$C_{10}H_{12}N_2O_5S$，相对分子质量：272.28。化学结构式：见图 12－11 7－ACA 是头孢菌素 C 的母核，工业上，由头孢菌素 C 经化学法或酶法裂解脱去其侧链来生产。

1）化学裂解法　　常用的化学裂解法有亚硝酰氯法和亚胺衍生物法。亚硝酰氯法收率很低，一般只有40%～50%。现普遍采用硅酯法来裂解 CPC。该法是先将 CPC 在二氯甲烷惰性溶剂中，用三甲基氯硅烷做成双硅酯保护羧基，再通过五氯化磷使侧链酰胺氯化为偕氯代亚胺，继之在深冷下与正丁醇反应转成偕亚胺醚，随后在温和的酸性条件下，加水使高度活泼的偕亚胺醚选择性地水解为 7－ACA，而不影响 β－内酰胺环，同时也脱去羧基上的硅酯保护基，最后用稀碱液调节至 pH3.5，7－ACA 即从水溶液中结晶析出。

CPC 钠盐、钾盐、锌盐及其 N－酰化衍生物或有机碱复盐均可用作该法裂解的起始原料。

从上述反应过程可以看出，化学裂解法的工艺复杂，反应需在深冷条件下进行，生产成本高，同时需要用到大量危险化学原材料，严重污染环境。因此，国内外都在积极地研究和应用工艺简单、对环境友好、成本低的酶学裂解法来生产 7－ACA。

Note

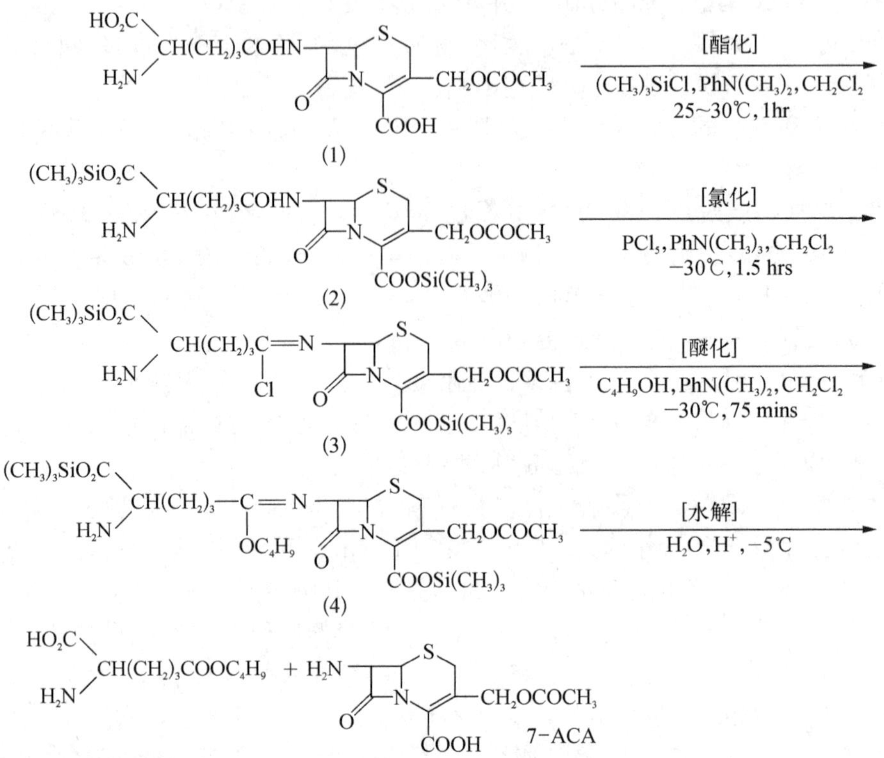

2）酶学裂解法　　酶法制备 7－ACA 的工艺有三种，即化学酶法、一步酶法和两步酶法。

化学酶法（也称化学/酶二步法）：

就是先利用过氧化氢（H_2O_2）或其他化学氧化剂将头孢菌素 C 的侧链氨基氧化成非手性的酮基，转变为 α－酮基己二酰 7－ACA（ketoadipyl 7－aminocephalosporanic acid，Keto AD－7－ACA），由于 α－酮酸很不稳定，极易脱羧生成戊二酰 7－ACA（glutaryl 7－aminocephalosporanic acid，GL－7－ACA），然后再用戊二酰 7－ACA 酰化酶（GL－7－ACA acylase）脱去其侧链，生成 7－ACA。

两步酶法：

是指上述化学/酶二步法中，将侧链氨基氧化成酮基是用 D－氨基酸氧化酶（D-amino acid oxidase，DAAO）来实现的，即头孢菌素 C 在通氧情况下被 D－氨基酸氧化酶催化，产生中间体 α－酮基己二酰 7－ACA 和 H_2O_2。这个中间体不稳定，很容易被同时产生的 H_2O_2 化学氧化脱羧，变成戊二酰基－7－氨基头孢烷酸（GL－7－ACA），在戊二酰 7－ACA 酰化酶（GL－7－ACA acylase）的作用下脱去其侧链，生成 7－ACA。

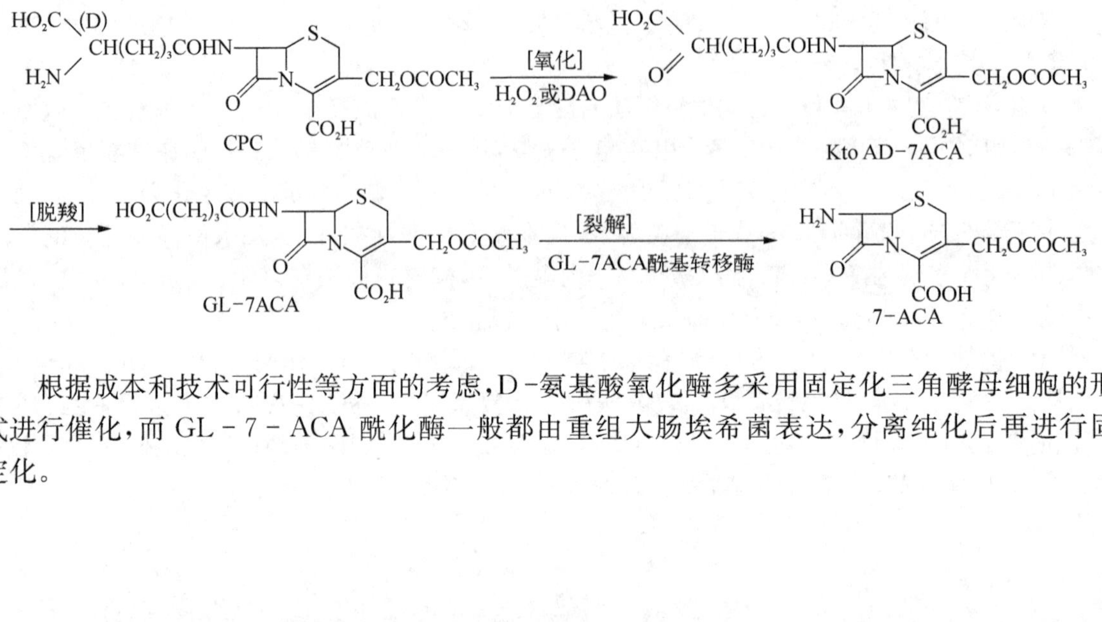

根据成本和技术可行性等方面的考虑，D－氨基酸氧化酶多采用固定化三角酵母细胞的形式进行催化，而 GL－7－ACA 酰化酶一般都由重组大肠埃希菌表达，分离纯化后再进行固定化。

一步酶法：

就是由头孢菌素酰化酶（cephalosporin acylase，CA）催化头孢菌 C（CPC）或戊二酰 7 -氨基头孢烷酸（glutaryl 7 - aminocephalosporanic acid，GL - 7 - ACA）的侧链酰胺键断裂，直接得到 7 - ACA。

（2）7 -氨基- 3 -去乙酰氧头孢烷酸（7 - ADCA）的生产

7 - ADCA 是合成头孢氨苄、头孢羟氨苄、头孢拉定等头孢菌素的中间体（化学结构式见图 12 - 12）。它可由价廉易得的青霉素 G（或 V）先转化为相应的亚砜酯，再经扩环重排、水解和酶裂解去侧链制得。

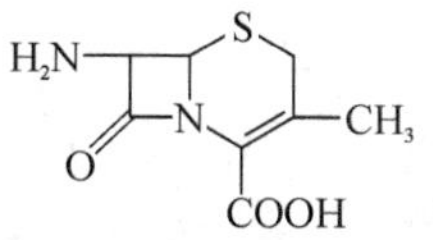

图 12 - 12　7 - ADCA 化学结构

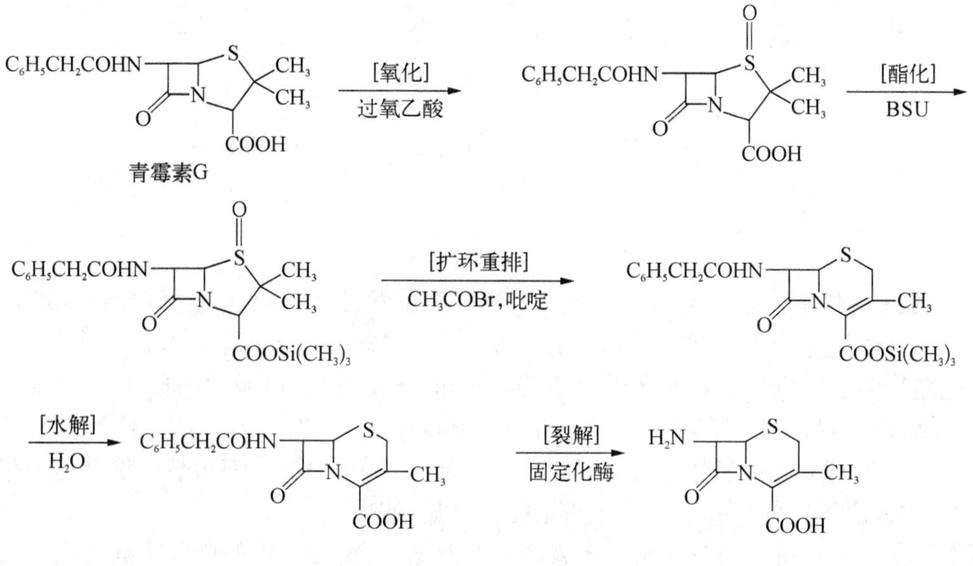

BSU：$(CH_3)_3SiHNCONHSi(CH_3)_3$

7 - ADCA 也可以由 7 - ACA 催化氢化（还原）制得。

（3）半合成头孢菌素的生产

自 20 世纪 60 年代中期第一个半合成头孢菌素——头孢噻吩推上临床以来，得益于对头孢菌素构效关系认识的不断深入和合成技术的发展，以及自身卓越的疗效，半合成头孢菌素发展极为迅速，其品种增长的数量居各类抗生素的之首，至今已上市的半合成头孢菌素有 50 余种（详细情况见 12.4.1.3 主要抗生素简介），国内外还正在研发更加广谱、高效、毒性更低、对耐药菌有效的新头孢菌素，将为人类的健康提供更好的保障。

1）一般合成方法　　大多数头孢菌素都是 7 位和 3 位侧链同时改造的产物，可以先通过 7 位的酰化连接上不同的侧链，再改造 3 位，也可以先通过 3 位的取代修饰，再改造 7 位。

7 位的酰化方法有化学酰化法和微生物酶学酰化法两种，目前以化学酰化法为主，包括酰氯法、混合酸酐法和活性酯法。化学酰化法通常先将羧酸转化成活性形式后与氨基缩合。在工业上多数场合，应用羧酸的酰氯与 7 - ACA 或 7 - ADCA 反应进行酰化。化学酰化法反应较复杂，β -内酰胺环易遭破坏，存在副反应和三废问题。而酶法酰化具有专属性强，副反应少，反应条件较温和，产品纯度高等优点。但目前酶法还存在反应料液浓度低、需用侧链配比高、收率低以及分离纯化等问题。

3 位侧链修饰最有效的途径是以亲核基取代 7 - ACA 上的乙酰氧基。其中以吡啶或其类似物及含杂环的硫醇等亲核基取代反应所制得的头孢菌素较有实用价值。

以下简要介绍两个临床常用的半合成头孢菌素的制备方法和合成路线。

2）头孢氨苄的制备　　头孢氨苄又称头孢立新，分子式 $C_{16}H_{17}N_3O_4S$，分子量为 347.39，化学结构式见图 12－13 头孢氨苄可以青霉素 G(或 V)为起始原料，先制得 7－ADCA(如前所述)，再乙酰化成头孢氨苄，也可以直接从 7－ADCA 来合成。为了减少副反应，提高产品收率和纯度，可先将7－ADCA的羧基转成硅酯加以保护，再和侧链羧酸酰氯反应，最后水解制得头孢氨苄。例如将 7－ADCA 在二氯甲烷中，加入三乙胺(TEA)成三乙胺盐溶解，再加入二甲基苯胺(DMA)及三甲基氯硅烷在低温下反应成硅酯，然后加入D－(－)α－氨基苯乙酰氯盐酸盐，进行酰化生成头孢氨苄三甲硅酯，再水解成头孢氨苄。

Note

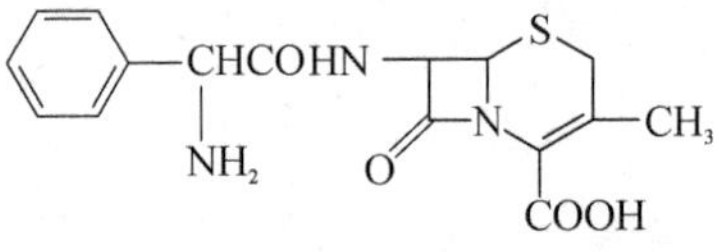

图 12－13　头孢氨苄化学结构式

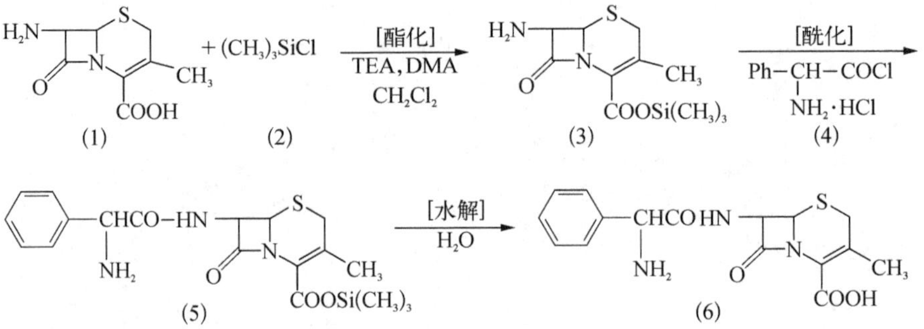

3）头孢噻肟的制备　　头孢噻肟钠是广谱高效的第三代注射头孢菌素，分子式为 $C_{16}H_{18}N_5NaO_7S_2$，分子量477.46，化学结构式见图 12－14。制备头孢噻肟钠的方法有多种，但以活性酯法工艺路线为主。将氨噻肟酸在低温下与 vilsmeier 试剂(二甲基甲酰胺十三氯氧磷)反应，形成活性酯(2)，再将 7－ACA 与双(三甲硅基)脲(BSU)反应生成 7－ACA 硅酯(3)，然后将活性酯与 7－ACA 硅酯进行缩合成头孢噻肟硅酯，再经酸水解得头孢噻肟酸。最后将头孢噻肟酸溶于乙醇，加入醋酸钠的甲醇溶液转成头孢噻肟钠盐结晶。

新的制备方法是将氨噻肟酸在三苯膦(TPP)催化下，先与苯骈噻唑二硫醚反应生成硫代活性酯，然后与 7－ACA 反应，不需保护氨基即可制得头孢噻肟酸。

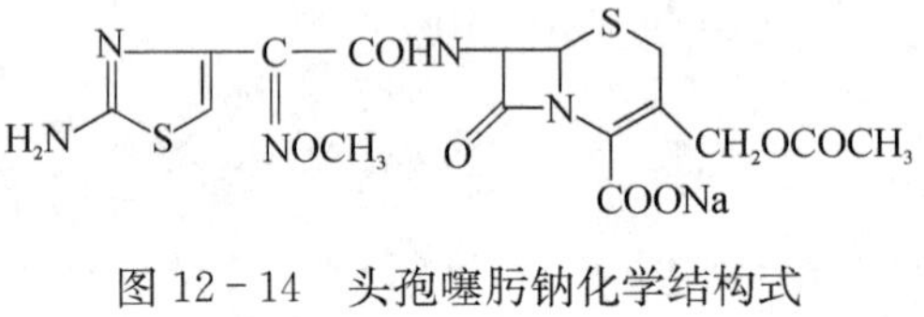

图 12－14　头孢噻肟钠化学结构式

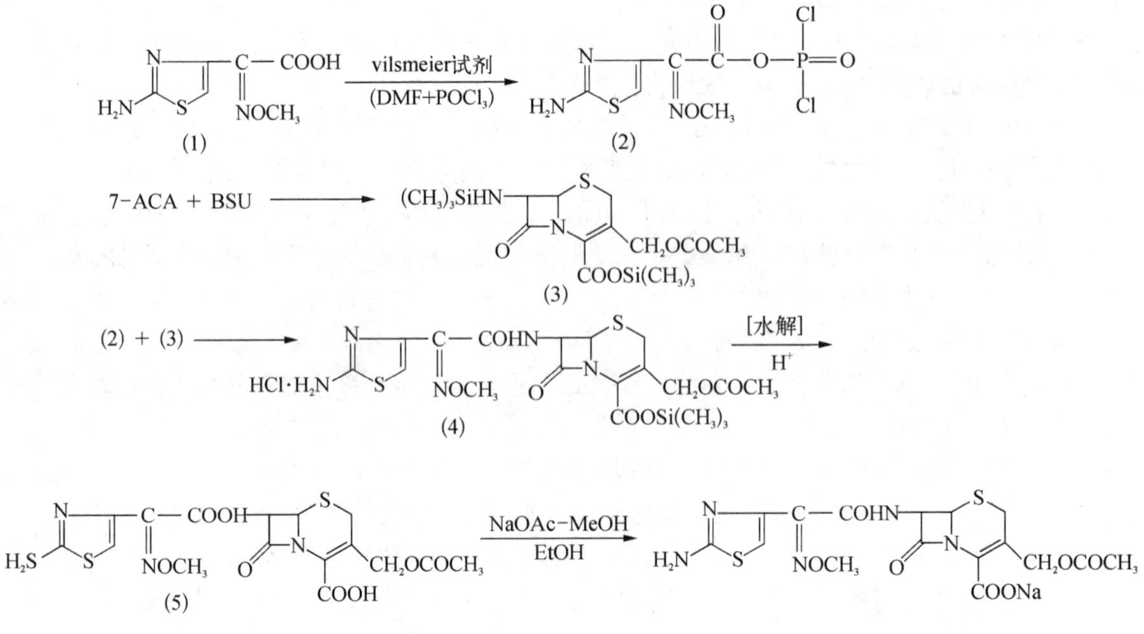

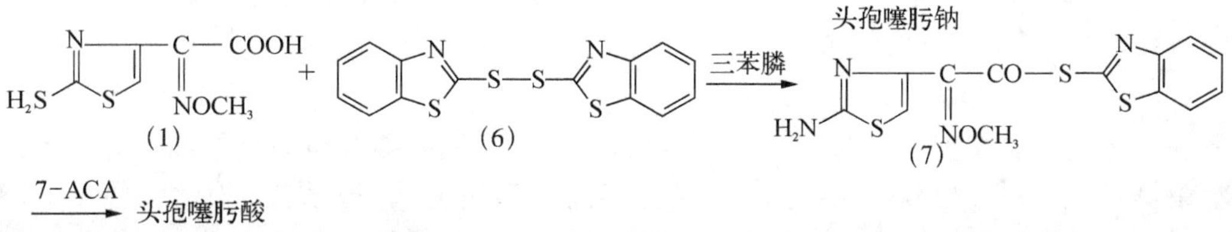

Note

复习思考题

1. 当代抗生素的定义是什么？
2. 抗生素在治疗人类疾病时是如何发挥作用的？
3. 头孢菌素类抗生素有哪些特点？
4. 简述你对抗生素发酵培养环境的理解。
5. 抗生素提炼过程有何特殊要求？
6. 头孢菌素 C 发酵过程中，应如何平衡搅拌、补油和溶氧之间的关系？
7. 在头孢菌素 C 的分离纯化过程中，如何使阴离子交换树脂脱色达到理想的效果？

12.5　废水微生物处理技术

知识框架图

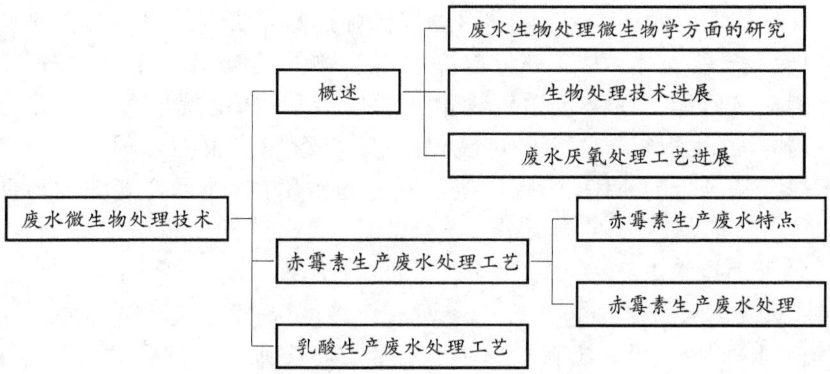

内容提要

废水的生物处理技术主要利用微生物的生命活动过程，对废水中的污染物质进行转移和转化的作用，从而使污水得到净化的方法。污水具备微生物生长繁殖的条件，因而微生物能从污水中获取养分，同时降解和利用有害物质，从而使污水得到净化。利用微生物处理污水实际就是通过微生物的新陈代谢活动，将污水中的有机物分解，从而达到净化污水的目的。微生物新陈代谢类型有需氧型和厌氧型两种，因此，净化方法分为好氧净化和厌氧净化。

12.5.1　概述

1. 废水生物处理微生物学方面的研究

传统的废水生物处理技术主要依赖两大类微生物，即异养型好氧微生物和异养型厌氧微生物，它们分别在好氧生物处理反应器和厌氧生物处理反应器中发挥其分解有机物的作用。长期以来，人们对废水生物处理过程中的微生物学知之甚少，对生物处理机制的认识处于混沌的状态。近40多年来，微生物学者和环境工程师合作，对废水生物处理技术中的微生物学进行了较深入的研究，取得了很多有益的成果。

Note

(1) 关于活性污泥法微生物的研究

活性污泥使用过程中经常发生的污泥膨胀，引起了微生物学者和环境工程师的关注。人们对丝状菌膨胀的原因和控制丝状菌膨胀的方法有了更清楚的认识。此外，对活性污泥中细菌和原生动物的不同特性和协同作用的研究，促进了厌氧和好氧工艺的发展。

(2) 关于硝化和反硝化细菌的研究

自养型好氧微生物，主要是硝化细菌的种群和特性，以及异养型兼性厌氧微生物(主要是反硝化菌)的种群和特性进行了较为深入的研究，建立了生物脱氮工艺的理论基础。近年来，更有人发现了能在缺氧条件下利用硝酸盐中的氧使氨得到氧化，即同时进行硝化和反硝化的细菌群，开发出厌氧氨氧化的工艺，为简化生物脱氮工艺奠定一定基础。

(3) 关于除磷细菌的研究

经过长达20多年的研究，人们终于发现了微生物具有在好氧条件下摄取磷而在厌氧条件下释放磷的功能，由此开发了好氧、厌氧联合的除磷工艺。

(4) 关于厌氧微生物种群和特性的研究

20世纪50年代以来，世界各国学者不断研究厌氧生物处理中的微生物类群及特性，特别是产氢产乙酸细菌和产甲烷细菌的种群及其特性。科学家发现了厌氧微生物具有降解大分子合成有机物的能力，为创立厌氧酸化-水解工艺以及厌氧-好氧串联工艺，处理含难降解有机废水奠定了基础。对厌氧微生物吸收有机基质同时释放体内储存的磷的特性所进行的研究及获得的成果，使生物除磷工艺得以诞生。

(5) 关于特效菌的筛选、培养和固定化的研究

随着生物科学技术的发展，环境科学家掌握了筛选和培养具有特种降解能力的高效菌的方法，包括利用质粒转移技术，为进一步提高废水生物处理技术的能力，特别是生物难降解的有机污染物创造了可能。在高效微生物富集及固定化、酶的提取和固定化方法及其在废水净化中的应用方面，也取得了一定的进展，并展现出新一代生物处理技术的雏形。还发现了特种微生物在特殊场合的作用，如硫酸盐还原菌的作用，对处理含高浓度硫酸盐的废水提供了有效的途径。

2. 废水生物处理技术概况

生物处理是有机废水净化的主要工艺，其具有经济可行、无二次污染等特点，主要用于处理食品、发酵、造纸、生物制药、家禽家畜饲养等行业的有机废水。根据参与代谢活动微生物的种类，生物处理高浓度有机废水的主要方法可分为两大类，即利用好氧微生物作用的好氧法和利用厌氧微生物作用的厌氧法。

好氧法是在有氧的条件下，由好氧微生物降解废水中的有机物，最终产物是水和二氧化碳。好氧处理工艺按其微生物的生存方式，可分为活性污泥法和生物膜法两种。活性污泥法是水体自净的人工强化，是使微生物群体“聚居”在活性污泥上，活性污泥在曝气池内呈悬浮状，与污水广泛接触，使污水净化。根据其运行方式的不同，活性污泥法又可分为：传统活性污泥法(又称标准活性污泥法)、阶段曝气活性污泥法、吸附-再生活性污泥法、延时曝气活性污泥法、高负荷活性污泥法、完全混合活性污泥系统、深水曝气活性污泥法、深井曝气活性污泥法、浅层曝气活性污泥法、纯氧曝气活性污泥法等，除此之外，近些年活性污泥处理工艺又有了新的发展，如氧化沟、间歇式活性污泥法(SBR)和AB法废水处理工艺等。生物膜法是土壤自净的人工强化，是使微生物群体以膜状附着在某种物体的表面上，与污水接触，使污水得以净化的技术。属于生物膜法的工艺有生物滤池(普通生物滤池、高负荷生物滤池、塔式生物滤池)、生物转盘、生物接触氧化和生物流化床等。

由于高浓度有机废水有机污染物含量很高，采用好氧法的能耗太大，一般采用厌氧法，即在无氧的条件下，由兼性菌及专性厌氧菌降解有机物，最终产物是二氧化碳和甲烷。厌氧

生物处理技术常用的反应器主要有UASB反应器、UBF反应器、IC反应器等。厌氧法处理高浓度有机废水不彻底，出水有机污染物含量还很高，常采用厌氧＋好氧综合处理工艺使废水得到净化。

3. 废水厌氧处理工艺发展简史

废水厌氧处理工艺的实质是利用微生物的代谢特性，将废水中的有机物还原，同时产生甲烷的一种经济而有效的处理技术。厌氧生物处理技术的发展起源于城市污水废污泥的处理。从1881年法国的莫拉斯(Mouras)发明"污泥自动净化器"开始，到目前已经有一百多年的历史，其间发展非常缓慢。直到20世纪60～70年代，随着经济的快速发展以及城市的迅速扩展，环境污染和能源紧张问题变得越来越严重时，厌氧处理工艺作为一种低能耗的有机废水的处理方法，才得到人们越来越广泛的重视。在此期间，厌氧消化技术主要发展历程如下：

1860年，法国人Louis Mouras将简易沉淀池改进作为污水污泥处理构筑物使用。1881年12月，第一篇有记载的报道，法国《宇宙》杂志描述了从1860年开始法国人M. L. Mouras将简易沉淀池加以改进而得的"Mouras自动净化器"。1895年，对早期厌氧处理工艺发展最有影响的是英国Cameron获得专利权的腐化池。该池减少了污染但未能完全消除，出水黑色且带臭味，未被消化的圆体物质还可能堵塞后续处理构筑物。1896年，第一座处理生活污水的厌氧消化池在英国出现，产生沼气用于照明。1899年，Clark提出从污水中分离污泥保持污水新鲜，并将分离出的污泥在隔绝空气的情况下进行消化的想法。1904年，英国Travis据这一设想在英国开普敦建成双层沉淀池，用薄壁结构将反应器分为上部沉淀室和下部消化室。20世纪50年代中期，厌氧接触反应器出现，该反应器增设污泥回流装置，使厌氧污泥在反应器中停留时间第一次大于水力停留时间，污泥浓度增大，因此处理效率和负荷显著提高。20世纪60年代末，生物工程带来第一个突破性发展。Young和Mccarty发明了厌氧滤池(器)简称AF。20世纪70年代，荷兰农业大学环境系Lettinga等人发明的上流式厌氧污泥床，是厌氧处理技术的最大突破，目前已成为应用最广泛的工艺之一。

12.5.2　赤霉素生产废水处理工艺

抗生素工业废水是一类高色度、含难降解和生物毒性物质多的高浓度有机废水，国内300多家企业生产占世界产量40%的80多个品种的抗生素，废水排放量大且目前国内外应用的治理技术不多且不成熟，已建成的以好氧工艺为主的工程，投资和处理成本高，废水实际处理效率很低。欧美日等国从20世纪40年代生产青霉素时就已经开始处理其废水，因受当时处理技术的限制，至20世纪70年代大多仍采用活性污泥法、生物滤池等，而从20世纪70年代开始，他们将这类大宗常规原料药生产向发展中国家转移，转而开发高技术、高附加值的新药，原因之一就是污染治理问题。所以国内当前采用的好氧、厌氧生物处理工艺的应用水平在一定程度上代表这类废水处理的实际技术水平。本节在分析总结目前应用的生物处理工艺的基础上，提出切实可行的治理工艺路线，以供选择抗生素工业废水综合治理优化方案时参考。

1. 赤霉素生产废水特点

赤霉素是一种高效植物生长刺激素，俗称"九二〇"，为农用的激素类药，是微生物发酵过程的次级代谢产物。某公司发酵生产各工序产生废水具有以下特点：

1) 废水中有机污染物浓度高，尤其是其中的萃余液。

2) 其生产过程为周期性，不同时间所排放的废水有很大的变化，以pH为例，最低只有2～3，最高时则达12～13，废水流量有时很大，有时则很小。

3) 废水色度高。废水中萃余液为深黄色，色度1 000～1 600倍，冲洗水、洗涤水的色度为300～500倍。

4) 冲洗水、洗涤水含大量残菌丝体，易于沉淀分离。

2. 赤霉素生产废水处理

赤霉素生产废水处理工艺流程见图 12-15。高浓度废水进入高浓度废水中和调节池单独收集，经提升泵提升进入反应沉淀池进行预处理，出水进入一级高效厌氧反应器，在一级厌氧反应器中保持高浓度硫酸盐还原菌(SRB)生长的环境条件，使 SRB 生长占优势，利用 SRB 将废水中的硫酸盐还原为硫化物。从一级厌氧反应器中出水含高浓度的硫化物，其主要成分为硫化氢和二氧化硫，含硫化物废水进入微氧曝气池。在微氧曝气池中利用无色脱硫杆菌的生物氧化作用，将硫化物氧化为单质硫，含单质硫的废水进入沉淀池沉淀以截留单质硫，从而达到脱硫目的。

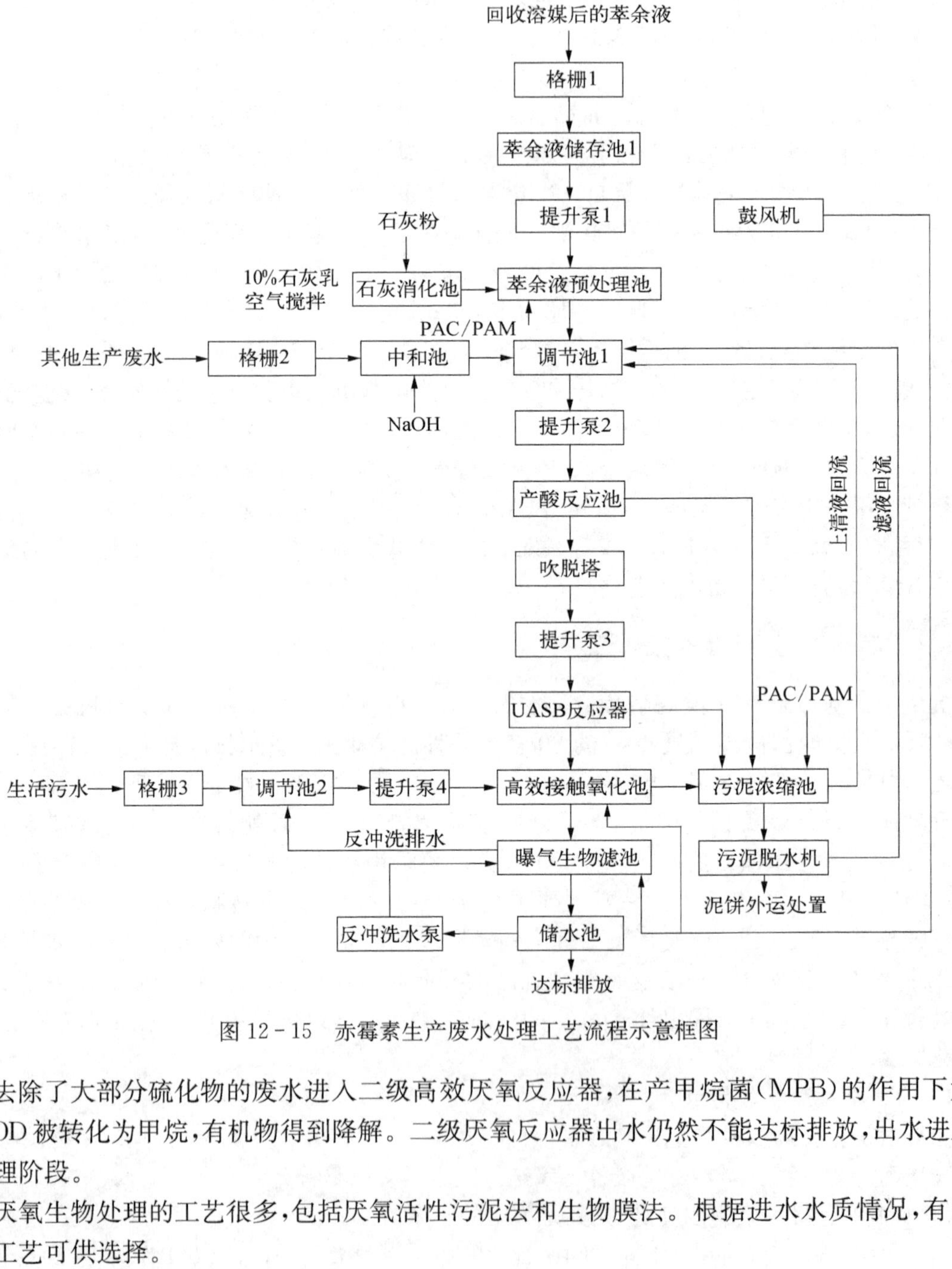

图 12-15　赤霉素生产废水处理工艺流程示意框图

去除了大部分硫化物的废水进入二级高效厌氧反应器，在产甲烷菌(MPB)的作用下大部分 COD 被转化为甲烷，有机物得到降解。二级厌氧反应器出水仍然不能达标排放，出水进入好氧处理阶段。

厌氧生物处理的工艺很多，包括厌氧活性污泥法和生物膜法。根据进水水质情况，有以下几种工艺可供选择。

(1) 厌氧生物滤池

厌氧生物滤池是一个内部填充有供微生物附着填料的厌氧反应器。由于有填料的存在，使微生物的停留时间大大延长，处理效果较好，缺点是微生物膜很难得到清洗，时间长了会出现底部堵塞，影响处理效果。由于这里废水的悬浮物较高，就更加增加了堵塞的机会，因此在此不予考虑。

(2) 膨胀颗粒污泥床(EGSB)

EGSB 反应器是通过采用出水回流获得较高的表面液体升流速度。其特点是上升流速大，污泥层处于悬浮状态，一般可以处理低浓度有机废水和高浓度有机废水，由于出水循环其动力消耗较大，增加运行费用，在此不予考虑。

(3) 上流式内循环厌氧反应器(IC)

IC 的特点是利用微生物自身产生的气体提升污泥，使污泥形成自循环，充分搅动污泥，使废水与污泥充分接触，污泥负荷可以很高，处理效率好。适合高浓度废水和中低浓度有机废水处理，因此，这里可以采用 IC 作为厌氧降解有机物的反应器。

(4) 上流式厌氧污泥床(UASB)

UASB 的特点是污泥与废水接触充分，能够形成颗粒污泥，污泥负荷大，适应的进水浓度范围宽，对有机废水有很好的处理效果，并且厌氧 UASB 工艺操作简单，维护工作量小，基本无需人员看管，不需能耗，且能产生甲烷能源。因此，这里可以采用 UASB 作为厌氧反应器。

(5) 折板厌氧(ABR)工艺

在反应器内设置竖向导流板，将反应器分隔。

12.5.3　乳酸生产废水处理工艺

乳酸生产工艺是以淀粉糖为原料发酵生产乳酸，生产原料和投加的营养物质中无有毒有害物质，废水的可生化性很好。由于废水中的主要污染物是糖类、乳酸、有机酸类和醇类等有机物，这些有机物均属易生化降解有机物，应采用以生化处理为主的处理工艺。废水中 COD_{Cr} 为 1 700 mg/L，NH_3-N 为 300 mg/L，考虑到废水的 NH_3-N 浓度较高，在反硝化过程中要消耗大量的 C 源，如先采用厌氧处理将降解大量的有机物，但由于厌氧生物处理过程对废水中的氨氮基本没有去除，在好氧处理 NH_3-N 的硝化和反硝化过程中需外加大量 C 源，很不经济，故应采用以好氧生物处理为主的处理工艺。考虑到废水 NH_3-N 浓度较高，有以下几种工艺可供选择。

1. 序批式活性污泥法 SBR 工艺及其改进工艺循环活性污泥法(CASS)

属间歇性活性污泥法，其基本操作程序由进水、反应、沉淀、出水和待机等 5 个基本过程组成。该工艺较传统活性污泥法好，不易产生污泥膨胀，操作得当，也能得出比传统活性污泥工艺更好的水质，该工艺可作为预选工艺。

2. 生物接触氧化法

是在池内设置填料，污水浸没全部填料，并以一定的速度流经填料，同时充氧。填料上长满生物膜，污水与生物膜接触，在生物膜微生物作用下污水得到净化。该工艺可作为预选工艺。

3. 曝气生物滤池(Biological Aerated Fiter，简称 BAF)

是当今国际最先进的污水处理工艺之一，被称为第三代生物滤池(the Third-Generation Biofilter)，属于生物膜法污水处理技术。与高负荷生物滤池及生物接触氧化法不同的是，曝气生物滤池除利用了生物膜的氧化降解特性，更加利用了生物絮体的生物絮凝吸附、生物水解作用，使得该工艺成为真正意义上的集活性污泥法与生物膜法共同优点于一身的反应器。曝气生物滤池采用了全面的技术革新：一是革新了滤料，采用易于富集微生物的材料，使滤料表面更容易挂膜，并大大增加了生物浓度，充分强化了生物氧化能力，显著提高了处理负荷和处理效果，并同时具有截留悬浮物的能力；二是采用人工强制曝气，强化气体传质，为微生物的氧化作用提供充足的溶解氧，加快反应速度；三是通过定期反冲洗更新生物膜，使曝气生物滤池成为典型的薄膜生物反应器，生物膜保持高活性状态，始终保持稳定、高效的处理效果和优良的出水水质。该工艺可作为预选工艺。

从上述分析已初步确定 SBR、生物接触氧化法和曝气生物滤池作为处理的预选工艺。以下就这三个工艺应用于该工程的优缺点进行全面和系统的比较，见表 12－14。

Note

表 12-14　BAF 与 SBR、生物接触氧化法工艺的比较(乳酸年产 5 000 万 t)

	项　目	生物接触氧化法	SBR(CASS)工艺	BAF 生物滤池工艺
预处理	调节池容积	需要 300 m^3	需要 300 m^3	需要 300 m^3
	中和池容积	需要 300 m^3	需要 300 m^3	需要 300 m^3
	缺氧池容积	需要 300 m^3	不需要缺氧池	需要 300 m^3
好氧处理部分	BOD 容积负荷	0.5～1.8 kg/(m^3·d)一般以 1 kg/(m^3·d)考虑	0.1～1.3 kg/(m^3·d)一般以 0.8 kg/(m^3·d)考虑	2～12 kg/(m^3·d)一般以 4 kg/(m^3·d)考虑
	处理该废水拟采用的 BOD 容积负荷	1 kg/(m^3·d)	0.8 kg/(m^3·d)	4 kg/(m^3·d)
	NH_3-N 容积负荷	0.1～0.5 kg/(m^3·d)一般以 0.3 kg/(m^3·d)考虑	0.08～0.3 kg/(m^3·d)一般以 0.2 kg/(m^3·d)考虑	0.5～1 kg/(m^3·d)一般以 0.8 kg/(m^3·d)考虑
	处理该废水拟采用的 NH_3-N 容积负荷	0.3 kg/(m^3·d)	0.2 kg/(m^3·d)	0.8 kg/(m^3·d)
	所需好氧池容积	1 500 m^3	2 000 m^3	470 m^3
	污泥膨胀	容易产生	可能产生	不会产生
	二沉池	需要	不需要	不需要
	充氧利用率	2%～5%	1%～3%	20%～30%
	水汽比	50∶1	60∶1	30∶1
技术经济指标	总投资	最大	适中	最小
	运行费用	中等	最高	最低
	出水水质	最差	中间	最好
其他	要求曝气头	要求微孔曝气	要求微孔曝气	可直接使用穿孔管曝气
	堵塞现象	采用蜂窝填料易堵 采用半软性填料易产生污泥膨胀	不易堵塞	定期反冲洗不易堵塞
	污泥龄	较长(视填料而定)	较长	最长
	污泥回流	反硝化需要	SBR/CAST 不需要 CASS 需要	反硝化需要
	生物膜	厚,易产生厌氧反应	活性污泥	薄膜生物反应器
	启动的快慢	慢	慢	快
影响因素	流量变化影响	受沉淀速度限制有一定影响	受每个处理单元的可接纳的容积限制有一定影响	影响很小,抗冲击负荷能力强
	温度变化影响	露天面积大,处理效果受低温影响最大	处理效果受低温影响较大	滤池从底部进水,上部出水,水温波动小,低温运行稳定
运行管理	自动化程度	自动化程度低	序批式进水系统,可实现供氧量和回流比的自动调节	连续进水系统,可实现供氧量和回流比的自动调节
运行管理	日常维护	厂区面积大,设备分散,膜式曝气头易堵,维护巡视量最大	设备闲置较多,膜式曝气头易堵,维护量大	采用穿孔管曝气,不堵塞,维护巡视简单
	大修	需停一个生物接触氧化池进行依次大修,对处理水量和出水水质有影响	需停一个 SBR 池进行依次大修,对处理水量和出水水质有影响	滤池数量较多,停一个滤池进行依次大修,对出水水质和出水水量影响很小
	管理操作人员	较多	较多	较少
未来扩建	增加处理量	由于它是非模块化结构,所有的沉淀池和曝气池均需增加个数,所需占地和土建工程量最大,工期很长	曝气池为模块结构,扩建相对常规工艺容易,但所需占地和土建工程量较大,工期较长	全部模块化结构,扩建非常容易,所需占地和土建工程量很小,工期短
	提高出水水质	需新建三级处理	需新建三级处理	现有构筑物即可实现

续　表

项　目		生物接触氧化法	SBR(CASS)工艺	BAF 生物滤池工艺
环境影响	臭气问题	生化处理部分为敞开式，臭味对周围环境影响很大	生化处理部分为敞开式，臭味对周围环境影响较大	生化处理部分为封闭式，基本不产生臭气
	外观环境	占地太大，无法覆盖，视觉和景观效果差	占地较大，覆盖比较麻烦，视觉和景观效果一般	占地极小，很容易进行全厂覆盖，视觉和景观效果好

综上表所述，从废水处理工程改造的一次性投资、运行费用、处理效果、运行的稳定性、维护等方面比较，可以确定曝气生物滤池(BAF)工艺为该废水处理工程的最佳优选工艺，采用BIOFOR型曝气生物滤池作为好氧处理工艺。因废水 NH_3-N 含量高，在工艺设计时必须考虑脱氮过程，否则会严重影响好氧工艺的运行，造成出水水质恶化，甚至不能正常运行，因此采用对有机物及氨氮去除效果均很好的附着生长预缺氧脱氮＋BIOFOR组合处理工艺，参见图 12-16。

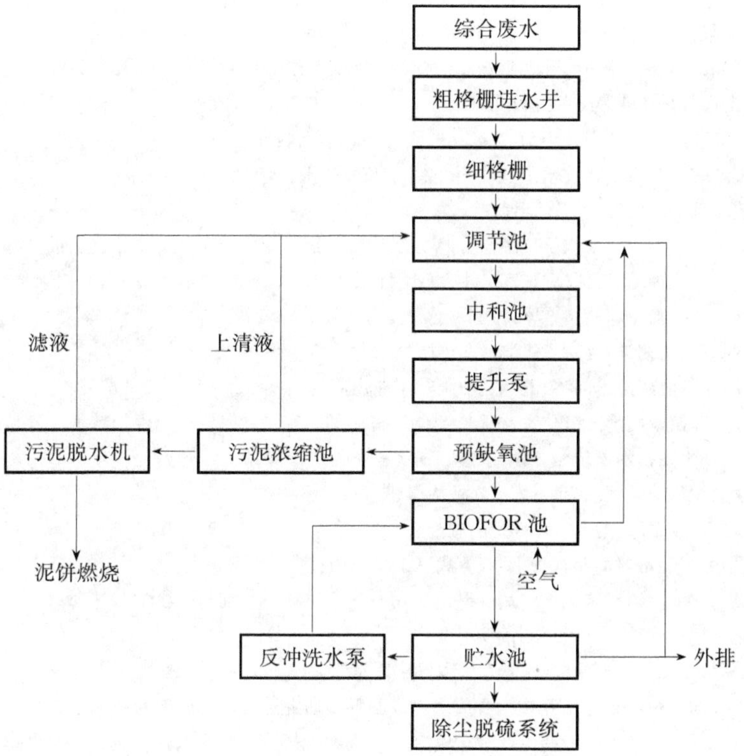

图 12-16　乳酸废水处理工艺流程示意框图

复习思考题

1. 什么是厌氧生物处理？它有什么优缺点？
2. 废水中常见的微生物有哪些？
3. 生物接触氧化法有哪些特点？
4. 试简述影响污水好氧生物处理的因素。

参 考 文 献

Gregory N. Stephanopoulos, Aristos A. Aristidou, Jens Nielsen 著. 2003. 代谢工程. 赵学明，白冬梅等译. 北京：化学工业出版社

Birgit Kamm, Patrick R. Gruber, Michael Kamm 著. 2007. 生物炼制——工业过程与产品. 马延和主译. 北京：化学工业出版社

白林泉，邓子新. 2006. 微生物次级代谢产物生物合成基因簇与药物创新[J]. 中国抗生素杂志，31(2)：80-86

曹军卫，马辉文，张家耀. 2007. 微生物工程(第二版). 北京：科学出版社

岑沛霖，蔡谨. 2000. 工业微生物学. 北京：化学工业出版社

岑沛霖. 2005. 生物反应工程. 北京：高等教育出版社

陈必链，黄键，梁世中等. 2004. Culture of *Porphyridium cruentum* in photobioreactor and its effects on hypolipidemiac [J]. 应用与环境生物学报，10(4)：432-436

陈必链，王娟，黄键. 2007. 一种提高微藻生物量及其生理活性产物产量的方法[P]. ZL200510080859.

陈代杰，朱宝良. 1995. 工业微生物菌种选育与发酵控制技术. 上海：上海科学技术文献出版社

陈洪章. 2004. 生物过程工程与设备. 北京：化学工业出版社

陈坚，李寅. 2002. 发酵过程优化原理与实践. 北京：化学工业出版社

陈明耀. 1995. 生物饵料培养. 北京：中国农业出版社

陈因良，陈志宏. 1992. 细胞培养工程. 上海：华东化工学院出版社

储炬，李友荣. 2002. 现代工业发酵调控学. 北京：化学工业出版社

但卫华，王坤余等. 2008. 轻化工清洁生产技术. 北京：中国纺织出版社

高红亮，从威，欧阳藩. 2000. 体外培养的哺乳动物细胞的葡萄糖和谷氨酰胺代谢[J]. 生物技术通报，6：17-21

顾觉奋. 2001. 抗生素. 上海：上海科学技术出版社

郭显锋，张新力，方平. 2007. 清洁生产审核指南. 北京：中国环境科学出版社

何培民，秦松，严小军等. 2007. 海藻生物技术及其应用. 北京：化学工业出版社

贺小贤. 2003. 生物工艺原理. 北京：化学工业出版社

黄艳，赵德修，吕东平等. 2001. 搅拌式生物反应器悬浮培养水母雪莲细胞的研究[J]. 生物工程学报，17(5)：561-565

贾士儒. 2008. 生物反应工程原理 (第三版). 北京：科学出版社

贾树彪，李盛国，吴国峰. 2004. 新编酒精工艺学. 北京：化学工业出版社

贾新成，陈红歌. 2008. 酶制剂工艺学. 北京：化学工业出版社

姜锡瑞，段钢等. 2008. 酶制剂应用技术问答. 北京：中国轻工业出版社

雷健，赫卫清，王以光. 2007. 链霉菌形态分化和次级代谢调控机制的研究进展[J]. 药物生物技术，14(3)：225-229

李宝健，曾庆平. 1990. 植物生物技术原理与方法. 长沙：湖南科学技术出版社

李浚明编译. 1992. 植物组织培养教程. 北京：北京农业大学出版社

李艳. 2007. 发酵工程原理与技术. 北京：高等教育出版社

利容千，王明全. 2004. 植物组织培养简明教程. 武汉：武汉大学出版社

林世康，胡云龙，施国民. 2000. 动物细胞无血清培养基的应用及研究进展[J]. 细胞生物学杂志，22(3)：121-126

林顺权. 2000. 植物细胞工程. 厦门：厦门大学出版社

刘群红，李朝品. 2005. 现代生物技术概论. 北京：人民军医出版社

吕春茂，范海延，姜河等. 2007. 植物细胞培养技术合成次生代谢物质研究进展[J]. 云南农业大学学报，22(1)：1-7

吕欣，张晓妮，毛忠贵等. 2005. 发酵工业清洁生产模糊综合评价模型框架[J]. 西北农林科技大学学报. 33(7) ：139-142

罗大珍，林稚兰. 2006. 现代微生物发酵及技术教程. 北京：北京大学出版社

罗贵民，曹淑桂，张今. 2002. 酶工程. 北京：化学工业出版社

罗立新，娄文勇等. 2008. 酶制剂技术. 北京：化学工业出版社

骆艳娥，范代娣，花秀夫等. 2005. 重组大肠埃希菌分批-补料培养生产类人胶原蛋白的过程控制[J]. 西北大学学报(自然科学版)，35(2)：180-183

马晓春，李洪亮，刘利平. 2007. 燃料乙醇生产与应用技术. 北京：化学工业出版社

马赞华. 2003. 酒精高效清洁生产新工艺. 北京：化学工业出版社

梅乐和，姚善泾，林东强. 2007. 生化生产工艺学. 北京：科学出版社

牛红星. 2006. 流加和灌注培养过程中杂交瘤细胞的生长代谢特性研究[D]. 华东理工大学博士学位论文

欧阳平凯，曹竹安，马宏建等. 2005. 发酵工程关键技术及其应用. 北京：化学工业出版社

潘瑞炽. 2000. 植物组织培养. 广州：广东高等教育出版社

戚以政，夏杰. 2004. 生物反应工程. 北京：化学工业出版社

齐香君. 2003. 现代生物制药工艺学. 北京：化学工业出版社

日本能源学会，2007. 生物质和生物能源手册. 史仲平，华兆哲译. 北京：化学工业出版社

山根恒夫. 2006. 生物反应工程(第三版). 邢新会译. 北京: 化学工业出版社
申立贤. 1992. 高浓度有机废水厌氧处理技术, 北京: 中国环境科学出版社
沈华萍. 2003. 脐血造血干细胞冷冻复苏过程研究与评价[D]. 华东理工大学硕士学位论文
施巧琴, 吴松刚. 2003. 工业微生物育种学. 北京: 科学出版社
孙祥明. 2001. 主要营养物和代谢副产物对重组 CHO 细胞培养的影响[D]. 华东理工大学博士学位论文
谭天伟, 王芳. 2006. 生物炼制发展现状及前景展望[J]. 现代化工, 26(4): 6-11
谭文彬. 2009. 细菌耐药的生化机理研究进展[J]. 中国病原生物学杂志, 4(9): 698-699
万金保, 王嵘, 吴琴芬. 2005. 水解酸化-接触氧化-气浮工艺处理 L-乳酸废水的研究[J]. 江西农业大学学报. 27(4): 627-629
王宝光, 刘铭, 杜晨宇. 2006. 微生物法生产 1,3-丙二醇过程的代谢工程研究进展[J]. 过程工程学报, 6(1): 144-149
王福源. 2006. 生物工艺技术. 北京: 中国轻工业出版社
王海波, 欧俊杰, 耿信笃. 2003. 基因工程菌生产 rhG2CSF 发酵培养基的研究[J]. 中国生物工程杂志, 23(11): 68-71
王海燕, 刘铭, 王化军. 2006. 乳酸生产中的微生物代谢工程[J]. 过程工程学报, 3: 44-49
王建龙, 文湘华. 2000. 现代环境生物技术. 北京: 清华大学出版社
王绍文, 罗志腾等. 2003. 高浓度有机废水处理技术与工程应用. 北京: 冶金工业出版社
王舒, 高永良. 2009. 氨基糖苷类药物研究新进展[J]. 解放军药学学报, 25(4): 329-332
韦祎, 张淑荣, 刘春巧等. 2007. 添加表面活性剂对 α-熊果苷发酵的影响[J]. 化工学报. 58(9): 2352-2356
沃尔夫岗 · 埃拉. 2006. 工业酶——制备与应用(第二版). 林章凛, 李爽译. 北京: 化学工业出版社
沃尔什(美). 2009. 抗生素. 王峰等译. 北京: 中国轻工业出版社
吴松刚. 2004. 微生物工程. 北京: 科学出版社
吴一凡, 张双全, 高秀玉等. 2002. 乳糖诱导 pET 载体表达重组蛋白的研究[J]. 南京师大学报(自然科学版), 25(1): 89-93
奚旦立. 2005. 清洁生产与循环经济. 北京: 化学工业出版社
肖冬光. 2004. 微生物工程原理. 北京: 中国轻工业出版社
肖泉, 王娜, 陈朝东. 2007. 清洁生产与循环经济知识问答. 北京: 化学工业出版社
邢雪荣, 刘斌. 2007. 工业生物技术发展现状及未来趋势[J]. 中国科学学院院刊, 22(3): 216-222
熊文强. 2002. 绿色环保与清洁生产概论. 北京: 化学工业出版社
熊宗贵. 2001. 发酵工艺原理. 北京: 中国医药科技出版社
熊宗贵. 生物技术制药. 1999. 北京: 高等教育出版社
杨昌鹏. 2006. 酶制剂生产与应用. 北京: 中国环境出版社
杨建初. 2005. 清洁生产案例分析. 北京: 中国环境科学出版社
杨利敏, 王亚明等. 2005. 药物中间体 7-氨基头孢烷酸的制备[J]. 天津药学, 17(6): 1-2
杨生玉, 王刚, 沈永红. 2007. 微生物生理学. 北京: 化学工业出版社
杨致荣, 毛雪, 李润植. 2005. 植物次生代谢基因工程研究进展[J]. 植物生理与分子生物学学报, 31(1): 11-18
姚汝华. 2001. 微生物工程工艺原理. 广州: 华南理工大学出版社
叶勤. 2005. 发酵过程原理. 北京: 化学工业出版社
尹建云, 孟海华, 张学松等. 2006. 酶解糖异养培养微藻发酵条件的优化及生产试验[J]. 食品与发酵工业. 32(5): 55-57
余江龙. 2006. 发酵工程原理与技术应用. 北京: 化学工业出版社
俞俊棠, 唐孝宣, 邬行彦等. 2003. 新编生物工艺学(上下册). 北京: 化学工业出版社
岳国君, 武国庆, 郝小明. 2007. 我国燃料乙醇生产技术的现状与展望[J]. 化学进展, 19(7/8): 1084-1090
臧树良, 关伟, 李川. 2006. 清洁生产、绿色化学原理与实践. 北京: 化学工业出版社
曾杨, 文涛, 喻晓. 2007. 真菌诱导子对植物次生代谢物的影响及应用[J]. 中国野生植物资源, 26(1): 1-4
张蓓. 2003. 代谢工程. 天津: 天津大学出版社
张凯, 崔兆杰. 2005. 清洁生产理论与方法. 北京: 科学出版社
张克旭. 1995. 氨基酸发酵工艺学. 北京: 中国轻工业出版社
张前程, 张凤宝, 姚康德等. 2001. 动物细胞培养生物反应器研究进展[J]. 化工进展, 21(5): 560-563
张伟国, 钱和. 1997. 氨基酸生产技术及其应用. 北京: 中国轻工业出版社
张延平, 李寅, 马延和. 2007. 细胞工厂与生物炼制[J]. 化学进展, 19(8): 1076-1083
张艳燕, 陈必链, 刘梅. 2008. 不同硝酸钾浓度对蔷薇藻生长及生理特性的影响[J]. 武汉植物学研究, 26(1): 76-80
张毅, 屈贤铭, 杨胜利. 2000. 乳糖作为诱导剂对重组目的蛋白表达的影响[J]. 生物工程学报, 16 (4): 464-468
张致平. 2003. 微生物药物学. 北京: 化学工业出版社
赵亮. 2009. GS-NS0 骨髓瘤细胞无血清培养过程的开发与优化[D]. 华东理工大学博士学位论文
郑梦杰. 2001. 大肠埃希菌工程菌的高密度培养[J]. 国外医学(预防、诊断、治疗用生物制品分册), 24 (4): 151-154
周德庆. 2002. 微生物学教程(第二版). 北京: 高等教育出版社
周中平. 2002. 清洁生产工艺及应用实例. 北京: 化学工业出版社

Note

朱才庆，叶勤. 2003. 大肠埃希菌 DH5α 耐乙酸突变株的选育及其代谢特性研究[J]. 微生物学报，43(4)：461－465

朱守一. 1999. 生物安全与防止污染. 北京：化学工业出版社

主沉浮，孙良等. 2003. 清洁生产的理论与实践. 济南：山东大学出版社

邹寿长，李干祥，杨葆生等. 2001. 大规模动物细胞培养技术研究进展[J]. 生命科学研究，5(2)：102－108

Ahn CY，Park MH，Joung S-H et al. 2003. Growth inhibition of Cyanobacteria by ultrasonic radiation：laboratory and enclosure studies[J]. Environ Sci Technol. 37(13)：3031－3017

Barber MS，Giesecke U，Reichert A et al. 2004. Industrial enzymatic production of cephalosporin-based beta-lactams，Molecular Biotechnology of Fungal Beta-Lactam Antibiotics and Related Peptide Synthetases，Springer-Verlag Berlin，Berlin. pp. 179－215

Battistel E，Bianchi D，Bortolo R et al. 1998. Purification and stability of glutaryl－7－ACA acylase from *Pseudomonas sp*[J]. Appl Biochem Biotechnol，69：53－67

Bibb M. J. 2005. Regulation of secondary metabolism in streptomycetes [J]. Current Opinin in Micriobiology，8：208－215

Bok JW，Noordermeer D，Kale S P et al. 2006. Secondary metabolic gene cluster silencing in *Aspergillus nidulans* [J]. Molecular Microbiology，61(6)：1636－1645

Cabrita GJ，Ferreira BS，Silva CL，et al. 2003. Hematopoietic stem cells：from the bone to the bioreactor[J]. Trends Biotechnol. 21(5)：233－240

Capell T，Christou P. 2004. Progress in plant metabolic engineering [J]. Current Opinin Biotechnology，15：148－154

Carvalheiro F，Duarte L，Lopes S et al. 2006. Supplementation requirements of brewery's spent grain hydrolysate for biomass and xylitol production by *Debaryomyces hansenii* CCMI 941. J Ind Microbiol Biotechnol，33(8)：646－654

Chandawat SPS，Balan V，Dale BE. 2007. Effect of particle size based separation of milled corn stover on AFEX pretreatment and enzymatic digestibility. Biotechnol Bioeng，96：219－231

Chen B，Huang J，Wang J et al. 2008. Ultrasound effects on the antioxidative defense systems of *Porphyridium cruentum*[J]. Colloids and Surfaces B：Biointerfaces，61(1)：88－92

Chen G. Q，Chen F. 2006. Growing phototrophic cells without light. Biotechnology Letters. 28：607－616

Chen N，Huang J，Feng Z-B et al. 2009. Optimization of fermentation conditions for the biosynthesis of L-threonine by *Escherichia coli* [J]. Appl Biochem Biotechnol. DOI 10.1007/s12010－008－8385－y. online

Chi Z，Liu Y，Frear C et al. 2009. Study of a two-stage growth of DHA-producing marine algae *Schizochytrium limacinum* SR21 with shifting dissolved oxygen level [J]. Appl Microbiol Biotechnol. 81：1141－1148

Chisti Y. 2003. Sonobioreactors：using ultrasound for enhanced microbial productivity[J]. Trends Biotechnol. 21(2)：89－93

Demain AL，Newcomb M，Wu JHD. 2005. Cellulase，clostridia，and ethanol. Microbiol Mol Biol Rev，69：124－154

Elander RP. 2003. Industrial production of β-lactam antibiotics[J]. Appl Microbiol Biotechnol，61：385－392

Eriksen N. T. 2008. The technology of microalgal culturing. Biotechnol Lett. 30：1525－1536

Guillon S，Trémouillaux-Guiller J，Pati P K et al. 2006. Harnessing the potential of hairy roots：dawn of a new era [J]. Trends in Biotechnology，24(9)：403－409

Gupra JC，Mukherjee K J. 2002. Stability studies of recombinant *Saccharomyces cerevisiae in* the presence of varying selection pressure[J]. Biotechnol Bioeng，78：475－488

Hempel C，Erb RW，Dedkwer W S et al. 1998. Plasmid stability of recombinant *Pseudomonas sp*. B13FR1 Pfrc20P in continuous culture[J]. Biotechnol Bioeng，57：62－70

Houghton TP，Thompson DN，Hess JR et al. 2004. Fungal upgrading of wheat straw for straw-thermoplastic production. Appl Biochem Biotechnol，(113－116)：71－93

Janice L，Carnie T，Peter L et al. 2004. Development of a high cell-density fed-batch bioprocess for the heterologous production of 6-deoxyerythronolide B in *Escherichia coli* [J]. Journal of Biotechnology，110：95－103

Jennessen J，Nielsen K. F，Houbraken J et al. 2005. Secondary metabolite and mycotoxin production by the Rhizopus microsporus group[J]. Journal of Agricultural and Food Chemistry，53(5)：1833－1840

Kadouri A，Spier RE. 1997. Some myths and messages concerning the batch and continuous culture of animal cells[J]. Cytotechnology. 24：89－98

Kamm，B，Kamm. M. 2004. Principles of biorefineries. Appl. Microbiol. Biotechnol. 64：137－145

Keller FA，Hamilton JE，Nguyen QA. 2003. Microbial pretreatment of biomass：potential for reducing severity of thermo chemical biomass pretreatment. Appl Biochem Biotechnol，(105－108)：27－41

Kintzios S，Yiakoumetis I，Moschopoulou G et al. 2007. Differential effect of the shape of calium alginate matrices on the physiology of immobilized neuroblastoma N2a and vero cells：A comparative study[J]. Biosensors and Bioelectronics，23：543－548

Kiran AUM，Jana AK. 2009. Control of continuous fed-batch fermentation process using neural network based model predictive controller. Bioprocess Biosyst Eng. 32(6): 801 - 808

Kolewe ME, Garuav V, Roberts GC. 2008. Pharmaceutically active natural product synthesis and supply via plant cell culture technology[J]. Molecular Pharmaceutics, 5(2): 243 - 256

Komives C, Parkery RS. 2003, Bioreactor state estimation and control[J]. Current Opinion in Biotechnology. 14: 468 - 474

Kuprijanov A, Gnoth S, Simutis R et al. 2009. Advanced control of dissolved oxygen concentration in fed batch cultures during recombinant protein production. Appl Microbiol Biotechnol. 82: 221 - 229

Li L, Qiao B, Yuan Y. 2007. Nitrogen sources affect streptolydigin production and related secondary metabolites distribution of *Streptomyces lydicus* AS 4. 2501[J]. Chinses Journal of Chemical Engineering, 15(3): 403 - 410

Lim HK, Jung KH. 1998. Improvement of heterologous protein productivity by controlling postinduction specific growth rate in recombinant Escherichia coli under control of the PL promoter[J]. Biotechnol Prog, 14: 548 - 553

Lynd LR, Zyl WH, McBride JE et al. 2005. Consolidated bioprocessing of cellulosic biomass: an update. Curr Opin Biotechnol, 16: 577 - 583

Martinez AT, Speranza M, Ruiz-Duenas FJ et al. 2005. Biodegradation of lignocellulosic: microbial, chemical and enzymatic aspects of the fungal attack of lignin. Int Microbiol, 8: 195 - 204

Murillo MAG, Bolanos CCL, Verdejo TL et al. 2007. Effects of fertilizer-based culture media on the production of exocellular polysaccharides and cellular superoxide dismutase by *Phaeodactylum tricornutum* (Bohlin). J. Appl. Phycol., 19: 33 - 41

Murthy GS, Sridhar S, Shyam Sunder M et al. 2005. Concentration of xylose reaction liquor by nanofiltration for the production of xylitol sugar alcohol. Sep Purif Technol, 44(3): 205 - 211

Orive G, Hemandez RM, Rodrigaez GA, et al. 2004. History, challenges and perspectives of cell microencapsulation[J]. Trends Biotechnol, 22(2): 87 - 92

Rao S R, Rav Ishankar G A. 2006. Plant cell culuture: Chemical factories of secondary metabolites [J]. Biotechnology Advances, 2002, 20: 101 - 153

Sang Y. Lee, Soon H. Hong, Seung H et al. 2004. Fermentative production of chemicals that can be used for polymer synthesis. Macromol Biosci., 4(5): 157 - 164

Simsek O, Con AH, Akkoc N et al. 2009. Influence of growth conditions on the nisin production of bioengineered Lactococcus lactis strains. J Ind Microbiol Biotechnol. 36: 481 - 490

Sluiter A, Hames B, Ruiz R et al., 2007. Determination of sugars, byproducts, and degradation products in liquid fraction process samples. Laboratory Analytical Procedure, National Renewable Energy Laboratory, Golden

Sun Y, Zhou X, Dong H et al. 2003. A complete gene cluster from Streptomyces Nanchang ensis NS3226 encoding biosynthesis of the polyether lonophore Nanchangmycin [J]. Chemistry and Biology, 10 (5) : 431 - 441

Sun Y, Zhou X, Tu G et al. 2003. Identification of a gene cluster encoding meilingmycin biosynthesis among multiple polyketide synthase contigs isolated from *Streptomyces nanchangensis* N S3226 [J]. Archives of Microbiology, 180 (2) : 101 - 107

Taniguchi M, Suzuki H, Watanabe D et al. 2005. Evaluation of pretreatment with pleurotus ostreatus for enzymatic hydrolysis of rice straw. J Biosci Bioeng, 100: 637 - 643

Teymouri F, Laureano-Perez L, Alizadeh H et al. 2005. Optimization of the ammonia fiber explosion (AFEX) treatment parameters for enzymatic hydrolysis of corn stover. Bioresour Technol, 96: 2014 - 2018

Ulla'n RV, Casqueiro J, Naranjo L et al. 2004. Expression of cefD2 and the conversion of isopenicillin N into penicillin N by the two-component epimerase system are rate-limiting steps in Cephalosporin biosynthesis[J]. Mol Gen Genomics, 272: 562 - 570

Wang J, Chen B, Rao X et al. 2007. Optimization of culturing conditions of *Porphyridium cruentum* using uniform design[J]. World Journal of Microbiology & Biotechnology, 23, 1345 - 1350

Wyman CE, Dale BE, Elander RT et al. 2005. Coordinated development of leading biomass pretreatment technologies. Bioresour Technol 96: 1959 - 1966

Xiong W, Li X, Xiang J et al. 2008. High-density fermentation of microalga *Chlorella protothecoides in* bioreactor for microbio-diesel production. Appl Microbiol Biotechnol. 78: 29 - 36

Yang B, Wyman CE. 2004. Effect of xylan and lignin removal by batch and flowthrough pretreatment on the enzymatic digestibility of corn stover cellulose. Biotechnol Bioeng, 86(1): 88 - 98

Yu Y, Bai L, Minagawa K, et al. 2005. Gene cluster responsible for validamycin biosythesis in *Streptomyces hygroscopicus* subsp. jinggangensis 5008 [J]. Applied and Environment Microbiology, 71(9): 5066 - 5076

Zeng AP, Deckwer WD. 1995. Mathematical modeling and analysis of glucose and glutamine utilization and regulation in cultures of continuous mammalian cells[J]. Biotechnol Bioeng. 47: 334 - 346

Zhang M, Shi M, Zhou Z et al. 2006. Production of Alcaligenes faecalis penicillin G acylase in *Bacillus subtilis* WB600

Note

Note

(pMA5) fed with partially hydrolyzed starch [J]. Enzyme and Microbial Technology, 39: 555 – 560

Zheng H, Wang X et al. 2005. Expression, purification, and immobilization of His-tagged D-amino acid oxidase of Trigonopsis variabilis in *Pichia pastoris*, Appl Microbiol Biotechnol. 10: 158 – 166

Zhong W, Fang J, Liu H, et al. 2009. Enhanced production of CoQ10 by newly isolated Sphingomonas sp. ZUTEO3 with a coupled fermentation-extraction process [J]. J Ind Microbiol Biotechnol. 36: 687 – 693